Oliver ALBRECHT

Lebens*themen*

GRUNDKURS BIBLISCHE THEOLOGIE

Gestaltung und Produktion: Johannes Kunkel
Umschlagfoto: janphoto / photocase.com
Druck: GGP Media GmbH, Pößneck

C & P Verlag 978-3-86770-123-5
Deutsche Bibelgesellschaft 978-3-438-06143-0

Inhalt

Geleitwort

Die Bibel ist ein großer Schatz, aus dem man Altes und Neues hervorholen kann. Beides kann faszinieren: Das Alte gibt uns Klarheit darüber, woher wir kommen und wer wir sind, das Neue motiviert uns, wie mit Abraham in eine unbekannte Zukunft aufzubrechen. Die Bibel ist bei der Suche nach unseren Wurzeln und dem Weg in die Zukunft ein treuer Begleiter – aber nicht nur dafür. Ihre Texte erschließen durch ihre meditative Dichte und Tiefe auch die Gegenwart. Wer in ihr den Ruf Gottes gehört hat, für den gewinnt das eigene Leben hier und jetzt einen unendlichen Wert.

Dennoch findet sich im gegenwärtigen Protestantismus eine merkwürdige „Bibelmüdigkeit". „Bibeltreue" führen sie gerne darauf zurück, dass historisch-kritische Gelehrsamkeit allzu viel in Frage stellt; moderne Protestanten machen dagegen eben diese konservative Bibeltreue für das Konjunkturtief der Bibel in unserer Kultur verantwortlich. Oliver Albrecht geht einen dritten Weg. Er will zeigen, dass der historisch-kritische Zugang bibeltreu im besten Sinne des Wortes ist. Er wird den Texten gerecht. Er lässt sie sprechen, was sie sagen wollen und nicht, was wir ihnen souffliert haben. Durch eine sachgemäße Auslegung wird deutlich: Die Bibel ist Zeugnis für einen dramatischen Dialog zwischen Menschen und Gott. Die historische Betrachtung gibt diesem Dialog einen Kontext im realen Leben. Aber auch „bibeltreue" Leser werden sich von diesem Buch angesprochen fühlen: Sie haben oft sehr gut verstanden, dass die Bibel eine große Liebeserklärung ist, die das Leben verändert, wenn man sie einmal gehört und verstanden hat. Dass spürt man den akademischen Bemühungen um diese Texte verständlicherweise nicht an. Kommentare und Abhandlungen sollen keine Liebeserklärungen sein. Oliver Albrecht zeigt, wie Gott in der Bibel um den Menschen wirbt. Und sein Buch ist durch und durch eine Liebeserklärung an dieses Buch der Bücher. Er wendet sich an Menschen, die zu der analytisch-kühlen Sprache wissenschaftlicher Bibelauslegungen keinen Zugang haben. Seine Sprache ist alltagsnah, lässt sein persönliches Engagement spüren, aber auch seine Nachdenklichkeit, die auch bei einer engagierten Lektüre der Bibel kritisch und differenziert bleibt.

Gerd Theißen

Einleitung

Dieses Buch ist das Ergebnis eines Seminars. Ich habe es für Menschen gehalten, die wissen wollten, was in der ganzen Bibel steht. Dabei ging es nicht um die Ansammlung von Wissen, eher darum, ein Gefühl dafür zu bekommen, was dieses wunderbare und merk-würdige Buch zu sagen hat: über Gott und über den Menschen, über die Liebe und den Tod, den Glauben und die Verzweiflung.

Die Bibel erzählt eine große Geschichte. Es ist die Geschichte vom Menschen, der versucht, mit Gottes Hilfe dieses einmalig schöne und unglaublich zerbrechliche Leben irgendwie hinzubekommen. Ich bin auch so ein Mensch und erzähle meine Geschichte der Bibel. Ich habe sie den Menschen in meinen Seminaren erzählt, jungen und alten, in ihrer Gemeinde engagierten und Kirchenkritikern. Und ich erzähle sie Ihnen, die Sie dieses Buch lesen.

Das bedeutet: dieses Buch ist wie ein Vortrag geschrieben und spricht Sie persönlich an, möchte Sie mit hineinnehmen, als seien Sie Teilnehmer eines Seminars.

Lesen Sie dieses Buch nicht zu schnell: am Ende jedes Kapitels steht eine Einladung, sich auf einen der Texte noch einmal näher einzulassen. Sie können dies alleine für sich tun. Bereichernd wäre es auch, das Buch in einer Gruppe zu lesen und sich über die Beobachtungen auszutauschen.

Eine weitere Möglichkeit zur Nutzung dieses Buches bestünde darin, dass sie es an Ihrem Ort wieder als Seminar gestalten. Sie könnten, nicht nur als Pfarrerin oder Pfarrer, die Texte einfach als Vorträge halten – wörtlich gleich oder nach Ihrer Überzeugung verändert. In jedem Fall würde es sich dann empfehlen, die zitierten Bibelstellen von vorher um Mithilfe gebetenen Menschen aus der Zuhörerschaft lesen zu lassen. Dabei ist es auch möglich, jeden Teil als abgeschlossene Einheit zu behandeln, also etwa „Eine Woche der Prophetie“ oder „Ein Samstag mit Paulus“.

Ein Wort noch zum Charakter dieses Buches. Ich möchte nämlich zweierlei: Einerseits will ich Sie für dieses wunderbare Buch namens Bibel begeistern. Andererseits will ich Ihnen nichts erzählen, was nach meinem Kenntnisstand historisch oder sachlich falsch ist.

Begeisterung und Wahrhaftigkeit, eines nicht ohne das andere: so habe ich die Bibel in meinem Studium an der Universität insbesondere durch Prof. Dr. Gerd Theissen kennen gelernt. Ihm gilt deshalb hier an erster Stelle auch mein Dank. Oft saß er in meinen Gedanken dabei, wenn ich an den Texten geschrieben habe und ich habe mich gefragt, was er wohl zu dem ganzen Projekt sagen würde. Ich habe mich dann getraut, ihn zu fragen, ihm das Manuskript zugeschickt und bin sehr glücklich, dass er ein Geleitwort geschrieben hat. Weiterer Dank gilt den Seminarteilnehmern, insbesondere den Prädikanten, die mir als Geburtshelfer für diesen Grundkurs zur Seite standen und mich mit ihrer engagierten Teilnahme und mit ihren guten und kritischen Fragen zu diesem Buch angespornt haben. Dieses Buch hätte nicht erscheinen können, wenn Kristin Morath nicht in vielen Stunden Arbeit das handschriftliche Manuskript für den Druck vorbereitet hätte. Einen ganz besonderen Dank dafür! Schließlich sei drei meiner Kollegen gedankt: Dr. Klaus Douglass, der mich als Gemeindepfarrer inspiriert und geprägt und der mit seinem Buch „Expedition zum ICH" den Anstoß für dieses Seminar gegeben hat. Während dort von einzelnen Glaubensthemen der Zugang zu ganz verschiedenen biblischen Texten gesucht wir, versuche ich hier die Bibel einmal selbst Reihenfolge und Themen vorgeben zu lassen. Auf diesem Weg sind wir uns begegnet, was für mich menschlich wie theologisch eine sehr schöne Erfahrung war. Die Arbeitsbedingungen, damit so ein Projekt verwirklicht werden konnte, schufen meine Amtsvorgängerin Dekanin Heinke Geiter und Dekan Klaus Schmid. Sie waren für mich in dieser ganzen Zeit mehr als einfach nur Dienstvorgesetzte.

Nun wünsche ich Ihnen als Leserin oder Leser dieses Buches, dass es Ihnen eine Brücke wird zu dem Buch, das wir das „Buch der Bücher" nennen.

Oliver Albrecht
Niedernhausen, im Frühjahr 2013

Teil 1

Der Beginn einer wunderbaren Geschichte

Wie alles so gekommen ist zwischen Gott und den Menschen: mal Politkrimi, mal Lovestory – von Abraham bis Apokalypse

Herzlich willkommen zur ersten Einheit des „Grundkurses Biblische Theologie“: Der Beginn einer wunderbaren Geschichte, wie alles so gekommen ist zwischen Gott und den Menschen.

Jeder Bibeltext, manchmal schon ein einzelner Vers, ist ein Kunstwerk, voller Energie und Klugheit. Wir könnten uns mühelos einige Stunden lang mit dem Satz „Gottes Kraft ist in den Schwachen mächtig“ beschäftigen, ein halber Vers aus dem zweiten Korintherbrief, ohne dass uns eine Minute langweilig würde.

Aber weil wir uns meistens genau so mit der Bibel befassen: ein Predigttext, eine Kindergottesdienst-Geschichte, ein Taufspruch – haben wir oft gar kein Gefühl für die Bibel als Ganzes.

Ein Blatt bestaunen ist gut. Aber ich verstehe mehr, wenn ich sehe, wie viele Blätter eine Rose ergeben, wenn ich den Garten sehe, das Dorf, die Landschaft aus Bergen und Wäldern, das ganze Land, immer weiter – und dann wieder zurückkehre zum einzelnen Blatt meiner Rose.

Wenn Sie dieses Kapitel achtsam lesen, werden Sie, so hoffe ich, ein Gefühl für Gottes große Geschichte mit uns Menschen bekommen. Wie sie anfing und auf was sie hinausläuft.

Sie können über Ihren Ort in dieser Geschichte nachdenken und spüren: Sie gehören zu einer wunderbaren, zauberhaften Sache, die alle Ihre anderen Bindungen, Beziehungen, Verpflichtungen in völlig neuem Licht erstrahlen lassen kann.

Sie sind Arbeitnehmer, Ehefrau, kleiner Bruder und noch vieles mehr. Aber alles wird anders, wenn Sie spüren: Sie kommen mit Abraham aus der Wüste, Hand in Hand mit Mose lassen Sie sich nicht mehr alles gefallen, mit David trauen Sie sich, endlich auszusprechen, was wirklich mit Ihnen los ist.

Ein Gefühl für Gottes große Geschichte mit uns Menschen bekommen, das Gefühl vielleicht sogar, zu dieser Geschichte dazu zu gehören, eine Rose in Gottes Garten, im Land seiner Freiheit zu sein. Es würde mich freuen, wenn Sie heute Nacht davon träumen würden.

Die Anfänge 1.1

Wüste 1.1.1

Dass es Götter gab, Dämonen und Mächte, das ahnten die Menschen schon immer. Und manchmal schimmert vielleicht hinter und durch diese Ahnung Gott selbst hindurch.

Um 1500 v. Chr. kann man zum ersten Mal den Eindruck gewinnen: das ist jetzt keine „Religion", die sich ein kulturell hoch stehendes Volk nett ausgedacht hat. In dieser Zeit, vor jetzt 3500 Jahren, dringt völlig am Rand der großen Weltgeschichte und so gar nicht von Menschen selbst gemacht etwas Fremdes, Neues in die Weltgeschichte ein.

Wohnsitzlose Nomaden waren es, irgendwo in dem riesigen und schon damals landschaftlich nicht besonders reizvollen Gebiet zwischen Ägypten und dem Irak, die nach unserer Kenntnis als erste die Erfahrung machten: Gott ist nicht, was ich ahne, hoffe oder fürchte. Gott spricht mich plötzlich persönlich an. Und er sagt mir Dinge, die ich mir nicht ausgedacht habe, vielleicht noch nicht einmal hören wollte.

„Verlass deine Heimat!" sagt dieser Gott. „Warum lachst du?" fragt er mittags um 2 Uhr im Zelt. Er lässt mit sich verhandeln, fordert heraus und beschützt, schweigt und beantwortet Gebete.

Im 1. Buch Mose, Kapitel 12 - 50, sind die aufregenden und abenteuerlichen Geschichten aufgeschrieben, die Abraham, Isaak und Jakob mit diesem Gott erlebten. Sie nannten ihn mit geheimnisvollen, heute schwer zu verstehenden Namen, „Pachad" (Schrecken) und „Schaddai" (Gewalt), weil er alle eigenen Pläne und selbst gebildeten Vorstellungen durchkreuzte.

Mehr noch aber machten sie die Erfahrung: man kann wie Abraham nachts in der Wüste nur mit einem Zelt mehr behütet und geborgen sein, als in den großartigsten Steintempeln Babylons und Ägyptens. Selbst auf der Flucht kann man wie Jakob mehr von Gott spüren, als in den feierlichsten Priestergebeten damaliger Weltreligionen.

Eins der ältesten Glaubensbekenntnisse des späteren Volkes Israel bewahrt diese Erinnerung und beginnt deshalb mit dem Satz: „Ein umherirrender Wüstensohn war mein Vater." (Dtn. 5, 26) Die Wüste ist die Geburtsstätte echter menschlicher Gotteserfahrung. Drei Urerfahrungen prägen von der Wüste her unseren Glauben:

In der Wüste **ist der Himmel sehr weit**. Fast ein wenig zu viel Himmel gibt es hier, in der Nacht wie am Tag.

In der Wüste **bin ich angewiesen**, hilfsbedürftig. Kein Mensch kann in der Wüste alleine bestehen.

In der Wüste **bin ich nicht sesshaft**, Wüste ist nie Zuhause. In der Wüste kann ich nur unterwegs sein.

Alle drei Erfahrungen werden zu Kennzeichen unseres Glaubens, unserer Gottesbeziehung: der weite Himmel, das Angewiesensein, der Weg – zu einem Ziel, aber auch auf der Flucht. Lassen Sie uns eine Ahnung von der Wüste bekommen, indem wir zusammen eine kleine Geschichte von Jakob lesen:

1. Mose 28, 10 – 22

Jakob machte sich auf den Weg von Beerscheba nach Haran. Er kam an einen Platz und übernachtete dort, weil die Sonne gerade untergegangen war. Hinter seinen Kopf legte er einen der großen Steine, die dort umherlagen. Während er schlief, sah er im Traum eine breite Treppe, die von der Erde bis zum Himmel reichte. Engel stiegen auf ihr zum Himmel hinauf, andere kamen zur Erde herunter. Der HERR selbst stand ganz dicht bei Jakob und sagte zu ihm: »Ich bin der HERR, der Gott deiner Vorfahren Abraham und Isaak. Das Land, auf dem du liegst, will ich dir und deinen Nachkommen geben. Sie werden so unzählbar sein wie der Staub auf der Erde und sich nach allen Seiten ausbreiten, nach West und Ost, nach Nord und Süd. Am Verhalten zu dir und deinen Nachkommen wird sich für alle Menschen Glück und Segen entscheiden. Ich werde dir beistehen. Ich beschütze dich, wo du auch hingehst, und bringe dich wieder in dieses Land zurück. Ich lasse dich nicht im Stich und tue alles, was ich dir versprochen habe.« Jakob erwachte aus dem Schlaf und rief: »Wahrhaftig, der HERR ist an diesem Ort, und ich wusste es nicht!« Er war ganz erschrocken und sagte: »Man muss sich dieser Stätte in Ehrfurcht nähern. Hier ist wirklich das Haus Gottes, das Tor des Himmels!« Früh am Morgen stand Jakob auf. Den Stein, den er hinter seinen Kopf gelegt hatte, stellte er als Steinmal auf und goss Öl darüber, um ihn zu weihen. Er nannte die Stätte Bet-El (Haus Gottes); vorher hieß der Ort Lus. Dann legte Jakob ein Gelübde ab: »Wenn der HERR mir beisteht«, sagte er, »wenn er mich bewahrt auf der Reise, die ich jetzt antrete, wenn er mir Nahrung und Kleidung gibt und wenn ich wohlbehalten wieder nach Hause zurückkomme, dann soll er allein mein Gott sein. Hier an dieser Stelle, wo ich den Stein aufgestellt habe, soll dann ein Heiligtum für ihn errichtet werden. Von allem Besitz, den er mir schenken wird, werde ich ihm den zehnten Teil geben.«

Dieser und viele ähnliche Texte liefern Kriterien, zu welcher Menschengruppe Abraham, Isaak und Jakob mit ihren Sippen gehörten – die Menschen, mit denen unser Glaube anfing, wie es im Neuen Testament später heißt.

Sie waren wie Jakob am Beginn der Geschichte ständig entweder auf der Flucht oder auf der Suche. Und sie sehnten sich, wie es in den Versprechen Gottes am Ende klar wird, nach einem festen Wohnsitz, nach Heimat für sich und ihre Nachkommen.

Sie waren keine kriegerischen Kamelnomaden, wie sie bis in die Neuzeit in den Wüsten Afrikas und des Nahen Ostens gelebt haben. Sie waren – das wird in den Geschichten des 1. Buches Mose deutlich – ziemlich wehrlose Kleinviehnomaden, die die abgeernteten Felder reicher Stadtbewohner abgrasen durften, die bei Hungersnöten in die Randbereiche der Städte in Kanaan bis hinunter nach Ägypten flohen, immer wieder versklavt und verjagt wurden, manchmal zusammen mit anderem Stadtproletariat. Aber die wie durch ein

Wunder in letzter Sekunde immer wieder gerettet wurden, auf erklärliche und unerklärliche Weise, die erlebten und hörten und vorsichtig in Worte fassten, dass da anscheinend irgendeiner auf ihrer Seite war. Und nicht auf der Seite der Großgrundbesitzer und Stadtfürsten.

Wer das war, das wussten sie noch gar nicht, einen Namen hatten sie nicht, „Pachad" (Schrecken) oder „Schaddai" (Gewalt) nannten sie ihn und bauten kleine Altäre in der Wüste, nicht mehr als ein Steinhaufen.

Aber sie machten von sich reden, diese gewaltlosen Outlaws. Einige wenige der umliegenden Völker schlossen Freundschaft mit ihnen, halfen ihnen irgendwie weiter. Verschaffen wir uns mit einer kleinen Episode einen Eindruck:

1. Mose 26, 1 – 11

Wieder einmal, wie schon zur Zeit Abrahams, brach über das Land eine Hungersnot herein. Isaak suchte bei dem Philisterkönig Abimelech in Gerar Zuflucht. Der HERR war ihm erschienen und hatte gesagt: »Geh nicht nach Ägypten! Ich will dir sagen, wo du bleiben kannst. Lebe hier im Land Kanaan als Fremder, dann werde ich dir beistehen und dich segnen. Dir und deinen Nachkommen will ich alle diese Landstriche geben. Ich halte den Eid, den ich deinem Vater Abraham geschworen habe. Ich mache deine Nachkommen so zahlreich wie die Sterne am Himmel und gebe ihnen dieses ganze Land. Bei allen Völkern der Erde wird man dann zueinander sagen: ‚Gott segne dich wie die Nachkommen Isaaks!' Das ist der Lohn dafür, dass Abraham meinem Befehl gehorcht und alle meine Gebote und Weisungen befolgt hat.« So blieb Isaak in Gerar. Als die Männer dort seine Frau Rebekka sahen, fragten sie ihn nach ihr. Da fürchtete er, sie könnten ihn ihretwegen umbringen, weil sie so schön war. Deshalb sagte er: »Sie ist meine Schwester.« Isaak lebte mit seiner Frau schon längere Zeit in Gerar, da schaute König Abimelech eines Tages zum Fenster hinaus und sah, wie Isaak und Rebekka sich umarmten. Er rief ihn zu sich und hielt ihm vor: »Sie ist ja deine Frau! Warum hast du sie für deine Schwester ausgegeben?« »Ich hatte Angst, es würde mich sonst das Leben kosten«, erwiderte Isaak. Doch Abimelech sagte: »In welche Gefahr hast du uns da gebracht! Wie leicht hätte es geschehen können, dass einer meiner Männer mit ihr geschlafen hätte! Dann hättest du uns in schwere Schuld gestürzt.« Allen seinen Leuten ließ Abimelech bekannt geben: »Wer diesen Mann oder seine Frau antastet, muss sterben.«

Die meisten aber mochten sie nicht, diese wehrlosen, heimatlosen Menschen, die man töten, aber nicht totkriegen konnte. Und so bildete sich im Großraum des heutigen Irak bis nach Ägypten eine Bezeichnung für sie heraus, in allen semitischen Sprachen das selbe Wort, das man in etwa mit „die Geächteten" übersetzen muss. Wörtlich heißt es „die Hebräer".

In einem unterscheidet sich nun der Gottesglaube dieser Hebräer von allem, was andere Religionen damals von Ägypten über Kanaan bis Babylon auszeichnete: Überall sahen sich die Menschen mit einer Vielzahl von Göttern konfrontiert, von deren himmlischen Kämpfen und Beschlüssen ihr Menschenschicksal abhängig war. Da lief sozusagen im Himmel ein ganz eigener Film ab, auf den Menschen, obwohl sie ihm ausgeliefert waren, sehr wenig Einfluss hatten, mochte sie noch so viel opfern. Und auch die Israeliten fragten sich immer wieder: sollten wir nicht doch sicherheitshalber noch ein paar andere Götter verehren?

Doch der Gott, den Abraham, Isaak und Jakob, den die Israeliten immer besser kennen lernten, war nur EINER. Er war mächtiger als alles, was sich die Menschen an Göttern ausgedacht hatten und vor allem: er brauchte die anderen Götter gar nicht.

Was er brauchte, waren Menschen. Er band sich an Menschen – nicht an Orte, Heiligtümer, Inszenierungen religiöser Art. Er suchte die Menschen im Alltag auf, hinterm Zelt, am Brunnen, in der Nacht – weil er alltäglich mit Menschen leben, ihnen helfen wollte. Im Monotheismus, hat einer mal gesagt, hat Gott nur den Menschen als Sozialpartner. Sie merken: das alles sind Züge, die den jüdischen und christlichen Glauben bis heute prägen, schon diese ersten Ahnungen, diese vorsichtigen Annäherungsversuche in der Wüste.

1.1.2 Befreiung

Im Zuge einer globalen Wirtschaftskrise am Beginn des 13. Jahrhunderts v. Chr. ist eine große Gruppe dieser so genannten Hebräer nach Ägypten gezogen, hat die halbnomadisch-kleinbäuerliche Lebensweise in Kanaan aufgegeben und als Fronarbeiter auf ägyptischen Großbaustellen angeheuert. Sozialgeschichtlich ist das vergleichbar mit der Landflucht während der Industrialisierung im 19. Jahrhundert, als viele Menschen ihre Höfe aufgaben und in die neu entstandenen Ballungszentren zogen. Am Übergang vom 1. zum 2. Buch Mose ist in der Josefgeschichte davon die Rede.

Die Hebräer kamen in der neuen Umgebung besser zurecht, als es den Ägyptern lieb sein konnte. Möglicherweise hatte dieser Gott seine Finger im Spiel. Der schien, wie sich im Laufe der Geschichte herausstellte, eine merkwürdige Vorliebe für Unterdrückte zu haben. Den Hebräern ging es besser und schlechter zugleich: einerseits stiegen sie nach zwei, drei Generationen in der Fremde in Führungspositionen auf. Andererseits überstieg die Brutalität der Ägypter nach wenigen Jahrzehnten schon das selbst für Lohnsklaven wirtschaftlich und politisch noch irgendwie Vertretbare oder nur Erklärbare. In den Arbeitslagern Pitom und Ramses starben jedenfalls so viele Hebräer, dass selbst Ägypter ihre Zweifel bekamen.

Wir lesen die Schlüsselszene und den Wendepunkt dieser Geschichte: wie Gott eingreift und einen Namen bekommt.

2. Mose 3

Mose hütete die Schafe und Ziegen seines Schwiegervaters Jitro, des Priesters von Midian. Als er die Herde tief in die Wüste hineintrieb, kam er eines Tages an den Gottesberg, den Horeb. Dort erschien ihm der Engel des HERRN in einer lodernden Flamme, die aus einem Dornbusch schlug. Mose sah nur den brennenden Dornbusch, aber es fiel ihm auf, dass der Busch von der Flamme nicht verzehrt wurde. »Das ist doch seltsam«, dachte er. »Warum verbrennt der Busch nicht? Das muss ich mir aus der Nähe ansehen!« Als der HERR sah, dass Mose näher kam, rief er ihn aus dem Busch heraus an: »Mose! Mose!« »Ja«, antwortete Mose, »ich höre!« »Komm nicht näher!«, sagte der HERR. »Zieh deine Schuhe aus, denn du stehst auf heiligem Boden.« Dann sagte er: »Ich bin der Gott, den dein Vater verehrt hat, der Gott Abrahams, Isaaks und Jakobs.« Da verhüllte Mose sein Gesicht, denn er fürchtete sich, Gott anzusehen. Weiter sagte der HERR: »Ich habe genau gesehen, wie mein Volk in Ägypten unterdrückt wird. Ich habe gehört, wie es um Hilfe schreit gegen seine Antreiber. Ich weiß, wie sehr es leiden muss, und bin herabgekommen, um es von seinen Unterdrückern zu befreien. Ich will es aus Ägypten führen und in ein fruchtbares und großes Land bringen, ein Land, das von Milch und Honig überfließt. Ich bringe es in das Land der Kanaaniter, Hetiter, Amoriter, Perisiter, Hiwiter und Jebusiter. Ich habe den Hilfeschrei der Leute von Israel gehört, ich habe gesehen, wie grausam die Ägypter sie unterdrücken. Deshalb geh jetzt, ich schicke dich zum Pharao! Du sollst mein Volk, die Israeliten, aus Ägypten herausführen.« Aber Mose wandte ein: »Ich? Wer bin ich denn! Wie kann ich zum Pharao gehen und das Volk Israel aus Ägypten herausführen?« Gott antwortete: »Ich werde dir beistehen. Und das ist das Zeichen, an dem du erkennst, dass ich dich beauftragt habe: Wenn du das Volk aus Ägypten herausgeführt hast, werdet ihr mir an diesem Berg Opfer darbringen und mich anbeten.« Mose sagte zu Gott: »Wenn ich nun zu den Leuten von Israel komme und zu ihnen sage: ‚Der Gott eurer Vorfahren hat mich zu euch geschickt', und sie mich dann fragen: ‚Wie ist sein Name?' – was soll ich ihnen sagen?« Gott antwortete: »Ich bin da«, und er fügte hinzu: »Sag zum Volk Israel: ‚Der Ich-bin-da hat mich zu euch geschickt: der HERR! Er ist der Gott eurer Vorfahren, der Gott Abrahams, Isaaks und Jakobs.' Denn ‚HERR' (Er-ist-da) ist mein Name für alle Zeiten. Mit diesem Namen sollen mich auch die kommenden Generationen ansprechen, wenn sie zu mir beten. Geh nun und rufe die Ältesten des Volkes Israel zusammen! Sag zu ihnen: ‚Der HERR, der Gott eurer Vorfahren, ist mir erschienen, der Gott Abrahams, Isaaks und Jakobs. Er hat zu mir gesagt: Ich habe genau gesehen, was man euch in Ägypten antut. Darum bin ich entschlossen, euch aus diesem Land herauszuführen, in dem ihr so unterdrückt werdet. Ich bringe euch in das Land der Kanaaniter, Hetiter, Amoriter, Perisiter, Hiwiter und Jebusiter, ein Land, das von Milch und Honig überfließt.' Wenn du so zu ihnen sprichst, werden die Ältesten des Volkes auf dich hören. Dann musst du mit ihnen zum König von Ägypten gehen, und ihr sollt zu ihm sagen: ‚Der HERR, der Gott der Hebräer, ist uns erschienen. Deshalb wollen wir drei Tagereisen weit in die Wüste gehen und dort dem HERRN, unserem Gott, Opfer darbringen.' Ich weiß, dass der König von Ägypten euch nicht gehen lässt; er wird sich durch keine Macht der Welt dazu zwingen lassen. Aber dann werde ich meine Hand ausstrecken und die Ägypter schlagen, ich werde Schrecken erregende Wunder in ihrer Mitte vollbringen. Und dann wird er euch ziehen lassen. Ich werde sogar dafür sorgen, dass die Ägypter euch wohlgesinnt sein werden und ihr nicht mit leeren Händen wegziehen müsst. Alle Frauen aus Israel sollen sich vor dem Aufbruch von ihren ägyptischen Nachbarinnen Silber- und Goldschmuck erbitten und festliche Kleider. Das können dann eure Söhne und Töchter tragen. Auf diese Weise sollt ihr die Ägypter berauben.«

Wenn Menschen Göttern Namen geben, projizieren sie ihre Vorstellungen, Ängste, Hoffnungen in den Himmel. Gottes wirklicher Name ist anders. Wenn er sich vorstellt, sagt er: mein Name ist „Ich bin für euch da". Das gibt es in keiner Religion! Die Denkrichtung ist umgekehrt – nicht Menschen benennen Gott, sondern Gott wendet sich in einem Namen, der ja mehr als ein Name ist, den Menschen zu.

Den Hebräern konkret, indem er sie durch Mose aus Ägypten befreit. Diese Befreiung ist das Ur-Erlebnis des Gottesvolkes, nur noch vergleichbar mit der Auferstehung Jesu Christi von den Toten. Und nachdem wir den Namen Gottes erfahren haben, lernen wir das Handeln kennen, das ihn zuallererst beschreibt: das Wort „Herausholen" durchzieht seit Ägypten alle jüdischen und christlichen Glaubensbekenntnisse, die das Handeln Gottes an uns beschreiben.

Herausholen, Auferwecken, Befreien aus Sklaverei, Tod, Einsamkeit gehören zu den zentralen Gotteserfahrungen, die das Volk Gottes und jeder einzelne mit diesem Jahwe machen konnte und kann. Mit zwei Begleiterscheinungen von Gottes Herausholen und Befreien aber werden wir uns auseinandersetzen müssen:

Erstens: Als die hebräischen Sklaven zu Tausenden flohen, schickte der ägyptische Herrscher ihnen das Beste hinterher, was an militärischem High Tech damals auf dem Markt war: gepanzerte und doch sehr leichte Streitwagen. Ein Instrument, mit dem man skythische und assyrische Riesenheere besiegt hatte, sollte mit 12.000 bis 15.000 unbewaffneten Männern, Frauen und Kindern fertig werden. Wurde es aber nicht. Und ganz gleich, ob wir das jetzt für historisch halten oder nicht: der Gott, an den wir Juden und Christen glauben, hat nach den Berichten unserer Bibel dieses Ägypterheer im Meer versenkt. Unser ältestes Glaubensbekenntnis, wahrscheinlich der älteste Text im AT überhaupt, lautet: »Singt Jahwe; denn hoch erhob er sich, Pferd und Streitwagenfahrer warf er ins Meer« (2. Mose 15, 21). Wir werden uns damit auseinandersetzen müssen, dass der Gott, der sich zu den kleinen Leuten, Sklaven und Unterdrückten herab beugt, sie herausholt und sehr, sehr zärtlich ist, zu den Unterdrückern, den Mächtigen sehr hart sein kann. Gottes Liebe hat eine zarte Innenseite und eine harte Außenseite. Und jeder Mensch muss entscheiden, auf welcher Seite er stehen will. Würden wir uns selbst einen Gott basteln, hätten wir diesen Gesichtspunkt vielleicht weggelassen. So aber werden wir dazu eine Position beziehen müssen. Dieses Buch soll Ihnen dabei helfen, denn das Thema „Gott und Gewalt" ist aktueller denn je. In den Einheiten über König David und später über Jesus wird es ausdrücklich noch einmal darum gehen.

Zweitens: Wenn wir im 2. Buch Mose weiter lesen, stoßen wir auf ein zweite Problem, das Menschen mit einem befreienden Gott haben: sie haben eine merkwürdige Neigung zur Sklaverei. „Wir wollen zurück", klagen sie nach kurzer Zeit dem Mose, „zurück zu den Fleischtöpfen Ägyptens, in die Sklaverei." Schön ruhig bleiben. Solange ich mich nicht bewege, spüre ich auch meine Kette nicht. Das Geheimnis aber des Lebens, das dieser Jahwe für Sie und mich geplant hat, ist im Symbol „Das gelobte Land, Reich Gottes" zusammengefasst. Darin liegen alle Dinge, die das Leben hell und frei, warm und fröhlich machen: Gemeinschaft, Liebe, Musik, Sexualität, Freiheit und noch mehr. Ich kann auch ohne diese Dinge irgendwie vor mich hin leben. Aber wenn ich dieses gute Leben möchte, das Gott für mich erdacht hat, muss ich mich vom Befreier Jahwe aus der Sklaverei führen lassen. Und noch etwas: dass es in Ägypten Fleischtöpfe gab, stimmt ja gar nicht. Das denkt man nur auf den ersten Metern in der ungewohnten Freiheit, dass früher alles besser war. Hirsebrei und ein 16-Stunden-Tag, das war ägyptische Realität.

Gerechtigkeit 1.1.3

Zwischen der Befreiung aus Ägypten und der Ankunft im gelobten Land lag ein langer Weg durch die Wüste. 40 Jahre dauerte es, wird berichtet. Und manch einer, der aufgebrochen war, hat das Ziel nie erreicht. Auch Mose gehörte zu ihnen. Ihm wurde jedoch deutlich: wenn ich an Gottes Hand durchs Leben gehe, hat mein Leben auch dann einen Sinn, wenn ich meine persönlichen Ziele nicht erreiche. Denn ich habe eine Gesamtperspektive, die über mein kleines Leben hinausweist. Und so ist für mich einer der ergreifendsten Texte der Bibel, als Mose auf den Berg Nebo steigt und Gott zu ihm spricht: „Sieh von dort in das Land Kanaan hinüber, das ich den Israeliten geben werde. Du darfst das Land noch einmal aus der Ferne sehen, aber du wirst selbst nicht hineinkommen."

Vorher aber war in der Wüste noch etwas passiert, das für immer mit dem Namen Mose verbunden sein wird. Auf einem anderen Berg, dem Sinai, empfängt Mose in einer Offenbarung das Gesetz Gottes. Welche mehr oder weniger guten Erinnerungen Sie an das Erlernen der Zehn Gebote im Konfirmandenunterricht auch haben mögen, ob Sie denken, das Gesetz gilt für uns Christen irgendwie nicht so richtig oder was Sie an den Erzählungen vielleicht für historisch halten – all das verblasst hinter der eigentlichen Fragestellung. Und die lautet:

Was werden wir bewahren können von der Erfahrung, befreite Sklaven zu sein? Wie können wir im gelobten Land, wenn wir auf einmal Besitz haben, genauso solidarisch zusammenhalten wie in der Armut der Wüste? Wie werden wir mit Flüchtlingen und Armen umgehen? Und im Kern: werden wir uns auf Gott verlassen oder auf uns selbst?

Gott gab seinem Volk in der Wüste Gebote, damit sie einfache, klare, ehrliche, zum Teilen bereite Menschen bleiben – auch wenn sie nicht mehr wie in der Wüste auf Gedeih und Verderb aufeinander angewiesen und von Gott abhängig sind. Die Gebote sollen bei einer sehr schweren Sache helfen: ein feiner Mensch zu bleiben, auch wenn man zu mehr oder weniger bescheidenem Reichtum kommt. Schauen wir uns einmal ein paar von diesen Geboten an:

2. Mose 23, 1 – 11

»Bring bei einem Gerichtsverfahren keine Gerüchte vor. Lass dich von jemand, der Unrecht getan hat, nicht für eine falsche Zeugenaussage gewinnen. Schließ dich nicht der Mehrheit an, wenn sie auf der Seite des Unrechts steht. Musst du in einer Gerichtsverhandlung als Zeuge aussagen, so beuge dich nicht einer Mehrheit, die das Recht verdreht. Du darfst aber auch nicht den Armen und Schwachen widerrechtlich begünstigen. Wenn du siehst, dass ein Tier deines Feindes sich verlaufen hat, ein Rind oder ein Esel, dann bring es ihm ohne Zögern zurück! Ist der Esel deines Feindes unter seiner Last zusammengebrochen und du kommst gerade dazu, so geh nicht weiter, sondern hilf ihm, das Tier wieder auf die Beine zu bringen. Bei einem Gerichtsverfahren darfst du niemand sein Recht vorenthalten, nur weil er arm ist. Verweigere deine Mitwirkung bei einem betrügerischen Prozess. Verurteile keinen Unschuldigen zum Tod; ein solches Unrecht lasse ich nicht durchgehen. Nimm von den Prozessierenden keine Geschenke an; denn das trübt das Urteilsvermögen und verführt die ehrenwertesten Männer dazu, das Recht zu verdrehen. Beutet die Fremden nicht aus, die bei euch leben. Ihr wisst doch, wie es einem Fremden zumute ist, weil ihr selbst in Ägypten als Fremde gelebt habt.« »Sechs Jahre lang sollst du dein Land bearbeiten und den Ertrag ernten, den es dir bringt. Aber im siebten Jahr lass es brachliegen. Was dann von selbst wächst, sollen die Armen essen, den Rest überlass dem Wild. Ebenso sollst du es mit deinen Weingärten und Ölbäumen halten.

Weiterdenken

Bitte lesen Sie die folgenden Bibeltexte:

1. Mose 28, 10 - 22
1. Mose 26, 1 - 11
2. Mose 3
2. Mose 23, 1 – 11

1. Schlagen Sie die Bibel zu und versuchen Sie, einen der Texte mit eigenen Worten wiederzugeben!
2. Schlagen Sie die Bibel wieder auf und notieren Sie, was Ihnen sofort einleuchtet.
3. Notieren Sie jetzt, was Ihnen unverständlich ist.
4. Gibt es einen Satz oder Gedanken, der Sie ärgert, provoziert, den Sie am liebsten streichen würden? Warum? Was wäre, wenn dieser Satz oder Gedanke fehlt?
5. Was an dem Text dagegen ist schön?
6. Stilleübung: Schließen Sie die Augen und stellen Sie sich irgendeinen Menschen vor. Erklären Sie ihm, was der Text bedeutet: Damals, als er entstanden ist, und heute.

meine Notizen

1.2 Ein Land, mit dem kein Staat zu machen ist

1.2.1 Der Zwölferbund

Die Befreiungserfahrung der ägyptischen Sklavengruppe bildet so eine Art Kristallisationspunkt dafür, dass aus den hebräischen Stämmen ein Volk wurde, das Volk Israel. Das war der Name, den Jahwe seinem Volk gegeben hatte, Israel – Gotteskämpfer, die mit Gott Kämpfenden, Ringenden. Vielleicht deshalb, weil dieser Jahwe nicht so sehr fromme Dulder sucht, sondern Menschen, die sich mit ihm auseinandersetzen, mit ihm ringen wie Jakob am Flussufer bis in den frühen Morgen (1. Mose 32, 23-33). Diese rechtlosen Außenseiter hatten in Ägypten und in der Wüste Erfahrungen gemacht, die man nur als Gotteserfahrungen deuten kann.

Sie werden mit den beiden Polen Befreiung und Gerechtigkeit beschrieben: Befreiung heißt, niemals wieder in sklavische Abhängigkeit zu geraten, von keiner Macht, keinem Menschen, nicht einmal von der eigenen Angst. Befreiung heißt: sich an diesen Jahwe und an sein Versprechen „ich bin für dich da" zu binden. Alles andere führt in Unfreiheit.

Gerechtigkeit heißt, mit Gottes Geboten eine Gemeinschaft aufzubauen, in der jeder bereit wäre, der Letzte zu sein. Weil die Gemeinschaft so organisiert ist, dass es nicht schlimm ist, unten zu stehen. Und gleichzeitig eine Gemeinschaft, in der jeder dem anderen gönnt, erster zu sein. Weil erster sein nicht beherrschen und unterdrücken meint. Sondern Verantwortung übernehmen.

Zwölf Hebräerstämme hatten sich gebildet in den 300 Jahren seit Abraham, Isaak und Jakob, sie nannten sich nach den zwölf Söhnen Jakobs. Große Stämme wie Josef, Juda und Ephraim, kleine Stämme wie Naftali und Issachar – was übersetzt Fronarbeiter bedeutet. Die meisten von ihnen waren in Ägypten gewesen und sagten sich nach ihrer Jahwe-Erfahrung dort und in der Wüste: ohne Freiheit und Gerechtigkeit wollen wir nicht mehr leben. Sie schlossen miteinander und mit diesem Jahwe einen Bund, den Zwölferbund. Mehr als ein loser Stämmeverband, aber noch kein Staat im eigentlichen Sinn. Dieser Zwölferbund hatte zwei Funktionen:

Die erste Funktion war ein militärisches Notbündnis. Anders als die kanaanäischen Stadtstaaten, die nach wie vor das Land beherrschten, teilweise sogar anders als ägyptische Militärbasen, hatten die hebräischen Kleinbauern kein stehendes Heer. Im Fall der Bedrohung tauschten sie Pflug gegen Schwert und hatten normalerweise keine Chance gegen die kanaanäischen Berufssoldaten. Aber wenn sich alle 12 Stämme zusammentaten, gelang es doch das eine oder andere Mal, auch die kleinen und kleinsten Stämme zu beschützen. Unter der Führung charismatischer Persönlichkeiten, der sogenannten großen Richter, wurden auch Siege erzielt wie gegen die Megafestung Jericho, die man alleine mit dem Verstand nicht erklären kann. Die berühmteste und wichtigste unter den großen Richtern war eine Frau, Debora. Die großen Richter wie das Heer waren aber keine Ämter oder feste Institutionen: war der Krieg vorbei, gingen alle wieder auf den Acker, und der große Richter ging zurück zu seinem Kleinvieh. Wenn man die Bibel, also hier die Josua- und Richterbücher, genau liest, merkt man: eine flächendeckende Eroberung des gelobten Landes, sozusagen in einem Streich, hat es nie gegeben. Es handelt sich eher um eine langsame Sesshaftwerdung erst noch halbnomadischer Hebräer, die erst über die Jahrhunderte mit ihrer Kultur, Politik und Religion das Land immer mehr prägen und bestimmen.

Die zweite Funktion des Zwölferbundes war, in regelmäßigen gottesdienstlichen Zusammenkünften Gott nach dem richtigen Weg unter den neuen Bedingungen zu fragen. Man traf sich in so einer Art Stammestreffen auf Landtagen an Zentralheiligtümern, Sichem etwa oder in Bethel, dort wo Jakob auf der Flucht übernachtet hatte. Diese Treffen wurden von den sogenannten kleinen Richtern geleitet. Der richtige Weg unter neuen Bedingungen, das hieß zu fragen: was sagt eigentlich der Wüstengott Jahwe zum Ackerbau? Das war ja eine neue Erfahrung für den Nomaden, auf einmal einen Acker zu haben. Der kanaanäische Nachbar hatte einen anderen Gott, den Baal, einen Fruchtbarkeitsgott. Und ihm zu Ehren wurden Mazzeben, Steinsäulen wie Phallussymbole, aufgestellt und vor potenten Stierbildern niedergekniet, damit Baal mit seinem Himmelssperma für eine gute Ernte sorgte. Sie können sich die leichte Irritation bei unserem israelischen Kleinbauern gut vorstellen. Hatte ihr Wüstengott Jahwe auch irgendwelche hilfreichen Angebote? Oder im rechtlichen Bereich: Landbesitz bedeutet immer, dass Kapital anfängt zu wandern, sich irgendwo zu sammeln und anderswo zu fehlen. Der eine Bauer hat mehr Glück und Geschick und ist vielleicht auch fleißiger. Und irgendwann kauft er die Äcker seiner Nachbarn und stellt sie als Arbeiter ein. In den kanaanäischen „Groß"-Städten gab es ein gut funktionierendes hierarchisches System bis hinunter zu rechtlosen Fronarbeitern und Sklaven, auch gab es bereits Geldwirtschaft mit der Möglichkeit, sehr reich zu werden oder in Schuldknechtschaft zu geraten. Wollte man das in Israel auch, wollte man das altisraelitische Gottesrecht aufgeben, um sich an die neue Situation anpassen zu können? Es gehört zu den größten kulturgeschichtlichen Leistungen der Menschheit, wie es Israel im Zwölferbund gelungen ist, Antworten auf diese Fragen zu finden, am Jahwe-Glauben festzuhalten, besser gesagt, Jahwe unter anderen Bedingungen zu entdecken und religiös, politisch und juristisch Möglichkeiten zu finden, die Israel am Ende sogar stärker machten als das kanaanäische System. Trotz des einen oder anderen Krieges: Kanaan ist von Israel nicht militärisch besiegt worden, sondern hat sich in das humanere und lebensfähigere religiöse und politische System aufgelöst. Zumindest eine Zeit lang, wie wir noch sehen werden.

Ich nenne einige wenige Beispiele, an denen deutlich wird, wie sich Antwroten, die man durch theologisches Nachdenken und Gebet gefunden hat, politisch und wirtschaftlich auswirken:

Erstes Beispiel: Auf dem Landtag zu Sichem fand man das Glaubensbekenntnis „Jahwe hat uns das Ackerland gegeben, wie er es unseren Vätern Abraham, Isaak und Jakob versprochen hat." Diese entscheidende Erkenntnis, dass das gelobte Land von Jahwe gegeben war, war eine Befreiung in zwei Richtungen:

Religiös war man befreit davon, Baal zu fürchten und seine Fruchtbarkeit anzubeten. Fruchtbarkeit war zur guten Gabe Gottes geworden, ist aber nicht selbst als Gott zu verehren. Man konnte viel nüchterner und erfolgreicher über die Natur und die Landwirtschaft nachdenken und entwickelte mit Jahwes Hilfe einen Vorläufer der Dreifelderwirtschaft anstatt den Erfolg davon zu erwarten, dass irgendein Priester unter großem Geschrei die Asche eines toten Stieres in den Wind pustet.

Wirtschaftlich legte man in Geboten fest: wenn Land eine Gabe Gottes an jeden Israeliten ist, dann ist es unverkäuflich und steht auch im Falle von Verschuldung nicht zur Disposition. Kein Israelit verlor je sein Land. Deswegen war der Zwölfstämmebund der Hebräer nicht derart von sozialen Unterschieden zerrissen wie die kanaanäischen Stadtstaaten – die an dieser Zerrissenheit letztlich ohne fremdes Zutun zugrunde gingen.

Zweites Beispiel, es klang im Ackerbau schon an: das Ruheprinzip. Kein Volk, keine Religion kannte einen alle sieben Tage wiederkehrenden Ruhetag. Und weil Israel merkte: das ist ein Riesengeschenk und ein viel besserer Lebensrhythmus, wandte man es auf immer mehr Lebensbereiche an, auf Tiere, auf Ackerbau und dann auch auf die Volkswirtschaft. Alle 7 und alle 7 x 7 = 49 Jahre wurden bestimmte Zähler auf Null gestellt: alle Sklaven in die Freiheit entlassen, die Schuldzinsen – nicht die Investitionszinsen – galten als getilgt. Israel hatte nichts von dem Fatalismus mancher orientalischer Religionen, jede Generation konnte wieder von vorne anfangen, jeder bekam eine Chance und wenn es sein musste, eine zweite. Das Israel der Frühzeit entwickelte aus den Geboten Gottes das, was man heute eine „flache Hierarchie" nennt, selbst die großen Richter waren kleine Leute.

Drittes Beispiel und Grundvoraussetzung: es gab nur einen Gott, Jahwe, keinen Götterhimmel mit himmlischem Hofstaat, keine Despoten im Himmel und auf Erden, die man wie Götter verehren musste. Seit Ägypten ging der Israelit vor niemandem mehr auf die Knie außer vor seinem Gott. Auf den Landtagen des Zwölferbundes entwickelte man aus diesem 1. Gebot alle weiteren, bis hinein ins konkrete menschliche Recht: wenn es nur einen Gott gibt und sonst keinen, im Himmel und auf Erden, dann sind juristisch alle Menschen gleich. Im Prozess etwa darf es – so die hebräische Formulierung – „kein Ansehen der Person" geben. Daraus entwickelte man ein Armenrecht und in Erinnerung an die eigene Flucht das erste Asylrecht der Welt.

Lassen Sie uns mal reinhören, wie es auf so einem Landtag zuging. Josua berichtet vom Landtag zu Sichem:

Josua 24, 1 – 28

Josua rief alle Stämme Israels zu einer Versammlung nach Sichem. Er ließ alle Ältesten, Oberhäupter, Richter und Aufseher kommen und sie stellten sich vor Gott auf. Dann sagte Josua zum ganzen Volk: »So spricht der HERR, der Gott Israels: ‚Vor langer Zeit wohnten eure Vorfahren auf der anderen Seite des Eufratstromes und verehrten fremde Götter. Das ging so bis zu Terach, dem Vater Abrahams und Nahors. Aber dann holte ich euren Stammvater Abraham aus dem Land jenseits des Eufrats und ließ ihn im ganzen Land Kanaan umherziehen. Ich gab ihm Nachkommen durch seinen Sohn Isaak. Diesem gab ich zwei Söhne, Jakob und Esau. Esau wies ich das Bergland Seïr als Besitz an; Jakob und seine Söhne wanderten nach Ägypten aus. Zu den Nachkommen Jakobs, euren Vorfahren, schickte ich Mose und Aaron und ließ über Ägypten schweres Unheil kommen. Ich führte eure Vorfahren aus Ägypten heraus und brachte sie bis ans Schilfmeer. Als die Ägypter mit ihren Streitwagen hinter ihnen herjagten, schrien sie in ihrer Not zu mir um Hilfe. Da ließ ich zwischen ihnen und den Ägyptern eine undurchdringliche Finsternis entstehen, und dann ließ ich die Wellen des Meeres über den Ägyptern zusammenschlagen, sodass sie ertranken. Ihr wisst alle genau, wie die Ägypter meine Macht zu spüren bekamen. Dann seid ihr lange Zeit in der Wüste geblieben, bis ich euch in das Land der Amoriter östlich des Jordans brachte. Sie leisteten euch Widerstand, aber ich gab sie in eure Hand und ihr konntet ihr Land in Besitz nehmen. Ich selbst vernichtete sie vor euch. Auch Balak, der Sohn Zippors, der König der Moabiter, stellte sich euch in den Weg. Er ließ Bileam holen, den Sohn Beors, damit er euch verfluchen sollte. Aber ich erhörte Bileams Gebet nicht. Gegen seinen Willen musste er euch segnen und so rettete ich euch vor seinen Anschlägen. Dann habt ihr den Jordan überschritten und seid bis vor Jericho gekommen. Auch die Einwohner Jerichos kämpften gegen euch, aber ich gab sie in eure Hand und ebenso alle anderen Einwohner des Landes, die Amoriter, Perisiter, Kanaaniter, Hetiter, Girgaschiter, Hiwiter und Jebusiter. Ich sandte einen gewaltigen Schrecken vor euch her, der vertrieb sie vor euch, genau wie zuvor die beiden Amoriterkönige auf der anderen Seite des Jordans. Mir habt ihr das zu verdanken und nicht eurem Schwert und eurem Kriegsbogen! Dann gab ich euch dieses Land, um das ihr euch nicht gemüht habt, und seine Städte, die ihr nicht gebaut habt. Ihr wohnt darin und esst Trauben von Weinstöcken und Oliven von Bäumen, die ihr nicht gepflanzt habt.'« »Darum nehmt nun den HERRN ernst und ehrt ihn«, fuhr Josua fort, »dient ihm mit ganzer Treue! Trennt euch von den Göttern, die eure Vorfahren jenseits des Eufrats und in Ägypten verehrt haben, und dient dem HERRN! Wenn ihr dazu nicht bereit seid, dann entscheidet euch heute, wem sonst ihr dienen wollt: den Göttern, die eure Vorfahren im Land jenseits des Eufrats verehrt haben, oder den Göttern der Amoriter, in deren Land ihr jetzt lebt. Ich und meine ganze Hausgemeinschaft sind entschlossen, dem HERRN zu dienen.« Das Volk antwortete: »Wie kämen wir dazu, den HERRN zu verlassen und anderen Göttern zu dienen? Der HERR, unser Gott, hat unsere Väter aus der Sklaverei in Ägypten herausgeführt, und wir kennen all die Staunen erregenden Wundertaten, die er dabei vollbracht hat.

Auf dem ganzen Weg hierher, quer durch das Gebiet fremder Völker, hat er uns beschützt. Vor uns her hat er alle Völker vertrieben, auch die Amoriter, die früher hier wohnten. Darum wollen wir dem HERRN dienen; er allein ist unser Gott!« Aber Josua sagte zu ihnen: »Stellt euch das nicht so leicht vor, dem HERRN zu dienen; denn er ist ein Gott, der durch und durch heilig ist, ein Gott, der leidenschaftlich liebt und von euch ungeteilte Liebe erwartet. Er wird es euch nicht verzeihen, wenn ihr ihm nicht treu bleibt. Wenn ihr ihn verlasst und anderen Göttern folgt, werdet ihr ihn ganz anders kennen lernen: Er wird euch nicht mehr Gutes erweisen wie bisher, sondern Böses, und wird euch völlig vernichten.«Aber das Volk antwortete: »Doch! Wir wollen dem HERRN dienen!« Da sagte Josua: »Ihr seid Zeugen gegen euch selbst, dass ihr euch für den HERRN entschieden habt und ihm dienen wollt.« »So ist es!«, sagten sie. »Dann schafft die fremden Götter fort, die ihr noch bei euch habt!«, sagte Josua. »Wendet euch mit ganzem Herzen zum HERRN, dem Gott Israels!« Das Volk antwortete: »Wir wollen dem HERRN, unserem Gott, dienen und auf seine Weisungen hören.« So verpflichtete Josua an diesem Tag in Sichem die Israeliten zum Gehorsam gegen den HERRN und legte ihnen die Gebote und Rechtsordnungen vor, nach denen sie leben sollten. Er schrieb alles in das Gesetzbuch Gottes. Dann nahm er einen großen Stein und stellte ihn dort unter der Eiche beim Heiligtum des HERRN auf. »Seht diesen Stein!«, sagte er zum Volk. »Er steht da als Zeuge gegen uns; denn er hat alles gehört, was der HERR heute zu uns gesprochen hat. Er soll euch an alles erinnern, damit ihr eurem Gott nicht untreu werdet.« Josua entließ das Volk und jeder kehrte auf seinen Erbbesitz zurück.

„Einen König wie die anderen Völker" 1.2.2

Um das Jahr 1000 v. Chr. erzwang ein äußeres Ereignis eine Neuorganisation des sehr zerbrechlichen Gebildes des Zwölferbundes: die Landung eines großen Seevolkes an der palästinensischen Küste. Die Philister brachten neben einer neuen, überlegenen Militärtechnik einen bisher in der Region noch unbekannten Eroberungswillen mit.

Den Stadtstaaten Kanaans war es nur um wirtschaftliche Macht gegangen. Die durch Metallrüstung und Körpergröße – vielleicht kennen Sie Goliath – sehr furchteinflößenden Philister bildeten fünf Stadtstaaten und wollten Land erobern. Nach etwas holprigen Anfängen unter König Saul war es David, der durch gewaltige Veränderungen dessen, was einmal Israel gewesen war, einen Staat aufbaute, der den Philistern nicht nur gewachsen war, sondern Israel zu einem Großreich ausbaute, nicht viel kleiner als die damaligen Weltmächte.

David, Hirtenjunge aus einem Dorf namens Bethlehem, später Anführer einer Söldnertruppe mit zweifelhaftem Ruf – die Bibel spricht von Räuberbande – kämpfte mal für diese, mal für jene, manchmal auch für Israel, die meiste Zeit aber für die Philister. Von denen lernte er neue Kriegstechniken und ließ sich nicht nur gut bezahlen, sondern auch mit modernster Rüstung ausstatten.

Als er zu mächtig wurde mit seiner Truppe – sie nannten sich die „Kreti und Pleti" – kam es zum Zerwürfnis mit den Philistern. David eroberte eine bis dahin unbekannte Kleinstadt zwischen Nord- und Südisrael, dort wohnte bis dahin der Kanaanäerstamm der Jebusiter. David baute sie zu seiner persönlichen Festungsstadt mitten in Israel, stürzte König Saul und ließ sich zum König Israels machen. Die Berichte in den Samuelbüchern lassen durchblicken: es blieb Israel gar nicht viel anderes übrig, als David zum König zu machen.

Erwähnte ich schon den Namen der unbedeutenden Kleinstadt? Nun, es war Jerusalem. Dorthin überführte er Zelt und Bundeslade mit den Zehn Geboten, und sein durch Intrigen an die Macht gekommener Sohn Salomo baute einen Tempel, ein Staatsheiligtum, wie es Israel bisher nicht kannte. Am Tempel arbeiteten kanaanäische Priester, die Zaddokiten, bis ins NT als Sadduzäer bekannt.

Im nächsten Kapitel werden wir diese gewaltige Veränderung noch einmal näher beleuchten, aber Sie ahnen vielleicht jetzt schon, wie sich innerhalb von zwei Generationen der offizielle Glaube Israels radikal gewandelt hat: hier die charismatischen Richter – dort zaddokidische Priester als Staatsbeamte. Hier das Heiligtum als Wüstenzelt mit den Zehn Geboten – dort ein Staatstempel, sozusagen als Anbau zum Königspalast.

Was aber waren die politischen Veränderungen, welche Rückkopplungen hatten sie mit der Religion? Ich brauche nur weniges anzudeuten, Sie werden selbst 1+1 zusammenzählen können, um das Ergebnis zu errechnen:

[1] Erstmals gab es in Israel Beamte, für Hof und Heer zuständig, für die Schulen eingerichtet wurden, die mit Steuern der arbeitenden Bevölkerung bezahlt werden mussten. Listen im 2. Samuelbuch zählen 14 verschiedene Berufsklassen unter den Beamten.

[2] Das Bauernheer des Zwölferbundes verlor völlig an Bedeutung, Davids Söldnertruppe – die Kreti und Pleti blieben seine Leibwache – wurde zur Berufsarmee ausgebildet, von Salomo durch Streitwagenbataillone ergänzt. Das war außenpolitisch vielleicht notwendig, veränderte aber vollkommen die politische Kultur im Land. Da zwischen militärischen und politischen Einsätzen nicht mehr unterschieden wurde, war Opposition gegen den König unmöglich. Auch das Berufsheer musste finanziert und ernährt werden, ohne direkt etwas zu erwirtschaften.

[3] David und seine Nachfolger hatten auch wirtschaftspolitisch kein Interesse an der Bewahrung der altisraelitischen Traditionen, die eher auf Ausgleich bedacht waren – etwa durch Unverkäuflichkeit des Landbesitzes oder Schuldenerlass. Das kanaanäische Wirtschaftssystem mit Großgrundbesitz, Schuldknechtschaft usw. setzte sich nicht nur durch, sondern wurde durch das königliche System mit Heer und Beamten sogar noch verstärkt, es kam zu Enteignungen, auf Staatsbaustellen mussten israelitische Bauern als Fronarbeiter Dienst tun – die Konstrukteure aber des Tempels waren etwa phönizische Bauingenieure.

Samuel, der letzte Richter, ahnte das alles bereits schon. Lassen Sie uns seine Befürchtungen lesen:

1. Samuel 8, 11 – 18

Er sagte: »Ihr müsst euch im Klaren darüber sein, welche Rechte ein König für sich in Anspruch nehmen wird. Er wird eure Söhne in seinen Dienst holen, damit sie für seine Pferde und Wagen sorgen und vor ihm herlaufen, wenn er ausfährt. Einen Teil wird er zu Hauptleuten und Obersten machen, andere müssen seine Felder bestellen und abernten, wieder andere Waffen und Streitwagen herstellen. Auch eure Töchter wird er an seinen Hof holen, damit sie für ihn kochen und backen und ihm Salben bereiten.Die besten Felder, Weinberge und Ölbaumpflanzungen wird er euch wegnehmen und seinen Beamten geben. Von dem Ertrag eurer Felder und Weinberge wird er den zehnten Teil eintreiben und damit seine Hofleute und Diener bezahlen. Auch von euren Schafen und Ziegen wird er den zehnten Teil für sich nehmen. Eure Knechte und Mägde, eure besten jungen Leute und auch eure Esel wird er für sich arbeiten lassen. Ihr alle werdet seine Sklaven sein! Wenn es so weit ist, würdet ihr den König, den ihr jetzt verlangt, gerne wieder loswerden. Dann werdet ihr zum HERRN schreien, aber er wird euch nicht helfen.«

Wie ein Politkrimi liest sich die Deutung, die diese Ereignisse in der Bibel gefunden haben. Und um eines bitte ich Sie: egal, ob Sie mal auf einer Kanzel stehen, eine Kindergottesdienststunde halten oder die Bibel für sich privat lesen: lesen Sie zwischen den Zeilen, versuchen Sie herauszubekommen, wie souverän und genial die Bibel diese ungeheuren politischen Vorgänge vom Glauben her deutet.

Ich will Ihnen dazu gleich ein paar aufschlussreiche Ideen geben. Vorher aber wollen wir sehen, wie es mit der Zeit der Könige in Israel weiter- und zu Ende ging.

Das Großreich Davids zerfiel schon nach Salomos Tod. Die zehn Stämme Israels im Norden fragten sich – und diese Frage ist wie eine Parole in den Samuel- und Königebüchern aufgezeichnet: „Was haben wir eigentlich mit Davids Privatkönigtum zu tun?" Sie sagten sich von Jerusalem los und gründeten ein eigenes Königreich im Norden.

Der Süden blieb mit den Stämmen Juda und Benjamin unter der Herrschaft der David-Dynastie, selbstverständlich mit Jerusalem als Hauptstadt. Das Leben im Süden war innenpolitisch unfreier, außenpolitisch stabiler. Im Norden gab es keine Dynastie, es gab mehr Freiheit, aber auch mehr Unruhen und Kämpfe, auch religiöser Art. Kaum ein König starb eines natürlichen Todes, manche regierten nicht einmal ein Jahr.

Im 8. Jahrhundert v. Chr. fielen die Assyrer in Israel ein, eroberten den Norden und zerschlugen diesen Staat. Wer nicht in den Süden fliehen konnte, wurde umgesiedelt, das Nordreich Israel hörte auf zu existieren.

Hundertvierzig Jahre länger hatte das Südreich Bestand, mit allen, die aus dem Norden geflohen waren. Im 6. Jahrhundert v. Chr. waren es die Babylonier, die auf ihrem Weg nach Ägypten Jerusalem eroberten und völlig zerstörten, ähnlich wie zuvor die Assyrer den Norden. Ein entscheidender Unterschied aber, mit ganz weitreichenden Folgen für die weitere Entwicklung: Die Babylonier ließen einen Teil der Israeliten in Juda wohnen, einen großen Teil deportierten sie als geschlossene Gruppe nach Babylon. Dieser Tatsache ist nicht nur zu verdanken, dass das Volk Israel bestehen blieb, sondern vor allem: dass es als Gruppe reflektierte, wie es dazu kommen konnte, dass man jetzt, wie es in der Bibel heißt „an den Wassern Babylons sitzt und weint", wo doch bei David alles so großartig begonnen hatte.

Die Erkenntnisse, die man beim Beten und Nachdenken im Exil gewonnen hatte, prägen das Alte Testament theologisch am stärksten. Der Kerngedanke wirkt bis ins Neue Testament hinein: dass es Rettung nur durch die Krise hindurch gibt, nicht an ihr vorbei.

Die Reflexion, das Nachdenken hat aber schon viel früher angefangen. Die Menschen, die die Bibel geschrieben haben, waren ja keine Historiker, die einfach nur die Geschichten von Königen und Kriegen notiert haben. Das AT mit seinen wunderbaren und schrecklichen Geschichten will die Spuren Gottes aufzeigen und nachweisen, mitten in einer Welt, so wie sie ist: nämlich wunderbar und schrecklich. Die Bibel ist weder reines Geschichtsbuch noch allein religiöse Erbauungsliteratur. Die Bibel will uns vielmehr die Augen öffnen, wie Gott in der Geschichte wirkt.

In der Zeit, in der Israel versuchte, ein Staat wie andere Staaten zu sein, lassen sich in der Bibel ein paar Schlüsselerkenntnisse finden:

[1] Die Bibel schildert die Wirklichkein ungeschönt: dass David ein wunderbarer Freund und gleichzeitig ein mieser Kerl sein konnte, dass Salomo ein weiser Politiker war und gleichzeitig seine eigenen Leute versklavte, um Palast und Tempel zu bauen: das alles wissen wir aus der Bibel. Könige und Menschen werden weder verherrlicht noch verteufelt, sie sind so wie Sie und ich: manchmal ganz fein und manchmal unausstehlich. Solche Schilderungen sind deshablb auszuhalten, weil über uns ein Gott ist, der uns wunderbar und fein gewollt hat. Aber der uns auch noch liebt, wenn wir schrecklich und unausstehlich sind. Im nächsten Kapitel werden uns dazu die Augen aufgehen.

[2] Weil die Bibel eigentlich Geschichte Gottes ist, atmet sie eine unglaubliche Freiheit im Umgang mit Macht und Autorität. Kein Volk der Welt hat so mutig und so ohne Angst von seiner Regierung geschrieben – ohne, und das ist genauso wichtig, die Menschen zu verachten, die Verantwortung und Macht übernommen haben.

[3] Die Bibel orientiert sich daran, wie Gott früher gehandelt hat. In der Zeit der Könige wird die ganze Geschichte noch mal aufgeschrieben, von Abraham, von der Zeit in der Wüste. Kritische Hofbeamte waren es, die von Gott Klarheit haben wollten: wo kommen wir her, was sind unsere Wurzeln, und wo sind wir gelandet? Aber man verlor sich nicht in verklärender Erinnerung: schon Jakob war ein Schlitzohr und hat seinen Bruder betrogen, Josephs Brüder waren gewissenlose Schurken und Mose ein Mörder. Orientierung gewinnt man nicht, indem man alte Zeiten verherrlicht, sondern indem man fragt: wie hat Gott damals gehandelt und was könnte heute sein Weg sein? Und dann machte man die Erfahrung, dass Jahwe durchaus auch in diesem Jerusalemer Tempel sein konnte, dass er auch in einem Königreich wirken und handeln kann, ganz neu und doch ganz vertraut.

[4] Die Bibel ist ein Protokoll des Widerstands gegen alles Un-Menschliche und Gott-lose. Sie erinnert an die, die sich gewehrt haben, wo Unrecht geschieht: an Nathan, den weisen Gottesmann, den großen Gegenspieler Davids, an die Nasiräer und Rekabiten, die sich aus Protest wie Mönche in die Wüste zurückzogen. Aber vor allem an die Propheten: Elisa und Elia, Jesaja und Amos, Hosea und Jeremia, die ohne Rücksicht auf Leben und Gesundheit gegen Ausbeutung der Armen und heuchlerische, prunkvolle Gottesdienste protestierten, die an die guten, solidarischen Traditionen des alten Israel erinnern. Und als die gewaltigen Heere der Assyrer und später der Babylonier nahen, rufen sie nicht mit den bezahlten Beamtenpriestern: „Gott mit uns!", sondern sie wagen, das Unaussprechliche zu glauben, zu denken und dann auch auszusprechen: Gott ist mit den Assyrern und Babyloniern. Er benutzt sie, um unseren Tempel, unseren Staat, unseren Stolz zu zerschlagen. Gott will nicht uns zerstören. Er will nur die Mauern einreißen, die wir zwischen ihm und uns aufgebaut haben. Und wenn es Kirchen-, ich meine, Tempel-Mauern sind. Dieser Glaube der Propheten hat es Israel ermöglicht, im Exil, in der Babylonischen Gefangenschaft, zu überleben. Ein Glaube, der nicht auf eigene Stärke, Leistung und Sicherheit baut. Sondern der sich in Fremde und Bedrohung in Gott geborgen weiß. In der Gefangenschaft in Babylon scheint der heimatlose Glaube Abrahams wieder durch, der über sich keine steinernen Tempel, sondern nur ein Sternenzelt weiß. In Babylon leuchtet der Glaube des Menschensohns Jesus schon auf, der morgens nicht weiß, wo er am Abend sein Haupt niederlegen soll.

Bevor wir ins Exil gehen, wollen wir Abschied nehmen von der Zeit, als Israel ein Königreich war, mit einer Geschichte, die uns den Abschied nicht schwer macht und den Königen nicht hinterher trauern lässt. Lesen wir im ersten Buch der Könige:

1. Könige 21, 1 – 19

Nach einiger Zeit geschah Folgendes: König Ahab von Samaria hatte in der Stadt Jesreel einen Palast. Unmittelbar daneben lag ein Weinberg, der einem Einwohner der Stadt namens Nabot gehörte. Eines Tages sagte der König zu Nabot: »Überlass mir deinen Weinberg! Er grenzt direkt an meinen Palast und wäre gerade der rechte Platz für einen Gemüsegarten. Ich gebe dir dafür einen besseren, oder wenn es dir lieber ist, bezahle ich ihn dir in gutem Geld.« Aber Nabot erwiderte: »Der HERR bewahre mich davor, dass ich dir den Erbbesitz meiner Vorfahren gebe!« Der König war verstimmt und zornig, weil Nabot ihm eine solche Antwort gegeben hatte. Er ging in den Palast, legte sich auf sein Bett und drehte sich zur Wand; er rührte keinen Bissen an. Seine Frau Isebel ging zu ihm hinein und fragte: »Warum bist du so verstimmt? Warum isst du nichts?« Ahab antwortete: »Mehr als einmal habe ich Nabot aus Jesreel zugeredet und gesagt: ‚Gib mir deinen Weinberg! Ich bezahle ihn dir, oder wenn es dir lieber ist, gebe ich dir einen andern dafür.' Aber er bleibt dabei: ‚Meinen Weinberg bekommst du nicht!'« Da sagte seine Frau Isebel zu ihm: »Bist nicht du der König im Land? Steh auf, sei wieder vergnügt und lass es dir schmecken! Ich werde dir Nabots Weinberg schon verschaffen.« Sie schrieb im Namen Ahabs an die Ältesten und die einflussreichen Männer in Jesreel, Nabots Mitbürger, und versah die Briefe mit dem königlichen Siegel. Die Briefe lauteten: »Ruft einen Bußtag aus! Lasst die Bewohner der Stadt zusammenkommen und gebt Nabot einen der vordersten Plätze. Setzt ihm zwei gewissenlose Männer gegenüber, die als Zeugen gegen ihn auftreten und sagen: ‚Du hast Gott und dem König geflucht!' Dann führt ihn vor die Stadt hinaus und steinigt ihn.« Die Ältesten der Stadt und die einflussreichen Männer,

Nabots Mitbürger, machten alles genau so, wie Isebel es in ihren Briefen verlangt hatte. Sie riefen die Bürger der Stadt zu einer Bußfeier zusammen und ließen Nabot ganz vorne sitzen. Ihm gegenüber saßen die beiden Schurken. Sie standen als Zeugen gegen Nabot auf und erklärten: »Nabot hat Gott und dem König geflucht!« Nabot wurde vor die Stadt hinausgeführt und gesteinigt. Dann ließen die Ältesten der Stadt Isebel melden: »Nabot ist tot, man hat ihn gesteinigt.« Als Isebel die Nachricht erhielt, sagte sie zu Ahab: »Auf, nimm den Weinberg in Besitz! Dieser Nabot aus Jesreel, der sich geweigert hat, ihn dir zu verkaufen – er lebt nicht mehr, er ist tot!« Als Ahab hörte, dass Nabot tot war, ging er sofort hinunter, um Nabots Weinberg in Besitz zu nehmen. Da erging das Wort des HERRN an den Propheten Elija aus Tischbe. Der HERR sagte zu ihm: »Auf, geh zu Ahab, dem König von Israel, der in Samaria regiert! Er ist gerade in den Weinberg Nabots hinuntergegangen, um ihn in Besitz zu nehmen. Sage zu ihm: ‚Erst mordest du und dann raubst du! So spricht der HERR: Wo die Hunde das Blut Nabots aufgeleckt haben, dort werden sie auch dein Blut auflecken.'«

Wer hat Geschichten wie diese gesammelt? Wer hat die ganze Geschichte Israels aufgeschrieben, von 1. Mose bis 2. Könige, wer fing an, Bücher über die großen Propheten zusammenzustellen, ihre mutigen Worte aufzuschreiben?

Wir nehmen heute an, dass es fortschrittliche, oppositionelle Priester und Leviten, also Nachkommen des Mosebruders Aaron, und nicht die Staatsbeamten der Zaddokiten waren, die dieses Riesenwerk schufen und in Predigten kommentierten.

Josia, einer der letzten Könige Judas, war einer der wenigen Könige, der die ganze Entwicklung auch kritisch sah. Er unterstützte die levitischen Oppositionellen, begann sogar mit Reformen. Vieles war dem König selbst neu: vor lauter Tempel und heiliger Stadt Jerusalem und David-Traditionen hatte man die alten Überlieferungen von Abraham und Sklaverei in Ägypten, vom Exodus und vom Zwölfstämmebund vollkommen vergessen. Selbst die Propheten des Südreiches, wie etwa Jesaja, wussten von alledem nichts mehr.

Wir nehmen an, dass die Leviten zum Teil Flüchtlinge aus dem Norden waren, dort waren die altisraelitischen Traditionen noch sehr präsent, wie die Nordreich-Propheten wie z.B. Hosea zeigen. Vielleicht war er selbst auch einer dieser Flüchtlinge.

In unserer Bibel steht das direkt nebeneinander: „Jerusalem, du hochgebaute Stadt" (Süden) und „Mein Vater war ein umherirrender Nomade" (Norden). Achten Sie einmal beim Lesen des AT darauf und fragen Sie sich: wo kommt eigentlich Ihr Glaube her? Aus der Wüste oder aus Jerusalem?

Bitte lesen Sie die folgenden Bibeltexte:

Weiterdenken

Josua 24, 1 - 28
1. Samuel 8, 11 - 18
1. Könige 21, 1 - 19

1. Schlagen Sie die Bibel zu und versuchen Sie, einen der Texte mit eigenen Worten wiederzugeben!
2. Schlagen Sie die Bibel wieder auf und notieren Sie, was Ihnen sofort einleuchtet.
3. Notieren Sie jetzt, was Ihnen unverständlich ist.
4. Gibt es einen Satz oder Gedanken, der Sie ärgert, provoziert, den Sie am liebsten streichen würden? Warum? Was wäre, wenn dieser Satz oder Gedanke fehlt?
5. Was an dem Text dagegen ist schön?
6. Stilleübung: Schließen Sie die Augen und stellen Sie sich irgendeinen Menschen vor. Erklären Sie ihm, was der Text bedeutet: Damals, als er entstanden ist, und heute.

meine Notizen

1.3 „An den Wassern Babylons saßen wir und weinten“

Josias Reformen kamen zu spät: 587 v. Chr. – das ist die einzige Jahreszahl, die Sie sich merken sollten – erobern die Babylonier Palästina, zerstören die politische und religiöse Infrastruktur und deportieren die Oberschicht – in der Bibel steht: „die oberen 10.000“ – nach Babylonien. Dort werden sie in geschlossenen Siedlungen relativer Selbständigkeit überlassen, üben weiter ihre Berufe aus, besitzen Land, gründen eine Bank, haben eine autonome Verwaltung, treffen sich zu inoffiziellen Gottesdiensten. Psalm 137,1 „An den Wassern Babylons saßen wir und weinten“ ist der Beginn einer Liturgie der Exilgemeinde irgendwo an Euphrat oder Tigris. Jojachin, der letzte judäische König, lebte sogar am Königshof und aß mit Nebukadnezar zu Mittag.

Die einfache Landbevölkerung blieb in Palästina, man hatte Briefkontakt mit den Exilanten. In Jeremia 29 können Sie einen solchen Briefwechsel lesen. Das Leben der Daheimgebliebenen war allerdings aus vielen Gründen trauriger als das der Deportierten. Anscheinend ist es leichter, in der Fremde noch einmal neu zu beginnen, als auf den Trümmern der Vergangenheit sitzen zu bleiben. Lassen Sie einmal die Klagelieder Jeremias auf sich wirken.

Neu gefunden hat sich Israel also in der Fremde, zog Bilanz, ging in sich und fragte sich und Gott: Wie ist das eigentlich alles gekommen? In den wenigen Jahrzehnten bis 538 v. Chr., dem Ende der Gefangenschaft, sind im Exil die entscheidendsten Glaubens-Entdeckungen gemacht worden, die sich im AT finden. Gedanken wie: „Neues Leben entsteht aus dem Tod.“ Oder: “Es ist für uns nicht gut, wenn unsere stolzen Pläne in Erfüllung gehen. Es ist oft besser für uns, wenn Gott sie durchkreuzt.“

Jeremia, Ezechiel und der zweite Jesaja führen in der Fremde einen manchmal erbitterten Kampf gegen das „Früher war alles besser“ und „Es soll so werden wie früher“. Sie sagen: „Dass es uns heute schlecht geht, liegt genau an diesem falschen ´Früher`!“

Sie sagen: „Gott wird alles neu machen, wie, wissen wir nicht. Deshalb: Hört auf mit dem Geschrei, ´wir wollen unseren alten König David wieder haben’! Gott wird keinen alten David schicken, sondern einen neuen Gesalbten, einen ganz anderen König.“

Und dann hat dieser zweite Jesaja, dieser rätselhafte, wunderbare Mann, ein Lied auf den neuen König geschrieben. Und allen, die es hörten, stockte der Atem. Wir setzen uns mit den Flüchtlingen an das Ufer des Euphrat und hören Jesajas Lied vom neuen König :

Jesaja 52, 13 – 53, 9

Der HERR sagt: »Gebt Acht: Meinem Bevollmächtigten wird gelingen, wozu ich ihn bestellt habe; er wird zu großem Ansehen und höchsten Ehren gelangen. Viele haben sich entsetzt von ihm abgewandt, so entstellt war er. Er hatte keine Ähnlichkeit mehr mit einem Menschen. Doch nun werden viele Völker über ihn staunen, sogar ihren Königen wird es die Sprache verschlagen. Was niemals zuvor geschehen ist, das erleben sie jetzt; wovon sie noch nie etwas gehört haben, das sehen sie mit eigenen Augen.« Wer hätte geglaubt, was uns da berichtet wurde? Wer hätte es für möglich gehalten, dass die Macht des HERRN sich auf solche Weise offenbaren würde? Denn sein Bevollmächtigter wuchs auf wie ein kümmerlicher Spross aus dürrem Boden. So wollte es der HERR. Er war weder schön noch stattlich, wir fanden nichts Anziehendes an ihm. Alle verachteten und mieden ihn; denn er war von Schmerzen und Krankheit gezeichnet. Voller Abscheu wandten wir uns von ihm ab. Wir rechneten nicht mehr mit ihm. In Wahrheit aber hat er die Krankheiten auf sich genommen, die für uns bestimmt waren, und die Schmerzen erlitten, die wir verdient hatten. Wir meinten, Gott habe ihn gestraft und geschlagen; doch wegen unserer Schuld wurde er gequält und wegen unseres Ungehorsams geschlagen. Die Strafe für unsere Schuld traf ihn und wir sind gerettet. Er wurde verwundet und wir sind heil geworden. Wir alle waren wie Schafe, die sich verlaufen haben; jeder ging seinen eigenen Weg. Ihm aber hat der HERR unsere ganze Schuld aufgeladen. Er wurde misshandelt, aber er trug es, ohne zu klagen. Wie ein Lamm, wenn es zum Schlachten geführt wird, wie ein Schaf, wenn es geschoren wird, duldete er alles schweigend, ohne zu klagen. Mitten in der Zeit seiner Haft und seines Gerichtsverfahrens ereilte ihn der Tod. Weil sein Volk so große Schuld auf sich geladen hatte, wurde sein Leben ausgelöscht. Wer von den Menschen dieser Generation macht sich darüber Gedanken? Sie begruben ihn zwischen Verbrechern, mitten unter den Ausgestoßenen, obwohl er kein Unrecht getan hatte und nie ein unwahres Wort aus seinem Mund gekommen war.

Mir selbst stockt heute noch der Atem, wenn ich höre, wie erschreckend klar dieser Jesaja ein halbes Jahrtausend vor Christi Geburt gesehen hat.

538 v. Chr. erobert der Perserkönig Kyros Babylonien, dessen Zeit vorüber war. Obwohl die Babylonier relativ tolerant waren, ist die persische Außen- und Religionspolitik geradezu revolutionär und bleibt bis in die Neuzeit unerreicht: Kyros hatte die Erfahrung gemacht, dass er am meisten Ruhe im Land hat, wenn er den eroberten Völkern ihre Religion nicht nur lässt, sondern sie darin aktiv unterstützt, finanziell und politisch.

In der Bibel ist ein Originaldokument des Königs Kyros erhalten:

Esra 6, 3 – 5

»Geschrieben im ersten Jahr des Königs Kyros: König Kyros befiehlt in Sachen des Tempels zu Jerusalem wie folgt: Das Gotteshaus soll wieder aufgebaut werden, damit dort Opfer dargebracht werden können. Die alten Fundamente sollen wieder verwendet werden. Seine Höhe soll dreißig Meter betragen, seine Breite gleichfalls dreißig Meter. Auf drei Schichten Quadersteine soll eine Schicht Balken kommen. Die Kosten gehen zulasten der Staatskasse. Die goldenen und silbernen Geräte, die Nebukadnezzar aus dem Tempel in Jerusalem mitgenommen und nach Babylon gebracht hat, sollen zurückgegeben werden, damit sie wieder an ihren alten Platz im Haus Gottes kommen.«

Nehemia und Esra, Haggai und Sacharja heißen die Politiker, Priester und Propheten, uns oft wenig bekannt, die nach dem Exil mit viel Erfolg, aber auch Konflikten und Rückschlägen, Israel wieder aufbauen: wie bringt man die zurückgekehrten Flüchtlinge, stolze Oberschicht, mit der im Land gebliebenen einfacheren Bevölkerung wieder zusammen? Wie soll mit dem alten Nord-Süd-Konflikt umgegangen werden?

Israel wurde wieder aufgebaut. Aber als was? Nicht mehr als Staat, eher als Religionsgemeinschaft. Unter Esra entstand das, was wir zu Jesu Zeiten und bis heute als Judentum kennen. Judentum, das ist Israel ohne Staat und König. „Israel hat das staatliche Gewand mitsamt seinem Königtum merkwürdig leicht und ohne sichtbare innere Krise abgeworfen. Das wird damit zusammenhängen, dass die Staatsform als solche eher ein für Israel fremdes Kleid war, denn Israel hat schon lange vor seiner Staatenbildung Jahwe angehört und sich schon in der Sklaverei und in der Wüste als Volk Gottes gewusst." (Gerhard v. Rad)

Und doch sind es zwei ganz neue Dinge, die das Judentum seit Esra bis in die neutestamentliche Zeit kennzeichnen. Ich nenne diese beiden neuen Dinge „Gesetz" und „Utopie".

Gesetz: Das Gesetz als Formulierung der guten Lebensgebote Gottes war das äußere Band, das das Volk Israel nach dem Wegfall des staatlichen Rahmens zusammenhielt. Man war ja von der Nationalität her in den nächsten Jahrhunderten alles mögliche: Persischer Staatsbürger, Hellenist, Angehöriger des römischen Reiches. Jude war man, wenn man mit anderen das Gesetz Gottes achtete: sich um die Armen, Waisen, Witwen und Fremdlinge kümmerte. Aber auch indem man die äußeren Zeichen der Zusammengehörigkeit beachtete. Die beiden wichtigsten hatten sich im Exil in Babylon entwickelt: Beschneidung und Sabbat, sicher früher auch schon praktiziert, wurden jetzt zum Erkennungsmerkmal in Staaten und Gesellschaften, die keinen Ruhetag kannten. Den Sabbat zu halten, war eine Mut- und Bekenntnisfrage, nur deswegen wurde bis ins NT – und jetzt ja übrigens wieder – so heftig darum diskutiert. Nie ging es im Judentum, wie oft unterstellt, um bloße abstrakte Prinzipien, wenn über das Gesetz diskutiert und gestritten wurde. Im Gesetz verdichten sich Glauben und Leben des Volkes Gottes.

Utopie: Weil der Glaube Israels viel größer ist, als er sich im Befolgen des Gesetzes erschöpfen könnte, kam, fast noch wichtiger, die Utopie dazu. Utopie war in Israel ein Traum, die Vision und irgendwann die Gewissheit, dass Gott noch einmal ganz neu und anders handeln wird. Im Lied des Jesaja vom neuen König klang das schon an. „Neu" ist das Stichwort der Utopie: der neue David, der neue gesalbte König, wird ohne Macht und Gewalt kommen, sieht der Prophet Sacharia, und er sieht es und schreibt es genau: auf einem Esel, dem Füllen einer Eselin, wird er in die heilige Stadt Jerusalem einziehen, nicht mit Söldnertruppen und Streitwagen. Das neue Jerusalem wird sich nicht mehr wie eine Festung vor fremden Völkern verteidigen. Sondern es wird etwas passieren, dass die Völker der Welt, die Gojim, wir Heiden, erkennen, dass Jahwe Gott ist. Und sie werden kommen von Norden und Süden, von Osten und Westen auf den Zion, den Gottesberg, wo der Tempel steht. So beten die Psalmen. Und Daniel, der aus der Löwengrube, der Apokalyptiker, der Schlimmes erlebt und gesehen hat, sieht, wie Gott vom Ende der Zeit her den Sohn, den Menschensohn, auf die Erde schickt. Der Prophet Joël kommt zu der Gewissheit und notiert: „Weiter sagt Jahwe: Es kommt die Zeit, da werde ich alle Menschen mit meinem Geist erfüllen. Alle Männer und Frauen werde ich dann in Israel zu Propheten machen. Alte wie Junge werden wieder Träume und Visionen haben, Knechten und Mägden werde ich zu jener Zeit meinen Geist geben." Die ganze Bibel der Juden durchzieht in den Jahrhunderten nach dem Exil aber vor allem der Traum von der Königsherrschaft Gottes, im Himmel und auf Erden, vom ewigen Friedensreich des Messias, in dem Schwerter zu Pflugscharen und Speere zu Winzermessern umgebogen werden. Jahwe ist der König eines Volkes, das von allen Enden der Erde kommt, ein Volk, das nicht wie ein Staat durch Macht und Politik zusammengehalten wird, sondern durch den Glauben an den einen Gott, der will, dass es mit dieser Erde ein gutes Ende nimmt. Und deswegen, so sagen die Propheten, wird Jahwe selber kommen, zu den Menschen, um mit ihnen einen neuen Bund zu schließen. Nicht auf Steintafeln, sondern ins Herz geschrieben soll dieser neue Bund, dieses neue Testament sein.

Weiterdenken

Bitte lesen Sie die folgenden Bibeltexte:

Jesaja 52, 13 – 53, 9
Esra 6, 3 – 5

1. Schlagen Sie die Bibel zu und versuchen Sie, einen der Texte mit eigenen Worten wiederzugeben!
2. Schlagen Sie die Bibel wieder auf und notieren Sie, was Ihnen sofort einleuchtet.
3. Notieren Sie jetzt, was Ihnen unverständlich ist.
4. Gibt es einen Satz oder Gedanken, der Sie ärgert, provoziert, den Sie am liebsten streichen würden? Warum? Was wäre, wenn dieser Satz oder Gedanke fehlt?
5. Was an dem Text dagegen ist schön?
6. Stilleübung: Schließen Sie die Augen und stellen Sie sich irgendeinen Menschen vor. Erklären Sie ihm, was der Text bedeutet: Damals, als er entstanden ist, und heute.

meine Notizen

Der neue Bund

Spätestens jetzt haben Sie gemerkt, dass wir uns ins Neue Testament hinüber bewegen. Und wenn wir jetzt zum Schluss dieses Kapitels noch auf Jesus und die Urgemeinde zu sprechen kommen, dann nur, um zu sehen, wie tief sie in der Geschichte des Gottesvolkes Israel verwurzelt ist.

Wir Christen glauben, dass Jesus der Sohn Gottes, der Christus ist. Jesus wusste das die ersten 30 Jahre seines Lebens nicht. Er war gesetzestreuer Jude, stand den Pharisäern, diesem Bund für entschiedenes Judentum, nahe, stammte aus einfachen Verhältnissen, ein Zimmermannssohn aus einem 200-Einwohner Dorf.

Er wuchs auf in einer politisch geladenen und religiös angespannten Atmosphäre. Es knisterte, die Menschen ahnten, dass sich Entscheidendes verändern würde. In Jerusalem hatten die Römer die regierungstreuen Sadduzäer, dieses uralte Priesterbeamtengeschlecht aus der Zeit Davids, an die Macht gebracht. Das polarisierte und enttäuschte, drei Reaktionen waren zu beobachten:

Gewaltsamer Widerstand: früher die Makkabäer (Hammermänner), jetzt die Sikarier (Dolchträger) und Zeloten (Fanatiker).

Innere Emigration: die Pharisäer, die sich aufs Land, in die Synagoge zurückzogen, ihren Glauben und die Gesetze ernst nahmen, aber im Privaten lebten.

Äußere Emigration: so wie in der Königszeit die Nasiräer und Rekabiten, aber nun in viel größerem Stil, zogen sich die Essener aus Protest in das Höhlen- und Wüstenkloster von Qumran zurück. Erst Mitte des vergangenen Jahrhunderts sind diese Höhlen und ihre Texte entdeckt worden, die Forschungsgeschichte liest sich spannender als mancher Kriminalroman. Vor allem, weil man in den Texten Worte und Gedanken fand, die – in anderem Zusammenhang – fast wörtlich in der Botschaft Jesu wieder auftauchen und sich im Gemeindeleben, den Gemeindeordnungen der Urgemeinde, wiederfinden. In einem anderen Kapitel werden wir dem auf die Spur kommen.

Als fast sicher gilt heute, dass Jesus über Johannes den Täufer mit den Essenern in Kontakt kam. Johannes hatte eine lange Zeit wohl bei den Essenern gelebt, bevor er – wie später Jesus – beschloss, den sogenannten vierten Weg zu gehen:

- nicht mehr Rückzug aus der Gesellschaft wie die Essener
- kein gewaltsamer Widerstand wie Sikarier und Zeloten
- aber auch kein Rückzug ins fromme Privatleben wie die Pharisäer,
- sondern raus, zu den Menschen, auf die Straße, in die Häuser und ausprobieren, ob diese Sache mit Gott auch im Alltag stimmt. Jesus gehör-

te für eine Zeit zu den Anhängern des Johannes, lässt sich sogar von ihm taufen.

Und dann geschieht etwas Neues, wir hören davon am Beginn des Markus-Evangeliums:

Markus 1, 9 – 15

Zu dieser Zeit geschah es: Jesus kam aus Nazaret in Galiläa zu Johannes und ließ sich von ihm im Jordan taufen. Als er aus dem Wasser stieg, sah er, wie der Himmel aufriss und der Geist Gottes wie eine Taube auf ihn herabkam. Und eine Stimme aus dem Himmel sagte zu ihm: »Du bist mein Sohn, dir gilt meine Liebe, dich habe ich erwählt.« Gleich danach trieb der Geist Gottes Jesus in die Wüste. Dort blieb er vierzig Tage und wurde vom Satan auf die Probe gestellt. Er lebte mit den wilden Tieren zusammen, und die Engel Gottes versorgten ihn. Nachdem man Johannes ins Gefängnis geworfen hatte, kam Jesus nach Galiläa zurück und verkündete im Auftrag Gottes: »Es ist so weit: Jetzt wird Gott seine Herrschaft aufrichten und sein Werk vollenden. Ändert euer Leben und glaubt dieser guten Nachricht!«

„Du bist mein Sohn", spricht Gott zu Jesus, und in dem Moment wird Jesus klar, was dem Zimmermannssohn aus Nazareth 30 Jahre verborgen blieb: was sein Auftrag ist. Er spricht ihn gleich zu Beginn aus: „Es ist soweit: Jetzt will Gott seine Herrschaft aufrichten und sein Werk vollenden. Ändert euer Leben und glaubt diese gute Nachricht."

Es geht um nichts anderes als die Königsherrschaft Gottes, den neuen Bund, den neuen Gesalbten, Messias, Christus, den Gott seinem Volk versprochen hat.

Neu und für Israel doch vertraut und selbstverständlich: Das Reich Gottes kommt auf die Erde. So betet Jesus im Vater Unser. So schildert er es in unzähligen Gleichnissen vom Aufwachsen unterirdischer, kleiner Saat aus der Erde heraus. Trotz manchmal schlechtem Boden und Unkraut.

Jesus füllt das Reich Gottes mit Leben. Er sagt: wer sich dieser Herrschaft unterstellt, wird frei und heil. Von unguten Verstrickungen, von Krankheit und Schuld. In der Tradition der Propheten geht Jesus mit diesem Projekt vor allem zu Randgruppen der damaligen Gesellschaft: Arbeitslosen, Prostituierten, Schuldsklaven, Verrätern wie den Zöllnern, Kranken, Unberührbaren.

Alles, was Jesus erlebt und erzählt, ist von einem spannungsvollen Dreiecksverhältnis bestimmt:

Hier kommt Jesus, der die neue Ordnung des Reiches Gottes bringt: Hartherzige werden weich, Sünder weinen Freudentränen, den Armen wird das Evangelium verkündet.

Dort sind die Menschen, die sofort verstehen: mit dieser neuen Ordnung des Reiches Gottes ginge es allen besser. Sie lassen sich berühren und bewegen von Jesus, werden seine Nachfolger.

Und schließlich drittens, die größte Gruppe: die auf der alten Ordnung bestehen. Nein, die Schulden werden nicht erlassen; nein, der verlorene Sohn soll nicht gefeiert werden; nein, die Letzten sollen in Ewigkeit die Letzten bleiben; nein, die Masse, die 99, sind wichtiger als der eine Verirrte.

Fast in jeder Geschichte oder Erzählung in den 4 Evangelien findet sich dieses spannungsvolle Dreieck. Eine gute Kindergottesdienststunde, eine gelungene Predigt lebt davon, dass Sie diese Spannung entdecken.

Die interessanteste Entdeckung in der Forschung der letzten Jahrzehnte war für mich, dass es Jesus um beide Gruppen geht. Ja, er will den Armen und Ausgestoßenen helfen. Aber die Auseinandersetzung führt er mit den Vertretern der alten Ordnung, den Pharisäern. Mit viel Liebe und Eifer versucht er, sie für die neue Ordnung zu gewinnen. Auch denen, die sich verzweifelt an die alte Ordnung klammern, damit sie überhaupt etwas in der Hand haben, ginge es besser, wenn sie loslassen und sich für das Neue öffnen könnten.

Als die römische Besatzungsmacht mitbekommt, wer da an den Grundpfeilern der alten Ordnung rüttelt, geht auf einmal alles ganz schnell: innerhalb einer Woche wird Jesus nach einem Schauprozess ermordet. Für drei Tage sieht es danach so aus, als habe die alte Ordnung der Angst und des Todes für immer gesiegt.

Wenn nicht etwas ganz merkwürdiges passiert wäre: Jesus ist in den kommenden Wochen als Lebendiger vielen Menschen begegnet. Man war, was die Geschichtlichkeit dieses Ereignisses betrifft, früher sehr vorsichtig, sprach von inneren Eindrücken, Visionen dieser Menschen, sagte: die Auferstehung Jesu ist eine Glaubenswahrheit, keine historische Tatsache.

Die heutige Forschung sieht das etwas klarer: wir haben voneinander vollkommen unabhängige Dokumente von ganz verschiedenen Menschen an ganz verschiedenen Orten. Sie alle berichten nicht von Träumen oder Visionen, sondern von ganz alltäglichen Begegnungen mit Jesus, bei der Arbeit, beim Essen, am See, auf einem Spaziergang, im Garten. Man kann diesen Auferstandenen anfassen, mit ihm essen und ganz normal reden. Über 600 Menschen bezeugen eine Begegnung mit ihm in den Wochen nach der Ermordung, 600 Menschen, die zu diesem Zeitpunkt untereinander keinen Kontakt hatten.

Die Auferstehung Jesu ist historisch sehr gut zu belegen. Man muss nicht an sie glauben, aber es gehört sehr viel Phantasie dazu, sie zu leugnen.

Die Freunde Jesu – und seine Freundinnen – beschlossen nicht, weiterzumachen in Jesu Sinn oder so etwas. Im Gegenteil: Sie wurden von allem Mut verlassen und zogen sich traurig zurück. Sie wurden nach Berichten von einer Macht ergriffen, die man Geist Jesu oder Heiligen Geist nennt. Der Prophet Joël hatte das 500 Jahre vorher schon angesagt. In der Apostelgeschichte wird der Vorgang immer wieder so beschrieben: je mehr man eigene Sicherungssysteme von Geld und Macht loslässt, weil man erkennt, dass sie letztlich nicht tragen, je mehr man sich Gott anvertraut, in allen Lebensbereichen, desto mehr Wärme und Kraft und Vertrauen erfüllt einen.

Wen der Geist Gottes erfüllt, der wird zum Mitarbeiter im Reich Gottes und baut mit an der neuen Ordnung der Heilung und Vergebung, mit der Jesus begonnen hatte. Er und sie bekommt dabei Fähigkeiten und Gaben, von denen er vorher nicht wusste.

Wie Jesus selbst ziehen die ersten Christen von Ort zu Ort, ohne Stock und ohne Tasche. Weil sie nichts haben, kann Gott ihnen viel schenken. Sie gehen weiter den vierten Weg: kein Rückzug, keine Gewalt, sondern von Dorf zu Dorf, von Stadt zu Stadt ziehen, Kranke heilen, Entrechteten ihre Menschenwürde zurückgeben, Verirrten ihre Sünden vergeben und sie auf den richtigen Weg bringen. Und all das in der Gewissheit: Jesus lebt, er zieht mit seinem Geist in uns mit, alle Tage bis an das Ende der Welt.

Zwei entscheidende strukturelle Veränderungen beobachten wir bei den ersten Christen schon in neutestamentlicher Zeit. Man muss sie kennen, sonst kann man viele Bibeltexte auf gefährliche Weise missverstehen.

Erstes Missverständnis: Es ist naheliegend, irgendwann wurden auch Menschen Christen, die nicht barfuß ohne Stock und Tasche von Dorf zu Dorf zogen. Logisch: wenn es für diese ersten Wandermissionare von Jesus hieß: „Klopft an – so wird euch aufgetan", dann müssen auf der anderen Seite der Tür ja auch Menschen stehen. Immer gab und gibt es Christen, die radikal alles hinter sich lassen, ihr Geld verschenken, in die Krisengebiete der Welt gehen, ins Kloster aufbrechen.

Von ihnen und ihrer Radikalität lebt die Kirche, sie spüren den Wind des Heiligen Geistes auf bloßer Haut. Und immer gibt es Christen, die in ihrem Stand bleiben, in ihrer Wohnung, ihrem Beruf. In der Urgemeinde waren beide Pole aufeinander zugeordnet, haben sich materiell die einen, geistlich die anderen beschenkt. Und deswegen gibt es im NT sehr radikale und sehr brave Texte, manchmal direkt nebeneinander. Wenn Ihnen ein Satz zu radikal oder zu brav erscheint, schließen Sie mal die Augen und überlegen Sie, ob der Satz mit Wüstensand zwischen den Zähnen oder am Kamin einer römischen Villa gesprochen wurde.

Und dann öffnen Sie die Augen und schauen, wo Sie selbst gerade sitzen. Eine Probe? Bitte sehr: *„Die Vögel haben Nester und die Füchse haben Höhlen. Aber der Menschensohn weiß nicht, wo er am Abend sein Haupt niederlegen kann."* Das klingt eher nach Wüste. In einem der folgenden Kapitel schauen wir uns dann die Kaminfeuer-Bibelstelle an. Das Ganze ist gut gegangen, weil die sich bildenden Ortsgemeinden den radikalen Impuls der Wandermissionare nicht irgendwie verwässert oder weggeschoben haben. Sie haben die neue Ordnung Jesu aus der Wüste, von der Straße in ihre Lebensbedingungen, ihr Wohnen und Arbeiten übertragen. Zwei kurze Texte sollen beleuchten, wie das ging:

Apostelgeschichte 2, 42 – 47

Sie alle widmeten sich eifrig dem, was für sie als Gemeinde wichtig war: Sie ließen sich von den Aposteln unterweisen, sie hielten in gegenseitiger Liebe zusammen, sie feierten das Mahl des Herrn, und sie beteten gemeinsam. Alle Menschen in Jerusalem wurden von ehrfürchtiger Scheu ergriffen; denn Gott ließ durch die Apostel viele Staunen erregende Wunder geschehen. Alle, die zum Glauben gekommen waren, bildeten eine enge Gemeinschaft und taten ihren ganzen Besitz zusammen. Von Fall zu Fall verkauften sie Grundstücke und Wertgegenstände und verteilten den Erlös unter die Bedürftigen in der Gemeinde. Tag für Tag versammelten sie sich einmütig im Tempel, und in ihren Häusern hielten sie das Mahl des Herrn und aßen gemeinsam, mit jubelnder Freude und reinem Herzen. Sie priesen Gott und wurden vom ganzen Volk geachtet. Der Herr aber führte ihnen jeden Tag weitere Menschen zu, die gerettet werden sollten.

1. Kor. 12, 12 – 26

Der Körper des Menschen ist einer und besteht doch aus vielen Teilen. Aber all die vielen Teile gehören zusammen und bilden einen unteilbaren Organismus. So ist es auch mit Christus: mit der Gemeinde, die sein Leib ist. Denn wir alle, Juden wie Griechen, Menschen im Sklavenstand wie Freie, sind in der Taufe durch denselben Geist in den einen Leib, in Christus, eingegliedert und auch alle mit demselben Geist erfüllt worden. Ein Körper besteht nicht aus einem einzigen Teil, sondern aus vielen Teilen. Wenn der Fuß erklärt: »Ich gehöre nicht zum Leib, weil ich nicht die Hand bin« – hört er damit auf, ein Teil des Körpers zu sein? Oder wenn das Ohr erklärt: »Ich gehöre nicht zum Leib, weil ich nicht das Auge bin« – hört es damit auf, ein Teil des Körpers zu sein? Wie könnte ein Mensch hören, wenn er nur aus Augen bestünde? Wie könnte er riechen, wenn er nur aus Ohren bestünde? Nun aber hat Gott im Körper viele Teile geschaffen und hat jedem Teil seinen Platz zugewiesen, so wie er es gewollt hat. Wenn alles nur ein einzelner Teil wäre, wo bliebe da der Leib? Aber nun gibt es viele Teile, und alle gehören zu dem einen Leib. Das Auge kann nicht zur Hand sagen: »Ich brauche dich nicht!« Und der Kopf kann nicht zu den Füßen sagen: »Ich brauche euch nicht!« Gerade die Teile des Körpers, die schwächer scheinen, sind besonders wichtig. Die Teile, die als unansehnlich gelten, kleiden wir mit besonderer Sorgfalt und die unanständigen mit besonderem Anstand. Die edleren Teile haben das nicht nötig. Gott hat unseren Körper zu einem Ganzen zusammengefügt und hat dafür gesorgt, dass die geringeren Teile besonders geehrt werden. Denn er wollte, dass es keine Uneinigkeit im Körper gibt, sondern jeder Teil sich um den anderen kümmert. Wenn irgendein Teil des Körpers leidet, leiden alle anderen mit. Und wenn irgendein Teil geehrt wird, freuen sich alle anderen mit.

Es entstand in diesem Prozess etwas, das mindestens genauso wertvoll ist wie die radikalen Wanderprediger: die Gemeinde, eine Gemeinschaft von Menschen, die in Gottes Namen füreinander da sind, im Leben und Sterben, im Gottesdienst und im Alltag. Im Alltag: denn es gab ja natürlich noch keine Kirchen, in denen sich so eine Art religiöses Leben getrennt vom alltäglichen entwickeln konnte. Man traf sich in den Häusern als kleine, überschaubare, solidarische Hausgemeinde.

Vielleicht erinnern Sie sich an den Anfang: das Volk Gottes steht immer wieder vor solchen Veränderungen: von der Wüste in die Sklaverei, von dort in die Freiheit. Vom Nomaden zum Stadtbewohner, vom Landvolk zum Staat mit König und Palast, von dort in die Gefangenschaft und wieder zurück.

Und jetzt: von den Wandermissionaren wie Jesus und die Zwölf und die ersten Christen – zu festen Ortsgemeinden. Es kommt in solchen Veränderungsprozessen bis heute (!) nicht darauf an, am Alten festzuhalten. Sondern im Neuen Gott wieder zu entdecken – und das Neue von Gott gestalten zu lassen.

Zweites Missverständnis: Die zweite große Veränderung in der Zeit der ersten Christen ist nicht so gut gegangen wie die erste. Es geht um den Übergang von der Sache Jesu als Projekt innerhalb des Volkes Israel zum Projekt eines Verbundes von Gemeinden aus allen Völkern, über die ganze Welt. Wir unterscheiden drei Phasen:

Phase 1 ging bis ungefähr 38 n. Chr.: für Jesus und die ersten Christen war die Botschaft vom Reich Gottes ganz klar eine innerjüdische Angelegenheit. Man war freundlich zu anderen Völkern, hatte aber kein missionarisches Interesse an ihnen. Jesus sagte: „Ich bin nur gesandt zu den verlorenen Kindern Israels." Die Jerusalemer Urgemeinde nimmt selbstverständlich am Tempelgottesdienst der Juden teil, man ist einfach eine Gruppe von vielen in Israel. Und Christ kann nur werden, wer vorher Jude war oder es geworden ist.

Phase 2 geht bis in die 50er Jahre: Die Konflikte verschärften sich. Natürlich über inhaltliche Fragen, wie schon zur Zeit Jesu. Alle Texte, in denen Jesus sich mit Juden, Jünger sich mit Pharisäern streiten, gehören in diese Zeit. Dieser Streit war eine notwendige innerjüdische Auseinandersetzung, in der Art, wie sie schon das ganze Alte Testament durchzieht.

Also: Wenn es in einem neutestamentlichen Text heißt: „Ihr Juden, Mensch, wie könnt ihr nur das oder jenes falsch tun" – dann spricht hier ein Jude zum anderen. Niemals dürfen wir die Texte aus dem Zusammenhang reißen und sie als Christen den Juden vorhalten. Es gibt in diesem Streit nur eine Position innerhalb des Volkes Gottes. Wenn man die einnimmt, wird man z.B. beobachten, dass unsere Kirche dem, was Jesus damals kritisiert hat – etwa an den korrupten Sadduzäern – sehr ähnlich geworden ist.

Noch etwas passiert in Phase 2: Immer mehr Menschen, vor allem außerhalb Jerusalems, kommen zur Gemeinde, werden getauft und Mitglieder – ohne vorher Jude gewesen zu sein. Das erste, leider nicht das letzte Mal, gab es zwei Arten von Christen: Judenchristen und Heidenchristen. Es gab entschiedene Judenchristen wie Jakobus, einen Bruder von Jesus, der sagte: „Also ganz klar, es kann jeder Christ werden. Aber das Gesetz, die Beschneidung, das volle Programm muss er schon mitmachen." Jakobus dachte so, nicht weil er die Heiden schikanieren wollte. Sondern weil es den Faden zum jüdischen Volk sonst zu zerreißen drohte. Es gab schon genug Stress wegen diesem Jesus, seinem großen Bruder. Jetzt wollte er die Sache retten, zusammenhalten. Und das war unmöglich, wenn in einer jüdischen Gemeinschaft auf einmal Leute rumliefen, die nicht beschnitten waren oder unkoscher aßen.

Dann gab es Paulus, der sagte: wir machen einfach zwei verschiedene Dinger: In Jerusalem bleiben die Christen unter Petrus und Jakobus jüdisch. Aber weltweit ist das unrealistisch, da kann das volle jüdische Gesetz mit allen Ritualen wie Beschneidung und Verzicht auf Schweinefleisch nicht gelten.

Und dann gab es Petrus, der suchte den Kompromiss, der aber nicht mehr möglich war. Auf einer Konferenz im Jahr 44 wollte er nach dem Motto „Gesetz light" so ein paar Minimalforderungen aus den 5 Büchern Mose für Christen festlegen. Das Projekt ist gescheitert. Lesen wir von einem Konflikt aus dieser Zeit:

Gal. 2, 11 – 16

Als Petrus später in Antiochia war, stellte ich ihn öffentlich zur Rede, weil sein Verhalten unentschuldbar war. Zuerst nämlich nahm er zusammen mit den nichtjüdischen Brüdern und Schwestern an den gemeinsamen Mahlzeiten teil. Aber dann kamen Leute aus dem Kreis um Jakobus, die das jüdische Gesetz streng befolgen. Da zog sich Petrus von den gemeinsamen Mahlzeiten zurück und aß aus Furcht vor ihnen nicht mehr mit den Nichtjuden. Auch die anderen Juden in der Gemeinde blieben gegen ihre Überzeugung den gemeinsamen Mahlzeiten fern, sodass sogar Barnabas angesteckt wurde und genau wie sie seine Überzeugung verleugnete. Als ich sah, dass sie damit die Wahrheit der Guten Nachricht preisgaben, sagte ich zu Petrus vor der ganzen Gemeinde: »Obwohl du ein Jude bist, hast du bisher die Vorschriften des jüdischen Gesetzes nicht beachtet und hast wie ein Nichtjude gelebt. Warum zwingst du dann jetzt durch dein Verhalten die nichtjüdischen Brüder und Schwestern, so wie Juden nach den Vorschriften des Gesetzes zu leben?« Es stimmt, wir sind von Geburt Juden und nicht Sünder wie die Angehörigen der anderen Völker. Aber wir wissen, dass kein Mensch deshalb vor Gott als gerecht bestehen kann, weil er das Gesetz befolgt. Nur die finden bei Gott Anerkennung, die in vertrauendem Glauben annehmen, was Gott durch Jesus Christus für uns getan hat. Deshalb haben auch wir unser Vertrauen auf Jesus Christus gesetzt, um durch das Vertrauen auf ihn bei Gott Anerkennung zu finden und nicht durch Erfüllung des Gesetzes; denn mit Taten, wie sie das Gesetz verlangt, kann kein Mensch vor Gott bestehen.

In der Phase 3 verlieren sich die Spuren der judenchristlichen Gemeinde während der Zerstörung Jerusalems im Jahr 70 durch die Römer. Das fatale Ergebnis: Das Bindeglied zwischen Israel und den Heidenchristen ist weggebrochen. Israel und die werdende Kirche, die an ihren Wurzeln, von ihrem ganzen Glauben her aufs engste zusammengehören, stehen sich wie zwei fremde Institutionen gegenüber. Mit allen bekannten schrecklichen Folgen.

Wir verstehen die Sache mit Jesus und dem Christentum völlig falsch, wenn wir sie von der Geschichte Israels lösen. Wir Völker der Welt sind nach Gottes Plan in die große Geschichte seines Volkes aufgenommen worden. Aber die Geschichte hat lange vor uns begonnen. Paulus beschreibt es so:

Römer 11, 24 – 29

Er hat euch als Zweige eines wilden Ölbaums ganz gegen die natürliche Ordnung in den edlen Ölbaum eingepfropft. Dann kann er erst recht die Juden als die natürlichen Zweige wieder in ihren eigenen Baum einpfropfen. Meine Brüder und Schwestern, ich muss euch jetzt mit Gottes geheimnisvollem Plan bekannt machen. Wenn ihr euch auf eure eigene Klugheit verlasst, könnt ihr leicht zu falschen Schlüssen kommen. Gott hat verfügt, dass ein Großteil des jüdischen Volkes sich gegen die Einladung zum Glauben verhärtet. Aber das gilt nur so lange, bis alle, die er aus den anderen Völkern erwählt hat, den Weg zum Heil gefunden haben. Wenn das geschehen ist, dann wird das ganze Volk Israel gerettet werden, wie es in den Heiligen Schriften vorhergesagt ist: »Vom Zionsberg wird der Retter kommen und alle Auflehnung gegen Gott von den Nachkommen Jakobs nehmen. Dann werde ich ihnen ihre Verfehlungen vergeben, sagt Gott; und so erfüllt sich der Bund, den ich mit ihnen geschlossen habe.« Im Blick auf die Gute Nachricht gilt: Sie sind Gottes Feinde geworden, damit die Botschaft zu euch kommen konnte. Im Blick auf ihre Erwählung gilt: Sie bleiben die von Gott Geliebten, weil sie die Nachkommen der erwählten Väter sind. Denn Gott nimmt seine Gnadengeschenke nicht zurück, und eine einmal ausgesprochene Berufung widerruft er nicht.

Wir sind Söhne und Töchter Abrahams; auch wenn wir nichts haben als ein Zelt, sind wir bei Gott geborgen. Dieser Gott schickt uns einen Menschen wie Mose, wenn andere uns fertig machen und unterdrücken wollen. Er führt uns ins gelobte Land, schenkt uns eine Heimat, auch eine irdische, für eine Zeit. Gott sitzt mit uns an den Wassern von Babylon und träumt mit uns vom neuen, ganz anderen sanftstarken König. In Jesus hat er uns diesen König geschickt, den Juden zuerst, aber dann auch uns Völkern. In Jesus kommt Gott endgültig auf unsere Seite, schmeckt das Salz von Menschentränen auf seinen Lippen. Das Königreich Gottes hat begonnen, es gibt ein Leben nach dem Tod.

Und ganz allmählich wird uns klar: es gibt sogar ein Leben vor dem Tod.

Bitte lesen Sie die folgenden Bibeltexte:

Weiterdenken

Markus 1, 9 – 15
Apostelgeschichte 2, 42 – 47
1. Kor. 12, 12 – 26
Gal. 2, 11 – 16
Römer 11, 24 – 29

1. Schlagen Sie die Bibel zu und versuchen Sie, einen der Texte mit eigenen Worten wiederzugeben!
2. Schlagen Sie die Bibel wieder auf und notieren Sie, was Ihnen sofort einleuchtet.
3. Notieren Sie jetzt, was Ihnen unverständlich ist.
4. Gibt es einen Satz oder Gedanken, der Sie ärgert, provoziert, den Sie am liebsten streichen würden? Warum? Was wäre, wenn dieser Satz oder Gedanke fehlt?
5. Was an dem Text dagegen ist schön?
6. Stilleübung: Schließen Sie die Augen und stellen Sie sich irgendeinen Menschen vor. Erklären Sie ihm, was der Text bedeutet: Damals, als er entstanden ist, und heute.

meine Notizen

Teil 2

Was Christen von Juden lernen können

Die Highlights der Hebräischen Bibel von Schöpfung bis Exodus, von König David bis zur Gefangenschaft in Babylon

Herzlich willkommen zum zweiten Teil unseres „Grundkurses Biblische Theologie“. Wir hatten bei unserem Einstieg in Teil 1 einen großen Bogen gespannt, hatten in einer gewaltigen Schau die Geschichte des Gottesvolkes überblickt, von Abraham bis zu Jesus und der Urgemeinde. Und wenn Sie lasen und dachten: Gott sei Dank hat er nicht bei Adam und Eva angefangen, dann muss ich Sie jetzt enttäuschen. Wenn ich Ihnen nun an vier Beispielen zeige, was wir Christen von Juden lernen können, dann wird auch von Adam und Eva die Rede sein; gleich im ersten Teil, wenn von der Schöpfung, der Urgeschichte, die Rede ist.

Erinnern Sie sich noch an die Rose, von der in Teil 1 die Rede war, von ihren Blättern? Aber auch, dass es manchmal nötig ist, den Blick zu heben, den ganzen Garten zu sehen, das Dorf, die Landschaft? Wie in einem großen Flug sind wir über die Geschichte des Gottesvolkes geflogen. Und als wir wieder gelandet sind, war uns klar: Mein Gott, das ist ja unsere Geschichte!

In diesem Kapitel werden wir nicht fliegen, im Gegenteil: wir schauen unter der Erde nach den Wurzeln. Den Wurzeln unseres Glaubens, mehr noch, unserer Menschenexistenz.

Unser christlicher Glaube ist ein schönes Pflänzchen. Aber er macht schlapp wie eine Schnittblume nach fünf bis sechs Tagen, wenn Sie ihn abschneiden und von seinen Wurzeln trennen. Vier solcher starker, wichtiger Wurzeln werden wir uns nun anschauen:

Die Schöpfung, die Urgeschichte: das ist die Wurzel, die unseren Glauben erdet und verhindert, dass wir uns auf einen realitätsfernen esoterischen Trip begeben.

Der Exodus, die Befreiung aus Ägypten: das ist die Wurzel, ohne die wir nichts begreifen würden, auch nicht die andere große Befreiung: die Auferstehung Jesu von den Toten.

König David: das ist die Wurzel, die uns hineinverwickelt in die Frage nach Gewalt und Schuld. Bei anderen Menschen und auch bei uns selbst: Hineinverwickelt, aber auch die Kraft gibt, hinauszufinden.

Das Exil, die Gefangenschaft in Babylon: das ist die Wurzel, die uns Kraft und Mut gibt, traurig zu sein und weinen zu können. Einerseits. Uns aber andererseits nicht ins Elend zu verlieben, sondern irgendwann auch wieder, wenn es dann Zeit ist, Gottes Hand zu packen, aufzustehen und weiterzugehen.

Die Urgeschichte 2.1

Die Unterscheidung: „An sich“ – „für mich“ 2.1.1

Wir können uns auf zwei Weisen mit Gott befassen. Einmal, indem wir darüber nachdenken und reden, wer Gott an und für sich ist. Ob es ihn gibt, ob er die Welt geschaffen hat. Und so weiter. Dann aber können wir auch davon erzählen, was er für mich getan hat, wo ich ihn erlebt, auf ihn gehofft, ihn geahnt – oder leider auch oft: wo ich ihn vermisst habe.

Wir können über Gott theoretisch reden. Wer er wohl sein könnte. Oder von Gott praktisch erzählen: wer er für uns ist. Der Unterschied ist in etwa so wie zwischen „sich über Wasser unterhalten“ und „sich über Wasser halten“.

Israel redet fast nur auf die zweite Weise von Gott. Gott ist ein Thema, weil er erlebt wird. Abraham, Mose, David treffen sich nicht alle zwei Wochen nach Feierabend mit Freunden und überlegen, ob es wohl einen Gott gibt. Sie werden mitten im Alltag von diesem Jahwe überrascht, manchmal unterbrochen und gestört, weil sie sich noch unterbrechen und stören lassen.

Das ist der Grund, warum Israel sich erst relativ spät mit der Frage befasste, was Gott denn so getan hat, bevor man ihn kennen lernte. Israels Geschichte mit Gott begann mit Abraham und was alles so geschehen ist seitdem: davon hat man ganz viel erzählt und die Erzählungen – viel später – auch genau aufgeschrieben. Diese Geschichte beginnt so:

1. Mose 12, 1 – 9

Da sagte der HERR zu Abram: »Verlass deine Heimat, deine Sippe und die Familie deines Vaters und zieh in das Land, das ich dir zeigen werde! Ich will dich segnen und dich zum Stammvater eines mächtigen Volkes machen. Dein Name soll in aller Welt berühmt sein. An dir soll sichtbar werden, was es bedeutet, wenn ich jemand segne. Alle, die dir und deinen Nachkommen Gutes wünschen, haben auch von mir Gutes zu erwarten. Aber wenn jemand euch Böses wünscht, bringe ich Unglück über ihn. Alle Völker der Erde werden Glück und Segen erlangen, wenn sie dir und deinen Nachkommen wohlgesonnen sind.« Abram folgte dem Befehl des HERRN und brach auf, und Lot ging mit ihm. Abram war 75 Jahre alt, als er seine Heimatstadt Haran verließ. Seine Frau Sarai und Lot, der Sohn seines Bruders, begleiteten ihn. Sie nahmen ihren ganzen Besitz mit, auch die Menschen, die sie in Haran in Dienst genommen hatten. So zogen sie in das Land Kanaan, in dem damals noch das Volk der Kanaaniter wohnte. Sie durchquerten das Land bis zu dem heiligen Baum bei Sichem. Dort erschien dem Abram der HERR und sagte zu ihm: »Deinen Nachkommen will ich dieses Land geben!« Da baute Abram dem HERRN einen Altar an der Stelle, wo er ihm erschienen war. Von dort aus zog er in das Bergland östlich von Bet-El. Seine Zelte standen zwischen Bet-El im Westen und Ai im Osten. Auch dort baute er einen Altar und rief im Gebet den Namen des HERRN an. Dann zog er von Lagerplatz zu Lagerplatz immer weiter nach Süden.

Jetzt beginnt unsere heutige Bibel aber elf Kapitel früher, elf wichtige Kapitel, in denen Israel überlegt: wer war Gott eigentlich, bevor wir ihn kennen lernten? Wie ist die Welt entstanden? Wenn Gott gut ist – und wir haben ihn doch als gut erlebt! – woher kommt eigentlich das Böse? Warum sind Frauen und Männer so verschieden? Und noch weitere Fragen, auf die fast jeder Mensch im Laufe seines Lebens mindestens einmal gestoßen wird.

Elf Kapitel, in denen von der Erschaffung der Erde, der Vertreibung aus dem Paradies, dem ersten Mord, der Sintflut und dem Turmbau zu Babylon gesprochen wird, geben naheliegende und zugleich erschreckende Antworten auf diese Fragen.

Bevor wir uns diese Antworten anschauen, will ich Sie noch auf etwas aufmerksam machen, ohne das Sie alles weitere falsch verstehen würden: die Bibel ist in diesen ersten elf Kapiteln das erste und für Jahrtausende das einzige Buch, das die Entstehung der Welt nicht als Himmelsmythos, als göttliches Drama, beschreibt. Für die Bibel ist die Entstehung der Welt, der Beginn der Menschheitsgeschichte, eine irdische Angelegenheit. Es wird auf dem damals aktuellen historischen und naturwissenschaftlichen Kenntnisstand berichtet, das heißt, die Verfasser verbanden ihre Glaubenserfahrung mit dem damals vorhandenen Wissen und schufen aus beidem eine großartige Vision über den Anfang der Welt, die nichts von ihrer theologischen Wahrheit verloren hat, auch wenn wir heute historisch und besonders naturwissenschaftlich einiges anders sehen. Und Sie können ganz beruhigt sein: warten Sie noch mal so drei- bis viertausend Jahre, dann wird man über unseren heutigen Kenntnisstand genauso schmunzeln wie manche Menschen über den des 1. Buches Mose.

Was ich Ihnen aber zeigen möchte, ist etwas anderes: die Antworten auf die entscheidenden Lebensfragen, die dort gegeben werden, sind unverändert aktuell und sehr präzise. Es sind Antworten, die in keinem Biologiebuch stehen können. Und auch gar nicht stehen müssen.

Das wirklich Entscheidende, Aufregende ist in diesem Zusammenhang nämlich etwas ganz anderes: Indem die Bibel das eben beschriebene Wagnis eingeht, unter irdischen, das heißt historisch-biologischen Bedingungen den Beginn von Gottes Welt geschickt zu erzählen, macht sie ein radikales Ende mit allen falschen Jenseits-Träumereien: Religion bedeutete bisher, das Entscheidende spielt sich im Himmel ab, wo auch immer der sein soll. Dort kämpfen Götter, dort spielt die eigentliche Geschichte – die Erde, unser kleines Menschenleben, ist nur unbedeutende Folge eines göttlich-himmlischen Dramas, beinahe wie ein unbeabsichtigtes Nebenprodukt.

Die biblische Schöpfungsgeschichte spielt ganz auf der Erde, steht in der Zeit, nicht jenseits der Zeit, ist kein Mythos, sondern Weltgeschichte. Adam und Eva sind keine Himmelswesen, keine gefallenen Engel, sondern irdische Wesen.

Für unseren Glauben ist das entscheidend. Es bedeutet nämlich: Gott ist von Anfang an hineinverwickelt in unsere Menschen-Sache, in Natur und Geschichte. Mit seiner Stimme, seinen Händen, erschreckend konkret. Gott handelt nicht aus einem sicheren Jenseits, ist kein Unbeteiligter, Unbewegter. Alles, was Gott tut, von Anfang an, nimmt er sehr persönlich.

Und das schauen wir uns jetzt genauer an.

Der erste, jüngere Schöpfungsbericht 2.1.2

Der erste Schöpfungsbericht ist im Exil entstanden, im Austausch mit den damals führenden Wissenschaftlern in Babylon. Wir hatten gesehen, dass die Zeit in Babylon trotz der erzwungenen Wegführung aus der Heimat keine Gefangenschaft im eigentlichen Sinn war, sondern großer Bewegungsspielraum und gute Kontaktmöglichkeiten bestanden.

Man wusste damals, dass die Entstehung der Welt und des Lebens auf ihr in bestimmten Entwicklungsstufen fortgeschritten ist, und so präzisierten jüdische Forscher und Theologen diese Erkenntnis in sechs Evolutionsschritten, symbolisch dargestellt in Schöpfungstagen. Schon damals bekannt, aber erstmals hier beschrieben: das Leben entwickelt sich aus dem Wasser ans Land, von pflanzlichen zu tierischen Formen, Licht und UV-Strahlen sind notwendige Faktoren und schließlich: der Mensch stellt die letzte Evolutionsstufe dar.

In dieser zunächst durchaus auch wissenschaftlich gemeinten Beschreibung sind zwei Glaubensaussagen enthalten. Sie sind die eigentliche Absicht des Textes. Bevor ich sie darstelle, hören wir in seinen Beginn und sein Ende einmal hinein:

1. Mose 1, 1 – 5. 1, 26 – 2, 3

Am Anfang schuf Gott Himmel und Erde. Die Erde war noch leer und öde, Dunkel bedeckte sie und wogendes Wasser, und über den Fluten schwebte Gottes Geist. Da sprach Gott: »Licht entstehe!«, und das Licht strahlte auf. Und Gott sah das Licht an: Es war gut. Dann trennte Gott das Licht von der Dunkelheit und nannte das Licht Tag, die Dunkelheit Nacht. Es wurde Abend und wieder Morgen: der erste Tag. Dann sprach Gott: »Nun wollen wir Menschen machen, ein Abbild von uns, das uns ähnlich ist! Sie sollen Macht haben über die Fische im Meer, über die Vögel in der Luft, über das Vieh und alle Tiere auf der Erde und über alles, was auf dem Boden kriecht.« So schuf Gott die Menschen nach seinem Bild, als Gottes Ebenbild schuf er sie und schuf sie als Mann und als Frau. Und Gott segnete die Menschen und sagte zu ihnen: »Seid fruchtbar und vermehrt euch! Füllt die ganze Erde und nehmt sie in Besitz! Ich setze euch über die Fische im Meer, die Vögel in der Luft und alle Tiere, die auf der Erde leben, und vertraue sie eurer Fürsorge an.« Weiter sagte Gott zu den Menschen: »Als Nahrung gebe ich euch die Samen der Pflanzen und die Früchte, die an den Bäumen wachsen, überall auf der ganzen Erde. Den Landtieren aber und den Vögeln und allem, was auf dem Boden kriecht, allen Geschöpfen, die den Lebenshauch in sich tragen, weise ich Gräser und Blätter zur Nahrung zu.« So geschah es. Und Gott sah alles an, was er geschaffen hatte, und sah: Es war alles sehr gut. Es wurde Abend und wieder Morgen: der sechste Tag. So entstanden Himmel und Erde mit allem, was lebt. Am siebten Tag hatte Gott sein Werk vollendet und ruhte von aller seiner Arbeit aus. Und Gott segnete den siebten Tag und erklärte ihn zu einem heiligen Tag, der ihm gehört, denn an diesem Tag ruhte Gott, nachdem er sein Schöpfungswerk vollbracht hatte.

Die erste Glaubensaussage ist im Bibeltext wie eine heilsame Unruhe, eine Frage an den Leser versteckt: Prüfe mal, wie das wäre, was sich verändern würde für Dich, wenn Du dieses ganze komplexe Schöpfungswerk nicht für Zufall, nicht für das Produkt abstrakter Mächte und Gesetze halten würdest! Denn das wird Sie vielleicht überraschen: die eigentliche Fragestellung hat sich seit damals nicht verändert: nehme ich die Welt, wie sie mir begegnet, als Produkt abstrakter, mir unbekannter Mächte entgegen? Oder als Schöpfung eines Gottes, der es persönlich mit mir gut meint?

Der Götterkampf Marduks oder die Evolutionstheorie, der Abstieg des Sonnengottes Re oder der Urknall: das sind abstrakte Vorgänge, sie beschreiben, wie die Welt an sich entstanden ist. Und so nüchtern-naturwissenschaftlich wie dieser erste Schöpfungsbericht an die Sache herangegangen ist, können wir mit der Bibel sagen: Das mit der Evolutionstheorie und dem Urknall hat nach heutigem Kenntnisstand eine hohe Wahrscheinlichkeit für sich.

Aber wir betreten eine andere, eine neue Dimension, wenn wir weitergehen und sagen, das Licht, die Sonne am Morgen, Deine Frau, Dein Mann: das hat jemand für Dich gewollt, damit es Dir gut geht. Du kannst beim Aufgang der Sonne denken: die Erde ist eine Kugel und dreht sich um die Sonne. Und Du hast recht. Es gibt aber auch Menschen, bei denen löst der Sonnenaufgang etwas anderes aus. Die wachen nach einer Nacht in den Armen ihres Partners auf und fühlen in sich ein großes Halleluja. Und denken überhaupt nicht daran, sie hätten einfach im Sinne Darwins ihre biologische Pflicht getan.

Die zweite Glaubensaussage berührt noch tiefere existentielle Fragen: Vielleicht ist Ihnen vorhin beim Lesen aufgefallen, dass Gott nicht aus dem Nichts eine ideale Welt schafft, dass schon etwas da ist, als Gott mit der Schöpfung beginnt. Und was da ist, ist nicht gut.

Eine bedrohliche Urflut, absolute Dunkelheit, alles ist wüst und leer, „tohu wa bohu", wie es auf hebräisch heißt. Am Anfang war nicht alles gut, das wird es erst Schritt für Schritt und wer sich auf diesen Bibeltext einmal einlässt, spürt: wir sind gehalten wie über einem Abgrund, von Gottes Hand, durch sein Wort. Einen verletzlichen Schutzraum für das Leben hat er geschaffen, mitten im riesigen, kalten Weltraum. Das Leben ist eine zerbrechliche Angelegenheit, umgeben von dunklen Chaosmächten, deren Existenz mit der Erschaffung der Erde ja nicht beendet ist. Die jederzeit einbrechen, durchbrechen können. Und genauso erleben wir ja doch das Leben: es geht eine Weile gut – und plötzlich dringt etwas Böses in unser Leben ein. Die beste Freundin bekommt Krebs, ein Erdbeben in Pakistan reißt 73.000 Menschen in den Tod, von durch Menschen verursachten Kriegen und Katastrophen ganz zu schweigen. Wir sind nur gehalten über einem Abgrund, er heißt Tohuwabohu, Chaosflut, absolute Finsternis.

Woher kommen diese Chaosmächte? Hier schweigt die Bibel. Es ist nicht klar, ob eine geheimnisvolle Gegenmacht, etwa der Teufel, das Böse, ihre Hände im Spiel hat. Oder ob nicht eher all das Bedrohliche einfach nur durch die Abwesenheit Gottes zustande kommt: Wo Gott nicht Licht schafft, ist Dunkelheit; wo er nicht Leben schafft und erhält, ist Tod. Die Herkunft des Bösen wird in der Bibel nie erklärt. Es ist da. Es muss überwunden werden und zwar offensichtlich von Gott – mit seinen Menschen.

Die Schöpfung ist nicht vollendet, sie muss bewahrt und weitergebaut werden, und dieses „Bebauen und Bewahren" ist der Auftrag an die Menschen, die zum Mitarbeiter Gottes werden wollen, die mitarbeiten wollen an dem zarten Pflänzchen, dem zerbrechlichen Schutzraum Leben. Dass hier das Werk am siebten Tag mit dem Sabbat endet, ist noch keine Einführung kirchlicher Feiertage, sondern der Hinweis, dass die Ruhe, der Frieden, nach dem kein Montagmorgen, kein Alle-Tage-Chaos, kein Leid und Tod mehr kommt, dass dieser Frieden noch aussteht.

Auf die ganz große Frage unseres Glaubens, auf die Frage nämlich: Wenn es einen guten Gott gibt, wie kann er dann Leid und Katastrophen zulassen, gibt dieser erste Schöpfungsbericht zwei erste wichtige Antworten:

» Gott lässt Leid nicht zu. Es ist da und Gott bekämpft es. Die Schöpfung ist aber erst der Beginn von Gottes großem Kampf gegen das tödliche Chaos, das Gott am Beginn seiner Schöpfung vorgefunden hat.
» Gott schafft den Menschen, um einen Mitstreiter gegen das Chaos, das Leid und das Böse zu haben. Aus der sinnlosen Frage „Warum?" wird die neue, zielgerichtete Frage „Wozu?". Jahwe ist nicht wie die anderen Götter unbeteiligter Zuschauer des großen Weltdramas, sondern mitten drin im Geschehen. Der Mensch darf deshalb seine zögerliche Zuschauerposition auch aufgeben und mit Gott ans Werk gehen, ab dem 8. Tag sozusagen ist an des Menschen Mitwirken gedacht. Dass der Mensch jedoch durch sein Wirken die ganze Sache nicht nur manchmal eher schlimmer macht, dass zu den scheinbar unvermeidlichen Naturkatastrophen und Krankheiten das vermeidbare Leid wie Krieg, Unterdrückung und Ungerechtigkeit kommt, das ist das große Thema des zweiten Schöpfungsberichtes in 1. Mose 2 und 3.

2.1.3 Der zweite, ältere Schöpfungsbericht

Die Kapitel 2 und 3 des 1. Buches Mose, diese fast allen Menschen bekannte Geschichte vom Paradies, von Adam, Eva, der Schlange und dem verbotenen Baum, ist über 400 Jahre älter als der erste Schöpfungsbericht. Diese Geschichte ist nicht im babylonischen Exil entstanden, sondern wahrscheinlich in den Anfängen noch in der Spätzeit des Königs Salomo.

Aber wieder, wie im babylonischen Exil, war es die Auseinandersetzung mit anderen Kulturen, die Israel fragen ließ: was ist eigentlich in den paar hunderttausend Jahren vor Abraham so passiert?

David hatte das Großreich durch Machtpolitik aufgebaut, sein Sohn Salomo versuchte, es durch geschickte Diplomatie zu festigen. Nubische, äthiopische, ägyptische Diplomaten, Ingenieure und Gelehrte verkehrten an seinem Hof und brachten, was diese Sache mit Gott betrifft, Fragen ins Spiel, die in Israel bisher unbekannt waren.

Die folgenden Kapitel im 1. Buch Mose sind zum großen Teil in dieser Zeit entstanden und geben auf erschreckend einfache, intelligent unkomplizierte Weise Antworten auf die nicht nur damals großen Fragen, warum mit dieser Welt alles so gekommen ist.

Der zweite Schöpfungsbericht ist bei aller literarischen Leichtigkeit – welches Volk auf dieser Welt traut sich zu glauben, dass Gott abends im Garten spazieren geht – in einer Klarheit und Schärfe geschrieben, dass man bestimmte Dinge auf einmal sehr deutlich sehen kann. Ich nenne nur wenige Beispiele.

Göttliche Allmacht und menschliche Freiheit

Die wichtigen Fragen müssen zuerst geklärt werden. Deshalb finden wir auf den ersten Seiten der Bibel bereits die dritte Antwort auf die Frage, woher eigentlich das Leid und das Böse kommen: Es hat entscheidend damit zu tun, dass Gott auf seine eigene Allmacht verzichtet, indem er den Menschen als freies Wesen geschaffen hat. Der Baum in der Mitte des Gartens ist der Ort, an dem Gott sich selbst begrenzt, der Ort, an dem der Mensch wählen kann: erfülle ich den Willen Gottes – das wäre ja auch eine Option, dann allerdings eine frei gewählte – oder verweigere ich mich?

Gut kann der Mensch nur sein, weil er die Wahl hat, gegebenenfalls auch böse zu sein. Nach Gottes Vorstellung ist erzwungenes Gutes per se – nicht gut. Ohne Freiheit gibt es nicht das Gute, keine Liebe. Nur der kann lieben, der die Wahl hat, auch nicht zu lieben. Das ist der göttliche Konstruktionsunterschied zwischen Menschen einerseits und Marionetten und Maschinen andererseits. Der Mensch, sagt Helmut Thielicke, ist das „Risiko Gottes".

Das Böse, für das der Mensch in der Schöpfungsgeschichte sich dann entscheidet, wird psychologisch exakt so beschrieben: Die beiden Menschen glauben Gott seine Güte nicht. Sollte Gott gesagt haben...? Sie trauen Gott nicht zu, dass er sie schützen will mit dem Gebot, nicht von dem Baum zu essen. Sie denken, er will ihnen etwas vorenthalten, das Beste, Schönste, was selbst die traumhafte Freiheit und die unendlichen Möglichkeiten des Paradieses übersteigt. Plötzlich, aus heiterer Hölle, schlängelt sich in den beiden Misstrauen hoch: „das Eigentliche, Entscheidende ist immer das, was ich nicht habe. Was ich nicht haben darf, weil Gott es nicht will, weil es ein anderer hat". Und alle Gedanken kennen nur noch ein Ziel: „Wenn ich das hätte, nur das, diesen Apfel, dann wäre ich glücklich, richtig glücklich." Ein unwiderstehlicher Zauber liegt auf dem, was ich nicht, anscheinend nicht, haben darf.

Das ist Sünde, nicht die kleinen Schwächen, die vielen Fehler, mein Gott, halten wir uns damit nicht auf. Sünde ist Misstrauen, fehlendes Vertrauen, dass Gott es mit dem Leben gut mit mir meint. Sünde ist, selbst im Paradies zu glauben, es wird einem von Gott etwas nicht gegönnt.

Dies und noch viel mehr an Erkenntnis, was eigentlich mit uns Menschen los ist, hören wir am Beginn des 3. Kapitels im 1. Buch Mose. Vielleicht, nein sicher, werden Sie, wenn Sie diese Verse lesen, noch viel mehr entdecken; in und zwischen den Zeilen:

1. Mose 3, 1 – 13

Die Schlange war das klügste von allen Tieren des Feldes, die Gott, der HERR, gemacht hatte. Sie fragte die Frau: »Hat Gott wirklich gesagt: ‚Ihr dürft die Früchte von den Bäumen im Garten nicht essen'?« »Natürlich dürfen wir sie essen«, erwiderte die Frau, »nur nicht die Früchte von dem Baum in der Mitte des Gartens. Gott hat gesagt: ‚Esst nicht davon, berührt sie nicht, sonst müsst ihr sterben!'« »Nein, nein«, sagte die Schlange, »ihr werdet bestimmt nicht sterben! Aber Gott weiß: Sobald ihr davon esst, werden euch die Augen aufgehen; ihr werdet wie Gott sein und wissen, was gut und was schlecht ist. Dann werdet ihr euer Leben selbst in die Hand nehmen können.« Die Frau sah den Baum an: Seine Früchte mussten köstlich schmecken, sie anzusehen war eine Augenweide und es war verlockend, dass man davon klug werden sollte! Sie nahm von den Früchten und aß. Dann gab sie auch ihrem Mann davon und er aß ebenso. Da gingen den beiden die Augen auf und sie merkten, dass sie nackt waren. Deshalb flochten sie Feigenblätter zusammen und machten sich Lendenschurze. Am Abend, als es kühler wurde, hörten sie, wie Gott, der HERR, durch den Garten ging. Da versteckten sich der Mensch und seine Frau vor Gott zwischen den Bäumen. Aber Gott rief nach dem Menschen: »Wo bist du?« Der antwortete: »Ich hörte dich kommen und bekam Angst, weil ich nackt bin. Da habe ich mich versteckt!« »Wer hat dir gesagt, dass du nackt bist?«, fragte Gott. »Hast du etwa von den verbotenen Früchten gegessen?« Der Mensch erwiderte: »Die Frau, die du mir an die Seite gestellt hast, gab mir davon; da habe ich gegessen.« Gott, der HERR, sagte zur Frau: »Was hast du da getan?« Sie antwortete: »Die Schlange ist schuld, sie hat mich zum Essen verführt!«

Die Folge, die wir uns als Strafe Gottes vorzustellen angewöhnt haben, ist eigentlich aber ganz einfach und logisch: Gott straft uns nicht, er überlässt uns nur den Konsequenzen unserer freien Entscheidung. Drei Konsequenzen will ich nur andeuten:

- Ich schäme mich, ich muss mich verhüllen. Denn ich weiß: so wie ich eigentlich bin, bin ich nicht in Ordnung. Etwas an mir kann ich nicht verändern, nur verstecken. Ich verstecke mich vor mir, vor Gott, ich verstecke mich in Schuldgefühlen, Ausreden, Schuldzuweisungen, Lügen. Das Misstrauen gegen Gott ist auf mich selbst zurückgefallen, ich misstraue mir selbst.
- Ich bin nicht mehr in Einklang mit meinen Mitmenschen. Weil der Mensch als Beziehungswesen geschaffen wurde, färbt sein Urmisstrauen, sein Verlust des Gefühls „ich bin okay" auch auf das Verhältnis zu anderen ab. Ich verstecke mich nicht nur vor Gott, ich lasse mir auch von anderen nicht in die Karten schauen. Besser so. Schuld, die im Raum steht, wird auf den anderen geschoben, denn wenn man es mal ganz objektiv betrachtet, mein Gott, hat eigentlich doch der andere angefangen, die andere mir den Apfel gegeben. Und so wird am Ende selbst die schönste aller Zweierbeziehungen, die von Frau und Mann, durch Verrat und Machtspiele gefährdet und manchmal sogar zerstört.
- Auch der Einklang mit meiner Umwelt, der Schöpfung, ist nicht mehr da. Das von Gott geplante Zusammenspiel von Mensch und Natur im Sinne des Bebauens und Bewahrens ist zerstört, mit Mühe und im Schweiße unseres Angesichts entreißen wir dem Acker unsere Nahrung und machen viel kaputt, töten die Schlange und andere Tiere und werden getötet, und selbst das Natürlichste, Wunderbarste, die Geburt eines Kindes, ist von Schmerzen begleitet.

Der Mensch, der im Misstrauen alles an sich reißen wollte, hat viel zerstört. Und steht am Ende mit leeren Händen da. Im Paradies, im Garten Eden, hat Gott angedeutet, wie er sich das mit dem Leben vorgestellt hat. Der Mensch war misstrauisch und hat sich anders entschieden. Er lebt auf eigenen Wunsch jenseits von Eden.

Frau und Mann

Ganz gleich, ob Sie als PrädikantIn oder in der Verkündigung mit Kindern über die Schöpfungsgeschichte sprechen: Neben der einen großen Menschenfrage nach dem Woher des Bösen und des Leids werden Sie auf die andere große Frage treffen: wie das nämlich ist mit den Männern und Frauen.

Unsere Texte werden manchmal ernsthaft, manchmal ironisch als Beleg für die Überordnung des Mannes über die Frau genommen, bis hinein in die späten Briefe des Neuen Testaments und auch, seit ein, zwei Jahren, in der aktuellen politischen Diskussion von fundamentalistischer Seite und nicht nur von ihr.

Ich möchte Sie deshalb mit einigen nur anhand des Bibeltextes gewonnenen Erkenntnissen überraschen, die Sie hoffentlich nicht vergessen werden:

» Schon im ersten Schöpfungsbericht wird der Mensch in gleicher und gleichberechtigter Weise als Mann und Frau geschaffen: „Gott schuf den Menschen nach seinem Bild, er schuf Mann und Frau." heißt es. Und damit ist noch etwas zweites gesagt: Die theologisch so bedeutsame Gottebenbildlichkeit des Menschen ist nicht auf ein Geschlecht festgelegt. „Nach seinem Bild, als Mann und Frau" bedeutet: Gottes Verhaltensweisen und Handlungsmöglichkeiten übersteigen menschliches Repertoire bei weitem – aber umfassen sowohl weibliche wie männliche Aspekte. Das Alte Testament weiß, dass Gott viel größer ist, als dass man ihn auf Bilder wie „Mann" oder „Frau" reduzieren kann, dennoch kann die Bibel – besonders auch in den Psalmen – Aspekte von Gottes Handeln als männlich und weiblich empfinden und beschreiben.

» Und auch im zweiten Schöpfungsbericht die Sache mit Adam und Eva müssen wir uns noch einmal genauer anschauen. Wenn ich im hebräischen Urtext lese, steht da nicht, dass Gott zuerst den Mann und dann die Frau geschaffen hat. „Adam" ist kein Name und nicht die Bezeichnung für einen Mann, sondern bedeutet zunächst einmal neutral „Erdwesen", „der von Erde (=Adama) genommene". Dieses Erdwesen sucht einen Partner, etwas, das ihm gleich sei. Und erst in dem Moment, als Gott aus dem ersten Erdwesen ein zweites schafft, wird das erste zum Mann, das zweite zur Frau. Auch das Wort, das die Lutherbibel mit „Gehilfin" übersetzt und so unterstellt, die Frau sei als unbezahlte Hausangestellte des Mannes geplant und auch noch von Gott so gewollt – dieses Wort „Gehilfin" ist nicht die korrekte Übersetzung des hebräischen Wortes „Ezer". „Ezer" steht im ganzen Alten Testament sonst so gut wie immer nur für das rettende Eingreifen Gottes. An allen anderen Stellen, außer an dieser, wird es mit „Erlösung" oder „Rettung" übersetzt. Die Frau, so muss man deswegen richtig übersetzen, ist nicht die „Gehilfin", sondern die Erlösung, die Rettung des Mannes. Anders gesagt: was Gott für den Menschen bedeutet, bedeutet die Frau für den Mann.

Die letzten Erkenntnisse sind Ergebnis der jüngsten Forschungsrichtung in der Bibelwissenschaft, der „Feministischen Exegese". In den nächsten Seminaren wird es noch einmal ausführlicher um die Frage gehen: „Wie lesen wir eigentlich die Bibel?" Hier nur so viel: Trauen Sie sich, bei Ihrem Arbeiten mit der Bibel neue, ungewohnte, kritische Fragen mit hineinzunehmen – es ist fast immer ein Gewinn!

2.1.4 Wie alles sonst noch so gekommen ist...

Die Urgeschichte endet nicht mit dem Schöpfungsbericht. Auch in den weiteren Kapiteln wird erklärt, wie alles so gekommen ist auf der Erde, mit den Menschen. Diese ersten elf Kapitel mit Adam und Eva, Kain und Abel, Noah und der Sintflut bis zum Turmbau zu Babel sind Geschichte als historische Deutung. Historische Berichte finden wir im 1. Buch Mose erst ab Kapitel 12, wenn die Geschichte der Erzväter Abraham, Isaak und Jakob beginnt.

Wer auf den Wortlaut der Bibel achtet, merkt schnell: Adam und Eva, Kain und Abel werden nicht als geschichtliche Personen beschrieben – ganz anders als etwa Jakob oder später König David, von denen biographische Einzelheiten berichtet werden, an denen persönliches Interesse besteht. Hier aber stehen die Namen für Typen, für Symbole, mit denen etwas gedeutet werden soll: Warum hängen Mann und Frau so aneinander, dass sie wieder ein Leib werden wollen – und können gleichzeitig sich streiten und Schuld zuweisen? Solche nicht biographisch-historischen Fragen will die Bibel hier beantworten. Warum bringen Menschen, Brüder gar, sich um? Das ist die Frage und nicht, wie die Menschheit sich weiter fortpflanzte, wenn Adam und Eva nur zwei Jungs bekamen.

Hören wir einmal hinein in die Geschichte von Kain und Abel, diesen tiefgründigen und unheimlichen Text, an dessen Worte man sich nie gewöhnen darf:

1. Mose 4, 1 – 16

Adam schlief mit seiner Frau Eva, und sie wurde schwanger. Sie brachte einen Sohn zur Welt und sagte: »Mit Hilfe des HERRN habe ich einen Mann hervorgebracht.« Darum nannte sie ihn Kain. Später bekam sie einen zweiten Sohn, den nannte sie Abel. Abel wurde ein Hirt, Kain ein Bauer. Einmal brachte Kain von seinem Ernteertrag dem HERRN ein Opfer. Auch Abel brachte ihm ein Opfer; er nahm dafür die besten von den erstgeborenen Lämmern seiner Herde. Der HERR blickte freundlich auf Abel und sein Opfer, aber Kain und sein Opfer schaute er nicht an. Da stieg der Zorn in Kain hoch und er blickte finster zu Boden. Der HERR fragte ihn: »Warum bist du so zornig? Warum starrst du auf den Boden? Wenn du Gutes im Sinn hast, kannst du den Kopf frei erheben; aber wenn du Böses planst, lauert die Sünde vor der Tür deines Herzens und will dich verschlingen. Du musst Herr über sie sein!« Kain aber sagte zu seinem Bruder Abel: »Komm und sieh dir einmal meine Felder an!« Und als sie draußen waren, fiel er über seinen Bruder her und schlug ihn tot. Der HERR fragte Kain: »Wo ist dein Bruder Abel?« »Was weiß ich?«, antwortete Kain. »Bin ich vielleicht der Hüter meines Bruders?« »Weh, was hast du getan?«, sagte der HERR. »Hörst du nicht, wie das Blut deines Bruders von der Erde zu mir schreit? Du hast den Acker mit dem Blut deines Bruders getränkt, deshalb stehst du unter einem Fluch und musst das fruchtbare Ackerland verlassen. Wenn du künftig den Acker bearbeitest, wird er dir den Ertrag verweigern. Als heimatloser Flüchtling musst du auf der Erde umherirren.« Kain sagte zum HERRN: »Die Strafe ist zu hart, das überlebe ich nicht! Du vertreibst mich vom fruchtbaren Land und aus deiner schützenden Nähe. Als heimatloser Flüchtling muss ich umherirren. Ich bin vogelfrei, jeder kann mich ungestraft töten.« Der HERR antwortete: »Nein, sondern ich bestimme: Wenn dich einer tötet, müssen dafür sieben Menschen aus seiner Familie sterben.« Und er machte an Kain ein Zeichen, damit jeder wusste: Kain steht unter dem Schutz des HERRN. Dann musste Kain aus der Nähe des HERRN weggehen. Er wohnte östlich von Eden im Land Nod.

Kain und Abel sind keine Namen, sondern Bedeutungssätze. Kain heißt: „Ich bin ein richtiger Mann". Abel bedeutet „Ich bin ein Nichts". Kain ist Großgrundbesitzer, Abel Kleinviehnomade. Kain opfert Jahwe von seinen verschiedensten Ernteerträgen, Abel bringt ein Lämmlein. Aber plötzlich, am Altar, wird offenbar, dass Jahwe in dieser Weltgeschichte gerade nicht den Stärkeren, sondern den Schwächeren bevorzugt. Fragen Sie mich nicht warum. Die Bibel sagt nur: so ist es. Kommt damit klar, ihr Menschen, Gott ist parteiisch.

Kain kommt nicht damit klar. Er macht seinem Bruder ein freundliches Angebot: „Komm mit deinen paar Schafen auf meine abgeernteten Felder, sie dürfen die Reste essen. Da muss ich nicht aufräumen." So war das üblich in Kanaan, so durfte Israel die ersten Jahrhunderte als Kleinviehnomaden im Herbst auf die Felder reicher kanaanäischer Städter.

Dann schlägt Kain den Abel tot. Keiner hat es gesehen. Außer Gott. Kain flieht, vor seinem toten Bruder, der blutgetränkten Erde, vor Gott. Aber Gott lässt ihn nicht gehen ohne ein Schutzzeichen, Gottes Liebe gilt auch für die armen Reichen.

Jeder Satz dieser Geschichte steht da wie eingemeißelt für die Ewigkeit: „Soll ich meines Bruders Hüter sein?" --- „Was hast du getan!? Die Stimme des Blutes deines Bruders schreit zu mir von der Erde." --- „Warum senkst du deinen Blick? Bist du mit dir im Reinen, so kannst du frei den Blick erheben." --- „Meine Strafe ist zu schwer, als dass ich sie tragen könnte." --- und immer wieder, wie ein Schrei, bis heute: „Wo ist dein Bruder?"

Das sind keine harmlosen Geschichtchen, das ist die Urgeschichte der Menschheit. Und sie geht weiter und malt sich aus, wie es wäre, wenn Gott diese ganze abgrundtiefe Bosheit wegspülen, von der Erde vertilgen würde, einfach mit ein paar Guten noch mal von vorne beginnen. Und es wird klar: so geht es nicht, zu viele Tote, unschuldige Opfer, Kinder, Tiere, die nicht wissen wie ihnen geschieht, nein, so geht das in Gottes Namen wirklich nicht, auch wenn die Frommen aller Zeiten sich das immer wieder wünschen: dass Gott auf den Tisch haut, ein Machtwort spricht, mit eisernen Besen mal durchfegt, nur die Arche verschont, den kleinen heiligen Rest, also natürlich mich. Nein, denn sobald die Wasser gesunken sind, ich die Arche verlasse, geht alles wieder von vorne los: das Böse und manchmal auch das Gute. Schaut mal hin, ihr besseren Menschen, sagt die Bibel: Kaum hat dieser feine Herr Noah die Arche verlassen, liegt er besoffen im Dreck, mit entblößtem Geschlecht vor seinen Töchtern. Dafür eine Sintflut? Das glaubt ihr ja wohl selber nicht.

Und so lässt die Urgeschichte Gott am Ende dieser Story sagen: Nie wieder. Nicht mit mir. Solange die Erde steht sollen nicht aufhören Saat und Ernte, Frost und Hitze, Sommer und Winter, Tag und Nacht. Solange die Erde steht.

Die Urgeschichte gilt, solange die Erde steht. Und erklärt, warum es auf der Erde genau so zugeht. Mit Frauen und Männern, Brüdern und Schwestern, wie die Berufe entstanden, wie es zu Mord und Totschlag kommen kann, warum Gott eben nicht wie in unserer Phantasie das Böse wegspült, warum die Menschheit in Völker mit verschiedenen Sprachen aufgeteilt ist. Wenn Sie diese Geschichten für sich und andere auslegen, müssen Sie sie von ihrem Ende, dem Ziel her denken, wenn Sie Gottes Handeln in dieser Weltgeschichte deuten wollen. Am Beispiel der Sintflutgeschichte: Ja, wir wünschen uns das manchmal, noch mal ein neuer, sauberer Anfang, Arche Noah oder Mayflower. Und Gott antwortet: Ja, das Gute will ich auch, vor allem für euch, meine Menschen. Aber glaubt nicht, wir finden das Gute, wenn wir das Böse zerstören.

Wie handelt Gott? Er lässt das Böse stehen, so lange die Erde steht. Er akzeptiert es als freie Entscheidung der Menschen. Aber er ermöglicht ihnen eine neue, freie Entscheidung, indem er mit einem Menschen, einem Volk, mit Abraham und dann Israel eine neue Geschichte beginnt. Er sagt: Mensch, mach was du willst. Wirklich. Aber schau, wie es gehen könnte, wenn du es mit mir versuchst, dieses Leben auf dieser Erde.

Und so endet die Urgeschichte, diese ersten elf Kapitel der Bibel, eigentlich erst in den ersten Versen von Kapitel 12, findet die Urgeschichte in einer neuen Geschichte ihr Ziel, wenn es auf einmal heißt:

1. Mose 12, 1 – 2

Da sprach Jahwe zu Abraham: „Verlass deine Heimat, deine Sippe und die Familie deines Vaters und zieh in ein Land, das ich dir zeigen werde. Ich will dir viele Nachkommen schenken und dich zum Vater eines großen Volkes machen. So wirst du in aller Welt geachtet sein, an dir wird sichtbar werden, was es bedeutet, wenn ich jemanden segne. Du bist gesegnet und kannst ein Segen sein."

Bitte lesen Sie die folgenden Bibeltexte:

Weiterdenken

1. Mose 12, 1 – 9
1. Mose 1, 1 – 5 . 26 – 2, 3
1. Mose 3, 1 – 13
1. Mose 4, 1 – 16

1. Schlagen Sie die Bibel zu und versuchen Sie, einen der Texte mit eigenen Worten wiederzugeben!
2. Schlagen Sie die Bibel wieder auf und notieren Sie, was Ihnen sofort einleuchtet.
3. Notieren Sie jetzt, was Ihnen unverständlich ist.
4. Gibt es einen Satz oder Gedanken, der Sie ärgert, provoziert, den Sie am liebsten streichen würden? Warum? Was wäre, wenn dieser Satz oder Gedanke fehlt?
5. Was an dem Text dagegen ist schön?
6. Stilleübung: Schließen Sie die Augen und stellen Sie sich irgendeinen Menschen vor. Erklären Sie ihm, was der Text bedeutet: Damals, als er entstanden ist, und heute.

meine Notizen

2.2 Exodus oder Die Befreiung aus ägyptischer Sklaverei

„Was können Christen von Juden lernen?“ – das ist die Frage, unter der dieses Kapitel steht. Und nach dem ersten Abschnitt halten wir fest: In der Urgeschichte wird unser Glaube geerdet. Das Vertrauen in Gott, in diesen Gott des Volkes Israel, entrückt uns nicht aus der Welt, hebt unser religiöses Bewusstsein nicht in höhere Sphären. Das geht mit diesem Gott gar nicht. Denn der hat auf der Erde zu schaffen, mit seiner Stimme, seinen Händen sogar.

In weiteren Abschnitten werden wir sehen, wie christlicher Glaube in höchste Schwierigkeiten gerät, wenn er diese jüdischen Wurzeln vergisst, wie er sich verflüchtigt. Hätten die Kirchenväter in den ersten vier Jahrhunderten nicht am Alten Testament, diesem wunderbar-erschreckend diesseitigen Buch festgehalten, gegen harten Widerstand: Die Spuren des Christentums hätten sich als gnostisch-esoterische Sekte irgendwo im syrisch-kleinasiatischen Raum verloren. Der Schöpfergott ist der Erlösergott, der Vater Jesu Christi ist Jahwe, der Gott Israels. Wenn diese Klammer damals zerbrochen wäre, hätte das Christentum die ersten fünf bis sechs Jahrhunderte nicht überlebt und keiner von uns wäre getauft.

Deshalb: Wenn wir heute im Glaubensbekenntnis Gott als den „Schöpfer des Himmels und der Erde“ bezeichnen, bestreiten wir damit nicht die Evolutionstheorie, einen derzeit allgemein anerkannten Erklärungsversuch des Lebens auf der Erde. Mit diesem Bekenntnis halten wir fest: Gott steckt mitten drin in dieser Welt, in Natur und Geschichte. Wenn ich mich zu ihm bekenne, werde ich nicht geistig und weltfremd, im Gegenteil: Mir gehen die Augen auf, wie sehr mein Menschenleben verwoben ist in diese Schöpfung.

Zum Schöpfer des Himmels und der Erde bekennen wir uns im ersten Artikel unseres Glaubensbekenntnisses. Im zweiten Artikel geht es um Jesus Christus. Und auch was wir da bekennen und glauben bekommt seinen Tiefgang, seine Wurzeln, vom Alten Testament und nur von dort her: Exodus und Auferstehung sind zwei Glaubenserfahrungen, die in der Bibel aufs engste aufeinander bezogen werden.Zum einen vom äußeren Geschehen her. Jesus feiert etwa sein Abschiedsmahl am Passaabend, mit einem Passamahl, dem Fluchtessen der Israeliten sozusagen, in der Nacht des Aufbruchs.

Aber vor allem vom Kern der Sache her. Das wird deutlich, wenn wir einmal die ältesten israelitischen und christlichen Glaubensbekenntnisse miteinander vergleichen. In der Urform, ohne Story und Erklärungen, wie sie anfangs in den Gottesdiensten verwendet wurden, lauten sie:

[1] Jahwe, Gott, ist der Handelnde, Exodus und Auferstehung ergeben sich nicht einfach so, sind kein Zufall und erst recht nicht Ergebnis menschlicher Anstren-

gung. Zu einem Sklaven können Sie nicht einfach sagen: Hey, machen wir morgen einen kleinen Auszug, zu einem Toten können Sie gar nichts mehr sagen.

Er hat es getan. Exodus und Auferstehung sind historische Ereignisse. Keine Träume oder symbolisch zu deutende Märchen. Das heißt: Natürlich kann ich mir das Bekenntnis zu einem Gott, der so befreiend handelt, im Gottesdienst oder im persönlichen Glauben vergegenwärtigen und daraus Kraft schöpfen, wenn ich mich versklavt fühle oder Angst vor dem Tod habe. Aber über meine Vergegenwärtigung hinaus heißt „Er hat es getan": durch diese historischen Ereignisse wird Wirklichkeit tatsächlich verändert. Israel fühlte sich nicht nur freier, es war politisch befreit. Und so verändert auch die Auferstehung nicht nur unser Gefühlsleben. Richtig verstanden haben wir sie erst, wenn wir sie als geschichtliche Tatsache mit auch politischen Folgen begreifen. [2]

Israel und Jesus, das heißt: Dieser Gott handelt an Menschen, in der Welt. Was in der Schöpfung begonnen hat, so irdisch-konkret, setzt sich als Erlösung sehr menschlich fort. Das unterscheidet Jahwe von den Göttern. Während die vielen Götter in ihren ägyptischen, babylonischen Götterhimmeln ständig mit sich selbst beschäftigt sind, hat der eine Gott Jahwe nur den Menschen als Sozialpartner. [3]

Aus Ägypten, aus dem Tod – das heißt: Es gibt in unserem Glaubensleben ein „Woher" und ein „Wohin". Das „Woher" ist der Ort, an den wir nicht mehr zurück sollen. Auch wenn es uns mit tödlicher Trägheit dorthin zieht. Und noch eine Frage, eine durchaus erschreckende Frage, stellt sich uns mit „Ägypten". Meist gehen wir ja vorschnell davon aus, wir seien auf Seiten der Unterdrückten, fühlen uns tatsächlich ein klein wenig unfrei und singen diese Gospels doch so gerne: „Let my people go!" Die Frage aber lautet: „Which side are you on, tell me!" Auf welcher Seite stehen wir eigentlich? Ein Bekenntnis jedenfalls ist keine private, religiöse Angelegenheit. Es fragt immer auch nach einem Standpunkt. [4]

Den will Gott verändern, mich in Bewegung setzen, „heraufgeführt und auferweckt" ins gelobte Land und ins ewige Leben. Wir hatten bereits gesehen, dass dieses „Herausholen" die Grundbewegung Jahwes ist. Gott holt mich heraus, wo ich alleine nicht raus käme. Ja, alleine würde ich's nicht schaffen. Das einzige, was ich tun kann, aber dann auch tun muss: mich herausholen lassen. Sonst bleibe ich in Ägypten. Denn keine Entscheidung ist auch eine Entscheidung. [5]

Das, in 5 Stichworten, bedeutet das Urbekenntnis unseres jüdisch-christlichen Glaubens: „Jahwe hat Israel aus Ägypten heraufgeführt."

Wie aber – und das wird jetzt die Frage sein – sollen wir uns das konkret vorstellen? Wir werden uns anschauen, wer diese Exodusgruppe eigentlich genau war, was es heißt, dass eine politische Befreiung zum Glaubenserlebnis wird, sehen, wer dieser Jahwe eigentlich war und stellen mit leichtem Erstaunen fest, was so alles passieren kann, wenn man sich 40 Jahre in der Wüste aufhält.

2.2.1 Die Exodusgruppe

Im 13. Jh. v. Chr., als unsere Geschichte spielt, gab es auf der Welt noch nicht flächendeckend Nationen, Staaten mit ihren Grenzen, die direkt aneinander lagen. Es gab Großreiche, Hochkulturen wie Assyrien und Ägypten, deren Grenzfestungen irgendwo im Niemandsland, in der Wüste, endeten. Es gab meist nomadische Stämme mit locker umrissenem Gebiet wie die Edomiter, Midianiter oder Philister. Dazwischen bildeten sich Stadtstaaten, starke Festungen mit relativ kleinem Gebiet, wie Megiddo oder Jericho. Und ganz ohne lokale Verankerung zogen Kleinviehnomaden, familiäre Sippenverbände, am Rande der Siedlungsgebiete umher, dokumentiert im 1. Buch Mose und den Geschichten um Abraham, Isaak und Jakob.

Eine Gruppe fällt heraus aus diesem in vielen Jahrhunderten in Krieg und Frieden stabilen System. Für sie findet sich in der ganzen Levante von Assyrien über Palästina bis hinunter nach Ägypten in Keilschrift-Dokumenten, Briefverkehr, Steuerlisten usw. die gleich Bezeichnung: Hebiru, die Ausgestoßenen, eine inhomogene Gruppe aus Nomaden, denen in Trockenzeiten die Herde gestorben war, verarmte Bevölkerung aus den Stadtstaaten, die ihr Haus innerhalb der Festung verloren hatten oder Kriegsgefangene, an denen man das Interesse verloren hatte und nicht wusste, wohin mit ihnen.

Konzentriert finden wir diese Ausgestoßenen, die Hebiru, plötzlich zwischen 1280 und 1250 auf ägyptischen Großbaustellen als Fronarbeiter, das war etwas mehr als Sklave und viel weniger als Gastarbeiter. Vor allem in Briefen und Anordnungen von Ramses II wird die Beaufsichtigung, Unterbringung und Ernährung dieser Hebiru ausführlich dokumentiert. Erst vor wenigen Jahrzehnten kombinierte man diese Erkenntnisse mit der Beobachtung, dass genau in den ersten zwölf Kapiteln des Buches Exodus das biblische Volk Gottes „Hebräer“ und ihr Gott der „Gott der Hebräer“ genannt wurde – davor und danach taucht die Bezeichnung in der Bibel nur noch selten auf.

Man nimmt heute deshalb an, dass es sich bei der Exodusgruppe um Fronarbeiter verschiedener Herkunft handelte, die sich aufgrund von Unterdrückungssituationen auf den Großbaustellen der Magazinstädte Pitom und Ramses annäherten und solidarisierten. Nach den biblischen Berichten bildeten dabei die natürlich längst nicht mehr nomadischen Nachfahren der Josefgruppe einen Kristallisationskern. Immer wieder wird im 2. Buch Mose aber auch davon berichtet, wie Menschen anderer Herkunft zu dieser anfangs noch nicht scharf umrissenen Truppe dazukamen, die eine immer klarere Struktur mit Untergruppen, Ältesten und Räten herausbildete.

Die Ägypter beobachteten die Entwicklung mit Sorge, ihre Strategie hieß: einen Keil dazwischen treiben, entsolidarisieren. Man berief einzelne Hebiru zu Aufsehern, gab ihnen Macht über ihre eigenen Leute, setzte Spitzel ein, schuf unklare und überfordernde Arbeitssituationen.

Scheinbar erreichen sie ihr Ziel: Ein erster Aufstandsversuch scheitert, ein junger, noch etwas überstürzt handelnder Widerstandskämpfer namens Mose schlägt zu früh zu. Der Funke springt nicht über, sein Führungsanspruch wird nicht anerkannt, zu hitzig und unerfahren wirkt er – und schlimmer noch: zu misstrauisch sind die unterdrückten Fronarbeiter, sie drohen ihm mit Denunziation. Die ganze Situation scheint noch nicht reif für solidarisches Handeln. Hören wir in die Atmosphäre hinein:

2. Mose 2, 11 – 14

Als Mose erwachsen war, ging er einmal zu seinen Brüdern, den Israeliten, hinaus und sah, wie sie Fronarbeiten verrichten mussten. Er wurde Zeuge, wie ein Ägypter einen Hebräer, einen von seinen Brüdern, totschlug. Da schaute er sich nach allen Seiten um, und als er sah, dass niemand in der Nähe war, erschlug er den Ägypter und verscharrte ihn im Sand. Am nächsten Tag ging er wieder hinaus. Da sah er zwei Hebräer, die miteinander stritten. Er sagte zu dem, der im Unrecht war: »Warum schlägst du einen Mann aus deinem eigenen Volk?« Der antwortete: »Wer hat dich zum Aufseher und Richter über uns eingesetzt? Willst du mich auch umbringen wie den Ägypter?« Da bekam Mose Angst, denn er dachte: »Es ist also doch bekannt geworden!«

Das Schlüsselerlebnis des Glaubens: Befreiung 2.2.2

Mose muss ins Ausland fliehen und findet Asyl bei einem midianitischen Priester namens Jetro und seiner Familie. Hier, außerhalb des ägyptischen Machtbereichs, lernt er den Gott Jahwe kennen – die Geschichte vom brennenden Dornbusch haben wir im letzten Kapitel gelesen. Hier, in der jahrzehntelangen und scheinbar sinnlosen Zeit für diesen ehemaligen ägyptischen Prinzen, wird aus dem zornigen jungen Mann der ruhige und starke Anführer, der lernt, in der Wüste zu leben und Verantwortung zu übernehmen, der zu anderen Nomadenvölkern Kontakt knüpft, die den Hebräern später das Überleben sichern werden. Jedem, der in seinem Leben das Gefühl hat, diese 10, 15 Jahre sind sinnlos, waren tote Zeit, sei geraten, sich einmal die Geschichte von Mose anzuschauen. Vielleicht wird aus der Frage „Warum?“ dann die Frage „Wozu?“.

Wichtiger aber noch als der menschliche Entwicklungsprozess, den Mose bei den Midianitern erlebt: er lernt dort, bei seinem Schwiegervater, dem

Priester Jetro, den Befreier-Gott Jahwe kennen, mit Namen kennen. Sie erinnern sich: Für Abraham, Isaak und Jakob war Gott noch ohne persönlichen Namen geblieben.

Wir wissen heute, dass in der Wüstenregion südlich von Palästina schon lange der Wüsten- und Sturmgott Jahwe verehrt wurde, die Keniter und eben hier unser Midianiter hatten sich ihm anvertraut.

Auch in der Bibel ist diese Erinnerung aufbewahrt. Mose wird vom Midianiter-Priester Jetro in den Glauben eingeführt, das Volk Israel feiert auf der ersten Station nach geglückter Flucht seinen ersten, von Jetro geleiteten Jahwe-Gottesdienst. Natürlich, so glauben wir, ist Jahwe derselbe Gott, der sich schon Abraham, Isaak und Jakob offenbart hatte. Nur wird er hier neu, anders, aufregend kennen gelernt: er ist mehr als der väterlich-behütende Gott einer nomadischen Kleinfamilie, der seinen Anhängern Weidenplätze fürs Kleinvieh und Schwiegertöchter für die Söhne organisiert, wie er es für Abraham, Isaak und Jakob getan hatte.

Er ist ein Wüsten- und Sturmgott aus dem Gebirge, verehrt von freiheitsliebenden, wilden Kamelnomaden, und Mose öffnen sich die Augen: an so einen Gott zu glauben bedeutet Befreiung, Widerstand, Exodus. Und genau mit diesem Impuls wird Mose von Jahwe zurück nach Ägypten geschickt, nach 15 Jahren vielleicht. Geh zum Pharao, jetzt bist du so weit und ich werde mit dir sein. Seit dem Dornbusch brannte das alte Feuer wieder in Mose – aber anders als früher verzehrte es ihn nicht mehr.

Mühsam für Mose, nicht nur für ihn, aber unaufhaltsam. Der Funke springt über auf die Hebräer, die sich viel zu lange viel zu viel haben gefallen lassen. Mose wird als Anführer akzeptiert, sein sprachgewandter Bruder Aaron springt ihm zur Seite und entscheidend wird, dass es den beiden gelingt, den Hebräern klarzumachen: der Gott eurer Väter Abraham, Isaak und Jakob, das ist kein gemütlicher Patriarch. Wir haben ihn neu, anders, aufregend und fast ein wenig gefährlich kennen gelernt. Rainer Albertz schreibt: „Der Sturm- und Gewittergott vom Sinai, der die Natur in Aufruhr versetzt, kommt den hebräischen Stämmen im Befreiungskampf zur Hilfe; Jahwe, der Mose im wilden Bergland Südpalästinas erscheint, mobilisiert eine ganze Kolonne von Fronarbeitern, ihre Befreiung zu wagen.“

Wir lesen, wie mühsam diese Befreiung war:

2. Mose 5, 1 – 5

Nun gingen Mose und Aaron zum Pharao und sagten: »So spricht der HERR, der Gott Israels: ‚Lass mein Volk ziehen, damit es in der Wüste ein Fest für mich feiern kann!‘« »Der HERR? Wer ist das?«, erwiderte der Pharao. »Was hat er mir zu befehlen? Ich kenne keinen ‚HERRN‘ und denke gar nicht daran, das Volk Israel gehen zu lassen.« Mose und Aaron sagten: »Er ist der Gott der Hebräer, und er ist uns erschienen. Deshalb wollen wir jetzt drei Tagereisen weit in die Wüste gehen und ihm dort Opfer darbringen. Sonst wird er uns mit Krankheit oder Krieg strafen.« Der Ägypterkönig fuhr sie an: »Was denkt ihr euch eigentlich, dass ihr das Volk von der Arbeit abhalten wollt? Macht, dass ihr fortkommt! An eure Fronarbeit!« Und er sagte noch: »Sie sind schon so zahlreich, und da wollt ihr ihnen auch noch eine Arbeitspause verschaffen!«

Befreiung heißt nicht, mit gefülltem Bankkonto nach Neuseeland auswandern, Befreiung in der Bibel ist etwas anderes. Und sie wird ehrlich, realistisch geschildert, mit aller Angst und allem Zögern und eigener Schwäche. Dass die Wut der Unterdrückten auch in Hass umschlug, dass man sich über das Unglück der Ägypter nicht nur heimlich freute, es gar auf Gott zurückführte – das vorschnell zu verurteilen sollten sich diejenigen hüten, die bislang eher selten auf Seiten der Unterdrückten standen. Aber dass ein Mensch, der 30 Jahre für die Ägypter Steine geschleppt hat, dessen Partner verschleppt wurde, der sich nachts mit letzter Kraft, getrieben durch diesen Mose, auf die Flucht gemacht hat und jetzt sieht, wie sie näherkommen, die gepanzerten Streitwagen, 60000 gegen 12000, mit Alten und kleinen Kindern, eine riesige Staubwolke am Horizont, noch eine Stunde, dann sind sie da, sieht, wie diese gewaltige ägyptische Streitwagengruppe sich im Morast des Schilfmeeres festfährt, von einer gewaltigen Flutwelle überspült wird – dass dieser Mensch vollkommen fassungslos und erschöpft auf die Knie fällt und leise flüstert „Gott sei Dank" – das ist – ich weiß! – theologisch natürlich vollkommen unkorrekt.

Was geschah am Berg Sinai? 2.2.3

Sie müssen sich das so vorstellen: Die Hebräer waren eine sehr gemütliche Gruppe. Einige, die Nachkommen Josefs, hatten mit Gott gute Erfahrungen gemacht. Aber das ist 300 Jahre, mehr noch vielleicht, her. Seitdem baute man Tempel und Paläste, was in Ägypten fast dasselbe war, staunte über den Glanz fremder Religionen, traute sich nicht mehr zu beten und fand ehrlich gesagt den Gott des Kleinviehnomaden Abraham unter den aktuellen Bedingungen auch nicht sonderlich relevant.

Dann kam dieser Mose, verschwand nach seinem missglückten Aufstand, tauchte nach vielen Jahren und trotzdem ganz plötzlich wieder auf. Und brachte nicht nur einen Namen mit für den Gott, den man kaum noch kannte. Sondern auch eine neue Vision, eine unglaubliche Hoffnung. Man ließ sich darauf ein, weil man nichts mehr zu verlieren hatte außer seinen Ketten, schön und gut, aber dann findet man sich plötzlich in der Wüste wieder, verlassener fast als das bisschen Sicherheit, das selbst die Sklaverei bietet. Und fragt sich und fragt den Mose: „Was haben wir eigentlich getan? Und wer, bitte noch mal, ist eigentlich dieser Jahwe?"

Und Mose denkt nach und spricht: „Ja, also..." und weiß es eigentlich auch nicht. Aber sein Schwiegervater, den sie ein paar Wochen nach der Flucht treffen, dieser midianitische Jahwe-Priester, hilft ihm aus der Klemme, feiert für und mit Israel den ersten Jahwe-Gottesdienst seiner Geschichte und gibt Mose noch ein paar praktische Tipps mit, eine köstliche Geschichte in 2. Mose 18.

Das war ein kleiner Trost. Aber noch nicht die Antwort. Die kommt jetzt. Und wie immer, wenn dieser Jahwe antwortet, ist seine Antwort größer, fast gewaltiger, als das bisschen Trost, das uns ehrlich gesagt manchmal auch gereicht hätte.

Was war geschehen? Mose hatte in seiner Ratlosigkeit das Volk an den Ort geführt, wo er Jahwe erstmalig begegnet war, wo der Dornbusch stand, im Lande Midian am Fuße des großen Berges Sinai. „Auf einem Berg, der allein schon durch seine Massigkeit und seine Höhe die Erfahrung von Macht und Transzendenz vermittelt, begegnet Jahwe der durch ihre dramatischen Befreiungserfahrungen aufgeschlossenen und durch die Strapazen der Wanderung und die Einsamkeit der Wüste sensibilisierten Flüchtlingsgruppe in seiner bezwingenden Mächtigkeit und unmittelbaren Gegenwart" - so hat es Rainer Albertz, der Professor für Altes Testament, von dem ich am meisten gelernt habe, einmal gesagt.

Erschöpft und noch immer nicht ganz bei Sinnen setzen wir uns mit den hebräischen Flüchtlingen an den Fuß des Berges und spüren, wie der Gewitter- und Sturmgott Jahwe, der uns befreit hat, ohne dass wir das so richtig mitbekommen haben, zu unserem Gott wird:

2. Mose 19, 1 – 9. 16 – 19

Am dritten Neumondstag nach dem Auszug der Israeliten aus Ägypten kamen sie in die Wüste Sinai. Sie waren von ihrem Lagerplatz bei Refidim dorthin aufgebrochen und schlugen nun ihr Lager vor dem Berg Sinai auf. Mose stieg zu Gott auf den Berg. Der HERR rief ihm vom Berg aus zu: »Sag dem Volk Israel, den Nachkommen Jakobs: ‚Ihr habt gesehen, wie ich an den Ägyptern meine Macht erwiesen habe. Und ihr habt erlebt, dass ich euch getragen habe wie ein Adler seine Jungen; ich habe euch wohlbehalten hierher zu mir gebracht. Wenn ihr mir nun treu bleibt und auf mich hört, sollt ihr mein ganz persönliches Eigentum sein unter allen Völkern. Die ganze Erde gehört mir; aber ihr sollt ein Volk von Priestern sein, das mir ganz zur Verfügung steht und mir ungeteilt dient.' Das sollst du den Leuten von Israel sagen.« Als Mose zurückkam, rief er die Ältesten des Volkes zusammen und richtete ihnen aus, was der HERR ihm aufgetragen hatte. Das ganze Volk stimmte zu: »Wir wollen alles tun, was der HERR gesagt hat!« Mose überbrachte dem HERRN die Antwort des Volkes, und der HERR sagte zu ihm: »Ich werde in einer dunklen Wolke zu dir kommen, damit das Volk hören kann, wie ich mit dir rede, und damit es nie mehr daran zweifelt, dass ich dich beauftragt habe.« Am Morgen des dritten Tages, als es gerade hell wurde, begann es zu donnern und zu blitzen, eine dichte Wolke bedeckte den Berg und mächtiger Posaunenschall war zu hören. Das Volk im Lager zitterte vor Angst. Da führte Mose das Volk aus dem Lager heraus, Gott entgegen. Am Fuß des Berges stellten sie sich auf. Der ganze Berg Sinai war in Rauch gehüllt, weil der HERR im Feuer auf ihn herabgekommen war. Der Rauch stieg auf wie der Rauch eines Schmelzofens und der ganze Berg bebte. Der Posaunenschall wurde immer lauter. Mose rief und Gott antwortete ihm mit einer Stimme, die wie Donner klang.

Denn wenn die Hebräer den Namen Gottes hörten, „Jahwe" ist sein Klang, „Ich-bin-für-euch-da" seine Bedeutung (s.o. Teil 1), da schwang in diesem Namen noch ein anderer Ton mit, das alte Verb „donnern, grollen". Der Gott von uns Juden und Christen ist darum immer beides: fürsorglicher Vatergott, aber auch fernes Donnergrollen vom Berg Sinai aus der Wüste, verborgener, nicht in den Griff zu bekommender, private Frömmigkeit weit übersteigender Herr der Welt.

Von dem vielen wichtigen, was am Sinai geschehen ist – einiges erwähnten wir bereits im vorigen Abschnitt – möchte ich hier nur eine Sache hervorheben: Das Fremdgötterverbot, also das erste Gebot des Dekalogs, der Zehn Gebote.

Jahwe ist am Sinai eine persönliche Bindung mit den Hebräern eingegangen, man spricht vom Sinai-Bund. So eine persönliche Bindung „Ihr mein Volk – ich euer Gott" war neu. Bislang banden sich Götter an Heiligtümer und die dort angestellte Priesterschaft. Alle paar Kilometer gab es ein anderes Lokalheiligtum und wer weiter zog, brachte sicherheitshalber dem nächsten Gott auch ein Opfer. Man hatte Respekt vor den Göttern, aber es blieb eine merkwürdig-kühle Distanz.

Davon konnte bei Jahwe nun wirklich keine Rede sein. Denn den konnte man nicht an diesem Berg zurücklassen. Der zog mit, mit diesen Menschen, um sie auch nach der Befreiung zu schützen. Man darf vermuten, dass erst durch ihn aus dem ziemlich chaotischen Flüchtlingshaufen ein Stamm wurde.

Jahwe bindet sich nicht an Heiligtümer, sondern an Menschen, das bleibt sein Kennzeichen bis heute, das gibt jeder Kritik an zu teuren Tempeln und zu feinen Kirchen ihre Berechtigung. Denn selbst die ersten Kultgegenstände dieses Jahwe waren beweglich: ein Zelt der Begegnung, eine tragbare Lade für die Zehn Gebote.

Jahwe bindet sich an Menschen und seine fürsorgliche Kraft kann nur wirken, wenn Menschen sich an ihn binden. Ausschließlich. Und nicht nach ein paar Kilometern, ein paar Wochen, den nächsten Gott ausprobieren. Wenn die Propheten, von denen in der nächsten Einheit die Rede sein wird, daran erinnern und vor dem Fremdgehen, dem Ausprobieren anderer Götter warnen, dann erinnern sie immer an den Sinai. So spricht Jahwe durch Hosea:

> *„Aber ich bin Jahwe, dein Gott von Ägypten her, einen Gott außer mir kennst du nicht, einen Helfer außer mir gibt es nicht." (Hosea 13,4)*

Wir hatten noch offen gelassen, wieso eigentlich der Funke übersprang von diesem Jahwe, den Mose aus Midion mitgebracht hatte, auf dieses versklavte Volk der Hebräer. Und genau das war es: Dieser eine, persönliche Gott, der meine Not sieht und mir helfen will, der mir seinen Namen verrät und für mich da ist. Kein komplizierter Instanzenweg in einem unübersichtlichen Götterhimmel, in dem niemand so richtig für mich zuständig ist und nur noch die staatlichen Religionsbeamten den totalen Durchblick haben.

Jahwe, mein Gott von Ägypten her. Einen anderen kenne ich nicht, brauche ich nicht. Das erste Gebot ist gar kein Verbot. Sondern eine riesige Befreiung.

Weiterdenken

Bitte lesen Sie die folgenden Bibeltexte:

2. Mose 2, 11 – 14
2. Mose 5, 1 – 5
2. Mose 19, 1 – 9. 16 – 19

1. Schlagen Sie die Bibel zu und versuchen Sie, einen der Texte mit eigenen Worten wiederzugeben!
2. Schlagen Sie die Bibel wieder auf und notieren Sie, was Ihnen sofort einleuchtet.
3. Notieren Sie jetzt, was Ihnen unverständlich ist.
4. Gibt es einen Satz oder Gedanken, der Sie ärgert, provoziert, den Sie am liebsten streichen würden? Warum? Was wäre, wenn dieser Satz oder Gedanke fehlt?
5. Was an dem Text dagegen ist schön?
6. Stilleübung: Schließen Sie die Augen und stellen Sie sich irgendeinen Menschen vor. Erklären Sie ihm, was der Text bedeutet: Damals, als er entstanden ist, und heute.

meine Notizen

An den Wassern Babylons saßen wir und weinten 2.3

Von den Highlights der Hebräischen Bibel soll in diesem Kapitel die Rede sein. Und so haben wir in der Vorgeschichte Gott als den Schöpfer kennen gelernt, entdeckten ihn im Exodus, der Befreiung aus Ägypten, als Erlöser. Wenn wir uns jetzt der größten Krise in der Geschichte Israels zuwenden, dem Exil in Babylon, werden wir ihn als Tröster kennen lernen, mit seinem ganz besonderen, zärtlichen, aufregenden Trost.

Gott als Schöpfer. Gott als Erlöser. Gott als Tröster. Wir Christen würden sagen: Der Vater ist der Schöpfer. Der Sohn ist der Erlöser. Der Heilige Geist ist der Tröster. Damit tragen wir nicht die Trinitätslehre ins Alte Testament, das wäre rückwärts gedacht. Wir stellen nur fest: Wir haben Gott nicht neu erfunden, er ist von Anbeginn derselbe. Und alle Versuche, Gottes unbequeme und bequeme Eigenschaften auf das Alte und Neue Testament aufzuteilen, sind unbiblisch. Schöpfer, Erlöser, Tröster – von Ewigkeit zu Ewigkeit.

Wie es zur Krise kam: ein Licht auf David 2.3.1

Wenn wir uns jetzt dem Exil in Babylon zuwenden, dieser Krise und Wende in der Geschichte Israels, dann müssen wir wissen, diese Krise kam nicht aus heiterem Himmel. Sie kündigte sich an. Die Propheten – im nächsten Kapitel hören wir ihre Stimme – warnten vor ihr. Im Kern ging es darum: Weil man ein Staat wie alle anderen sein wollte, mit König und Palast, Beamten und Soldaten, Priestern und Tempel, vergaß Israel, wo es herkam. Genauer, von wem es herkam: „Dein Gott von Ägypten her". Hoseas Erinnerungsversuche blieben vergeblich. Ab Salomo gab es auch in Israel, besonders in Jerusalem, Großbaustellen, als Fronarbeiter arbeiteten die eigenen Landsleute. Ein Schlag ins Gesicht aller Jahwegläubigen mit ihren Befreiungserfahrungen

Da wir im letzten Kapitel die sich zuspitzende Krise historisch kurz beschrieben hatten, möchte ich nun etwas anderes machen. Ich werde persönlich werden und versuchen, exemplarisch an der Person David herauszuarbeiten, wie Israel mit Schuld und Gewalt umgegangen ist. Gewalt und Schuld – zwei kleine und doch große Geschichten aus dem Leben Davids sind für mich Schlüsselstellen: der Kampf gegen Goliath und die Affäre mit Batseba.

David und Goliath

Die Geschichte mit der Schleuder und den fünf glatten Steinen kennen Sie. Aber ich habe eine Frage: Durfte David Goliath töten, im Namen Gottes?

Ich würde antworten: Nein, das durfte er nicht. Wer in Gottes Namen einen anderen Menschen tötet, hat die Grenze zum Fanatismus überschritten.

Der handelt nicht mehr im Namen Gottes. Und dennoch wollen wir uns diesen Hirtenjungen David noch einmal näher anschauen.

Sein Volk war aus der Sklaverei geflohen. Die meisten aus Ägypten, einige andere aus den mächtigen Städten der Kanaanäer und Philister. Sie erinnern sich, Hebräer wurden sie genannt, entlaufene Fronarbeiter, Ausgestoßene, die sich 40 Jahre in der Wüste versteckt hatten und immer noch als Nomaden und Hirten lebten. Ihr Rechtsstatus war vogelfrei, rechtlos. Mit ihnen konnte man machen, was man wollte, ohne bestraft zu werden.

Es waren Tausende, die sich in Ägypten unter Mose zusammengerottet hatten, in die Wüste geflohen waren, ins Land Negev. Das Niemandsland. Und Hunderte kamen dazu. In den kalten Nächten der Wüste, in der absoluten Schutzlosigkeit, ist ihr Glaube geboren. Sie haben erfahren, dass sie gerettet wurden, immer wieder, wehrlos gegen eine Übermacht, die mit schwerem Kriegsgerät im Sand stecken blieb.

Am Rand der Wüste haben sie Siedlungen gebaut, Lehmhütten, sind in das Land eingedrungen, in dem sie Sklaven waren. Und immer wieder sind ihre alten Herren gekommen, haben die Dörfer zerstört und die Hebräersklaven wieder in ihre steinernen Städte geholt.

Aber dann, eines Tages, haben die Sklaven angefangen, sich zu wehren. Sie haben zurückgeschlagen, sich nicht mehr alles gefallen lassen. Sie glaubten – zu Recht oder zu Unrecht – dass Gott ihnen hilft, wenn sie praktisch ohne richtige Waffen die scheinbar uneinnehmbare Festung Jericho zerstörten, wenn ihnen hier und da mal ein kleiner Erfolg gelang.

Das ging eine Weile gut. Bis die Philister kamen und dem Spiel ein Ende machen wollten. Ein Riesenheer, ausgerüstet mit den besten Waffen der damaligen Zeit, wollte dieses lästige Sklavenvolk wie eine Fliege zerdrücken.

Ein Heer von Berufssoldaten lacht sich tot über den kleinen Haufen schlecht bewaffneter Hirten. „Heute Abend", sagt der Größte von ihnen, „heute Abend ist das Thema Israel erledigt. Eure Männer werden unsere Handelsschiffe übers Meer rudern, eure Frauen bekommen einen Job in unseren Hafenbordellen und was wir mit euren Kindern machen – ach, das wissen wir noch gar nicht. Ihr glaubt, der Zufall – oder wie ihr ihn nennt: euer „Gott" – könnte euch wieder in letzter Sekunde retten? Dann hört: es hat sich fertiggeglaubt mit eurem Sklavengott, eurem Wüstengespenst. Für immer. Denn heute Abend, das ist die Endlösung."

Da fliegt dieser Stein. Von diesem Kind. Und der Riese fällt wie ein Baum. Den Kopf, denke ich, den Kopf hätte David ihm nicht abhauen müssen. Aber ich hatte auch noch nie so eine ohnmächtige Wut wie dieser Hirtenjunge. Wie die Juden im Warschauer Ghetto. Wie der israelische Panzeroffizier, mit dem ich als 20jähriger ein halbes Jahr in einer Mannschaft gespielt habe und der seinem alten Vater geschworen hat: Nie wieder lassen wir Juden uns so wehrlos abschlachten.

In derselben Bibel, ein paar Seiten vorher, steht: du sollst nicht töten. In derselben Bibel, in der David nicht von Gott verurteilt wird, obwohl er Goliath getötet hatte. Durfte David Goliath töten? Nein, ist die eindeutige Antwort Gottes. Wer jemand anderen tötet, lädt immer Schuld auf sich. Aber manchmal, denke ich, fühlt er mit, wie bei dem kleinen Hirtenjungen, verurteilt Gott die Tat, nicht den Täter.

Gott segnet keine Waffen, nicht einmal eine Steinschleuder. Aber er ist auch nicht vollkommen unbeteiligt, unparteiisch sozusagen. Gott ist parteiisch mit dem Sklavenvolk der Hebräer. Israel, so sagt er, das ist mein Augapfel, diese Ausgestoßenen der Weltgeschichte (nicht nur damals) – das sind meine Leute.

Aber gerade deswegen gelten seine Gebote auch für dieses Volk. Gott setzt für Israel, für uns Christen später, die Spielregeln nicht außer Kraft. Es gibt keine schönen Worte für die bösen Taten des Volkes Gottes. Aber es kann passieren, dass sich eine Situation so zuspitzt, dass Du schuldig wirst, vielleicht sogar schuldig werden musst. Darf ein christlicher General Adolf Hitler töten, darf ein christlicher Polizeichef das Versteck eines entführten Kindes unter Folterandrohung in Erfahrung bringen? Keiner, und Gott schon gar nicht, erwartet, dass wir alles richtig machen. Aber die Maßstäbe für Recht und Unrecht dürfen auch in Grenzbereichen nicht verloren gehen. Vielleicht unterscheidet das Hingabe von Fanatismus: dass ich noch spüre, wenn ich schuldig werde.

Wenn Sie sich in den Samuelbüchern einmal hineinlesen in die Geschichte Davids, werden Sie nicht nur auf einen geschickten Politiker und großen König treffen. Sondern auf einen sehr zwiespältigen Menschen, der – für mich ermutigend – viel falsch gemacht hat, von Gott zwar immer wieder damit konfrontiert, aber nie fallen gelassen wird.

Noch deutlicher wird dieser Aspekt in der zweiten Geschichte.

David und Batseba

Israel liegt im Krieg mit den benachbarten Ammonitern. Fast alle Männer waren ins Feld gezogen, nur wenige, unter ihnen der König David, sind in der Stadt geblieben. Eines Tages sieht David vom höhergelegenen Dach seines Palastes, wie Batseba, die Frau seines Offiziers Uria, ihr Morgenbad nimmt. Er lässt sie zu sich holen und schläft mit ihr. Als Batseba ihm später mitteilt, dass sie schwanger ist, will er zunächst das Kind dem Ehemann Uria unterschieben. Dieser wird von der Front auf Heimaturlaub bestellt, weigert sich aber trotz königlicher Geschenke und sogar unter erheblichem Alkoholeinfluss, in sein Haus zu gehen und mit seiner Frau zu schlafen. Daher lässt ihn David heimtückisch beseitigen, indem er seinem General Joab Anweisung gibt, Uria im Kampf dorthin zu stellen, wo er mit Sicherheit fallen wird. Der Plan gelingt, Uria wird getötet, weil die Schlachtreihe hinter ihm sich auf Verabredung aus dem Kampf zurückzieht. David aber heiratet – nach Einhaltung der gebotenen Trauerzeit – die arme Witwe Batseba. Der Sohn, der geboren wird, ist das „legitime" Kind dieser Ehe.

So weit, so schlecht. Normalerweise enden solche Geschichten mit der Entlarvung und Absetzung des Regierungschefs und der Einsetzung eines neuen. Oder die Mitwisser halten dicht und die Sache verläuft im Sande. Hier aber nimmt die Geschichte eine andere Wendung. Wir hören den Fortgang:

2. Sam 12, 1 – 9 + 13

Deshalb sandte der HERR den Propheten Natan zu David. Natan ging zum König und sagte: »Ich muss dir einen Rechtsfall vortragen: Zwei Männer lebten in derselben Stadt. Der eine war reich, der andere arm. Der Reiche besaß eine große Zahl von Schafen und Rindern. Der Arme hatte nichts außer einem einzigen kleinen Lämmchen. Er hatte es gekauft und zog es zusammen mit seinen Kindern bei sich auf. Es aß von seinem Brot, trank aus seinem Becher und schlief in seinem Schoß. Er hielt es wie eine Tochter. Eines Tages bekam der reiche Mann Besuch. Er wollte keines von seinen eigenen Schafen oder Rindern für seinen Gast hergeben. Darum nahm er dem Armen das Lamm weg und setzte es seinem Gast vor.« David brach in heftigen Zorn aus und rief: »So gewiss der HERR lebt: Der Mann, der das getan hat, muss sterben! Und das Lamm muss er vierfach ersetzen – als Strafe dafür, dass er diese Untat begangen und kein Mitleid gehabt hat!« Du bist der Mann!«, sagte Natan zu David. »Und so spricht der HERR, der Gott Israels: ‚Ich habe dich zum König über Israel gesalbt und dich vor den Nachstellungen Sauls gerettet. Ich habe dir den ganzen Besitz deines Herrn gegeben, habe seine Frauen in deinen Schoß gelegt und dich zum König über Juda und Israel gemacht. Und wenn das noch zu wenig war, hätte ich dir noch dies und das geben können. Warum hast du meine Gebote missachtet und getan, was mir missfällt? Du hast den Hetiter Urija auf dem Gewissen, durch das Schwert der Ammoniter hast du ihn umbringen lassen und dann hast du dir seine Frau genommen. David sagte zu Natan: »Ich bekenne mich schuldig vor dem HERRN!«

Die Geschichte geht noch weiter, das Sterben auch. Uns interessiert hier, wie das Alte Testament mit Gewalt und Schuld umgeht. Für Ihre persönliche und öffentliche Arbeit mit der Bibel 4 Thesen:

[1] Die Bibel ist keine Heiligenlegende. Sie beschreibt das Leben, wie es in echt ist. Und diese Geschichte ist erschreckend echt. Ich hoffe, dass die meisten der Leser noch keine Sünde dieser Größenordnung begangen haben. Aber Geschichten dieses Kalibers stehen in der Bibel, damit Ihnen klar wird: Gottes Möglichkeiten, mit Ihnen ins Reine zu kommen, gehen weiter, als Sie sich bisher überhaupt nur zu denken gewagt haben!

[2] Das hebräische Wort für Sünde bedeutet „Zerstörung von Gemeinschaft". Was uns an der Geschichte schockiert, schockieren soll, ist nicht Davids Blick auf die nackte Frau. Sondern, wie er Schritt für Schritt Vertrauen, Gemeinschaft,

Menschenleben zerstört, eine teuflische Kettenreaktion. Die Bibel spricht nicht moralisch von Gut und Böse wie die griechische Philosophie, weil sie nicht der Illusion erliegt, wir könnten in eigener Anstrengung jemals gut werden. Die Bibel sagt: ihr Menschen seid so wie ihr seid. Aber damit ihr euch nicht vollkommen kaputt macht, wird eine Grenze gesetzt, das Gesetz, die Zehn Gebote. Kurze, klare Sätze, die Dir in letzter Sekunde einfallen werden, bevor Du etwas Schlimmes tust.

Die Wurzel der Schuld ist seit Adam und Eva Misstrauen gegen Gott: der enthält mir was vor, der gönnt mir diesen Apfel nicht, der will nicht, dass ich dieser Frau beim Baden zuschaue. „Ich habe dir alles gegeben. Wenn du gewollt hättest, hätte ich dir noch mehr gegeben", spricht Gott durch Nathan zu David. Und genau das hat David nicht geglaubt. Er wollte es sich selber holen, nach seinen Vorstellungen, auf eigene Faust. Irgendwas flüstert Dir zu: "Mensch, hol es Dir, Du hast es verdient, man bekommt ja nichts geschenkt und es sieht doch keiner, wenn Du nur ein bisschen geschickt bist." Warum wird dieses Flüstern lauter? David hat es in einem Psalm so beschrieben: Das Flüstern wird lauter, wenn ich den Kontakt zu Gott verliere. Und je mehr ich mich in meiner Schuld verstricke, desto lauter wird das Flüstern: „Weiter, weiter – denn so schmutzig wie Du bist, darfst Du nie wieder vor Gott treten, schäm dich, bleib allein mit Deiner Schuld, meide Gott und seine ehrlichen Freunde. Ich, die Sünde, bin jetzt Dein einziger Freund, vor dem Du Dich nicht zu schämen brauchst." Das geht manchmal sehr lange. So lange, bis ein Nathan kommt, einen bei den Schultern packt, fest und doch zärtlich sagt: „Du bist der Mann, die Frau. Und da ist Dein Gott. Der hat Israel aus der Sklaverei geholt, der holt auch Dich da raus. Schau mal, er hält Dir die Hand hin, hättest Du nicht gedacht, was?. Weißt Du, was Du jetzt machen musst? Die Hand nehmen. Dann bekommst du die Kraft für die nächsten, die not-wendigen Schritte." [3]

Die ganze Geschichte läuft darauf hinaus, dass David erkennt und ausspricht, was mit ihm los ist und was er getan hat. Er kann das, weil er einen Freund wie Nathan hat, der ihn nicht fürchtet wie dieser Mistkerl von General. Einen Freund, der ihm auf die Sprünge hilft und ihn mit diesem großen, mutigen Satz konfrontiert: „Du bist der Mann". Nach der Bibel muss und wird Schuld herauskommen, kein anderer Weg ist denkbar. Aber selbst bei David nicht, um den Schuldigen bloßzustellen und fertig zu machen. Sondern weil es keinen anderen Weg gibt, Gemeinschaft und Vertrauen wiederherzustellen. Und weil nach Gottes Willen kein Mensch lebenslang an seiner Schuld tragen soll. [4]

2.3.2 Krise als Chance zur Selbsterkenntnis: Die Gefangenschaft in Babylon

Was wir soeben auf der persönlichen Ebene bei König David gesehen haben, wiederholt sich ein halbes Jahrtausend später für ganz Israel auf der politischen Ebene: eine Krise kann gewaltige positive Energie freisetzen, wenn ich ihr nicht ausweiche. Sondern mich Hand in Hand mit Gott der Krise stelle, herausbekomme und ausspreche, was wirklich mit mir los ist. Herausbekomme und ausspreche!

In der Gefangenschaft in Babylon ist alles zusammengebrochen, was Israel Selbstbewusstsein und äußere Stärke gegeben hat. Der Tempel ist ein Schutthaufen, der eine König feige nach Ägypten, ausgerechnet dorthin, geflohen, der andere sitzt im Gefängnis. Die Daheimgebliebenen waren Fremdlinge im eigenen Land, ohne staatliche Strukturen, fremdverwaltet. Und die umliegenden Länder holten sich zurück, was davidische Machtpolitik ihnen genommen hatte. Und oft ein bisschen mehr.

Die Deportierten, die Oberschicht, die „oberen 10000", wie die Bibel sagt, hatten außer der Heimat auch ihren Grundbesitz und ihre einflussreiche Stellung verloren. Am Euphrat interessierte nicht, dass man Großgrundbesitzer oder hoher Minister gewesen war. Und doch – das hatten wir im letzten Kapitel bereits gesehen – haben die Deportierten den ersten Schock erstaunlich schnell überwunden. Das lag zum einen an der sehr liberalen und toleranten Politik der Babylonier. Israel durfte in eigenen Siedlungen leben, bekam eine autonome Verwaltung mit Ältesten, man stellte ihnen im fremden Land Grundbesitz zur Verfügung, es gab sogar politische und wirtschaftliche Aufstiegschancen in der babylonischen Gesellschaft.

Das bildete die Grundlage, die äußere Grundlage für den zweiten, entscheidenden inneren Schritt: Israel nahm die Krise als Chance an, reflektierte alles, was bisher geschehen und warum es so gekommen war. Man kann ohne Übertreibung sagen: ohne das Exil wäre die Bibel ein Geschichtsbuch mit einigen religiösen Elementen. Im Exil wird sie zur Heiligen Schrift.

Reflexion heißt Beugung, Brechung. Im Exil wurde eine scheinbar gerade Linie von Abraham bis David gebrochen. Und dabei wurden die Bruchstellen in der Geschichte Israels, in der Biographie des Gottesvolkes, die Bruchstellen, die diese Biographie schon immer hatte, deutlich.

Die Bibel wurde im babylonischen Exil nicht fertiggeschrieben. Dazu war die Zeit zu kurz. Aber sie wurde zu dem Glaubensbuch, mit dem Menschen bis heute lernen, mit Brüchen in ihrer Biographie umzugehen; politisch, geistlich und persönlich. Was für die Bibel aber kein Unterschied ist.

Ich möchte Ihnen zum Schluss diese im Exil gewonnenen Strategien vorstellen.

Die Trauerarbeit im exilischen Gottesdienst

In den Psalmen, den Klageliedern und den späteren Prophetenbüchern finden sich eine Fülle gottesdienstlicher Texte, Gebete vor allem, aber auch ganze Gottesdienstabläufe. Es waren in erster Linie Trauer-, Fasten- und Bußgottesdienste zu Gedenktagen wie dem Sturz der Stadtmauer, der Ermordung des letzten Königs und natürlich der Zerstörung des Tempels. Man war, das spürt man diesen Texten ab, eine Weile unsicher, ob man ohne beamtete Priester, ohne königlichen Segen, vor allem ohne Stein gewordene Heiligkeit des Tempels Gottesdienst feiern kann, ja mehr: feiern darf.

Es ist diese überall im Umgang mit dem Heiligen zu beobachtende Scheu, Traditionen zu verletzen, diese Angst, etwas falsch zu machen, weil man die Ordnung verletzt. Altargeräte, Priestergewänder, Zeremonien, liturgische Formeln können solch eine Eigendynamik gewinnen, dass man vergisst, wie harmlos und einfach alles mal angefangen hat. Und wieder werden kann und darf.

Israel hat dann wieder Gottesdienst gefeiert, im Exil und in der zerstörten Heimat. Und hat die unheimliche und schöne Erfahrung gemacht: es geht auch ohne Tempel. Und dann passiert etwas Seltsames. In den Flussufergottesdiensten am Euphrat unter freiem Himmel werden auf einmal neue Töne laut, unerhörte Gedanken kommen zur Sprache, zögerlich erst. Denn was man zu glauben wagte, war nicht abgesichert durch die offizielle Staatsreligion der davidischen Königsdynastie. Und diese Religion steckte einem auch dann noch tief in den Knochen, als es schon lange keinen König mehr gab.

Die offizielle Staatsreligion, damals wie zu allen Zeiten(!), hieß „Gott mit uns". Plötzlich, in der Trauerarbeit der Klagegottesdienste, wurden andere Töne laut. Könnte es sein, dass Gott gegen uns sein musste, damit wir zur Besinnung kommen, dass er uns Tempel, Priester und König nehmen musste, weil wir auf einem völlig falschen Weg waren? Und es waren, wie in den Klageliedern Jeremias, durchaus auch altgediente, loyale Priester, die so fragten. Versetzen wir uns an das Ufer des Euphrat und hören einen alten Priester beten, wie er früher nie beten durfte:

Jeremia 2, 1 – 12

Das Wort des HERRN erging an mich, er sagte zu mir: »Geh und verkünde vor allen Leuten in Jerusalem: ‚So spricht der HERR: Ich erinnere mich, Israel, wie vertrauensvoll du mir zugetan warst in deiner Jugend, wie du mich liebtest in deiner Brautzeit. Du bist mir gefolgt in der Wüste, im Land, wo nichts wächst. Damals hast du mir allein gehört, wie die erste Frucht des Ackers. Wer sich an dir vergriff, machte sich schuldig und wurde bestraft!'« Hört das Wort des HERRN, ihr Nachkommen Jakobs, all ihr Sippen Israels! So spricht der HERR: »Was hatten eure Vorfahren an mir auszusetzen, dass sie sich von mir abwandten, nichtigen Götzen nachliefen und so selbst zunichte wurden? Sie fragten nicht: ‚Wo ist der HERR zu finden? Er hat uns doch aus Ägypten herausgeführt und hat uns in der Wüste sicher den Weg gewiesen, in dürren

Steppen und finsteren Schluchten, in einem Land, das niemand bewohnt und niemand durchwandert.' Ja, ich war es, ich brachte euch in ein fruchtbares Land, um euch mit all den Köstlichkeiten zu speisen, die es hervorbringt. Aber kaum wart ihr dort, habt ihr mein Land verdorben und mir mein Eigentum zum Abscheu gemacht. Eure Priester fragten nicht nach mir; die Leute, die Weisungen gaben, kannten mich nicht. Die Führer des Volkes lehnten sich gegen mich auf und die Propheten redeten im Namen Baals. Alle beteten zu Göttern, die nicht helfen können. Darum muss ich, der HERR, euch anklagen und auch gegen eure Kinder und Enkel werde ich Klage erheben. Fahrt doch übers Meer zu den Inseln im Westen und seht euch dort um! Oder schickt eure Abgesandten zu den Völkern des Ostens und erkundigt euch, ob irgendwo etwas Ähnliches geschehen ist! Hat je ein Volk seine Götter ausgewechselt? Und die sind nicht einmal Götter! Mein Volk aber hat mich ausgetauscht gegen Götter, die ihm nicht helfen können; und dabei hatte es doch meine ganze Herrlichkeit gesehen. Himmel, erschrick darüber«, sagt der HERR, »schaudere, bebe vor Entsetzen!«

So wütend und traurig ist in der Bibel bisher noch nicht gebetet worden. Und es ist gut, dass Trauer Worte findet. Die arbeitslosen Priester, die hier und in den Psalmen so beten, gehen sogar noch einen Schritt weiter. Sie erkennen ihren Anteil an der traurigen Situation, erkennen und sprechen es aus: Gott ist nicht mehr mit uns. Er musste gegen uns handeln, weil wir sonst nicht zur Besinnung gekommen, immer weiter auf dem falschen Weg gelaufen wären.

Bei diesem Schritt aber bleiben sie stehen. Weiter kann ein arbeitslos gewordener Tempelpriester nicht gehen. Seine Hoffnung bleibt: es soll alles so werden wie früher. Es soll, bitte lieber Gott, nur ein kleiner, heilsamer Schreck sein. Aber kein Dauerzustand, nein, denn das ist kein Zustand, ohne Tempel, ohne König.

Und dann fängt unser alter Priester an zu träumen, von einem neuen Tempel, größer und schöner als der alte, von einem neuen König David, einem Gesalbten des Herrn, direkt aus dem Himmel. Ja wirklich, Trauer und Wut bringen manchmal große und schöne Träume hervor, lesen Sie mal den Propheten Ezechiel, diesen Priestersohn, der als Kind in Jerusalem als Helfer seines Vaters den ganzen Glanz noch mitbekommen hat und unter den Verbannten am Fluss Kebar sich standhaft weigert zu vergessen, diese Kinderträume, vielleicht war es sogar ein Kinderglaube.

Andere aber sind aufgewacht, und so kommen wir zum zweiten.

Der Kampf der Opposition

Israel hätte die Krise nicht überlebt, wenn es nicht die ganze schöne Königszeit über Menschen gegeben hätte, die hinter die Kulissen von Palast und Tempel geschaut haben. Ich spreche von den Propheten, von Nathan war schon die Rede, aber er war nur einer der ersten, Elia und Elisa folgten, Hosea und Amos. Hinter die Kulissen meint: sie wussten noch, dass Israels Stärke Jahwe allein war, der Befreier-Gott aus der Wüste, den man in keinen noch so schönen Tempel sperren kann, in keiner noch so feierlichen Liturgie zu fassen bekommt. Sie kritisierten heuchlerische Gottesdienste und verlogene Politik gleichermaßen, traten für einen ehrlichen Glauben und solidarisches Handeln ein.

Vor allem aber warnten sie: wenn wir uns nicht ändern, umkehren, dem falschen Spuk ein Ende machen, dann wird es Jahwe tun, er wird uns das ganze schöne religiöse Spielzeug nehmen, den König verjagen, den Tempel einreißen.

Die oppositionellen Propheten hatten recht behalten. Fast genau so war es gekommen. Aber verstehen Sie, dass es manchmal schwer ist, recht zu behalten, wenn eine Sache schlecht ausgeht?

Man fing an, die Worte dieser Propheten aufzuschreiben, zu sammeln. Sie wurden auf den Klagegottesdiensten vorgelesen, neue, noch nie gehörte Stimmen im Gottesdienst des Volkes Gottes. Bisher waren ihre Worte nur auf der Straße, im Stadttor zu hören gewesen, höchstens einmal am Eingang des Tempels, wie die folgende Jeremiarede:

Jeremia 7, 1 – 15

Das Wort des HERRN erging an Jeremia; er sagte zu ihm: »Geh, stell dich an den Eingang des Tempels und rufe: ‚Hört zu, ihr Leute von Juda! Hört alle her, die ihr durch diese Tore in den Tempel geht, um den HERRN anzubeten! So spricht der Gott Israels, der Herrscher der Welt: Ändert euer Leben und Tun! Dann dürft ihr hier wohnen bleiben. Glaubt nicht, dass es euch etwas hilft, wenn ihr ständig wiederholt: Dies ist der Tempel des HERRN, dies ist der Tempel des HERRN, hier wohnt der HERR! Damit betrügt ihr euch selbst! Nein, ihr müsst euer Leben und Tun gründlich ändern! Geht gerecht miteinander um; nutzt nicht Fremde, Waisen und Witwen aus; vergießt nicht das Blut unschuldiger Menschen! Lauft nicht den fremden Göttern nach, die euch ins Unglück bringen! Nur dann könnt ihr hier wohnen bleiben, in dem Land, das ich euren Vorfahren als Erbbesitz gegeben habe. Seht doch ein, dass ihr euch selbst betrügt! Ihr stehlt und mordet, brecht die Ehe, schwört Meineide, bringt dem Baal eure Opfergaben und verehrt fremde Götter, die euch nichts angehen. Und dann kommt ihr und stellt euch hier in meinem Haus vor mich hin und sagt: Uns kann nichts geschehen! Dabei tut ihr weiterhin alles, was ich verabscheue. Ist denn dieses Haus, das doch mein Eigentum ist, in euren Augen ein Versteck für Räuber geworden? Gut, dann werde auch ich es so ansehen. Das sage ich, der HERR. Geht doch nach Schilo, wo ich früher meinen Tempel hatte, die Wohnstätte meines Namens! Seht euch an, wie ich ihn verwüstet habe, weil die Leute von Israel so viel Böses taten. Ihr selbst treibt es genauso schlimm. Dafür ziehe ich euch jetzt zur Rechenschaft, ich, der HERR. Sooft ich auch zu euch sprach – ihr habt nicht hingehört; wenn ich rief, habt ihr nicht geantwortet. Darum will ich jetzt mit dem Haus, das mein Eigentum ist und auf das ihr euer Vertrauen setzt, verfahren wie mit Schilo. Ich werde diesen Tempel, in dem ich euch und euren Vorfahren nahe sein wollte, genauso dem Erdboden gleichmachen. Und euch will ich nicht mehr sehen; darum verstoße ich euch, wie ich euer Brudervolk, die Leute von Efraïm, verstoßen habe.‘«

Es ist schwer manchmal, recht zu behalten. Denn einerseits dachten die Menschen, wenn sie das hörten: „Mensch, wie klar Jeremia, Hosea und Amos gesehen haben“. Aber weil man sich schämte, wollte man es jetzt auch nicht so recht hören: „Ja, ihr Jeremia-Fans, der Tempel ist kaputt. Und euer Meister hat das natürlich alles vorher gewusst. Könnt ihr jetzt bitte mal aufhören?"

Jeremia war mutig. Seine Schüler mussten einfühlsam sein. Ich weiß nicht, was schwerer ist. Ich weiß aber, dass es ihnen gelungen ist, diese Mischung aus Konfrontation und Trost, aus Wahrheit und Barmherzigkeit. „Ja", so sagen sie, „wir haben viel, fast alles falsch gemacht. Und so traurig es jetzt ist, eigentlich hat Jahwe uns nur genommen, was falsch und verlogen war. Zu viel Stein, zu viele Gebäude und Priester, die die einfachsten Dinge so lange erklären, bis sie niemand mehr versteht. Wir fangen noch mal neu an, entdecken die alten Geschichten wieder. Wisst ihr noch, Abraham? Der kam auch aus Babylon, einen langen Weg durch die Wüste. Wir leben den Glauben im Alltag wieder, da gehört er hin – nicht in den Tempel, sondern auf die Straße, in die Familien, am Flussufer. Legt ab, lasst los, was schlecht war, öffnet euch für das Neue. Jeremia, wenn der jetzt hier wäre, der würde es so sagen:"

Jeremia 31, 31 – 34

»Gebt Acht!«, sagt der HERR. »Die Zeit kommt, da werde ich mit dem Volk von Israel und dem Volk von Juda einen neuen Bund schließen. Er wird nicht dem Bund gleichen, den ich mit ihren Vorfahren geschlossen habe, als ich sie bei der Hand nahm und aus Ägypten herausführte. Diesen Bund haben sie gebrochen, obwohl ich ihnen doch ein guter Herr gewesen war. Der neue Bund, den ich dann mit dem Volk Israel schließen will, wird völlig anders sein: Ich werde ihnen mein Gesetz nicht auf Steintafeln, sondern in Herz und Gewissen schreiben. Ich werde ihr Gott sein und sie werden mein Volk sein«, sagt der HERR. »Niemand muss dann noch seinen Nachbarn belehren oder zu seinem Bruder sagen: ‚Lerne den HERRN kennen!' Denn alle werden dann wissen, wer ich bin, von den Geringsten bis zu den Vornehmsten. Das sage ich, der HERR. Ich will ihnen ihren Ungehorsam vergeben und nie mehr an ihre Schuld denken.«

Es waren drei Dinge, die diese Menschen befähigten, Israel eine neue, geläuterte Identität zu geben:

- » Die Autorität mutiger Widerstandskämpfer aus der Königszeit machte der unguten, sentimentalen Verklärung der Vergangenheit ein Ende.
- » Die Rückbesinnung auf das, was Israel eigentlich ausmacht: unbedingtes Vertrauen in Jahwe, der befreit, herausholt und mit dem man sogar in der Wüste überleben kann.
- » Die einfühlsame Aktualisierung der ersten beiden Punkte auf die Menschen in ihrer zwar komfortablen, aber doch eben: Gefangenschaft. Denn Fehlentwicklung zu kritisieren und sich auf alte Werte zu besinnen geben alleine noch keine neue Identität, sondern höchstens einen Vertriebenenverband oder eine Landsmannschaft.

Der Kampf der Opposition schuf durch Visionen wie die vom neuen Bund ein neues Selbstbewusstsein für Israel – selbstkritisch, aber mutig und in der festen Gewissheit, dass Gottes Geschichte mit seinem Volk noch lange nicht zu Ende ist.

Trauerarbeit und Oppositionskampf waren wichtig. Wäre es dabei geblieben, säße man aber heute noch an den Wassern von Babylon, würde aufarbeiten, reflektieren. Dass es nicht dabei geblieben ist, ist dem dritten Schritt zu verdanken:

Der neue Exodus

Die Jeremia-Schüler haben wir eben kennen gelernt. Jetzt geht es um die Jesaja-Schüler. Und während man in Jeremia-Kreisen viel in den Heiligen Schriften las, bevorzugten die Jesaja-Leute eher das, was man heute „Zeitung" nennen würde. So hatte es schon Jesaja selbst gehalten, der vornehmste und weltgewandteste unter den alten Propheten.

Kein Wunder, dass die Jesaja-Schüler, deren Zeugnisse wir ab dem 40. Kapitel des Jesajabuchs finden, als erste die große Neuigkeit erfahren haben: Ein neuer Stern taucht am weltpolitischen Himmel auf. Kyros, der Perserkönig, ist schon in die Außenbereiche des babylonischen Reiches eingedrungen und das bricht plötzlich zusammen wie ein Kartenhaus. Nur noch eine Frage der Zeit, dann ist er da und was man von diesem Kyros hört, ist sensationell. Er schickt die gefangenen Völker des babylonischen Reichs nach Hause, er gibt ihnen sogar Geld, Unsummen, damit sie ihre zerstörte Heimat, die Heiligtümer zuerst, wieder aufbauen können.

Den schickt, so flüstert man sich in Jesaja-Kreisen zu, den schickt der liebe Gott. Und man schrieb es auf, erzählte es am Flussufer, auf der Straße, in den Klagegottesdiensten. Hören Sie mal die neuen Töne:

Jesaja 44, 26b – 45, 5

Jetzt sage ich zu Jerusalem: ‚Sei wieder bewohnt!'; ich lasse es wieder erstehen aus seinen Trümmern. Und zu den Städten Judas sage ich: ‚Ihr werdet wieder aufgebaut!' Jetzt sage ich zum gefahrdrohenden Meer: ‚Trockne aus! Deine Fluten sollen versiegen!' Und jetzt sage ich zu Kyrus: ‚Ich mache dich zum Hirten meines Volkes.' Er wird alles ausführen, was ich will. Er wird befehlen: ‚Jerusalem wird wieder aufgebaut und der Tempel wird von neuem errichtet.'« Der HERR sagt zu Kyrus, den er gesalbt und zum König eingesetzt hat: »Ich habe dich bei der Hand genommen und stehe dir zur Seite. Ich unterwerfe dir die Völker und nehme ihren Königen die Macht; ich öffne dir Türen und Tore. Ich selbst gehe vor dir her und beseitige alles, was dir im Weg steht. Die bronzenen Türen schlage ich in Stücke und zerbreche die eisernen Riegel. Ich liefere dir die verborgenen Schätze und die versteckten Vorräte aus. Daran sollst du erkennen, dass ich der wahre Gott bin, dass der HERR, der Gott Israels, dich beim Namen gerufen und in seinen Dienst gestellt hat. Obwohl du mich nicht kennst, habe ich dich berufen und verleihe dir einen Ehrennamen; denn durch dich will ich meinem Diener und Schützling Israel helfen, der Nachkommenschaft Jakobs, die ich erwählt habe. Ich bin der HERR, ich bin der Einzige, außer mir gibt es keinen Gott. Ich gebe dir die Macht, obwohl du nichts von mir weißt.

Ich kann Ihnen sagen, das gab eine Unruhe: Die einen sprangen auf und wollten gleich morgen früh nach Hause. Die anderen sagten: Och, ist doch inzwischen ganz schön hier in Babylon. Die alten Priester fragten: Wer noch mal bitte soll dieser Kyros sein? Nur ein neuer David aus dem Stamme Isaï kann uns anführen, so steht es geschrieben. Mit diesem Perser-Typen hat unser Jahwe nichts zu tun. Und die kritische Jeremia-Szene hob entsetzt die Hände: „Moment mal, unsere historische Analyse ist noch nicht fertig. Wir müssen die Geschichte Israels noch einmal neu schreiben – dann erst können wir wieder nach Hause!"

Wer geglaubt hat, die Jesaja-Leute würden jetzt schweigen, hat sie gewaltig unterschätzt. Ihre Antwort in den Kapiteln 40 – 55 des Jesajabuches ist nach meiner Einschätzung eine der größten geistlichen Leistungen, die Menschen mit Gottes Hilfe je vollbracht haben, nur noch vergleichbar mit der Kreuzestheologie des Paulus.

Sie haben Israel in der Krise radikal neu definiert – und das Neue war dichter an der alten Idee von Abraham und Mose als die kühnsten Entwürfe der vergangenen Jahrhunderte. Jahwe, so sagen sie, ist nicht mehr nur Nationalgott für Israel. Er ist Herr der Weltgeschichte. Und natürlich schickt er den Kyros, den mächtigsten König der damaligen Zeit. Glaubt ihr denn ernsthaft, das hat uns was gebracht mit David und den anderen kleinen miesen Despoten? Aber passt auf: Jahwe schickt Kyros nicht, um uns wieder zu alter Macht und Ehre zu bringen. Kyros soll uns befreien, und wieder wird es durch die Wüste in die Freiheit gehen. Aber dann hat Jahwe eine neue Aufgabe für uns. Erinnert ihr euch an den alten Abrahamsegen? Wir sollen Segen für alle Völker werden, nicht mehr Länder erobern, sondern Herzen.

Israel ist zum Knecht Gottes in der Welt geworden. In Jesaja heißt es:

Jesaja 49, 6

Zu gering ist es, dass du mir Knecht bist, dass ich einfach nur die Stämme Israels wieder aufrichte und die Nachkommen Jakobs zurückbringe, sondern ich mache dich, Israel, hiermit zum Licht für die Völker, damit mein Heil bis an die Enden der Erde gelange."

„Somit wird gerade der leidvollen exilischen Existenz Israels, der Auflösung seiner staatlichen Einheit und der Zerstreuung unter die Völker eine positive Funktion zugewiesen. Nur durch diese Zerstörung der alten ehernen Gruppengrenzen konnte Israel seine missionarische Funktion im universalen Heilsplan Jahwes erlangen. Konträr zu allen anderen Deutungen der Katastrophe interpretierte die Jesaja-Gruppe den Verlust staatlicher Einheit nicht als Bedrohung, vor der man sich abschotten müsse, sondern als Chance zu einem neuen Auftrag von Gott, dem man sich öffnen kann." (Rainer Albertz)

Noch einen Schritt weiter gehen die Jesaja-Schüler mit den vier geheimnisvollen Liedern vom Gottesknecht Israel. Diese Lieder singen von einem dunklen, unheimlichen Gedanken: Israel kann in seiner Ohnmacht, seiner Verletzlichkeit, seinem Ausgeliefertsein an die Machthaber dieser Welt Erlösung für die Menschen auf der Erde schaffen. Weil es die Aggression, die Bosheit auf sich nimmt. Israel ist der Sündenbock der Weltgeschichte, das Lamm Gottes, das sich nicht mehr wehrt. Nicht einmal mit einer Steinschleuder.

Vier Wurzeln unseres Glaubens haben wir in diesem Teil kennen gelernt:

Die Schöpfung, die Urgeschichte: das ist die Wurzel, die unseren Glauben erdet und verhindert, dass wir uns auf einen realitätsfernen esoterischen Trip begeben.

Der Exodus, die Befreiung aus Ägypten: das ist die Wurzel, ohne die wir nichts begreifen würden, auch nicht die andere große Befreiung: die Auferstehung Jesu von den Toten.

König David: das ist die Wurzel, die uns hineinverwickelt in die Frage nach Gewalt und Schuld. Bei anderen Menschen und auch bei uns selbst: Hineinverwickelt, aber auch die Kraft gibt, hinauszufinden.

Das Exil, die Gefangenschaft in Babylon: das ist die Wurzel, die uns Kraft und Mut gibt, traurig zu sein und weinen zu können. Einerseits. Uns aber andererseits nicht ins Elend zu verlieben, sondern irgendwann auch wieder, wenn es dann Zeit ist, Gottes Hand zu packen, aufzustehen und weiterzugehen.

Weiterdenken

Bitte lesen Sie die folgenden Bibeltexte:

2. Sam 12, 1 – 9 + 13
Jeremia 2, 1 – 12
Jeremia 7, 1 – 15
Jeremia 31, 31 – 34
Jesaja 44, 26b – 45, 5
Jesaja 49,6

1. Schlagen Sie die Bibel zu und versuchen Sie, einen der Texte mit eigenen Worten wiederzugeben!
2. Schlagen Sie die Bibel wieder auf und notieren Sie, was Ihnen sofort einleuchtet.
3. Notieren Sie jetzt, was Ihnen unverständlich ist.
4. Gibt es einen Satz oder Gedanken, der Sie ärgert, provoziert, den Sie am liebsten streichen würden? Warum? Was wäre, wenn dieser Satz oder Gedanke fehlt?
5. Was an dem Text dagegen ist schön?
6. Stilleübung: Schließen Sie die Augen und stellen Sie sich irgendeinen Menschen vor. Erklären Sie ihm, was der Text bedeutet: Damals, als er entstanden ist, und heute.

meine Notizen

Teil 3

Glaube ist immer persönlich – aber nie privat

Die Propheten zeigen uns, dass Glaube immer politisch ist. Am meisten, wenn er unpolitisch tut

Herzlich willkommen zur dritten Einheit. In diesem Kapitel geht es um die Propheten. Erinnern Sie sich an das erste Kapitel? Da war von einer Rose und einem Garten die Rede. Im zweiten Kapitel haben wir uns Wurzeln des Glaubens angeschaut. Wenn wir nun in unseren Gottesgarten schauen, werden wir Gärtner bei der Arbeit sehen.

Vielleicht haben Sie in der letzten Einheit schon manchmal gedacht: Mensch, diese Geschichte unseres Gottesvolkes, das ist ja eine sehr gewagte Angelegenheit. Mein Gott, wie kannst Du Dich nur auf uns Menschen einlassen? Propheten werden von Gott geschickt, damit die Sache nicht schlecht ausgeht. Und manchmal sendet Gott sie auch für einen Neuanfang, wenn es dennoch mal schlecht ausgegangen ist. Propheten warnen und trösten, sind wütend und einfühlsam, traurig und voller Hoffnung. Propheten schützen das zarte Pflänzchen Glauben, graben um, säen, reißen Unkraut aus – nach unserem Geschmack manchmal etwas sehr energisch. Propheten sind die Gärtner Gottes.

Ich verfolge mit diesem Kapitel zwei Absichten:

» Ich will Sie einführen in prophetisches Denken und Fühlen, mit Missverständnissen aufräumen, was den Begriff „Prophetie“ betrifft; vor allem aber möchte ich, dass Sie selber so ein prophetisches Gefühl bekommen, hellwach in Ihrem Glauben werden, die Zeichen der Zeit erkennen, damals und heute.

» Und dann will ich Ihnen einige der Propheten vorstellen. Ihren Kampf in Glauben und Politik, was damals in Israel gar keine getrennten Bereiche waren. Ich habe mich entschieden, Ihnen nur wenige Propheten gründlich vorzustellen, so dass wirklich ein Bild vor Ihren Augen entsteht – und nicht alle 16 Propheten im Schnelldurchgang, so dass Sie dann heute Nacht um drei Uhr schweißgebadet aufwachen, weil Sie Zephanja nicht mehr von Habakuk unterscheiden können.

Einführung in prophetisches Denken 3.1

Der Begriff „Prophet“ und die Vorgeschichte der „Prophetie“ 3.1.1

Zunächst einmal möchte ich mit einem weitverbreiteten Missverständnis aufräumen. Denn nach landläufiger Vorstellung versteht man unter einem Propheten irgendeinen Menschen, der auf nicht näher zu erklärende Weise zukünftige Ereignisse vorhersagen kann oder das zumindest behauptet. Frage ich meine Viertklässler, was ihnen zu Prophet einfällt, höre ich Wahrsagerin und Kristallkugel, Ihnen erspare ich diese Frage.

Das Missverständnis kommt von dem griechischen Wort „Prophet“, das genau diese Interpretation „Vorhersagen“ nahe legt. Das hebräische Wort „Nabi“ bedeutet dagegen „Rufer, Mahner, Warner“ oder auch „der Berufene“ – und das kommt dem, was in Israel unter dem Begriff dann tatsächlich geschieht, viel näher. Denn natürlich sieht der Nabi, der Rufer, wenn Entwicklungen schief laufen, warnt davor, wenn Israel seine Zukunft gefährdet. Aber das ist keine beliebige Zukunftsvorhersage, sondern zweckgebunden an den Auftrag, nämlich: Israel auf dem richtigen Kurs zu halten.

Die Prophetie hat einen dreifachen Ursprung, und alle drei Elemente bleiben charakteristisch erhalten. Spätere Prophetie bis in nachexilische, ja neutestamentliche Zeit, unterscheidet sich lediglich darin, dass diese drei Elemente verschieden gewichtet werden:

Da ist zunächst das charismatisch-ekstatische Element. Die ersten Propheten, die uns in der Bibel begegnen, tanzen, spielen Flöte und Harfe, singen, geraten in Ekstase – und wer ihnen zu nahe kommt, auf den springt die Begeisterung über. Das dürfen wir uns nicht irgendwie albern vorstellen, diese ersten Propheten waren gewiss Außenseiter, aber starke Persönlichkeiten, die selbst von Richtern wie Samuel und Königen wie Saul respektiert wurden. Sie nahmen eine Position außerhalb der Gesellschaft ein und konnten von dieser Warte aus Dinge sehen und aussprechen, für die man zu blind oder zu feige ist, wenn man mittendrin steckt. Dieses charismatische, im guten Sinn verrückte Element bleibt Kennzeichen der Prophetie. Es gibt ihr das Feuer.

Zum zweiten gibt es das priesterlich-seelsorgerliche Element. Am Tempel, im israelitischen Gottesdienst, spielen die Priester natürlich die Hauptrolle. Aber daneben finden sich immer wieder Propheten. Ihre Aufgabe ist es nicht, den Gottesdienst zu halten, sondern persönlich Rat zu erteilen, Jahwes Hilfe zuzusprechen. Wir finden in den Psalmen regelrechte Liturgien dafür, wo ein Beter Gott sein Elend klagt und ein Tempelprophet mit Jahwes Trost und Zuspruch antwortet. An anderen Stellen scheint der Prophet spontan und mit eigenen Worten zu antworten, auch in sehr alltäglichen Situationen. Dieses priesterliche, im guten Sinn seelsorgerliche Element bleibt Kennzeichen der Prophetie. Es gibt ihr die Wärme.

Und schließlich kommt als drittes das politisch-kritische Element hinzu: wir finden mit Beginn des Königtums am Hof und in höfischen Kreisen Propheten mit einer beratenden Aufgabe. In der Person des Propheten Nathan haben wir im vorigen Kapitel einen solchen kennen gelernt, er war aber nicht der einzige. Das überraschende: sie scheinen eine institutionell abgesicherte große Freiheit gehabt zu haben; mit anderen Worten, sie durften aus einer unantastbaren Außenposition Dinge sagen, die sich keiner zu sagen traute – ohne mit strafrechtlichen Konsequenzen rechnen zu müssen, wenn sie den König nicht nur politisch, sondern auch bis in den persönlichsten Bereich hinein kritisierten. David scheint in seiner politischen Weitsicht dieses Amt eingeführt zu haben. Er wollte wissen, was hinter seinem Rücken über ihn geredet wird, aber, das muss man ihm zugestehen, er hat auf die vorgebrachte Kritik sehr souverän und weitgehend reagiert, weiter als er aufgrund seiner Machtfülle es hätte tun müssen. Neben Nathan und einigen eher unbekannten Hofpropheten ist es vor allem Jesaja, der sich sehr ungezwungen in der großen Politik bewegt und Dinge tun und sagen darf, für die ein Jeremia etwa das Gefängnis nicht mehr verlassen hätte.

Die Kenntnis dieser drei Wurzeln alttestamentlicher Prophetie kann Ihnen bei der Arbeit mit den Texten das Verständnis erleichtern. Sie verstehen Spannungen und Konflikte der prophetischen Bücher in zweierlei Hinsicht:

Konflikte der Propheten mit „ihrer" Institution: Eine große gesellschaftliche Krise im 8. Jahrhundert v. Chr., von der gleich noch die Rede sein wird, führte dazu, dass die Propheten sich mit ihrer Aufgabe immer weiter von ihrer ursprünglichen Institution entfernen mussten – oder entfernt wurden. Sie kritisierten Tempel und Palast, Priester und König, weil sie in ihnen Ursachen der Krise sahen. Somit waren sie religiös und politisch nicht mehr tragbar und verschwinden aus ihren offiziellen Ämtern. „Du bist ein Feind der Könige", muss sich Elia sagen lassen.

Sie bilden freie Prophetenschulen, ergreifen weltliche Berufe, Menschen aus anderen Berufen kommen hinzu, und werden zu der entscheidenden Oppositionsgruppe in Israel. Ihre freien und kritischen Gedanken werden zur Basis, auf der Israel im Exil aufbauen kann; dann, als alle Institutionen, Tempel und Palast zerstört sind. Eine berühmte kleine Episode aus dem geteilten Reich Israel wirft ein erhellendes Licht auf diese Vorgänge. Wir lesen, wie es Amos ergangen ist:

Amazja, der oberste Priester in Bet-El, ließ Jerobeam, dem König des Reiches Israel, melden: »Amos zettelt mitten in Israel eine Verschwörung gegen dich an! Was er redet, ist unerträglich. Er hat gesagt: ‚Jerobeam wird durchs Schwert umkommen und das Volk Israel wird aus seinem Land in ein anderes verschleppt.‘« Zu Amos aber sagte Amazja: »Du Prophet, flieh von hier und geh nach Juda! Rede dort als Prophet; sie werden dir dort sicher zu essen geben. Hier in Bet-El darfst du nicht mehr auftreten; denn dies ist ein Reichsheiligtum, das dem König von Israel gehört.« Amos erwiderte: »Ich bin kein berufsmäßiger Prophet und gehöre auch zu keiner Prophetengemeinschaft. Ich bin unabhängig; ich besitze Rinder und Maulbeerfeigenbäume. Aber der HERR hat mich von meiner Herde weggeholt und gesagt: ‚Geh und rede als Prophet zu meinem Volk Israel!‘ So höre nun das Wort des HERRN! Du sagst: ‚Rede nicht als Prophet gegen Israel; verkünde den Nachkommen Isaaks keine Drohbotschaften!‘ Deshalb sagt der HERR: ‚Deine Frau wird hier in der Stadt zur Hure gemacht, deine Söhne und Töchter werden im Krieg umkommen, dein Grundbesitz wird verteilt und du selbst wirst in der Fremde sterben, in einem unreinen Land.‘ Denn das Volk Israel muss sein Land verlassen und in die Verbannung gehen.«

Während die erste Spannung zu anderen Institutionen bestand, **ist der zweite Konflikt gleichsam „innerpolitisch“**. Sie werden beim Lesen in den Prophetenbüchern fortlaufend mit dem Vorwurf der „Falschen Prophetie“ konfrontiert werden: „Lügenpropheten, falscher Friede-Apostel, Baalsprophet“ heißen die Vorwürfe. Der Konflikt hat zwei Dimensionen:

» Es geht um den Streit zwischen noch institutionell abgesicherten und freien Propheten, der Rauswurf des Amos durch Amazja eben sprach davon und Sie werden sich vorstellen können, welche Meinung dieser Amos jetzt von den Propheten hat, die weiter im Dienst des Reichsheiligtums stehen. Und umgekehrt: was die von diesem radikalen Fanatiker halten, der ihren geehrten Berufsstand in Misskredit bringt. Der Konflikt zwischen freiem und institutionellem Glauben begleitet die Geschichte Israels seit dieser Zeit und setzt sich in der Geschichte der Kirche fort – mit großer Aufregung auf beiden Seiten!

» Die zweite Dimension des Konfliktes ist noch stärker innerprophetisch: Sie werden beim Lesen in Prophetenbüchern, wenn Sie Ihre von mir angeregte Phantasie zur Hilfe nehmen, oft schon nach wenigen Seiten merken, welchen Sitz im Leben die Botschaft hat: Spricht hier ein priesterlich-seelsorgerlicher Typ, der seine religiöse Sozialisation am Tempel erfahren hat, der aufbauen, trösten will – und der nur deshalb auch ab und zu ein strenges, aber doch letztlich mildes Wort spricht? Oder hören wir Worte eines analytisch-kritisch-politischen Typs, bei dem jeder Trost im Verdacht falscher Vertröstung steht, der erst neu aufbauen möchte, nachdem er alle Lüge und Ungerechtigkeit entlarvt und niedergerissen hat?

Wir machen einen kleinen Test und hören zwei Propheten im direkten Vergleich. Bei diesem Vergleich geht es jetzt noch nicht darum, die historisch-politische Situation zu kennen, in der diese Texte gesprochen wurden, sondern lediglich darum, ein Gefühl zu bekommen für die Sprache und den Menschentyp, die Art an Gott zu glauben und von ihm zu sprechen:

Amos 8, 9 – 9, 4

»An jenem Tag geht die Sonne am Mittag unter und am helllichten Tag wird es finster«, sagt der HERR, der mächtige Gott. »Ich verwandle eure Freudenfeste in Leichenfeiern; statt fröhliche Lieder zu singen, werdet ihr weinen und klagen. Ihr werdet euch die Köpfe kahl scheren und den Sack um die Hüften binden und so verzweifelt klagen wie beim Tod des einzigen Sohnes. Das Ende dieses Tages wird bitter und trostlos sein!« Weiter sagt der HERR, der mächtige Gott: »Es kommt die Zeit, da werde ich eine Not über das Land kommen lassen, die schlimmer ist als Hunger und Durst: Die Leute werden nicht nach Brot hungern oder nach Wasser lechzen, sondern verzweifelt darauf warten, von mir das rettende Wort zu hören. Sie werden im Land umherirren, vom Toten Meer bis zum Mittelmeer und vom Norden bis zum Osten. Überall werden sie nach einem Wort des HERRN fragen, aber keines zu hören bekommen.« An jenem Tag werden selbst die blühenden jungen Mädchen und die kräftigen jungen Männer verdurstet umsinken. Sie werden fallen und nicht mehr aufstehen – alle, die bei dem abscheulichen Götzen von Samaria schwören oder beim Pilgerweg nach Beerscheba oder die sagen: ‚So gewiss dein Gott lebt, Dan!‘« Ich sah den Herrn in Bet-El riesengroß am Altar vor dem Tempel stehen. Er gab einem Engel den Befehl: »Schlag auf die Kapitelle der Tempelsäulen, dass der ganze Bau bis in die Fundamente erzittert! Zerschmettere die Säulen, dass sie diesen Leuten auf den Kopf fallen! Und wer das überlebt, soll durch das Schwert des Feindes umkommen. Niemand wird sich retten können, niemand mit dem Leben davonkommen. Selbst wenn sie sich in der Totenwelt vergraben, ich werde sie von dort zurückholen; selbst wenn sie in den Himmel hinaufsteigen, ich werde sie von dort herunterholen. Verstecken sie sich auf dem Berg Karmel, so werde ich sie auch dort ausfindig machen; verbergen sie sich auf dem Meeresboden, so befehle ich der Seeschlange, sie zu beißen. Und wenn sie von ihren Feinden in die Verbannung geführt werden, lasse ich sie dort mit dem Schwert umbringen. Ich behalte sie im Auge, aber nicht, um ihnen zu helfen, sondern um sie zu vernichten.«

Jesaja 40, 1 – 8

»Tröstet, tröstet mein Volk!«, sagt euer Gott. »Sprecht den Leuten aus Jerusalem Mut zu, sagt zu ihnen: ‚Eure Gefangenschaft ist zu Ende! Eure Schuld ist abgebüßt! Ihr habt vom HERRN die volle Strafe für eure Vergehen empfangen; jetzt ist alles beglichen!‘« Hört, jemand ruft: »Bahnt für den HERRN einen Weg durch die Wüste, baut eine Straße für unseren Gott! Füllt die Täler auf, ebnet Berge und Hügel ein, räumt alle Hindernisse aus dem Weg! Der HERR wird kommen in seiner ganzen Herrlichkeit und alle Menschen werden es sehen. Der HERR selbst hat das gesagt.« Ich hörte eine Stimme sagen: »Rede zu deinem Volk!« »Was soll ich denn sagen?«, fragte ich. »Alle Menschen sind vergänglich wie das Gras. Auch wenn sie noch so gerecht und treu sind, es ergeht ihnen nicht anders als den Blumen auf der Wiese. Das Gras verdorrt, die Blumen verwelken, wenn der HERR seinen glühenden Atem darüber wehen lässt. Ja, wie Gras ist das Volk!« Da sagte die Stimme: »Das Gras verdorrt, die Blumen verwelken; aber das Wort unseres Gottes bleibt für immer in Kraft.«

Es liegt in der Natur der Sache, dass wir vor der Katastrophe des Exils eher kritische, in und nach der Katastrophe eher tröstliche Töne vernehmen. So einfach allerdings, wie man es sich vor 15, 20 Jahren in der Forschung machte, als man sagte: Kritik ist immer vorexilisch, Trost immer exilisch-nachexilisch, macht man es sich heute nicht mehr, und das wird auch den Texten besser gerecht.

Damit sind wir aber schon mitten in unserer zweiten Frage:

Warum und wie wird Prophetie politisch? 3.1.2

Wir haben gesehen, dass Prophetie ursprünglich als Amt am Tempel und im Palast beheimatet war, die ersten Propheten traten in priesterlicher Funktion oder als königliche Ratgeber auf. Wie konnte es dazu kommen, dass sie diese Institutionen nicht nur verließen, sondern zu ihren schärfsten Kritikern wurden, in einer aggressiven Schärfe Tempel und Palast den Untergang ansagten, die uns heute noch erschreckt, die für eine Gesellschaft, deren offizielle Ideologie geradezu auf Tempel und Palast beruhte, nahezu unerträglich war?

Prophetische Kritik in ihrer Schärfe ist die Reaktion auf einen...

Wertewandel im Israel des 9. und 8. Jahrhunderts v. Chr.

Wir beobachten in dieser Zeit erst im Norden, später im Süden des Landes in der offiziellen Religion eine immer stärker nachlassende Alleinverehrung Jahwes. Es finden sich Baalspriester am offiziellen Tempel, in dem – unerhört für die ja bildlose Religion Israels! – plötzlich ein Stierbild steht, Zeichen des kanaanäischen Fruchtbarkeitskultes. Israelische Könige heiraten ausländische Prinzessinnen wie Isabel vom phönizischen Hof. Diese wiederum bringen nicht nur ihre Religion, sondern auch gleich noch ein paar Priester mit, die dann auch am Tempel unter den Angestellten auftauchen.

In den seltensten Fällen geht es dabei um eine Verdrängung der altisraelitischen Jahwe-Religion, den Königen schwebt eher so eine tolerante „Sowohl-als-auch-Politik“ vor, mit der sie auch der Tatsache Rechnung tragen wollen, dass immer noch ein Teil der Bevölkerung kanaanäisch ist.

Jetzt finden wir die ersten Propheten, die sich aus institutioneller Gebundenheit lösen, in fast fanatischer Totalopposition nicht nur gegen den Baalskult sondern gegen jede Form der Vermischung, den so genannten Synkretismus, überhaupt. Wirkt das nicht intolerant gegenüber weitsichtiger königlicher Religionspolitik? Baal und Jahwe, das wäre doch in Ordnung – wieso nennt sich die erste Prophetengruppe, die sich in Israel bildet, die „Jahwe-allein-Partei“?

Solche Bedenken scheinen heute richtig. Aber Sie übertragen neuzeitliches Denken in die antike Welt. Damals schloss der Glaube an einen bestimmten Gott die Übernahme eines kompletten Lebensentwurfs und eines Wertesystems mit ein. Ich konnte nicht im Sinn einer Patchworkreligion an Baal glauben und gleichzeitig an Passah die Befreiung aus Ägypten feiern. „Baal" stand für ein System, das mit Befreiung oder gar einem Leben in der Wüste in keiner Weise zu verbinden war.

Und genau gegen dieses Wertesystem, das mit dem Glauben an Baal verbunden war, richtete sich die prophetische Opposition. Sie ist nicht intolerant in neuzeitlichem Sinn, dass sie irgendjemandem seinen Glauben verbieten will. Sie fürchtet und bekämpft die konkreten politischen, theologischen und wirtschaftlichen Folgen, die es bedeuten würde, an Baal zu glauben. Und genau das wird in ihrem Kampf sichtbar, das macht ihn so aktuell und spannend.

„Baal" war ein Fruchtbarkeitskult, wir sprachen davon im ersten Kapitel. Modern und etwas lapidar ausgedrückt: Baalismus war eine Erfolgsreligion. Fruchtbarkeit wurde angebetet, und zwar nicht nur landwirtschaftlich, auch sexuell, ökonomisch und politisch. Eine Einrichtung wie die Tempelprostituierten gehörte selbstverständlich dazu, das war kein Widerspruch, sondern logische Folge dieses Glaubens.

Nun gab es nach altisraelitischem Recht Einrichtungen, die den Erfolg und die Fruchtbarkeit zwar ermöglichten, sie aber sozialverträglich abfederten:

» Erbland, Familienbesitz, durfte selbst im Fall der Verschuldung nicht verkauft werden
» Auf einen in wirtschaftlicher Not genommenen Kredit durfte kein Zins verlangt werden, in regelmäßigen Abständen wurden solche Schulden erlassen und Schuldknechtschaft aufgelöst.
» Das Recht wurde dezentral von den Stadt- und Dorfältesten im Stadttor gesprochen. Die Kenntnis der Nöte des kleinen Mannes wirkte sich auf die Rechtssprechung aus.

In der Mitte des 9. Jahrhunderts v. Chr., als Israel Anschluss an die internationalen Märkte bekam, wirkten diese und andere Rechtsbestimmungen des alten Israel wie ein Hemmschuh. Die ganze auf Selbstversorgung und direkten Warenaustausch ausgerichtete Wirtschaft israelitischer Kleinbauern passte nicht mehr in die königliche Politik. Die baalistische Ideologie bot sich als geschmeidiger an. Man übernahm das harte kanaanäische Kreditrecht mit hohen Zinsen, Sippenhaft und Zwangsversklavung bei Zahlungsunfähigkeit. Das altisraelitische Bodenrecht galt nicht mehr, Kleinbauern verloren nach zwei bis drei Missernten ihr Land an Großgrundbesitzer und durften im günstigsten Fall auf ihrem ehemaligen Besitz als Fronarbeiter ihr Mindesteinkommen verdienen. Die Rechtssprechung wurde an den Hof gebunden, zentralisiert, die dörfliche und kleinstädtische Selbstverwaltung beendet. Landbesitz und Kapital sammelten sich in den Händen weniger Großgrundbesitzer, dazu kamen als besondere Last für die Landbevölkerung noch Staatsdomänen zur Finanzierung des Beamtenapparates und des Heeres.

Wir kennen diesen gesellschaftlichen Wandel nur aus der Kritik der Propheten. Ihre Leistung ist, hinter die Kulissen dieser gewaltigen Veränderungen zu schauen, die dahinter stehende Ideologie zu entlarven und vor allem die Frage nach dem Glauben an Gott – an welchen Gott!? – sehr realitätsbezogen zu stellen. Wenn ein Kleinbauer sein Land verlor, wenn hohe Zinsen genommen wurden, wenn eine freie Israelitin zur Tempelprostitution verpflichtet wurde, bei Unrechts- und Schauprozessen, überall zogen die Propheten eine Linie zur Grundsatzfrage: „Jahwe oder Baal". Und es ist von daher klar, dass die königliche Position „Jahwe und Baal" für sie unmöglich war.

Aber wie gesagt: Wir kennen diesen gesellschaftlichen Wandel nur aus der Kritik der Propheten. Und zwei Dinge müssen deshalb richtig gestellt werden: Die Mächtigen in Politik und Wirtschaft dürfen wir uns nicht als gewissenlose Meute vorstellen, für die keine Moral mehr galt. Sie hatten eine hochreligiöse Moral, der Baalskult stellte sie ihnen zur Verfügung, und sie handelten tatsächlich in dem Glauben, dass Gott die reiche Ernte segnet, dass er es den Seinen im Schlaf gibt. Religionen, die den Erfolg segnen, sind keine Besonderheit des 9. Jahrhunderts v. Chr. in Israel.

Und zweitens: Man meinte so handeln zu müssen, um international konkurrenzfähig zu bleiben, wirtschaftlich wie militärisch. Und natürlich war die Kombination aus Großgrundbesitz, einem lebendigen Kapitalmarkt und einem breiten Niedriglohnsektor wirtschaftlich bei weitem effektiver als das altisraelitische System. Es hat dann auch in der langen Liste israelitischer Könige nicht wenige gegeben, die unter veränderten Rahmenbedingungen die alten Ideale nicht vergessen wollten. Das soll prophetische Kritik nicht abschwächen, sondern ihr nur einen Verstehenshintergrund geben.

In zwei Personen, Vorläufern der großen biblischen Propheten, wird das sehr anschaulich deutlich. Anschaulich deshalb, weil von ihnen wesentlich mehr Erzählungen überliefert sind, als von den späteren, von denen vorwiegend berichtet wird, was sie gesagt – viel weniger, was sie getan haben:

Elia und Elisa

Elia, so schreibt Gerhard von Rad, das war der Unnahbare, Unberechenbare, der Gefürchtete, ja Gehasste und doch Unentbehrliche, er kam von jenseits des Jordan nach Israel, aus einer Gegend, die keinen Baal kannte, die nie kanaanäisch war und wo Israel, noch halb in der Wüste, Jahwe alleine verehrte.

Er merkte sofort, dass man zwar noch Jahwe sagte, aber Baal meinte; noch die Befreiung aus Ägypten feierte, die aber zur menschlichen Erfolgsstory glattgebügelt worden war. Er hatte Augen zu sehen, was anders geworden war, im Tempel wie in den Dörfern. „Wie lange wollt ihr auf beiden Seiten hinken?", fragte er die, die meinten, Jahweglaube und Baalskult wären vereinbar.

Und er traut sich, diese Frage öffentlich zu stellen. Auf dem Berg Karmel, einem uralten Baalsheiligtum, ruft er ganz Israel zusammen, tritt an zu einem Glaubenswettkampf – er allein gegen 450 Baalspropheten und 400 Aschera-Priester, die die tyrische Prinzessin Isebel aus ihrer Heimat mitgebracht hatte. Bis auf Elia hatte sie fast alle Jahwe-Propheten, nicht die Priester, ermorden lassen. Ein archaischer, uns heute fremd anmutender Wettkampf: wem wird es gelingen, allein durch Gebet einen angebundenen Stier in Flammen aufgehen zu lassen und dadurch nach langer Trockenzeit endlich den ersehnten Regen zu bringen? Das war ganz klar das Spezialgebiet Baals, Regen, Fruchtbarkeit – Jahwes Stärke war die Wüste.

Und die 850 vereinten Priester packen ihr ganzes Repertoire aus, wilde Tänze, laute Schreie, den ganzen Vormittag, es nützt nichts, sie ritzen sich die Haut auf, tanzen wilder, schreien lauter. In der größten Mittagshitze feuert Elia, der größte Zyniker vor dem Herrn, der Mann, von dem man sagt: „Gäbe es Jahwe nicht, wäre er Atheist", die erschöpften Priester an: „Ihr müsst noch lauter rufen. Euer Baal ist doch ein Gott im Himmel. Vielleicht denkt er gerade nach, oder er musste dringend mal irgendwohin oder ist im Urlaub. Nein, ich weiß: Baal macht gerade sein Mittagsschläfchen. Ja, jetzt schreit doch mal endlich, vielleicht wacht er auf!"

Wie gesagt, Elia war unmöglich. Und als er dran ist, setzt er erst mal in einem Graben den Stier komplett unter Wasser. Dann legt er nur 12 Steine um den Stier und jeder kapiert, was er damit sagen will, spricht leise und ruhig ein kurzes Gebet, beginnend mit den Worten „Jahwe, du Gott Abrahams, Isaaks und Jakobs" – allein schon bei diesem Beginn zucken alle zusammen, und – zack! Feuer vom Himmel, das Wasser zischt, der Stier steht in Flammen, und wenig später kommt der erlösende Regen.

Das aufgebrachte Volk tötet die Baals- und Aschera-Propheten, Isebel rastet aus und Elia muss fliehen. Auf dieser Flucht lernen wir die verletzliche Innenseite des unberechenbaren Außenseiters kennen. Und er lernt Jahwe neu kennen:

1. Könige 19, 3 – 14

Da packte Elija die Angst und er floh, um sein Leben zu retten. In Beerscheba an der Südgrenze von Juda ließ er seinen Diener zurück und wanderte allein weiter, einen Tag lang nach Süden in die Steppe hinein. Dann setzte er sich unter einen Ginsterstrauch und wünschte den Tod herbei. »HERR, ich kann nicht mehr«, sagte er. »Lass mich sterben! Ich bin nicht besser als meine Vorfahren.« Dann legte er sich unter den Ginsterstrauch und schlief ein. Aber ein Engel kam, weckte ihn und sagte: »Steh auf und iss!« Als Elija sich umschaute, entdeckte er hinter seinem Kopf ein frisches Fladenbrot und einen Krug mit Wasser. Er aß und trank und legte sich wieder schlafen. Aber der Engel des HERRN weckte ihn noch einmal und sagte: »Steh auf und iss! Du hast einen weiten Weg vor dir!« Elija stand auf, aß und trank und machte sich auf den Weg. Er war so gestärkt, dass er vierzig Tage und Nächte ununterbrochen wanderte, bis er zum Berg Gottes, dem Horeb, kam. Dort ging er in die Höhle hinein und wollte sich darin schlafen legen. Da hörte er plötzlich die Stimme des HERRN: »Elija, was willst du hier?« Elija antwortete: »HERR, ich habe mich leidenschaftlich für dich, den Gott Israels und der ganzen Welt, eingesetzt; denn die Leute von Israel haben den Bund gebrochen, den du mit ihnen geschlossen hast; sie haben deine Altäre niedergerissen und deine Propheten umgebracht. Ich allein bin übrig geblieben und nun wollen sie auch mich noch töten.« Der HERR sagte: »Komm aus der Höhle und tritt auf den Berg vor mich hin! Ich werde an dir vorübergehen!« Da kam ein Sturm, der an der Bergwand rüttelte, dass die Felsbrocken flogen. Aber der HERR war nicht im Sturm. Als der Sturm vorüber war, kam ein starkes Erdbeben. Aber der HERR war nicht im Erdbeben. Als das Beben vorüber war, kam ein loderndes Feuer. Aber der HERR war nicht im Feuer. Als das Feuer vorüber war, kam ein ganz leiser Hauch. Da verhüllte Elija sein Gesicht mit dem Mantel, trat vor und stellte sich in den Eingang der Höhle. Eine Stimme fragte ihn: »Elija, was willst du hier?« Er antwortete: »HERR, ich habe mich leidenschaftlich für dich, den Gott Israels und der ganzen Welt, eingesetzt, denn die Leute von Israel haben den Bund gebrochen, den du mit ihnen geschlossen hast; sie haben deine Altäre niedergerissen und deine Propheten umgebracht. Ich allein bin übrig geblieben, und nun wollen sie auch mich noch töten.«

Dass Glaube und Politik für Elia nicht zwei Paar Schuh sind, hatten wir im ersten Kapitel schon gehört. Er war es nämlich, der dem König Ahab entgegentrat, als dieser durch einen Justizmord die Parzelle des Kleinbauern Naboth seiner Staatsdomäne einverleibt hatte. Lesen Sie vor diesem Hintergrund noch einmal 1. Könige 21 nach.

Ein ganz anderer Mensch und Prophet ist **Elisa**. Ihn sehen wir nicht einsam, ironisch, manchmal sogar hart wie Elia. Er tritt in einer Gruppe, als Haupt einer Schar von Prophetenschülern auf, die als verarmte Wanderprediger durch Israel ziehen. Wie der andere große Wanderprediger 850 Jahre später hat Elisa die Gabe der Wunderheilung, manche Erzählung erinnert tatsächlich stark an die Berichte der Evangelien. Elisa und seine Gruppe sind die ersten von vielen, die sich in Israel in einer Mischung aus Opposition, Protest, aber auch aus Gründen sozialen Abstiegs aus der Gesellschaft zurückziehen – aber nicht, um sich zu isolieren, sondern in einem gelebten Gegenmodell an die Ideale Israels und seinen ursprünglichen Jahweglauben zu erinnern. Die Linie lässt sich von der Elisagruppe über Nasiräer und Rekabiten bis zu den Qumran-Essenern, Johannes- und Jesusjüngern ziehen, ja sogar weiter noch, über die Bettelorden des Mittelalters zu den Amish-People und den neuen Kommunitäten in Europa nach dem Zweiten Weltkrieg.

Und noch etwas ist über Elisa zu sagen: Gegen Ende seines Wirkens greift er aktiv ins politische Geschehen ein und unterstützt Jehu in einer blutigen Revolution, die ihm das Königsamt einbringt. Auch andere jahwetreue konservative Kreise in Israel scheinen hinter diesem Putsch gestanden zu haben, etwa die auch bei Jeremia erwähnten Rekabiter. Die Bewegung ist aber so stark von blindem Fundamentalismus getragen, dass sie in einem innen- wie außenpolitischen Desaster endet. Vielleicht kann als biblische Erfahrung notiert werden: prophetische Kritik darf von den politisch und geistlich Verantwortlichen nie zum Schweigen gebracht werden – aber, kritische Propheten dürfen nie alleine in ihrer (ja an sich notwendigen) Radikalität die Verantwortung übernehmen.

Wer in den Königebüchern mit berechtigter Begeisterung von Elia und Elisa und noch einigen anderen Vorläufern der Propheten gelesen hat, wird vielleicht mit hohen Erwartungen zu einem richtigen Prophetenbuch wie Amos oder Jesaja greifen – und es dann mit nachlassender Motivation nach zweieinhalb Kapiteln kopfschüttelnd beiseite legen. So gut wie keine Handlung, aufgeregte Reden mit sprunghaft wechselnden Themen, oft ohne erkennbaren Anfang und Ende, fremde Bilder und Symbole. Haben Sie schon einmal versucht, den Propheten Ezechiel vom 1. bis zum 48. Kapitel durchzulesen? Oder wenigstens die drei Kapitel Habakuk?

Zum Abschluss der Einführung in das prophetische Denken soll es deshalb um die Frage gehen:

3.1.3 Wie lese ich ein Prophetenbuch?

Schon Martin Luther fiel auf: „Die Propheten haben eine seltsame Weise zu reden, wie Leute, die keine Ordnung halten." Ordnung halten wollten die Propheten nun wirklich nicht. Sie sind keine Schriftsteller, sondern Boten, Redner, ständig in Aktion und haben keine Zeit, ein Buch zu schreiben. Über 90 Prozent des Inhaltes der Prophetenbücher sind spontane Notizen eines Schülers, manchmal Schreibers, von Reden oder kurzen Statements der Propheten in bestimmten, meist konfliktgeladenen Situationen. Diese Notizen wurden als Loseblatt- bzw. Rollensammlung aufbewahrt, jeder wusste, um was es ging – und deswegen fehlen so gut wie immer Bemerkungen über die Situation, in der der Prophet gesprochen hat. Eine Sammlung kurzer und längerer Redenotizen, oft ohne klare Kennzeichnung von Anfang und Ende der Rede, meist ohne erklärende Rahmenhandlung – Sie ahnen, das kann schwierig werden.

Ein aktuelles Beispiel: Kennen Sie die berühmte Rede Martin Luther Kings am Lincoln Memorial vom 28. August 1963, beginnend mit den Worten „I have a dream"? Martin Luther King wäre im Alten Testament ein Prophet gewesen und seine Rede ist in biblischem Sinn prophetisch. Wir verstehen sie, weil wir einigermaßen über die politische Situation in den USA Anfang der 60er Jahre Bescheid wissen. Aber stellen Sie sich einmal vor, irgendwo in der Sierra Nevada würde in 2000 Jahren ein Ringbuch mit der Aufschrift „King“ gefunden, darin enthalten, unter verschiedenen Reden und Predigten, der berühmte Text „I have a dream“. Ich glaube, der Text würde Menschen immer noch berühren, prophetische Texte sind aufregend und betörend schön. Wer sich aber nicht zusätzlich historische Informationen über die Unterdrückung der Schwarzen, Rassenunruhen in den USA um 1960 n. Chr., etc. einholt, wird den Text nie ganz verstehen.

Im Zusammenspiel der geschichtlichen und prophetischen Bücher der Bibel können wir jedoch zu so gut wie jedem prophetischen Text die Rahmenhandlung rekonstruieren. Diese Arbeit mit prophetischen Texten ist unbeschreiblich spannend und bringt die ohnehin schon wunderschönen, manchmal auch erschütternden Worte der Gottesboten zusätzlich zum Leuchten. Dazu brauchen Sie kein Theologiestudium, es reicht in den meisten Fällen das Wissen dieses Buches, ein klein wenig historische Phantasie und ein gutes Gespräch unter Freunden, gerne auch ein Anruf bei mir oder eine E-Mail an mich (meine Kontaktdaten finden Sie hinten im Buch).

Ansonsten: Schließen Sie die Augen und stellen Sie sich vor, wo dieser Text gesprochen sein könnte. Im Gottesdienst? Auf der Straße? Den Regierenden mutig ins Gesicht? Was ist – so nennt man das - „der Sitz im Leben“? Was ist Gotteswort, was Erklärung des Propheten? Auf welche Situation lässt die Erklärung schließen? Vielleicht werden ja sogar Namen oder Ereignisse genannt! Der dröhnende Soldatenstiefel eines Assyrers, der dekadente Gottesdienst im Tempel – aha, der Tempel steht noch! Oft helfen beim Sortieren der Loseblattsammlung eine kleine Notiz, eine Einleitung: „So spricht der Herr“ oder „da ging das Wort des Herrn an Hosea…“ oder am Ende „…das war ein Spruch von Jahwe“.

Markieren Sie solche gliedernden Elemente, überhaupt, malen Sie Ihre Bibel bunt an. Manchmal wechselt auch der Stil, die Literaturgattung: eine Vision, ein Traum mit vielen Bildern, dann eine Gerichtsrede mit Argumenten und Begründungen. Die Propheten und ihre Schüler haben viele Redeformen benutzt, manchmal, um bewusst zu provozieren. Oder was ist es anderes als Provokation, die Rede an einen gottlosen König in der Form einer Beerdigungsansprache zu halten?

Manchmal, ganz selten, bekommen wir auch Einblick in das Innenleben des Propheten. Viele Prophetenbücher beginnen mit einem Berufungsbericht. Fast immer wird deutlich: Prophet kann man nicht werden wollen, diese Berufung reißt einen aus der Gesellschaft heraus, man wird sich neue Freunde suchen müssen und mancher Prophet ist einsam mit Jahwe geblieben. Wir hören, wie es Jeremia ergangen ist:

Jeremia 1, 4 – 19

Das Wort des HERRN erging an mich, er sagte zu mir: »Noch bevor ich dich im Leib deiner Mutter entstehen ließ, hatte ich schon meinen Plan mit dir. Noch ehe du aus dem Mutterschoß kamst, hatte ich bereits die Hand auf dich gelegt. Denn zum Propheten für die Völker habe ich dich bestimmt.« Ich wehrte ab: »Ach, Herr, du mein Gott! Ich kann doch nicht reden, ich bin noch zu jung!« Aber der HERR antwortete mir: »Sag nicht: ‚Ich bin zu jung!' Geh, wohin ich dich sende, und verkünde, was ich dir auftrage! Hab keine Angst vor Menschen, denn ich bin bei dir und schütze dich. Das sage ich, der HERR.« Dann streckte der HERR seine Hand aus, berührte meine Lippen und sagte: »Ich lege meine Worte in deinen Mund. Von heute an hast du Macht über Völker und Königreiche. Reiße aus und zerstöre, vernichte und verheere, baue auf und pflanze an!« Wieder erging das Wort des HERRN an mich, er sagte: »Was siehst du, Jeremia?« Ich antwortete: »Einen Wacholderzweig!« »Du hast richtig gesehen«, sagte der HERR, »ich wache darüber, dass geschieht, was ich dir sage.« Und noch einmal erging das Wort des HERRN an mich, er sagte: »Was siehst du?« Ich antwortete: »Einen dampfenden Kessel, dessen Rand sich von Norden her gegen mich neigt.« »Du hast richtig gesehen«, sagte der HERR, »so ergießt sich von Norden her Unheil über alle Bewohner dieses Landes. Hör, was ich dir sage: Ich rufe alle Völker des Nordens! Ihre Könige sollen kommen und ihre Throne rings um die Mauern Jerusalems und um die Mauern aller anderen Städte in Juda aufstellen. Dann will ich mein Urteil über die Leute von Juda sprechen und sie strafen für alles Böse, das sie getan haben. Denn sie haben mich verlassen und haben anderen Göttern geopfert; sie haben sich Götzenbilder gemacht und sie angebetet. Du aber mach dich bereit, tritt vor sie hin und verkünde ihnen alles, was ich dir auftrage! Erschrick nicht vor ihnen, sonst sorge ich dafür, dass du wirklich vor ihnen erschrecken musst! Ich gebe dir Kraft, damit du dastehst wie eine Festung, wie eine eiserne Säule, wie eine stahlharte Mauer. Das ganze Land wirst du gegen dich haben, die Könige, die Beamten, die Priester und die Männer von Juda. Sie werden gegen dich kämpfen, aber sie werden dich nicht bezwingen, denn ich bin bei dir und schütze dich. Das sage ich, der HERR.«

Noch einmal: Die Prophetenbücher sind nicht Werke von Schriftstellern, sondern Notizen, Loseblattsammlungen von Schülern. Es gab in Israel von 610 bis 480 v. Chr. eine regelrechte Jeremia-Szene, eine einflussreiche Gruppe von Hosealeuten ist nach dem Untergang des Nordreiches 722 ins Südreich übergesiedelt und hat dort über 150 Jahre einflussreich gewirkt usw. Diese Gruppen haben ihr Prophetenbuch immer auf den neuesten Stand gebracht, sich gefragt: „Was würde Jeremia heute sagen; jetzt, wo eingetroffen ist, wovor er gewarnt hat?" Sie sagten sich: „Wir haben durch Hosea viel von Gott verstanden. Aber Hoseas Grab ist im hohen Norden, er ist vor 100 Jahren gestorben. Gott lebt noch – wie würde er heute durch Hosea sprechen?"

Manchmal haben sie ein Prophetenwort direkt aktualisiert wie bei Amos. Dort finden sich verschiedene historische Schichten ineinander verzahnt. Dann wieder, wie bei Jesaja, sind es eher große Blöcke, Kapitel 1 bis 39, 40 bis 55, 56 bis 60, in denen das Buch gewachsen ist.

Die Unterteilung in echte und unechte Prophetenworte, die Sie manchmal finden werden, wird diesem spannenden Wachstumsprozess nicht gerecht. Jedes Prophetenwort ist echtes Gotteswort, oder anders formuliert: Gott ist so lebendig, der kann auch noch 50 Jahre nach Jesajas Tod durch ihn sprechen. Die Propheten hatten eine je einzigartige, unverzichtbare Weise, von Gott zu sprechen. Gott hat ihnen Schüler berufen, damit seine Stimme durch sie länger als ein Menschenleben erklingen kann.

Einen kleinen Einblick, wie Sammlungen von Prophetenworten entstanden sind, hier zu Lebzeiten des Propheten, zeigt uns eine Notiz im Jeremiabuch:

Jeremia 36, 4 – 19

Jeremia rief Baruch, den Sohn von Nerija. Er diktierte ihm alles, was er während dieser ganzen Zeit im Auftrag des HERRN verkündet hatte, und Baruch schrieb es in die Buchrolle. Dann sagte Jeremia zu ihm: »Ich darf den Tempel nicht mehr betreten. Deshalb geh du am nächsten Fasttag hin und lies die Buchrolle allen Leuten vor, die im Tempel zusammenkommen. Nicht nur die Bürger von Jerusalem sollen es hören, sondern auch die Leute aus den Städten in Juda. Vielleicht werden sie sich dann von ihrem verkehrten Weg abwenden und den HERRN um Gnade anflehen; denn er ist voller Zorn auf dieses Volk und hat ihm furchtbare Strafen angedroht.« Baruch tat, was ihm Jeremia befohlen hatte, und las die Worte des HERRN im Tempel vor. Es war im fünften Regierungsjahr des Königs Jojakim, im neunten Monat. Alle Leute aus Jerusalem und aus den nahe gelegenen Städten von Juda waren damals zu einem Fasttag im Tempel zusammengerufen worden. Baruch las der versammelten Menge die Worte Jeremias im oberen Tempelhof vor. Er stand dabei in der Nähe des Neuen Tores, vor dem Raum, der Gemarja, dem Sohn des ehemaligen Staatsschreibers Schafan, gehörte. Gemarjas Sohn Micha hörte alles, was Baruch aus der Buchrolle vorlas, alle Worte, die der HERR durch Jeremia gesagt hatte. Schnell ging er zum Königspalast hinab. Im Zimmer des Staatsschreibers waren gerade sämtliche Minister zu einer Sitzung versammelt. Außer dem Staatsschreiber Elischama waren dort Delaja, der Sohn von Schemaja, Elnatan, der Sohn Achbors, Gemarja, der Sohn Schafans, Zidkija, der Sohn von Hananja, und weitere hohe Beamte. Micha berichtete ihnen, was Baruch dem Volk aus der Buchrolle vorgelesen hatte. Die Minister schickten daraufhin Jehudi, um Baruch zu holen. – Jehudi war ein Sohn von Netanja, sein Großvater hieß Schelemja und sein Urgroßvater Kuschi. – Jehudi befahl Baruch: »Bring das Buch, aus dem du dem Volk vorgelesen hast, zu den Ministern!« Baruch nahm die Buchrolle und ging hin. Die Minister sagten zu Baruch: »Setz dich und lies uns das Buch vor!« Baruch setzte sich und las. Als sie alles gehört hatten, schauten sie einander erschrocken an und sagten zu ihm: »Das müssen wir unbedingt dem König melden!« Dann sagten sie zu Baruch: »Woher hast du alle diese Worte, die du da aufgeschrieben hast?« Er antwortete ihnen: »Jeremia hat es mir Satz für Satz diktiert und ich habe nichts anderes getan, als seine Worte mit Tinte in diese Buchrolle geschrieben.« Da gaben ihm die Minister den Rat: »Du und Jeremia, ihr müsst euch schnell verstecken! Niemand darf wissen, wo ihr seid!«

König Jojakim bekommt die Rolle in die Hände, verbrennt sie in einem wütenden Akt, nachdem er sie in tausend Stücke zerschnipselt hat, und Freund Baruch muss seine Schreibaufgabe wiederholen. Der Bericht endet mit den Worten: „...und fügte noch viele ähnlich Worte hinzu."

Was hier in einer besonderen Situation geschieht, gibt Auskunft über das Entstehen prophetischer Schriften: Der Text ist nur für eine Situation bestimmt, kann aufgehoben oder vernichtet werden, wird noch einmal geschrieben und um aktuelle Gottesworte ergänzt.

Diese Vorrede war notwendig, damit Sie selbständig mit Prophetenbüchern arbeiten können. Sie ist aber jetzt zu Ende, und ich möchte Ihnen ausgewählte Propheten mit ihren Büchern vorstellen.

Ich möchte ein Bild vor Ihren Augen entstehen lassen, ein Gefühl für den Menschen und die Menschengruppe, die hinter der Botschaft steht. Dieses Gefühl soll Ihnen Orientierung, vor allem aber Motivation geben, das Buch selber zu entdecken. Ich halte das für besser, als Ihnen eine kapitelweise Inhaltsangabe vorzulegen.

Und ich möchte nichts Anstößiges weglassen, nichts glätten oder beschönigen. Die Propheten sind manchmal vollkommen unmöglich, sagen Dinge, die man gar nicht glauben möchte. Das liegt daran, dass sie aus einer Extremposition Extremsituationen des Glaubens beleuchten. Propheten befinden sich in Regionen, die wir normalerweise nicht erreichen. Aber es tut gut, *ohne Harmonisierung* ihre extreme Sicht einmal auf unser scheinbar normales Leben wirken zu lassen.

Weiterdenken

Bitte lesen Sie die folgenden Bibeltexte:

Amos 7, 10 – 17
Amos 8, 9 – 9, 4
Jesaja 40, 1 – 8
1. Könige 19, 3 – 14
Jeremia 1, 4 – 19
Jeremia 36, 4 – 19

1. Schlagen Sie die Bibel zu und versuchen Sie, einen der Texte mit eigenen Worten wiederzugeben!
2. Schlagen Sie die Bibel wieder auf und notieren Sie, was Ihnen sofort einleuchtet.
3. Notieren Sie jetzt, was Ihnen unverständlich ist.
4. Gibt es einen Satz oder Gedanken, der Sie ärgert, provoziert, den Sie am liebsten streichen würden? Warum? Was wäre, wenn dieser Satz oder Gedanke fehlt?
5. Was an dem Text dagegen ist schön?
6. Stilleübung: Schließen Sie die Augen und stellen Sie sich irgendeinen Menschen vor. Erklären Sie ihm, was der Text bedeutet: Damals, als er entstanden ist, und heute.

3.2 Amos

3.2.1 Was hat Amos erlebt?

Der Ort Thekoa, aus dem Amos kommt, 8 km südlich von Bethlehem, war kein weltentlegenes Dorf. Seit längerem schon hatte es eine große Festungsanlage, in der eine Armee von Berufssoldaten stationiert war. Auch Amos selbst ist nicht nur wohlhabend, er besitzt einen größeren landwirtschaftlichen Betrieb. Er gilt im Städtchen auch als angesehen, gehört er doch zu den Ältesten, die etwa, wie es in Israel üblich war, im Stadttor Recht sprechen dürfen und nicht nur kleine Fälle zu entscheiden haben. Amos kennt sich aus im altisraelitischen Bundesrecht, weiß aber auch über internationales Recht und große Politik Bescheid. So hat er sehr genau mitbekommen, was sich in Israel veränderte in der Rechtsprechung, der Politik und der Wirtschaft.

Es ist ungewöhnlich, dass Jahwe ihn als Prophet beruft, er hatte zu – fast hätte ich gesagt wirklichen – Tempelkreisen, zu offizieller Religion, keinen Kontakt. Vielleicht hat er sich selbst gar nicht als Prophet empfunden, auch nach der Berufung nicht. Zu sehr war der Begriff für ihn mit den unkritisch-staatstragenden Tempelpropheten verbunden. In einer Konfliktsituation, wir hörten schon davon, besteht er darauf, unabhängiger Landwirt zu sein und kein Prophet oder Angehöriger einer Prophetengruppe. Fast ein wenig empört klingt es, wenn er sagt: „Aber der Herr hat mich von meiner Herde weggeholt."

Gerhard von Rad sagte: Die Berufung des Amos war eine Notmaßnahme. Jahwe brauchte in diesem Moment diesen Mann mit dieser Geschichte. Die Berufung des Amos beginnt auf denkbar schreckliche Weise, die fünf Berufungsvisionen gehören zu den grausamsten Texten der Bibel. Sie müssen sich das so vorstellen: da ist dieser Amos, ein angesehener Mann in seinem Ort, wohlhabend und einflussreich. Aber er hat auch hohe Wertvorstellungen, er steht fest in altisraelitischer Jahwetradition. Bis vor kurzem war er ehrenamtlicher Richter im Stadttor, hat Konflikte geschlichtet und nicht selten verhindert, dass der kleine Mann in Unrecht und Armut gestürzt wurde.

Den Job war er seit kurzem los, im Zuge einer Strukturreform hatte die Verwaltung die Rechtsprechung am Königshof zentralisiert. Man sprach davon, das sei professioneller und effektiver – Amos sah es mit leise aufkommender Sorge, wie auch einige andere Entwicklungen im Land. Ein paar Kleinbauern im Städtchen hatten bei der nahe gelegenen Garnison als Soldaten angeheuert, ein ausländischer Investor aus Tyrus hatte ihre Äcker erworben. Aber alles noch so, dass man tagsüber denkt: „Ach, komm, ist alles wahrscheinlich nicht so schlimm, die Zeiten ändern sich halt und früher war auch nicht alles besser." Aber nachts, wenn die Filter aus sind, wenn man zu müde für schöne Worte und auch ein klein wenig schutzlos ist, dann kommen diese ganz anderen Gedanken hoch und man hat das Gefühl: „Da läuft etwas gewaltig schief und ich hab's nicht mehr im Griff".

In fünf Nächten verdichtet sich das ungute Gefühl von Amos in fünf Alpträumen, wirklichen Gottes-Alpträumen. Sie geben ihm Klarheit und Verwirrung gleichzeitig. Klarheit, weil Gott ihm in diesen Alpträumen sagt: „Doch, mein Amos, es ist nicht nur ein bisschen schlimm mit dem, was sich da gerade in Israel verändert. Es ist richtig schlimm und ich, Jahwe, werde mir das nicht länger ansehen". Und Verwirrung, weil Jahwe es in diesen Alpträumen offen lässt, was denn jetzt wirklich zu tun ist. Das rauszufinden traut er Amos selber zu, am nächsten Morgen dann. Wir sehen Amos in diesen Nächten schweißgebadet unruhig liegen, im Halbschlaf mit Gott ringen, in den ersten beiden Nächten noch mit Gott diskutieren, protestieren gegen die Träume, aber dann erschöpft und unfähig zur Widerrede das Ende erwartend:

Amos 7, 1 – 9

Hört, was der HERR, der mächtige Gott, mich schauen ließ: Ich sah, wie er einen Heuschreckenschwarm schuf. Es war nicht lange, nachdem das Gras für den König gemäht worden war; die Sommersaat ging gerade auf. Die Heuschrecken machten sich daran, alles Grün aufzufressen. Da sagte ich: »HERR, du mächtiger Gott, vergib doch deinem Volk! Wie kann es sonst überleben? Es ist ja so klein!« Dem HERRN tat es Leid und er sagte: »Gut, es soll nicht geschehen.« Dann ließ der HERR, der mächtige Gott, mich etwas anderes sehen: Er rief eine Gluthitze herbei, die zehrte alles Wasser auf. Als sie anfing, auch das Ackerland zu verzehren, sagte ich: »HERR, du mächtiger Gott, halt doch ein! Wie kann dein Volk sonst überleben? Es ist ja so klein!« Dem HERRN tat es Leid und er sagte: »Gut, es soll nicht geschehen.« Dann ließ der HERR mich wieder etwas anderes sehen: Er selbst stand auf einer Mauer aus Zinn und hielt einen Klumpen Zinn in der Hand. Er fragte mich: »Amos, was siehst du?« »Einen Zinnklumpen«, antwortete ich. Da sagte er: »Ja, ich werfe einen Zinnklumpen mitten in mein Volk Israel! Ich werde es jetzt nicht mehr verschonen. Die Opferstätten der Nachkommen Isaaks und die Staatsheiligtümer Israels sollen verwüstet werden und gegen das Königshaus Jerobeams werde ich mit dem Schwert vorgehen.«

Amos 8, 1 – 3

Noch etwas ließ der HERR, der mächtige Gott, mich sehen: einen Erntekorb voll Obst. Er fragte mich: »Amos, was siehst du?« Ich antwortete: »Einen Korb mit reifem Obst.« Da sagte der HERR: »Ja, reif ist mein Volk – zum Gericht! Ohne Erbarmen will ich alles abernten. Dann werden die Sängerinnen im Königspalast Klagelieder anstimmen. An allen Orten liegen Leichen herum, niemand begräbt sie, überall Totenstille.« Das sagt der HERR, der mächtige Gott.

Amos 9, 1 – 4

Ich sah den Herrn in Bet-El riesengroß am Altar vor dem Tempel stehen. Er gab einem Engel den Befehl: »Schlag auf die Kapitelle der Tempelsäulen, dass der ganze Bau bis in die Fundamente erzittert! Zerschmettere die Säulen, dass sie diesen Leuten auf den Kopf fallen! Und wer das überlebt, soll durch das Schwert des Feindes umkommen. Niemand wird sich retten können, niemand mit dem Leben davonkommen. Selbst wenn sie sich in der Totenwelt vergraben, ich werde sie von dort zurückholen; selbst wenn sie in den Himmel hinaufsteigen, ich werde sie von dort herunterholen. Verstecken sie sich auf dem Berg Karmel, so werde ich sie auch dort ausfindig machen; verbergen sie sich auf dem Meeresboden, so befehle ich der Seeschlange, sie zu beißen. Und wenn sie von ihren Feinden in die Verbannung geführt werden, lasse ich sie dort mit dem Schwert umbringen. Ich behalte sie im Auge, aber nicht, um ihnen zu helfen, sondern um sie zu vernichten.«

Als es Morgen wird, schafft es Amos nicht, aus diesen Albträumen aufzuwachen. Wie benebelt läuft er durch seinen Alltag, funktioniert irgendwie weiter. Aber unwirklich kommt ihm seine Welt vor, über die Gott schon das Todesurteil gesprochen hat. Die alltäglichsten Vorgänge werden banal und sinnlos.

3.2.2 Wie verarbeitet Amos, was er erlebt hat?

Es gibt Momente, immer wieder, da denkt Amos: „Nein, das war nicht der Gott, den ich kenne. Das stimmt alles nicht, es wird schon gut." Amos glaubt sich seinen Glauben nicht mehr. Aber dann, nach Wochen, passiert etwas Neues: Ganz allmählich gehen ihm die Augen auf, hebt sich der Nebel und er sieht klarer, sieht Zusammenhänge. Aus unguter Ahnung wird Gewissheit, durchgeschüttelt haben ihn die Träume, aufgerüttelt, aber auch sortiert. Erst jetzt werden ihm die Missstände, an die sich zu gewöhnen er fast bereit gewesen war, unerträglich; alles bricht aus ihm heraus. Aber nicht als dumpfer Protest, sondern in bestechender Klarheit und Schärfe. Ja, Amos hatte das alles schon gewusst. Aber er brauchte die Alpträume, um aufzuwachen. Auf den Ratsversammlungen sind auf einmal ganz neue Töne vom anständigen Bürger Amos zu hören:

Amos 2, 6 – 8

Hört, was der HERR sagt: »Auch ihr Leute von Israel habt Verbrechen auf Verbrechen gehäuft! Darum verschone ich euch nicht. Ihr verkauft ehrliche Leute als Sklaven, nur weil sie ihre Schulden nicht bezahlen können, ja ihr verkauft einen Armen schon, wenn er euch eine Kleinigkeit wie ein Paar Sandalen schuldet. Ihr giert sogar nach der Asche auf dem Kopf der Verzweifelten und wendet jeden Trick an, um die Schwachen um ihr Recht zu bringen. Vater und Sohn missbrauchen dasselbe Mädchen. Mit all dem befleckt ihr meinen heiligen Namen. Neben jedem Altar streckt ihr euch auf Kleidern aus, die ihr den Armen als Pfand abgenommen habt; in euren Heiligtümern trinkt ihr Wein, den ihr als Ersatz für nicht bezahlte Schulden eingefordert habt.

„Amos", sagen die Menschen in der kleinen Stadt Thekoa, „wir können doch nichts machen gegen die da oben. Wir führen nur Anordnungen aus. Klar, wir verstehen deine Kritik. Aber wir sind die falschen Adressaten. Geh doch mal in die Hauptstadt, bring deine Ideen bei den zuständigen Stellen vor."

Und Amos geht in die Hauptstadt. Und jetzt versteht er, warum Jahwe ihm keine Gute-Nacht-Geschichten mehr erzählen konnte, warum er ihn mit diesen schrecklichen Alpträumen quälen musste. Er wird Zeuge einer dieser staatlich zentralisierten Gerichtsverhandlungen und es platzt aus ihm heraus, mitten im Gerichtssaal, noch während der Verhandlung, aus dem ehemaligen Richter im Stadttor:

Amos 5, 10 – 17

Weh euch! Ihr hasst jeden, der in der Gerichtsversammlung die Wahrheit sagt und das Unrecht anprangert! Ich kenne eure Vergehen, eure zahllosen Verbrechen! Ihr beutet die Armen aus und verlangt von ihnen hohe Abgaben an Korn. Ihr verfolgt ehrbare Bürger, nehmt Bestechungsgelder an und verweigert den Schutzlosen ihr Recht. Aber die Strafe lässt nicht auf sich warten: Ihr werdet eure neuen Häuser aus behauenen Steinen nicht bewohnen und den Wein aus euren neu angelegten Weinbergen nicht trinken. Deshalb handelt jeder klug, der in solch einer bösen Zeit schweigt und sich euch nicht ans Messer liefert. Kommt zurück zum Guten, kehrt euch ab vom Bösen! Dann werdet ihr am Leben bleiben. Dann wird der HERR, der Gott der ganzen Welt, wirklich bei euch sein, wie ihr behauptet. Hasst das Böse, liebt das Gute! Sorgt vor Gericht dafür, dass Recht Recht bleibt! Vielleicht wird dann der HERR, der Gott der ganzen Welt, denen gnädig sein, die von den Nachkommen Josefs übrig bleiben. Weil ihr das Recht mit Füßen tretet, kündigt der HERR, der Gott und Herrscher der ganzen Welt, euch an: »Auf allen Plätzen wird man Trauerlieder hören, in allen Gassen Weherufe. Die Landleute werden von den Feldern geholt, um die Toten zu beweinen; alle, die sich darauf verstehen, werden zur Totenklage herbeigerufen. Selbst die Weinberge, in denen sonst Freude und Jubel herrschten, werden erfüllt sein von Klagegeschrei. Denn ich werde unter euch blutige Ernte halten. Das sage ich, der HERR!«

Als er den Gerichtssaal verlässt, blinzelt er mit den Augen, ist wie geblendet. Aber nicht von der Sonne, sondern vom unverschämten Reichtum der Häuser, vom Prunk der Straßen. Jetzt wird Amos schlagartig klar, wohin das ganze Geld geflossen ist aus der Provinz, von den enteigneten Bauern. In der Hauptstadt Samaria glänzt nicht nur der Palast und ein – nach Amos' Meinung – für Jahwe viel zu großer Tempel, jedes Privathaus ist eine Villa. Die vornehmen Stoffe der Kleidung von Männern und Frauen hat er noch nie gesehen, internationale Mode, in der kein Mensch mehr arbeiten kann. Einer Gruppe von Menschen, die gerade den Tempel verlassen, ruft er entgegen:

Amos 3, 13 – 4, 3

Der HERR, der Gott und Herrscher der ganzen Welt, sagt: »Hört her und verkündet es den Nachkommen Jakobs: ‚Der Tag kommt, an dem ich die Leute von Israel für ihre Verbrechen bestrafen werde. Dann zerstöre ich die Altäre des Heiligtums in Bet-El, ihre Hörner werden abgebrochen am Boden liegen. Ich lasse die prächtigen Häuser in Trümmer sinken, die Sommervillen und die Winterpaläste; die elfenbeingeschmückten und hoch aufgestockten Bauten werden dem Erdboden gleichgemacht.' Das sage ich, der HERR.« Hört, ihr Frauen von Samaria, gut genährt und schön wie Baschans Kühe! Ihr unterdrückt die Schwachen und schindet die Armen. Ihr sagt zu euren Männern: »Los, schafft uns zu trinken herbei!« Der HERR, der mächtige Gott, hat bei seinem heiligen Namen geschworen: »Die Zeit kommt, dass man euch mit Fanghaken herausholen wird, die Letzten von euch mit Fischangeln.

Eine nach der andern müsst ihr durch die nächste Bresche in der Mauer hinaus und sie werden euch in Richtung Hermon fortjagen. Das sage ich, der HERR!«

Amos 8, 4 – 7

Hört her, ihr Unterdrücker und Ausbeuter! Euer ganzes Tun zielt darauf ab, die Armen im Land zu ruinieren! Ihr sagt: »Wann ist endlich das Neumondfest vorbei, wann ist endlich der Sabbat vorüber? Dann können wir unsere Speicher öffnen und Korn verkaufen, das Getreidemaß kleiner machen und das Gewicht, mit dem wir das Silber zur Bezahlung abwiegen, größer, die Waagbalken verstellen und sogar noch den Abfall mit Gewinn loswerden.« Die Armen macht ihr zu euren Sklaven, auch wenn sie euch nur ein Paar Sandalen schulden. Aber der HERR, auf den ihr Nachkommen Jakobs so stolz seid, hat geschworen: »Nie werde ich ihnen diese Untaten verzeihen!«

Doch je weiter Amos in die Randbezirke der Stadt kam, desto blasser wurde der Glanz, desto größer die Armut – irgendwie noch elender als bei ihm auf dem Land in Thekoa. Er kam ins Gespräch mit Witwen, denen man die in Israel übliche Witwenrente abgesprochen hatte, mit bettelnden Waisen. Und in seine Wut mischte sich Verzweiflung. Wo geht man hin, wenn man verzweifelt ist? Na, Amos als frommen Israelit jedenfalls zog es in den Tempel.

Hier schien noch alles in Ordnung. Der Gottesdienst lief nach vertrauter Liturgie ab. Besonders berührte es Amos, mit welch ergreifenden Worten der Priester der Befreiung aus ägyptischer Sklaverei gedachte. Ja, Israel war Jahwes auserwähltes Volk! Aber je länger er zuhörte, desto mehr beschlich ihn das Gefühl: hier wird unter der Oberfläche religiöser Korrektheit einem andern Gott gedient. Ach, er konnte es gar nicht genau sagen, es stimmte schon alles. Nirgends konnte er einhaken, alles war wunderbar elegant. Wenn er ehrlich war: es war sogar perfekt, harmonisch, glänzend. Nur: Es passte nicht zum ganz und gar nicht harmonischen Gewittergott Jahwe, zum Gott der Wüste und seiner Alpträume. So richtig verstanden hat ihn natürlich keiner, als er kurz vor der heiligen Opferhandlung plötzlich aufstand und rief:

Amos 5, 21 – 27

Der HERR sagt: »Ich hasse eure Feste und kann eure Feiern nicht ausstehen. Eure Brandopfer und Speiseopfer sind mir zuwider; das gemästete Vieh, das ihr für das Opfermahl schlachtet, kann ich nicht mehr sehen. Hört auf mit dem Geplärr eurer Lieder! Euer Harfengeklimper ist mir lästig! Sorgt lieber dafür, dass jeder zu seinem Recht kommt! Recht und Gerechtigkeit sollen das Land erfüllen wie ein Strom, der nie austrocknet. Habe ich von euch Israeliten während der vierzig Wüstenjahre vielleicht Mahlopfer und Speiseopfer verlangt? Habt ihr damals schon die Götzenbilder eures Himmelskönigs Sakkut und eures Sterngottes Kewan herumgetragen, wie ihr es jetzt tut? Ihr könnt euch darauf verlassen: Ich werde euch in die Verbannung führen, noch über Damaskus hinaus.« Das sagt der HERR, der Gott der ganzen Welt.

Natürlich lief danach alles wie gewohnt weiter, die Priester am Staatsheiligtum waren professionell genug, sich von Störenfrieden wie Amos das Heft nicht aus der Hand nehmen zu lassen. Bloß: nach dem Gottesdienst stand man doch in kleiner Runde vor dem Tempel und diskutierte, fragte nach. Jetzt, wo es einer mal gewagt hatte, auszusprechen, lösten sich Herzen und Zungen. Ganz leise, aber immerhin: man traute sich zu sagen, was man schon immer gespürt hatte: Jahwe, den Befreiergott, den Freund der Sklaven feierlich zu zelebrieren, wenn man gleichzeitig die eigene Bevölkerung in Schuldknechtschaft und Abhängigkeit führte – das war pervers.

„Nur am Schluss", flüsterte einer zu Amos, „das haben wir nicht verstanden. Was heißt das: Jahwe wird uns in die Verbannung führen, über Damaskus hinaus? Was liegt denn eigentlich hinter Damaskus?"

Und Amos antwortete, gut informiert auch über die Weltpolitik, wie immer ein klein wenig zu laut, erklärte, was er kommen sah: wie sich gerade die Machtverhältnisse verschoben, dass sich aus dem Osten ein junges, aggressives Volk in Richtung Ägypten bewegte und man leider im Weg lag, im Weg des unaufhaltsamen Riesenheeres der Assyrer. „Na, Jahwe wird uns doch wieder schützen können", kam die ängstliche Zwischenfrage. Amos bebte – und dann sprach er aus, was er sich bis dahin selbst nicht zu glauben traute, diese ganzen Alpträume fügten sich in Worte und kamen aus ihm heraus: „Jahwe wird uns nicht schützen. Es ist nämlich schrecklich einfach: Jahwe ist nicht mehr auf unserer Seite. Wir haben's verdorben mit ihm. Er schickt die Assyrer, sie sind seine Streitmacht, um hier ein Ende zu machen mit Unrecht, Ausbeutung und Heuchelei."

Das war noch nie gesagt worden. Das höchste an Gottesschmerz bisher war Gottverlassenheit, unter Gottes Abwesenheit leiden. Amos sagt: Ihr werdet euch noch wünschen, dass Gott abwesend sei. Was ihr fürchten müsst, ist etwas ganz anderes: seine Gegenwart wird es sein, unter der ihr leidet."

Amazja, der oberste Priester, den Amos gerade in seinen feierlichen Handlungen gestört hatte, war zum König gerannt um Meldung zu machen. Dieser schickt ihn zu Amos zurück. Wir hören die Szene aus Amos:

Amos 7, 10 – 17

Amazja, der oberste Priester in Bet-El,[6] ließ Jerobeam, dem König des Reiches Israel,[7] melden: »Amos zettelt mitten in Israel eine Verschwörung gegen dich an! Was er redet, ist unerträglich. Er hat gesagt: ›Jerobeam wird durchs Schwert umkommen und das Volk Israel wird aus seinem Land in ein anderes verschleppt.‹« Zu Amos aber sagte Amazja: »Du Prophet, flieh von hier und geh nach Juda! Rede dort als Prophet; sie werden dir dort sicher zu essen geben. Hier in Bet-El darfst du nicht mehr auftreten; denn dies ist ein Reichsheiligtum, das dem König von Israel gehört.« Amos erwiderte: »Ich bin kein berufsmäßiger Prophet und gehöre auch zu keiner Prophetengemeinschaft. Ich bin unabhängig; ich besitze Rinder und Maulbeerfeigenbäume. Aber der Herr hat mich von meiner Herde weggeholt und gesagt: ›Geh und rede als Prophet zu meinem Volk Israel!‹ So höre nun das Wort des Herrn! Du sagst: ›Rede nicht als Prophet gegen Israel; verkünde den Nachkommen Isaaks keine Drohbotschaften!‹ Deshalb sagt der Herr: ›Deine Frau wird hier in der Stadt zur Hure gemacht, deine Söhne und Töchter werden im Krieg umkommen, dein Grundbesitz wird verteilt und du selbst wirst in der Fremde sterben, in einem unreinen Land.‹ Denn das Volk Israel muss sein Land verlassen und in die Verbannung gehen.«

Amos wird des Landes verwiesen, seine Spuren verlieren sich. Wir hören nie wieder etwas von seiner Person. Nur ein paar Notizen, Alpträume, wütende Reden, hastig gesammelt von Menschen, die etwas verstanden hatten, etwas durcheinander geraten trotzdem, neun Kapitel in unserer Bibel, eher eins der kleineren Bücher: das ist alles, was wir von ihm haben.

3.2.3 Wie sollen wir seine Botschaft verstehen?

Es hat noch über zwanzig Jahre gedauert, bis die assyrischen Heere kamen, aber dann ist alles so gekommen, wie Amos es vorhergesehen – besser, wie er es abgesehen hat. Das Nordreich Israel wird erobert, Samaria und Bethel zerstört, das Volk getötet und in alle Winde zerstreut, ein großer Teil flieht in das noch bestehende Südreich Juda.

Und plötzlich erinnert man sich an diesen Amos, zuckt bei seinem Namen zusammen. Was er gesagt hat, hat ja gestimmt, es bekommt Gewicht, sehr viel Gewicht und ist den meisten doch zu schwer. Ein Schüler fügt der Loseblattsammlung, die man mit ins Südreich gerettet hatte, die dort die Runde macht, in aller Munde ist – noch 200, ja 300 Jahre später wird Amos bei anderen wörtlich zitiert – ein Schüler also fügt dem zu schweren, zu harten Buch ein kurzes, versöhnliches Ende an: Jahwe wird Israel wieder aufrichten, wie eine notdürftig reparierte Ruine, Risse wie Narben für alle sichtbar.

Wie sollen wir heute Amos verstehen? Ein paar abschließende Bemerkungen zu diesem bemerkenswerten Mann:

Ich sehe Gott anders als Amos. Aber es tut mir gut, mich an seinem Gottesbild zu reiben, zu prüfen, wo ich gerade als evangelischer Christ die Sache manchmal zu glatt, zu harmonisch mache. Verstehen Sie: ich möchte nicht, wenn so einer wie Amos in unsere Gottesdienste kommt, dass ihm übel wird von unserer Heuchelei.

Ich nehme Amos ernst, sehr ernst. Aber ich nehme mir auch das Recht, ihm zu widersprechen. Wenn er in einer furchtbaren Schlussszene ausmalt, wie in den Ruinen der einst prächtigen Hauptstadt Samaria nur wenige Überlebende sich vor Jahwe verstecken, der alles zerstört und getötet hat, wie die Überlebenden sich in ihren Verstecken zuflüstern: „Lebt hier noch einer außer dir?" und erschreckt antworten: „Pst! Erwähne nur nicht den Namen Gottes! Sonst merkt Gott, dass hier noch jemand lebt!" (Amos 6, 9 – 10), dann werde ich zu Amos sagen: Was auch immer du da gesehen und gefürchtet hast, Gott ist das nicht! Ich widerspreche Amos, das heißt, ich lasse es stehen, ich übermale es nicht mit schönen Worten. So ist Gott für mich nicht, sage ich. Aber ich will in meiner Bibel daran erinnert werden, dass Jahwe, mein Gott, auch ganz anders sein kann, als ich mir das so denke.

Jahwe ist auf Seiten der Schwachen, Unterdrückten, Entrechteten. Das ist es ja gewesen, was diesem ehrenamtlichen Richter so viel ausgemacht hat: Die himmelschreiende Ungerechtigkeit, die so laut war, dass kein geheucheltes Loblied sie mehr übertönen konnte, so sehr man auch geplärrt hat in den Gottesdiensten. Auf diesem Ohr ist Jahwe taub. Das will ich mitnehmen, behalten von Amos: dass der Gottesdienst nie zu einer Scheinwelt wird, in der wir uns und Gott belügen. Sondern dass der Gottesdienst uns im Gegenteil die Augen und Ohren öffnet, vielleicht sogar das Herz und wir endlich den Ort sehen, an dem Gott uns in dieser Gesellschaft ganz dringend braucht.

Weiterdenken

Bitte lesen Sie die folgenden Bibeltexte:

Amos 7, 1 – 9
Amos 8, 1 – 3
Amos 9, 1 – 4
Amos 2, 6 – 8
Amos 5, 10 – 17
Amos 3, 13 – 4, 3
Amos 8, 4 – 7
Amos 5, 21 – 27
Amos 7, 10 – 17

1. Schlagen Sie die Bibel zu und versuchen Sie, einen der Texte mit eigenen Worten wiederzugeben!
2. Schlagen Sie die Bibel wieder auf und notieren Sie, was Ihnen sofort einleuchtet.
3. Notieren Sie jetzt, was Ihnen unverständlich ist.
4. Gibt es einen Satz oder Gedanken, der Sie ärgert, provoziert, den Sie am liebsten streichen würden? Warum? Was wäre, wenn dieser Satz oder Gedanke fehlt?
5. Was an dem Text dagegen ist schön?
6. Stilleübung: Schließen Sie die Augen und stellen Sie sich irgendeinen Menschen vor. Erklären Sie ihm, was der Text bedeutet: Damals, als er entstanden ist, und heute.

meine Notizen

Jeremia 3.3

Warum Jeremia? 3.3.1

In der Geschichte der Prophetie können wir drei Phasen beobachten. In der Frühzeit treten mutige Männer wie Elia und Elisa auf und trauen sich, König und führende Priester zu kritisieren, auf Missstände hinzuweisen. Mit Amos und der schriftlichen Aufzeichnung von Prophetenworten beginnt die zweite Phase. Nicht mehr einzelne sind Gegenstand der Kritik und die Sache ist nicht in Ordnung, wenn das eine Problem gelöst, der eine gottlose König nicht mehr da ist. Von Amos an zeigen Propheten Zusammenhänge auf, analysieren die Gesamtlage in Glaube und Politik, entwickeln eine Theologie, eine Vorstellung, wer Gott ist, über den Moment hinaus:

Jesaja, der vornehme Jerusalemer Ratsherr, der in der Außenpolitik vor falschen Bündnissen warnt und dabei die Gottesfrage gleichsam im internationalen Rahmen stellt; Hosea, der in provokativen Zeichenhandlungen noch mal ganz in der Tradition von Elia und Elisa die Frage nach „Jahwe oder Baal" aufwirft und im Namen Jahwes um Israel fast zärtlich wirbt, indem er immer wieder an die Befreiung aus Ägypten, an die Zeit in der Wüste wie den Beginn einer Liebesgeschichte erinnert; *Micha*, der Amos des Südens, der, vom Lande kommend, entsetzt ist über das Treiben in der Hauptstadt Jerusalem wie Amos es über Samaria war – sie alle variieren die prophetische Melodie, die Amos angestimmt hatte. Sie erklingt in hartem „Dur", mit provozierenden Dissonanzen und spannenden Variationen zu den Themen „Glaube und Politik", „Verrat an Jahwe und Ausbeutung der Unterdrückten", „Wahrheit und Heuchelei im Gottesdienst".

Mit Jeremia beginnt eine dritte Phase der Prophetie. Die prophetische Melodie, die Amos in Dur angestimmt hatte, singt Jeremia – kann sie nur singen! – in Moll. Was ein Amos uns noch verschwiegen hat, was ein Jesaja vielleicht gar nicht als Problem empfunden hat: bei Jeremia bricht es heraus, was für eine Last, was für ein Elend es ist, Prophet sein zu müssen. Nicht, weil Jeremia mutiger, interessanter wäre als die anderen Propheten, soll er hier zu Sprache kommen. Sondern weil bei ihm so deutlich wie nie zuvor in der Bibel eine Person, ein Mensch persönlich und menschlich zu greifen, zu spüren ist, auch in seiner Zerrissenheit und mit seinem ganz tiefen Zweifel.

3.3.2 Ein Überblick über das Jeremia-Buch

Mit seinen 53 Kapiteln gehört Jeremia zu den vier so genannten großen Propheten wie Jesaja, Ezechiel und Daniel. Sich über sein Werk einen Überblick zu verschaffen ist notwendig, um einzelne Texte besser einordnen zu können. Ich will das in zweifacher Hinsicht tun: Welche Phasen des Wirkens gibt es bei Jeremia? Und: Wie ist die Struktur seines Buches? Das soll relativ knapp geschehen, um dann an spannenden Punkten in die Tiefe gehen zu können.

Die Perioden der Wirksamkeit Jeremias

Eine Besonderheit der Wirkenszeit Jeremias ist: Sie erstreckt sich über die politische Katastrophe der Zerstörung Jerusalems hinweg. Das heißt, er ist Mahner und Warner vor dem sich ankündigenden Exil, er muss selber mit den Ereignissen um das Jahr 587 klar kommen, und er gibt tröstend eine neue Perspektive – sowohl für die nach Babylon Verschleppten wie für die, die auf den Trümmern der Vergangenheit sitzen geblieben waren.

Seine Berufung fällt in die Zeit Josias, einem der letzten Könige in Jerusalem für das noch bestehende Südreich. Dieser wird in der Bibel sehr positiv beurteilt: Er hat eine große Reformbewegung initiiert, deren Ziel es war, Glaube und Politik wieder nach den Kriterien des Mose-Gesetzes zu ordnen. Und das heißt nicht nur, die Verehrung fremder Götter zurückzudrängen, sondern auch in der Justiz und Sozialpolitik sich an Jahwes Geboten zu orientieren. Wir hatten gesehen, wie das zusammengehört.

Diese Reformbewegung ging im Kern auf Flüchtlinge aus dem Nordreich Israel zurück, die nach der Eroberung des Nordens durch die Assyrer 722 v. Chr. in den Süden geflohen waren. Die Reformer standen in der Tradition der Propheten Elia und Elisa, hatten die Schriften des Amos und des Hosea mitgebracht. Sie erinnerten den Süden an Traditionen, die man dort schon seit langem vergessen hatte. An die Befreiung aus ägyptischer Sklaverei, an die Zeit in der Wüste, die Gebote vom Sinai. Das sind Themen, die wir nicht einmal bei den kritischen Propheten des Südens finden, Jesaja und Micha etwa erwähnen sie nicht, hier ist nur vom Messias aus dem Stamm Davids die Rede, vom Zionsberg in Jerusalem und natürlich vom Tempel. Hier im Süden: König und Tempel – dort im Norden: Exodus und Wüste...man kann sagen, dass der Glaube im Süden eher staatstragend-konservativ, im Norden mehr an Themen wie Befreiung und sozialer Gerechtigkeit orientiert ist.

Jeremias Heimat liegt im Norden, wie Amos kommt er vom Land, aus der kleinen Stadt Anatot. Seine Vorfahren waren eher konservative Priester, er schließt sich der Oppositionsbewegung an, was in Anatot nicht gut ankommt. Er berichtet: „Die Leute von Anatot wollten mich töten. Sie sagten: hör auf, dich als Prophet aufzuspielen und im Namen dieses „Jahwe“ zu reden. Sonst bringen wir dich um!“

Man nennt die Reformbewegung die „deuteronomistische“, weil sie sich eng an das 5. Buch Mose, Deuteronomium (zu deutsch etwa „das erneuerte Gesetz“), anlehnt. Jeremia gehört zu den Kräften, die am meisten vorantreiben, es entwickeln sich enge Beziehungen, auch nach Josias Tod gibt es Sympathisanten am Hof, die über Jeremia schützend die Hand halten.

Dennoch muss er nach Josias Tod, als wieder die alten Kräfte die Oberhand gewinnen, in den Untergrund gehen. Jeremia schweigt – oder wahrscheinlicher: was er sagt wird nicht mehr veröffentlicht und ist darum nicht erhalten. Das dauert mehr als ein Jahrzehnt.

Erst nach 608 meldet Jeremia sich wieder öffentlich zu Wort, unter König Jojakim tritt er den Kreisen entgegen, die die Reform unter Josia auf halbem Wege im Sande haben verlaufen lassen und meinten, es wäre alles in Ordnung, wenn der Tempelbetrieb routiniert läuft. In diese Zeit fällt Jeremias intensive Auseinandersetzung mit aller Erstarrung und Versteinerung des Glaubens durch Tempelkult und Priestertum samt königlichem Segen.

In der dritten Wirkungsperiode unter Zedekia ab 597 v.Chr. spitzt sich die Lage für Jeremia zu, er kämpft gegen falsche Propheten, die Religion benutzen, um den Menschen ein ruhiges Gewissen und schöne Gefühle zu machen. Für ihn wird's dann eher unruhig, als die Babylonier schon im Land stehen wird er zunehmend verfolgt und landet schließlich im Gefängnis.

Seine Spuren verlieren sich in einer Gruppe, die ausgerechnet nach Ägypten flüchtet und ihn als Gefangenen dorthin mitnimmt. Diese Aktion findet Jeremia politisch sinnlos und vom Glauben her falsch. In einer Schärfe wie kein Prophet vor ihm entwickelt er in dieser Zeit den Gedanken, dass Gottes Liebe erst wieder zu spüren sein wird, wenn man seinem strengen Gericht und allem damit verbundenen Leid nicht ausweicht, sondern es als gerecht anerkennt. Besonders in seinen Briefen an die nach Babylon Deportierten kommt zum ersten Mal in der Bibel der Gedanke auf, dass ich Leid nicht nur bekämpfen soll, sondern es Situationen gibt, wo ich es aus Gottes Hand annehmen muss.

Damit schließt sich der Kreis zu meiner Vorbemerkung: diese Erkenntnis Jeremias, dass ich im Leid Gott ganz nahe sein kann, in Verzweiflung und sogar im Zweifel – das ist eine Erkenntnis, die er sich nicht ausgedacht hat. Sie ist Ergebnis eines nicht einfachen Lebens im Ringen, Kämpfen und Reden mit Gott.

Die Struktur des Jeremiabuches

Jeremia hat mit am längsten von allen Propheten gewirkt und mit vielen Menschen, Institutionen, Gruppen und Bewegungen Kontakt gehabt. Seine Worte und Botschaft sind durch viele Hände und eine lange Zeit gegangen. Wir finden im Jeremia-Buch daher folgende literarische Schichten:

Wie in allen Prophetenbüchern gibt es Sammlungen von Schülern über das, was Jeremia in aktuellen Situationen gesagt hat.

Außerdem lesen wir Berichte über Jeremia in der 3. Person. Das findet sich in dieser Ausführlichkeit so in keinem anderen Prophetenbuch. Wenn Sie sich an die kleine Notiz von der Ausweisung des Amos aus Samaria erinnern – das gehört bei vielen Propheten schon zu den längeren Berichten. Verfasst wurden die Erzählungen von Baruch, einem der wenigen Freunde, die Jeremia in der Verfolgungszeit geblieben sind. Sie gehören für mich zu den besonders schönen und ergreifenden Passagen alttestamentlicher Literatur.

Weiterhin gibt es Predigten über Jeremia-Worte im babylonischen Exil: Ohne Tempel und Opferkult entwickelte sich im Exil der Vorläufer des Synagogengottesdienstes. Hier wurde erstmals in der Religionsgeschichte Israels „gepredigt“ – über schon anerkannte heilige Schriften. Eine komplette Bibel gab es da natürlich noch nicht. Was bot sich als Predigttext besser an als Worte eines Propheten, die sich als wahr erwiesen hatten? Hatte Jeremia nicht gesagt, dass der Tempel keinen Halt bietet, dass der König auf dem falschen Weg ist, dass Jahwe mit dem babylonischen Heer Israel alle falsche Sicherheit nehmen wird und man noch mal von vorn anfängt, mir leeren Händen wie in der Wüste? Das musste man dem völlig verstörten und verschreckten Häufchen von Deportierten erklären: hier, in der Krise, lag die Chance für einen Neubeginn.

3.3.3 Ein Mensch zerbricht an Gottes Auftrag und entdeckt etwas Neues

Beim Lesen biblischer Texte, besonders im Alten Testament, schließe ich manchmal die Augen und stelle mir alles vor: Spielt die Szene auf der Straße oder im Haus? Wie sieht es da genau aus? Wenn einer spricht: ist seine Stimme laut und sicher oder leise und fragend, was für ein Gesicht macht er, wie reagieren die Umstehenden, die Frauen und Männer, Soldaten und Sklaven, freien Bauern und Staatsbeamte? Steht die Luft vor Hitze still oder tobt ein Unwetter?

Bei den Propheten wie Elia und Elisa, Amos, Micha und Hosea sah ich vor meinem inneren Auge selbstbewusste Männer, hohe Ratsherren, stolze, unabhängige Bauern, die so ein wenig nach dem Motto „hier steh ich, ich kann nicht anders“ vor Könige, hohe Beamte und oberste Priester, vor das ganze Volk traten und mit Worten, deren Dramatik sich niemand entziehen konnte, ankündigten, dass Jahwe sich das ganze Unrecht usw. nicht mehr lange ansehen wird. Ja, ich weiß, dass ein Amos in den frühen Morgenstunden, von Alpträumen geplagt, auch schweißgebadet im Bett liegen konnte. Aber darüber hat er nicht gesprochen, er ist aufgestanden, hat sich frisch gemacht und seinen Job getan, als Bauer und als Prophet.

Wenn ich beim Lesen des Jeremia-Buches die Augen schließe, sehe ich ein anderes Bild. Ich sehe zunächst einen jungen Mann, sicher 20, 30 Jahre jünger als die anderen Propheten. Das erste, was er bei seiner Berufung sagt, ist: „Vergiss es, Jahwe, ich bin viel zu jung..." Jeremia ist kein gestandener Mann wie die anderen, nicht einmal Beruf und Familie hat er gehabt. Einmal sagte er: In eine Welt, die so wird, wie ich sie in meiner Botschaft ankündigen muss, möchte ich keine Kinder setzen.

In seiner Herkunftsfamilie, einem konservativen Priestergeschlecht aus dem ländlichen Raum, kommen die neuen Ideen des jungen Jeremia nicht gut an. Wir hatten schon gehört, wie sie ihm nachstellen. So ist es bei ihm nicht nur der Auftrag Jahwes, der ihn wie die anderen Propheten in die Hauptstadt treibt, sondern auch die Flucht aus dem Herkunftsmilieu.

Doch auch in Jerusalem sitzt Jeremia zwischen allen Stühlen. Die staatstragenden Kräfte, Oberpriester und leitende Beamte, finden ihn natürlich sowieso unmöglich, aber auch den eigentlich aufgeschlossenen Reformkräften am Hof war er zu radikal. Für diese war es gefährlich, dass Jeremias Botschaft ihren Plänen verwandt war. Zu leicht konnte man sagen: „Hört euch mal den Jeremia an – dann begreift ihr vielleicht, wo diese ganzen Reformen enden werden!"

Im jungen Jeremia schlägt ein wildes, zerbrechliches prophetisches Herz. Erinnern Sie sich noch an die drei Elemente der Prophetie? Wir nannten das erste charismatisch-ekstatisch, das zweite priesterlich-seelsorgerlich, das dritte politisch-kritisch. Jeremia war auf politisch-kritischer Basis der am stärksten charismatisch-ekstatische Typ; priesterlich-seelsorgerlich war er dagegen überhaupt nicht.

Das Charismatische seines Auftretens kommt am deutlichsten in seinen drastischen Zeichenhandlungen zum Ausdruck. Eine Situation: Jeremia hat gehört, dass im Ort Tofet im Hinnomtal die Priester des Baal Kinderopfer darbringen. In Jerusalem am Hof sieht man das auch kritisch, möchte aber in Ruhe und mit Bedacht dagegen vorgehen.

Nun waren Ruhe und Bedacht die Sache des Jeremia nicht. Stellen Sie sich einen heißen Julitag vor, staubtrockene Luft, es flimmert vor Hitze. Und achten Sie auf den lauten Knall, den dieser junge, etwas schmale Mann gleich macht, mit einem Glitzern in den Augen, bei dem man nicht weiß, ob es Wut oder Tränen sind:

Jeremia 19, 1 – 20, 3a

Der HERR befahl Jeremia: »Kauf dir einen Wasserkrug, wähle einige von den Ältesten des Volkes und von den angesehensten Priestern als Zeugen aus und geh mit ihnen durchs Scherbentor hinaus ins Hinnom-Tal. Dort kündige ihnen an, was ich dir sagen werde. Das aber sollst du zu ihnen sagen: ‚Ihr Könige von Juda und ihr Bewohner Jerusalems, hört das Wort, das der HERR euch ausrichten lässt! So spricht der HERR, der Herrscher der Welt, der Gott Israels: Ich werde Unglück über diesen Ort bringen; es wird so schrecklich sein, dass jedem, der die Nachricht davon hört, die Ohren wehtun werden. Denn mein Volk hat mich verlassen. Sie haben diesen Ort verdorben und entweiht durch die Opfer, die sie anderen Göttern dargebracht haben. Von diesen Göttern haben sie früher nichts gewusst, auch ihre Vorfahren und die Könige von Juda nicht. Sie haben an diesem Ort das Blut unschuldiger Menschen vergossen. Sie haben auch einen Altar für den Baal gebaut, um darauf ihre Kinder als Opfer zu verbrennen. Das habe ich nie befohlen; es ist mir niemals in den Sinn gekommen, so etwas von ihnen zu verlangen. Deshalb wird eine Zeit kommen, da wird man diesen Ort nicht mehr Tofet oder Hinnom-Tal nennen, sondern Mordtal. An diesem Ort will ich alle Pläne der Leute von Juda und Jerusalem vereiteln. Sie sollen durch das Schwert ihrer mordgierigen Feinde umkommen und ihre Leichen werde ich den Vögeln und wilden Tieren zum Fraß vorwerfen. Ich werde diese Stadt so völlig zerstören, dass jeder Mensch, der vorübergeht, erschrickt und sich entsetzt abwendet. Erbarmungslose Feinde werden die Stadt einschließen und belagern und die Belagerung wird so hart werden, dass die Leute in der Stadt sich gegenseitig aufessen. Sogar ihre eigenen Kinder werden sie dann essen.' Wenn du das gesagt hast, dann zerschlage den Krug vor den Augen deiner Begleiter! Sag zu ihnen: ‚So spricht der HERR, der Herrscher der Welt: Ich zerschlage dieses Volk und diese Stadt, wie man Tongeschirr in Scherben schlägt, sodass es sich nicht mehr zusammenkitten lässt. Sogar im Tofet werden die Toten begraben, weil es sonst nirgendwo mehr Platz dafür gibt. Ich will diese Stadt und ihre Bewohner dem Tofet gleichmachen. Das sage ich, der HERR. Die Häuser in Jerusalem, die Häuser der Könige von Juda, alle Häuser, auf deren Dächern ihr zu Ehren des Sternenheeres Weihrauch verbrannt und für andere Götter Trankopfer ausgegossen habt, alle diese Häuser sollen unrein werden wie der Platz Tofet.'« Als Jeremia vom Tofet zurückkehrte, wo er im Auftrag des HERRN geredet hatte, begab er sich in den Vorhof des Tempels und verkündete allen Leuten: »So spricht der HERR, der Herrscher der Welt, der Gott Israels: ‚Ich bringe über die Stadt Jerusalem und die Städte in Juda all das Unglück, das ich ihnen angedroht habe; denn sie haben sich hartnäckig geweigert, auf meine Worte zu hören.'« Der Priester Paschhur, der Sohn Immers, war damals Oberaufseher am Tempel. Als er den Propheten Jeremia so reden hörte, gab er Befehl, ihn festzunehmen, zu schlagen und in den Block einzuschließen, der sich am oberen Benjamintor im Tempelbezirk befand. Am folgenden Morgen kam Paschhur zu Jeremia und löste ihn aus dem Block.

Jeremia, immer wieder verhaftet, zur Schau gestellt oder in tiefen Kerkern oder Brunnen versteckt, hat, so weit wir sehen, nur zwei Freunde: den Justizminister Ahikam ben Schafan, der ihn einmal vor der Hinrichtung bewahrt (Jeremia 26, 24) und den Hofschreiber Baruch ben Nerijahu, der heimlich in seiner Freizeit eine Jeremia-Biographie verfasst, beide Anhänger der deuteronomistischen Reformbewegung. Diese und vielleicht noch einige wenige andere hielten die Hand über Jeremia, wie schon erwähnt, aber es waren keine Freunde, mit denen Jeremia sich besprechen, die ihn beraten oder auch trösten konnten.

Jeremia war allein, nicht nur, wenn er wieder mal im Gefängnis saß. Und deswegen hören wir von ihm neben harten, klaren Worten auch ganz neue Töne. Kurz nach der eben beschriebenen Haft betet Jeremia:

Jeremia 20, 7–18

Du hast mich verführt, HERR, und ich habe mich verführen lassen; du hast mich gepackt und mir Gewalt angetan. Nun spotten sie immerzu über mich, alle lachen mich aus. Denn sooft ich in deinem Auftrag rede, muss ich Unrecht anprangern. »Verbrechen!«, muss ich rufen, »Unterdrückung!« Und das bringt mir nichts als Spott und Hohn ein, Tag für Tag. Aber wenn ich mir sage: »Ich will nicht mehr an Gott denken und nicht mehr in seinem Auftrag reden«, dann brennt dein Wort in meinem Innern wie ein Feuer. Ich nehme meine ganze Kraft zusammen, um es zurückzuhalten – ich kann es nicht. Viele höre ich tuscheln, sie nennen mich schon »Schrecken überall«. Die einen fordern: »Verklagt ihn!« Die anderen sagen: »Ja, wir wollen ihn anzeigen!« Sogar meine besten Freunde warten darauf, dass ich mir eine Blöße gebe. »Vielleicht bringen wir ihn dazu, dass er etwas Unvorsichtiges sagt«, flüstern sie, »dann können wir uns an ihm rächen!« Doch du, HERR, stehst mir bei, du bist mein mächtiger Beschützer! Deshalb kommen meine Verfolger zu Fall, sie richten nichts aus. Ihre Pläne misslingen und sie müssen sich auslachen lassen. Diese Schande bleibt für immer an ihnen hängen. HERR, du Herrscher der Welt, du kennst alle, die dir die Treue halten! Du prüfst sie auf Herz und Nieren. Lass mich sehen, wie du es meinen Feinden heimzahlst; denn dir habe ich meine Sache anvertraut. Singt dem HERRN und lobt ihn! Denn er rettet den Armen aus der Gewalt seiner Feinde. Verflucht sei der Tag, an dem ich geboren wurde, ausgelöscht der Tag, an dem meine Mutter mich zur Welt brachte! Verflucht sei der Mann, der meinen Vater mit der Nachricht erfreute: »Ein Junge ist's, du hast einen Sohn bekommen!« Ausgelöscht soll jener Tag sein wie die Städte, die der HERR ohne Erbarmen zerstörte. Am Morgen sei er voll Klagen, am Mittag voll Kriegslärm, weil er mich nicht sterben ließ im Mutterleib. Meine Mutter wäre mir dann zum Grab geworden, sie wäre für immer schwanger geblieben. Warum musste ich den Mutterschoß verlassen, um nichts als Elend und Kummer zu erleben und in Schande zu enden!

An anderer Stelle klagt Jeremia: „Gottes Wort liegt mir wie ein Stein im Magen, es zerrt in meinen Eingeweiden; mein Herz klopft und rast, dass es mir fast in der Brust zerspringt. Ich kann nicht mehr schweigen, ich muss Gottes Wort aus mir herausschreien! (Jer. 4, 19)

Und irgendwann kommt der Punkt, da ruft Jeremia nicht mehr zur Buße und Umkehr. Die Reformbewegungen der deuteronomistischen Partei findet er sinnlos, vergeblich. Der Kontakt zu der Gruppe reißt ab. Irgendwann kommt der Punkt, da erkennt Jeremia in einer Mischung aus Gottesoffenbarung und politischer Weitsicht: Die Krise, der Zusammenbruch sind unausweichlich. Ich will mich nicht mehr mit aller Kraft dagegen stemmen, hier eine kleine Reform, dort ein kleines Kämpfchen gegen die Baalspriester. Nein, lass die Babylonier nur kommen, lass sie alles kurz und klein schlagen, es muss so sein. Ein neuer Anfang, auch ein neuer Anfang mit Jahwe, ist nur möglich, wenn wir durch die Katastrophe jetzt hindurchgehen, sie sogar als klärendes Handeln Jahwes an uns verstehen.

Wieder einmal, in einer anderen provokanten Zeichenhandlung, läuft Jeremia am helllichten Tag mit einem riesigen Joch schwer gebeugt durch die Straßen Jerusalems und ruft laut: „So spricht Jahwe: Ich, der Herr der ganzen Welt, gebe die Länder in die Hand Nebukadnezars, des Königs von Babylon. Beugt euch unter sein Joch, das ist mein Wille!" Und weiter spricht er:

Jeremia 27, 9 – 15

Hört nicht auf eure Propheten und auf alle, die mit Hilfe von Träumen, Totenbeschwörungen oder Zauberei die Zukunft voraussagen wollen. Sie reden euch ein, dass ihr euch dem König von Babylonien nicht unterwerfen müsst. Aber sie lügen! Wenn ihr auf sie hört, werdet ihr aus eurer Heimat vertrieben; ich muss euch verstoßen und ihr werdet zugrunde gehen. Wenn aber ein Volk seinen Nacken unter das Joch des Königs von Babylonien beugt und sich ihm unterwirft, lasse ich es ungestört auf seinem heimatlichen Boden; es kann ihn bebauen und dort wohnen bleiben. Das sage ich, der HERR.'« Dasselbe sagte Jeremia auch zu Zidkija, dem König von Juda: »Beugt euren Nacken unter das Joch des Königs von Babylonien; unterwerft euch ihm und seinem Volk. Dann bleibt ihr am Leben. Oder willst du mit deinem Volk umkommen durch Schwert, Hunger oder Pest? Ein solches Ende hat der HERR jedem Volk angedroht, das sich dem König von Babylonien nicht unterwerfen will. Hört nicht auf die Propheten, die zu euch sagen: ‚Unterwerft euch doch nicht dem König von Babylonien!' Sie führen euch ins Unglück. Der HERR sagt: ‚Ich habe sie nicht gesandt. Sie lügen, wenn sie behaupten, in meinem Auftrag zu reden. Wenn ihr auf sie hört, muss ich euch verstoßen. Ihr werdet zugrunde gehen, ihr und die Propheten, die euch belügen!'«

Über die falschen Propheten müssen wir nachher noch sprechen, hier geht es um die ganz neue Glaubenserkenntnis, plötzlich zu begreifen: diese an sich furchtbare Entwicklung, diesen Zusammenbruch muss ich jetzt annehmen,... mehr noch, aus Gottes Hand annehmen. Ich werde jetzt meine Energie nicht mehr darauf verwenden, gegen das Leid zu kämpfen, sondern darauf, in und durch das Leid hindurch weiterzuleben. Das war für Jeremia eine theologische Erkenntnis. Mit solchen Ereignissen wie der Kindstötung im Hinnomtal war einfach das Maß für Jahwe voll, es war einfach lächerlich, gegen diesen Abfall mit ein bisschen gutem Willen und ein paar Reförmchen ankämpfen zu wollen.

Und es war, wie wir gerade gehört haben, eine politische Erkenntnis: Es ist absurd, ein Volk mit Durchhalteparolen und unter Aufbietung der letzten Kräfte gegen eine tausendfach überlegene Militärmacht in den Tod zu treiben.

Mit dieser Botschaft machte sich Jeremia zum Verräter, der im Verdacht steht, die nationale Moral zu untergraben, zum Gotteslästerer, der behauptet, Jahwe wäre nicht mehr der „Gott mit uns". Wieder und wieder landet er im Gefängnis, fällt hin, steht wieder auf, verzweifelt an Gott und entdeckt ihn ganz neu. In langen, einsamen Gebeten, den so genannten „Konfessionen Jeremias", nimmt er uns in dieses neue Erleben Gottes mit hinein. Und es passiert etwas sehr Aufwühlendes.

Jeremia lernt die Traurigkeit Gottes kennen. Was wir für die Wut und den Zorn Jahwes gehalten hatten, war in Wahrheit nur sein Schmerz und seine Verzweiflung über uns. Gottes erstes Gefühl gegenüber uns ist eine unvorstellbar große Liebe. Und Gott versteht die Welt nicht mehr, wenn wir uns von ihm abwenden, Dingen hinterherlaufen, die uns kaputtmachen, mit einem Heidendurst die Brühe aus schmutzigen Pfützen trinken, anstatt uns unter Jahwe, die Quelle frischen Wassers, zu stellen.

Den Gott, der in Liebe zu uns traurig wird, verkündet Jeremia so:

Jeremia 2, 1 – 14

Das Wort des HERRN erging an mich, er sagte zu mir: »Geh und verkünde vor allen Leuten in Jerusalem: ‚So spricht der HERR: Ich erinnere mich, Israel, wie vertrauensvoll du mir zugetan warst in deiner Jugend, wie du mich liebtest in deiner Brautzeit. Du bist mir gefolgt in der Wüste, im Land, wo nichts wächst. Damals hast du mir allein gehört, wie die erste Frucht des Ackers. Wer sich an dir vergriff, machte sich schuldig und wurde bestraft!'« Hört das Wort des HERRN, ihr Nachkommen Jakobs, all ihr Sippen Israels! So spricht der HERR: »Was hatten eure Vorfahren an mir auszusetzen, dass sie sich von mir abwandten, nichtigen Götzen nachliefen und so selbst zunichte wurden? Sie fragten nicht: ‚Wo ist der HERR zu finden? Er hat uns doch aus Ägypten herausgeführt und hat uns in der Wüste sicher den Weg gewiesen, in dürren Steppen und finsteren Schluchten, in einem Land, das niemand bewohnt und niemand durchwandert.' Ja, ich war es, ich brachte euch in ein fruchtbares Land, um euch mit all den Köstlichkeiten zu speisen, die es hervorbringt. Aber kaum wart ihr dort, habt ihr mein Land verdorben und mir mein Eigentum zum Abscheu gemacht. Eure Priester fragten nicht nach mir; die Leute, die Weisungen gaben, kannten mich nicht. Die Führer des Volkes lehnten sich gegen mich auf und die Propheten redeten im Namen Baals. Alle beteten zu Göttern, die nicht helfen können. Darum muss ich, der HERR, euch anklagen und auch gegen eure Kinder und Enkel werde ich Klage erheben. Fahrt doch übers Meer zu den Inseln im Westen und seht euch dort um! Oder schickt eure Abgesandten zu den Völkern des Ostens und erkundigt euch, ob irgendwo etwas Ähnliches geschehen ist! Hat je ein Volk seine Götter ausgewechselt? Und die sind nicht einmal Götter! Mein Volk aber hat mich ausgetauscht gegen Götter, die ihm nicht helfen können; und dabei hatte es doch meine ganze Herrlichkeit gesehen. Himmel, erschrick darüber«, sagt der HERR, »schaudere, bebe vor Entsetzen! Mein Volk hat doppeltes Unrecht verübt: Mich, die Quelle frischen Wassers, hat es verlassen und stattdessen gräbt es sich Löcher für Regenwasser, die auch noch rissig sind und das Wasser nicht halten.« Der HERR sagt: »Israel, du bist doch kein Sklave. Und schon gar nicht ein geborener Sklave, für den es keine Befreiung gibt! Wie konnte es dann so weit kommen? Warum haben deine Feinde dich niedergeworfen?

Und dann erfährt Jeremia noch etwas Neues. Er fängt an zu begreifen, welcher Art die Liebe dieses Jahwe ist. Das kam so: Jeremia hatte gespürt, dass Jahwe an Israel leidet, aus Liebe leidet. Das konnte Jeremia verstehen, ihm ging es auch so. Aber gerade, als es ein bisschen gemütlich wurde im gemeinsamen Mitleid, da steht dieser Jahwe schon wieder auf. Weiter, sagt er zu Jeremia, in Liebe weiter, lass Dich nicht hängen: „Wenn du mit Fußgängern läufst und sie ermüden dich schon, wie kannst du da mit Rossen wetteifern?

Und fühlst du dich nur in friedlichem Land sicher, wie willst du es machen im Dickicht des Jordan?"

Jeremia erlebt Jahwe als einen, der mit in die Krise hineingeht, der sich neben einen setzt und dessen Trauer zu spüren ist. Aber der aus derselben Liebe heraus nicht gemeinsam Selbstmitleid pflegend sitzen bleibt, sondern aufsteht und seinen Leuten einen kleinen Stups gibt. Nach einem besonders langen Klagegebet antwortet Jahwe Jeremia einmal: „Oh, es ist jetzt genug. Können wir bitte weitermachen? Also, mein Guter, wenn Du jetzt nicht mehr solchen Unsinn redest, sondern deine Worte ein bisschen überlegst, dann kannst du wieder mein starker Prophet sein. Lass dich von den anderen nicht so beschwatzen – die sollen auf dich hören! Mit mir hast du die Kraft, diesem Volk wie eine Mauer gegenüber zu stehen. Denn ich steh hinter dir!" (Jeremia 15, 19 – 21)

Jeremia hat Jahwe in einer so dichten, persönlichen Weise erfahren, dass ihm die Worte der Sonntagsredner Gottes, der „Gott-mit-uns"-Priester, der Lügenpropheten, wie er sie nennt, fremd und grausam vorkommen. Da wird feierlich der Name Jahwe genannt – aber kein Wort müsste neu geschrieben werden, wenn man Baal einsetzen würde. Da wird vom Handeln Gottes gesprochen, aber nichts würde sich an der Botschaft ändern, wenn man „Gott" durch „Schicksal" oder „Vorsehung" ersetzen würde. So führte eine falsche Mutmachparole der Lügenpropheten erst recht in die Katastrophe, viel zu lange hatte man sich militärisch sinnlos gegen die Babylonier gewehrt, war noch unnötige und jetzt ganz schädliche Bündnisse mit Ägypten eingegangen. Aber vor allem hatten die Priester und Propheten auf den Trümmern des Jerusalemer Tempels nicht nur ihre Arbeitstelle, sondern mit ihrem Glauben auch ihre Glaubwürdigkeit verloren. Auf die Frage: Wo ist denn euer „Gott-mit-uns"? hatten sie keine Antwort mehr.

Der Glaube des Jeremia dagegen war im Gefängnis gereift, um jetzt die Gefangenschaft aushalten zu können. Ganz ruhig und stark ist er geworden, jetzt, wo alles zusammengebrochen ist, in diesen schweren Zeiten, wird der schwierige kleine Mann auf einmal ganz groß. Das ist jetzt seine Stunde, fast könnte man meinen, es geht ihm besser als in den so genannten guten Zeiten. Es gibt ja solche Menschen, die hat man nie beachtet und auf einmal, wenn etwas Schlimmes passiert ist, bewahren sie allein die Ruhe, haben ein klares Konzept und alle orientieren sich an ihnen.

Das Konzept des Jeremia hieß Jahwe, Gott, so wie er ihn neu kennen gelernt hatte: verzweifelt liebend, zärtlich stark, traurig voller Hoffnung. Jeremia war nicht überrascht – weder von Gott noch von der Weltgeschichte. Fast ein klein wenig herausfordernd saß er da, das blasse Kerlchen mit dem dünnen Bartwuchs, und sagte: „Na, war doch klar."

Jetzt hört man auf Jeremia, bittet um seinen Rat, liest seine Briefe. Jetzt macht Jeremia Hoffnung, redet vom liebenden Gott, der alles, das uns Angenehme wie das Unangenehme, aus Liebe tut. Jetzt, wo das Gericht da ist, kann Jeremia endlich von der Rettung und Erlösung reden, die ihm die ganze Zeit schon auf dem Herzen lag: einer Rettung durch die Katastrophe hindurch.

Jeremia bleibt ja in Jerusalem. Aber er steht in Kontakt mit den Exilanten in Babylon. Einer seiner Briefe an sie ist erhalten:

Jeremia 29, 1 – 14

Der Prophet Jeremia schickte einen Brief von Jerusalem nach Babylonien an die Ältesten der Gemeinde, die noch übrig geblieben waren, und an die Priester, die Propheten und alle anderen, die Nebukadnezzar dorthin verschleppt hatte. Denn der Babylonierkönig hatte den König Jojachin, seine Mutter, die Hofbeamten und die führenden Männer von Juda und Jerusalem sowie die Bau- und Metallhandwerker aus Jerusalem weggeführt. Jeremia schickte den Brief durch Elasa, den Sohn von Schafan, und Gemarja, den Sohn von Hilkija, die von König Zidkija zu Nebukadnezzar nach Babylon gesandt worden waren. Der Brief hatte folgenden Wortlaut: Der Gott Israels, der Herrscher der Welt, sagt zu allen, die er aus Jerusalem nach Babylonien wegführen ließ: »Baut euch Häuser und richtet euch darin ein! Legt euch Gärten an, denn ihr werdet noch lange genug dort bleiben, um zu essen, was darin wächst! Heiratet und zeugt Kinder! Verheiratet eure Söhne und Töchter, damit auch sie Kinder bekommen! Eure Zahl soll zunehmen und nicht abnehmen. Seid um das Wohl der Städte besorgt, in die ich euch verbannt habe, und betet für sie! Denn wenn es ihnen gut geht, dann geht es auch euch gut.« Der Gott Israels, der Herrscher der Welt, sagt: »Lasst euch nicht täuschen von den Propheten und Wahrsagern, die unter euch sind. Verlasst euch nicht auf diese Träumer, die das für euch träumen, was ihr euch wünscht! Sie behaupten, in meinem Auftrag zu reden. Aber sie lügen euch an; ich habe sie nicht gesandt. Ich sage euch: Die Zeit des Babylonischen Reiches ist noch nicht abgelaufen. Es besteht noch siebzig Jahre. Erst wenn die vorüber sind, werde ich euch helfen. Dann werde ich mein Versprechen erfüllen und euch heimführen; denn mein Plan mit euch steht fest: Ich will euer Glück und nicht euer Unglück. Ich habe im Sinn, euch eine Zukunft zu schenken, wie ihr sie erhofft. Das sage ich, der HERR. Ihr werdet kommen und zu mir beten, ihr werdet rufen und ich werde euch erhören. Ihr werdet mich suchen und werdet mich finden. Denn wenn ihr mich von ganzem Herzen sucht, werde ich mich von euch finden lassen. Das sage ich, der HERR. Ich werde alles wieder zum Guten wenden und euch sammeln aus allen Völkern und Ländern, wohin ich euch versprengt habe; ich bringe euch an den Ort zurück, von dem ich euch weggeführt habe. Das sage ich, der HERR.«

Spüren Sie, wie Jeremia auf einmal Hoffnung macht, er, der von Durchhalteparolen so wenig hielt? Und welcher Art diese Hoffnung ist? Hoffnung, Freiheit in der Gefangenschaft, fröhlich sein und Kinder zeugen, rät der kinderlose, inzwischen alte Mann. Freiheit und Freude, obwohl es keinen Tempel mehr gibt? Fast könnte man meinen, Jeremia will sagen: weil es keinen Tempel mehr gibt, weil das doch am Ende viel zu verlogen war und wir wirklich eine lange Pause, 70 Jahre, brauchen, ja, meinetwegen in diesem Jerusalem. Aber so lange betet für die Stadt, die euch gefangen hält!

Und die Deuteronomisten kommen, die alte Fortschrittspartei, und sagen: „Hey, hast recht gehabt, du alter Querkopf, war nichts mit den Reformen." Und sie sind überrascht, dass da gar kein alter Querkopf mehr ist, sondern einer, der Kraft und Hoffnung hat und ganz zärtlich von Jahwe spricht. Der Herr spricht zu Jerusalem: Mensch bist du furchtbar zugerichtet, deine Wunden sehen schlimm aus. Und niemand tut etwas für dich. Alle deine Liebhaber haben dich vergessen und kümmern sich nicht mehr um dich. Sie sagen: „Das ist Jerusalem, die Stadt, nach der niemand mehr fragt." Darum bin ich wiedergekommen. Darum werde ich dich wieder herstellen, sagt Jahwe, ich werde dich heilen.

Und sie tun sich zusammen, in der Fremde und auf den Trümmern der Heimat und beten ganz neu zu diesem aufregend verletzlichen Gott, mit zitternden Händen spüren sie: dieser Jahwe schreibt nicht mehr auf Stein, will nie wieder in Tempeln aus Stein wohnen. Dieser Gott will uns berühren, unser Herz, unseren wunden Punkt. Weil er selbst verwundbar ist, dieser wunderbare starke Gott. Seine Wunde, Gottes offene Stelle, ist seine Liebe zu uns. Seine Liebe zu uns ist Jahwes größtes Glück. Und Grund seiner tiefsten Verzweiflung.

„Ihr Menschen", fragt Jahwe durch diesen kleinen Kerl Jeremia, „wollen wir nicht aufhören damit, uns so weh zu tun? Wollen wir nicht zusammen noch einmal neu anfangen, einen neuen Bund schließen?"

Und so soll Jeremia in diesem Abschnitt das letzte Wort haben:

Jeremia 31, 31 – 34

»Gebt Acht!«, sagt der HERR. »Die Zeit kommt, da werde ich mit dem Volk von Israel und dem Volk von Juda einen neuen Bund schließen. Er wird nicht dem Bund gleichen, den ich mit ihren Vorfahren geschlossen habe, als ich sie bei der Hand nahm und aus Ägypten herausführte. Diesen Bund haben sie gebrochen, obwohl ich ihnen doch ein guter Herr gewesen war. Der neue Bund, den ich dann mit dem Volk Israel schließen will, wird völlig anders sein: Ich werde ihnen mein Gesetz nicht auf Steintafeln, sondern in Herz und Gewissen schreiben. Ich werde ihr Gott sein und sie werden mein Volk sein«, sagt der HERR. »Niemand muss dann noch seinen Nachbarn belehren oder zu seinem Bruder sagen: ‚Lerne den HERRN kennen!' Denn alle werden dann wissen, wer ich bin, von den Geringsten bis zu den Vornehmsten. Das sage ich, der HERR. Ich will ihnen ihren Ungehorsam vergeben und nie mehr an ihre Schuld denken.«

Bitte lesen Sie die folgenden Bibeltexte:

Weiterdenken

Jeremia 19, 1 – 20, 3a
Jeremia 20, 7 – 18
Jeremia 27, 9 – 15
Jeremia 2, 1 – 14
Jeremia 29, 1 – 14
Jeremia 31, 31 – 34

1. Schlagen Sie die Bibel zu und versuchen Sie, einen der Texte mit eigenen Worten wiederzugeben!
2. Schlagen Sie die Bibel wieder auf und notieren Sie, was Ihnen sofort einleuchtet.
3. Notieren Sie jetzt, was Ihnen unverständlich ist.
4. Gibt es einen Satz oder Gedanken, der Sie ärgert, provoziert, den Sie am liebsten streichen würden? Warum? Was wäre, wenn dieser Satz oder Gedanke fehlt?
5. Was an dem Text dagegen ist schön?
6. Stilleübung: Schließen Sie die Augen und stellen Sie sich irgendeinen Menschen vor. Erklären Sie ihm, was der Text bedeutet: Damals, als er entstanden ist, und heute.

meine Notizen

Teil 4

Wenn Glaube persönlich wird: Psalmen und Hiob

Herzlich willkommen zur vierten Einheit über die Psalmen und Hiob. Wir werden heute sehen, wie sich Glaube im Alten Testament persönlich formuliert. Denn persönlich war der Glaube natürlich immer, seit Abraham und Mose, und deutlich geworden ist das in der letzten Einheit bei Amos, berührt hat es uns vielleicht bei Jeremia. Aber erst bei ihm finden wir die Handlung von Gott mit den Menschen derart unterbrochen, dass sich das direkte Zwiegespräch mit Gott entfalten kann. Fast ganz ohne äußere Rahmenhandlung finden sich im dritten Teil der Bibel, den so genannten „Schriften" nur noch solche Zwiegespräche zwischen Menschen und Gott, auch Sammlungen von Weisheiten und sogar ein Liebesgedicht, das Hohelied.

Aus der Auswahl dieser so genannten „Schriften" möchte ich Ihnen in diesem Kapitel die Psalmen und das Buch Hiob vorstellen: Die Psalmen als Schule des Gebets – und zwar nicht nur des persönlichen, sondern auch des gemeinsamen Betens, etwa im Gottesdienst.

Das Buch Hiob als biblisch-seelsorgerliche Hilfe, wie wir nach Antworten suchen können, wenn alles – sogar Gott selbst! – in Frage steht.

4.1 Psalmen als Schule des Gebets

4.1.1 Der Psalter: ein Gebetsbuch mit 150 Psalmen

Der hebräische Name dieses großen Gebetsbuches, der Juden zuerst und dann der Christen, gibt uns einen Hinweis, wie Psalmen und Psalmensammlungen entstanden sind: Saitenlieder, Lobpreisungen, Lieder würde man die entsprechenden Begriffe ins Deutsche übersetzen. Solche Texte stehen nicht einfach in Büchern, solange bis sie einer liest. Lied und Lobpreis finden statt, ereignen sich, in Gemeinschaft oder alleine und nicht nur unter der Dusche. Lied und Lobpreis, also die Psalmen, das ist emotional verdichtetes Gespräch mit Gott; Gebet, Lobpreis und Gesang.

Haben Sie schon einmal in unserem Gesangbuch in Ruhe zu Hause geblättert – oder während einer langweiligen Predigt? Haben Sie für Jugendgottesdienste etwa selbst schon mal versucht, ein Lieder- und Gebetsbuch zusammenzustellen? Dann werden Sie genau die Erfahrungen und Beobachtungen gemacht haben, die zur Entstehung des Psalters führten.

Es gibt verschiedene Arten von Liedern, fröhliche und traurige; Lieder, die eine Geschichte erzählen oder einfach Gott loben oder eine Klage bringen.

Irgendwie muss man diese verschiedenen Lieder ordnen, bei so 10 bis 20 Liedern für einen Hauskreisordner behält man noch den Überblick, aber ab 80 Liedern kann es chaotisch werden. Und am besten, man hat irgendeine Idee, nach der man ordnet und jeder kennt diese Idee.

Haben Sie auch die Erfahrung gemacht: bestimmte Lieder kann man immer wieder singen, andere nutzen sich irgendwie ab durch zu häufiges Singen, wieder andere sind einfach nicht mehr aktuell – die 40 Jahre alten manchmal schneller als die 400 Jahre alten. Lieder kommen, bleiben, gehen, verändern sich, denn sie leben und werden benutzt.

Alle diese Beobachtungen werden wir auch beim Psalter machen, dem Gebets- und Liederbuch Israels. Da sind zunächst die 150 Psalmen analog zu den fünf Büchern Mose in fünf unterschiedlich lange Bücher unterteilt. Der Schlussteil jedes Buches wird durch einen langen Lobpreis Jahwes gekennzeichnet, der 150. Psalm als Abschluss des ganzen Psalters ist ein einziger Lobpreis. Psalm 1 ist dagegen als Einleitung dem Ganzen vorangestellt, mit einem Lob der guten Weisungen und Gebote Jahwes wird der Psalter eröffnet. Es gibt kleinere thematische Sammlungen: Die Psalmen 3 bis 7 beziehen jeweils eine menschliche Leidenssituation wie soziale oder rechtliche Not, Krankheit oder persönliche Feinde auf eine Tageszeit wie Morgen, Abend oder Nacht. Die Psalmen 22 bis 26 haben auf verschiedene Weise Erfahrungen mit der Nähe Gottes zum Thema, die Psalmen 1, 19 und 119 singen von den Geboten Gottes, andere haben das Exil oder die Schöpfung zum Thema. Es gibt vier so genannte „Zwillingspsalmen", die sich gegenseitig auslegen, die Psalmen 51 bis 72 werden David zugeschrieben usw.

Manche dieser Gliederungsmerkmale verstehen wir heute noch – der Sinn von anderen ist nicht mehr zu erschließen. Was ich Ihnen mitgeben wollte: der Psalter mit seinen 150 Psalmen ist eine hoch durchdachte, sorgfältig zusammengestellte und geordnete Sammlung von Liedern und Gebeten.

Den meisten Psalmen sind Überschriften vorangestellt. Es gibt:

Psalmen, **die einer Person zugeschrieben werden**. Das hebräische „le", also z.B. „leDavid" heißt aber nicht „von" im Sinn einer Autorschaft, sondern bedeutet „zugehörig", also muss man übersetzen „ein Psalm aus der Davidsammlung". Dass David manche dieser Psalmen auch selbst geschrieben hat, wird heute aber nicht mehr bestritten.

Psalmen, **die einer Gruppe von Tempelsängern zugeschrieben werden**, etwa die Korachiten in Psalm 42 bis 49 oder die Asafiten. Das waren aber nicht die Autoren, sondern eher die Bands oder Chöre, die sie gerne gesungen haben.

Psalmarten, etwa Wallfahrtslieder, wie es für Psalm 120 heißt: „Ein Lied zu singen auf dem Weg nach Jerusalem"

Liturgische und musiktechnische Hinweise für den Gottesdienstgebrauch: Ein Lied nach der Melodie „Verstummte Taube in der Ferne" heißt es über Psalm 56 oder „zu singen nach schwermütiger Weise" über Psalm 53, „für hohe Knabenstimmen" steht über Psalm 9, Psalm 5 ist mit Flöte, Psalm 8 mit einer achtsaitigen „Gitarre" zu begleiten usw. Ich erzähle Ihnen das auch, damit Sie wissen, dass diese Überschriften bei einer Verwendung im Gottesdienst etwa nicht mitzubeten sind – genau wie die Bezeichnung „Sela", die für ein instrumentales Zwischenspiel steht. Also: Nie Sela sagen, wenn's da steht, sondern einfach die Mundharmonika aus der Tasche ziehen.

Psalmen sind Lieder und gedichtete Gebete, also Dichtung. Nicht wie bei uns reimte man „Ende" auf „Hände" und „Herz" auf „Schmerz", die hebräische Dichtung arbeitet vor allem mit dem so genannten „Parallelismus membrorum". Das bedeutet: zwei Satzhälften sind parallel gebaut. Das Verständnis vieler Psalmen wird erleichtert, wenn man dieses Strukturelement kennt. Auch hier gilt, was ich bereits gesagt habe: scheuen Sie beim Lesen der Bibel nicht vor der Benutzung von Buntstiften zurück.

Man unterscheidet fünf solcher Parallelismen – und es ist manchmal für die Interpretation sehr entscheidend, zu sehen, welchen man vor sich hat:

Der **synonyme Psalm** gibt in zwei Verszeilen den *selben Gedanken* mit jeweils *anderen Worten* wieder (Ps. 13, 2):

> *„Wie lange noch, Jahwe, willst Du mich vergessen,*
> *wie lange noch verbirgst Du Dein Antlitz vor mir?"*

Im **synthetischen Psalm** führt der zweite Versteil den ersten *ergänzend* fort (Ps. 27, 1):

> *„Jahwe ist mein Licht und mein Heil – vor wem sollte ich mich fürchten?*
> *Jahwe ist meines Lebens Kraft – vor wem sollte mir grauen?"*

Beim **antithetischen Psalm** bilden beide Verspaare einen *Gegensatz* (Ps. 27, 10):

> *„Denn mein Vater und meine Mutter haben mich verlassen,*
> *aber Jahwe wird mich aufnehmen."*

Der **parabolische Psalm** verteilt *Bild- und Sachhälfte* auf die beiden Vershälften als *Vergleich* (Ps. 103, 13):

> *„Wie sich ein Vater über Kinder erbarmt,*
> *so erbarmt sich Jahwe über die, die Respekt haben vor ihm."*

Im **klimatischen Psalm** werden in den Versteilen stufenartig in *Steigerung* Gedanken aufeinander aufgebaut, meist bleibt ein Schlüsselwort gleich (Ps. 93, 3):

> *„Es erhoben sich Wasserströme,*
> *es erhoben Wasserströme ihre Stimme,*
> *es erhoben Wasserströme ihr Tosen!"*

Wer sich in die Psalmen hineinbetet wird bald merken, dass diese Sprachstruktur, Gedanken und Gefühle parallel zu führen, gegeneinander zu setzen, zu steigern, eine dem Beten, der Kommunikation zwischen Gott und Mensch, sehr angemessene Form ist. Beten ist, sagt der Alttestamentler Claus Westermann, nämlich „parallele Kommunikation" zwischen Himmel und Erde.

Gattungen von Psalmen und ihr „Sitz im Leben" 4.1.2

Das Verständnis der Psalmen wird entscheidend erleichtert durch die Erkenntnis, dass es verschiedene Arten (= Gattungen) von Psalmen gibt, die ursprünglich je einen ganz typischen Verwendungszweck und -ort (= „Sitz im Leben") gehabt haben: Ist das ein kleines, persönliches Gebet für das stille Kämmerlein? Oder ein Wechselgesang im Tempel? Welche der vier Grundhaltungen des Betens werden eingenommen: Klage, Lob, Dank, Bitte? Schon das Herz sensibel zu machen, diese Formen zu unterscheiden, ist eine kleine Gebets-Schulung:

» Wann ist es gut, für mich alleine zu beten und für welches Gebet brauche ich Menschen, die es mit mir zu Gott tragen?
» Ist meine Kommunikation mit Gott ein klein wenig einseitig: Bitte ich nur – ohne zu danken? Lobe ich nur und verdränge die Klage? Oder umgekehrt? Oder: Wie verwandelt Gott Klage in Bitte? Und Dank in Lob? Beten ist eine Sprache, die man in den Psalmen neu lernen kann.

Die meisten Gebete im Psalter sind *persönliche Klage- oder Bittpsalmen*. Bereits aus ihrem Aufbau können wir einiges für unser Gebet lernen:

Sie beginnen mit einer Anrufung Gottes. Schon in dieser Anrufung wird Gott für uns plastisch, dreidimensional. Denn er war für Israel eben nicht irgendeine gesichtslose höhere Macht, sondern eine Person, ein „Du". Es tut dem Gebet gut, nicht gleich loszuplappern, sondern sich einen Moment „vor Augen zu führen", im wahrsten Sinn des Wortes, mit wem man es eigentlich zu tun hat. Das täte, nebenbei gesagt, manch zwischenmenschlicher Kommunikation auch nicht schlecht. Interessanterweise lässt diese persönliche Komponente dann auch allen Zweifel und radikale Fragen viel eher zu.

Viele Klagepsalmen schreien in der Anrufung schon die Verzweiflung über die Abwesenheit Gottes in den Himmel: „Mein Gott, mein Gott, warum hast du mich verlassen?" ist der Beginn von Psalm 22, und den Beginn von Psalm 13 hatten wir schon gehört: „Wie lange noch, Jahwe, willst du mich vergessen? Wie lange noch verbirgst du dein Antlitz vor mir?"

Unsere oft diffuse, unpersönliche Anrede Gottes mit „Du Quelle der Liebe" oder „Du Sonne, die Du auch über den Wolken scheinst" – Beispiele aus der Gottesdienstordnung der EKHN – lassen weder eine tiefe, persönliche Frömmigkeit noch so einen richtig knackigen Atheismus zu, weil schon leiseste Zweifel durch gelungene Metaphern im Keim erstickt werden: wer wollte schon in seiner Verzweiflung eine unschuldige Quelle, die Sonne gar, anschreien?

Die Klagepsalmen setzen sich fort in der Schilderung persönlicher Not. Die Situationen sind sehr, sehr ehrlich geschildert. Man hat nicht den Eindruck, irgendeine emotional bereits gereinigte Version des Problems geschildert zu bekommen: Krankheit, eigene Schuld, schwere zwischenmenschliche Konflikte, Verfolgungssituationen. Diese eigentliche Klage kann sich in drei Richtungen entfalten:

In der **Ich-Klage** schmeißt der Beter Jahwe sein ganzes Elend vor die Füße, manchmal mit dem Vorwurf „Du bist ja gar nicht da!" – und merkt in seinem Hilfeschrei, dass Jahwe doch da ist, dass er einen Adressaten seines Elends hat, merkt manchmal auch während des Klagens schon, welchen eigenen Anteil er an dem Problem haben und wie eine Lösung aussehen könnte.

In der **Gott-Klage**, die sich bis zur *Gott-Anklage* entfalten kann, wird Jahwe in die Verantwortung für die Situation des Beters genommen. Manchmal wird Gott, wie gesagt, seine unerklärliche Abwesenheit vorgeworfen, bisweilen geht die Gott-Anklage sogar noch weiter und unterstellt Gott, wirklich die Ursache des Leids zu sein; bei Jeremia hatten wir das bereits gehört, nachher bei Hiob wird das noch deutlicher. Das ist etwas Einmaliges unter allen Religionen der Welt: dass ich auch meine Aggressionen gegen Gott richten kann, wütend und böse auf Gott sein darf – und ihn so geradezu hautnah spüre.

Und schließlich erzählt der Beter Gott in der **Feind-Klage**, unter welchen Menschen er gerade schrecklich leidet. Es ist die Rede von Verachtung, Spott, aber auch Verfolgung und körperlicher Gewalt. Martin Buber sagt: „Jeder hat die Feinde, die er verdient.", d.h. er lebt unterhalb der Schwelle, oberhalb der sich ein Charakter anfängt zu formen. Feinde zu haben gehört zum Menschsein dazu, ich darf mir das in Gottes Namen eingestehen: dass es schon denkbar ist, dass es in meinem Leben ein paar Menschen gibt, ohne die das Leben angenehmer wäre. In diese Ich-Klage, Gott-Klage und Feind-Klage eingebettet sind die zwei großen Gebetsfragen der Psalmen:

Wie lange? In der Frage „Herr, wie lange noch?" schwingt beides mit: die unerträgliche Ungewissheit, wann der Zustand ein Ende haben wird – und die tröstliche Gewissheit, dass Jahwe ihm ein Ende machen kann.

Die hebräische Frage „Immah", die oft nicht ganz richtig mit „Warum?" übersetzt wird; wörtlich müsste es heißen „**In Bezug auf was, wozu?**"

Die Fragen „wie lange" und „wozu" bringen so etwas wie eine erträgliche Struktur in meine Probleme: Wenn ich Gott frage, wie lange noch, nehme ich der Sache den unendlichen Schrecken, weil ich Gott zutraue, die Sache zu beenden. Wenn ich „wozu" frage, beginne ich, ganz vorsichtig und ohne falsches Beschönigen, zu überlegen, ob alles, was schlecht und traurig ist und was ich auch vor Gott schlecht und traurig nennen darf – ob das alles deswegen selbstverständlich auch sinnlos sein muss.

Diese beiden Fragen führen schließlich hinüber zur **Bitte an Gott**, die Not zu wenden. Diese Bitte ist kein automatisches „nun mach mal schnell“, in dieser Bitte wird oft fast dreidimensional sichtbar, welch intensive persönliche Beziehung zwischen Beter und Jahwe bestehen kann: der Beter beteuert seine Unschuld am Dilemma, er beschwört Jahwe, zu helfen, damit die Leute nicht denken, er könne nicht helfen, Jahwe wird Vertrauen ausgesprochen – im Psalm 23 vom Guten Hirten hat sich dieses Vertrauensbekenntnis zu einem kompletten Psalm ausgeweitet. Oder der Beter gibt Jahwe ein Versprechen, ein Gelübde: was er tun wird, wenn das Gebet erhört wird.

Wir hören als Beispiel für den persönlichen Klage- und Bittpsalm einmal den 13. Psalm:

1	Ein Lied Davids	**Sekundäre Überschrift**
2	HERR! Hast du mich für immer vergessen? Wie lange willst du dich noch verbergen?	**Anrufung Gottes mit Gottesklage und Notschilderung (Ich-Klage)**
3	Wie lange sollen mich die Sorgen quälen, soll der Kummer Tag für Tag an meinem Herzen nagen? Wie lange dürfen meine Feinde mich noch bedrängen?	**Feind-Klage**
4	Sieh mich doch wieder an, HERR! Gib mir Antwort, du mein Gott! Mach es wieder hell vor meinen Augen, damit ich nicht in Todesnacht versinke!	**Bitte**
5	Sonst sagen meine Feinde: »Den haben wir erledigt!«, und jubeln über meinen Sturz.	**Vertrauensbekenntnis**
6	Doch ich verlasse mich auf deine Liebe, ich juble über deine Hilfe. Mit meinem Lied will ich dir danken, HERR, weil du so gut zu mir gewesen bist.	**Lobgelübde**

In manchen Klage- und Bittpsalmen findet sich in der Mitte ein plötzlicher Stimmungsumschwung; fast könnte man meinen, es handele sich um zwei verschiedene Psalmen. Hören Sie einmal auf Psalm 22, 2 – 9:

Psalm 22, 2 – 9

Mein Gott, mein Gott, warum hast du mich verlassen? Warum hilfst du nicht, wenn ich schreie, warum bist du so fern? Mein Gott, Tag und Nacht rufe ich um Hilfe, doch du antwortest nicht und schenkst mir keine Ruhe. Du bist doch der heilige Gott, dem Israel Danklieder singt! Auf dich verließen sich unsere Väter, sie vertrauten dir und du hast sie gerettet. Sie schrien zu dir und wurden befreit; sie hofften auf dich und wurden nicht enttäuscht. Doch ich bin kaum noch ein Mensch, ich bin ein Wurm, von allen verhöhnt und verachtet. Wer mich sieht, macht sich über mich lustig, verzieht den Mund und schüttelt den Kopf: »Übergib deine Sache dem HERRN, der kann dir ja helfen! Er lässt dich bestimmt nicht im Stich! Du bist doch sein Liebling!«

Und dann geht es plötzlich ganz anders weiter in Psalm 22, 22 – 26:

Psalm 22, 22 – 26

Reiß mich aus dem Rachen des Löwen, rette mich vor den Hörnern der wilden Stiere! HERR, du hast mich erhört! Ich will meinen Brüdern von dir erzählen, in der Gemeinde will ich dich preisen: »Die ihr zum HERRN gehört: Preist ihn! Alle Nachkommen Jakobs: Ehrt ihn! Ganz Israel soll ihn anbeten! Kein Elender ist dem HERRN zu gering; mein Geschrei war ihm nicht lästig. Er wandte sich nicht von mir ab, sondern hörte auf meinen Hilferuf.« Darum danke ich dir, HERR, vor der ganzen Gemeinde. Vor den Augen aller, die dich ehren, bringe ich dir die Opfer, die ich dir versprochen habe.

Wie ist dieser Stimmungsumschwung zu interpretieren? In der Forschung gibt es drei Erklärungsversuche:

Man nimmt erstens an, dass nach vorgebrachter Klage im Tempel ein Priester in einem Gebet oder seelsorgerlichen Gespräch Zuspruch erteilte, neue Perspektiven eröffnete – und dass der Beter darauf erleichtert mit einem Dankgebet reagiert.

Oder man vermutet, es handelt sich um liturgisch fest formulierte Gebete, die einfach in der Zuordnung Klagegebet – Dankpsalm gesammelt werden.

Und schließlich gibt es seit ein paar Jahren in neueren, eher psychologisch orientierten Untersuchungen die Beobachtung, dass der Beter im Formulieren der Klage bereits Gegenwart Gottes spürt, Entlastung und neue Gewissheit erfährt – und ab irgendeinem Punkt des Betens plötzlich erleichtert aufseufzt, weil er spürt: das wird gut ausgehen!

Ganz ähnlich aufgebaut, aber mit ein paar interessanten Unterschieden, ist der Volks- oder **Gemeinde-Klagepsalm**. Nur auf diese Unterschiede will ich eingehen, weil sie wichtige Hinweise liefern für unser aktuelles gemeinsames Beten.

Auch hier steht am Anfang die Anrufung Gottes. Aber sie wird erweitert zu einem oft gewaltigen Rückblick auf das, was Jahwe für Israel bisher Gutes getan hat. D.h., vor der Klage macht man sich klar, mit wem man es zu tun hat, ordnet die gegenwärtige Katastrophe in einen größeren Zusammenhang ein und nimmt ihr so den letzten Schrecken. Das tut psychologisch gut, ist aber auch vom Glauben her angemessen. Denn Beten ist Kommunikation und die gelingt besser, wenn ich mir vergegenwärtige, mit wem ich es zu tun habe. Und wer ich in Bezug auf diese Person bin.

Dann passiert nämlich folgendes: schon in diesem Geschichtsrückblick wird dem betenden Volk klar, dass nicht immer nur die Anderen Schuld sind, dass die gegenwärtige Not eine Vorgeschichte hat, die man mit verursacht hat: Israel in den Klagepsalmen, das sind oft erschreckend klare Bilanzen, zu denen andere Völker weder das Selbst- noch das Gottesbewusstsein hatten. Im Beten den eigenen Anteil am Problem erkennen, als Einzelner, als Gruppe, – also beichten – ist ein Zeichen von Stärke und Vertrauen. Stärke, weil nur der Schwache immerzu alles richtig gemacht haben muss. Vertrauen, weil nur, wer Gott nicht kennt, sich fürchtet, einmal etwas zuzugeben.

Aus dem großen Bußpsalm der Geschichte Israels hören wir Anfang und Ende:

Psalm 106, 1–14. 43–48

Halleluja – Preist den HERRN! Dankt dem HERRN, denn er ist gut zu uns, seine Liebe hört niemals auf! Wer könnte alle seine großen Taten nennen und ihn dafür gebührend preisen? Wie glücklich sind alle, die sich nach Gottes Ordnungen richten und jederzeit tun, was er verlangt! Wenn du deinem Volk deine Liebe zeigst, HERR, dann denk auch an mich! Wenn du es befreist, dann hilf auch mir! Lass mich das Glück deiner Erwählten erleben, gemeinsam mit deinem Volk mich freuen und jubeln mit allen, die dir gehören. Wir haben uns versündigt, wir genauso wie unsere Väter, wir haben Unrecht getan und Schuld auf uns geladen. Unsere Vorfahren haben nichts gelernt aus Gottes Wundertaten damals in Ägypten. Sie vergaßen die vielen Zeichen seiner Güte, schon am Ufer des Schilfmeers widersetzten sie sich ihm. Trotzdem rettete er sie und zeigte seine gewaltige Macht, denn seine Ehre stand auf dem Spiel. Er bedrohte das Schilfmeer und es trocknete aus. Wo sonst abgrundtiefes Wasser ist, ließ er sie wie auf Wüstenboden gehen. Er rettete sie vor den hasserfüllten Feinden und befreite sie aus ihrer Gewalt. Das Wasser deckte die Verfolger zu, nicht einer von ihnen blieb übrig. – Da schenkten sie seinen Worten Vertrauen und priesen ihn mit einem Lied. Doch bald schon vergaßen sie seine Taten; sie warteten nicht, bis sein Plan sich erfüllte. In der Wüste forderten sie Gott heraus, weil sie ihrer Gier nicht widerstanden. […] Oft genug befreite sie der HERR; sie aber blieben widerspenstig und gerieten durch ihre Schuld immer tiefer in Not. Doch wenn er ihre Hilfeschreie hörte und ihre Angst und Verzweiflung sah, dann dachte er wieder an seinen Bund, an das, was er ihnen versprochen hatte. In seiner Güte taten sie ihm leid. Darum ließ er sie Erbarmen finden bei allen, die sie gefangen hielten. HERR, unser Gott, rette uns doch! Hol uns heraus aus den fremden Völkern und führe uns wieder zusammen! Dann werden wir dich preisen, dich, unseren heiligen Gott; und unsere größte Freude wird es sein, dir zu danken! Gepriesen sei der HERR, der Gott Israels, vom Anfang der Zeiten bis in alle Zukunft! Und alle sollen sagen: »Amen! Halleluja!«

Dem Klagegebet des ganzen Volkes entspricht der **gemeinsame Lobpsalm**. Hier tritt neben den Dank für diese oder jene Rettung ein neues, großes Thema: Israel dankt Jahwe für die Schöpfung, dafür, dass das Leben von Gottes Plan her wunderbar und geordnet ist, staunt über die Weite des Universums und noch mehr darüber, dass Gott mitten in all dieser Größe ausgerechnet den Menschen gewollt und geschaffen hat.

Dahinter steckt keine romantische Naturschwärmerei, ein israelitischer Kleinbauer wusste, wie grausam die Natur auch sein kann. Es ist eine sehr weitreichende Glaubensentscheidung, die so getroffen wird: Wer Gott für seine Schöpfung lobt, der entschwindet im Glauben nicht in geistige, übernatürliche Sphären. Die Schöpfungspsalmen singen nach der Melodie „gebt um Himmels willen diese Erde nicht auf". Gott ist guter Schöpfer in einer oft immer noch grausamen Natur. Aber wir begegnen Gott nicht, indem wir dieses Natürliche hinter uns lassen, unsere Leiblichkeit verleugnen. Wir begegnen Gott, wenn wir hineingehen in seine Schöpfung, seinen Schöpfungsprozess, und mit ihm am Schutzraum Leben bauen.

Ein schönes Beispiel, wie Schöpfungsglaube und Weltverantwortung bis ins Politische aufeinander bezogen werden, ist der Psalm 146:

Psalm 146

Halleluja – Preist den HERRN! Auf, mein Herz, preise den HERRN! Ich will ihn loben mein Leben lang, meinem Gott will ich singen, solange ich atme! Verlasst euch nicht auf Leute, die Macht und Einfluss haben! Sie sind auch nur Menschen und können euch nicht helfen. Sie müssen sterben und zu Staub zerfallen und mit ihnen vergehen auch ihre Pläne. Wie glücklich aber ist jeder, der den Gott Jakobs zum Helfer hat und auf ihn seine Hoffnung setzt, auf den HERRN, seinen Gott! Der HERR hat die ganze Welt geschaffen: den Himmel, die Erde und das Meer, samt allen Geschöpfen, die dort leben. Seine Treue hat kein Ende, er steht zu seinem Wort: Den Unterdrückten verschafft er Recht, den Hungernden gibt er zu essen, die Gefangenen macht er frei. Die Blinden macht er sehend, die Verzweifelten richtet er auf. Er beschützt die Gäste und Fremden im Land und sorgt für die Witwen und Waisen. Der HERR liebt alle, die ihm die Treue halten, aber die Pläne der Treulosen vereitelt er. Der HERR bleibt König für alle Zeiten! Zion, dein Gott wird herrschen von Generation zu Generation! Preist den HERRN – Halleluja!

Schöpfungsglaube, besonders die Verwendung von Schöpfungspsalmen im Gottesdienst, haben später verhindert, dass die frühe Christenheit im 2. Jh. n. Chr. als weltflüchtige Sekte geendet ist. Ohne den Schöpfungsglauben Israels hätte der christliche Glaube dem Ansturm der Gnosis nicht standhalten können. Gnosis ist der Versuch, alles Irdische, Körperliche, als schmutzig und minderwertig zu diffamieren, oft auf subtile und intelligente Weise und mit scheinbar durchaus christlichen Elementen. Und Erlösung, Rettung dann nur im rein geistigen, übernatürlich-übersinnlichen Bereich zu erwarten. In einer weiteren Einheit werden wir uns diesen spannenden Kampf, der bis in die heutige Auseinandersetzung mit der Esoterik reicht, genauer anschauen.

Wir schließen die Betrachtung der Psalmen-Gattungen mit dem **persönlichen Dankpsalm**. Zwei Dinge halte ich für bemerkenswert:

Dass überhaupt gedankt wird. Bittgebete an höhere Mächte finden wir in vielen Religionen, Dankgebete setzen dagegen ein persönliches Verhältnis zu einem persönlichen Gott voraus. Psychologisch wäre es ja nur allzu verständlich, wenn man an Gott denkt in der Klage einer Not, ihn aber nicht mehr so sehr braucht und darum vergisst, wenn die Not behoben ist. Für den Glauben Israels ist Jahwe persönlich so präsent, dass man seine Liebe auch spürt, wenn es einem ganz gut geht und man keine konkrete Hilfe braucht.

Der Psalmbeter wirft Jahwe nicht einfach ein Danke hin, sein Dank ist ausführlich und geht ins Detail. Danken ist Beziehungspflege: ich bleibe mit Gott in Kontakt, er bleibt mir vertraut, nimmt Anteil auch an den Glücksmomenten meines Lebens. Und in der nächsten Not muss ich mich nicht unsicher fragen: Mein Gott, ob der mich überhaupt noch kennt?

Die Dankpsalmen werden meistens öffentlich gebetet, ganz oft wird der Dank durch Rufe an die Umstehenden unterbrochen: „Hört bloß, was mir mit Jahwe passiert ist". Meine Rettung, sagt der Psalmist damit, das ist nicht meine Privatsache, das geht euch alle etwas an. Ihr sollt wissen, an wen man sich wenden kann, wenn es mal ganz entsetzlich schief läuft: „Ich will meinen Geschwistern von dir erzählen, in der Gemeinde will ich dich preisen", so begann ein längerer Teil in Psalm 22 vorher. Dieses Element in den Psalmen nennt man Zeugenrede, und ich frage mich manchmal, warum in unseren Gottesdiensten so wenig davon berichtet wird, was Menschen letzte Woche mit Gott erlebt haben. Die Dankpsalmen jedenfalls holen den Alltag sehr farbig und plastisch in den Gottesdienst hinein, verhindern, dass der Gottesdienst zum theoretisch-religiösen Erlebnis wird.

Einen sehr schönen Dankpsalm, den 32. Psalm, in dem es einmal nicht um Krankheit und Feinde geht, sondern um die dummen und manchmal sogar bösen Sachen, die man selbst so anstellt, wollen wir uns jetzt anhören:

Psalm 32

Ein Gedicht Davids. Freuen dürfen sich alle, denen Gott ihr Unrecht vergeben und ihre Verfehlungen zugedeckt hat! Freuen dürfen sich alle, denen der HERR die Schuld nicht anrechnet und deren Gewissen nicht mehr belastet ist! HERR, erst wollte ich meine Schuld verschweigen; doch davon wurde ich so krank, dass ich von früh bis spät nur stöhnen konnte. Ich spürte deine Hand bei Tag und Nacht; sie drückte mich zu Boden, ließ meine Lebenskraft entschwinden wie in der schlimmsten Sommerdürre. Darum entschloss ich mich, dir meine Verfehlungen zu bekennen. Was ich getan hatte, gestand ich dir; ich verschwieg dir meine Schuld nicht länger. Und du – du hast mir alles vergeben! Deshalb soll jeder, der dir die Treue hält, zu dir beten, wenn er in Not gerät. Wenn sie ihn dann bedrängt wie eine Flut, wird sie ihn nicht verschlingen können. Bei dir finde ich Schutz; du hältst die Not von mir fern und lässt mich jubeln über meine Rettung. Der

HERR hat mir geantwortet: »Ich sage dir, was du tun sollst, und zeige dir den richtigen Weg. Ich lasse dich nicht aus den Augen. Sei doch nicht unverständig wie ein Maultier oder Pferd! Die musst du mit Zaum und Zügel bändigen, sonst folgen sie dir nicht.« Wer nicht nach Gott fragt, schafft sich viel Kummer; aber wer dem HERRN vertraut, wird seine Güte erfahren. Freut euch und jubelt über den HERRN, ihr, die ihr ihm treu seid! Alle, die redlich und rechtschaffen sind, sollen vor Freude singen!

4.1.3 Die Theologie der Psalmen

In den Psalmen, redet die Bibel von Gott – indem sie vom Menschen redet. Alle, fast alle Themen der Bibel kommen vor, aber nicht als Geschichte, als Predigt, als Erklärung, sondern in menschlicher Sprache, in menschlichem Reden zu Gott.

Das gibt der Theologie eine sehr persönliche Färbung. Denn es ist ja immer die Frage, ob die ganz großen Wahrheiten, der ganz wunderbare Glaube noch stimmen, wenn ich mein kleines Ich davor setze. Martin Luther sagt: „Die Psalmen sind die Bibel des kleinen Mannes“ und Lothar Zenetti beschreibt es in einem Gedicht:

„Es gibt schon gewisse Unterschiede.
Zum Beispiel: sich über Wasser unterhalten.
Und: sich über Wasser halten.
Das eine hat mit dem anderen soviel zu tun,
wie die angestrengte Diskussion, ob es einen Gott gibt,
mit dem Hilfeschrei: Herr, erbarme dich!“

Psalmenglaube ist Letzteres, und er ist möglich, weil Gott so radikal wie sonst kaum als persönliches, lebendiges Gegenüber des Menschen erlebt und erfahren wird. Die Psalmbeter reden mit und nicht über Gott, und sie reden mit Gott wie mit einer guten Mutter, einem Vater, mit dem besten Freund. Sie reden menschlich mit und von Gott, oft an der Grenze des theologisch Korrekten.

Auch auf der Seite des Menschen sind die Psalmen nicht zimperlich. Kaum eine menschliche Grunderfahrung kommt nicht zur Sprache. Und dann spiegelt sich in den Gebeten ein Gottvertrauen wieder, das unvorstellbar ehrlich und doch voller Liebe von allem Menschlichen redet. Dieses Gottvertrauen staunt über die Größe Gottes und seiner Schöpfung – und freut sich, dass Jahwe ausgerechnet den Menschen, mehr noch: mich persönlich, so lieb hat. Hören Sie mal auf Psalm 8:

Psalm 8

Ein Lied Davids, zu begleiten auf gatitischem Instrument. HERR, unser Herrscher! Groß ist dein Ruhm auf der ganzen Erde! Deine Hoheit reicht höher als der Himmel. Aus dem Lobpreis der Schwachen und Hilflosen baust du eine Mauer, an der deine Widersacher und Feinde zu Fall kommen. Ich bestaune den Himmel, das Werk deiner Hände, den Mond und alle die Sterne, die du geschaffen hast: Wie klein ist da der Mensch, wie gering und unbedeutend! Und doch gibst du dich mit ihm ab und kümmerst dich um ihn! Ja, du hast ihm Macht und Würde verliehen; es fehlt nicht viel und er wäre wie du. Du hast ihn zum Herrscher gemacht über deine Geschöpfe, alles hast du ihm unterstellt: die Schafe, Ziegen und Rinder, die Wildtiere in Feld und Wald, die Vögel in der Luft und die Fische im Wasser, die kleinen und die großen, alles, was die Meere durchzieht. HERR, unser Herrscher, groß ist dein Ruhm auf der ganzen Erde!

Ein jüdischer Bibelgelehrter, Martin Buber, sagt zu diesem Psalm: „In deine beiden Taschen hat der Herr dir ja einen Zettel gelegt. Auf dem einen steht: Du bist nur ein Staubkorn im Universum. Auf dem anderen: Ich habe dieses Universum für dich erschaffen.“

Der Mensch ist wunderbar und grausam, furchtbar und herrlich. Das Leben kann gelingen, ach, was sage ich: einigermaßen gut gehen, so beten die Psalmen, wenn wir uns in unserer Größe und unserer Niedrigkeit auf Gott beziehen. Wenn wir Gott das Gute und das Schlechte in unserem Leben übergeben, das Gute, damit wir nicht an falschem Stolz, das Schlechte, damit wir nicht aus Verzweiflung kaputt gehen. Das geschieht in regelmäßigem, ehrlichem Gebet. Die Psalmen machen Mut, mit dem Beten anzufangen, bevor man die richtigen Worte gefunden hat, manchmal ist Beten hier nur ein stummes Greifen nach Gottes Hand.

Psalm 73, 21 – 26

Als ich verbittert war und innerlich zerrissen, da hatte ich den Verstand verloren, wie ein Stück Vieh stand ich vor dir. Und dennoch gehöre ich zu dir! Du hast meine Hand ergriffen und hältst mich; du leitest mich nach deinem Plan und holst mich am Ende in deine Herrlichkeit. Wer im Himmel könnte mir helfen, wenn nicht du? Was soll ich mir noch wünschen auf der Erde? Ich habe doch dich! Auch wenn ich Leib und Leben verliere, du, Gott, hältst mich; du bleibst mir für immer!

Woher kommt der Mut zu ehrlichem Beten? Für die Psalmisten aus der Gewissheit, dass Gottes Liebe größer ist als unsere Bosheit und dass es das Beste ist, sich mit seinem ganzen guten und schlechten Leben in dieser Liebe zu bergen – und das Dümmste, sich in der eigenen Bosheit zu verstecken, aus Scham vor den Menschen, aus Angst vor Gott. Psalmen beten bedeutet, in Gottes weit ausgebreitete Arme zu laufen, wie der Beter des Psalm 103, 1 – 13:

Psalm 103, 1 – 13

Von David. Auf, mein Herz, preise den HERRN! Alles in mir soll den heiligen Gott rühmen! Auf, mein Herz, preise den HERRN und vergiss nie, was er für mich getan hat! Meine ganze Schuld hat er mir vergeben, von aller Krankheit hat er mich geheilt, dem Grab hat er mich entrissen, hat mich mit Güte und Erbarmen überschüttet. Mit guten Gaben erhält er mein Leben, täglich erneuert er meine Kraft und ich bleibe jung und stark wie ein Adler. Der HERR greift ein mit heilvollen Taten, den Unterdrückten verschafft er Recht. Mose hat er eingeweiht in seine Pläne, Israel hat er seine Wunder sehen lassen. Der HERR ist voll Liebe und Erbarmen, voll Geduld und unendlicher Güte. Er klagt nicht immerfort an und bleibt nicht für alle Zeit zornig. Er straft uns nicht, wie wir es verdienten, unsere Untaten zahlt er uns nicht heim. So unermesslich groß wie der Himmel ist seine Güte zu denen, die ihn ehren. So fern der Osten vom Westen liegt, so weit entfernt er die Schuld von uns. Wie ein Vater mit seinen Kindern Erbarmen hat, so hat der HERR Erbarmen mit denen, die ihn ehren.

Und ich hoffe, Sie spüren: der liebende Gott ist nicht erst eine Entdeckung des Neuen Testaments.

Die Psalmen sind Gebete des Volkes Israel. Aber es sind zwei Elemente, die diese Gebete auf die ganze Welt hin öffnen. Die *Schöpfungspsalmen* fordern nicht nur Israel, sondern alle Völker zum Lob des Schöpfers auf. Bisweilen geht der Aufruf sogar an die ganze Kreatur. Wir hatten gesehen, dass dieser Glaubensfortschritt im Exil stattfand. Man entdeckte, dass Jahwe mehr als nur der Nationalgott Israels war, dass er, gerade weil er Israel so besonders liebt, gleichzeitig doch die ganze Welt im Blick hat. Israels Glaube war nie allein ein „mit Jahwe gegen den Rest der Welt", seit Abraham ist Jahwes Projekt mit Israel zum Segen aller Völker konzipiert.

Und das kommt noch stärker im zweiten Element zum Ausdruck. Eine große Anzahl der Psalmen handelt vom Berg Zion in Jerusalem. Zion, das war das seit David mit Stolz und Freude betrachtete nationale Heiligtum. In den Zionspsalmen wird diese Vorstellung zu einer großen Vision geweitet.

„Beten verändert", sagt der Psalmenforscher Claus Westermann, „beten verändert die Dinge. Auf was man früher stolz war, das möchte man jetzt mit anderen teilen." Der Zion wird zum Hoffnungspunkt für die ganze Welt, von ihm geht der universale Frieden aus für alle Völker, sogar für die ganze Schöpfung. Zum Zion werden die Nationen der Erde ziehen, dort ihre Waffen ablegen und sich endlich versöhnen. Im Zion ist Jahwe verborgen, in ihm geborgen übersteht die Menschheit die Katastrophen der Endzeit. Natürlich sind vielen von uns diese Bilder und Metaphern fremd. Die Stärke dieser Vorstellung aber ist die Gewissheit, dass Gott nicht irgendwo und deshalb nirgends und überall ist, sondern von einem konkreten Punkt auf diesem Planeten aus am Ende in die Geschichte rettend eingreifen wird. Bis zu diesem Moment beten wir Juden und Christen: „Dein Reich komme".

Die Zionspsalmen gehören zu den poetischsten und gleichzeitig politischsten Gebeten der Menschheit. In den Psalm 46 hören wir deshalb zum Schluss einmal hinein:

Psalm 46

Ein Lied der Korachiter, für hohe Stimmen. Gott ist unsere sichere Zuflucht, ein bewährter Helfer in aller Not. Darum haben wir keine Angst, auch wenn die Erde bebt und die Berge ins Meer versinken, wenn die Fluten toben und tosen und die Berge davon erzittern: Der Herr der Welt ist bei uns, der Gott Jakobs ist unser Schutz! Frisches Wasser strömt durch die Gottesstadt, in der die heilige Wohnung des Höchsten ist. Gott selbst ist in ihren Mauern, nichts kann sie erschüttern. Er bringt ihr Hilfe, bevor der Morgen graut. Er lässt seine Stimme hören – und die Völker zittern, Königsthrone wanken, die ganze Erde vergeht vor Angst. Der Herr der Welt ist bei uns, der Gott Jakobs ist unser Schutz! Kommt und seht, wie mächtig der HERR ist, wie er Furcht und Schrecken auf der Erde verbreitet: Er macht dem Krieg ein Ende in aller Welt; die Bogen zerbricht er, die Spieße zerschlägt er, die Schilde verbrennt er. »Macht Frieden!«, ruft er. »Erkennt, dass ich Gott bin! Ich habe Macht über die Völker der Erde.« Der Herr der Welt ist bei uns, der Gott Jakobs ist unser Schutz!

Die Wirkungsgeschichte der Psalmen 4.1.4

„Psalmen als Schule des Gebets" war dieses Kapitel überschrieben, und ich kann hier nur andeuten, wie die Psalmen jüdisches und christliches Beten bis heute geprägt haben. Im Neuen Testament sind die persönlichen Klage- und Dankpsalmen mit 110 wörtlichen Zitaten die am meisten zitierten Texte. Jesus kannte Psalmen auswendig, in seiner Todesstunde betet er den 22. Psalm „Mein Gott, mein Gott, warum hast du mich verlassen?!" Das Vater Unser ist vom Inhalt und der Struktur her ein klassischer alttestamentlicher Psalm des Juden Jesus aus Nazareth.

Die Choräle Martin Luthers und der Reformationszeit sind von ihrem Wesen her Psalmendichtungen, der gerade gehörte Psalm 46 wird von Luther umgedichtet zu „Ein feste Burg ist unser Gott", und beim folgenden Lied erkennen Sie ganz deutlich das Klagelied des Einzelnen:

„Aus tiefer Not schrei ich zu dir,
Herr Gott, erhör mein Rufen!
Dein gnädig Ohren kehr zu mir
Und meiner Bitt sie öffne.
Denn so du willst das sehen an,
was Sünd und Unrecht ist getan –
wer kann Herr vor dir bleiben?"

Wir hören Psalm 130 heraus, da heißt es:

„Aus der Tiefe rufe ich, Herr zu dir.
Herr höre meine Stimme.
Lass deine Ohren merken auf die Stimme
meines Flehens!
Wenn du, Herr, Sünde anrechnen willst –
Herr, wer wird bestehen?“

Bis heute können wir von den Psalmen beten lernen. Mit Gott reden, sehr konkret. Gott ist mehr als das Prinzip Liebe oder die Quelle wärmender Gedanken. Gott ist Jahwe, sehr persönlich, bester Freund, guter Vater, gute Mutter. Und mein Leben ist auch mehr als so ein paar vage formulierte Wünsche. Leben ist Klage und Lob, Bitte und Dank, Halleluja und Kyrie eleison.

Ein moderner Psalmenbeter betet so, wie ich mir denke, dass Psalmen heute sein können. Ich möchte ihn kurz vorstellen: Es ist Hanns Dieter Hüsch. Er sagt übers Beten und über Gott:

Ich möchte mir den lieben Gott wirklich wie einen vorstellen, der plötzlich in Dinslaken in einem Stehbistro steht und da seinen Espresso trinkt, und ich komme rein und sage: „Ach, Gott, da ist er ja!“ und er sagt: „Komma her! Ich wollte mit dir was bereden!“ Das ist jetzt verniedlicht, das ist jetzt kindlich, das ist jetzt vielleicht sogar ein bisschen modisch – geb ich gerne zu -, aber ich brauche das. Sonst käm ich auch nicht zu diesem Satz: „Gott hat mich noch nie im Stich gelassen!“

Und ein andermal sagt Hüsch:

Ich möchte schon, dass der liebe Gott mit uns lebt und mit uns Anteil nimmt und mittendrin in unserer Geschichte steckt und selbst davon wirklich betroffen und enttäuscht und traurig ist und manchmal nicht weiß, wie er es machen soll. Und wir, die guten Willens sind, sind bereit, ihm dabei zu helfen, was auch wieder schwierig ist, denn wir wissen ja auch nicht, wie es geht. Aber wir wissen eben, dass es eine Tugend gibt von Nächstenliebe, von „Liebe deine Feinde!“, von „Geh auf den andern zu!“ Das wissen wir doch alles von ihm.

Nun kann man natürlich sagen: „Als Humanist kann ich das auch, mit Liebe und mit Menschlichkeit und so... Da muss ich nicht den lieben Gott bemühen.“

Ist ja auch alles richtig. Aber mir ist der über den Weg gelaufen. Ich kann's nicht ändern. Und ich bin froh, dass es bei mir so gekommen ist.

Ein Psalm von Hanns Dieter Hüsch:

Ich bin vergnügt
erlöst
befreit
Gott nahm in seine Hände
Meine Zeit
Mein Fühlen und Denken
Hören Sagen
Mein Triumphieren
Und Verzagen
Das Elend
Und die Zärtlichkeit

Was macht dass ich so fröhlich bin
In meinem kleinen Reich
Ich sing und tanze her und hin
Vom Kindbett bis zur Leich

Was macht dass ich so furchtlos bin
An vielen dunklen Tagen
Es kommt ein Geist in meinen Sinn
Will mich durchs Leben tragen

Was macht dass ich so unbeschwert
Und mich kein Trübsal hält
Weil mich mein Gott das Lachen lehrt
Wohl über alle Welt

Weiterdenken

Bitte lesen Sie die folgenden Bibeltexte:

Psalm 13
Psalm 22, 2 – 9
Psalm 22, 22 – 26
Psalm 106, 1 – 14 . 43 – 48
Psalm 146
Psalm 32
Psalm 8
Psalm 73, 21 – 26
Psalm 103, 1 – 13
Psalm 46

1. Schlagen Sie die Bibel zu und versuchen Sie, einen der Texte mit eigenen Worten wiederzugeben!
2. Schlagen Sie die Bibel wieder auf und notieren Sie, was Ihnen sofort einleuchtet.
3. Notieren Sie jetzt, was Ihnen unverständlich ist.
4. Gibt es einen Satz oder Gedanken, der Sie ärgert, provoziert, den Sie am liebsten streichen würden? Warum? Was wäre, wenn dieser Satz oder Gedanke fehlt?
5. Was an dem Text dagegen ist schön?
6. Stilleübung: Schließen Sie die Augen und stellen Sie sich irgendeinen Menschen vor. Erklären Sie ihm, was der Text bedeutet: Damals, als er entstanden ist, und heute.

meine Notizen

Hiob – alles steht in Frage 4.2

Das Hiobbuch 4.2.1

Die Bibel unterscheidet zwischen Glaubensereignissen, die sich in realer Geschichte abgespielt haben mit Menschen, die wie Abraham, David oder Jeremia tatsächlich gelebt haben und sogenannten weisheitlichen Lehrerzählungen, die in gleichnishafter Dichtung an einer Person wie Ruth oder Jona etwas verdeutlichen. Hiob – und das ist für das Verständnis wichtig – gehört zum zweiten Typ. Sein Name bedeutet „Wo ist Gott Vater?", in seiner exemplarischen Figur wird diese Menschheitsfrage gestellt.

Das Buch besteht aus einer Rahmenhandlung: Am Beginn und am Ende wird die Geschichte von Hiob in Kapitel 1 und 2 sowie 42 erzählt. Der viel längere Mittelteil von Kapitel 3 bis 41, in dichterischer Sprache, enthält Gespräche, Meditationen und Gebete.

Prolog: Kapitel 1 und 2

Die Erzählung spielt in einem auf keiner Landkarte existierenden Land Uz, in der Bibel so etwas wie ein urzeitliches Märchenland. Dort lebt Hiob, ein wohlhabender, glücklicher Mann, der sozial und ethisch verantwortungsvoll mit seinem Besitz umgeht und der die Sache mit Gott sehr ernst nimmt. In einer fiktiven Himmelsszene wird dann die entscheidende Frage des Buches gestellt. Der Satan provoziert Jahwe und sagt: Hiob ist nur deshalb fromm und gerecht, weil es ihm materiell so gut geht. Jahwe erlaubt Satan, Hiob auf die Probe zu stellen. Jahwe gibt Satan freie Hand und der schlägt zu: Während einer Feier kommen immer neue Angestellte zu Hiob und überbringen ihm in „Hiobsbotschaften" eine schreckliche Nachricht nach der anderen. Hiob verliert erst seinen gesamten Besitz, dann seine Familie und schließlich noch seine Gesundheit. Doch mit seinem Verhalten widerlegt Hiob den Satan:

Hiob 2, 9 – 10

Seine Frau sagte zu ihm: »Willst du Gott jetzt immer noch die Treue halten? Verfluche ihn doch und stirb!« Aber Ijob antwortete: »Du redest ohne Verstand wie eine, die Gott nicht ernst nimmt! Wenn Gott uns Gutes schickt, nehmen wir es gerne an. Warum sollen wir dann nicht auch das Böse aus seiner Hand annehmen?«

Nach dieser Szene nimmt die Geschichte die entscheidende theologisch-seelsorgerliche Wende: Die drei Freunde Hiobs haben von seinem Elend gehört. Sie lassen sich in ihrem Alltag, ihren ganzen familiären und beruflichen Lebensthemen, unterbrechen und kommen sofort. Bei ihm angekommen bleiben sie nicht stehen, sondern setzen sich zu ihm auf die staubige Erde, auf

Augenhöhe sozusagen. Und sie halten erst mal den Mund, kommen nicht mit schnellem Trost oder gar Erklärungen. „Sieben Tage und Nächte blieben sie so sitzen, ohne ein Wort zu sagen, denn sie sahen, wie furchtbar Hiob litt." Und Hiob ergreift als erster das Wort. Damit beginnt der lange Mittelteil des Buches mit Klagen, Gesprächen und Gebeten.

Gespräche mit einem Leidenden: Kapitel 3 – 41

In dem Moment, da Hiob sich traut, Gott nicht nur sein Leid zu klagen, sondern Gott selbst anzuklagen, bricht das traditionelle Gottes- und Weltbild zusammen. Alle Erklärungen, die man sich so gemacht hatte, können nicht gehalten werden: Nein, es besteht kein Zusammenhang zwischen anständigem Verhalten und persönlichem Wohlergehen, zwischen Glaube und Gesundheit, Beten und Besitz. Antworten werden erwogen und verworfen. Soll uns Leid zu irgendeiner Einsicht bringen, gleichsam als Erziehungsmaßnahme Gottes? Soll ich im Leid meinen Anteil am Problem erkennen und das Problem meines Lebens endlich lösen, dann geht's mir wieder gut?

Hiob erzählt in diesen Gesprächen von der Innenseite menschlichen Leids: Von der sozialen Isolation, wie Menschen quasi bei seinem Anblick die Straßenseite wechseln, weil sie nicht in die Sache hineingezogen werden wollen, manchmal fast wie in abergläubischer Angst vor der Berührung, der Konfrontation mit einem Schicksal, das auch ihnen widerfahren könnte.

In einer weiteren Phase der Auseinandersetzung sieht Hiob plötzlich sein Leid im Zusammenhang mit einer ja grundsätzlich traurigen und kaputten Welt, nimmt einen Blickwinkel ein, der ihm vorher verschlossen war.

Denken und Reden von der verzweifelten Suche nach einem abwesenden Gott. Hiobs Bitten schlagen um in Verbitterung, seine Klage wird zur Anklage, seine Trauer zu Wut. Er streitet mit Gott und seinen Freunden, er bestreitet Gott

Ganz am Ende erst kommt die Antwort Gottes, und sie ist wieder eine Überraschung, in zweifacher Hinsicht: Hiob wird von Gott aus seiner menschenzentrierten Sichtweise gelöst und in Gottes großen Plan mit der Schöpfung eingeführt. Jahwe zeigt Hiob, wie er seit Anbeginn der Zeit mitten in Chaos und Bedrohung um einen Raum für das Leben kämpft. Wie dieser Lebensraum durch den Satan und seine Mitstreiter, so eine Art Ur-Monster mit Namen Behemot und Leviatan, bedroht und gefährdet wird – wie aber Jahwe am Ende Sieg über diese Chaosmächte behält. Hiobs Leiden und die Schmerzen der Welt sind ein Zeichen dafür, dass dieser Kampf noch nicht gewonnen ist.

Und die zweite Überraschung: Jahwe gibt Hiob mit seiner radikalen Anklage und seinem totalen Zweifel recht – gegen die guten Erklärungen und den gut gemeinten Trost seiner Freunde.

Epilog: Kapitel 42

In einem kurzen Nachtrag wird dann von Hiobs neuem Glück berichtet: er wird wieder gesund, bekommt mit seiner Frau noch einmal Kinder und stirbt nach einem reichen, erfüllten Leben mit 140 Jahren, das Alter, das auch Abraham erreicht hatte. Interessant in diesem Schluss ist die kleine Notiz über den Besuch früherer Freunde, die auf einmal wieder da sind, mit ganz viel Trost und Mitgefühl und etwas zu teuren Geschenken...

Was man aus diesem Buch lernen kann – und was nicht 4.2.2

Grenzen

Das Hiobbuch ist eine Erzählung. Es wird in erzählerischer Form entwickelt, wie Menschen – Betroffene und Freunde – mit Leid umgehen. Im Gespräch werden Möglichkeiten erwogen: Ist Leid eine Bewährungsprobe, eine Erziehungsmaßnahme oder gar eine Strafe Gottes? Es werden auch radikale Möglichkeiten erwogen: dass Gott nicht gerecht ist oder grausam – bis zur Grenze der Leugnung Gottes überhaupt. Gerade die radikalen Fragen werden von Gott nicht nur geduldet, sondern als viel ehrlicher bezeichnet als voreiliger Trost. Es geht im Hiobbuch zuallererst um *aufrichtige* Rede von Gott.

Diese Rede ist für uns manchmal bis über die Grenze des Erträglichen aufrichtig. Hiob leidet an einem verborgenen, fremden Gott – und als Gott sich dann zeigt und redet, da ist er alles andere als tröstlich. Hiob wünscht sich eine Auszeit vor und von Gott, keine Hilfe erwartet er, nur dass Gott ihn wenigstens in Ruhe lässt. Hiob kann nicht mehr erkennen, ob Gott sein Freund oder sein Feind ist, hören wir mal in Kapitel 16 hinein:

Hiob 16

Ijob antwortete: »Von dieser Art hab ich genug gehört! Nur Last ist euer Trost für mich, nicht Hilfe! Machst du nun endlich Schluss mit dem Gerede? Was reizt dich denn, mir ständig zu erwidern? Wenn ihr jetzt hier an meiner Stelle wärt, dann könnte ich genau dasselbe sagen. Ich könnte meinen Kopf sehr weise schütteln und euch mit schönen Sprüchen reich bedenken. Ich gäb euch neue Kraft – mit meinem Mund; ich zeigte euch mein Mitleid – mit den Lippen. Mein Reden lässt die Schmerzen nicht verschwinden; doch schweige ich, so wird mir auch nicht leichter. Gott hat sein Ziel erreicht: Ich bin am Ende, rings um mich ist es menschenleer geworden. Er gräbt mir tiefe Falten ins Gesicht, bis zum Gerippe bin ich abgemagert; und all das muss nun meine Schuld beweisen. Voll Zorn starrt er mich an, knirscht mit den Zähnen und reißt mir alle Glieder einzeln aus. Die Leute rotten sich um mich zusammen, sie reißen ihre Mäuler auf und spotten, sie schlagen mir voll Feindschaft ins Gesicht. Gott hat mich an Verbrecher ausgeliefert, mich schlimmen Schurken in die Hand gegeben. Aus meinem Frieden riss er mich heraus, er packte mich im Nacken, warf mich nieder. Dann nahm er mich als Ziel für seine Pfeile, die mich von allen Seiten dicht umschwirren. Erbarmungslos durchbohrt er meine Nieren, lässt meine Galle auf die Erde fließen. Er schlägt mir eine Wunde nach der andern, so wie ein Kriegsheer Breschen in die Mauer. Das Trauerkleid ist meine zweite Haut, besiegt und kraftlos liege ich im Staub. Ganz heiß ist mein Gesicht vom vielen Weinen, die Augen sind umringt von dunklen Schatten. Und doch, an meinen Händen klebt kein Unrecht und mein Gebet ist frei von Heuchelei! Hör mich, du Erde, deck mein Blut nicht zu, damit sein Schreien nicht zur Ruhe kommt! Im Himmel muss doch einer für mich aufstehn, der dort mein Recht vertritt und für mich bürgt. Von meinen Freunden hab ich nichts als Hohn, doch unter Tränen blick ich hin zu Gott. Gott, der mein Freund ist, muss mir Recht verschaffen und Gott, den Feind, in seine Schranken weisen. Es eilt, denn meine Jahre sind gezählt, bald gehe ich die Straße ohne Rückkehr.

[1] Im Hiobsbuch überzeugen nicht so sehr die Antworten, die auf die Frage nach dem Leid gegeben werden; sie werden ja auch nur als Antwortmöglichkeiten im Gespräch erwogen. Im Hiobbuch geht es nicht um Antworten, sondern um ein angemessenes Verhalten im Leiden. Das ist die eigentliche Stärke dieser biblischen Schrift. Ich will sie für uns entfalten:

[2] Das Hiobbuch erlaubt, mitten in der Bibel, 42 Kapitel lang, alles, sogar Gott, in Frage zu stellen. Es sagt: Menschen, die in ihrer Verzweiflung sich von Gott abwenden, sind näher bei Gott als die frommen Freunde mit ihrem glatten Glauben. Das Hiobbuch ist in meiner Bibel die offene, nicht verheilte Wunde, ein Platzhalter für Fragen, die wir uns nicht mehr zu fragen trauen.

[3] Im Hiobbuch stellt sich Gott gegen Gott: der Gott, den wir kennen, dem wir vertrauen gegen eine Seite Gottes, die uns fremd und unheimlich ist. Hiob, sagt ein jüdischer Gelehrter, hält gegen Gott an Gott fest. Martin Luther hat Gott so erfahren, er spricht vom „fremden Werk des verborgenen Gottes", des „deus absconditus". Dietrich Bonhoeffer schreibt aus dem Gestapo-Gefängnis in Berlin an seinen Freund Eberhard Bethge, er wolle Folter und Einsamkeit lieber aus der Hand Gottes annehmen, als glauben zu müssen, es wären die Nazis, die letztlich das Heft in der Hand haben. Einen hohen Offizier brachte Bonhoeffer im Verhör zur Raserei, als er ihm ganz ruhig sagte: „Auch Sie sind nur ein kleines Rädchen im großen Plan Gottes". Und von Jossel Rakover ist aus dem vernichtenden Warschauer Ghetto ein kleines Gebet übrig geblieben:

> *„Herr, du hast alles getan, dass ich an dir irre werde und nicht an dich glaube. Wenn es dir aber scheinen sollte, dass es dir gelingen wird, mich mit diesen Drangsalen vom rechten Weg abzubringen, meld ich dir, meinem Gott und dem Gott meiner Eltern, dass es dir alles nichts nützen wird. Ich glaube mehr an dich als je zuvor, weil ich jetzt weiß, dass du mein Gott bist. Denn du kannst nicht der Gott jener sein, deren schreckliche Gewalttaten so strotzen vor Gottlosigkeit."*

So zu glauben, dafür schafft das Buch Hiob Raum. Und ich bitte Sie um eines: auch wenn es Ihnen gut geht, ein Leben lang, reden Sie so von Gott, dass es ein Hiob, ein Jossel Rakover ertragen kann. Stimmen Sie nicht ein in den Chor derer, die die Sache Gottes so lange schönreden, bis sie kein normaler Mensch mehr ertragen kann.

Hiob schafft nicht nur Raum, radikal und ehrlich zu Gott zu reden, er verändert auch unser Menschengespräch untereinander. Am Verhalten der Freunde, im Prolog und während des ganzen Gesprächs wird das deutlich. **[4]**

Als die Freunde von **Hiobs Unglück** hören, haben sie genau wie wir sicher gerade unheimlich viel Wichtiges zu tun, sind eingebunden in Sachzwänge beruflicher und familiärer Art. Wer etwas will, findet einen Weg. Wer etwas nicht will, gute Gründe, Ausreden. Ganz am Schluss, da kommen die anderen, als es Hiob wieder gut geht kommen sie mit ihrem verspäteten Mitleid und überteuerten Geschenken. Wenn Sie einmal das Gefühl haben: da müsste ich jetzt sofort hin! ...dann tun sie es in Gottes und Hiobs Namen!

Die Freunde gehen zu Hiob **auf Augenhöhe**. Sie setzen sich neben ihn in den Staub. Und sie hocken da, sieben Tage lang und vor allem auch: sieben Nächte! Klar ist es nötig, im Zuge der Professionalisierung kirchlicher und diakonischer Arbeit die Besuche kürzer zu halten. Aber irgendwie merkt man das der Ausstrahlung unserer Institution schon an – dass einer wie Hiob bei uns allenfalls Objekt unserer großzügigen Betreuung werden könnte; als Subjekt, das selber betet und redet und handelt und unseren routinierten Betrieb verändert, aber besser nicht vorkommen sollte.

Die Freunde **schweigen**. Sie sind einfach da. Sie reden nicht. Verteilen keine hilfreichen Broschüren. Sie schauen Hiob an, fühlen sich ein und leiden mit. Aber sie warten, bis er selber sagen kann, was jetzt in ihm vorgeht, was wirklich dran ist für ihn. Sie wissen nicht schon, was jetzt gut ist für Hiob. Und wenn sie's wüssten, sagen sie's nicht. Nur so kommt Hiob zu seiner persönlichen Antwort auf das Leid, die ich gerade beschrieben habe: Hiob will gegen Gott an Gott festhalten. „Wenn ich das Gute aus der Hand Jahwes entgegengenommen habe“, sagt er, „warum sollte ich das Böse nicht auch aus seiner Hand annehmen?“

Das ist die Antwort, die er für sich findet. So wie später Bonhoeffer und Rakover. Nur seine Antwort. Denn stellen Sie sich einmal vor, wie grausam und zynisch es wäre, diese eine von vielen möglichen Antworten als richtige, als fromme Antwort gar, allen Menschen zu verordnen. Es gibt keine Antwort auf die Frage „Warum gerade ich?“, keine Antwort, die für alle Menschen gilt. Nur der Leidende selbst kann, begleitet durch gute Freunde, in der Begegnung mit Gott, für sich eine Antwort finden. Und wenn keine Antwort: Wenigstens eine

Ahnung, wie er irgendwie weiterleben kann.

Was also können Sie machen, wenn Sie jemand fragt, Sie, von dem bekannt ist, dass Sie zu diesem Laden Kirche irgendwie dazugehören: „Wie kann dein Gott das zulassen?“, was können Sie anderes machen, als sich zu dem Fragenden zu setzen und zu fragen: „Was ist denn passiert?“

Weiterdenken

Bitte lesen Sie die folgenden Bibeltexte:

Hiob 2, 9 – 10
Hiob 16

1. Schlagen Sie die Bibel zu und versuchen Sie, einen der Texte mit eigenen Worten wiederzugeben!
2. Schlagen Sie die Bibel wieder auf und notieren Sie, was Ihnen sofort einleuchtet.
3. Notieren Sie jetzt, was Ihnen unverständlich ist.
4. Gibt es einen Satz oder Gedanken, der Sie ärgert, provoziert, den Sie am liebsten streichen würden? Warum? Was wäre, wenn dieser Satz oder Gedanke fehlt?
5. Was an dem Text dagegen ist schön?
6. Stilleübung: Schließen Sie die Augen und stellen Sie sich irgendeinen Menschen vor. Erklären Sie ihm, was der Text bedeutet: Damals, als er entstanden ist, und heute.

meine Notizen

Teil 5

Wie können Christen das Alte Testament lesen?

Das Alte Testament, die Hebräische Bibel, ist das Heilige Buch des Volkes Israel und der Juden. Weil die ersten Christen auch Juden waren, versuchten sie, die neue Gotteserfahrung mit Jesus Christus zu verstehen, indem sie in ihrer Bibel, unserem Alten Testament, nachlasen. Unser Altes Testament war ganz selbstverständlich die Bibel Jesu und der ersten Christen, ein Neues Testament als zweiten Teil der Bibel gibt es erst seit der Mitte des 4. Jahrhunderts, also sehr viel später.

Sehr früh allerdings, das hatten wir am ersten Tag gesehen, sind Kirche und Israel als zwei Größen auseinander gebrochen: Mit dem Untergang der judenchristlichen Gemeinde in Jerusalem im Jahr 70 fehlt ein verbindendes Glied zwischen dem Volk Israel und einer Kirche, die im Wesentlichen nicht mehr aus Juden, die zum christlichen Glauben gekommen waren, besteht. Damit beginnt ein Streit zwischen Juden und Christen um die richtige Auslegung des Alten Testaments. In der Hauptsache geht es in diesem Streit um die Frage: Läuft die Geschichte Gottes mit seinem Volk auf das Kommen von Jesus Christus hinaus – oder nicht? Die Kirche bejahte diese Frage und sah in allem, was im Alten Testament geschrieben ist, einen Hinweis auf Jesus Christus: Abraham, die Befreiung aus Ägypten, die Kritik der Propheten, alles sind

Vor-Abbildungen des Ereignisses der Menschwerdung Gottes. Für Israel – das war nach der Zerstörung Jerusalems durch die Römer das Judentum in den Synagogen des ganzen römischen Reiches, parallel zu den sich ganz ähnlich organisierenden ersten christlichen Gemeinden – für Israel war das Alte Testament eine abgeschlossene, auf nichts und schon gar nicht auf Jesus hinweisende, vollkommen ausreichende Bibel.

Als das Christentum Staatsreligion wurde, unter Kaiser Konstantin im Jahr 325, bekam die Kirche endgültig die Deutungshoheit über das Alte Testament. Sie durfte bestimmen, wie diese Bibel richtig auszulegen sei. Den Juden war sozusagen ihr Heiliges Buch entrissen worden. Denn die stark, zu stark gewordene Kirche nahm keine Rücksicht auf andere Interpretationsmöglichkeiten der gemeinsamen Bibel. Ab da galt: Wer das Alte Testament nicht christlich deutet, hat es falsch verstanden. Und das war für die Juden erst gefährlich, später tödlich. Die Geschichte des Antijudaismus ist zu einem großen Teil die Geschichte christlicher Bibelauslegung. Die Juden wurden zur Negativfolie der eigenen Identität, indem man ihren Glauben als gesetzlich und eng, ihren Gott als grausam, ihr Bibelverständnis als buchstabengläubig diffamierte.

Christliche Bibelauslegung nach Auschwitz muss deshalb mit Respekt an unser Altes Testament, die Bibel der Juden, herangehen. Und Respekt bedeutet für mich – ohne unseren christlichen Glauben zu verleugnen – nie zu vergessen, dass jeder Text des Alten Testamentes eine eigenständige Bedeutung für das Volk Israel hat. Respekt bedeutet weiterhin, den im Alten Testament bezeugten Glauben Israels niemals als Negativfolie für das Reden über den eigenen Glauben zu benutzen.

Ziel dieser letzten Einheit zum Alten Testament ist, dass keine Prädikantin, kein Kindergottesdienstmitarbeiter ohne diesen Respekt an alttestamentliche Texte herangeht. Und Respekt meint auch: Wir legen diese Texte nicht als Juden aus, wir wissen nicht besser, wie alttestamentliche Texte jüdisch zu deuten sind. Wir machen kenntlich, dass wir diese Texte als Christen auslegen. Wir sagen, was wir als Christen in der gemeinsamen jüdisch-christlichen Tradition entdecken.

Wie das gehen kann, vielleicht sogar gut gehen kann, die eigene Identität nicht zu verleugnen, die Identität der Anderen nicht zu verletzen, das möchte ich in vier Thesen zeigen. Diese Thesen wollen nicht festlegen: nur so kann es gehen!, sondern sollen Sie zum kritischen Nachdenken anregen.

Das Alte Testament 5.1

Das Alte Testament ist mehr als ein Bilderbuch zur Christlichen Dogmatik 5.1.1

Das Alte Testament wird oft so gelesen: Wir Christen wissen, was wir eigentlich glauben. Aber weil's im Alten Testament so schöne Geschichten, so deutliche Bilder und Sprache gibt, blättern wir ein bisschen, so lange, bis wir die passende Illustration zu unserem Gedanken gefunden haben.

Was die alttestamentliche Geschichte tatsächlich erzählt, interessiert uns nicht so sehr, wir benutzen sie nur als Metapher.

Erstes Beispiel: Wir sind traurig. Das sind wir evangelischen Christen ja irgendwie oft. Aber so richtig traurige Texte, solche, die zu unserer Stimmung passen, finden wir im Neuen Testament nicht. Da entdecken wir einen Psalm aus der Exilszeit, Sie erinnern sich: „An den Wassern Babylons saßen wir und weinten." Können Sie sich denken, was jetzt passiert? Ich jedenfalls habe unzählige Auslegungen gelesen und Predigten gehört, wo jetzt sofort die Metaphern-Maschine ansprang: „Babylon, ist das nicht der Ort unserer Traurigkeit? Ärger am Arbeitsplatz, Streit mit dem Ehepartner. Ja, jeder hat so ein kleines Babylon. Da spricht Gott: setz dich erst mal hin und lass die Tränen zu."

In dieser zugegeben etwas überzeichneten Darstellung will ich Ihnen deutlich machen, was passiert: Die wirkliche Geschichte Israels wird nicht ernst genommen, kommt streng genommen gar nicht mehr vor. Ich benutze die Bilder, in denen sich das Schicksal eines anderen Volkes verdichtet, ohne mich überhaupt für dieses Schicksal zu interessieren.

Zweites Beispiel: Oft werden Sätze, die an das ganze Volk Gottes gerichtet sind, auf eine Einzelperson bezogen, individualisiert. Vielleicht kennen Sie Jesaja 43, 1: „Fürchte dich nicht, ich befreie dich. Ich habe dich bei deinem Namen gerufen. Du bist mein." Ja, ich darf Bibelworte auf mich persönlich beziehen. Das machen Juden auch mit ihrer Bibel. Aber wenn ich dabei vollkommen ausblende, dass vor mir andere auch ganz anders durch dieses Wort angesprochen worden sind, dann füge ich mir und diesen anderen Schaden zu. Anderen, weil ich ihnen etwas wegnehme. Jesaja spricht dieses Wort zu 12.000 verschleppten, mit dem nackten Leben davongekommenen Menschen, von denen viele bei der Deportation ihre Eltern oder ihre Kinder verloren hatten. So einen Satz nimmt man nicht mal einfach so als Konfispruch. Das ist würdelos, wenn man nicht vorher genauer darauf hört, was dieses Wort den Juden einmal bedeutet hat und noch immer bedeutet.

Ich füge mir aber auch selbst Schaden zu, weil ich mir einen großen Schatz jüdisch-christlicher Glaubensgeschichte vorenthalte. Stellen Sie sich einmal vor, dieser Satz wäre Ihr Taufspruch – was für ein Gewinn wäre es für Sie, wenn Sie auch nur ansatzweise spüren würden, in welch große Geschichte Sie Ihr Taufspruch hineinstellt, dass über Ihrem Leben ein Satz steht, der einer Katastrophe standgehalten hat, in die Sie hoffentlich nie kommen werden, ein Satz, der verzweifelte Menschen wieder fröhlich gemacht hat.

Also: Persönliche Auslegung ist möglich, aber darf nicht ausblenden, was wirklich im Text der Bibel steht, was Israel da wirklich mit Gott erlebt hat. Und genauso gilt: Christliche Auslegung ist möglich, aber sie darf das genauso wenig ausblenden. Zu schnell, ohne zu verstehen, ja, ohne verstehen zu wollen, hat christliche Bibelauslegung ihre Gedanken in alttestamentliche Texte eingetragen. Alles, die ganz großen Themen wie die kleinen Nebensächlichkeiten, wurde zum Zeichen auf Jesus hin gedeutet. Jahwes Zeichen auf der Stirn Kains war natürlich ein Kreuzzeichen, das Wasser der Sintflut ist das Wasser der Taufe, mit dem Gott die Sünde der Welt abwischt, die Befreiung aus Ägypten ist nur ein kleines Symbol für die Auferstehung Jesu Christi und das Manna in der Wüste wäre unwichtig, wenn es nicht ein Hinweis auf das christliche Abendmahl wäre.

Man nennt diese Methode Allegorie und sie besagt: was eigentlich geschehen ist, ist unwichtig. Wichtig wird es erst als Vorzeichen, als Metapher für Jesus Christus. Ja, Allegorie schaut fast ein wenig verächtlich auf die tatsächliche Geschichte, sie ist ja nur materiell, banal, für einfache Menschen. Den wahren Wert erfährt Geschichte erst in ihrer geistlichen Deutung, durch ihren tieferen Sinn. Origenes, ein führender Vertreter dieser Methode, sagt etwa zum Manna: „Wie arm die Israeliten, die sich ihren Bauch mit Manna voll schlagen – wie reich wir Christen, für die das Brot der Eucharistie die Speise zum ewigen Leben ist."

So geht es nicht, das ist klar. Wie aber kann es gehen? Nach unserem christlichen Glauben ist Jahwe, der Gott Israels, der Vater Jesu Christi, der Gott, den wir im Heiligen Geist hier und jetzt erfahren. Und deshalb erkennen wir sein Handeln in Worten und Erzählungen des Alten Testaments wieder. Mehr noch: Wir entdecken Seiten an Gott, die uns mit dem Neuen Testament alleine gar nicht zugänglich gewesen wären. Aber wir entdecken diese neuen Seiten nur, wenn wir das Alte Testament in der Bereitschaft lesen, uns überraschen zu lassen, wirklich auch etwas Neues zu entdecken und nicht immer alles schon vorher zu wissen: Das Rote Meer ist das Rote Meer und kein gigantisches Taufbecken.

Die Begegnung mit der Bibel ist in diesem Punkt mit der Begegnung mit einem Menschen vergleichbar: Ich erfahre mehr vom anderen, wenn ich Fragen stelle und zuhöre und den anderen nicht nach anderthalb Sätzen unterbreche und ihm sage, was mir alles so zu diesem Thema durch den Kopf geht. Johann Albrecht Bengel war es, der diesen Gedanken in einem lateinischen

Spruch auf den Punkt gebracht hat, der früher auf jeder vorderen Umschlagseite des altgriechischen Neuen Testaments stand: „Te totum applica ad textum: rem totam applica ad te“, „Wende dich ganz dem Text zu – dessen Sache wende ganz auf dich an!“

Da wird ein Text wie 1. Mose 12, in dem Abraham aufgefordert wird, sein Vaterland zu verlassen, um sich an Gottes Hand in das gelobte Land aufzumachen, ohne alle Verbiegungen und Verflüchtigung zum Beispiel, was Glaube an Jahwe, Vertrauen in Jesus, heißt: Sich aus allem verfügbaren Besitz herauszulösen, bereit zu sein und Gott zuzutrauen, dass er besser für uns sorgen kann als wir mit der perfekten Vorsorge. Mit dem Satz von Bengel heißt das, sich in die Worte und Geschichten des Alten Testaments hineinfühlen, hineinglauben und Gott neu für mich entdecken – ja, für mich persönlich, aber gerade, indem ich die große Geschichte Jahwes mit Israel ernst nehme. Und mehr noch – dass ich entdecke, ohne den im Alten Testament bezeugten Glauben würde meinem Glauben Entscheidendes fehlen, eine lebendige, wunderbare und einmalige Geschichte, tiefe Wurzeln, aus denen Jesus Christus selber gelebt hat.

Ein anderes Beispiel: Da wird die Botschaft der Gerichtspropheten wie Amos und Jeremia als angemessene Form christlicher Predigt verstanden. Sie verkünden auch einer allzu zufriedenen christlichen Gemeinde, dass das Ende gekommen sei – das Ende über Hochmut und Verzweiflung, über Unbarmherzigkeit und Traurigkeit. Sie verkünden, dass es Erlösung und Befreiung nur gibt, wenn wir aus unseren Sackgassen herauskommen, umkehren; loslassen, an was wir uns verzweifelt klammern, um die Hände frei zu bekommen für Gott und auch für den Nächsten.

In der ganzen Tiefe erschließt sich mir das aber nur, wenn ich nicht – etwa mit Hilfe einer Konkordanz – bei den Propheten nach Stichworten suche, die in ein Konzept passen, das ich mir vorher schon gemacht habe. Ein krasses Beispiel dafür ist unsere kirchliche Perikopenordnung, also die Sammlung der Predigttexte für die entsprechenden Sonntage. Da werden am 6. Sonntag nach Trinitatis, dem so genannten Taufsonntag, aus dem Alten Testament einfach alle Texte zusammengetragen, in denen irgendwie das Stichwort „Wasser“, „Erwählung“, „Bund“ usw. vorkommt – ganz gleich, um was es in den Texten eigentlich geht.

In der ganzen Tiefe erschließt sich mir der Text nur, wenn ich, wie wir es getan haben, von dem ausgehe, was tatsächlich in diesem Text steht, wie Gott auf seine typische Weise in dem speziellen Fall durch Amos oder Jeremia zu Menschen gesprochen hat. Diese Art der Auslegung nennt man Typologie, schon Paulus hat das Alte Testament so ausgelegt, manche Kirchenväter, die Reformatoren, Luther, aber noch mehr die Reformierten Calvin und Zwingli. Gerhard von Rad hat sie in der Auseinandersetzung mit einer nationalsozialistisch geprägten Kirche, die das Alte Testament gar nicht mehr wollte, wiederentdeckt: Typologie, weil das typische Handeln Gottes in einmaligen Situationen entdeckt wird. Und wenn man dann, in der Auseinandersetzung mit einem biblischen Text, sagt: so ist Gott, so zeigt er Menschen und auch mir sich in dieser Situation, dann entdeckt man Bezüge zur eigenen Lebens- und Glaubenssituation. Dabei ist das Alte Testament unverzichtbar, denn es ist unvergleichlich reich an solch typischen Lebens- und Glaubenssituationen. Ohne das Alte Testament wüssten wir viel zu wenig, was „typisch Gott" ist.

Damit nähern wir uns der eigentlich entscheidenden zweiten These:

5.1.2 Wir Christen sind durch Jesus eingebunden in die Geschichte des Volkes Israel

Es ist eines der wichtigsten Anliegen des Neuen Testamentes zu zeigen: Das, was mit Jesus Christus begonnen hat, hat tiefe Wurzeln in der Geschichte und im Volk Israel. Es ist nicht Zufall oder Nebensache, dass Jesus selber Jude ist, er ist Gottes Sohn nur als der Messias, auf den Israel gewartet hat. Dass Israel in Jesus nicht diesen Messias sieht, ist eine andere Sache – nur, wir haben keinen Zugang zu ihm, wenn wir seine Person und seine Botschaft nicht als Teil der Geschichte Jahwes mit seinem Volk Israel sehen. Paulus selbst sagt: Das Neue Testament ohne das Alte ist wie eine Pflanze ohne Wurzeln – für den Moment ganz nett anzuschauen, auf Dauer aber ohne Überlebenschance.

Das ist keine theoretische Entscheidung, sondern kann praktische Konsequenzen für Ihr Lebens- und Glaubensgefühl haben. Sie werden hinein genommen in eine 4000 Jahre alte, große Geschichte. Sie sind Kinder Abrahams, ziehen mit Mose durch die Wüste, freuen sich mit Jesaja über die Heimkehr aus babylonischer Gefangenschaft. Diese historische und persönliche Verwurzelung in einer neuen Geschichte, in die wir Christen durch die Taufe hineingeraten, schafft uns eine heilsame und kritische Distanz zu allen politischen und gesellschaftlichen Zwängen, in denen wir leben. Der Kirchenvater Tertullian beschreibt es so: „Jedes Vaterland ist uns fremd, jede Fremde kann unsere Heimat werden." Diese Freiheit ist ein Geschenk unseres jüdischen Erbes.

An einem Beispiel will ich verdeutlichen, was da auf dem Spiel steht: Führende nationalsozialistische Ideologen hatten festgestellt, dass es die Verwurzelung im Alten Testament ist, die es schwer macht, die Kirche ihrer Ideologie gleichzuschalten. Sie sagten sich: Wenn wir es schaffen, den Christen ihre jüdischen Wurzeln zu nehmen, dann können wir sie als „Deutsche Christen", als Reichskirche gleichschalten. Es wurden hochsubventionierte Forschungsaufträge vergeben und Theologieprofessoren erklärten sich bereit, gewünschte

Forschungsergebnisse zu liefern. Das Motiv auf Seiten der elf evangelischen Landeskirchen, die diese Forschungsaufträge bezahlt haben (durch die Einrichtung des „Eisenacher Instituts zur Erforschung und Bekämpfung des jüdischen Einflusses") war das Motiv: „Die Nazis sagen, man muss sich vom Christentum trennen, weil es im Grunde Judentum ist. Dagegen wollen wir zeigen: Das Christentum ist die beste Überwindung des Judentums" (Hinweis von G. Theissen). Die Forschungsergebnisse sahen folgendermaßen aus:

Die Stämme im äußersten Norden Israels, vor allem Naftali und Issaschar, sind gar nicht im Zuge der Landnahme nach Josua ins Land gekommen, sie sind schon 800 Jahre früher im Zuge einer Völkerwanderung der so genannten Hyksos-Völker in Palästina eingedrungen. Diese Hyksos aber sind – wen wundert es – indogermanische Stämme gewesen. Also: wer in Galiläa, am Nordrand Israels, geboren wird, hat germanische Vorfahren. Somit konnten die Universitäten in Jena und Göttingen, die Professoren Walter Grundmann und Emanuel Hirsch für Jesus den Arier-Nachweis erbringen. Jesus war germanischer Held, das Christentum heim ins Reich geholt und von der Bibel wurde nur noch das Neue Testament gedruckt, befreit von jüdischer Sklavenmoral.

Die Kirche hatte jetzt germanische Wurzeln, im Konfirmandenunterricht wurde, wie mir mein Vater (Jahrgang 1923) erzählte, Jahwe durch Wotan, Jerusalem durch den germanischen Thing ersetzt. Und kaum ein Christ empfand einen Schmerz dabei, wenn jüdische Mitbürger aus den Städten und Dörfern verschwanden.

In solcher Extremsituation wird überdeutlich, was letztlich immer gilt. Ich will verdeutlichen, was dieser Aspekt für unseren Umgang mit dem Alten Testament heute bedeutet:

Ein Christentum ohne jüdische Wurzeln wird zur belanglosen Jenseitsreligi- [1]
on, die man in jede fremde Ideologie wie eine schöne Verzierung einbauen kann. Und die Versuchung ist groß – natürlich wollen wir unseren Glauben verständlich, einfach, ja, auch angepasst, ausdrücken. Und dann holen wir Jesus raus aus seinem Kontext, machen einen Jesus für griechische Philosophen, für Marxisten, für Deutsche, für die obere Mittelschicht in unseren Kirchen – und das einzige, was wir noch zu sagen haben, ist, dass es nach dem Tod irgendwie weitergeht, wahrscheinlich.

Der Kampf der Bekennenden Kirche im Nationalsozialismus war ein Kampf ums Alte Testament. Weil man wusste: So lange wir uns daran festhalten, wird es nicht leicht sein, uns gleichzuschalten. Christliche Predigt, Verkündigung des Auferstandenen Jesus Christus, bekam ihre Leuchtkraft und Power durch Predigttexte aus Jesaja und Exodus – aber nicht als Symbol verniedlicht, sondern in der ganzen geschichtlichen Tragweite.

[2] Eine historisch-kritische, wissenschaftliche Beschäftigung mit dem Alten Testament, der Bibel, ist notwendig. Die gekauften Professoren Grundmann und Co. waren nicht dumm und die These mit der Hyksos-Einwanderung in Galiläa ist nicht ganz falsch. Umso wichtiger, dass wir hellwach und kritisch bleiben, wenn im Auftrag einer Ideologie die Bibel und ihre Geschichte verfälscht werden soll. Gott ist die Wahrheit und nur wer die Wahrheit fürchtet, muss Angst haben vor einer historisch-kritischen Erforschung der Bibel; nur wer selber bestimmen will, was in der Bibel zu stehen hat und was nicht, hält historische Kritik für überflüssig.

[3] Der Versuch, das Alte Testament aus der Bibel zu streichen, den Christen ihre Verwurzelung zu nehmen, ist uralt und ganz modern. Um Ihren kritischen Verstand zu schärfen, will ich noch zwei Beispiele nennen.

Der erste Fall ist Marcion. Als das noch junge Christentum aus dem palästinensisch-orientalischen Kulturraum in die Welt des römischen Reiches übertrat, war die dortige, im Untergang befindliche Kultur sehr hungrig nach neuer Religion. In philosophischen Kreisen interessierte man sich sehr für christliche Gedanken – wenn sie in die Vorstellungswelt passten. Jesus als asketischer Wanderprediger mit neuen, unbekannten Ideen, sogar mit einer Auferstehung von den Toten – einige, die bei den damaligen Vordenkern der Philosophie von Marc Aurel bis Plotin in die Schule gegangen waren, waren begeistert. Nur, das war die Bitte: Könnt ihr uns den Jesus nicht in rein geistiger Form liefern, ohne jüdischen Stallgeruch vielleicht, so ein Jesus light, über dessen interessante Thesen man abends in philosophischen Zirkeln diskutieren kann?

Marcion konnte. Er hatte großen Respekt vor dem jüdischen Volk, aber wollte es auch in respektvollem Abstand zu dem für ihn ganz neuen Christentum halten. So lieferte er einen Jesus ohne Altes Testament, selbst das Neue Testament wurde rigoros von allem, was er für jüdisch hielt, befreit. Bloß: Diese judenfreie Jesus-Sekte des Marcion hielt sich nur wenige Jahrzehnte, bis sie in den 20er Jahren des 20. Jahrhunderts wiederentdeckt wurde, sie werden sich denken können von wem. Von einem deutschen Theologen, Adolf von Harnack, für den Jesus alles Kultische des Judentums überwunden hat. Er schreibt ein viel gelesenes Buch über Marcion mit der Schlussthese:

„Das AT im 2. Jahrhundert zu verwerfen, war ein Fehler, den die große Kirche mit Recht abgelehnt hat; es im 16. Jahrhundert beizubehalten, war ein Schicksal; dem sich die Reformation noch nicht zu entziehen vermochte; es aber seit dem 19. Jahrhundert als kanonische Urkunde im Protestantismus noch zu conservieren, ist die Folge einer religiösen und kirchlichen Lähmung."

Im zweiten Beispiel hat man den Fehler, die Wurzeln zu kappen, bewusst vermieden. Es stammt aus jüngster Zeit und es geht um die feministische

Theologie. Sie ist in ihren Anfängen durchaus nach dem gleichen antijüdischen Schema vorgegangen. Ein schon feststehendes Jesusbild, jetzt eben nicht germanisch oder philosophisch, sondern feministisch, wird gegen den jüdischen Kontext ausgespielt. Jesus ist der neue Mann, der Frauen in Unterdrückungssituationen wieder zu gesellschaftlichem Ansehen verhilft. Er nimmt Frauen als Gesprächspartnerinnen ernst und hat keine Berührungsängste bei Prostituierten, seine Gegner sind böse alte Männer des pharisäischen Judentums.

Vieles an diesen Beobachtungen ist richtig und war sogar notwendig. Nicht notwendig war dagegen die immer wieder vorgebrachte Spitze gegen das Judentum. Jüdische Theologinnen reagierten sehr empfindlich, als deutsche und amerikanische Christinnen immer wieder das Judentum zur Zeit Jesu als Kontrastfolie ihrer Thesen benutzten. Es ist auch historisch falsch, Jesus steht im Judentum seiner Zeit mit seinem Frauen gegenüber sehr offenen Verhalten gar nicht allein. Und das Judentum insgesamt ist im Zusammenhang damaliger Kulturen gesehen die Zivilisation, in der Frauen mit die meisten Rechte und den besten Schutz hatten.

Es gehört zu den besonderen Leistungen der feministischen Theologie, dass sie das sehr schnell erkannte und das Alte Testament bewusst mit in ihr Konzept einbezog. Plötzlich veränderte sich das Jesusbild: Er konnte wieder Gottes Sohn sein und musste nicht mehr den neuen Mann spielen.

So ist das Fazit der zweiten These: Streiche ich aus dem christlichen Glauben das Alte Testament, wird Jesus zur farblosen Projektionsfläche meiner eigenen religiösen Wunschvorstellungen. Als solcher ist er auf Dauer langweilig, weil er mir nur sagen kann, was ich sowieso schon immer hören wollte.

Was eben zum Schluss anklang, die Gefahr, im Umgang mit der Bibel das Alte Testament zur Negativfolie zu machen, soll in der dritten These entfaltet werden:

Gottes Strenge und Gottes Güte lassen sich nicht sauber getrennt jeweils auf Altes und Neues Testament verteilen 5.1.3

Es war der Verdienst der Reformation und besonders Martin Luthers, das Alte Testament wieder als Teil der Bibel ernst zu nehmen. Bis dahin war es, durch die vorhin dargestellte allegorische Methode verharmlost, zu einem netten, aber letztlich überflüssigen Bilderbuch zur christlichen Dogmatik verkommen.

Wenn man es aber ernst nehmen wollte – wie sollte man es verstehen? Luthers Art, die Bibel zu verstehen, lässt sich in den beiden Kategorien „Gesetz" und „Evangelium" beschreiben. Gesetz bedeutet für Luther: Gott fordert etwas von mir; ein Leben, das vor ihm bestehen kann und meinen Mitmenschen hilft. Evangelium heißt für ihn: Ich brauche keine Angst zu haben, Gottes Forderung nicht zu genügen. Wenn ich ihm vertraue, falle ich nicht aus seiner Liebe, auch wenn ich mich unmöglich verhalte.

Luther ist es gelungen, eine zweifache Spannung aufrecht zu erhalten:

Erstens wird das Gesetz durch das Evangelium nicht erledigt. Das heißt: Gottes Forderung an mich, seine Gebote, sind ja sinnvoll, sollen das Leben der Menschen auf der Erde ermöglichen. Er vergibt mir, wenn ich versage, durch das Evangelium. Aber das Evangelium setzt die Gebote nicht außer Kraft. Luther geht sogar noch weiter und sagt: Erst das Evangelium nimmt mir allen Stress und alle Angst, so dass ich erst sehe, wie gut es Gott mit dem Gesetz gemeint hat. Das Evangelium ermöglicht es erst, das Gesetz zu erfüllen.

Und zweitens hat Luther, wie Paulus schon, das Prinzip „Gesetz und Evangelium" als Klammer um die ganze Bibel, Altes und Neues Testament, gesehen. Das Gesetz ist nicht das Alte, das Evangelium das Neue Testament. Im Alten Testament findet sich Evangelium, ganz viel Güte Gottes, manchmal fast noch zärtlicher als im Neuen Testament – denken Sie an Abraham oder Jesaja in babylonischer Gefangenschaft. Im Neuen Testament findet sich Gesetz, ganz viel Strenge Gottes – denken Sie an die Bergpredigt, die zu halten den meisten von uns viel schwerer fallen würde als die Zehn Gebote. Luther konnte diese Spannung noch halten.

Aber in der Folge bricht sie auseinander, in zweifacher Hinsicht. Und Sie werden als engagierte Ehrenamtliche immer wieder mit ganz viel kirchlichem Material konfrontiert werden, das davon geprägt ist. Man nennt es die „Bindestrich-Theologie", im KiGo-Materialheft, in Predigthilfen, auf frommen Kalenderblättern werden Sie sie finden.

Ein Bindestrich trennt fein säuberlich. Er ist in Wahrheit ein Trennungsstrich. Da scheint alles am rechten Platz, die Spannung ist aufgehoben. Das Alte Testament ist streng, sein Gott kennt keine Gnade. Aber Gott sei Dank haben wir noch ein Neues Testament. Das ist lieb und sein Gott hat fast ein klein wenig zu viel Gnade.

Es gibt Ausleger, die können z.B. ein strenges Prophetenwort von Jeremia nicht ertragen. Und nachdem sie pflichtschuldig ein paar Bemerkungen zum leider ja so strengen Gott des Alten Testaments gemacht haben, blättern sie fieberhaft im Neuen Testament, um sich Erleichterung zu verschaffen. Dabei würden sie die Erleichterung schon bei Jeremia selbst finden. Wenn sie dort suchen würden. Aber sie suchen nicht, weil sie gelernt haben: Im Alten Testament stehen nur strenge Sachen.

Und **damit geht gleichzeitig die zweite Spannung verloren**. Denn das Gesetz Gottes ist nicht so streng und böse, wie es in dieser Bindestrich- und

Schubladentheologie gemacht wird. Wörtlich übersetzt heißt das alttestamentliche Wort „Tora" Weisung, freundliche, sehr lieb gemeinte Weisung Gottes an Dich, damit Dein Leben gelinge. „Mensch, lass doch das Lügen!", „Du brauchst dem anderen nichts wegzunehmen!" Und andererseits ist das Evangelium nicht so harmlos und lieb, wie es nach dieser starren Schablone gemacht wird. Es nimmt mich nämlich in die Verantwortung, es traut mir Liebe zu und ich denke: Ach, mein Gott, können wir es nicht bei so ein paar Geboten lassen? Evangelium ist auch anstrengend, Gott berührt mich da viel tiefer, bis zu meinem wunden Punkt, weil er mich ja erlösen und heil machen will.

In einem modernen Kirchenlied aus den Niederlanden (EG 97) wird diese reformatorische Spannung von Gesetz und Evangelium so ausgedrückt: „Streng ist Gottes Güte – gnädig sein Gericht". Eine Bibelauslegung, die uns wirklich packt, hält diese Spannung aufrecht und macht es sich nicht zu einfach, indem sie in der Schublade Altes Testament auf Nimmerwiedersehen verschwinden lässt, was sich auch nur im Entferntesten nach Gesetz und Forderung anhört. Ich wünsche Ihnen, dass Ihre Bibelauslegung sich von dieser Spannung beleben lässt, ganz gleich, ob Sie es für sich persönlich tun, für Kinder oder auf der Kanzel, dass Sie kritisch auf diese Bindestriche achten, die fälschlich trennen, was doch zusammengehört: Altes und Neues Testament, Gesetz und Evangelium.

Die schwierigste These habe ich mir für den Schluss aufgehoben: Wie gehen wir mit all dem um, was uns im Alten Testament einfach fremd bleibt, was wir nicht verstehen, auch wenn es noch so schön erklärt wird?

Im Alten Testament sind wir immer auch zu Gast in einem fremden Glauben 5.1.4

Manches im Alten Testament ist Teil unserer Geschichte, den wir nicht verstehen, auch dann nicht, wenn es uns gut erklärt wird. Manches bleibt fremd: Der Opferkult, die Speisevorschriften, dass Israel manchmal auch sehr aggressiv gegen andere Völker denken und sogar handeln konnte. Vielleicht können wir es für Israel in seiner Situation noch akzeptieren, aber wir empfinden selbst nicht so, können es auf unsere Situation nicht übertragen. Ich persönlich kann die Bibel noch so oft lesen, ohne einen Zorn auf die Moabiter oder Edomiter zu bekommen.

Ich möchte zum Schluss dieses Abschnittes mit Ihnen überlegen, wie wir mit dem umgehen, was uns in der Bibel fremd bleibt – wie jetzt zunächst im Alten Testament. Gedanken dazu:

[1] Die Fremdheit muss und darf nicht wegerklärt werden, denn es gibt für sie gute theologische Gründe. Der erste und wichtigste: Das Alte Testament war und ist zuerst die Bibel des Volkes Israel. Wir Christen sind durch die Taufe in diese große Glaubensgeschichte hineingekommen, unser Glaube hat hier seine Heimat. Aber wir bleiben Gäste, wir werden die Geschichte nie ganz verstehen, wir dürfen fragen und infrage stellen, was wir nicht glauben können. Es gibt keine Denkverbote, keine falschen Fragen. Aber wir werden fragen, wie es sich für Gäste gehört. Paulus beschreibt diesen Gaststatus im Römerbrief mit dem Bild des aufgepfropften Zweiges. Wir bekommen Kraft aus Wurzeln, die wir nicht selber in die Erde getrieben haben.

[2] Manchmal kann es sich lohnen, über das, was mir fremd ist, eine Weile nachzudenken, bevor ich es als für mich irrelevant abtue. Wir haben das in den vergangenen Kapiteln getan, als wir über die auf den ersten Blick abstoßende Gewaltpolitik König Davids sprachen; haben gesehen, durch welche außenpolitische Konstellation – Stichwort Philister – sie provoziert war, wie selbstkritisch die Bibel mit den Verantwortlichen der Politik umgeht und wie viel wir durch diese ehrliche Reflexion über unser eigenes Verhältnis von Gewalt und Schuld lernen können.

Ich darf mich über die Fremdheit alttestamentlicher Texte wundern oder sogar erschrecken. Aber wenn ich mich fremden Texten nicht gleich entziehe um mich meinen Lieblingsstellen zuzuwenden – dann gebe ich Gott die Chance, mir an mir selbst Fremdes entdecken zu helfen. Ich musste mich im Studium einmal ein halbes Jahr mit einem sehr schrägen Text über Opferrituale aus dem Buch Levitikus, dem 3. Buch Mose, im wahrsten Sinne des Wortes herumschlagen. Seit dieser Zeit weiß ich, dass das ein Thema für mich ist: „Ein Opfer bringen". Da wäre ich von alleine nicht drauf gekommen. Hass, Einsamkeit, Opfer, Sexualität, Ekstase, Gewalt, Verzweiflung, Liebe – Altes Testament, das sind große Gefühle in manchmal auf den ersten Blick sehr fremden Geschichten. Manchmal brauche ich vielleicht einfach nur ein bisschen mehr Zeit; ja, für das Alte Testament – aber wahrscheinlich auch für mich.

[3] Was ich zu oft gehört habe, an das kann ich mich gewöhnen. An was ich mich gewöhnt habe, das regt mich nicht mehr auf. Das kann auch mit dem Glauben so gehen. Ich habe alle Sätze schon mal gehört, das Wort Gott hat sich abgenutzt.

Gewöhnung bedeutet: Ich habe mir ein Bild gemacht, ich bin fertig mit etwas. Gewöhnung aber bedeutet auch: Ich lebe mit meinem Bild, nicht mehr mit dem personalen Gegenüber. Sie kennen die entsprechenden traurigen Witze über Ehepaare – mit Gott geht es uns genauso. Du hörst „Gott liebt Dich" – und denkst: „Na, das sagt der Pfarrer auch immer."

Manchmal muss Gott mir erst wieder fremd werden, damit ich ihn persönlich entdecke. Wenn ich mir eingestehe, was mir im Alten Testament fremd ist, kann ich diese Entdeckung machen. Wenn ich auch das Neue vom Alten Testament her lese, merke ich, wie überraschend auch hier vieles ist, an das ich mich meinte, gewöhnt zu haben. Es ist ein heilsames Erschrecken, ein notwendiges Erwachen aus einem routinierten Reden über Gott. Das Fremde im Alten Testament bricht unsere erstarrte Sprache auf, in der eine fromme Formulierung die nächste ergibt und man manchmal den Eindruck hat: das würde auch ohne Gott bis in Ewigkeit so weiter funktionieren.

Auf einer kirchlichen Veranstaltung hielt der Dekan kurz vor der Eröffnung des Buffets noch eine kleine Ansprache, in der so nebenbei der Satz fiel „Christus hat uns mit Gott versöhnt". Keinem fiel das weiter auf, außer dem Kind, das neben mir stand und sich erschrocken mit der Frage zu mir wendete: „Wieso, war Gott denn sauer?"

Und plötzlich sind mir die ganzen fremden und manchmal sogar unangenehmen Geschichten aus dem Alten Testament eingefallen, in denen Jahwe sehr sauer und zornig und verzweifelt über die Bosheit und Dummheit der Menschen war; nicht, weil er ein böser Gott ist, sondern weil seine Liebe zur Bosheit nicht schweigen kann; fremde, unheimliche Texte, die sich quer stellen zur bemüht ausgewogenen Verkündigung unserer Kirche. Plötzlich, mitten auf diesem Dekanatssommerfest, ist mir klar geworden, dass Gott viel ungewohnter und ungewöhnlicher ist, als ich ihn mir so zurechtgeglaubt habe für meinen Alltagsbedarf, dass er auch auf mich sauer zu sein viele gute Gründe hätte und das mit der Versöhnung ziemlich wichtig werden könnte für mich. Und ich wollte meine Gefühle und Gedanken in Worte fassen, mich zu dem Kind wenden. Da war es schon wieder verschwunden.

Ist Gott noch da? Oder lebe ich nur noch mit dem Bild, das ich mir gemacht habe, in dem ich alles Fremde und Anstößige übermalt habe? An einen Gott, von dem man sich gar kein Bildnis machen kann, weil er jeden Rahmen sprengt: an diesen Gott erinnert uns das Alte Testament.

Mit einer Geschichte von Hanns Dieter Hüsch möchte ich schließen (erzählt auf dem Liturgischen Fest in der Waldbühne, 23. Deutscher Evangelischer Kirchentag, Berlin 1989). Sie handelt von einer Kirche, die ein so festes Bild von Gott hat, dass für den echten Gott kein Platz mehr in ihr ist:

Religiöse Nachricht

Als die Nachricht um die Erde lief,
Gott sei aus der Kirche ausgetreten, wollten viele das nicht glauben.
„Lüge, Propaganda und Legende“, sagten sie,
bis die Oberen und Mächtigen der Kirche
sich erklärten und in einem sogenannten Hirtenbrief
folgendes erzählten:

„Wir, die Kirche, haben Gott, dem Herrn,
in aller Freundschaft nahegelegt,
doch das Weite aufzusuchen,
aus der Kirche auszutreten und gleich alles
mitzunehmen, was die Kirche immer schon gestört.
Nämlich seine wolkenlose Musikalität,
seine Leichtigkeit und vor allem
Liebe, Hoffnung und Geduld.
Seine alte Krankheit, alle Menschen gleich zu lieben
seine Nachsicht, seine fassungslose Milde,
seine gottverdammte Art und Weise alles zu verzeihen
und zu helfen, –
sogar denen, die ihn stets verspottet;
seine Heiterkeit, sein utopisches Gehabe,
seine Vorliebe für die, die gar nicht an ihn glauben,
seine Virtuosität des Geistes überall und allenthalben,
auch sein Harmoniekonzept bis zur Meinungslosigkeit,
seine unberechenbare Größe und vor allem,
seine Anarchie des Herzens – usw....
Darum haben wir, die Kirche, ihn und seine große Güte
unter Hausarrest gestellt,
äußerst weit entlegen, dass er keinen Unsinn macht,
und fast kaum zu finden ist.“

Viele Menschen, als sie davon hörten,
sagten: „Ist doch gar nicht möglich!
Kirche ohne Gott?
Gott ist doch die Kirche!
Ist doch eigentlich gar nicht möglich!
Gott ist doch die Liebe,
und die Kirche ist die Macht,

und es heißt: ‚Die Macht der Liebe!'
Oder geht es nur noch um die Macht?!"
Andere sprachen: „Auch nicht schlecht,
nicht schlecht; Kirche ohne Gott!
Warum nicht, Kirche ohne Gott!?
Ist doch gar nichts Neues,
gar nichts Neues!
Gott kann sowieso nichts machen.
Heute läuft doch alles anders.
Gott ist out, Gott ist out!
War als Werbeträger nicht mehr zu gebrauchen."
Und:
„Die Kirche hat zur rechten Zeit das Steuer
rumgeworfen."
„Kirche ohne Gott!" das ist der Slogan.
Doch den größten Teil der Menschen
sah man hin und her durch alle Kontinente ziehen,
und die Menschen sagten: „Gott sei Dank!
Endlich ist er frei.
Komm, wir suchen ihn!"

Weiterdenken

Vier Thesen:

1. Das AT ist mehr als ein Bilderbuch zur Christlichen Dogmatik.
2. Wir Christen sind durch Jesus eingebunden in die Geschichte des Volkes Israel.
3. Gottes Strenge und Gottes Güte lassen sich nicht sauber getrennt jeweils auf Altes und Neues Testament verteilen.
4. Im AT sind wir immer auch zu Gast in einem fremden Glauben.

Fragen zu den vier Thesen:

1. Versuchen Sie, die vier Thesen mit eigenen Worten zu erklären.
2. Welche These war Ihnen bekannt und selbstverständlich?
3. Welche These lässt Sie über Ihren Umgang mit dem AT neu nachdenken?
4. Welcher These können Sie nicht zustimmen?
5. Gibt es für Sie eine „5. These"?

meine Notizen

Teil 6

Wer war Jesus wirklich?

Herzlich willkommen zur 6. Einheit des Grundkurses Biblische Theologie. „Wer war Jesus wirklich?" heißt die Frage, die ich Ihnen zu beantworten versuche. Sie merken: Wir sind im Neuen Testament angelangt. Aber Sie werden sehen: Wir sind immer noch in derselben Bibel.

Wir beginnen mit dem, was wir nach dem Stand der aktuellen Forschung über den historischen Jesus wissen. Danach beschäftigen wir uns mit seinem frühesten Zeugen, der uns etwas von ihm überliefert hat, dem Apostel Paulus. Die vier Evangelien behandeln wir erst im Anschluss daran. Wir werden sehen: diese Evangelien sind „Gemeindebücher" der ersten Gemeinden, die in ihrer jetzigen Gestalt erst einige Jahrzehnte nach Paulus geschrieben worden sind. Sie haben jeweils andere, sich ergänzende Blickwinkel auf Jesus Christus. Was jahrelang mündlich erzählt und weitergetragen wurde an Geschichten über Jesus und Worte von ihm, halten Sie in „Buchform" fest.

Was war dieser Jesus für ein Mensch? 6.1

Die Gesten Jesu,
sein Blick, seine Stimme.
Wie sagte er das,

sagte er's feierlich
oder wie nebenbei?
Hob er die Hand
Oder beide,
einen Finger oder die Faust?
Sah er die Leute dabei an,
wenn er sprach,
oder über sie hinweg,
in die Ferne,
sah er zum Himmel?
Lächelte er,
Wenn er sprach?
Dies und
Vieles andere noch
müsste man wissen.
(Lothar Zenetti)

6.1.1 Jesus aus Nazareth, Zimmermannssohn

Jesus wurde irgendwann zwischen 4 vor und 6 nach unserer Zeitrechnung – „Christi Geburt" zu sagen verbietet an dieser Stelle die Logik – in einer Notunterkunft während einer Volkszählung in Bethlehem geboren. Der Geburt folgte nach dem Matthäus-Evangelium ein längerer Aufenthalt als Asylant in Ägypten, um einer Kindermord-Kampagne des römischen Vasallenkönigs Herodes zu entgehen. In ihr schlägt sich die Erfahrung vieler Juden und Christen nieder, die vor Herodes wie vor anderen Mächtigen zuvor immer wieder emigrieren mussten. Es waren nicht die einzigen Mord- und Terrorakte dieses Despoten, und dieser sollte einigen Einfluss auf die weitere Entwicklung Jesu haben.

Kindheit und Jugend verbrachte Jesus in Nazareth, einem so kleinen Ort, dass ihn die Herrscher in Rom vergeblich auf ihrer Landkarte gesucht hätten. Er hatte nur einen einzigen schluchtartigen und sehr steilen Zugang zur Außenwelt. Mehr als 200 Einwohner werden es den Ausgrabungen nach nicht gewesen sein. Immerhin besaß Nazareth eine Synagoge. Ein Gottesdienst dort erforderte mindestens zehn Männer. Doch das genügte auch.

Wenn Maria als junge Frau bezeichnet wird, wird sie bei Jesu Geburt 15-17 Jahre alt gewesen sein. Das war damals ein übliches Alter. Einiges, wie die jüdischen Namen seiner jüngeren Brüder, lässt darauf schließen, dass der römisch-hellenistische Einfluss der großen Welt nicht bis zu diesem Flecken und in die Familien von Josef und Maria durchgedrungen war; in den größeren

Städten war die Anpassung – zumindest in bestimmten Gruppen – viel weiter fortgeschritten. Die Familie von Jesus aber sitzt am Sabbat nicht im Amphitheater des 4 Kilometer entfernten Sepphoris, sondern lässt ihn am achten Tag nach seiner Geburt beschneiden. Jesus lernt Aramäisch, einen hebräischen Dialekt. Die Weltsprache Griechisch steht nicht auf seinem Stundenplan. Dafür studiert er die hebräische Bibel und lernt, sie auszulegen. Pharisäische Schriftgelehrte sind seine Vorbilder.

Von seiner Geburt bis zu seinem – wenn man so sagen darf – zu frühen Tod spielte seine Mutter Maria eine herausragende Rolle in seinem Leben. Maria gehörte der Überlieferung nach nicht zu den stillen Dulderinnen. Sie kannte die jüdische Tradition, die sich vor allem mit Worten, aber auch mit Taten, gegen Gewalt und Terror der Mächtigen wehrte. Jesus hat diesen Widerstandsgeist mit der Muttermilch eingesogen, und wenn Lieder wie das Magnifikat zu seinen Gute-Nacht-Liedern gehörten, können wir uns vorstellen wovon er träumte:

Lukas 1, 46 – 55

Maria aber sprach: »Mein Herz preist den Herrn, alles in mir jubelt vor Freude über Gott, meinen Retter! Ich bin nur seine geringste Dienerin, und doch hat er sich mir zugewandt. Jetzt werden die Menschen mich glücklich preisen in allen kommenden Generationen; denn Gott hat Großes an mir getan, er, der mächtig und heilig ist. Sein Erbarmen hört niemals auf; er schenkt es allen, die ihn ehren, von einer Generation zur andern. Jetzt hebt er seinen gewaltigen Arm und fegt die Stolzen weg samt ihren Plänen. Jetzt stürzt er die Mächtigen vom Thron und richtet die Unterdrückten auf. Den Hungernden gibt er reichlich zu essen und schickt die Reichen mit leeren Händen fort. Er hat an seinen Diener Israel gedacht und sich über sein Volk erbarmt. Wie er es unsern Vorfahren versprochen hatte, Abraham und seinen Nachkommen für alle Zeiten.«

Von seinem Vater lernte Jesus den Beruf des Zimmermanns, der damals mehr beinhaltete, als es heute der Fall ist. Zimmermänner waren auch für Steinbearbeitung zuständig, im Schleusenbau tätig, fanden sich auf Großbaustellen. Jedenfalls wird es für Josef und seinen Sohn in dem Lehmhüttendorf Nazareth mit seinen 35-40 Gebäuden nicht genug Arbeit gegeben haben, so dass wir uns die beiden auch als Gastarbeiter auf römischen Baustellen denken dürfen.

Zu Beginn seines öffentlichen Wirkens blickt Jesus auf eine vielleicht 16 Jahre lange, harte Berufstätigkeit zurück. Als Zimmermann auf Baustellen und natürlich zu Hause in der Landwirtschaft hat er den Leuten nicht nur aufs Maul geschaut, sozusagen Milieustudien betrieben, um später – etwa in den Gleichnissen – besser ihre Sprache zu sprechen. „Gott wurde Mensch" heißt, dass er das wirklich und nicht nur aus pädagogischen Gründen gemacht hat. Scheinselbständige Kleinunternehmer wie sein Vater Josef kannten Arbeitslosigkeit, ungerechte Verwalter, den Dieb in der Nacht, den Kredit, bei dem man sich überhoben hat, das auf Sand gebaute Haus, die unvollendete Bauweise mit nachfolgender Handwerkerpleite. Mit anderen Worten: alles, was Jesus da später erzählt, hat er nicht als mystischer Gottessohn distanziert-freundlich mit allwissendem Lächeln beobachtet, sondern selbst erlebt. Und er wusste nicht jedes Mal, ob alles gut ausgeht, oft aber ist es schon damals richtig schlecht ausgegangen. Der Globalisierungsschub durch die römische Besatzung etwa hat in Palästina zu dieser Zeit ein Sterben von Handwerksbetrieben ausgelöst, das durch kein Sozialsystem abgefedert wurde und direkt an die Existenz des Tagelöhners oder Schuldsklaven ging.

6.1.2 Das Selbstbewusstsein Jesu

Die Evangelien legen in ihrer Darstellung Wert darauf, dass Jesus selbst nicht von Anfang an wusste, auf was die ganze Sache hinausläuft. In einer einzigen Geschichte deutet sich an, dass Jesus die religiöse Erziehung von Elternhaus und Synagoge sehr ernst nahm: der 12-jährige Jesus haut auf dem Passahfest seinen Eltern ab und hält sich drei Tage lang unentdeckt im Tempel auf, um dort mit klugen, jüdischen Männern über Gott und die Welt zu diskutieren (Lk 2,41-52). (In der Antike wusste man über das Leben von Menschen vor ihrem öffentlichen Auftreten oft sehr wenig – außer vielleicht den Namen der Eltern, den Beruf, die Heimatstadt. Viele Erzählungen über die Kindheit und Jugend berühmter Menschen verdichten daher Eindrücke, die sich aufgrund des späteren Auftretens eingeprägt haben. Bei Jesus war es seine bemerkenswerte Weisheit, die sich in der Geschichte vom 12jährigen Jesus im Tempel niederschlägt.)

Dieser vorpubertäre Ausbruch darf nicht darüber hinwegtäuschen, dass in Jesus weder von Anfang an ein besonderes Selbstbewusstsein angelegt war, noch dass dieses sich allmählich psychologisch herausentwickelte. „Gott wurde ein Mensch" hieß anscheinend wirklich: 30 Jahre ein ganz normaler Mensch. Der Heiligenschein gehörte weder in die Krippe noch über die Zimmermanns-Werkstatt.

Es ist Johannes der Täufer, der Jesus plötzlich und ohne sichtbare Vorankündigung aus dem Alltagstrott reißt. Johannes gehört zu einer breiten politischen, aber religiös motivierten Widerstandsbewegung gegen die römische Besatzung, aber fast noch mehr gegen Anpassung und Korruption im eigenen Volk. Die jüdische Widerstandsbewegung war neben bewaffneten Aufständen fast noch mehr von solchen aus dem Glauben handelnden, gewaltfreien Propheten bestimmt. Die römischen Behörden und ihre Vasallen gingen gegen beide Gruppen – aus ihrer Sicht zu Recht! – mit der gleichen Schärfe vor: Politisch und theologisch motivierter Widerstand bedingten und verstärkten sich gegenseitig; selbst unter den Anhängern Jesu fanden sich später bewaffnete (ehemalige) Widerstandskämpfer, sog. Zeloten (=Fanatiker) und Sikarier (=Dolchträger).

Johannes lebte vermutlich einige Zeit in den Klosteranlagen der sog. Essener in den Höhlen von Qumran. Dort hatte man den dritten Weg zwischen Widerstand und Anpassung gewählt und sich aus der Welt zurückgezogen, um Gottesdienst und Gemeinschaft ohne Kompromisse nach dem Willen Gottes zu gestalten. Handschriftenfunde aus der Mitte des letzten Jahrhunderts zeigen, wie stark die ersten christlichen Gemeinden von Gedanken geprägt waren, die wir heute in den Qumrantexten belegt finden, und wie stark über Johannes und Jesus – natürlich auf vielen Nebensträngen – christlicher Glaube, Gottesdienst und Gemeindestruktur durch die Essener geprägt sind. Dass man das Kommen Gottes in der Wüste vorbereiten müsse, dieser Gedanke aus Jesaja 40 findet sich sowohl in Qumran als auch beim Täufer Johannes und in den ersten drei Evangelien.

Johannes verlässt Qumran und tritt öffentlich auf, weil er sieht, dass der Rückzug nicht der einzige Weg des Menschen mit Gott ist. Er geht nicht im Zorn, bleibt im Glauben mit den Essenern verbunden. Nur seine Adressaten haben sich geändert: am Ufer des Jordan hält er leidenschaftliche Predigten, und der überwältigende Zulauf zeigt, wie es eben diese Leidenschaft war, die den Menschen im vorherrschenden Religionsbetrieb fehlte.

Mit den Predigten verband er eine Bußtaufe. Zugespitzter als in unserer christlichen Taufe ging es einzig darum, öffentlich zu demonstrieren, wie ernst es einem mit der Umkehr zu Gott war, wie sehr einen die Predigt des Johannes getroffen hatte. Denn obwohl Johannes auch Jünger hatte, war seine Taufe kein Sakrament in unserem Sinn, das Gemeinschaft unter den Getauften schuf.

Dass Johannes in der Wüste wirkte, hatte symbolische Bedeutung, war ein Zurück zu den Anfängen der Nomaden Abraham, Isaak und Jakob, dem 40jährigen Weg der Israeliten mit Moses durch die Wüste. Die Wüsten Palästinas sind keine Sandwüsten wie die Sahara, sondern Kalksteingebiete mit einer dürftigen Vegetation durch Tau. Nomadische Weidewirtschaft war möglich. Die Geburt des Volkes Gottes liegt in diesem Grenzbereich zwischen Kultur und Wüste, zwischen Leben und Tod. In die Wüste zogen sich die Verfolgten zurück, aus der Wüste kamen die geistlichen Impulse der Propheten. Jüdischer Glaube ist, wie sein christlicher Spross, vom Wesen her eine Wüstenreligion, ein irritierender Fremdkörper in jeder Kultur- und Wohlstandsgesellschaft. Jesu Botschaft durchzieht das wie ein roter Faden.

Mit etwa 30 Jahren zog es Jesus aus dem 80 km entfernten Nazareth an den südlichen Jordan, an den Rand der Wüste Juda, zu diesem Johannes. Wie Hunderte vor ihm war er von der Botschaft des Täufers berührt und aufgewühlt und ließ sich taufen. Eine Zeit lang gehörte Jesus zu den Jüngern des Johannes; das, was er vorher in der Synagoge von Nazareth von den Rabbinern, und besonders auch von seiner Mutter, über den Glauben gelernt hatte, verdichtete sich für ihn in der Predigt des Johannes. Für Jesus war dabei einer der entscheidenden Auslöser, dass Johannes wie fast alle Juden sehnlichst den Messias erwartete, den Retter Israels, und sich als sein Bote und Ankündiger verstand. In der Sprache des Propheten Daniel redete Johannes dabei von einem stärkeren als einem Menschen, den er „Menschensohn" nannte, der am Ende der Zeit von Gott auf die Erde gesandt wird, um das Gericht zu halten und Frieden zu bringen, die Liebe Gottes also in ihrer Innen- (=Frieden) und Außenseite (=Gericht). Und während seiner Taufe, genau in dem Moment, als Jesus aus dem Wasser auftauchte, offenbarte sich Gott ihm und sprach: "Du bist mein geliebter Sohn, du bist der Menschensohn, von dem Johannes die ganze Zeit redet. Und wenn du genau zugehört hast, weiß du, was jetzt zu tun ist."

Von da an ist der Kontakt zwischen Gott und Jesus nicht mehr abgerissen. Sie sind sich einig geworden und eins geworden. Vielleicht ist aber auch nur sichtbar geworden, dass sie schon immer eins waren. Gott wusste von Anfang an: Dieser Jesus aus Nazareth, das ist mein Sohn. Das gehört zu den Privatangelegenheiten Gottes, die uns nichts angehen. Jesus jedenfalls ist weder nach Nazareth zurückgegangen, noch in der Wüste geblieben. Nach seiner 40-tägigen Zeit der Stille und des inneren Kampfes in der Wüste ist er zu den Menschen gegangen, hat sie dort aufgesucht, wo sie leben – und nicht gewartet, dass sie kommen. In den Dörfern, in dem freundlichen und fruchtbaren Land um den See Genezareth, bei Kleinbauern und Fischern, beginnt Jesus öffentlich zu wirken.

Und zwar in dem Moment als ihn die Nachricht erreicht, dass sie seinen Freund und Lehrer Johannes ins Gefängnis geworfen haben.

6.1.3 Menschliches Allzumenschliches: Der Charakter Jesu

Wenn Gott Mensch wurde, ist es auch gut zu wissen, was für ein Mensch er wurde. Gott wurde ja nicht „Mensch an sich", so dass es egal gewesen wäre, was Jesus für ein Mensch war. Und so ist es interessant, von den ganz großen Glaubens- und Lebensthemen gleichsam einen Blick auf den Charakter Jesu zu werfen, Geschichten nicht auf ihre große Aussage hin zu lesen, sondern gegen den Strich zu bürsten und zu schauen, was für ein Mensch einem da entgegenleuchtet.

Damit tun wir bewusst genau das, was nach den Kriterien der offiziellen Theologie und Kirchenlehre strengstens verboten ist, nach der der konkrete Mensch Jesu eben nicht Gegenstand des Glaubens, sondern höchstens seine zufällige Ursache ist. Christus ist so sehr Gott geworden, dass Jesus, der Mensch, dahinter völlig verschwindet. Wenn sich aber Christus als reiner göttlicher Gedanke von diesem irdischen Jesus aus Nazareth ablöst, verblasst er zur farblosen Idee – ja, wird zur Projektionsfläche eigener Vorstellungen und Wünsche, wie Gott sein sollte, wenn es nach mir geht.

Der Gerechte

Nicht nur nach christlichen Zeugnissen tritt uns in Jesus eine Persönlichkeit entgegen, die nicht in die allgemeine Korruption verstrickt war. Jesus ist in punkto Gerechtigkeit keine Kompromisse eingegangen; das unterscheidet ihn selbst von aufrechten Widerstandskämpfern seiner Zeit, die zur Erreichung ihrer Ziele auch Koalitionen eingehen mussten, die ihren Zielen widersprachen. Während die „Gerechtigkeit" anderer Gruppen sich mit dem Platz begnügte, den die Gesellschaft einem ließ (so zum Beispiel die Pharisäer) oder die Gesellschaft offen bekämpfte (so Zeloten und Sikarier), war die Gerechtigkeit Jesu unbeirrbar, still, provozierend. Er konfrontiert Menschen mit ihrer scheinbaren Gerechtigkeit, entlarvt ihren Selbstbetrug. Er bekämpft die Ungerechtigkeit, nicht die Ungerechten. Seine Strategie ist es, allen ohne Unterschied die Augen zu öffnen.

Jesus gehört zu dem Menschentyp, der einen auch nicht ruhig weiterschlafen lässt. Nach der Begegnung mit ihm gärt es in einem weiter und man hat nur zwei Möglichkeiten: sich zu ändern oder ihn zu hassen.

Ich weiß nicht, ob Sie solche Menschen kennen. Jesus hat dieser Hass jedenfalls das Leben gekostet.

Fresser und Weinsäufer

Scheinbar im Gegensatz zu seinem unbestechlichen, gerechten Charakter lässt Jesus sich unwidersprochen „Fresser und Weinsäufer" (Mt 11, 19), einen „Freund der Zöllner und Sünder" nennen, Freund der Kollaborateure mit Rom, Kumpan der kleinen schmierigen Erpresser, der Geldeintreiber im Schutz römischer Waffengewalt, Liebling der Huren, die um des Geldes zum Überleben willen ihren Leib und ihre Würde verkaufen. Blieb der Gerechte in diesem Dunstkreis von Geld und Sex sauber, wer finanzierte ihn eigentlich die drei Jahre seines öffentlichen Wirkens, wer stillte die körperliche Sehnsucht dieses unverheirateten Mannes? Mit Sicherheit gab es auch damals schon diese Stimmen, die laut werden. Jesus betreut diese Menschen nicht wie ein Sozialarbeiter, er ist nicht der Streetworker Gottes, sondern diese Menschen sind seine Leute, mit denen er lebt, bei denen er wohnt und vor allem: mit denen er immer wieder große Feste feiert, mit gutem Essen und sehr viel Wein. Sein Vorgehen wirkt noch nicht einmal wie seelsorgerliche Taktik. Es zieht ihn wie automatisch zu diesen Gestalten, und er wird selbst enden wie der Dreckigste von ihnen.

Märtyrer unserer Tage haben oft etwas Vornehmes, Großbürgerliches. Mit dieser Farbe dürfen wir Jesus nicht anmalen, wenn wir sein Gesicht noch erkennen wollen. Jesus, nach eigener Aussage wohnsitzlos, ist wirklich einer von denen, nicht ihr Betreuer, der sich nach Feierabend in die besseren Wohngegenden zurückzieht.

Jesus selbst ist dabei nicht korrupt geworden. Mit Sicherheit wäre in außerchristlichen Quellen, in seinem Todesprozess mit seinen ganzen falschen Zeugen, irgendetwas zur Sprache gekommen, wenn es wenigstens ein Gerücht gegeben hätte.

Wie war dann dieser Gerechte für seine ungerechten Freunde zu ertragen? Indem er keine langen Reden hielt, sondern mit ihnen feiert, isst und trinkt. Er gibt ihnen im gemeinsamen Mahl die Würde zurück, die sie sich manchmal selbst genommen haben, er lässt es ihre Ehre sein, dass er nach der Feier nicht geht, sondern sich ein Bett anbieten lässt.

Mit anderen Worten: Jesus tut gar nicht so sehr direkt etwas für sie, macht sie nicht zu Objekten seiner Liebe. Sondern er traut ihnen zu, etwas für ihn und andere zu tun. Sie werden von Subjekten zu Persönlichkeiten, weil sie keine Hilfe bekommen, sondern Würde.

Jesu Denkweise

Jesus hat in Übertreibungen und Kontrasten gesprochen. Er will nicht objektiv schildern, sondern verdeutlichen. Zahlen sind ins Maßlose gesteigert, sein Lieblingskontrast ist der zwischen Tag und Nacht, Hell und Dunkel, Wachen und Schlafen.

Jesus lebt, denkt und erzählt aus der Perspektive von Menschen, die nicht ihre eigenen Herren sind, von Sklaven, die über anvertrauten Besitz und Geld Rechenschaft ablegen müssen, von Schuldnern, die weder Zins noch Tilgung aufbringen. Er kennt ihre Ängste: nicht aus der Beobachtung, sondern so direkt und nah wie einer, der sie geteilt hat.

Selbst das Glück ist in der Welt der Verlierer zerbrechlich und bedroht: ein Fest kann platzen, eine Hochzeit missglücken, ein Dieb das Anvertraute des Herrn rauben. Und immer sind es die kleinen Leute, die zur Rechenschaft gezogen werden.

Es spricht für die Zärtlichkeit Jesu, wenn er bei den Festen, die er mit diesen merkwürdigen Freunden und Bekannten feiert, dann selbst der Diener dieser Sklaven sein will, sie am Tisch bedient, ihnen die staubigen Füße wäscht, sie mal nicht Sklave, sondern Herr sein lässt. Im gemeinsamen Mahl mit Jesus wurde – anders als heute oft – die Welt vom Kopf auf die Füße gestellt.

Die Gruppe, die sich um Jesus bildete – mehr als siebzig Leute werden es zu Lebzeiten, genauer gesagt vor der Kreuzigung, nicht gewesen sein – war für viele eine neue Familie, für manche die erste überhaupt. In jedem Fall aber stand sie in Spannung zu anderen Sozialformen. So ist die Erfahrung von Abschied und Trennung prägend für Jesus, in der eigenen Familie hat er es erlebt, dass man sich nicht mehr verstand, in seiner Heimatstadt Nazareth wollte man nichts mehr mit ihm zu tun haben. Diese Negativ-Erfahrungen machen Jesus zu einem Menschen, der irgendwann nicht mehr den Frieden um jeden Preis will, der die Erfahrung macht, dass Geschwister, Eltern und Kinder sich gegenseitig den Behörden ausliefern, dass die besten Freunde einen verleugnen und verraten. Die Liebe und die Zärtlichkeit Jesu bekommen eine harte Außenseite.

In einigen schroffen, unverständlichen und ärgerlichen Handlungen und Worten will Jesus klar machen: die Sache mit Gott ist nicht einfach die Fortsetzung unserer eigenen Pläne und Lebensentwürfe. Religion bedeutete für die Leute: Gott soll segnen, was wir tun.

Jesus provoziert und dreht es um: Wir sollen tun, was Gott segnet. Und dazu müssen wir manchmal auf Abstand gehen zu dem, was wir bisher für vertraut und naheliegend hielten, für einsichtig und vernünftig. Jesus deckt die unlogischen und für uns manchmal sogar ungerechten Züge Gottes auf, damit wir begreifen: Gott ist nicht einfach die Fortsetzung unserer Pläne auf höherer Ebene. Wer noch nie über Gott erschrocken ist, hat ihn noch nicht verstanden.

Das wird auch darin deutlich, dass Jesus in keiner Weise durch ein idealistisches Menschenbild belastet ist. Jesus weiß, dass schon der Besitz von Geldmengen, die nur ein klein wenig über den täglichen Bedarf hinausgehen, Menschenseelen zernagt wie ein Krebsgeschwür, er kennt die Sachzwänge politischer Macht und weiß, dass Kapital eine Eigendynamik gewinnt, die die Menschen in Abhängigkeit bringt. Er hat von Berufsverbrechern gelernt, mit welcher Strategie man ein Haus ausraubt und sieht kein Problem darin, dieses Fachwissen in einem Gleichnis weiterzugeben. Er hält es für unbedenklich, sich mit Geld Freunde zu machen, durch finanzielle Seilschaften für die eigene Aufnahme in den Himmel zu sorgen. Und wenn ihm einer mit frommen Sprüchen kommt, unterbricht er ihn und sagt: wir reden erst weiter, wenn du Besitz und Vermögen komplett auf den Tisch legst.

Die Ahnung, dass Jesus anders war

Es ist schwer, gegen uralte Gewohnheiten und ganz frühe Prägungen ein neues Bild von Jesus zu gewinnen. Vielleicht ist es sogar schwerer, als das erste Mal den Weg zu Jesus zu finden.

In der Rückprojektion kirchlicher Verhältnisse sieht man Jesus vielleicht noch zu sehr als Redner bei großen Veranstaltungen auftreten. Aber Jesus hat nicht an Veranstaltungen, sondern am Leben kleiner Leute teilgenommen. Oder aber man macht sich gar nicht klar, dass Jesus nach den Ereignissen, die im Neuen Testament geschildert werden, gar nicht „nach Hause" gehen konnte, weil er keines hatte. Weil alles viel bedrohter war, als wir uns das heute vorstellen können, war sein persönlicher Stil auch nicht in dem Maß von Harmonie und Friedfertigkeit geprägt, wie bei kirchlichen Gemeindegruppen.

Mit anderen Worten: Es gibt in der Geschichte der Menschen und auf der ganzen Welt kaum Lebensentwürfe, die so weit auseinander liegen, wie der von Jesus und seinen Freunden und einer durchschnittlichen deutschen Kirchengemeinde.

Das soll nicht unser schlechtes Gewissen stärken: das wäre eine zu billige Reaktion. Es soll uns aber die Ohren öffnen, dass wir diese ganzen, manchmal allzu vertrauten, zu viel erklärten Geschichten von Jesus neu hören. Dass wir uns nicht weismachen lassen, er habe seine Worte nicht wörtlich gemeint, sondern bildlich und übertragen.

Das Leben Jesu spielt nicht auf der Bühne, die die Kirche ihm dafür gebaut hat. Und das ist ein gute Nachricht: Denn unser Leben findet auch nicht auf einer Bühne statt.

Schließen Sie einmal die Augen und hören Sie Worte aus der Bergpredigt, als ob es das erste Mal wäre. Stellen Sie sich die Menschen vor, vor denen Jesus hier spricht:

Matthäus 5, 3 – 12

»Freuen dürfen sich alle, die nur noch von Gott etwas erwarten – mit Gott werden sie leben in seiner neuen Welt. Freuen dürfen sich alle, die unter dieser heillosen Welt leiden – Gott wird ihrem Leid ein Ende machen. Freuen dürfen sich alle, die unterdrückt sind und auf Gewalt verzichten – Gott wird ihnen die Erde zum Besitz geben. Freuen dürfen sich alle, die danach hungern und dürsten, dass sich auf der Erde Gottes gerechter Wille durchsetzt – Gott wird ihren Hunger stillen. Freuen dürfen sich alle, die barmherzig sind – Gott wird auch mit ihnen barmherzig sein. Freuen dürfen sich alle, die im Herzen rein sind – sie werden Gott sehen. Freuen dürfen sich alle, die Frieden stiften – Gott wird sie als seine Söhne und Töchter annehmen. Freuen dürfen sich alle, die verfolgt werden, weil sie tun, was Gott will – mit Gott werden sie leben in seiner neuen Welt. Freuen dürft ihr euch, wenn sie euch beschimpfen und verfolgen und verleumden, weil ihr zu mir gehört. Freut euch und jubelt, denn bei Gott erwartet euch reicher Lohn. So haben sie die Propheten vor euch auch schon behandelt.«

Bitte lesen Sie die folgenden Bibeltexte:

Weiterdenken

Lukas 1, 46 – 55
Matthäus 5, 3 – 12

1. Welche Lebenssituation aus der Zeit Jesu könnte hinter den einzelnen Sätzen stehen? In welcher sozialen, gesellschaftlichen oder politischen Situation waren Menschen, die diese Sätze verstanden?
2. Gibt es diese Menschen heute noch, und wo leben sie?
3. Was passiert mit den Sätzen Jesu, wenn Sie sie nicht wörtlich nehmen, sondern im übertragenen Sinn verstehen?
4. Welcher dieser Sätze ist Ihnen persönlich am nächsten?
5. Und welcher ist Ihnen fremd oder sogar ärgerlich?

meine Notizen

6.2 Was wollte Jesus eigentlich?

Das erste, was Jesus öffentlich sagte, war der Satz: „Kehrt um, denn das Reich Gottes, seine Herrschaft, ist ganz nahe herbeigekommen." Jesus lebte und erzählte die Wirklichkeit Gottes, seine Gegenwart, wie kein Mensch vor ihm und nach ihm.

Jesus sprach von der „Königsherrschaft Gottes". Er meinte den Bereich der Wirklichkeit, in den Menschen eintreten, wenn sie merken, dass das Leben mehr ist als Geld verdienen und ausgeben. Wenn sie begreifen, dass ihr Leben Sinn und Ziel hat, wenn sie hinter sich lassen, was Menschen klein und hässlich macht, wenn Todesangst und Egoismus nicht mehr Haupt-Antriebskraft des Lebens sind: das alles ist "Königsherrschaft Gottes". Sie ergreift den Menschen geistlich und spirituell, macht ihn klug, nimmt ihm die Angst, schenkt ihm Gelassenheit und neue Kraft. „Königsherrschaft Gottes" stellt den Menschen aber auch materiell in neue Zusammenhänge, befreit ihn auch irdisch und konkret von Zwängen: von solchen, die andere ihm auflegen, wie von selbst auferlegten.

Es war Albert Schweitzer, der, noch als Dozent für Neues Testament, in seinem epochalen Buch „Die Geschichte der Leben-Jesu-Forschung" die Entdeckung festhielt, die wie kaum etwas zuvor die Grundfesten der institutionalisierten Kirche erschütterte: „Königsherrschaft Gottes" ist kein Jenseits, für das die Kirche in Gottes Auftrag die Eintrittskarten verkauft, keine spirituelle Größe, sondern eine Veränderung der ganzen Welt, auf die man sich durch konkrete und radikale Veränderungen des eigenen Lebens einstellen soll. Andere Neutestamentler haben das präzisiert: die „Königsherrschaft Gottes" im Sinn Jesu beginnt jetzt sofort – oder gar nicht. Sie ist, sagt Jesus, so nahe herbeigekommen, dass du dich nur umdrehen, umkehren musst aus dem, was dir bisher heilig und teuer war. Bei Jesus gibt es keine Eintrittskarten im Vorverkauf für einen späteren Event. Jesus steht heute vor deiner Tür und fragt, ob du mitkommst.

Und dann kannst du jetzt, und natürlich auch in Ewigkeit, in der Gegenwart Gottes leben. Wer den Beginn der „Königsherrschaft Gottes" verschiebt, gar bis nach dem Tod, verpasst sie ganz. Wer sie als einen Raum jenseits dieser Welt umdeutet, dessen Betreten von religiöser Leistung und kirchlichem Wohlverhalten abhängig ist, eine Belohnung oder Vertröstung für später sozusagen, dreht Jesus das Wort im Mund um. Die Ewigkeit ist ein Zug, der nach dem Tod keine Bahnhöfe mehr kennt.

Wie er's sagt: die Gleichnisse 6.2.1

Wenn Jesus zu Menschen spricht, öffnet er ihnen mitten im Alltag ein Fenster in den Himmel. Er erzählt von Bauern und Tagelöhnern, von Säen und Brotbacken, vom Geld der kleinen Leute. Das heißt nach dem, was wir festgestellt haben: er erzählt von seinem Leben und dem Leben der Menschen um ihn.

Die Gleichnisse sind im Alltag verwurzelt und übersteigen ihn zugleich überraschend. Die Menschen sagen gleichzeitig: ja, das kenne ich – und: so habe ich das noch nie gehört.

Von einem aber reden die Gleichnisse nie direkt: von Gott. Sie bleiben offen, sie nageln nicht fest. Sie richten sich an Menschen, die zuhören, nachdenken und dann mit anderen gemeinsam Wege suchen, Gottes Spuren in dieser Welt zu entdecken.

Die Gleichnisse sagen gerade nicht: das mit der Königsherrschaft Gottes wird irgendwann geschehen, womöglich und vielleicht. Die Gleichnisse zeigen, wie in den Strukturen dieser Welt die Struktur der Königsherrschaft Gottes schon eingewoben ist. Die Gleichnisse legen offen dar, wie es mit dieser Welt gut ausgehen wird. Und nicht, was nach dieser Welt Gutes geschehen könnte.

Die Gleichnisse sind wie keine andere Redeform verbunden und verwurzelt mit dem Lebensstil Jesu: Sie sind realistisch, manchmal erschreckend illusionslos. Ihre Kraft und Wirkung beziehen sie nicht daraus, dass sie die Lage beschönigen, sondern an einem einzigen Punkt den Menschen die Augen öffnen. Wer ein Gleichnis gehört und verstanden hat, hat keine neue Theorie im Kopf, sondern eine ziemlich konkrete Vorstellung, wie das Leben an einem Punkt in die Richtung zu Gott gedreht, auf ihn hin geöffnet werden könnte, ein Fenster in den Himmel eben.

Die Wahrheit, die für Jesus dahintersteht, seine realistische Erfahrung: Menschen übernehmen Glauben nicht als überzeugendes Gesamtkonzept. Man erwirbt eine Lebenseinstellung nicht als 24-bändige Dogmatik. Aber Menschen werden von Gott berührt, wenn ihnen ein Anderer an einem Punkt, vielleicht sogar am wunden Punkt, die Augen für Gott öffnet. Und das geht mit Gleichnissen nur so, dass einer sich sagt: so habe ich ja auch mal nach meinem Vater oder meiner Mutter geschrien, so verzweifelt habe ich auch mal etwas gesucht, so vergeblich Liebe verschenkt, aber auch: so hat es mich auch schon erfüllt, mein Herz ganz an eine Sache zu hängen.

Gleichnisse sprechen auch noch nach 2000 Jahren, obwohl der entscheidende Punkt, die Verwurzelung in den Lebensverhältnissen der Hörer, fast vollkommen weggefallen ist. Die Welt Jesu ist nicht mehr unsere Welt (am Rande bemerkt: seit kurzer Zeit erst und nicht in allen Teilen der Erde); die

Bilder müssen erklärt werden, um sie wirklich zu verstehen, so denkt man jedenfalls. Und ist dann jedes Mal erstaunt, dass ein Gleichnis Jesu, auch ohne viele zusätzliche Worte, Menschen berührt.

An einem Beispiel, dem Gleichnis von der Arbeit im Weinberg, möchte ich Zugänge zum Verstehen von Gleichnissen aufzeigen.

Matthäus 20, 1 – 15

»Wenn Gott sein Werk vollendet, wird es sein wie bei dem Weinbergbesitzer, der früh am Morgen auf den Marktplatz ging, um Leute zu finden und für die Arbeit in seinem Weinberg anzustellen. Er einigte sich mit ihnen auf den üblichen Tageslohn von einem Silberstück, dann schickte er sie in den Weinberg. Um neun Uhr ging er wieder auf den Marktplatz und sah dort noch ein paar Männer arbeitslos herumstehen. Er sagte auch zu ihnen: ‚Ihr könnt in meinem Weinberg arbeiten, ich will euch angemessen bezahlen.' Und sie gingen hin. Genauso machte er es mittags und gegen drei Uhr. Selbst als er um fünf Uhr das letzte Mal zum Marktplatz ging, fand er noch einige herumstehen und sagte zu ihnen: ‚Warum tut ihr den ganzen Tag nichts?' Sie antworteten: ‚Weil uns niemand eingestellt hat.' Da sagte er: ‚Geht auch ihr noch hin und arbeitet in meinem Weinberg!' Am Abend sagte der Weinbergbesitzer zu seinem Verwalter: ‚Ruf die Leute zusammen und zahl allen ihren Lohn! Fang bei denen an, die zuletzt gekommen sind, und höre bei den ersten auf.' Die Männer, die erst um fünf Uhr angefangen hatten, traten vor und jeder bekam ein Silberstück. Als nun die an der Reihe waren, die ganz früh angefangen hatten, dachten sie, sie würden entsprechend besser bezahlt, aber auch sie bekamen jeder ein Silberstück. Da murrten sie über den Weinbergbesitzer und sagten: ‚Diese da, die zuletzt gekommen sind, haben nur eine Stunde lang gearbeitet, und du behandelst sie genauso wie uns? Dabei haben wir den ganzen Tag über in der Hitze geschuftet!' Da sagte der Weinbergbesitzer zu einem von ihnen: ‚Mein Lieber, ich tue dir kein Unrecht. Hatten wir uns nicht auf ein Silberstück geeinigt? Das hast du bekommen, und nun geh! Ich will nun einmal dem Letzten hier genauso viel geben wie dir! Ist es nicht meine Sache, was ich mit meinem Eigentum mache? Oder bist du neidisch, weil ich großzügig bin?'«

Die Wahrheit ist einfach

Die Kirche, d.h. also die Menschen, neigen dazu, die Dinge kompliziert zu machen. So wurde in jede Einzelheit der Gleichnisse so viel hinein interpretiert, dass einem am Ende der Kopf schwirrte: Gott sollte der Weinbergbesitzer sein, die verschiedenen Tageszeiten wurden auf Epochen der Weltgeschichte gedeutet, beim Silberstück ging es nicht mehr um Geld, sondern um ewigen Lohn usw. Auch heute noch beeindrucken Ausleger, die jede Einzelheit eines Gleichnisses tiefsinnig deuten können.

Genau diese schwirrende Vielfalt war nicht Jesu Absicht. Jesus will eine Sache auf den Punkt bringen, in Menschen eine Saite zum Schwingen bringen und nicht ein ganzes Orchester. In diesem Fall läuft es auf den letzten Satz hinaus: „Oder bist du neidisch, weil ich großzügig bin?"

In der „Königsherrschaft Gottes“ gelten andere Tarifbestimmungen. Und da wird es für manche, vielleicht sogar für die besten und fleißigsten, noch einiges zu lernen und umzudenken geben. Die Großzügigkeit im Reich Gottes wird eine Zumutung sein für alle, die stolz auf ihr Werk sind.

Das ist die Pointe, und darin ähnelt das Gleichnis dem Witz: Es gibt nur einen Grund zu lachen. Womit nicht verwehrt werden soll, das Gleichnis mit seiner Pointe auf vielen Ebenen anzuwenden und zu deuten. Man kann es auf neue und alte Mitglieder im Hauskreis und der Gemeinde deuten, es hat eine politische und ökonomische Dimension und auch ein Ausblick auf die ganz weit entfernte Zukunft ist möglich: Mit was für Typen etwa Gott seine Ewigkeit verbringen möchte.

Aber der Schlüssel zum Verständnis ist immer ein einfacher Gedanke, es wird nur ein Fenster zum Himmel geöffnet und nicht das ganze Dach abgedeckt. Es geht um eine Idee, ein Strukturelement der Königsherrschaft Gottes, die Jesus mitten in alltäglichen Vorgängen entdeckt. Diese Idee ist bedrängend, drängt den Hörer zu einer Stellungnahme, einer Entscheidung. Hier zum Beispiel: Kannst Du soviel Güte vertragen – oder willst Du wirklich zu „Deinem Recht“ kommen? Entscheiden kann ich mich nur in einer Sache, die so einfach ist, dass ich sie verstanden habe. Dazu sind Gleichnisse da. Wer sie komplizierter macht, verfehlt genau ihr Ziel.

Nicht an der Wirklichkeit vorbei

Gleichnisse entführen nicht ins Jenseits, sondern helfen, Gott im Diesseits zu entdecken. Jesus redet situationsgebunden, aus der Stunde für die Stunde. Die Bilder, die Vergleiche, die er braucht, sind wichtig, nicht einfach zufälliges Material für ewige Wahrheiten. Gleichnisse öffnen ein Fenster in den Himmel, aber entführen nicht aus der irdischen Realität.

Wer heute Gleichnisse liest, soll seine Realität in den Worten Jesu wiederentdecken. Auch, wenn wir nicht Bauern und Fischer sind, geht das. Dass die Lebensumstände sich geändert haben, heißt nicht, dass die Worte nichts mehr zu bedeuten haben, dass es einfach überhaupt keinen irdischen Bezug mehr zur Königsherrschaft Gottes gäbe. Gott ist ja von einem Arbeiter im Weinberg nicht weiter entfernt als von einer Kassiererin bei Aldi, von einem Weinbergbesitzer nicht weiter als von einem Bankdirektor.

Mit anderen Worten: Bei einem Gleichnis ist nicht nur der Inhalt wichtig, sondern auch die Form. Und es ist nicht beliebig, ob Jesus von Sklaven oder Tagelöhnern redet. Sklaven musste man kaufen und dann beschäftigen und unterhalten, nach jüdischem Gesetz auch im Krankheitsfall versorgen. Tagelöhner wurden nach dem „hire and fire“-Prinzip ohne jede soziale Verpflichtung eingestellt, ihre Lebensbedingungen waren noch elender als die der Sklaven.

Für Feldarbeit, etwa in Malariagebieten, setzte man nie Sklaven ein, die waren zu kostbar.

Jesus kennt diese Situation, er lebt mit Tagelöhnern zusammen, war mit seinem Vater vielleicht selber einer. Wenn ein Tagelöhner unter seinen Zuhörern war, dann verstand der sofort, wovon Jesus redete. Er hatte das noch nie gehört, dass einer über seine Situation nachdachte, sogar seine Probleme kannte: dass potentielle Arbeitgeber keine Tricks scheuen, um ihren Gewinn nicht durch so etwas Lästiges wie Löhne zu schmälern. Der Weinbergbesitzer kalkuliert für seinen offensichtlich großen Weinberg etappenweise: bloß keinen zuviel anstellen.

Der Tagelöhner wird nach Hause gehen und seinen Leuten erzählen: „Da hat einer von uns und über uns gesprochen." Und sie kommen ins Gespräch und haben Jesus vollkommen richtig verstanden, wenn sie beschließen, sich nicht mehr um ein Silberstück gegeneinander ausspielen zu lassen. Vielleicht hat sogar ein Weinbergbesitzer zugehört, war überrascht und aufgewühlt über das Ende der Geschichte. Und irgendetwas in ihm geriet in Bewegung, weil er spürte: dieser Jesus redet von meinem Alltag.

So war es von Jesus beabsichtigt. Und deshalb hat auch heute jedes Gleichnis nicht nur eine gemeindeinterne Bedeutung, deswegen geht es bei Jesus nicht immer nur um Spiritualität und Jenseits, sondern um Arbeit und Liebe, Armut und Geld, Menschen und Tiere. Um das Sichtbarwerden der „Königsherrschaft Gottes" im ganz normalen Leben. Wo denn sonst?

Dem Himmel ein Fenster öffnen

Alles, was Jesus in den Gleichnissen sagt, ist den Menschen bekannt. Und trotzdem ist der, der genau hingehört hat, hinterher schlauer: Die Gleichnisse erzählen, ohne Gott beim Namen zu nennen, von Gottes Eingreifen in die gewohnten Abläufe des Lebens. Jeder Hörer hat die Freiheit, das alles für merkwürdige Zufälle zu halten und weiter zu leben wie bisher. Oder auf einmal überrascht festzustellen, dass unter der Kruste unserer Wirklichkeit an vielen Stellen die „Königsherrschaft Gottes" mit zärtlicher Kraft durchbricht.

Dann aber kann ich nicht stehen bleiben. Dann muss ich mich entscheiden, ob ich mich umdrehe und dahin laufe, wo Gott Wirklichkeit wird, wo ich ihn spüren und erfahren kann. Oder ob ich weiter meinen alten Weg gehe, unberührt von seinem Dasein.

Jesus erzählt die Gleichnisse nicht nur. Er lebt sie auch. Er hat sich für ein Leben entschieden, das im Alltag und gerade im Alltag mit Gott rechnet. Er verwirklicht das Leben, das seine tragischen Gleichnisfiguren verfehlen und die glücklichen leben. Er riskiert entschieden Selbstsicherung und Selbstrechtfertigung. Er verwirft jeden Selbstschutz und erfährt die Freiheit, die ein

Mensch nur erfährt, wenn er ganz auf die Kraft Gottes setzt. In den Gleichnissen erzählt Jesus von seinem Selbstverständnis als Gottes Sohn, d.h. als der Mensch, der die Gegenwart Gottes in einzigartiger Weise in sich trägt.

Auf das Gleichnis von den Arbeitern im Weinberg angewandt, werden wir vor die Frage gestellt, ob wir in der Lage sind, auf das überraschende Handeln des Herrn zu reagieren, oder ob wir auch in der äußersten Krise unseres Lebens darauf beharren, dass nur unsere Rechnung stimmt.

Auf der ersten, direkten und einfachen Ebene geht es also nicht um die Frage, ob wir neue Menschen in unsere Gemeinde aufnehmen, oder ob jemand, der sich kurz vor seinem Tod erst bekehrt „noch in den Himmel kommt". So ließe das Gleichnis sich irgendwann sicher auch „anwenden", sozusagen kirchlich verwerten: Wie geht man mit Menschen um, die später dazukommen, usw.

Aber allzu schnelle „Anwendung" kann verdrängen, dass Jesus mit diesem Gleichnis jeden persönlich meint, ganz gleich, ob er in kirchlichen Lebensbezügen steht oder nicht. Und persönlich meint Jesus: Bist Du überhaupt noch fähig, etwas unverdient anzunehmen, Dich beschenken zu lassen? Und vielleicht noch schwerer: einem anderen unverdientes, unverschämtes Glück zu gönnen? Die Frage, mit der Jesus in der Geschichte provoziert, lautet: Glaubst Du wirklich, Du lebst besser, wenn Du auf Deinem Recht bestehst?

Aber wenn wir nicht vorschnell anwenden und zuordnen, stellt sich uns auch die Frage des Weinbergbesitzers. Der ist an diesem Abend nicht arm geworden. Er hat aber ganz langsam angefangen, zu verstehen, wie entlastend es ist, mit den Ärmsten nicht mehr um Kleingeld feilschen zu müssen. Ein erster kleiner Schritt, immerhin.

Und das alles, dieses Aufbrechen der Königsherrschaft Gottes unter der Kruste unserer lieblosen Gewohnheiten, geschieht überall: am Arbeitsplatz, in der Schule, in der Nachbarschaft, auf einem Elternabend. So wie Jesus erzählt, können Frauen und Männer miteinander umgehen, Eltern und Kinder. Und vielleicht wirklich einmal erst ganz zuletzt gilt das natürlich auch in der Gemeinde. Nur: Es darauf zu beschränken, hieße, Jesus, der ja ziemlich frei herumgelaufen ist, in die Kirche einzusperren.

Wie er's lebt: die Gottgelassenheit 6.2.2

„Königsherrschaft Gottes" bedeutet für Jesus, sich in die Arme des Vaters fallen zu lassen, der einen bedingungslos liebt. Glauben ist dann: wieder liebesfähig werden, nicht mehr auf Berechnung und Rechthaben leben. Dem anderen auch die Liebe gönnen, auch wenn man berechtigten Anlass hat zu denken, er habe sie nicht ganz so oder überhaupt nicht verdient. Aber das Ganze spielt sich nicht undramatisch ab. So wie Jesus Liebe und Güte und Gnade lebt, kann sie nicht von allen Menschen akzeptiert werden. Denn Jesu Anspruch ist, mit dieser Liebe die Ordnung dieser Welt in Frage zu stellen. Und es gibt viele Menschen, die an der Ordnung dieser Welt ein ziemlich großes Interesse haben.

Viele Gleichnisse Jesu spielen sich in einem spannungsvollen Dreiecksverhältnis ab: Einer verschenkt *unverhältnismäßig* viel Liebe und Güte. Der zweite bekommt sie unverdient geschenkt. Und der dritte protestiert gegen diesen ungeheuren Vorgang im Namen der Ordnung dieser Welt.

Im Gleichnis eben ist die erste Person der Weinbergbesitzer. Er gibt den Letzten mehr, als man erwartet hätte. Die zweite Person wird durch eben diese Letzten verkörpert. Wahrscheinlich hätten sie auch eher mit einer Handvoll Trauben als Lohn gerechnet. Und die dritte Gruppe, die im Namen der Ordnung der Welt protestiert, wird durch die vertreten, die von Tagesbeginn an im Weinberg gearbeitet haben.

Wichtig für die Struktur dieser Gleichnisse und die Logik Jesu: Es geht zwar unerwartet, aber nicht ungerecht aus. Der vereinbarte Lohn wird ausgezahlt, die Ersten bekommen nicht weniger, sondern die Letzten bekommen mehr. In den Gleichnissen ist durchaus von der Gerechtigkeit Gottes etwas zu spüren. Aber sie ist der Güte Gottes untergeordnet.

Als Beispiele seien noch zwei andere Gleichnisse angeführt. Zunächst das vom „Hartherzigen Schuldner“ aus Matthäus 18, 23 – 35:

Matthäus 18, 23 – 35

Jesus fuhr fort: »Macht euch klar, was es bedeutet, dass Gott angefangen hat, seine Herrschaft aufzurichten! Er handelt dabei wie jener König, der mit den Verwaltern seiner Güter abrechnen wollte. Gleich zu Beginn brachte man ihm einen Mann, der ihm einen Millionenbetrag schuldete. Da er nicht zahlen konnte, befahl der Herr, ihn zu verkaufen, auch seine Frau und seine Kinder und seinen ganzen Besitz, und den Erlös für die Tilgung der Schulden zu verwenden. Aber der Schuldner warf sich vor ihm nieder und bat: ‚Hab doch Geduld mit mir! Ich will dir ja alles zurückzahlen.‘ Da bekam der Herr Mitleid; er gab ihn frei und erließ ihm auch noch die ganze Schuld. Kaum draußen, traf dieser Mann auf einen Kollegen, der ihm einen geringen Betrag schuldete. Den packte er an der Kehle, würgte ihn und sagte: ‚Gib zurück, was du mir schuldest!‘ Der Schuldner fiel auf die Knie und bettelte: ‚Hab Geduld mit mir! Ich will es dir ja zurückgeben!‘ Aber sein Gläubiger wollte nichts davon hören, sondern ließ ihn ins Gefängnis werfen, bis er die Schuld beglichen hätte. Als das seine anderen Kollegen sahen, konnten sie es nicht fassen. Sie liefen zu ihrem Herrn und erzählten ihm, was geschehen war. Er ließ den Mann kommen und sagte: ‚Was bist du für ein böser Mensch! Ich habe dir die ganze Schuld erlassen, weil du mich darum gebeten hast. Hättest du nicht auch Erbarmen haben können mit deinem Kollegen, so wie ich es mit dir gehabt habe?‘ Dann übergab er ihn voller Zorn den Folterknechten zur Bestrafung, bis er die ganze Schuld zurückgezahlt haben würde. So wird euch mein Vater im Himmel auch behandeln, wenn ihr eurem Bruder oder eurer Schwester nicht von Herzen verzeiht.«

Die Grundstruktur des Gleichnisses ist der des Weinberggleichnisses ähnlich: Dem Herrn, der sich gegen die Logik dieser Welt für die Güte entscheidet, steht annehmendes und ablehnendes Verhalten der Menschen gegenüber. Die besondere Pointe dieses Gleichnisses ist, dass der Widerspruch sich in einer einzigen Person abspielt.

Derselbe Mensch kann den Schuldenerlass für sich annehmen – und besteht dann mit scheinbar gutem Recht auf seine eigenen finanziellen Ansprüche. Nähme man nur den zweiten Teil der Geschichte, könnte man die Achseln zucken und sagen: So hart ist die Welt. Ihre himmelschreiende Brutalität gewinnt die Geschichte durch die Vorschaltung des ersten Teils.

Mit anderen Worten: Angesichts der Liebe Gottes wird unsere Hartherzigkeit sichtbar, erkennbar. Er ist kein strenger Gott, an dessen hohen moralischen Vorstellungen wir Menschen zerbrechen. Sondern im Licht seiner unerwarteten Liebe wird offenbar, wes Geistes Kind wir sind.

Dieses zweite Gleichnis präzisiert „Königsherrschaft Gottes" in zweierlei Hinsicht:

» Durch die Verlagerung des Widerspruchs in einen Menschen weist Jesus die Vorstellung zurück, die Welt wäre einfach in Gute und Böse einzuteilen. Es kann derselbe Mensch sein, der sich in der Gnade Gottes badet und im nächsten Moment gnadenlos sein bisschen Recht einfordert.

» Im Weinberg-Gleichnis wird zum Schluss abgerechnet – hier steht die „Gnade des Herrn" am Anfang der Geschichte. Wir werden sehen, dass dies charakteristisch ist dafür, wie Jesus Gott erfährt und lebt: Die Gewissheit, dass es Gott gut mit mir meint, steht vor allen meinen Versuchen, mich ihm zu nähern. Gottes Güte ist nicht das Ergebnis meiner Anstrengung, sondern Voraussetzung meiner Entspannung.

In einem dritten Gleichnis ist wieder von drei verschiedenen Personen die Rede, es ist das Gleichnis vom verlorenen Sohn aus Lukas 15, 11 – 32:

Lukas 15, 11 – 32

Jesus erzählte weiter: »Ein Mann hatte zwei Söhne. Der jüngere sagte: ‚Vater, gib mir den Teil der Erbschaft, der mir zusteht!' Da teilte der Vater seinen Besitz unter die beiden auf. Nach ein paar Tagen machte der jüngere Sohn seinen ganzen Anteil zu Geld und zog weit weg in die Fremde. Dort lebte er in Saus und Braus und verjubelte alles. Als er nichts mehr hatte, brach in jenem Land eine große Hungersnot aus; da ging es ihm schlecht. Er hängte sich an einen Bürger des Landes, der schickte ihn aufs Feld zum Schweinehüten. Er war so hungrig, dass er auch mit dem Schweinefutter zufrieden gewesen wäre; aber er bekam nichts davon. Endlich ging er in sich und sagte: ‚Mein Vater hat so viele Arbeiter, die bekommen alle mehr, als sie essen können, und ich komme hier um vor Hunger. Ich will zu meinem Vater gehen und zu ihm sagen: Vater, ich bin vor Gott und vor dir schuldig geworden; ich bin es nicht mehr wert, dein Sohn zu sein. Nimm mich als einen deiner Arbeiter in Dienst!' So machte er sich auf den Weg zu seinem Vater. Er war noch ein gutes Stück vom Haus entfernt, da sah ihn schon sein Vater kommen, und das Mitleid ergriff ihn. Er lief ihm entgegen, fiel ihm um den Hals und überhäufte ihn mit Küssen. ‚Vater', sagte der Sohn, ‚ich bin vor Gott und vor dir schuldig geworden, ich bin es nicht mehr wert, dein Sohn zu sein!' Aber der Vater rief seinen Dienern zu: ‚Schnell, holt die besten Kleider für ihn, steckt ihm einen Ring an den Finger und bringt ihm Schuhe! Holt das Mastkalb und schlachtet es! Wir wollen ein Fest feiern und uns freuen! Denn mein Sohn hier war tot, jetzt lebt er wieder. Er war verloren, jetzt ist er wiedergefunden.' Und sie begannen zu feiern. Der ältere Sohn war noch auf dem Feld. Als er zurückkam und sich dem Haus näherte, hörte er das Singen und Tanzen. Er rief einen der Diener herbei und fragte ihn, was denn da los sei. Der sagte: ‚Dein Bruder ist zurückgekommen und dein Vater hat das Mastkalb schlachten lassen, weil er ihn gesund wiederhat.' Der ältere Sohn wurde zornig und wollte nicht ins Haus gehen. Da kam der Vater heraus und redete ihm gut zu. Aber der Sohn sagte zu ihm: ‚Du weißt doch: All die Jahre habe ich wie ein Sklave für dich geschuftet, nie war ich dir ungehorsam. Was habe ich dafür bekommen? Mir hast du nie auch nur einen Ziegenbock gegeben, damit ich mit meinen Freunden feiern konnte. Aber der da, dein Sohn, hat dein Geld mit Huren durchgebracht; und jetzt kommt er nach Hause, da schlachtest du gleich das Mastkalb für ihn.' ‚Mein Sohn', sagte der Vater, ‚du bist immer bei mir, und dir gehört alles, was ich habe. Aber jetzt mussten wir doch feiern und uns freuen! Denn dein Bruder war tot und ist wieder am Leben. Er war verloren und ist wiedergefunden.'«

Hier ist es der ältere Sohn, der Recht und Ordnung dieser Welt einfordert. Und stärker noch als im Weinberggleichnis erzählt Jesus mit Liebe und Sympathie für die Position dessen, der der Liebe Gottes fassungslos, ja sogar wütend gegenübersteht. Jesus weiß, dass wir zu kleine Hände und erst recht zu kleine Herzen haben, um die Güte Gottes zu begreifen. Er wirbt, wie der Vater im Gleichnis, mit aller Energie für die, die schon lange von Gott geliebt werden, aber immer noch zornig auf ihrem Recht bestehen.

Und noch etwas ist an diesem dritten Gleichnis interessant: die Umkehr des jüngsten Sohnes erfolgt nicht aus tiefer Erkenntnis und hoher Bußbereitschaft, sondern schlicht aus materiellen Erwägungen. Jesu Rede von Gott, sein Glaube, ist durch diesen nüchternen Zug geprägt. Jesus sammelt nicht die fromme Elite des Landes, die sich aus idealistischen Erwägungen nach Feierabend ein wenig mit Religion befasst. Sondern heruntergekommene Typen wie den verlorenen Sohn, die sich von Gott handfeste Vorteile versprechen. Und dann staunen dürfen, dass Gott sie noch mehr beschenken will.

Die Art, wie Jesus hier eine Beziehung zu Gott beschreibt, habe ich „Gottesgelassenheit" genannt. Das ist ein Begriff aus der Mystik des frühen Mittelalters und meint nichts anderes als „sich Gott in die Arme fallen lassen". Ruhig und stark und fröhlich werden im Kraftfeld seiner Liebe. Sich Gottes Hand auf die Schulter legen und sich vom himmlischen Vater ins Ohr flüstern lassen: „Ich kenne dich und hab dich trotzdem lieb."

In der Tradition wird dieser Sachverhalt mit dem Begriff „Vergebung der Sünden" beschrieben. Der Begriff ist nicht nur abgenutzt, sondern beschreibt auch gar nicht richtig, was Jesus eigentlich wirklich getan und gesagt hat. Hinter „Vergebung der Sünden" steht ein hierarchisches Denkmodell: ein eventuell noch kirchlich beauftragter guter Mensch vollzieht an einem weniger guten Menschen ein Ritual, sagt ihm irgend etwas Strenges oder Nettes, meinetwegen auch Einfühlsames. Dadurch wird der schlechte Mensch für eine Weile etwas weniger schlecht.

Und noch mehr: „Vergebung der Sünden", nach dem Verständnis kirchlicher Tradition, macht zu einem technischen Vorgang, was für Jesus ganz und gar eine Frage von Hingabe und Beziehung war. Die Liebe ist erstarrt zu einem Vorgang, für den eines ganz entscheidend ist: die wirklichen Sünder können allenfalls Objekte kirchlicher Betreuung werden, echte Gemeinschaft mit ihnen wird nicht gesucht.

Und genau in diesem Punkt unterscheidet sich Jesus. Bei ihm heißt „Vergebung der Sünden" anders, es geht um den, der gesündigt hat, um den konkreten Menschen, es heißt „Annahme des Sünders", Gemeinschaft mit ihm, ohne Berührungsängste.

Jesus hat sich seiner Epoche dadurch eingeprägt, dass er während seines öffentlichen Wirkens seine Zeit mit den beiden damals meist verachteten Bevölkerungsgruppen, mit den Huren und den Zolleintreibern, verbringt. Diese vermeintlich schlechte Gesellschaft ist Teil seiner Botschaft. Diesbezüglichen Beschimpfungen seiner Gegner widersprechen weder er, noch die Urgemeinde und ihre Evangelien.

Gemeinschaft mit Huren und Zolleintreibern meint nicht gelegentliche seelsorgerliche Betreuung. Sondern gemeinsames Essen, Schlafen und Wohnen. Die Zolleintreiber sammelten, manchmal mit militärischer Hilfe, überhöhte Zwangsabgaben für die römischen Besatzer ein. Oft waren sie korrupt und ihre Korruption Teil des Steuersystems. Sie bekamen nämlich kein Gehalt, sondern wurden an den Einnahmen beteiligt. Es handelte sich auch in den seltensten Fällen um Grenzzölle, sondern es wurde auf alles nur Erdenkliche Steuern und Zölle erhoben.

Prostitution wiederum war im ländlich-bäuerlichen Palästina wesentlich weniger verbreitet und in einer Kultur der Sippen und Großfamilien viel stärker geächtet, als in der römisch-hellenistischen Gesellschaft. Aber diese Kultur der römischen Eroberer überlagerte und verdrängte die einheimische: Es gab – verstärkt durch Veränderungen in der jüdischen Bevölkerung, die die einen reich, die anderen aber arm machten – immer mehr Prostituierte, die, als Symbol für den allgemeinen Verfall der Sitten, von der traditionellen Bevölkerung immer mehr gehasst wurden.

Wenn Jesus mit diesen beiden Bevölkerungsgruppen so enge Gemeinschaft hatte, dass er mit ihnen regelmäßig aß, verletzte er noch in einer anderen Weise ein Tabu. Denn Tischgemeinschaft war Zeichen tiefster Verbindung, eine gemeinsame Mahlzeit eine heilige Handlung und undenkbar in Gemeinschaft mit Menschen, die man für Sünder hielt. Tischgemeinschaft hieß im Judentum und auch für Jesus: ein Stück Himmel auf der Erde vorwegnehmen. Jede gemeinsame Mahlzeit war eine feierliche Vorwegnahme des endzeitlichen Tisches im Reich Gottes. Und dieses große Fest wollte man „natürlich" ohne Zolleintreiber und Huren feiern.

Spannend wurde es, wenn Jesus dieses Volk dann in die (bessere) Gesellschaft mitbrachte: in den Synagogengottesdienst, auf das Fest eines angesehenen Mannes, an den Mittagstisch eines Pharisäers. Dann entstand nämlich genau die Dreieckssituation, die sich in den Gleichnissen widerspiegelt:

» Jesus, für den Vergebung nicht in Worten besteht, sondern in persönlicher Annahme, der so konkretisiert, was Gottes Liebe heißt: eine Liebe, die nicht den Vorteil sucht und mehr ist als die Erfüllung eigener Wünsche.

» Der aus der Gesellschaft Ausgestoßene, der zum ersten Mal wieder erlebt, dass sich jemand nicht von ihm abwendet, nicht die Straßenseite wechselt. Der sich nicht nur um ihn kümmert, sich nicht gnädig herablässt, sondern Würde wieder herstellt. Es ist ein Unterschied, ob ich den Armen beschäme, indem ich ihn mit Geld und Gütern überhäufe. Oder ob ich mich von ihm einladen lasse in sein armes oder einsames Haus.

» Und da sind als dritte Gruppe die im Neuen Testament meist sogenannten Pharisäer. Das war die anständige Mittelschicht, die, in den Zeiten des Umbruchs und späteren Zusammenbruchs der alten jüdischen Gesellschaft, bemüht war, sich an Werten zu orientieren, die diesen Zerfall noch aufhalten könnten. Jesus selbst entstammt dieser Bevölkerungsschicht. Sie sind nicht seine Gegner, sondern die, um die er kämpft, die er gewinnen will. Sie sind der ältere Sohn, zu ihnen sagt Jesus: „Ihr gehört doch zu Gott und euch gehört doch das alles." Sie sind die Langzeitarbeiter auf dem Weinberg, Jesus fragt sie: „Seid ihr neidisch, weil Gott großzügig ist?" Vergebung heißt für Jesus nicht, dass die etwas besseren sich von den etwas schlechteren Menschen abgrenzen, sondern dass sie gemeinsam begreifen: Angesichts der riesigen Liebe Gottes sind die Unterschiede zwischen uns doch nur winzig.

Eine typische Dreieckssituation und zugleich eine äußerst dramatische Geschichte ist in Johannes 8, 1 – 11 aufbewahrt.

Johannes 8, 1 – 11

Jesus aber ging zum Ölberg. Am nächsten Morgen kehrte er sehr früh zum Tempel zurück. Alle Leute dort versammelten sich um ihn. Er setzte sich und sprach zu ihnen über den Willen Gottes. Da führten die Gesetzeslehrer und Pharisäer eine Frau herbei, die beim Ehebruch ertappt worden war. Sie stellten sie in die Mitte und sagten zu Jesus: »Lehrer, diese Frau wurde ertappt, als sie gerade Ehebruch beging. Im Gesetz schreibt

Mose uns vor, dass eine solche Frau gesteinigt werden muss. Was sagst du dazu?« Mit dieser Frage wollten sie ihm eine Falle stellen, um ihn anklagen zu können. Aber Jesus bückte sich nur und schrieb mit dem Finger auf die Erde. Als sie nicht aufhörten zu fragen, richtete er sich auf und sagte zu ihnen: »Wer von euch noch nie eine Sünde begangen hat, soll den ersten Stein auf sie werfen!« Dann bückte er sich wieder und schrieb auf die Erde. Als sie das hörten, zog sich einer nach dem andern zurück; die Älteren gingen zuerst. Zuletzt war Jesus allein mit der Frau, die immer noch dort stand. Er richtete sich wieder auf und fragte sie: »Frau, wo sind sie geblieben? Ist keiner mehr da, um dich zu verurteilen?« »Keiner, Herr«, antwortete sie.

Weiterdenken

Bitte lesen Sie die folgenden Bibeltexte:

Matthäus 20, 1 – 15
Matthäus 18, 23 – 35
Lukas 15, 11 – 32
Johannes 8, 1 – 11

1. Beobachten Sie in dem Text die angesprochene Dreieckssituation? Wie lässt sie sich zuordnen?
2. An welchen Stellen in der Geschichte riskiert Jesus etwas?
3. Was wird während der Situation in der Frau vorgegangen sein?
4. Jesus schützt die Frau. Verurteilt er deswegen die Pharisäer? Erreicht er bei ihnen etwas?
5. Ist es sicher, dass die Frau nie wieder Ehebruch begehen wird?
6. Welches Ziel verfolgt Jesus a) bei den Pharisäern? b) bei der Frau?
7. Gibt es bei Jesus irgendeine Voraussetzung für Annahme und Gottesgelassenheit?

meine Notizen

6.3 Was schwer zu glauben ist

6.3.1 Was unseren Verstand übersteigt: Die Wunder

Muss man an Wunder glauben?

Es gibt Themen, mit denen kann man nicht anfangen, als ob nichts geschehen wäre. Die Wunder Jesu gehören dazu. Es fällt vielen Menschen heute schwer, für wahr zu halten, dass Jesus Blinde heilen und übers Wasser gehen konnte.

Deswegen zunächst eine ganz einfache Feststellung: Um Christ zu sein, müssen Sie nicht an Wunder glauben. Sondern an Jesus. Und wenn Sie sagen: ich vertraue mich diesem Sohn Gottes an, aber ich kann mir beim besten Willen nicht vorstellen, wie er übers Wasser gelaufen ist oder Blinde geheilt hat – dann darf das nicht zum Glaubenshindernis werden. Damals und heute noch, in anderen Ländern der Welt und manchmal sogar in unserem Land, kommen Menschen durch Wunder zum Glauben. Jesus hat geheilt und Wunder getan, damit Menschen zum Glauben kommen. Aber er wäre traurig, wenn kluge Verstandesmenschen im Europa des 21. Jahrhunderts sich wegen einiger – zugegeben schwer zu verstehender – Wunder jetzt geradezu vom Glauben abschrecken ließen. Die Wunder der Bibel sind nicht der Reisberg, durch den Sie sich durchfressen müssen, um ins Schlaraffenland der Königsherrschaft Gottes zu kommen.

Aber machen Sie zwei Dinge nicht, wenn Sie nicht an Wunder glauben können oder möchten.

Erstens: Nehmen Sie den Wundern nicht durch Erklärungen ihren Zauber. Psychologisieren Sie nicht die Blindheit der Blinden und die Taubheit der Tauben um zu Menschen, die die Wahrheit nicht sehen können oder nicht hören wollen und die durch Jesus aufgerüttelt und konfrontiert werden. Das ist eine Beleidigung für alle Menschen, die wirklich an diesen Krankheiten oder Behinderungen leiden. Geben Sie sich auch nicht mit halb-wissenschaftlichen Erklärungen zufrieden. Wenn Jesus übers Wasser läuft, verändert er nicht durch hohe Konzentration die atomare Zusammensetzung direkt unter der Wasseroberfläche. Glauben Sie nicht den Archäologen, die genau an dieser Stelle Untiefen und Steine gefunden haben wollen. Es ist besser, Wunder für unmöglich zu halten, als sie zu Tode zu erklären.

Zweitens: Lassen Sie in Ihrem Weltbild für die Wunder eine freie Stelle. Sagen Sie: ich kann und will jetzt nicht daran glauben. Sagen Sie nicht: ich beschließe ein für allemal, nicht daran zu glauben. Unser naturwissenschaftlich-technisches Weltbild kann und wird eines Tages alles erklären können. Unser Glaube wohnt nicht in den Lücken und Defiziten der Forschung. Das wäre ein trauriges Dasein. Aber er kann unser Wissen auf eine andere Basis heben. Dann wird es uns gehen, wie dem Biochemiker, der eine 800-seitige Forschungsarbeit über den Kuss geschrieben hatte und wirklich alles wusste, was medizinisch, hormonell und sogar psychologisch passiert. Und der dann das erste Mal in seinem Leben eine Frau küsste, die Augen schloss und dachte: Okay, so kann man die Sache auch sehen.

Wie werden die Wunder vorstellbar?

Ich will und kann nicht beweisen, dass Jesus Wunder getan hat. Aber mir sind beim Arbeiten mit dem Neuen Testament ein paar Fakten aufgefallen, die die Wunderfrage aus der Fokussierung auf falsche Alternativen herausholen und Denkblockaden genauso abbauen wie gefühlsmäßige Sperren.

Wer erlebt Wunder? Nicht nur in den neutestamentlichen Wundergeschichten werden Wunder von Menschen in Umbruchsituationen erlebt; Menschen, die zum Beispiel feste familiäre oder auch materielle Strukturen verlassen haben oder verlassen mussten. Es handelt sich konkret um Menschen, die freiwillig oder unfreiwillig aus Beruf und Familie herausgefallen sind, um Kranke und Behinderte, die kein soziales Netz mehr trug.

Anscheinend, so meine Analyse, kann ein Wunder nur Menschen erreichen, wenn in ihrem Leben noch etwas offen ist, ungesichert, wirklich bedroht. An Menschen, die sich bis ins Detail abgesichert haben, kommt Gott schwer heran. Das Wunder ist nicht der göttliche Zins auf unseren eigenen Kapitaleinsatz. Sondern ein Überbrückungsdarlehen, um uns in die Ewigkeit hinüber zu retten. Aber wir haben uns so an ein Leben aus eigener Kraft gewöhnt, dass wir die Wunder tatsächlich einfach gar nicht bemerken können. Wir lächeln über den Wunderglauben vergangener Zeiten, oder heute in armen Ländern dieser Welt. Aber vielleicht kann ein Wunder nur dort geschehen, wo die Menschen nicht alles und sogar ihren Glauben unter Kontrolle haben.

Wunderglaube = Wunder und Glaube. Und noch etwas fällt auf beim Lesen der Geschichten, in denen Jesus ein Wunder tut: Er ist bei dieser Tätigkeit in erschreckender Weise auf den Glauben der Menschen angewiesen, positiv wie negativ. Positiv fällt auf, dass er in den meisten Wundergeschichten mit den Menschen in einen Dialog tritt. Er fragt: „Willst Du?“ oder „Glaubst Du?“ und er sagt nachher oft: „Dein Glaube hat Dir geholfen.“ Nicht ich, der fantastische Gottessohn. Jesus möchte nicht, dass die Menschen ihn und das Mirakel fassungslos bestaunen. Er will im Wunder eine Beziehung zu Menschen aufbauen und diese Beziehung ist Voraussetzung für das Wunder. Ohne die ist er machtlos. Denn es gehört zu den überraschendsten und ehrlichsten Berichten über Jesus, dass er in seiner Heimatstadt Nazareth keine Wunder tun konnte. Begründung: Weil man ihm dort nicht glaubte.

Jesus hat nicht wie eine Wundermaschine den Nahen Osten überrollt. Jesus lässt sich bremsen durch das Nein der Menschen. Weil er um alles in der Welt ihr Ja will. Nicht den Beifall von Zuschauern.

Wunder und Königsherrschaft Gottes

Heilungen und Wunder Jesu geschehen nicht planlos. Sie haben ein Ziel, sie liegen auf einer Linie, deren Fluchtpunkt die Königsherrschaft Gottes ist. Ich möchte das in zweifacher Weise verdeutlichen:

Jesu bringt, indem er Menschen heilt, zum Ausdruck: es wird in Ewigkeit um uns als ganzen Menschen gehen. Gott will Menschen nicht nur geistig erreichen; er nimmt es wahr, wenn es uns dreckig und elend geht. Die Bibel trennt nicht zwischen Leib und Seele, diese Trennung ist ein rationalistisches Erklärungsmodell. Der moderne Mensch hat ein Haus, ein Auto, eine Frau und eine Krankheit.

Der biblische Mensch war mit Leib und Seele krank. Er konnte die Krankheit nicht abspalten, als etwas, was mit ihm gar nichts zu tun hatte. Und wir können das natürlich auch nicht. Wenn Jesus heilt und Wunder tut, liegt das auf einer Linie mit konkreter Gemeinschaft mit den Ausgestoßenen der Gesellschaft. Denn wer damals krank wurde, landete vor den Toren der Stadt, wenn er nicht einer reichen Familie entstammte. Und wer da lag, erörterte nicht die Möglichkeit von Wundern, sondern schrie die Vorübergehenden an. Gelähmte, Aussätzige, Taube und Stumme, Epileptiker, psychisch Kranke liegen da, traumatisierte Gestalten aus Kriegen und Katastrophen. Und genau so, wie Jesus durch gemeinsame Mahlzeiten mit Huren und Steuereintreibern auf das himmlische Festmahl hinweist, ist es ein Zeichen der anbrechenden Königsherrschaft Gottes, wenn er diese Menschen berührt und heilt.

Mehrfach wird von Jesus ein Wunder als Beweis, als Bestätigung und Beglaubigung gefordert – vielleicht unsere Perspektive. Aber weniger die von Jesus. Diese Funktion erfüllen Wunder für ihn anscheinend nicht. Dass ein Wunder geschieht, ist kein Beweis für die Gegenwart und Wirkung von Gottes Geist. Es wird von ihm auch nicht als Beweis dafür ge- bzw. missbraucht, die Forderungen weist er deutlich zurück.

So verbietet es sich auch für Gemeinden, es in dieser Funktion einzusetzen.

Heilungen und Wunder sind für Jesus Teil seines Kampfes gegen das Schlimme und Böse in der Welt, das Menschen ängstlich und klein machen will, gegen Dämonen und Teufel, die Menschen an Leib und Seele zerstören wollen.

So wie in der Gemeinschaft mit ihm deutlich wird, wie Menschen in der Ewigkeit miteinander umgehen werden, so wird in den Heilungen und Wundern deutlich, dass Gott uns mit Haut und Haaren liebt, dass er uns ganz will, unzerstört und geheilt von allem, was uns das Leben so schwer gemacht hat.

Und für beides, für die Gemeinschaft wie für die Heilung gilt: dieser Beginn der Königsherrschaft Gottes kann mit Jesus schon zeichenhaft aufleuchten. Wir sollten das nicht grundsätzlich für unmöglich erklären.

Die Königsherrschaft Gottes ist ein zartes Pflänzchen in dieser Welt. Wer sich auf sie einlässt, verlässt die Sicherheit von Stahlbeton und Asphalt. Menschen, die Wunder mit Jesus erlebt haben, haben etwas riskiert. Und tun das heute noch. Wunder zappt man sich nicht mit der Fernbedienung ins Lebensprogramm.

Neben den Kranken und Ausgestoßenen waren es die Jünger und Nachfolger Jesu, die ihr Wunder mit ihm erlebten und sogar selbst zu Wundern fähig waren.

Sie haben berufliche und soziale Sicherheiten hinter sich gelassen, weil es den Punkt in ihrem Leben gab, wo sie herausgetreten sind. Heraus aus diesem sinnlosen Kreislauf von Geld verdienen, sparen und ausgeben, und beschlossen haben, etwas zu tun, was Ewigkeitswert hat. Sie haben ihr Herz an Jesus und sein Projekt der „Königsherrschaft Gottes" verschenkt. Sie haben einiges verloren, aber im wahrsten Sinne des Wortes unendlich viel gewonnen.

Aber erst in dem Moment, wo sie wie Petrus ihren Fuß aus dem Boot gesetzt haben, erst in dem Moment haben sie gespürt, dass das Wasser trägt. Und wenn Sie sich die Menschen anschauen, die nicht sitzen geblieben sind, die aufgestanden und herausgetreten sind, nicht nur in den Evangelien, wenn Sie sie alle aus einem bestimmten Blickwinkel anschauen, werden Sie merken, dass sie auf einer Linie stehen, sie und die Wunder, die sie erlebt haben. Der Fluchtpunkt, das Ziel dieser Linie, ist die Königsherrschaft Gottes. Dorthin sind sie unterwegs, von dort kommen die Wunder. Es ist eine Frage des eigenen Standpunktes in dieser Sache, ob wir sie für möglich halten.

Was nicht leicht zu nehmen ist: Die Gerechtigkeit 6.3.2

Zeitumstellung

„Jesus predigt das Reich Gottes. Aber gekommen ist die Kirche" („Jésus annonçait le royaume, et c'est l'Eglise qui est venue", Alfred Loisy: L'évangile l'église, Paris 1902) lautet der fast schon zu oft zitierte Klassiker eines französischen Neutestamentlers aus der Zeit Ende des 19., Anfang des 20. Jahrhunderts. Er fasst zusammen, was man in den vorausgehenden zwei Jahrhunderten beim Forschen über den historischen Jesus entdeckt hatte und was noch immer nicht als Wissen in den Gemeinden weitergereicht wurde:

Die übliche Dreiteilung der Zeiten ist falsch. Diese ging davon aus, dass es eine Zeit Jesu gab und jetzt eine schon ziemlich lange Zeit der Kirche. Und dann, als drittes irgendwann, wird das Reich Gottes kommen, die Königsherrschaft Gottes. Man lebt jetzt, in der Zeit der Kirche, aus der Erinnerung an Jesus und in der Hoffnung auf das Reich Gottes. Die Kirche hat dabei eine Schlüsselrolle: sie entwickelt in ihrer Dogmatik so etwas wie ein Copyright und ein alleiniges Interpretationsrecht für Jesus, seine Worte und Taten. Und, fast noch dramatischer: sie bestimmt auch, wer in Zukunft dabei sein darf, verkauft die Eintrittskarten für das Reich Gottes. Oder verschenkt sie, was am Prinzip aber auch nichts ändert.

Jesus selbst hat keine Zeit der Kirche eingeplant. Für ihn hat die Königsherrschaft Gottes mit dem Beginn seines Wirkens angefangen. Zur Erinnerung: sein erster öffentlicher Satz lautete: „Und jetzt ist die Königsherrschaft Gottes nahe herbeigekommen. Ihr braucht euch nur umzudrehen, dann seht ihr sie. Sie liegt 180 Grad zu eurer bisherigen Blickrichtung." (Markus 1,15) Das hat Jesus nicht alleine getan. Deshalb gibt es vor und nach seiner Auferstehung Menschengruppen, Gemeinschaften, die diese Umkehr gemeinsam ausprobieren und einüben. Wo sie das wirklich tun, hat die „Königsherrschaft Gottes" schon begonnen.

Damit verliert die Kirche als Institution ihre Vermittlerfunktion. Sowohl im Blick auf Jesus als auch hinsichtlich des Gottesreiches. Zugespitzt formuliert: Gemeinde ist Königsherrschaft Gottes in der Gegenwart des auferstandenen Jesus. Oder gar nichts. Eine Kirche, die dogmatisch festlegt, was früher war und darüber bestimmt, was zukünftig sein wird, braucht kein Mensch. Denn entscheidend ist, was sich heute ereignet.

Bei Jesus hat die Zukunft schon begonnen. Das heißt nicht, dass nichts Neues mehr passieren kann. Aber wie das passiert, entscheidet sich jetzt. Damit wir das besser verstehen, erklärt Jesus es in Gleichnissen. In fast allen seinen Gleichnissen ist dieser Zug zu entdecken: dass unter der Oberfläche der Gegenwart die Zukunft schon am Werk ist, erfassbar für den, der seine Augen hat, um damit auch wirklich zu sehen.

Markus 4, 3 – 8: Ein Sämann sät und das Saatgut fällt auf vier verschiedene Bodenarten: Stein, Weg, Dornen, Acker. Nur ein Viertel der Saat geht auf und wird zu Frucht, drei Viertel werden auf verschiedene Weise vernichtet.

Aber das eine Viertel wächst und bringt mehr, unverhältnismäßig mehr Ertrag als der Einsatz betrug. Jesus nimmt menschliche Erfahrung von Frust und Enttäuschung auf, aber er lenkt unsere Konzentration auf das eine, gelingende Viertel. Die Enttäuschung gehört dazu, aber die Königsherrschaft Gottes blüht auf und übertrifft in den 25 gelingenden Prozent die vergeblichen 75 Prozent. Das Kommen der Königsherrschaft Gottes ist in der Erde verwurzelt, verbunden mit unserem Gelingen und Scheitern.

Markus 4, 30 – 32: Im Doppelgleichnis von Senfkorn und Sauerteig ist der Kontrast noch größer: Das Kleinste, was ein Auge erkennen kann, wird zu einer Staude, in der die „Vögel des Himmels" nisten können. Oder 125 ml Sauerteig können 40 Liter Teig durchsäuern. Königsherrschaft Gottes ist Liebe Gottes in hoch konzentrierter Form. Aber die Pointe: der Wachstumsprozess, die Durchdringung dieser Welt, hat mit Jesus schon begonnen. Dort, wo das beginnt, ist die Gemeinde Jesu. Das Saatgut, der Sauerteig, gehört nicht in kirchliche Vorratskammern. Es wird auch nicht irgendwann und ganz plötzlich vom Himmel fallen. Es beginnt jetzt, oder wir treiben eine ganz andere Sache als Jesus.

Matthäus 13, 24 – 50: In anderen Gleichnissen, wie dem vom Fischnetz oder vom Unkraut zeigt Jesus, dass die Königsherrschaft inmitten der Widersprüche dieser Welt wächst: mit einem Fischnetz fischt man neben dem Fang auch noch ziemlich viel Mist aus dem See. Oder ein böser Mensch sät nachts heimlich ein Unkraut in meinen Acker, das vom Weizen kaum zu unterscheiden ist.

Später in der Kirchengeschichte – und die beginnt ja schon im Neuen Testament – konzentrierte sich viel (zu viel) Energie darauf, die störenden Elemente auszusortieren. Jesus aber sagt noch: „Lasst Gleiches zusammen wachsen." Konzentriert eure Energie auf das Positive. Ihr werdet griesgrämig, wenn ihr immer nur Schuldige dafür sucht, warum in eurer Gemeinde das Reich Gottes nicht wächst. Die Welt ist so, wie sie ist. Und das Beste, was ihr für sie tun könnt, ist, aufzuhören, sich darüber zu beschweren.

Markus 4, 26 – 29: Ein provozierendes Zeugnis seiner Gottgelassenheit gibt Jesus im Gleichnis von der selbstwachsenden Saat: vom Menschen, der an Geduld erinnert wird und daran, dass Wachstumsprozesse in der Natur und in der Liebe (und deswegen auch im Reich Gottes) eine innere Dynamik, Energie haben. Wer die Pflänzchen aus der Erde zieht, im Irrglauben, sie würden dann schneller wachsen, der macht sie kaputt.

Wer die Gegenwart begreift, gewinnt Zeit, gewinnt die Zukunft für sich. Zeit ist geschenkte Zeit, muss nicht vertrieben oder rumgebracht werden. Wer auf das Reich Gottes wartet wie auf das Glöckchen vom Weihnachtsmann, wird in seiner Ungeduld blind für das Entscheidende, das im Moment passiert.

„Von jetzt an dringt die Königsherrschaft mit großer Kraft durch und Entschlossene machen sie zu ihrer Sache" (Mt 11, 12 f.) Seit Jesus ist die Zeit des Wartens vorbei.

Matthäus 13, 44 – 46: Am schönsten kommt das im Gleichnis vom verborgenen Schatz im Acker zum Ausdruck. Die Königsherrschaft Gottes ist verborgen in dieser Welt. Aber sie ist auffindbar, sie ist da. Und bei dem, der sie findet, löst sie einen Prozess aus: alles wird relativ im Hinblick auf die Entdeckung.

Der Mann, der alles verkauft, um den Acker zu kaufen, bringt kein Opfer. Für ihn ist das Geschäft ein Gewinn. Nicht in seiner kaufmännischen Moral ist er ein Vorbild. Jesu Menschenbild ist realistischer als das kirchlicher Predigt. Seine Pointe: Die Selbstverständlichkeit des Entschlusses. Der Mann, der den Acker kauft, soll nicht bewundert werden. Im Hirn der Hörer soll der Satz aufleuchten: „Ein Trottel, wer nicht so handelt."

„Die Königsherrschaft Gottes erkennst Du" sagt Jesus, „wenn Du sie für Dich als Gewinn entdeckst, als Schatz in Deinem Lebensacker. Du erkennst sie an Deiner Reaktion: ‚die muss ich unbedingt haben'. So lange du noch denkst: ‚das müsste ich eigentlich tun', ist noch irgendwas Fremdes dabei."

Fazit: Die Königsherrschaft Gottes sprengt die Dimension der Zeit. Sie ist nicht einkalkulierbar in Gegenwart, Vergangenheit und Zukunft. Man kann nicht klagen: ‚früher war alles besser' oder vertrösten ‚irgendwann wird es losgehen'.

Das Reich Gottes hat mit Jesus begonnen. Und es beginnt zu allen Zeiten, wenn Menschen mit Jesus beginnen. Die Berechnung von Zeiten, die Einteilung von Epochen, wird von Jesus zurückgewiesen (Lukas 17, 20 f.). Solche Fahrpläne der Weltgeschichte sind eine Erfindung der Kirche, um der Kirche als Institution eine Berechtigung zu geben, einen Ort in der Weltgeschichte.

Dieser Prozess aber beginnt schon im Neuen Testament, wenige Jahrzehnte nach Jesu Tod. Sogar in den Evangelien finden sich Spuren beginnender Kirchengeschichte, besonders bei Lukas, für den im Evangelium noch nicht alles gesagt ist und der deswegen noch eine Apostelgeschichte dranhängt. Es handelt sich um eine menschlich verständliche Reaktion auf das Unfassbare der Botschaft Jesu; es ist der Versuch, die unermessliche Liebe im anbrechenden Gottesreich in den Griff zu bekommen; das Wagnis, das nötig wäre, geschickt zu vermeiden.

Die Vermeidungsstrategie heißt: Das mit Jesus ist doch schon zwanzig oder zweitausend Jahre her. Das kann nicht mehr so gelten. Vielleicht irgendwann, am Ende aller Zeiten, wenn Jesus wiederkommt. Aber das ist auch noch lange hin. Wahrscheinlich. Hoffentlich.

Kirche sein heißt: den Acker kaufen. Aber mit dem Geld anderer Leute. Den Schatz nicht ausgraben. Sondern den Acker als Baugrundstück erwerben.

Wir bleiben in diesem Bild und fragen:

[1] Was hat die Königsherrschaft Gottes mit dem Jüngsten Gericht zu tun? Oder: Gibt es eine Hölle?

Auf der Linie des bisher gesagten möchte ich versuchen, eine heute vertretbare Position zu den Aussagen Jesu zum „Urteil im Jüngsten Gericht" zu entwickeln, ohne seine manchmal schroffe Position schönzureden.

Wer zu viel, zu groß, zu stabil und zu endgültig baut und mauert auf dem Acker seines Lebens, tragischerweise auch noch genau da, wo der Schatz vergraben war, kommt nicht an das heran, was in ihm, in seinem Leben versteckt ist. Jesus taten Menschen leid, die alles konnten und wussten, aber nicht an sich und Gott rankamen.

Wenn der Boden des Ackers erst mal mit Beton versiegelt ist, reicht kein Spaten mehr, um an den Schatz heranzukommen. Wenn dann noch große Gebäude darauf stehen, braucht man schweres Gerät.

Das Jüngste Gericht ist fast immer ein schmerzhafter Prozess. Dabei geht auch etwas kaputt. Und zwar genau die Konstruktionen, die Mauern, der Beton, die man aus Angst und Dummheit über dem Schatz, auf dem weichen verletzlichen Boden des Ackers, errichtet hat.

Nach Jesus ist die Königsherrschaft Gottes die Lebensform, der Lebensstil, der auf ewig Bestand hat. Alles andere wird vergehen, sagt er. Und er warnt uns vor Täuschung, die gerade dann fast perfekt ist, wenn das, was vergeht, so eindrucksvoll daherkommt, mit einem Anspruch auf Ewigkeit. [2]

Es ist für jeden Menschen auf ewig wichtig, in dieser Königsherrschaft Gottes zu leben. Es ist die einzige Überlebensform der Menschheit. Und deswegen wird Jesus sehr ernst, zornig und traurig, wenn Menschen sich den Zugang verbauen und vermauern.

Jesus sagt: Gott wird Mauern einreißen und versiegelten Boden wieder aufsprengen. Aber gerade nicht, um Menschen zu zerstören. Sondern um ihre Selbstzerstörung zu beenden.

Das Jüngste Gericht ist die machtvolle Beendigung menschlicher Selbstzerstörung. Zwei Dinge sind daran spannend:

Erstens: So wie die Königsherrschaft Gottes beginnt das Jüngste Gericht bei Jesus schon jetzt. Die Gegenwart ist Entscheidungszeit. Für Jesus gibt es in jedem Menschenleben immer wieder Situationen, wo ein Mensch mit dem Spaten vor seinem Lebensacker steht. Oder wo er sich entscheiden muss: investiere ich das mir anvertraute Lebenskapital für die Königsherrschaft Gottes oder in Maßnahmen und Strategien, diese zu verhindern.

Es gibt eine ganze Reihe drastischer Gerichts-Gleichnisse. In ihnen erzählt Jesus von Menschen, die ihr Leben auf tragische Weise vertun und verspielen. Diese Menschen gibt es wirklich. Jesus will sie erschrecken, weil er sich um ihre Seelen sorgt.

Das Jüngste Gericht findet bei Jesus in der Form intensiver und ernsthafter Seelsorge statt. Seelsorge bei Jesus heißt nicht, den Mauern einen farbenfrohen Anstrich zu geben. Sondern, sie Stein um Stein abzutragen, bis der Mensch zum Vorschein kommt.

Zweitens: Auf dem Hintergrund dieses Zieles wird noch etwas deutlich. Jesus verzichtet auf jede Schilderung dessen, was wir uns „Hölle“ zu nennen angewöhnt haben. Es gibt für Jesus nur die Königsherrschaft Gottes. Das ist erfülltes, zufriedenes Leben in Gemeinschaft mit Gott und anderen Menschen, das bedeutet, für immer ein Ziel, eine Aufgabe, einen Sinn zu haben.

Das Gegenteil ist der Beschluss des Menschen, das nicht zu wollen. Was wir für Hölle halten ist kein Feuerofen, sondern der Beschluss des Menschen, allein zu bleiben, niemandem zu vertrauen, nur für die eigenen Interessen einzutreten, usw. Das ist schon vor dem Tod eine elende Existenz. Und das bleibt es auch nach dem Tod. Jesus hat von Gott den Auftrag bekommen, uns daran zu erinnern: nach dem Tod gibt es keine andere Entscheidung mehr. Die Entscheidung „Ewiges Leben“ oder „Ewige Einsamkeit“ muss vor dem Tod getroffen werden.

Weil das so ist, wird Jesus in seiner Warnung oft sehr drastisch, zieht alle Register, bringt skandalöse Beispiele. Die Gleichnisse, die zeigen, wie in jedem Menschenleben die Königsherrschaft Gottes verborgen ist, sind voll von Dieben, korrupten Richtern, ungerechten Arbeitgebern, gerissenen Angestellten, bitteren Konsequenzen scheinbar harmlosen Handelns.

Sie sollen aufrütteln aus bürgerlicher Moral und angepasstem „Ich hab doch gar nichts gemacht!“ Ja, genau, sagt Jesus, das ist ja das Problem: die Königsherrschaft Gottes ist nicht auf dem Weg der Vermeidungsstrategie zu erreichen. Deine Talente, deine Gaben sollst du nicht eingraben, sondern einsetzen, um den Schatz auszugraben.

Das Wunderbare eines Lebens in Gottgelassenheit, eines von Liebe und Gemeinschaft erfüllten Lebens, eines Lebens mit einem Ziel und einem Sinn – kurz, des ewigen Lebens – das hat nur eine Kehrseite: man kann es verpassen. Es gibt keine von Gott verhängte Strafe. Es gibt nur eine Konsequenz aus der eigenen Entscheidung.

[3] Welche aktive Rolle spielt Gott/Jesus im Jüngsten Gericht?

Jeder Mensch entscheidet im Laufe seines Lebens, ob er bei dieser großen und endgültigen Sache Gottes Mitarbeiter werden will oder lieber seinen eigenen Plänchen nachgeht. Diese Entscheidung kann nur vor dem Tod gefällt werden, und auch das ewige Leben mit all seinem Gewinn an Lebensqualität und Fülle ist nach Jesus jetzt, zumindest teilweise, schon intensiv zu spüren.

Jetzt kündigt Jesus aber an, dass die Frage, wer auf ewig in der Königsherrschaft Gottes leben wird, nicht nur eine Entscheidung des Menschen ist. Jesus sagt, dass Gott in dieser Frage sozusagen auch ein Mitspracherecht hat. Diese Mitsprache hat den Charakter einer Bestätigung oder Verwerfung menschlicher Entscheidung, aber auch menschlichen Verhaltens.

Die Schlüsselrolle in diesem Urteil Gottes kommt der Beziehung zu, die ein Mensch im Laufe seines Lebens zu Jesus gewonnen hat, welche Position er zu Jesus und seinem Einsatz für Gottes Sache auf Erden bezogen hat.

Jesus wird dabei als Anwalt der Menschen auftreten: „Wer mich vor den Menschen bekannt hat, zu dem werde ich mich vor dem Vater im Himmel bekennen." (Lk 12,8) Dieses Bekennen schließt ein, dass man nicht die Klappe gehalten hat, wenn man gefragt wurde, ob man zu Jesu Leuten gehört.

Aber es geht über ein Lippenbekenntnis hinaus. Bekennen meint auch, ob man sich durch Botschaft und Lebensweise Jesu auch konkret hat berühren lassen, ob sich in der eigenen Lebensführung irgendetwas durch die Beziehung zu Jesus geändert hat. Nicht jeder, der immerzu ruft „Herr Jesus!", hat begriffen, worum es in der Königsherrschaft Gottes geht. Und wird deswegen auch nicht dabei sein, warnt Jesus.

Es wird hier auf der Erde und in Ewigkeit immer wieder zu Überraschungen kommen, wer denn nun bei der ganzen Sache dabei ist, mit wem ernsthaft zu rechnen ist und mit wem nicht. In einem eindrücklichen Gleichnis legt Jesus die Kriterien dar. Und die orientieren sich eindeutig nicht daran, ob man das dogmatisch korrekte Verständnis von ihm hat, sondern ob man sich von Botschaft und Lebensweise Jesu hat aufrütteln lassen: „Wer tut, was Gott will, der ist meine Schwester und mein Bruder", sagt Jesus in Matthäus 25, 31 – 45:

Matthäus 25, 31 – 45

»Wenn der Menschensohn in seiner Herrlichkeit kommt, begleitet von allen Engeln, dann wird er auf seinem Herrscherthron Platz nehmen. Alle Völker der Erde werden vor ihm versammelt werden, und er wird die Menschen in zwei Gruppen teilen, so wie ein Hirt die Schafe von den Böcken trennt. Die Schafe wird er auf seine rechte Seite stellen und die Böcke auf seine linke Seite. Dann wird der König zu denen auf seiner rechten Seite sagen: ‚Kommt her! Euch hat mein Vater gesegnet. Nehmt Gottes neue Welt in Besitz, die er euch von allem Anfang an zugedacht hat. Denn ich war hungrig und ihr habt mir zu essen gegeben; ich war durstig und ihr habt mir zu trinken gegeben; ich war fremd und ihr habt mich bei euch aufgenommen; ich war nackt und ihr habt mir etwas anzuziehen gegeben; ich war krank und ihr habt mich versorgt; ich war im Gefängnis und ihr habt mich besucht.' Dann werden die, die den Willen Gottes getan haben, fragen: ‚Herr, wann sahen wir dich jemals hungrig und gaben dir zu essen? Oder durstig und gaben dir zu trinken? Wann kamst du als Fremder zu uns und wir nahmen dich auf, oder nackt und wir gaben dir etwas anzuziehen? Wann warst du krank oder im Gefängnis und wir besuchten dich?' Dann wird der König antworten: ‚Ich versichere euch: Was ihr für einen meiner geringsten Brüder oder für eine meiner geringsten Schwestern getan habt, das habt ihr für mich getan.' Dann wird der König zu denen auf seiner linken Seite sagen: ‚Geht mir aus den Augen, Gott hat euch verflucht! Fort mit euch in das ewige Feuer, das für den Teufel und seine Engel vorbereitet ist! Denn ich war hungrig, aber ihr habt mir nichts zu essen gegeben; ich war durstig, aber ihr habt mir nichts zu trinken gegeben; ich war fremd, aber ihr habt mich nicht aufgenommen; ich war nackt, aber ihr habt mir nichts anzuziehen gegeben; ich war krank und im Gefängnis, aber ihr habt euch nicht um mich gekümmert.' Dann werden auch sie ihn fragen: ‚Herr, wann sahen wir dich jemals hungrig oder durstig, wann kamst du als Fremder, wann warst du nackt oder krank oder im Gefängnis – und wir hätten uns nicht um dich gekümmert?‘ Aber er wird ihnen antworten: ‚Ich versichere euch: Was ihr an einem von meinen geringsten Brüdern oder an einer von meinen geringsten Schwestern zu tun versäumt habt, das habt ihr an mir versäumt.‘

Ob man zeitlich und ewig in der Königsherrschaft Gottes lebt, ist eine eigene Entscheidung. Aber diese wird nicht mündlich getroffen, sondern mit der ganzen Existenz. Dabei geht es nicht um Perfektion und Fehlerlosigkeit, sondern um die Frage, woran das Herz hängt, wofür es schlägt. Was man tut, wenn einen niemand beobachtet.

Gott ist – sagt Jesus immer wieder – voller Gnade und Großzügigkeit, wenn es um tausend Fehler, leichte und schwere Schuld, um unzählige Sünden und verkorkste Existenz, missglücktes Leben geht. Aber er kann um der Geschlagenen, zu kurz Gekommenen, Ausgebeuteten und Misshandelten, also um derer willen, an denen Jesu ganzes Herz hing, die nicht einfach in der Königsherrschaft Gottes dabei sein lassen, die ein Leben lang auf ihre Kosten gelebt haben.

Die Armen, die Hungernden, die Weinenden, Verfolgten und Leidenden aller Zeiten, sagt Jesus, werden zuerst in einer großen, erschütternd großen, Zahl in das Königreich Gottes einziehen. Dort werden ihre Wunden verbunden, ihre Tränen getrocknet, dort bekommen sie die besten Plätze am festlich gedeckten Tisch Gottes. Und dann dürfen sich diese Armen ihre Tischnachbarn aussuchen.

Mensch, sagt Jesus, du musst wirklich nicht perfekt sein. Aber sieh doch zu, dass einer dieser Armen auf dich zeigen kann und sagt: den kenn ich!

Matthäus 6, 24 – 34

»Niemand kann zwei Herren zugleich dienen. Er wird den einen vernachlässigen und den andern bevorzugen. Er wird dem einen treu sein und den andern hintergehen. Ihr könnt nicht beiden zugleich dienen: Gott und dem Geld. Darum sage ich euch: Macht euch keine Sorgen um euer Leben, ob ihr etwas zu essen oder zu trinken habt, und um euren Leib, ob ihr etwas anzuziehen habt! Das Leben ist mehr als Essen und Trinken, und der Leib ist mehr als die Kleidung! Seht euch die Vögel an! Sie säen nicht, sie ernten nicht, sie sammeln keine Vorräte – aber euer Vater im Himmel sorgt für sie. Und ihr seid ihm doch viel mehr wert als Vögel! Wer von euch kann durch Sorgen sein Leben auch nur um einen Tag verlängern? Und warum macht ihr euch Sorgen um das, was ihr anziehen sollt? Seht, wie die Blumen auf den Feldern wachsen! Sie arbeiten nicht und machen sich keine Kleider, doch ich sage euch: Nicht einmal Salomo bei all seinem Reichtum war so prächtig gekleidet wie irgendeine von ihnen. Wenn Gott sogar die Feldblumen so ausstattet, die heute blühen und morgen verbrannt werden, wird er sich dann nicht erst recht um euch kümmern? Habt ihr so wenig Vertrauen? Also macht euch keine Sorgen! Fragt nicht: ‚Was sollen wir essen?‘ ‚Was sollen wir trinken?‘ ‚Was sollen wir anziehen?‘ Mit all dem plagen sich Menschen, die Gott nicht kennen. Euer Vater im Himmel weiß, dass ihr all das braucht. Sorgt euch zuerst darum, dass ihr euch seiner Herrschaft unterstellt und tut, was er verlangt, dann wird er euch schon mit all dem anderen versorgen. Quält euch also nicht mit Gedanken an morgen; der morgige Tag wird für sich selber sorgen. Es genügt, dass jeder Tag seine eigene Last hat.«

Bitte lesen Sie die folgenden Bibeltexte:

Weiterdenken

Matthäus 25, 31 – 45
Matthäus 6, 24 – 34

1. Was ist an diesen Aussagen Jesu ärgerlich und anstößig?
2. Was würde man gewinnen, wenn man trotzdem über diese Worte für sich nachdenkt?
3. Wie könnten diese Worte das Verhältnis zu anderen Menschen ändern?
4. Was bedeutet für Sie in diesem Zusammenhang der – ähnlich anstößige – Satz Jesu: „Macht euch Freunde mit dem ungerechten Mammon!" (Lk 16,9)
5. Welche Vorteile hat es, arme Menschen zu kennen?
6. Was spricht für Sie aus eigener Erfahrung dafür, was dagegen, dass Vers 3 stimmt.

meine Notizen

6.4 Wie und für was lebten Jesus und seine Freunde?

6.4.1 Eine kurze Vorstellung der Freunde Jesu

Fangen wir mit den Freundinnen an. Denn sie scheinen die Basis zu bieten für das Projekt Jesu von der Verwirklichung der Königsherrschaft Gottes. Und zwar in zweifacher Hinsicht.

Erstens: Sie scheinen die materielle Basis für Jesus und die Jünger gebildet zu haben, sie „dienten ihm mit ihrem Vermögen", beschreibt es Lukas in Kapitel 8, 3 und „sorgten für den Unterhalt Jesu und seiner Jünger". Bei Frauen findet Jesus Unterschlupf und Nahrung; so schildern es einige Szenen, am bekanntesten ist die bei Maria und Marta aus Lukas 10, 38 – 42.

Zweitens: Dass das Erwähnung findet, war nicht nur damals für die Darstellung „berühmter Männer" einmalig. Die Evangelien gehen in ihrer Schilderung darüber hinaus und berichten von vielen Frauen, die sich mit Jesus im wörtlichen Sinn auf den Weg machten: Maria von Magdala, Johanna, die Ehefrau eines Verwaltungsbeamten von Herodes und eine Susanna, von der wir nichts wissen, werden namentlich erwähnt.

Einmalig, nicht nur in der antiken Literatur, ist der Kontrast, der geschildert wird. Bei aller Geschäftigkeit und Wichtigtuerei der männlichen Jünger sind es die Frauen, für die Nachfolge bis zum Kreuz geht. In der Nacht, in der es Jesus an den Kragen ging, waren alle Männer verschwunden. Und wenn sie hervortreten, dann als Verräter wie Judas oder Verleugner wie Petrus. Konsequent ist es daher, dass diese Frauen, die vor dem Tod die Letzten an Jesu Seite waren, nach seiner Auferstehung die Ersten sind, mit denen er Kontakt aufnimmt.

Manchmal scheint es so, dass die männlichen Jünger, in ihrem Unverständnis und ihrer Unzuverlässigkeit, nur die negative Kontrastfolie zu den Jüngerinnen abgeben sollen.

Jünger hat Jesus dann aber auch berufen. Es scheinen ganz zu Beginn seiner Tätigkeit am See Genezareth nur vier gewesen zu sein, zwei Brüderpaare: Simon Petrus, sein Bruder Andreas und die Brüder Jakobus und Johannes, alle Fischer von Beruf. Jesus hat nach seiner Wüstenzeit in der Gruppe des Johannes nicht mehr in Nazareth, seiner Heimatstadt, gelebt, sondern unter den Fischern und den Kleinbauern ganz im Norden Israels, um den See Genezareth. Die Berufungsgeschichten fassen pointiert zusammen, was in Wirklichkeit das Ergebnis geteilten Lebens und des allmählichen Aufbaus einer Beziehung war. Jesus scheint in Kapernaum sogar ein eigenes Haus (Mk 2, 1) gehabt zu haben und hat vor Beginn seines öffentlichen Wirkens dort womöglich als Fischer und Kleinbauer gearbeitet. Diese ersten vier Freunde scheinen so etwas wie die ehemaligen Arbeitskollegen gewesen zu sein. Außer Andreas haben sie alle Beinamen, die darauf schließen lassen, dass sie zu einer damals bekannten und gefürchteten bewaffneten Widerstandsgruppe gegen die römische Besatzung gehörten, zu den Zeloten.

Lukas schildert zu Beginn des fünften Kapitels, wie Jesus und die vier dazu kamen, ihren Beruf an den Nagel zu hängen: Auslöser war eine Wirtschaftskrise in der Fischbranche. Nächtelang vergebliche Ausfahrten brachten sie und ihre Familien an den Rand des finanziellen Ruins. Als fromme Juden beteten sie in der Not zu Gott. Die Gebetserhörung scheint auf so ungewöhnliche, zugleich großartige wie erschreckende Weise geschehen zu sein, dass Jesus sie für das Projekt „Königsherrschaft Gottes" gewinnen kann.

Beides wird für die Zusammensetzung der Jesusgemeinschaft typisch bleiben: wirtschaftliche Notsituationen wie die grundsätzliche Bereitschaft, sich – wie eben die Zeloten – politisch zu engagieren.

Tragisch spitzt sich diese Ausgangslage im Schicksal des Judas Iskariot zu. Sein Beiname bezeichnet mit „Dolchträger" den radikalen Flügel der zelotischen Bewegung. Es wird zu Recht vermutet, dass er bis zum Ende den Weg des gewaltfreien Widerstandes von Jesus nicht akzeptiert hat. Was Petrus in einem dramatischen Dialog mit Jesus (Mk 8, 31-33) noch mühsam begreift: dass der Weg Jesu tödlich und ohne Gegenwehr enden muss – was ihn nicht daran hindert, im Moment der Verhaftung Jesu einem Soldaten mit einem auch vor Jesus lange versteckten Dolch eine lebensgefährliche Kopfverletzung zuzufügen – damit konnte Judas nicht leben: er gibt der Polizei entscheidende Hinweise. Es ist nicht seine Absicht, Jesus zu töten. Er hofft, durch die Zuspitzung der Situation Jesus endlich dazu zu bringen, Gewalt einzusetzen. Er ist aufgrund seines Glaubens der festen Überzeugung, dass Gott in seinem Messias Jesus seine Königsherrschaft mit Macht durchsetzen werde, dass sich diese Macht Gottes schon zeigen werde, wenn die Situation ausreichend kritisch geworden ist. Als sein Glaube in der Verhaftung und Ermordung Jesu zusammenbricht, bringt er sich um.

Mit einem weiteren Jünger, dem zweiten Simon, gehören insgesamt sechs Jünger, also die Hälfte, zur Widerstandsgruppe der Zeloten. Sie setzten ihre zelotischen Aktivitäten in der Nachfolge Jesu nicht fort. Aber sie waren durch ihre vorherige Tätigkeit hellhörig und sensibel für die Botschaft Jesu geworden.

Die andere Hälfte setzte sich aus Außenseitern der Gesellschaft zusammen, wie der Zöllner Levi einer war. Über ihren Lebensstil vor und nach der Berufung wird später noch mehr zu sagen sein.

Dass Jesus den engsten Kreis seiner Jünger auf 12 beschränkte, hatte symbolische Bedeutung. Sie standen für die 12 Stämme Israels. Nach Jesu Vorstellung konnte die Königsherrschaft Gottes nur in diesem Volk Israel beginnen. Auch andere innerjüdische Erneuerungsbewegungen wie die Klostergemeinschaft in Qumran wurden von 12er Gremien geleitet.

Zu zwei Jüngern aus dem engeren Viererkreis hatte Jesus eine besondere Beziehung: zu dem ungestümen und etwas unzuverlässigen Petrus, den er über die drei Jahre gemeinsamen Weges zu einer Art Co-Leiter aufbaute, trotz oder gerade wegen seines defizitären Charakters. Und zu einem sogenannten „Lieblingsjünger", wahrscheinlich dem sensiblen und einfühlsamen Johannes, der in der 12er Gruppe und darüber hinaus eine seelsorgerliche Funktion einnahm.

Johannes der Täufer wurde kein Jünger Jesu, aber nicht aus Konkurrenz, sondern weil er zu Beginn der Tätigkeit Jesu verhaftet und kurz darauf ermordet wurde. Dafür sind einige seiner Anhänger mit Jesus losgezogen. Die größte Veränderung für sie war, dass man unter Johannes in der Wüste gewartet hatte, dass die Menschen kamen – und nun unter Jesus zu den Menschen in die Dörfer und Städte ging.

6.4.2 Die Atmosphäre unter den Freunden Jesu

Jesus war auf eine merkwürdige Art der Leiter. Äußerlich mag die Gruppe das Bild einer Schülerschar um einen Meister, einen Rabbi, abgegeben haben. Aber die Binnenstruktur war anders definiert – und zwar von Jesus her. Er sieht sich selbst als den Diener seiner Jünger, er ist für sie da, nicht sie für ihn. Und wenn er irgendwo der erste ist, dann darin, die Drecksarbeit zu tun.

Er wäscht ihnen die vom Umherziehen völlig verdreckten Füße (Joh 13). Und wenn es Streitereien um den Führungsanspruch in der Gruppe gibt, macht er klar: Wer hier der erste sein will, muss der erste sein, der den Kopf für die anderen hinhält (Mk 10).

Das Projekt „Königsherrschaft Gottes" hatte in der Jesusgruppe höchste Priorität. Es stand über allen familiären und materiellen Bindungen. Nachfolge Jesu ist kein Ergänzungsprogramm zu einem ansonsten unabhängig von Gott schon komplett verplanten Leben. Jesus nachfolgen ist eine Alternative zu anderen Lebensentwürfen; wer Jesus nachfolgt, kann bestimmte Dinge in seinem Leben nicht mehr verwirklichen.

Damit Menschen es begreifen, spitzt Jesus es in zwei beispielhaften Extremsituationen so zu, dass es weh tut. Einem, der ihm nachfolgen will, aber zuvor noch seinen gerade gestorbenen Vater beerdigen will, schleudert er entgegen: Entweder jetzt oder nie! Lass doch die Toten ihre Toten beerdigen (Mt 8, 22).

Einem anderen Mann, jung und sehr reich, macht Jesus klar, dass er für ihn vor Gott keine andere Perspektive sieht, als seinen ganzen Besitz, Immobilien, Bankkonten, Bargeld, restlos und ohne die geringste Reserve an die Armen zu verschenken.

Wie überall entwickelt Jesus aus diesen Fällen keine Systematik: andernorts trauert er selbst mit um Verstorbene, anderen Reichtum möchte er selbst für die Königsherrschaft Gottes nutzen. Aber in der seelsorgerlichen Konfrontation macht er einzelnen Menschen klar: Es gibt für dich den Punkt, der dich hindert, für die Freiheit der Herrschaft Gottes, für die radikale Liebe des Vaters im Himmel offen zu sein. Für den einen ist dieses Hemmnis der leibliche Vater – über dessen Tod hinaus. Für den anderen ist es der Besitz, der ihm die Sicherheit geben soll, die dann Gott nicht mehr geben kann.

Das Ganze aber, und das spürt man beim Lesen der Evangelien, atmet nicht den Geist von einer Wahnsinnsidee gehetzter Fanatiker. Man hat im Gegenteil den Eindruck: hier hat eine Gruppe von Menschen aufgehört, sich hetzen zu lassen. Ihre Mission ist die Gelassenheit in Gottes Liebe. Jesus zuerst, und auch seine Jünger, haben viel zu sagen und zu tun. Aber das geschieht aus der Kraft des Rückzugs, immer wieder, alleine oder in kleinen Gruppen, auf den Bergen um den See Genezareth oder als Team in einem ihrer alten Fischerboote in der Ruhe des Sees. Wenn sie mit Menschen sprechen, hören sie zu und nehmen ihr Gegenüber wahr. Sie können das, weil Jesus um sich ein Team gebildet hat, das seine Konflikte geklärt und sein Ziel bestimmt hat und deswegen nicht ständig mit sich selbst beschäftigt ist. Die Menschen werden von diesen wandernden Charismatikern in ihrer Alltagssituation aufgesucht und wahrgenommen, in diesem Alltag wird Gott genau an dem wunden Punkt jedes einzelnen Menschen zur Sprache gebracht, der Mensch wird geheilt, psychisch und physisch. Die Botschaft dieser umherziehenden Gruppe: Wer zu Gott will, muss seine Alltagsthemen an keiner Tempelpforte oder Synagogentür abgeben. Wer zu Gott will, dem zeigen wir Gott mitten im Alltag, genau an dem Punkt, wo er am allerwenigsten vermutet wird.

Soziale und finanzielle Situation der Freundesgruppe Jesu 6.4.3

Je mehr wir uns mit dem Lebensstil Jesu und seiner Jünger auseinandersetzen, desto deutlicher wird uns die Diskrepanz zu jeder Form der Gemeinde, selbst zu der Urgemeinde oder den ersten Gemeinden des Paulus. Die Jesusgruppe ist geprägt von dem vierfachen Verzicht auf Heimat, Wohnsitz, Familie und Besitz – all das war in den ersten Gemeinden selbstverständlich.

Die Worte Jesu vertreten ein **Ethos der Heimatlosigkeit**. Die Berufenen verlassen Beruf und Haus, ihre Äcker, ihre Fischerboote, ihre einträgliche Zollstation. Ein Nachfolgender erhält von Jesus Bescheid: „Die Füchse haben Gruben und die Vögel des Himmels Nester, aber der Menschensohn hat nichts, wohin er sein Haupt legen kann." (Mt 8, 20)

Jesus und seine Leute sind **bei anderen zu Gast**: bei Zöllnern, Frauen, selbst Pharisäern. Aber sie treten nie als Gastgeber auf. Selbst für ihr letztes Zusammensein am Abend des Karfreitags müssen sie sich in ein fremdes Dachgeschoss einquartieren.

Die Jünger Jesu haben **sämtliche familiären Beziehungen abgebrochen**. Sogar von gegenseitigem Hass und Unverständnis ist die Rede. Jesus weist Mutter und Brüder schroff zurück, als die ihn bei seiner neuen Tätigkeit besuchen und zur Rede stellen. In Nazareth bei seiner Sippe und seinen ehemaligen Nachbarn kann Jesus sich nicht mehr blicken lassen, das schon erwähnte Wort Jesu – die Beerdigung des eigenen Vaters betreffend – geht in dieselbe Richtung. Auch die Gründung eigener Familien ist nicht im Blick, Jesus lebt ehelos. Ein Familienleben war auch für die Jünger in der Wanderschaft mit Jesus undenkbar.

Schließlich gehörte **der vollkommene Verzicht auf Besitz** zum Charakteristikum dieser Gruppe. Wer dabei sein wollte, musste vorher seinen gesamten Besitz verschenken oder zurücklassen. Wer auf Besitz verzichtet, verzichtet auf jede menschliche Möglichkeit, sich von Sorgen zu entlasten. Kein Geld, nicht einmal eine Tasche hatten diese Menschen bei sich.

In diesem vierfachen Verzicht lebten sie in totaler Abhängigkeit von Gott – was konkret bedeutete: in Abhängigkeit von anderen Menschen. Sie lebten in Identität mit Jesus, der ihnen über den Tod hinaus zusagt: „Wer Euch aufnimmt, nimmt mich auf." (Mt 10, 40).

Zu den ersten Gemeinden gibt es keine soziologische Kontinuität. In dieser Gruppe wandernder Charismatiker aber ist die Überlieferung der Botschaft Jesu zu Hause, sie lebten, was Jesus predigte. Hier, und nur hier, wurde die Bergpredigt realisiert.

Das muss in einem ersten Schritt festgestellt werden. Denn sonst werden, wie zu oft geschehen, Jesu Worte in symbolischer Umdeutung verwässert. Es ging diesen Menschen um echte Heimatlosigkeit, um wirklichen Besitzverzicht, nicht um inneren Abstand oder nur seelische Unabhängigkeit.

Wenn wir wissen, wie anders Jesus und seine Jünger lebten, verstehen wir, warum wir seine Worte und sein Leben auch oft nicht verstehen. Aber dann können wir diesen Unterschied zwischen Jesus und uns erst einmal akzeptieren und brauchen nicht vorschnell zu behaupten, dass Jesus mit Besitzverzicht und Heimatlosigkeit „eigentlich" etwas ganz anderes meinte.

Trotzdem stellt sich natürlich die Frage: Wovon lebten eigentlich diese Leute, Jesus eingeschlossen? Zunächst: Jesus tut alles, um seinen Freunden klar zu machen, dass er mit ihnen nicht als Bettler auftreten will. In der sogenannten Aussendungsrede ist das Verbot einer Tasche so zu deuten, ebenso die Weisung, man dürfte in einem Ort nicht von Haus zu Haus wechseln oder mehr als einen Tag in einem Haus bleiben. Das Ziel war nicht, sich irgendwie durchzufuttern und über die Runden zu kommen, sondern den Beginn der Königsherrschaft Gottes in jedem Dorf und jeder Stadt bekannt zu machen.

Dieses Bekanntmachen aber wurde von Jesus als echte Leistung verstanden, die eines Lohnes wert ist (Lk 10, 7). Die Leistung bestand in Verkündigung und Seelsorge, also in der Befreiung von Menschen aus falschen Abhängigkeiten, in die Freiheit eines neuen Lebens aus Vertrauen und in der Liebe zu Gott. Dabei ging es nicht nur um Worte: So erbärmlich diese wandernden Charismatiker, Jesus wiederum eingeschlossen, äußerlich daherkamen, in so großer, uns heute unvorstellbarer, Vollmacht handelten sie.

Diese Menschen, die nichts von sich und alles von Gott erwarteten, hatten die Gabe, Wunder zu tun und Heilungen zu vollbringen, auch nach Jesu Tod und zwar genauso lang und immer da, wie und wo Menschen mit ihrem Glauben nicht sesshaft geworden waren und sich wieder in andere Abhängigkeiten begeben hatten.

Man kann historisch einen direkten, kausalen Zusammenhang zwischen äußerer Lebensform und der Fähigkeit, Wunder zu tun, beobachten. Ohne Gottes Handeln in irgendeinen Automatismus einzupressen, lässt sich feststellen: umso mehr Menschen aus eigener Kraft handeln und in selbstgemachter Sicherheit leben, umso weniger haben sie die Chance zu spüren, wie Gott sie trägt – oder gerne tragen würde. Und je mehr Menschen auf diese Sicherheit verzichten müssen, desto wahrscheinlicher oder auch nur notwendiger wird für sie ein Wunder. Die Frage des Erlebens von Wundern und Heilungen jedenfalls ist immer eine Frage des sozialen Status, der finanziellen Situation und des kulturellen Milieus. (Und bis heute bekommt ein eher bürgerlich situiertes Christentum befremdliche Gefühle, wenn bei ganz anderen Christen „angeblich" auf einmal merkwürdige Dinge geschehen.)

Gleichzeitig warnt Jesus vor Magiern und falschen Propheten, die die Menschen mit faulen Tricks hinters Licht und in psychische Abhängigkeit führen. Die Heilungen und Wunder der Jesusgruppe binden nicht an einen Guru; wie wir gesehen haben, weist Jesus jede falsche Abhängigkeitssehnsucht der Menschen zurück: „Dein Glaube hat dir geholfen".

Heilungen sind äußere Zeichen, dass mit dem Beginn der Königsherrschaft Gottes sich auch unsere leiblichen und materiellen Rahmenbedingungen verändern. Von dieser Mission war die Gruppe um Jesus erfüllt, das wollten sie mit Worten und eben auch mit Taten in jedes Dorf tragen – und dafür nahmen sie auch als Dank und Lohn so viel, dass sie es bis ins nächste Dorf schafften. „Gib uns nicht mehr Brot als wir an diesem Tag brauchen", war ihr Gebet. „Wir suchen zuerst das Reich Gottes und seine Gerechtigkeit – alles andere wird Gott für uns organisieren", war ihr Motto. „Klopft an, so wird euch aufgetan", war ihre Erfahrung. Und wenn das nicht klappte, strich man am Sabbat über die Felder und suchte die Ähren nach Körnern ab.

Sie wurden geschmäht, verfolgt und es wurde ihnen – vom Standpunkt bürgerlicher Moral sicher nicht ohne Grund – alles Üble nachgesagt (Mt 5, 11). Unterstützung fanden sie bezeichnenderweise bei denen, die selbst am Rande der Gesellschaft standen, den Mühseligen und Beladenen, den Armen und Hungernden, den Huren und Zöllnern. Die Evangelien gehören zu den wenigen Literaturgattungen in der Weltgeschichte, wo Gruppen zu Wort kommen, die sonst stumm gehalten wurden; wo nicht nur über Arme geschrieben wird, sondern die Armen selbst den Mund aufmachen.

Die Beobachtung eines weiteren Kontrastes: Alle frühen Gemeinden bilden sich in großen Städten: Jerusalem, Antiochia, Ephesus, Korinth, Thessaloniki, Rom, waren die Metropolen der Antike. Die Jesusbewegung, ihr ganzes Milieu, Sprache und Denken aber ist im ländlichen Bereich angesiedelt, bei Pächtern und Tagelöhnern, Kleinbauern, Hirten, Weinbergarbeitern und Fischern. Wenn aber ein Bauer oder Fischer seine Heimat aufgab, verlor er seine Erwerbsmöglichkeit, anders etwa als spätere Missionare wie Paulus, die als Zeltmacher in jedem Ort, jeder Stadt ihren Lebensunterhalt verdienen und somit auch viel mehr Teil der bürgerlichen Gesellschaft, der erwerbstätigen Bevölkerung, wurden. So kann der Handwerker Paulus auf sein Unterhaltsrecht durch die Gemeinde verzichten, der ehemalige Fischer Petrus muss darauf bestehen (1. Kor 9, 5).

Mit Paulus und seiner planmäßigen Mission der großen Städte tritt das Christentum auch sozialgeschichtlich in eine neue Epoche, verändert seinen Charakter. Was jetzt geschieht – und das sei ohne Wertung festgestellt – ist als Werk charismatischer „Bettler" nicht mehr vorstellbar.

Es ist aber deshalb kein Zufall, dass wir in den gesamten neutestamentlichen Briefen, die ja von Stadt zu Stadt gingen, so gut wie kein Jesuswort mehr finden. Sie passten in ihrer Radikalität nicht mehr in die neue Zeit, eine soziale Überlieferungssperre verhinderte das Vordringen der Worte Jesu in die Gemeinden. An die Stelle des irdischen Jesus und seiner noch irdischeren Freunde trat jetzt der auferstandene Christus im Glanz kosmischer Herrlichkeit.

Vor allem Paulus hat diese Problematik erkannt und deswegen – obwohl er wenig Informationen über den irdischen Jesus besaß – seine Botschaft am Kreuz, am jämmerlichen Leiden und Sterben Jesu festgemacht und war so dichter am irdischen Jesus, als ihm vermutlich selbst klar war. So hat er in einer sehr persönlichen und existentiellen Weise das Geheimnis des heruntergekommenen Gottes noch tiefer erkannt als die Evangelien.

Überlebt hat die Sache Jesu merkwürdigerweise nicht in Form der Menschengruppe, die mit Jesus umherzog, sondern derer, die den umherziehenden Jesus aufnahmen. Ein festes Haus, Besitz an Geld und Sachwerten und eine Familie werden schon früh in den Gemeinden zu bemerkenswerten Selbstverständlichkeiten.

Die Erinnerung, dass es anders anfing, ist im Neuen Testament bewahrt. Sie darf um Jesu und seiner Leute willen nicht so umgedeutet werden, als sei alles nicht so gemeint gewesen, so abgeschwächt, dass man in jedes konkrete Wort Jesu eine abstrakte, symbolische Bedeutung hinein liest.

Andererseits ist es unrealistisch zu erwarten, dass nördlich der Alpen eine relevante Zahl von Christen in der Lage sein wird, gesundheitlich die Existenz eines herumwandernden Charismatikers zu überleben. Abgesehen davon, dass, wenn es heißt „klopft an, so wird euch aufgetan", auf der anderen Seite der Tür auch noch ein paar Christen leben müssen.

Genug der Relativierung: Was bleibt, sind diese Sätze Jesu und die Erinnerung daran, dass es zu allen Zeiten wenigstens ein paar Christen geben muss und auch gab, die die Verantwortung dafür übernehmen, dass das Salz nicht schal wird. Dass es gut ist, wenn Christen ihre Häuser öffnen und ihren Besitz teilen. Aber dass wir auch Christen brauchen, die darauf angewiesen sind, die wie Jesus jenseits dessen leben, was wir für anständig und normal halten.

Und am spannendsten: die nicht kopieren, was endgültig vorbei ist, sondern überlegen und ausprobieren, wie so eine Existenz in einer immer noch reichen Industrienation zu Beginn des 21. Jahrhunderts aussehen könnte.

Matthäus 10, 1 – 23

Und er rief seine zwölf Jünger zu sich und gab ihnen die Vollmacht, böse Geister auszutreiben und alle Krankheiten und Leiden zu heilen. Hier sind die Namen dieser zwölf Apostel: Der erste von ihnen Simon, bekannt unter dem Namen Petrus; dann Andreas, der Bruder Simons; Jakobus, der Sohn von Zebedäus, und sein Bruder Johannes; Philippus und Bartholomäus; Thomas und der Zolleinnehmer Matthäus; Jakobus, der Sohn von Alphäus, und Thaddäus; Simon, der zur Partei der Zeloten gehört hatte, und Judas Iskariot, der Jesus später verriet. Diese zwölf sandte Jesus aus mit dem Auftrag: »Meidet die Orte, wo Nichtjuden wohnen, und geht auch nicht in die Städte Samariens, sondern geht zum Volk Israel, dieser Herde von verlorenen Schafen. Verkündet ihnen: ‚Jetzt wird Gott seine Herrschaft aufrichten und sein Werk vollenden!' Heilt die Kranken, weckt die Toten auf, macht die Aussätzigen rein und treibt die bösen Geister aus! Umsonst habt ihr alles bekommen, umsonst sollt ihr es weitergeben. Beschafft euch kein Reisegeld, weder Goldstücke noch Silber- oder Kupfergeld! Besorgt euch auch keine Vorratstasche, kein zweites Hemd, keine Schuhe und keinen Wanderstock! Denn wer arbeitet, hat ein Anrecht auf Unterhalt. Wenn ihr in eine Stadt oder in ein Dorf kommt, dann findet heraus, wer es wert ist, euch in sein Haus aufzunehmen. Bleibt dort, bis ihr weiterzieht. Wenn ihr das Haus betretet, dann wünscht allen, die darin wohnen, Frieden! Wenn sie es wert sind, wird euer Friedenswunsch in Erfüllung gehen. Andernfalls bleibt er wirkungslos. Wo sie euch nicht aufnehmen und nicht anhören wollen, da geht aus dem Haus oder der Stadt weg und schüttelt den Staub von den Füßen. Ich versichere euch: Am Tag des Gerichts wird Gott mit den Leuten von Sodom und Gomorra mehr Nachsicht haben als mit den Bewohnern einer solchen Stadt. Das muss euch klar sein: Ich sende euch wie Schafe mitten unter Wölfe. Seid klug wie die Schlangen und doch ohne Hinterlist wie die Tauben. Nehmt euch in Acht vor den Menschen! Sie werden euch an die Gerichte ausliefern und in ihren Synagogen auspeitschen. Auch vor Statthalter und Könige werdet ihr um meinetwillen gestellt werden, um auch vor ihnen, den Vertretern der nichtjüdischen Völker, als Zeugen für mich auszusagen. Wenn sie euch an die Gerichte ausliefern, dann macht euch keine Sorgen, was ihr sagen sollt oder wie ihr es sagen sollt. Es wird euch im entscheidenden Augenblick schon eingegeben werden. Nicht ihr werdet dann reden, sondern der Geist eures Vaters wird aus euch sprechen. Ein Bruder wird den andern dem Henker ausliefern und ein Vater seine Kinder. Kinder werden sich gegen ihre Eltern stellen und sie in den Tod schicken. Alle werden euch hassen, weil ihr euch zu mir bekennt. Aber wer bis zum Ende standhaft bleibt, wird gerettet. Wenn sie euch in der einen Stadt verfolgen, dann flieht in eine andere. Ich versichere euch: Ihr werdet mit eurem Auftrag in den Städten Israels nicht fertig werden, bis der Menschensohn kommt.«

Weiterdenken

Bitte lesen Sie den folgenden Bibeltext:

Matthäus 10, 1 – 23

1. Stimmen Sie dem Zusammenhang zwischen sozialer Lebensform und der Fähigkeit, Wunder zu tun und zu erleben, zu, oder sehen Sie noch andere Aspekte, die bedacht werden müssen?
2. Wie ist die Geschichte mit den Frauen und Männern in der Kirche weitergegangen? Wie sieht es in Ihrer Gemeinde aus?
3. Auf was könnten Sie am schwersten verzichten: Besitz? Familie? Heimat? (Vorsicht: Suggestivfrage!)
4. Welche Menschen in der Gemeinde sollten für ihre Arbeit bezahlt werden. (Warum die anderen nicht?)
5. Wie könnte eine „radikale Jesus-Existenz" hier und heute aussehen?

meine Notizen

Warum musste Jesus sterben? – Hintergründe von Prozess und Kreuzigung 6.5

Kein unbeschriebenes Blatt 6.5.1

Nach ungefähr zwei Jahren öffentlichen Wirkens in Dörfern und Städten im Norden des Landes um den See Genezareth, zieht „es" Jesus in die Hauptstadt nach Jerusalem. Die grundsätzlich positive Resonanz, die er trotz aller Konflikte erfahren hatte, macht ihn optimistisch, seine und Gottes Sache in einem größeren Rahmen zur Sprache zu bringen. Er wählt dazu das Passahfest des Jahres 33, an dem zu den 55.000 Einwohnern Jerusalems noch 125.000 Pilger in der Stadt waren, also insgesamt 180.000 Menschen.

Die Geschichte der Passion Jesu hat sich uns durch Wiederholung und Gewöhnung wie ein Ritual eingeprägt; wir sehen Jesus auf seinem Weg nach Jerusalem fast mit einer gewissen Unausweichlichkeit am Kreuz enden. Aber Jesus hat in Jerusalem nicht das Kreuz gesucht, sondern die Menschen. Er musste damit rechnen, dass sein Plan lebensgefährlich werden kann, das hat er in Kauf genommen. Aber das war nicht sein erstes Ziel.

Er musste damit rechnen, weil er nicht als unbeschriebenes Blatt nach Jerusalem kam. In gewisser Weise waren es aber andere, die sein Blatt beschrieben hatten, wie ein kurzer Blick auf die gesellschaftliche Situation Anfang der dreißiger Jahre in Israel zeigt.

Die religiösen und politischen Spannungen zwischen Römern und Juden machten Israel zu einem Pulverfass. In kurzen Zeitabständen traten Rebellen und Aufständische auf den Plan, sammelten bewaffnete und unbewaffnete Volksgruppen um sich und stürzten sich in eine religiös motivierte, militärisch aber aussichtslose Auseinandersetzung mit den römischen Besatzern. Auf jüdischer Seite waren hohe Martyriumsbereitschaft, auf römischer Seite totales Unverständnis für orientalische Mentalität zu beobachten, ein antiker „clash of civilisations", der sich in der Grundstruktur in der Region bis heute hält. Auf Jesus bezogen heißt das: jeder, der Anhänger um sich sammelte und Menschenmassen auf sich zog, auch wenn er ihnen nur Brot und Fisch verteilte, setzte sich dem Verdacht aus.

Jesus geriet in einen innerjüdischen Konflikt hinein: so sehr er sich in Galiläa mit den Pharisäern stritt – gesamtisraelitisch gesehen gehörten sie auf seine Seite. Sie wollten genau wie Jesus, die Essener, die Johannes-Gruppe und viele andere die Identität Israels unter römischem Druck und der Beeinflussung durch die Besatzer retten. Als andere, viel mächtigere Gruppe, stand allen zusammen eine Partei gegenüber, die versuchte, durch Anpassung und Assimilation zu retten, was zu retten war – vor allem aber den eigenen politischen und finanziellen Einfluss. Es handelt sich um die Sadduzäer, die auch die einflussreichen Posten in Jerusalem unter sich ausmachten; sie stellten die Hohepriester und hatten die Mehrheit unter den Ältesten im Synhedrion, dem Gremium, wo z.B. der erste Teil des Prozesses gegen Jesus verhandelt wurde.

Zugespitzt formuliert ließe sich als zusammengefasstes Bild aus den Evangelien ausmachen: in den Dörfern und kleinen Städten stritt sich Jesus leidenschaftlich mit den Pharisäern, wie Israel zu retten sei. In Jerusalem traf er in den Sadduzäern auf eine Gruppe, die sich schon gar nicht mehr fragte, ob Israel überhaupt gerettet werden müsste.

Dass Jesus diese Frage in der Hauptstadt neu stellte, war für ihn lebensgefährlich. Er störte das friedliche Arrangement, das man dort mit den römischen Besatzern getroffen hatte. Interessant am Rande: das einzige Mal, wo die Pharisäer in der Passionsgeschichte noch als aktiv Handelnde auftauchen, ist Lukas 13, 31, wo sie Jesus vor dieser für ihn verhängnisvollen Konstellation warnen und ihm klar machen, dass er für diese Leute in direktem Zusammenhang mit dem zwei Jahre zuvor ermordeten Johannes steht.

Eigentlich waren nur noch zwei Fragen offen:

- Würde Jesus irgendeinen „Fehler" machen, eine Provokation begehen, die man ihm anhängen konnte; etwas, was zumindest „pro forma" juristisch greifbar war?
- Würde es gelingen, den Römern als Exekutivgewalt die Gefahr, die man meinte, von Jesus ausgehen zu sehen, so auf den Punkt zu bringen, dass sie handeln mussten und die Sache Jesu nicht als innerjüdisches, rein religiöses Problem abtun konnten?

Wie wir heute wissen, sind beide Fragen mit „Ja" beantwortet worden: Jesus beging eine juristisch greifbare provokante Handlung und man fand den Anklagepunkt, der die Römer zum Handeln zwang.

6.5.2 Was war Volkes Meinung?

Den radikalen Wechsel von „Hosianna" (beim Einzug) zum „kreuzigt ihn!" (im Pilatus-Prozess) interpretierte man bisher als Stimmungsumschwung einer wankelmütigen Bevölkerung, baute es bisweilen aus zu einer negativen Gesamtcharakteristik des jüdischen Volkes als wankelmütig, unzuverlässig und leicht beeinflussbar.

Heute weiß man, dass es sich genau wie in der Leitung des Volkes mit Sadduzäern und Pharisäern einfach um verschiedene Volksgruppen mit verschiedenen Interessen handelte, wie es sie in jedem Volk gab und gibt. „Hosianna" riefen die Pilgergruppen, die vom Land in die Stadt gezogen waren, die Jesus in seiner ganzen Intensität erlebt hatten, neu angefangen hatten, von Gott und ihrem Leben wieder ganz viel zu erwarten – und die auch ganz viel davon erwarteten, dass Jesus jetzt in die Hauptstadt kam.

Sie erlebten und feierten diesen seltsamen Einzug des Armenkönigs in die Stadt der Hoffnung aller frommen Juden, sie begriffen diese Zeichenhandlung Jesu, der nach zwei Jahren zu Fuß das erste Mal daher geritten kam – aber auf was für einem Tier! Die, die Jesus verstanden haben, feiern und inszenieren mit ihm diesen gewaltfreien Einzug des Friedenskönigs in die Hauptstadt, so wie es die Propheten angekündigt haben, „sanftmütig und arm" (Sach 9, 9) wird er einziehen, „schau dich um: auf einem Esel kommt der König zu dir", „ohne Macht und Heer wird es geschehen, sondern durch Gottes Geist".

Die, die vier Tage später: „kreuzigt ihn!" schrien, sind andere; keine Pilger, sondern Jerusalemer Stadtbevölkerung, die durch Jesus (und geistesverwandte Unruhestifter) viel zu verlieren hatten, vor allem den faulen Frieden, den sie mit Rom geschlossen hatten. Sie sahen nicht das, was Jesus von anderen Aufständischen unterschied, hatten seine Botschaft vermutlich gar nicht gehört. Sie sahen nur die Menschenmenge, die Unruhe und fürchteten, dass die Römer dasselbe sahen. Ihre Meinung ist in einem Satz zusammengefasst: „Es ist besser, dieser Typ stirbt, als dass die Römer uns alle für Rebellen halten und umbringen" (Joh 11,49 – 50. 18, 14).

Die Falle 6.5.3

Jesus geriet mit der eben genannten zweiten Gruppe in seinem Protest gegen den Tempel aneinander. Sein wütendes Vorgehen gegen Geldwechsler und Verkäufer, das Umstürzen der Tische und Stühle im Vorbereich des Tempels, war eine spontane Aktion, richtete sich gar nicht gegen den Tempel, sondern gegen seinen Missbrauch als religiöse Geldmaschine. In seiner Wut steckt also im Kern eine große Liebe zum Tempel.

Aber so wurde er nicht verstanden. Der Tempel war ein sensibler Punkt im Konflikt von Stadt- und Landbevölkerung: auf dem Land war er durch die damit verbundene Tempelsteuer ein Symbol für religiöse Unterdrückung und Ausbeutung, für die Städter dagegen ein Wirtschaftsfaktor erster Güte. Und zwar durch alle sozialen Schichten: Die Vornehmen der Stadt profitierten von Steuern und Abgaben, Gastronomie und Hotelgewerbe von den zehntausenden Pilgern, die Kleinhändler im Tempelbezirk machten ihre Geschäfte.

Am meisten aber profitierten alle, die am riesigen Tempelbauprojekt des Herodes einen Arbeitsplatz gefunden hatten, Ingenieure, Architekten, Maurer, Zimmerleute, Tagelöhner, und so weiter. Zur Zeit, als Jesus in Jerusalem einzog, waren 18.000 Menschen in staatlich subventionierten Arbeitsplätzen direkt oder indirekt mit dem Tempelbau beschäftigt, über 20 Prozent der Familien in Jerusalem bezogen ihr Einkommen direkt aus dieser Arbeit. Die Tempelbauarbeiter waren die Automobilindustrie dieser Zeit, sie konnten ihre Weiterbeschäftigung zum Politikum machen und haben das auch getan. Sie konnten phantastische Löhne fordern, das Bauvorhaben wurde immer größer und zog sich am Ende beinahe 80 Jahre in die Länge.

Aus einem Bau war längst ein Instrument der Pax Romana geworden, der römischen Friedens- und Beruhigungspolitik: wer am Tempel baute, war von der Straße herunter, gefährdete nicht mehr die öffentliche Ordnung, sondern verteidigte sie.

Selbst die gesamtpolitisch gesehen relativ harmlose, fast nur symbolische Handlung Jesu, war in dieser Situation wie der berühmte Funke ins Pulverfass. Es kam das Gerücht auf, Jesus habe mit seinen Anhängern den Plan, den Tempel niederzureißen (Mk 14, 58); ein Punkt, der immer wieder vom Gegner vorgebracht wird, auch von Zeugen auf dem späteren Prozess.

Keiner von den 55.000 Einwohnern, vom einfachen Volk bis zu Spitzenfunktionären, konnte von diesem Plan begeistert sein. Wenn es um die Erhaltung von Arbeitsplätzen geht, bilden sich gerne die ganz großen Koalitionen. Keiner der 55.000 Einwohner aber wusste, wie viele der 125.000 Pilger, die gerade in der Stadt waren, Anhänger Jesu waren. Er konnte 100 Anhänger haben, genauso gut aber 100.000.

Dass sich in Jerusalem eine große Allianz über alle sozialen Schichten bildete, die mit guten realpolitischen Gründen sich über das Umstoßen von Tischen und Stühlen zu Tode erschreckte, lässt sich gut nachvollziehen. In diesem Moment fällt der Entschluss, Jesus zu verhaften. Ihn zu verwirklichen, scheint in dem Gedränge der Pilger politisch unklug, man beschließt, auf eine günstige Gelegenheit zu warten.

6.5.4 Abschied von den Freunden

So tritt noch einmal eine Atempause ein. Jesus traf sich mit seinen engsten Freundinnen und Freunden in einem Dachgeschoss. Man feierte zusammen das Passahmahl, das Mahl, das die Juden in der Erinnerung an den Auszug aus Ägypten feierten.

Jesus war seit vier Tagen in Jerusalem. Neben dem Protest im Tempel war es noch zu einigen anderen Konfliktszenen gekommen, alle in der Öffentlichkeit. Es war Jesus nicht entgangen, dass man anfing, ein Auge auf ihn zu werfen. Das Klima der Gespräche hatte sich verändert, man stritt nicht mehr um eine gemeinsame Sache, sondern seine Gegner fingen an, ihn persönlich anzugreifen und in Frage zu stellen (Mk 11, 27 – 33), oder ihm Fangfragen zu stellen, bevorzugt zu politischen Themen (Mk 12, 13 – 17).

Auf dem Weg nach Jerusalem war Jesus klar geworden, dass es in der Hauptstadt für ihn lebensgefährlich werden könnte (Mk 8, 31), jetzt bewahrheiteten sich diese Befürchtungen.

Die Möglichkeit des eigenen Todes rückt in den Blick und die damit verbundene ganz menschliche Frage, ob es noch ein Zurück gibt. Und dann trifft Jesus in diesen Tagen die Entscheidung, den Weg weiterzugehen, auf seine Weise, ohne Gegengewalt und in dem in ihm gewachsenen Vertrauen, dass Gott einen auch in Extremsituationen nicht allein lässt, dass man seine Hilfe dann am intensivsten und schönsten spürt, wenn man eigene Absicherung und Vorsorge an zweite Stelle setzt. Er hat erfahren, wie Gott bei ihm war in kalten Nächten unter freiem Himmel, wie er überraschend eingeladen wurde gerade in dem Moment, als der Hunger größer war, als man eigentlich ertragen kann. Und so vertraut er sich Gott in der neuen Extremsituation wieder an.

Er fängt an, von der Möglichkeit seines Todes auch mit den Jüngern zu sprechen, mehr als denen lieb ist (Mk 8, 31). Jesus ist nicht lebensmüde, er folgt auch nicht einem geheimen, zwangsläufigen Plan, einer Art göttlichem Geheimbefehl, der diesen Tod zu irgendwelchen höheren Zwecken will. Alles das ist spätere, teils berechtigte, teils unberechtigte Deutung des Todes Jesu aus der Perspektive unbeteiligter Spätgeborener.

In den Tagen von Jerusalem sah es im Herzen von Jesus anders aus. Er geht diesen Weg, der den Tod in Kauf nimmt, aus Sehnsucht nach echtem, tiefem und ehrlichem Leben. Er hat alles falsche Getue der Menschen satt, ihren kranken Ehrgeiz, ihre Heidenangst und Eitelkeit. Jesus hat zwei Jahre mit 70, vielleicht 100 Menschen gemeinsam etwas anderes erlebt und gelebt: wie man sich ehrlich in die Augen schauen konnte, füreinander einstand und sich hundertprozentig auf den anderen verlassen konnte, wie man nicht mehr um sich selber kreiste und ständig rumjammerte, sondern sich für die einsetzte, denen es wirklich schlecht ging, wie sie jederzeit auf diese Weise spürten, wie Gottes Liebe und Kraft unter ihnen wirkte.

Das Ganze aber geschah in keiner Weise asketisch oder gar fanatisch. Auf beinahe irritierende Art sieht man Jesus mit Armen und Reichen, Huren und Pharisäern, Tagelöhnern und Großgrundbesitzern Festmahle feiern. Es gab Orte, in die kam Jesus, und man stritt sich beinahe darum, wo er und seine merkwürdige Schar am Abend essen würden. Jesus ließ sich einladen, aber in Wahrheit war er der Gastgeber. Er hat die Gestaltung von Gemeinschaftsmahlen als Teil seines göttlichen Auftrags verstanden, sie ist die Realisierung der uralten prophetischen Idee, dass am Ende der Zeiten Gott mit allen Menschen an einem festlich gedeckten Tisch sitzen wird.

Als Jesus mit seinen besten Freundinnen und Freunden am Abend vor seiner Ermordung in dieser Dachkammer sitzt und sie zu feiern versuchen, kommt diese ganze Erinnerung hoch. Obwohl ihnen zum Heulen zumute ist, spricht keiner aus, was alle denken.

Da nimmt Jesus ein Stück hartes, ungesäuertes Brot und bricht es mitten durch. Das Knacken des zerbrechenden Laibes unterbricht die Stille, und alle schauen auf ihn. Dann sagt er, was in der Luft lag: so werden sie mich zerbrechen, so werde ich an dieser Welt zerbrechen. Ich will, dass auf dieser Erde eine Gemeinschaft möglich ist, wo einer für den anderen alles gibt, sogar das eigene Leben. Wir haben in den letzten zwei Jahren das letzte Hemd geteilt. Morgen oder übermorgen werde ich mich verhaften oder sogar töten lassen, damit ihr mit dem Leben davon kommt. Und eure Gemeinschaft wird davon leben, dass einer bereit war, für seine Freunde zu sterben. Esst von diesem zerbrochenen Brot und ihr bleibt durch mich miteinander verbunden.

Dann essen sie gemeinsam ihr trauriges Festmahl – traurig, aber ein Fest. Weil es in der Traurigkeit von der Freude ungezählter Festmähler der letzten Jahre lebt.

Als sie fertig gegessen haben, nimmt Jesus den Kelch und spricht ein langes Dankgebet. Er dankt Gott, dass er diese jämmerliche Truppe zwei Jahre lang nicht nur irgendwie durchgebracht, sondern zu den fröhlichsten und mutigsten Menschen gemacht hat, die je auf dieser Erde gelebt haben. Er dankt, dass sie in diesen zwei Jahren nicht nur Wasser, sondern ziemlich oft auch Wein getrunken haben, dass sie Ideale und Träume hatten, aber auch feiern konnten mit Menschen, die ihre Ideale nicht teilten.

Dabei sieht er die dunkelrote Farbe des Weines, und er wird ihm zum Symbol für vergossenes Blut. Er hat noch vom Tage das Geschrei des aufgebrachten Mobs in den Ohren, die Blicke der Polizeispitzel im Kopf, und es wird ihm klar, dass es Situationen gibt, wo der Tod die einzige ehrliche Möglichkeit ist, weiterzuleben. Er will nicht fliehen, er will sich nicht mit Gewalt wehren, er will seinen Weg bis zu diesem Punkt nicht verleugnen. Und er sagt: Mein Blut wird vergossen werden wie die unvorstellbar große Menge unschuldig vergossenen Blutes auf dieser Erde, unschuldiges Blut, weil Menschen Schuld auf sich geladen haben. In meinem Leben bin ich bei den kleinen Leuten gewesen, in meinem Tod bin ich bei den Opfern.

Und zum Schluss dieses seltsam-unvergesslichen Festmahls hat Jesus eine Bitte: Wie auch immer ihr weitermacht, Freunde, feiert und esst zusammen und erinnert euch dabei an mich. Ich werde dabei sein, wenn ihr das Brot teilt und den Wein herumreicht. Und denkt an den Tag, an dem wir alle zusammen dieses große Fest am Tisch Gottes feiern werden.

In so einer Nacht kann niemand schlafen. Eigentlich haben sie sich zum Abschied schon umarmt, doch dann gehen sie nicht in ihre Nachtquartiere, sondern in einen nahegelegenen Garten. Dort laufen und sitzen sie herum, beten und weinen, alle zusammen bis auf einen, Judas Iskarioth. Der hatte etwas anderes zu erledigen, kommt später nach. Allerdings nicht alleine, sondern mit einem von den Sadduzäern rasch zusammengestellten Schlägertrupp, keine offizielle Polizei, die Schwerter und Knüppel sind in der Dunkelheit kaum zu erkennen.

Und dann geht alles sehr schnell. Judas gibt Jesus den schrecklichsten Kuss aller Zeiten, ein Zeichen für die sadduzäischen Hells Angels. Die Jünger können in der Dunkelheit unbemerkt entkommen. Jesus wird fortgeschleppt, wie immer in solchen Fällen etwas brutaler, als es eigentlich nötig wäre.

Sind die Juden schuld an Jesu Tod? 6.5.5

Die Frage ist falsch gestellt, obwohl sie oft gestellt und verhängnisvoll oft mit „Ja" beantwortet wird. Sie geht von drei falschen Voraussetzungen aus:

Jesus sei schon Christ gewesen. Jesus war aber der Christus, und das ist etwas anderes. Denn Christus-Messias ist ein jüdischer Hoffnungsbegriff, und so war Jesus mit allen seinen Jüngern zuerst einmal Jude. Jesus hat keine Gemeinden gegründet oder gar Kirchen gebaut, das alles gehört einer späteren Zeit an. Aber wenn Jesus zum Gemeindechristen gemacht wird, entsteht eine falsche Polarität, ein Gegenüber (hier: Jesus und seine Jünger = die früheste Kirche – dort: alle anderen Juden), das es so nie gegeben hat. Jesus war, wie wir gesehen haben, Teil einer innerjüdischen Kontroverse. Zusammen mit seinen Jüngern stand er einigen Gruppen, wie den Pharisäern, sehr nahe, anderen, wie den Sadduzäern, eher ferner, von wieder anderen, wie der Johannes-Gruppe und den Essenern, hat er, was den bedingungslosen Glauben an Gott betrifft, viel gelernt. Zumindest auf dem Land, in Dörfern und kleinen Städten, hatte er mehr Freunde als Feinde. Jesus und das jüdische Volk sind nicht zwei Größen, die sich gegenüber stehen wie später Kirche und Israel. Jesus ist als Jude ein Teil seines Volkes.

Dieses jüdische Volk ist in sich so inhomogen, dass man es gar nicht als ein handelndes Subjekt zusammenfassen kann. Die aktiven Gegner Jesu, die Sadduzäer, waren eine verschwindende, aber mächtige Minderheit im jüdischen Volk, gefürchtet, aber nicht geliebt. Diese Minderheit handelt aus Angst vor und mit Unterstützung der römischen Behörden gegen Unruhe, Volksbewegungen und charismatische Anführer aller Art. Die Mehrzahl aller Juden dachte und handelte vor allem auch anders. Jesus persönlich werden die meisten überhaupt nicht gekannt haben, der Schwerpunkt seines Wirkens lag im äußersten Norden des Landes, in einer Fläche von einem Drittel der Größe des Rheingau-Taunus-Kreises. Wie unbekannt er z.B. in Jerusalem war, zeigt die

Tatsache, dass man zu seiner Identifikation bei der nächtlichen Verhaftung den Judas benötigte. Zeitgeschichtlich gesehen war die Ermordung Jesu eine Episode am Rande, in einer Zeit von Wirren, Aufständen, brutaler Besatzungsgewalt und märtyrerhafter Gegengewalt, von Suche nach neuer religiöser Identität in Israel. Die Juden als Volk waren nicht schuld an der Kreuzigung, sondern selbst Opfer zehntausender Kreuzigungen und anderer Hinrichtungen, bis zum Untergang des Staates Israel am Beginn des 2. Jahrhunderts nach Christus.

Das weist auf den dritten Punkt, der besonders in Zusammenhang mit der Kreuzigung Jesu wichtig ist: **Israel lebte zur Zeit Jesu unter einer Besatzungsmacht**, die nur eine sehr eingeschränkte politische Autonomie gestattete. Todesurteile zu fällen und zu vollstrecken gehörte z.B. nicht in die Befugnisse jüdischer Verwaltung. Die Römer ließen in Israel bestimmte, vor allem religiöse, Institutionen bestehen. Bei der Besetzung von Posten nahm man gelegentlich auf die Gefühle der Bevölkerung Rücksicht, es gab sogar ein Beschwerderecht des obersten jüdischen Gremiums, des Hohen Rates, direkt beim Senat in Rom. Doch lebten die Reste jüdischer Selbstverwaltung von der Gnade der Besatzer; wurde das Volk zu unruhig, beschnitt man ihre Rechte, verhielten sich alle brav, gab es ein paar Freiheiten. Jüdische Verwaltung und römische Besatzer waren sich darin einig, dass Ruhe im Land das Wichtigste sei. Dabei war man klug genug zu wissen, dass diese Ruhe auf militärischem Weg alleine nicht zu gewinnen war, Arbeitsbeschaffungsmaßnahmen wie das Tempelbauprojekt zeugten nicht nur von wirtschaftspolitischer, sondern auch von kulturell-religiöser Klugheit.

Zur Zeit Jesu arbeiten jüdische Verwaltung und römische Besatzung besonders gut zusammen. Pilatus und Kajaphas hatten eine ungewöhnlich lange gemeinsame Amtszeit, die bezeichnenderweise fast gleichzeitig endete. Sie standen in ständigem direkten Kontakt und konnten bei Krisen sehr schnell reagieren. Das Kommando und auch die Verantwortung hatte dabei natürlich Pilatus.

Der Prozess Jesu in seinem Spannungsfeld zwischen jüdischem und römischem Recht, in dem Aufeinanderprallen von religiösen, politischen und wirtschaftlichen Motiven, ist vielfach untersucht worden. Sehr stark verkürzt lässt sich für die Frage, wer eigentlich die Verantwortung an Jesu Tod trägt, zusammenfassen:

[1] Die Verhandlung vor dem jüdischen Hohen Rat muss als eine Art Voruntersuchung einer untergeordneten und zu keiner Entscheidung befugten Verwaltungsbehörde gesehen werden. In diesem sogenannten Synhedrion (= Hohen Rat) hatten die Sadduzäer die Mehrheit.

Das Interesse dieser Mehrheit im Hohen Rat war, sich bei der Aufrechterhaltung öffentlicher Ordnung mit den Römern kooperativ zu zeigen. Man mag es moralisch verurteilen, sicher spielten auch unlautere, korrupte Motive eine Rolle. Aber das Scheitern der sadduzäischen Kompromissbemühungen und das Überhandnehmen rebellischer Kräfte führten im Jahr 70 zur Zerstörung Jerusalems durch römische Truppen, in den Jahren 112 bis 115 zum Untergang des Staates Israel und zur Vertreibung der Juden aus Palästina bis 1948, mit allen bekannten Folgen. Das soll ein Versuch zur Ehrenrettung der Sadduzäer sein. [2]

In der Einschätzung Jesu lag das Synhedrion sicher daneben und unterlag einer optischen Täuschung. Man sah ihn einfach in der Reihe mit Hunderten von Rebellen und Volksaufwieglern, man war am Passahfest mit 125.000 aufgewühlten Menschen in den engen Gassen der Stadt sehr nervös und griff einfach zu, als dann im Tempel ein paar Tische und Stühle umfielen. Jesus war nicht der einzige Volksheld, der in dieser Nacht verhaftet wurde. Von insgesamt vier Menschen, Jesus eingeschlossen, wissen wir, dass sie am nächsten Morgen zum Tode verurteilt wurden, einer, Barrabas, wurde begnadigt. Damit war das Passahfest im Jahr von Jesu Tod noch sehr ruhig, es gab Tage, da wurden vor den Toren Jerusalems über hundert Menschen gekreuzigt. [3]

Der Anteil des jüdischen Hohen Rates an der Verurteilung Jesu bestand darin, eine für die Römer juristisch verständliche und politisch motivierende Formulierung zu finden, um sie zum Handeln zu bringen. Man fand zwei Punkte: [4]

- Die Tempelgeschichte traf, wie vorhin beschrieben, den wirtschaftspolitischen Nerv römischer Besatzungsstrategie.
- Die Frage, ob er der Messias, der Sohn Gottes, sei, die Jesus nach eigenem Verständnis bejahte, war nur scheinbar eine religiöse, innerjüdische Angelegenheit. Der Messias war für Israel auch der wiedergekommene König David, der Israel wieder zu alter Größe führen und von politischer Fremdherrschaft befreien sollte. Obwohl das ganz und gar nicht im Programm Jesu lag, war es doch mit den Begriffen Messias/Gottessohn/König verbunden. So haben die Sadduzäer Jesus entweder absichtlich oder unabsichtlich missverstanden, wenn sie bei der Übergabe Jesu an die römische Polizei nach Ende des Verhörs sagten: „Dieser Mann behauptet, der neue König der Juden zu sein“. Die Römer jedenfalls mussten, wenn diese politische Dimension hinzutrat, schnell handeln.

Was sie bekanntlich ja dann auch taten: das Todesurteil war die juristisch vorgesehene Strafe für einen Menschen, der nicht Bürger des römischen Reiches war und sich des schweren Landfriedensbruchs schuldig gemacht hatte. Auf Amnestie per Volksakklamation konnte Jesus bei der Jerusalemer Stadtbevölkerung nicht mehr hoffen, nachdem er sich in der Tempelangelegenheit unbeliebt gemacht hatte. Das Urteil wurde am Morgen gefällt und schon am Mittag vollstreckt. Urteil und Art der Vollstreckung geschahen in der Art und Weise eines militärischen Standgerichts.

Bei der Frage nach der Verantwortung für den Tod Jesu treffen wir auf eine komplexe Verflechtung innen- und außenpolitischer Interessen, religiöser und wirtschaftlicher Motive. Am Tod Jesu trägt kein Volk, noch nicht einmal eine Volksgruppe, alleine die Schuld.

Die Frage nach der Ursache des Todes Jesu lässt sich nicht juristisch, sondern nur theologisch beantworten (Klaus Berger). Für das von Jesus gelebte und verkündete Modell menschlichen Zusammenlebens ist in einer Welt voll Eigeninteresse und Intrigen kein Platz. Wer es trotzdem lebt, muss mit Unverständnis, Verfolgung und eben sogar dem Tod rechnen. Das wird auch die Erfahrung der Jünger und der ersten Gemeinden nach Ostern sein.

Mit anderen Worten: für den Menschen, wie Gott ihn gedacht hat, voll Vertrauen und Liebe, ist in einer Welt, die sich von Gott abgewandt hat, kein Platz. Irgendwie funktioniert die Welt auch mit Misstrauen und auf Berechnung, auch mit Hass und Angst lässt sich eine stabile Konstruktion menschlichen Zusammenlebens errichten. Das hat die Darstellung der Interessenverflechtung jüdischer und römischer Eliten zur Zeit Jesu gezeigt.

Aber es ist nicht das Leben, das Gott gewollt hat: wenn man morgens nicht mehr in den Spiegel und abends dem anderen nicht mehr in die Augen schauen kann, wenn man dem anderen nicht mehr die Hand geben kann, weil man sie wie Pilatus ständig in Unschuld waschen muss. Vor allem aber, wenn man keine Freunde mehr hat, sondern nur zufällige, zeitlich begrenzte und nie von Misstrauen freie Interessengemeinschaften.

Die von Jesus mit seinen Jüngern begonnene und in den Gemeinden fortgesetzte Liebesgemeinschaft steht dazu in einem schmerzhaften Kontrast. Sie wird von der Gesellschaft wie ein Fremdkörper ausgestoßen. Obwohl dieses Leben, wie Gott es will, für jeden freier und leichter wäre, fehlt das Vertrauen, sich darauf einzulassen. Es scheint leichter, sich mit Macht abzusichern und mit Geld zu bezahlen, als sich im Vertrauen fallen zu lassen und das Glück geschenkt zu bekommen.

Und merkwürdigerweise wird die Liebe Gottes von den Machtstrukturen dieser Welt als Bedrohung empfunden, provoziert es die Frommen am Meisten, wenn Sünden vergeben werden, reizt es die Gewalttätigen bis aufs Blut, wenn auf Gewalt verzichtet wird. In der Kreuzigung des Sohnes Gottes wird das Drama dieser Welt offenbar: die Menschen müssen zerstören, was sie retten könnte. Man könnte meinen, es gehe mit dem Teufel zu.

Die Hinrichtung 6.5.6

Nach der Feststellung und der Bestätigung des Urteils beginnt die Folterung und Verhöhnung Jesu durch römische Soldaten. Es gehört zum System dieser Welt, Menschen die kontrollierte Auslebung sadistischer Triebe zu gestatten, sei es durch aktive Beteiligung, sei es durch voyeuristischen Genuss.

Die Folter bestand in Auspeitschen mit Lederriemen, an deren Ende Bleiklumpen und Nägel befestigt waren. Sie musste beendet werden, sobald die Knochen sichtbar wurden. Im speziellen Fall von Jesus macht man sich noch den Spaß, in Anspielung auf die Urteilsbegründung „König der Juden", ihm eine Krone mit spitzen und langen Dornen ins Gesicht zu drücken. Die so misshandelten Hinzurichtenden wurden einen längeren Weg als nötig durch die Gassen der Stadt getrieben, auf einen Platz außerhalb, der so gelegen war, dass möglichst viele Menschen zusehen konnten, die das dann auch merkwürdigerweise taten. Öffentliche Hinrichtungen dienten nicht so sehr der Abschreckung, sondern schufen eine geheimnisvolle Identifikation des Volkes mit den Mächtigen, zugleich steigerten sie die Abscheu vor den erbärmlichen Gestalten, die zur Hinrichtung geführt wurden. Ihre Nacktheit, Entblößung und Misshandlung erweckten seltsamerweise bei den Zuschauern kein Mitleid, sondern Ekel und den unbedingten Willen, mit ihnen nichts zu tun haben zu wollen.

Wer mit entblößten Geschlechtsteilen durch den Staub zu seiner Hinrichtung kriecht, verliert jede Würde. Alles, was er vorher Großes getan und Wichtiges gesagt hat, wird in diesem Moment lächerlich und irrelevant. Und genau das ist der beabsichtigte Effekt. Dass er eingetreten ist, zeigt sich bei Jesus an den Reaktionen und hasserfüllten Zurufen, die er vor und während seiner Kreuzigung zu hören bekommt: „Anderen hat er geholfen, dieser große Mann, aber selbst kann sie sich nicht helfen, diese Kreatur, die da angekrochen kommt."

Jesus wird auf das Kreuz gelegt und angenagelt, die Nägel werden durch Hand- und Fußgelenke getrieben. Dann wird das Kreuz aufgerichtet. Der Tod tritt erst nach einigen Stunden durch langsames Ersticken ein. Es sind Worte Jesu überliefert, die er in diesen letzten Stunden gesprochen hat. Das wichtigste ist: „Mein Gott, mein Gott, warum hast du mich verlassen?" Als Jesus das schreit, ist Gott so sehr Mensch geworden, dass er wie ein Mensch Gott nicht mehr sieht, nicht mehr glauben kann, dass es in diesem Elend und Leid noch einen gibt, den man Gott nennen dürfte.

Niemals war Jesus so sehr Gottes Sohn, wie in diesem Moment, da er seine göttliche Gestalt vollkommen abgelegt hatte. Rudolf Otto Wiemer schreibt (»Ernstfall« Stuttgart 1973, 300):

Das Wort

Keins seiner Worte
glaubt ich, hätte er nicht
geschrien: Gott, warum
hast du mich verlassen.

Das ist mein Wort, das Wort
des untersten Menschen.

Und weil er selber
so weit unten war, ein
Mensch, der »Warum« schreit und
schreit »Verlassen«, deshalb könnte man
auch die anderen Worte,
die von weiter oben,
vielleicht,
ihm glauben.

6.5.7 Was nach dem Tod geschah

Als Jesus stirbt, sind seine Jünger schon längst nicht mehr in Jerusalem. Sie sind geflohen aus der Stadt, noch in der Nacht; bis auf Petrus, der aber in dieser Nacht auch keine glückliche Figur macht.

Die Jüngerinnen sind die Einzigen, die Jesus im Sterben nicht allein lassen. Sie sehen auch von ferne, wie ein frommer Jude Jesus nach dessen Tod vom Kreuz abnimmt und in sein Erbgrab legt. Die Römer ließen Gekreuzigte bis zur Verwesung am Kreuz hängen, ihre Beerdigung war verboten, damit keine Märtyrergräber entständen. In Israel machten sie auf Antrag eine Ausnahme, denn nach jüdischem Recht durften Tote nicht öffentlich zur Schau gestellt werden.

Der Pharisäer Josef von Arimathäa stellt diesen Antrag. Es ist ein Pharisäer, kein Jünger Jesu, der ihm diesen letzten Dienst erweist und sich die Finger schmutzig macht, als er ihn in sein eigenes Grab legt.

Markus 14, 32 – 42

Sie kamen zu einem Grundstück, das Getsemani hieß. Jesus sagte zu seinen Jüngern: »Bleibt hier sitzen, während ich beten gehe!« Petrus, Jakobus und Johannes nahm er mit. Angst und Schrecken befielen ihn, und er sagte zu ihnen: »Ich bin so bedrückt, ich bin mit meiner Kraft am Ende. Bleibt hier und wacht!« Dann ging er noch ein paar Schritte weiter und warf sich auf die Erde. Er betete zu Gott, dass er ihm, wenn es möglich wäre, diese schwere Stunde erspare. »Abba, Vater«, sagte er, »alles ist dir möglich! Erspare es mir, diesen

Kelch trinken zu müssen! Aber es soll geschehen, was du willst, nicht was ich will.« Dann kehrte er zu den Jüngern zurück und sah, dass sie eingeschlafen waren. Da sagte er zu Petrus: »Simon, du schläfst? Konntest du nicht eine einzige Stunde wach bleiben?« Dann sagte er zu ihnen allen: »Bleibt wach und betet, damit ihr in der kommenden Prüfung nicht versagt. Der Geist in euch ist willig, aber eure menschliche Natur ist schwach.« Noch einmal ging Jesus weg und betete mit den gleichen Worten wie vorher. Als er zurückkam, schliefen sie wieder. Die Augen waren ihnen zugefallen, und sie wussten nicht, was sie ihm antworten sollten. Als Jesus das dritte Mal zurückkam, sagte er zu ihnen: »Schlaft ihr denn immer noch und ruht euch aus? Genug jetzt, die Stunde ist da! Jetzt wird der Menschensohn an die Menschen, die Sünder, ausgeliefert. Steht auf, wir wollen gehen; er ist schon da, der mich verrät.«

Weiterdenken

Bitte lesen Sie die folgenden Bibeltexte:

Markus 11, 27 – 33
Markus 12, 13 – 17
Markus 14, 32 – 42

1. Welchen Eindruck haben Sie, wie es in Jesus in diesem Moment aussieht?
2. Warum greift Gott nicht ein und rettet Jesus im letzten Moment vor dem Tod?
3. Haben Sie Verständnis für das Verhalten der Jünger?
4. Warum ist es nicht nur falsch, sondern gefährlich zu sagen: „Die Juden sind schuld am Tod von Jesus."?
5. Ist es für Sie wichtig, dass Jesus menschliche Verzweiflung kennt? Oder wäre es besser, er wüsste nicht, was Todesangst und Gottverlassenheit sind?

meine Notizen

6.6 Wozu ist Jesus gestorben? (Die Auferstehung)

6.6.1 Wer kann die Auferstehung verstehen?

Dass einer, der tot war, wieder lebendig wird, spricht gegen alle Vernunft. Nun spricht aber auch noch einiges andere, was Jesus getan hat, gegen alle Vernunft. Und so ist zuerst danach zu fragen: Was sind die Rahmenbedingungen dafür, dass Auferstehung vorstellbar wird? Was sind das für Menschen, die erlebt haben und noch erleben: Jesus ist auferstanden?

Die Auferstehung wurde genau von den Menschen erlebt und verstanden, die auch das Leben Jesu mitgelebt und verstanden haben. Keine perfekten, oft unverständige und am Schluss ziemlich ängstliche Menschen. Aber Menschen, die mit Jesus alle eigene Sicherheit hinter sich gelassen hatten und ganz aus dem Vertrauen zu Gott lebten. Menschen, für die der Himmel offen stand, weil sie kein Dach über dem Kopf hatten.

Die Auferstehung gehört ohne Zweifel in die Kategorie der Wunder. Und Wunder, hatten wir gesehen, wird nur der erleben, der nicht schon selbst alles im Griff hat.

Die Auferstehung erlebt, wer nicht im Erdenleben schon alles erlebt und bekommen hat, wer nach dem Tod noch etwas erwartet. Und wenn es nur die Gerechtigkeit ist, dass zum Himmel schreiendes Unrecht nicht in Ewigkeit stehen bleiben darf.

Auferstehung können Menschen erleben, die schon einmal zueinander gesagt haben: „Ich wäre bereit, für dich zu sterben." Jesus hat angefangen, diesen Satz zu seinen Freunden zu sprechen.

Auferstehung können Menschen erleben, von denen die Mächtigen dieser Erde wünschen, ihr Name wäre für immer von dieser Erde getilgt – und glauben, sie könnten das erreichen, indem sie Menschen töten und einen riesigen Stein vor ihr Grab wälzen.

Auferstehung erlebt, wer weiß, was ein Märtyrer ist und wer damit leben kann, dass einer zu ihm sagt: ich bin für dich gestorben. Was manchmal schwerer ist, als selber zu sterben, damit zu leben, dass einer für mich sterben musste, damit ich mit dem Leben davonkomme. In jener Nacht hatten es die Jünger am eigenen Leib erlebt: dass sie davon rennen konnten, ihr Leben retten, weil sich die feindliche Macht ganz auf Jesus konzentriert hatte. Es wurde zur Urerfahrung aller Christen, zum Schlüsselerlebnis: die Gewalt, das Böse, der Schrecken konzentriert sich auf Jesus – und wir kommen mit dem Leben davon. Obwohl er mutig und gerecht war und wir feige und unsolidarisch. Oder gerade deswegen.

Wer kapiert hat, dass er so einen braucht wie Jesus, um mit dem Leben davonzukommen, wer nicht in dem Aberglauben lebt, er habe das nicht nötig, dem öffnen sich die Augen für den Auferstandenen, der hält Jesus nicht mehr für den Friedhofsgärtner.

Auferstehung kann erleben, wer nicht nur ans Grab geht, um die Blumen zu gießen.

Die ersten Christen haben nicht beschlossen, an die Auferstehung zu glauben. Sie haben auch nicht Jesus so sehr hinterhergetrauert, dass er ihnen in Träumen und Visionen erschienen ist. Sie haben so weitergelebt, wie sie mit Jesus gelebt haben und haben neue, konkrete Erfahrungen mit Jesus in neuer Gestalt gemacht. Sie beschreiben diese Erfahrungen in ganz alltäglichen Erlebnissen: im Haus, beim Essen, auf der Arbeit, beim Spazierengehen, im Garten, am Ufer eines Sees. Keine Ekstase, keine Meditationen, Selbstversenkung oder -erhöhung. Sie glauben Jesus nicht angestrengt herbei, sie denken gerade gar nicht an ihn, haben ihn offensichtlich schon vergessen und werden von seiner Anwesenheit überrascht.

Es sind so viele an so verschiedenen Orten, die unabhängig voneinander in ihrem Alltag den auferstandenen Jesus erleben, dass man mehr Energie darauf verwenden muss, das nicht zu glauben, als es für wahr zu halten.

Die Frauengruppe um Maria Magdalena erlebt das zuerst in einer Begegnung mit einem Engel – oder ist es Jesus selbst? Denn sie waren ja auch bis zuletzt bei Jesus geblieben. Das war nicht ungefährlich gewesen: wenige Jahre zuvor hatten die Römer eine Mutter neben ihrem Sohn gekreuzigt, weil sie über seinen Tod geweint hatte. Sie hatten sie zwingen wollen, mit den anderen Schaulustigen den Todeskampf ihres Sohnes zu bejubeln.

Nüchtern gesehen bringt es nichts für die Frauen, dieses Risiko einzugehen. Aber weil sie Jesus erlebt und verstanden hatten, gab es für sie gar keine Alternative zu diesem unvernünftigen Verhalten. Dazu gehört für sie auch, am übernächsten Tag heimlich zu dem inzwischen von römischen Soldaten gut bewachten Grab vorzudringen, um Jesus nach jüdischem Brauch noch einmal zu waschen und zu salben. Sie behalten einfach auch nach dem Tod ihren Stil im Umgang mit Jesus bei.

Aber wie alle, die den auferstandenen Jesus erleben, werden sie trotz aller Treue und Vertrautheit von der Realität überrascht: dass Jesus lebt ist kein Traum, sondern reißt sie aus den Träumen. Der Engel am Grab und Jesus selbst müssen sie richtiggehend wachrütteln, bis ihnen die Augen aufgehen.

So geht es Petrus, Jakobus, Thomas, zwei Jüngern auf dem Weg nach Emmaus, den Zwölfen, Stephanus, Paulus, dem Seher Johannes, einmal sogar 500 Menschen zusammen: Sie werden auf dem Weg, im Alltag überrascht, machen eine überwältigende Erfahrung, die sie gar nicht verstehen und verarbeiten können und begreifen erst mühsam, dass das eine Begegnung mit Jesus dem Auferstandenen war.

Sie werden unterbrochen – die Frauen in ihrer Trauer, Petrus in seinem Selbstzweifel, Paulus in seinem Hass, die Jünger bei der Rückkehr in ihre alten Berufe, die Emmausjünger auf dem vermeintlichen Heimweg, Thomas in seiner Skepsis, und nie ist die Begegnung mit dem Auferstandenen einfach nur die Bestätigung eigener Pläne und Wünsche. Immer durchkreuzt die Auferstehung die eigenen Pläne.

6.6.2 Wann sollte man besser nicht an die Auferstehung glauben?

Die Antwort ist einfach: man sollte besser nicht an die Auferstehung glauben, wenn man den Auferstandenen noch nie erlebt, gesehen oder gespürt hat. Und man sollte das nicht als Defizit empfinden. Glauben und vertrauen sollen wir alle Gott, dem Vater. Nicht irgendwelchen Dingen, die wir für unmöglich halten, weil wir sie noch gar nicht erlebt haben.

Gottvertrauen ist möglich, auch wenn wir bestimmte Dinge aus der Geschichte Gottes von der Teilung des Roten Meeres, über Jona im Wal bis zur Auferstehung Jesu (noch) für unvorstellbar halten.

Ein Kind kann seinem Vater vertrauen, auch wenn es daran zweifelt, dass dieser in seiner Jugend die Heldentaten vollbracht hat, von denen er gerne erzählt. Wir sollen ja auch nicht „an Wunder glauben". Sondern dem Gott vertrauen, der möglicherweise auch für uns irgendwann ein Wunder vollbringen wird.

Christ ist nicht, wer „an die Auferstehung" glaubt. Ein solcher Glaube als Abhaken von Richtigkeit wäre nicht nur folgenlos, sondern schädlich. Er würde nämlich unser Vertrauensverhältnis zu Gott zerstören. Glaube heißt nicht, gegen die eigene Überzeugung, gegen die eigene Denkweise und vor allem gegen die eigene Erfahrung halt mal irgendwas anzunehmen und für wahr zu halten.

Glaube heißt: aus bestimmten Erfahrungen die richtigen Konsequenzen ziehen. Diese Erfahrungen können nicht bewiesen oder herbeigeglaubt werden, sie müssen einfach selbst gemacht werden.

Das Einzige, was man machen kann, ist, so zu leben, dass Erfahrungen mit dem auferstandenen Jesus möglich werden. Ich hoffe, es ist deutlich geworden, wie so ein Leben aussehen könnte.

Lukas 24, 13 – 35

Am selben Tag gingen zwei, die zu den Jüngern von Jesus gehört hatten, nach dem Dorf Emmaus, das zwölf Kilometer von Jerusalem entfernt lag. Unterwegs unterhielten sie sich über alles, was geschehen war. Als sie so miteinander sprachen und alles hin und her überlegten, kam Jesus selbst hinzu und ging mit ihnen. Aber sie erkannten ihn nicht; sie waren wie mit Blindheit geschlagen. Jesus fragte sie: »Worüber redet ihr denn so erregt unterwegs?« Da blieben sie stehen und blickten ganz traurig drein, und der eine – er hieß

Kleopas – sagte: »Du bist wohl der Einzige in Jerusalem, der nicht weiß, was dort in diesen Tagen geschehen ist?« »Was denn?«, fragte Jesus. »Das mit Jesus von Nazaret«, sagten sie. »Er war ein Prophet; in Worten und Taten hat er vor Gott und dem ganzen Volk seine Macht erwiesen. Unsere führenden Priester und die anderen Ratsmitglieder haben ihn zum Tod verurteilt und ihn ans Kreuz nageln lassen. Und wir hatten doch gehofft, er sei der erwartete Retter, der Israel befreien soll! Aber zu alledem ist heute auch schon der dritte Tag, seitdem dies geschehen ist! Und dann haben uns auch noch einige Frauen, die zu uns gehören, in Schrecken versetzt. Sie waren heute früh zu seinem Grab gegangen und fanden seinen Leichnam nicht mehr dort. Sie kamen zurück und erzählten, sie hätten Engel gesehen, die hätten ihnen gesagt, dass er lebt. Einige von uns sind gleich zum Grab gelaufen und haben alles so gefunden, wie es die Frauen erzählten. Nur ihn selbst sahen sie nicht.« Da sagte Jesus zu ihnen: »Was seid ihr doch schwer von Begriff! Warum rafft ihr euch nicht endlich auf zu glauben, was die Propheten gesagt haben? Musste der versprochene Retter nicht dies alles erleiden und auf diesem Weg zu seiner Herrschaft gelangen?« Und Jesus erklärte ihnen die Worte, die sich auf ihn bezogen, von den Büchern Moses und der Propheten angefangen durch die ganzen Heiligen Schriften. Inzwischen waren sie in die Nähe von Emmaus gekommen. Jesus tat so, als wollte er weitergehen. Aber sie ließen es nicht zu und sagten: »Bleib doch bei uns! Es geht schon auf den Abend zu, gleich wird es dunkel!« Da folgte er ihrer Einladung und blieb bei ihnen. Als er dann mit ihnen zu Tisch saß, nahm er das Brot, sprach das Segensgebet darüber, brach es in Stücke und gab es ihnen. Da gingen ihnen die Augen auf und sie erkannten ihn. Aber im selben Augenblick verschwand er vor ihnen. Sie sagten zueinander: »Brannte es nicht wie ein Feuer in unserem Herzen, als er unterwegs mit uns sprach und uns den Sinn der Heiligen Schriften aufschloss?« Und sie machten sich sofort auf den Rückweg nach Jerusalem. Als sie dort ankamen, waren die Elf mit allen Übrigen versammelt und riefen ihnen zu: »Der Herr ist wirklich auferweckt worden! Er hat sich Simon gezeigt!« Da erzählten sie ihnen, was sie selbst unterwegs erlebt hatten und wie sie den Herrn erkannten, als er das Brot brach und an sie austeilte.

Weiterdenken

Bitte lesen Sie die folgenden Bibeltexte:

Lukas 24, 13 – 35

1. Haben die Jünger vor ihrer Begegnung mit Jesus „an die Auferstehung" geglaubt?
2. Warum ist ihr Bericht über das, was sie über eine angebliche Auferstehung gehört haben, so voller Schrecken und Zweifel?
3. Welche Rolle spielt der zeitliche Abstand, den ein Mensch zum historischen Ereignis der Auferstehung Jesus hat? Was bedeutet das für die Emmaus-Jünger? Und für Sie?
4. Was unterscheidet die Frauen von den Jüngern, die später zu einer Art Kontrollgang zum Grab gehen?
5. Meinen Sie, an die Auferstehung glauben zu müssen?

6. Wie kann man so leben, dass die Begegnung mit dem Auferstandenen zu einer realen Erfahrung wird?

meine Notizen

Teil 7

Woran können Christen glauben?

Das Leben und die revolutionären Gedanken des ersten christlichen Theologen Paulus

Herzlich willkommen zum siebten Teil unseres „Grundkurses Biblische Theologie“. Wir sind mit Gott in den ersten sechs Einheiten durch seine große Geschichte mit uns Menschen gezogen. Heute, nach vielen tausend Jahren, gelangen wir an eine Weiche, an der sich die weitere Fahrt entscheidet. Der Apostel Paulus steht an dieser Weiche und hat sie so gestellt, dass der Zug nicht in die falsche Richtung fährt.

Die Frage lautet deshalb heute: „Woran können Christen glauben?“ Paulus ist nicht einfach eine weitere biblische Figur, mit der wir uns beschäftigen, weil halt ein paar Briefe von ihm am Ende der Bibel stehen, die wir noch abhaken müssen. Es ist vielmehr so, wie Rudolf Bultmann schon 1929 gesagt hat: „Am Verständnis des Paulus entscheidet sich das Verständnis des Christentums.“

Mit anderen Worten: Wer sich auf eine Begegnung mit diesem Paulus einlässt, begegnet in unaufhörlicher Überraschung sich selbst und seinem eigenen Glauben. Die Antworten, die Paulus auf die entscheidenden Fragen der Menschheit gibt, sind erfrischend und erschreckend zugleich, von Anfang an war er eine umstrittene Randfigur, von der Kirche fast verschwiegen. Eine Kirche, der es gut geht, ein Glaube, der mit sich selbst zufrieden ist, braucht keinen Paulus. Oder, wie Ernst Käsemann sagt: „Die Kirche hat diesen Paulus nur ertragen können, indem sie ein Heiligenbild an die Stelle des wirklichen Menschen setzte.“

Paulus war hässlich und krank. Seine Gedanken sind voll Liebe und Klarheit. Die Beschäftigung mit ihnen gerät schnell zur Auseinandersetzung; aufregend und anstrengend. Er ist ein Mann der Krise, und seine große Stunde kam immer dann, wenn keiner mehr weiter wusste.

Dies gilt auf drei Ebenen: Paulus wusste am klarsten weiter, als keiner wusste, wie es nach Jesu Tod und Auferstehung weitergehen könnte. Damit werden wir uns heute schwerpunktmäßig befassen.

Mit Paulus konnte man in den vergangenen 2000 Jahren weiterwissen, wenn die Kirche in eine Krise gekommen war. Alle Erneuerungsbewegungen im Christentum sind theologisch gesehen nichts als eine Wiederentdeckung des Paulus.

- Augustinus hat mit Paulus die Kirche nach dem Untergang des Römischen Reiches davor bewahrt, in einer traurigen Mischung von Moralanstalt und Mysterienkult zu erstarren.
- Martin Luther hat am Ende des Mittelalters mit Paulus die Kirche wachgerüttelt und daran erinnert, dass Gottes Liebe so kostbar ist, dass man sie weder kaufen noch verdienen kann.
- Der Pietismus hat mit Paulus, der immer alles sehr persönlich nahm, daran erinnert, dass diese Liebe Gottes nur persönlich zu bekommen ist.
- Und im 20. Jahrhundert, da begann eine Revolution im Glauben durch einen Kommentar zum Römerbrief von Karl Barth, da versuchten Barth und seine Freunde den christlichen Glauben so stark zu machen, dass er sich nicht auflöst und verschwindet in der großen Ideologie der Neuzeit.

Und das gilt auch auf der persönlichen Ebene, für Sie persönlich: Dieses Seminar soll Ihnen helfen, Paulus zu entdecken und für sich eine Festigkeit im Glauben, die auch noch trägt, wenn die schönen religiösen Gefühle mal nicht mehr da sind. Paulinischer Glaube bedeutet, von Jesus Christus gehalten zu werden, auch in Zeiten, in denen Sie nicht mehr an Gott glauben können.

Wir steigen ein in das große, wunderbare Gebäude paulinischen Fühlens, Glaubens und Denkens, mit einer Frage, einer Vorüberlegung. Diese Frage spannt einen Bogen über 2000 Jahre von Paulus bis heute und will wissen, in welchem Spannungsfeld seine Theologie entstanden ist und bis heute steht. Diese Einstiegsfrage malt sozusagen eine geistige Landkarte vor unsere Augen, auf der wir zwei im Widerstreit stehende Pole sehen. In dieser Polarität steht christlicher Glaube. Die Leistung des Paulus ist, dass er diese Spannung weder einseitig zugunsten eines Pols aufgelöst hat, noch in einem faulen Kompromiss hat enden lassen. Paulus hält die Spannung aufrecht, beide Pole bleiben gleich kraftvoll wirksam und verbinden sich zu etwas Neuem, Dritten.

Das Spannungsfeld der Theologie des Paulus 7.1

Eine immer aktuelle Frage 7.1.1

Dem christlichen Glauben wohnen zwei lebendige Kräfte inne, und oft wurde versucht, sie auf eine Formel zu bringen: Beten und Arbeiten. Kampf und Kontemplation. Gesetz und Evangelium. Rechtfertigung und Nachfolge.

Es gibt zum einen in unserem Glauben das Element der Liebe, Geborgenheit und unbedingter Annahme. Glaube ist überhaupt keine Leistung, nur annehmen, sich öffnen. Und dann unendlich dankbar sein, erlöst aufatmen, vor Freude zu singen und zu beten anfangen. Gottesdienst feiern, den Himmel über sich offen spüren, fast ein Fenster in die Ewigkeit.

Und dann gibt es in unserem Glauben noch eine andere Liebe: Solidarische Liebe, zu der uns Jesus befähigt und ermutigt, Liebe zum Nächsten und zu denen, die es bitter nötig haben; Nachfolge, frei werden von materiellen Zwängen, sich aufmachen aus bequemer Gleichgültigkeit in das wunderbar aufregende Leben nach Gottes Willen.

Aber oft, leider sogar meistens, finden diese beiden Kräfte nicht zueinander, gibt es Christen, ganze Gemeinden, die nur das eine entdeckt haben, glauben und leben: Hier die, die ganz aus der Gnade leben – dort jene, die ganz in der Nachfolge stehen. Hier die Charismatiker – dort die Pietisten.

Und dann geschehen zwei Dinge: Die eigene Position wird absolut gesetzt – die andere zutiefst abgelehnt. Was zusammengehört, fällt auseinander. Und je für sich genommen verkümmert es.

Die – ich nenne sie mal „Gnaden-Christen" – werden immer entspannter, jenseitiger, esoterischer. Gottes Liebe hat einen so sehr erlöst, dass man schon gar nicht mehr wirklich in der Welt lebt. Jedenfalls, der Gottesdienst und die Gemeinde sollen einen mal so richtig schön aus dem Alltag rausholen.

Die – ich nenne sie mal „Nachfolge-Christen" – werden immer angespannter, diesseitiger, politischer. Gottes Gebote treiben einen so sehr an, dass man gar nicht mehr zur Ruhe kommt. Der Gottesdienst jedenfalls dient fast ausschließlich der ethischen Vergewisserung, die Predigt gibt klare Handlungsanweisungen.

Und beide Gruppen sehen in der jeweils anderen natürlich den geradezu klassischen Abfall vom rechten Weg, spüren überdeutlich, was die anderen falsch machen – ohne zu merken, was sie selbst verloren haben.

Ich habe das sehr knapp und pointiert dargestellt, aber es gibt Untersuchungen, die jeden Konflikt in 2000 Jahren Kirchengeschichte auf diese Grundkonstellation zurückführen. Und Ihnen werden selbst Beispiele aus ihrer kirchlichen Biographie einfallen, die von dieser Spannung geprägt sind.

Fragen Sie sich selbst einmal, ob Ihr Glaube manchmal stärker in eine der beiden Richtungen zieht.

7.1.2 Wie war das bei Paulus?

Paulus findet in der noch ganz jungen Kirche im Prinzip genau die eben beschriebene Situation vor. Zwei bis drei Jahre nach Jesu Auferstehung drohen die Gemeinden bereits an diesem Konflikt zu zerbrechen: Gesetz oder Gnade. Nachfolge oder Erlösung. Zuspruch oder Anspruch. Was Jesus in seiner Person noch vereint hatte, er, der Menschen in einem göttlichen Atemzug sozusagen trösten und herausfordern konnte, das entwickelte sich in rasanter Dynamik auseinander.

Früher stellte man sich das so vor: Da gab es in Jerusalem und Palästina Christen, die früher Juden gewesen waren. Ihre Bibel war das Alte Testament, sie kannten die Gebote der Fünf Bücher Mose, die Mahnungen der Propheten und nahmen das alles sehr ernst. Unter diesen Christen lebten auch noch viele direkte Jünger Jesu, hier bewahrte man seine radikalen Worte, etwa aus der Bergpredigt.

Und dann gab es außerhalb Israels, erst in Syrien und Kleinasien, dann über Griechenland bis nach Rom, Christen, die wussten gar nicht, dass Jesus der Messias der Juden war, die hatten noch nie ein Altes Testament in der Hand gehabt. Für sie war Jesus der Gottessohn, vom Himmel gekommen, um uns in den Himmel zu holen, fort von dieser Erde. In vielen Kulten damals träumte man von so einem Erlöser, jetzt war er anscheinend da.

Erkennen Sie die beiden Pole wieder? Hier ein Christentum von Gesetzestreue und Ernsthaftigkeit geprägt – dort eins, in dem Erlösung und Hoffnung auf Gottes Ewigkeit bestimmend waren.

Und noch etwas ist wichtig: Anders, als man noch vor 150 Jahren meinte, lassen sich die beiden Pole nicht lokal aufteilen: hier die strengen Judenchristen in Jerusalem, dort die liberalen Heidenchristen in Griechenland. Es gab und gibt ein sehr mystisches, geheimnisvoll-jenseitiges Juden- und Judenchristentum. Und die griechische Kultur mit ihren dort entstehenden Gemeinden hatte eine hochentwickelte Ethik und sehr feste Moralvorstellungen. Schablonenhaftes Denken wird der Situation nicht gerecht. Es war religiös alles in Bewegung damals am Ende der Antike; der für das gerade entstehende Christentum vorhandene Grundkonflikt lässt sich aber durchaus auf die beiden Prinzipien „Gnade“ und „Gesetz“ zurückführen, wenn man sie nicht einseitig auf jüdisches und griechisches Denken verteilt.

In welche Richtung aber sollte sich die junge Kirche weiterentwickeln? Sollten sich die Christen bemühen, bessere Menschen zu werden, nach Gottes

Willen zu leben? Oder sollten sie sich um Gottes Willen gar keine Mühe mehr geben, weil sie ja eh den besseren Gott hatten?

Ist die Gemeinde der Ort, wo mitten in der Welt ein Stück Himmelreich Gottes gelebt wird? Oder ist Gemeinde der Ort, wo man mitten in der Welt nicht mehr von dieser Welt ist?

Auf diese beiden Glaubensentwürfe, Gemeindekonzepte, ist Paulus gestoßen. Und so fragen wir:

Auf welche Lösung wurde Paulus von Gott gebracht? 7.1.3

Paulus hat keine Bücher geschrieben. Alles, was wir von ihm haben, sind sieben Briefe und ein paar Reisenotizen in der Apostelgeschichte des Lukas. Bücher, so denke ich manchmal, hätten den Vorteil gehabt, dass wir noch ausführlicher Einblick in das geniale Gedankengebäude des Paulus hätten bekommen können; offene Fragen und auch ein paar Widersprüche, die es in den Briefen gibt, hätten ebenso geklärt werden können.

Und doch waren in der speziellen, eben geschilderten Situation Briefe das einzig Wahre. Briefe bedeuten Kommunikation, Streit und Versöhnung, Ringen und Auseinandersetzung mit anderen – und so mit sich selbst und sogar mit Gott. Den Briefen spürt man den heißen Atem noch ab, mit dem sie geschrieben worden sind. Paulus steht mitten drin in dem großen Konflikt nicht nur der frühen Christenheit. Seit 2000 Jahren sitzt Paulus im Auftrag Jesu Christi zwischen allen Stühlen, auf dem Boden sozusagen, und sorgt dafür, dass die Kirche nicht abhebt, weder zu gesetzlich noch zu geistig wird. So richtig mag den Paulus keiner, aber ohne ihn würde es nicht immer wieder doch gut ausgehen.

In den Briefen kommen beide Positionen zu Wort. Evangelium und Gesetz, Erlösung und Nachfolge. Aber weil es Briefe sind, stehen keine ewigen, wohl bedachten Wahrheiten drin, abgewogen, ruhig und sachlich gar. Weil es Briefe sind, mutig, vollmächtig und gewagt, steht immer genau das drin, was der Adressat eigentlich nicht hören wollte. Aber so, dass er es verstehen und annehmen könnte. Mit Menschen- und Engelszungen erinnert Paulus die Empfänger seiner Briefe an die Seite von Gott, die sie in ihrer Einseitigkeit zu vergessen im Begriff sind.

Paulus macht aus Gegensätzen, die die Kirche zerreißen könnten, wieder eine fruchtbare Spannung. Gottes Liebe ist einfach immer beides: Trost und Zuspruch einerseits – Anspruch und Herausforderung andererseits.

Immer nur Trost, das würde mich lähmen, klein machen und schwach halten. Immer nur Herausforderung, das würde mich ruhelos, angespannt und sogar ängstlich machen. Paulus denkt und glaubt beides wieder zusammen und sagt sinngemäß: Zu Gott kannst Du so kommen, wie Du bist. Aber Du musst nicht so bleiben.

Das Wunder, das dabei geschieht, möchte ich so beschreiben: Es gab und gibt immer wieder Versuche, Gegensätze durch einen Kompromiss zu befrieden, durch „sowohl-als-auch" zur Ruhe zu bringen. Das hört sich so an: „Gott hat Dich lieb, okay – aber jetzt gib Dir deswegen endlich auch mal ein bisschen Mühe!" Oder: „Trotz all meiner Mühe werde ich immer wieder scheitern – sei's drum: dann spüre ich umso mehr, wie Gott mich bedingungslos liebt."

Hört sich alles gut an und ist auch nicht ganz falsch. Aber vielleicht spüren Sie, wie die beiden Pole zwar jetzt in einem Satz vorkommen – aber unverbunden nebeneinander stehen bleiben.

Wir werden nun sehen, wie bei Paulus aus Evangelium und Gesetz, aus Erlösung und Nachfolge etwas Drittes, Neues entsteht. Das ist das Wunder: Kein Kompromiss, der beim nächsten Streit wieder auseinander bricht. Sondern Gottes Liebe wieder in einem Atemzug: Gott liebt Dich und Gott braucht Dich – das ist im Glauben des Paulus ein und dasselbe Gefühl.

Weil Paulus von dieser Einheit her kommt, kann er die Gegensätze umfassen, dann sich in die Menschen hineinfühlen, die diese Einheit verloren haben und in ihrer Sprache, in ihrer Gedankenwelt helfen, die Einheit wieder zu finden. Paulus muss nicht Recht behalten; sein Gewinn ist es, wenn der andere die vergessene, verdrängte Seite Gottes für sich wiederentdeckt. Dabei zu helfen, das ist seine Mission seit 2000 Jahren.

Hören wir zum Schluss dieser Einführung einmal auf ihn selbst im ersten Brief an die Korinther:

1.Kor 9, 19 – 23

Obwohl ich also frei und von niemand abhängig bin, habe ich mich zum Sklaven aller gemacht, um möglichst viele für Christus zu gewinnen. Wenn ich mit Juden zu tun hatte, lebte ich wie ein Jude, um sie für Christus zu gewinnen. Unter ihnen, die von der Befolgung des Gesetzes das Heil erwarten, lebte auch ich nach den Vorschriften des Gesetzes, obwohl ich selbst das Heil nicht mehr vom Gesetz erwarte – und das nur, um sie für Christus zu gewinnen. Wenn ich dagegen mit Menschen zu tun hatte, die nichts vom Gesetz wissen, lebte auch ich nicht nach dem Gesetz, obwohl ich doch vor Gott nicht gesetzlos lebe; ich stehe ja unter dem Gesetz, das Christus gegeben hat – und auch das tat ich, um sie für Christus zu gewinnen. Und wenn ich mit Menschen zu tun hatte, deren Glaube noch schwach war, wurde ich wie sie und machte von meiner Freiheit keinen Gebrauch – nur um sie für Christus zu gewinnen. Ich stellte mich allen gleich, um überall wenigstens einige zu retten. Das alles tue ich für die Gute Nachricht, damit ich selbst Anteil bekomme an dem, was sie verspricht.

Bitte lesen Sie den folgenden Bibeltext:

Weiterdenken

1.Kor 9, 19 – 23

1. Schlagen Sie die Bibel zu und versuchen Sie, einen der Texte mit eigenen Worten wiederzugeben!
2. Schlagen Sie die Bibel wieder auf und notieren Sie, was Ihnen sofort einleuchtet.
3. Notieren Sie jetzt, was Ihnen unverständlich ist.
4. Gibt es einen Satz oder Gedanken, der Sie ärgert, provoziert, den Sie am liebsten streichen würden? Warum? Was wäre, wenn dieser Satz oder Gedanke fehlt?
5. Was an dem Text dagegen ist schön?
6. Stilleübung: Schließen Sie die Augen und stellen Sie sich irgendeinen Menschen vor. Erklären Sie ihm, was der Text bedeutet: Damals, als er entstanden ist, und heute.

meine Notizen

7.2 Vom Saulus zum Paulus

7.2.1 Herkunft

Paulus konnte Vielen vieles werden, weil er viel war: Von Geburt Hebräer mit altem Stammbaum, Benjamin war sein Stammvater, nach dem König Saul wird er genannt. Paulus denkt, fühlt und glaubt sein Leben lang jüdisch, in seinen Briefen spürt man eine ausgezeichnete rabbinische Erziehung.

Und gleichzeitig ist er in Tarsus, einer Stadt weit außerhalb Israels, in der heutigen Türkei geboren, seit Jahrhunderten erst griechisch, dann römisch geprägt. Tarsus war berühmt wegen ausgezeichneter Bildungsmöglichkeiten, man schickte seine Kinder von weither auf die dortigen Gymnasien und Hochschulen. Rhetorik und Logik waren Fächer, die man dort studieren konnte, und wer die Paulusbriefe liest, wünscht sich manchmal, man hätte diese Fächer auch an der Schule gehabt.

Seine Eltern, gehobene Mittelschicht mit römischem Bürgerrecht, sorgen sich nicht nur um seine akademische und religiöse Bildung, Paulus lernt auch ein Handwerk, wahrscheinlich das seines Vaters. Er wird Tuchmacher für Zelte, Decken, Kleider und sogar Sättel. Tarsus und die umliegende Landschaft Kilikien waren das Zentrum der damaligen Tuchindustrie; gutes Tuch nannte man im ganzen römischen Reich einfach Kilikon, das war ein zur Marke gewordener Artikel wie heute Tempo oder Maggi.

Warum erzähle ich das? Weil Paulus mit dieser hoch qualifizierten Ausbildung in jeder Stadt des römischen Reiches sofort einen Job bekam. Tuchmacher aus Tarsus waren weltweit gesuchte Spezialisten, und so war seine Berufsausbildung sozusagen die materielle Grundlage seiner für damalige Verhältnisse globalen missionarischen Tätigkeit. Paulus konnte nicht nur wirtschaftlich selbständig von jedem Standort aus in Aktion treten, seine berufliche Tätigkeit eröffnete ihm auch sofort politische, ökonomische und private Kontakte auf allen Ebenen. Einige seiner wichtigsten Mitarbeiter in der Mission waren Arbeitskollegen aus der Tuchindustrie.

Damit wird die Voraussetzung für einen Kulturwechsel von weltgeschichtlicher Bedeutung geschaffen: Dem Christentum wird es ermöglicht, aus dem ländlich-bäuerlichen Milieu in das städtische zu wechseln, nationale Grenzen zu sprengen und international zu werden. Die Welt von Jesus und seinen Jüngern war die der Bauern und Hirten, seine Botschaft ist nicht nur in den Gleichnissen von der Welt der Landwirtschaft in Palästina geprägt. Davon ist bei Paulus praktisch nichts mehr zu spüren, er spricht von Philosophen und Olympischen Spielen, führt internationale Korrespondenz und entwickelt ein Finanzierungsmodell für die verarmte Jerusalemer Ortsgemeinde, redet von

Theater, Handel, Militär und Rechtswesen. Eine wegweisende Untersuchung von Ernst Käsemann zu diesem Thema beginnt mit dem berühmten Satz: „Jesus Christus kam vom Lande, Paulus aber war ein Städter."

Mit dieser kurzen Herkunftsskizze soll angedeutet werden: Paulus ist so von Gott ausgestattet worden, dass er tatsächlich allen alles werden konnte und in der Lage war, den christlichen Glauben kulturell auf eine neue Entwicklungsstufe zu heben: Tief verwurzelt im jüdischen Glauben, weltoffen erzogen, wirtschaftlich unabhängig, als Handwerker bodenständig und praktisch veranlagt und gleichzeitig hoch gebildet, war er der richtige Mensch zur rechten Zeit.

Als junger Mann, kurz vor oder nach Jesus, kam Paulus nach Jerusalem und wurde vermutlich Schüler des berühmten Rabbi Gamaliel. So berichtet die Apostelgeschichte, so sind aber vor allem der Glaube und das Denken des Juden Gamaliel in den Briefen des Paulus zu spüren. Gamaliels Glaube war durch drei Dinge geprägt:

» Er war offen dafür, wenn Menschen aus anderen Völkern zum Judentum konvertieren wollten.
» Das Gesetz, die Tora als eine gute Lebensordnung Gottes für seine Menschen spielt für ihn die zentrale Rolle.
» Er gehört zu der pharisäischen Schule, die fest damit rechnet, dass Gott sehr bald durch einen Gesandten in das Weltgeschehen eingreifen wird.

All dies werden wir in veränderter Form bei Paulus wieder finden.

Jesus und Paulus sind sich in Jerusalem, jedenfalls wissentlich, nicht begegnet. Man darf sich natürlich auch beide so kurz nach dem Jahr 30 noch nicht als sonderlich berühmte Menschen vorstellen. Und auch die Jerusalemer Urgemeinde wird für den jungen Paulus nicht viel mehr als eine überflüssige, aber ungefährliche jüdische Sekte gewesen sein.

Das ändert sich in dem Moment, als die Urgemeinde in einem Bereich tätig wird, der Paulus als Schüler des Gamaliel selbst sehr am Herzen liegt: Es geht um den Bereich der Mission. Die Juden standen in ihren Synagogen in intensivem Kontakt mit Menschen aus anderen Nationen und Religionen. Im römischen Reich war man der eigenen Götter etwas überdrüssig und interessierte sich sehr für orientalische Kulturen, ganz besonders für das Judentum. Wenn einer dieser so genannten Heiden zum Judentum übertreten wollte, gab es das volle Programm mit Befolgung des gesamten Gesetzes, Beschneidung, Einhaltung des Sabbat usw.

Das junge Christentum musste daher für einen wie Paulus von außen wie so eine Art Judentum light wirken: Statt Beschneidung nur ein wenig Taufwasser, und die Fünf Bücher Mose galten auch nicht so richtig. Man machte es nach Meinung solcher Menschen wie Paulus den Neueinsteigern zu leicht; etwa so, wie wenn eine Gemeinde in unserem Dekanat beschließen würde, Kircheneintritt und Mitgliedschaft gingen plötzlich ohne Taufe und Kirchensteuer. Nach eigener und fremder Aussage geht Paulus der Sache nach. Allerdings dürfen wir uns das nicht, wie teilweise geschildert, als dramatische Christenverfolgung vorstellen – es ging ja zunächst um die Klärung einer noch innerjüdischen Angelegenheit. Wenige Jahre nach Jesu Auferstehung verstand sich die Urgemeinde selbstverständlich als Teil des Volkes Israel. Paulus bekommt den Auftrag, die Sache in Jerusalem und interessanterweise in Damaskus, wo sich auch ganz schnell eine Gemeinde gegründet hatte, zu klären.

Und auf diesem Weg passiert es.

7.2.2 Die Berufung

Was da genau passiert ist, schildern Lukas in der Apostelgeschichte Kapitel neun 40 Jahre später und Paulus in seinen autobiographischen Rückblicken sicherlich mit anderen Akzenten, im Kern geht es aber um dasselbe Ereignis.

Noch einmal: Wenn in den Texten von „Verfolgung" die Rede ist, dann hat Paulus keinen Löwen in der Arena auf die armen Christen gehetzt, es geht um eine Verfolgung von Übertretungen religiöser Gesetze, um Streitgespräche – sicher auch in letzter Konsequenz um den Ausschluss aus der jüdischen Religionsgemeinschaft.

Neben dem offiziellen Auftrag, den der zu diesem Zeitpunkt vielleicht 28-jährige Paulus bekommt, steht aber auch eine persönliche Betroffenheit. Es bringt Paulus in heiligen Zorn, dass Menschen, die sich als Juden ausgeben, die Gebote Gottes, das Gesetz, nicht ernst nehmen. Paulus nimmt das Gesetz sehr ernst, es ist sein wunder Punkt. Das heißt: er hält sich am Gesetz fest, er will vor Gott um jeden Preis ein guter Mensch sein – und gleichzeitig zerbricht er an den Forderungen. Und dann folgt er der psychologischen Regel, immer heftiger von anderen zu fordern, was man selbst nicht einhalten kann.

In einem Rückblick schreibt er einmal:

Röm 7, 7 – 11

Behaupte ich damit, dass Gesetz und Sünde dasselbe sind? Das ganz gewiss nicht! Aber ohne das Gesetz hätten wir Menschen die Sünde nie kennen gelernt. Die Begehrlichkeit wäre nicht in uns erwacht, wenn das Gesetz nicht gesagt hätte: »Du sollst nicht begehren!« Die Sünde machte sich das Gebot zunutze und stachelte mit seiner Hilfe alle Begierden in uns an. Ohne das Gesetz ist die Sünde tot. Einst kannten wir das Gesetz noch nicht. Damals lebten wir; aber als das Gebot kam, lebte die Sünde auf und wir mussten sterben. Das Gebot, das uns das Leben erhalten sollte, brachte uns den Tod. Denn die Sünde benutzte es für ihre Zwecke: sie täuschte uns Leben vor und tötete uns – eben durch das von ihr missbrauchte Gebot.

Was genau auf dieser Dienstreise nach Damaskus geschehen ist, wissen wir nicht. Eine Vision, eine Ohnmacht in der Mittagshitze der Wüste infolge von Flüssigkeitsmangel, eine Offenbahrung, ein Anfall? Es gibt Äußerungen von Paulus, die vermuten lassen, er sei Epileptiker gewesen. Ein körperlicher und seelischer Ausnahmezustand jedenfalls, ein Zusammenbruch im wahrsten Sinn des Wortes, der einem alles aus der Hand schlägt, an was man sich festgehalten hatte.

Jesus Christus, sagt Paulus später, ist mir erschienen. Öffnet ihm die Augen. Berührt ihn am wunden Punkt. Paulus geht ein Licht auf: Jesus rückt bei ihm an die zentrale Stelle, die vorher das Gesetz eingenommen hatte. Eine Riesenlast fällt von ihm ab und die Prioritäten, die Reihenfolge ändert sich entscheidend:

Ich muss die Gebote nicht befolgen, damit Gott mich lieb hat. Aber weil Gott mich auf alle Fälle lieb hat, will ich es ruhig mal versuchen: seine guten Gebote zu befolgen.

Und übrigens: So hat das schon immer im Alten Testament gestanden, auch das entdeckt Paulus später.

Hören wir mal rein, wie er diesen Moment erlebt hat:

Gal 1, 11 – 17

Das müsst ihr wissen, Brüder und Schwestern: Die Gute Nachricht, die ich verkünde, ist kein Menschenwort. Ich habe sie nicht von irgendeinem Menschen übernommen und bin auch von keinem Menschen darüber belehrt worden. Ich habe sie dadurch empfangen, dass Gott mich Jesus als den von ihm bestätigten Retter schauen ließ. Ihr habt doch gehört, wie entschieden ich früher für die jüdische Religion eingetreten bin. Über alles Maß hinaus verfolgte ich die Gemeinde Gottes und tat alles, um sie zu vernichten. In meiner Treue zum Gesetz übertraf ich viele meiner Altersgenossen in meinem Volk. Leidenschaftlicher als die anderen setzte ich mich für die Befolgung der strengen Vorschriften ein, die die früheren Gesetzeslehrer aufgestellt haben. Aber dann kam es ganz anders. Gott hatte mich ja schon vom Mutterleib an ausgesondert und in seiner Gnade berufen. Und so gefiel es ihm jetzt, mir seinen Sohn zu zeigen, damit ich ihn unter den nichtjüdischen Völkern bekannt mache. Als mir diese Offenbarung zuteil wurde, fragte ich nicht erst Menschen um Rat. Ich ging auch nicht nach Jerusalem zu denen, die schon vor mir Apostel waren, sondern begab mich nach Arabien und kehrte dann wieder nach Damaskus zurück.

Noch persönlicher schildert er diese Lebenswende in seinem Brief an seine Lieblingsgemeinde in Philippi. Achten Sie einmal darauf, wie in dieser Schilderung Christus die Stelle des Gesetzes einnimmt, wie Paulus Vergangenheit und Gegenwart schildert:

Phil 3, 4 – 9

Auch ich könnte mich auf solche Vorzüge berufen. Wenn andere meinen, sie könnten mit irdischen Vorzügen großtun – ich hätte viel mehr Grund dazu. Ich wurde beschnitten, als ich eine Woche alt war. Ich bin von Geburt ein Israelit aus dem Stamm Benjamin, ein Hebräer von reinster Abstammung. Was die Stellung zum Gesetz angeht, so gehörte ich zur strengen Richtung der Pharisäer. Mein Eifer ging so weit, dass ich die christliche Gemeinde verfolgte. Gemessen an dem, was das Gesetz vorschreibt, stand ich vor Gott ohne Tadel da. Aber dies alles, was mir früher als Vorteil erschien, habe ich durch Christus als Nachteil erkannt. Ich betrachte überhaupt alles als Verlust im Vergleich mit dem überwältigenden Gewinn, dass ich Jesus Christus als meinen Herrn kenne. Durch ihn hat für mich alles andere seinen Wert verloren, ja, ich halte es für bloßen Dreck. Nur noch Christus besitzt für mich einen Wert. Zu ihm möchte ich um jeden Preis gehören. Deshalb will ich nicht mehr durch mein eigenes Tun vor Gott als gerecht bestehen. Ich suche nicht meine eigene Gerechtigkeit, die aus der Befolgung des Gesetzes kommt, sondern die Gerechtigkeit, die von Gott kommt und denen geschenkt wird, die glauben. Ich möchte vor Gott als gerecht bestehen, indem ich mich in vertrauendem Glauben auf das verlasse, was er durch Christus für mich getan hat.

Ein Leben lang versucht Paulus zu verstehen, was sich in ihm hier durch Gott verändert hat. Und doch ist Paulus Paulus geblieben, so wie ihn seine Eltern mit Zweitnamen genannt hatten.

Er ist derselbe geblieben,

» weil er als Christ Jude geblieben ist, weil das für ihn gar nicht zwei verschiedene Dinge waren. Sein Leben war auch ein Kampf dafür, dass die Kirche und Israel nicht auseinander fallen.

» Und weil er der engagierte Kämpfer – seine Gegner werden sagen: der Fanatiker – blieb. Wer sich mit Paulus beschäftigt, für den ist es, auch nach 2000 Jahren, vorbei mit der Ruhe.

Bitte lesen Sie die folgenden Bibeltexte:

Weiterdenken

Röm 7, 7 – 11
Gal 1, 11 – 17
Phil 3, 4 – 9

1. Schlagen Sie die Bibel zu und versuchen Sie, einen der Texte mit eigenen Worten wiederzugeben!
2. Schlagen Sie die Bibel wieder auf und notieren Sie, was Ihnen sofort einleuchtet.
3. Notieren Sie jetzt, was Ihnen unverständlich ist.
4. Gibt es einen Satz oder Gedanken, der Sie ärgert, provoziert, den Sie am liebsten streichen würden? Warum? Was wäre, wenn dieser Satz oder Gedanke fehlt?
5. Was an dem Text dagegen ist schön?
6. Stilleübung: Schließen Sie die Augen und stellen Sie sich irgendeinen Menschen vor. Erklären Sie ihm, was der Text bedeutet: Damals, als er entstanden ist, und heute.

meine Notizen

7.3 Die Mission des Paulus

Die Ausbreitung des christlichen Glaubens durch Paulus und, wie wir sehen werden, durch sein Team, gehört zu den größten kulturgeschichtlichen Ereignissen der Menschheit – und zwar unabhängig davon, wie man zu seiner Person und dem Inhalt seiner Botschaft steht. Innerhalb weniger Jahrzehnte breitete sich ein Glaube, ein neuer Lebensstil, eine bisher nicht da gewesene Form menschlicher Gemeinschaft fast über die ganze damals bekannte Welt aus.

Das Ganze geschieht ohne Gewalt, ohne irgendwelchen Druck, verbreitet sich einfach im Gespräch und Zusammenleben von Menschen; angestoßen und ins Rollen gebracht durch diesen ziemlich kranken, ängstlichen, weder hübschen noch charmanten, oft etwas ungeschickten Paulus. Er selbst sagt im ersten Brief an die Korinther:

1. Kor 2, 1 – 5

Brüder und Schwestern, als ich zu euch kam und euch Gottes verborgenen Plan zur Rettung der Menschen verkündete, habe ich euch doch nicht mit tiefsinniger Weisheit und geschliffener Redekunst zu beeindrucken versucht. Ich hatte mir vorgenommen, unter euch nichts anderes zu kennen als Jesus Christus, und zwar Jesus Christus, den Gekreuzigten. Als schwacher Mensch trat ich vor euch und zitterte innerlich vor Angst. Mein Wort und meine Botschaft wirkten nicht durch Tiefsinn und Überredungskunst, sondern weil Gottes Geist sich darin mächtig erwies. Euer Glaube sollte sich nicht auf Menschenweisheit gründen, sondern auf die Kraft Gottes.

Wir können hier nicht im Detail rekonstruieren, was in welcher Reihenfolge in diesen Jahrzehnten genau passiert ist. Die Apostelgeschichte des Lukas erzählt davon, bis auf ein paar Details relativ verlässlich und spannend zu lesen. Machen Sie das unbedingt einmal! Von Paulus selbst haben wir ein paar Notizen in seinen Briefen, aus denen man in Kombination mit der Apostelgeschichte interessante Details erfährt. Und ein paar Mal platzt die große Weltgeschichte in das Leben des Paulus, Mitarbeiter, die fliehen müssen, hohe Beamte, die ihn verhaften, usw. Aufgrund dieser Notizen ist es möglich, die Ereignisse auch an ein paar absoluten Jahreszahlen aufzuhängen. So kann man als Eckdaten festhalten:

» 32 n Chr.: Berufung des Paulus und erste Missionstätigkeit
» 35 n. Chr.: erste Kontaktaufnahme mit der Urgemeinde in Jerusalem
» 48 n. Chr.: Beginn der Mission in Europa
» 57 n. Chr.: Verhaftung in Jerusalem
» 60/61 n. Chr.: Überführung nach Rom, dort wahrscheinlich gestorben

Interessanter in unserem Zusammenhang sind zwei andere Fragen:

» Was Paulus gemacht hat, war für den jüdisch-christlichen Glauben eine Revolution. Wo genau liegen die Veränderungen und Konflikte? Wie wird dieser gewaltige Paradigmenwechsel für uns greifbar, an welchen konkreten Ereignissen macht er sich fest?

- Wie funktioniert das, dass sich Glaube ausbreitet? Wie gelingt Mission – und wie geht sie schief und schadet der Sache Jesu?

Die einschneidenden Ereignisse 7.3.1

Die Auseinandersetzung mit Jerusalem: Wenn außerhalb Israels, am anderen Ende der damals bekannten Welt gar, Menschen Christen wurden, sind sie in der Regel nicht vorher Juden gewesen – wie etwa die ersten Christen in und um Jerusalem. Man stand vor der Frage, ob das überhaupt sein dürfe, Christ sein ohne Jude zu sein – und kam zu verschiedenen Antworten:

- Die Christen in Jerusalem, unter der Führung von Jakobus und einiger noch lebender Original-Jünger Jesu, verneinten diese Frage und sagten: Wer Christ werden will, muss auch und zuerst Jude werden. Und das hieß etwa für Männer, sich beschneiden zu lassen, sich an die jüdischen Speisegebote zu halten usw. So handhabte man es ja auch in den Synagogen, und die Position ist berechtigt, wenn man Christsein als spezielle Form jüdischen Glaubens betrachtet.
- Außerhalb Israels sah man das anders, da stand das Christentum meist nicht in diesem religiösen und kulturellen Zusammenhang wie in Israel. Man war sich bis auf Ausnahmen seiner jüdischen Wurzeln bewusst, sah aber im Christentum einfach eine ganz neue Religion, wurde auch von den Menschen im römischen Reich so wahrgenommen.

Paulus vertrat diese zweite Position und hat sie auf doppelte Weise grundsätzlich durchdacht. Er sagte zum einen: Wenn Jesus Christus die zentrale Glaubens-Position einnimmt und nicht mehr das Gesetz, ist es logisch, dass sich allein an ihm die Zugehörigkeit entscheiden kann. Es ist also nicht nur in Athen und Rom, es wäre auch in Jerusalem richtig; die Zugehörigkeit zum Gottesvolk entscheidet sich am Verhältnis zu Jesus Christus, nicht zum Gesetz.

Paulus setzt es in Verhandlungen in Jerusalem durch, dass das sein Auftrag wird: Den Menschen außerhalb Israels von Jesus zu erzählen, sie zum Glauben und in die Gemeinde zu bringen – ohne dass sie das Gesetz halten und Jude werden müssen. Er schildert die Abmachung so („sie" sind die Jerusalemer Gemeindeleiter Petrus und Jakobus):

Gal 2, 7 – 10

Ganz im Gegenteil: Sie erkannten, dass Gott mich beauftragt hat, die Gute Nachricht den nichtjüdischen Völkern zu bringen, so wie er Petrus beauftragt hat, sie den Juden zu bringen. Denn Gott wirkte durch Petrus bei seiner Missionsarbeit unter den Juden und hat ihn so als Apostel für die Juden bestätigt. Und er wirkte auch durch mich in meiner Missionsarbeit unter den Nichtjuden und hat mich so als Apostel für die anderen Völker bestätigt. Die maßgebenden Leute, die als »die Säulen« gelten, Jakobus, Petrus und Johannes, erkannten, dass Gott mir diesen Auftrag anvertraut hat. So gaben sie mir und Barnabas die Hand zum Zeichen der Gemeinschaft. Wir einigten uns, dass Barnabas und ich unter den anderen Völkern die Gute Nachricht verkünden sollten und sie unter den Juden. Sie machten nur zur Bedingung, dass wir die verarmte Gemeinde in Jerusalem unterstützten. Darum habe ich mich auch wirklich bemüht.

Der zweite grundsätzliche Gedanke von Paulus ist: Obwohl der Zugang zum Volk Gottes durch Jesus neu definiert ist, ist das Christentum keine Religion neben dem oder gar gegen das Judentum. Die Völker der Welt werden durch Jesus in das Volk Gottes, in Israel aufgenommen, kommen hinzu zu der Geschichte, die mit Abraham begonnen hat.

Das war und ist oft noch heute neu gegenüber allen Versuchen, das Verhältnis von Christen und Juden zu bestimmen. Drei Positionen standen der des Paulus gegenüber:

- Die entschieden judenchristliche, vertreten durch Jakobus und noch radikaler: nur wer Jude war oder wurde, durfte Christ sein.
- Die naiv-heidenchristliche: Jesus Christus sei einfach ein neuer Gott, ohne Vorgeschichte vom Himmel auf die Erde gekommen, Israel ist zufällige Vorgeschichte der Kirche.
- Die Kompromisspolitik der frühen Kirche, vertreten durch Leute wie Petrus und Lukas: Die Christen sollten ein paar jüdische Gebote halten, wenigstens ab und zu. Das war gegenüber der Position des Paulus ein undurchdachtes Sowohl-als-auch.

In welche peinlichen Situationen man in der dritten Position geraten kann, bei dem Versuch, es allen recht zu machen, schildert Paulus im Brief an die Galater:

Gal 2, 11 – 16

Als Petrus später in Antiochia war, stellte ich ihn öffentlich zur Rede, weil sein Verhalten unentschuldbar war. Zuerst nämlich nahm er zusammen mit den nichtjüdischen Brüdern und Schwestern an den gemeinsamen Mahlzeiten teil. Aber dann kamen Leute aus dem Kreis um Jakobus, die das jüdische Gesetz streng befolgen. Da zog sich Petrus von den gemeinsamen Mahlzeiten zurück und aß aus Furcht vor ihnen nicht mehr mit den Nichtjuden. Auch die anderen Juden in der Gemeinde blieben gegen ihre Überzeugung den gemeinsamen Mahlzeiten fern, sodass sogar Barnabas angesteckt wurde und genau wie sie seine Überzeugung verleugnete. Als ich sah, dass sie damit die Wahrheit der Guten Nachricht preisgaben, sagte ich zu Petrus vor der ganzen Gemeinde: »Obwohl du ein Jude bist, hast du bisher die Vorschriften des jüdischen Gesetzes nicht beachtet und hast wie ein Nichtjude gelebt. Warum zwingst du dann jetzt durch dein Verhalten die nichtjüdischen Brüder und Schwestern, so wie Juden nach den Vorschriften des Gesetzes zu leben?« Es stimmt, wir sind von Geburt Juden und nicht Sünder wie die Angehörigen der anderen Völker. Aber wir wissen, dass kein Mensch deshalb vor Gott als gerecht bestehen kann, weil er das Gesetz befolgt. Nur die finden bei Gott Anerkennung, die in vertrauendem Glauben annehmen, was Gott durch Jesus Christus für uns getan hat. Deshalb haben auch wir unser Vertrauen auf Jesus Christus gesetzt, um durch das Vertrauen auf ihn bei Gott Anerkennung zu finden und nicht durch Erfüllung des Gesetzes; denn mit Taten, wie sie das Gesetz verlangt, kann kein Mensch vor Gott bestehen.

Das besondere an dieser Bibelstelle ist: aus der Schilderung des Konflikts heraus entwickelt Paulus seine grundsätzliche Sicht der Dinge. Sie können hier sehen, wie die ganze große Theologie des Paulus immer konkreten Situationen entspringt und nicht im luftleeren Raum entwickelt wird. Hören Sie noch einmal auf Gal 2, Vers 16 und überlegen Sie einen Moment, für welche offenen Fragen unseres Lebens heute dieser Satz eine Antwort ist:

Gal 2, 16

Aber wir wissen, dass kein Mensch deshalb vor Gott als gerecht bestehen kann, weil er das Gesetz befolgt. Nur die finden bei Gott Anerkennung, die in vertrauendem Glauben annehmen, was Gott durch Jesus Christus für uns getan hat. Deshalb haben auch wir unser Vertrauen auf Jesus Christus gesetzt, um durch das Vertrauen auf ihn bei Gott Anerkennung zu finden und nicht durch Erfüllung des Gesetzes; denn mit Taten, wie sie das Gesetz verlangt, kann kein Mensch vor Gott bestehen.

Was Paulus schreibt, kommt mitten aus dem Leben. Und hat nur mitten im Leben einen Sinn.

Wir haben uns in ganz groben Zügen den historischen Konflikt angeschaut, aus dem heraus die Theologie des Paulus entstanden ist. Dabei können wir für unseren Glauben lernen:

» Ein Konflikt findet seine Lösung selten im Sowohl-als-auch, sondern eher, wenn Sie eine Sache zu Ende denken. Seien Sie skeptisch gegenüber Predigten, die es allen recht machen wollen. Denn wer für alles offen ist, ist nicht ganz dicht.
» Irgendwann werden Sie in Ihrem Glauben dahin kommen, dass Sie zu Israel eine Position beziehen müssen. Wie stehen Sie dazu, dass Sie in die jüdische Geschichte hineingehören? Wenn Sie Ihre Antwort an Paulus orientieren, werden Sie nicht so ganz falsch liegen.

Der Schritt nach Europa: Wir säßen heute nicht hier und das Christentum wäre eine orientalische Religion geblieben, wenn Paulus nicht im Jahr 48 nach Europa gegangen wäre; nach Griechenland, nach wie vor das kulturelle und geistige Zentrum des römischen Reiches.

Das Judentum stellt dem Christentum die Frage: Wo kommt Ihr denn her? Europa, die griechische Philosophie, die römische Kultur und Politik fragt die Christen: Wo wollt Ihr denn hin? Oder schärfer noch: Was wollt Ihr denn hier?

Mit dem Schritt nach Europa tritt das Christentum auf den Markt der Weltreligionen und Philosophien. Und die waren damals wie heute nicht schlecht, hatten einiges zu bieten. Würde sich das Christentum auch herausputzen, fein machen müssen, um hier zu bestehen? Sollte man Jesus aus Nazareth die alten Klamotten ausziehen und den Philosophenmantel umhängen? Das ist ja zumindest in Europa bis heute die Frage: Wie attraktiv oder sogar angepasst muss man die Sache Gottes präsentieren, damit sie gut ankommt bei den Menschen?

Auch hier kommt Paulus zu einer Lösung jenseits vom Kompromiss, weil er bis zu Ende denkt. Er stellt sich einerseits mit seiner ganzen, auch intellektuellen Kraft der Auseinandersetzung, argumentiert und erklärt für einfache und für kluge Menschen. Er zieht sich nicht ängstlich zurück nach dem Motto: Ach, hier in diesem vornehmen Europa will ja doch keiner von Jesus was wissen. Er sagt zu sich und zu seinen Leuten: „Daran soll es nicht scheitern, dass wir nicht mit heißem Herzen und kühlem Kopf davon erzählen, was uns dieser Jesus bedeutet."

Aber andererseits: Er verbiegt die Botschaft nicht, er streicht nicht die spannenden, sperrigen Herausforderungen aus dem Programm Jesu. Geradezu provozierend und penetrant stellt er immer wieder eine Sache den glänzenden Erfolgsreligionen, den siegreichen Göttern der anderen entgegen: Wir glauben an einen Gott, der am Kreuz ermordet wurde.

Das Kreuz stellt unsere Gottesvorstellungen auf den Kopf, durchkreuzt sie im wahrsten Sinn des Wortes. Kluge und angenehme Gedanken wollen wir hören, Gott soll so schlau sein, für wie schlau wir uns halten. Und dann kommt Paulus uns Schlauköpfen genau von der anderen Seite und sagt:

1. Kor 1, 18 – 25

Die Botschaft, dass für alle Menschen am Kreuz die Rettung vollbracht ist, muss denen, die verloren gehen, als barer Unsinn erscheinen. Wir aber, die gerettet werden, erfahren darin Gottes Kraft. Gott hat doch gesagt: »Ich will die Weisheit der Weisen zunichte machen und die Klugheit der Klugen verwerfen.« Wo bleiben da die Weisen? Wo die Kenner der Heiligen Schriften? Wo die gewandten Diskussionsredner dieser Welt? Was für diese Welt als größter Tiefsinn gilt, das hat Gott als reinen Unsinn erwiesen. Denn obwohl die Weisheit Gottes sich in der ganzen Schöpfung zeigt, haben die Menschen mit ihrer Weisheit Gott nicht erkannt. Darum beschloss er, durch die Botschaft vom Kreuzestod, die der menschlichen Weisheit als Torheit erscheint, alle zu retten, die diese Botschaft annehmen. Die Juden fordern von Gott sichtbare Machterweise; die Griechen suchen in allen Dingen einen Sinn, den die Vernunft begreift. Wir aber verkünden den gekreuzigten Christus als den von Gott versprochenen Retter. Für Juden ist das eine Gotteslästerung, für die anderen barer Unsinn. Aber alle, die von Gott berufen sind, Juden wie Griechen, erfahren in dem gekreuzigten Christus Gottes Kraft und erkennen in ihm Gottes Weisheit. Gott erscheint töricht – und ist doch weiser als Menschenweisheit. Gott erscheint schwach – und ist doch stärker als Menschenkraft.

Paulus redet nicht nur vom Kreuz, er lebt es auch in der vornehmen Welt Europas, Zumutung und Herausforderung für die, die ihn erleben. Sie schmeißen ihn raus, manchmal ins Gefängnis, diesen kranken, hässlichen Mann, der tausende Kilometer zu Fuß gekommen war aus der entlegensten Provinz des Römischen Reiches und auch so aussah. Aber erstaunlich oft, eigentlich meistens, erreicht er – erreicht Gott durch ihn – die Menschen.

Und zwar alle Menschen, in allen sozialen Schichten. Antike Großstädte wie Ephesus und Korinth hatten ein starkes soziales Gefälle. Die Oberschicht, die Reichen spüren: Die Elendsgestalt da sagt Sachen, unerhört, nie gehört, verletzlich, aufregend-tröstlich. Wenn das, was dieser abgerissene Typ da erzählt, stimmt, dann hat unser ganzer sinnloser Ehrgeiz ein Ende, Gott sei Dank. Das Evangelium für die armen Reichen.

Hören Sie einmal, wie liebevoll Paulus diese Menschen in provoziert:

1. Kor 4, 8 – 14

Aber ihr seid ja schon satt. Ihr seid ja schon reich. Ihr seid schon mit Christus zur Herrschaft gelangt – ohne mich. Wenn es doch schon so weit wäre, dann könnte ich mit euch herrschen! Es kommt mir so vor, als hätte Gott uns Aposteln den allerletzten Platz angewiesen. Wir stehen da wie die Verbrecher, die zum Tod in der Arena verurteilt sind. Ein Schauspiel sind wir für die ganze Welt, für Engel und Menschen. Wir sind die Einfältigen, weil wir uns zu Christus halten, aber ihr seid durch Christus klug. Wir sind schwach, aber ihr seid stark. Ihr seid geehrt, und wir sind verachtet. Bis zu diesem Augenblick leiden wir Hunger und Durst, wir gehen in Lumpen und werden geschlagen, heimatlos ziehen wir von Ort zu Ort. Wir arbeiten hart für unseren Unterhalt. Wir werden verflucht, aber wir segnen. Wir werden verfolgt, aber wir geben nicht auf. Wir werden beschimpft, aber wir antworten freundlich. Wir sind zum Abschaum der ganzen Welt geworden, zum Auswurf der Menschheit – bis zu dieser Stunde! Ich sage das nicht, um euch zu beschämen. Ich möchte euch nur auf den rechten Weg bringen. Ihr seid doch meine geliebten Kinder!

Aber weil Paulus die Botschaft vom Kreuz nicht nur erzählt, sondern auch lebt, werden auf einmal auch Bevölkerungsgruppen hellhörig, die den gutbürgerlichen Religionsveranstaltungen, den elitären Geheimkulten der Antike eher ferngeblieben waren, die – weil die großen Volksreligionen im Römischen Reich in einer schweren Krise waren – eigentlich an gar nichts mehr glaubten.

In den von Paulus gegründeten Gemeinden gab es wie unter den Jüngern Jesu Taglöhner, Prostituierte, Arbeitslose, Hafenarbeiter – alles etwas städtischer vielleicht, aber dasselbe Unterschichtenmilieu. Bei ihnen kommt er an. Sie spricht er gleichfalls im ersten Brief an die Korinther an:

1. Kor 1, 26 – 31

Schaut doch euch selbst an, Brüder und Schwestern! Wen hat Gott denn da berufen? Es gibt ja nicht viele unter euch, die nach menschlichen Maßstäben klug oder einflussreich sind oder aus einer angesehenen Familie stammen. Gott hat sich vielmehr in der Welt die Einfältigen und Machtlosen ausgesucht, um die Klugen und Mächtigen zu demütigen. Er hat sich die Geringen und Verachteten ausgesucht, die nichts gelten, denn er wollte die zu nichts machen, die in der Welt etwas ‚sind'. Niemand soll sich vor Gott rühmen können. Euch aber hat Gott zur Gemeinschaft mit Jesus Christus berufen. Mit ihm hat er uns alles geschenkt: Er ist unsere Weisheit – die wahre Weisheit, die von Gott kommt. Durch ihn können wir vor Gott als gerecht bestehen. Durch ihn hat

Gott uns zu seinem heiligen Volk gemacht und von unserer Schuld befreit. Es sollte so kommen, wie es in den Heiligen Schriften steht: »Wer sich mit etwas rühmen will, soll sich mit dem rühmen, was der Herr getan hat.«

Eine Gemeinschaft von Menschen vom Kreuz Jesu her zu denken heißt nicht: Ihr Reichen, seid mal nett zu den Armen. Wir werden noch sehen, wie sich bei Paulus alles vom Kreuz, von der Ohnmacht, von den Schwachen her ordnet. „Gottes Kraft ist in den Schwachen mächtig", eine gute Gemeinschaft wird von ihnen her aufgebaut. Die Schwachen sind nicht Objekte großzügiger Betreuung, sondern Subjekte, durch die Gott handeln will.

Und noch etwas Zweites: Jesus schafft durch das Kreuz dann unter lauter verschiedenen Menschen eine Gemeinschaft, in der zumindest zeichenhaft die Unterschiede schon aufgehoben sind. Er sagt:

Gal 3, 26 – 28

Ihr alle seid jetzt mündige Söhne und Töchter Gottes – durch den Glauben und weil ihr in engster Gemeinschaft mit Jesus Christus verbunden seid. Denn als ihr in der Taufe Christus übereignet wurdet, habt ihr Christus angezogen wie ein Gewand. Es hat darum auch nichts mehr zu sagen, ob ein Mensch Jude ist oder Nichtjude, ob im Sklavenstand oder frei, ob Mann oder Frau. Durch eure Verbindung mit Jesus Christus seid ihr alle zu einem Menschen geworden.

Fazit: Das Christentum kommt in Europa an durch Paulus und seine Leute. Es wird verstanden. Aber schon hier sehen wir: Es wird nicht verbogen, angepasst – es hat eine gewaltige Energie, das Denken und Fühlen von Menschen bis in die äußeren Lebensumstände zu verändern. Wir lernen von Paulus für unser „den Glauben zur Sprache bringen" drei Dinge:

- Wir verleugnen nicht die Wurzeln. Wir sind Volk Gottes seit Abraham, Jesus Christus ist nicht irgendein neuer Gott, sondern Sohn Jahwes, der Israel aus Ägypten geführt hat.
- Wir reden nicht irgendeine fromme Sondersprache, erklären die, die uns nicht verstehen, zu Ungläubigen und machen die Kirchentüre hinter uns zu. Wir sind auf der Höhe der Zeit und mitten im Leben, in unserem und dem anderer Menschen.
- Wir machen keine religiösen Gestaltungsvorschläge, sondern erzählen und leben, was wir mit diesem Jesus aus Nazareth erleben. Die Sache Jesu, sein Leben, sein Kreuz und seine Auferstehung ist unser Ding. Wenn wir was anderes machen, braucht uns kein Mensch.

7.3.2 Warum eigentlich Mission? Die Motive des Paulus

Kein Mensch tut etwas ohne Motive. Auch Paulus nicht. Manche Motive sind uns bewusst, andere nicht. Aber immer bestimmen sie unser Handeln.

Warum ist Paulus nicht in Antiochia geblieben, in dieser schönen Stadt am Mittelmeer, zwischen seiner Geburtsstadt Tarsus und der Stadt seiner Träume, Jerusalem? Warum ist er nicht später in Ephesus geblieben, dem Zentrum seiner Tätigkeit in Kleinasien und Europa, wo er die meisten Freunde und eine gute Arbeitsstelle hatte? Was treibt Paulus immer weiter, nach Rom, nach Spanien?

Ich möchte versuchen, Ihnen seinen Traum, von dem er erfüllt war, zu beschreiben. Es sind vier große Themen, die ihn bewegen.

Erlösung und Befreiung: Paulus hatte am eigenen Leib erfahren, was es heißt, keine Angst mehr haben zu müssen. Vor Gott nicht und vor Menschen schon gar nicht. Diese Erlösung von der Angst und Befreiung zu einem mutigen und starken Leben kann er nicht für sich behalten, weil es einfach unglaublich schwer ist, für sich zu behalten, was einen so glücklich gemacht hat. Paulus spricht von seiner Motivation:

2. Kor 5, 16 – 20

Darum beurteile ich von jetzt an niemand mehr nach menschlichen Maßstäben. Auch Christus nicht, den ich einst so beurteilt habe. Wenn also ein Mensch zu Christus gehört, ist er schon »neue Schöpfung«. Was er früher war, ist vorbei; etwas ganz Neues hat begonnen. Das alles aber kommt von Gott. Obwohl ich sein Feind war, hat er sich durch Christus mit mir ausgesöhnt und mir den Auftrag gegeben, seine Versöhnungsbotschaft zu verbreiten. So lautet diese Botschaft: In Christus hat Gott selbst gehandelt und hat die Menschen mit sich versöhnt. Er hat ihnen ihre Verfehlungen vergeben und rechnet sie nicht an. Diese Versöhnungsbotschaft lässt er unter uns verkünden. Uns Aposteln hat Christus den Auftrag und die Vollmacht gegeben, diese Botschaft überall bekannt zu machen. Ja, Gott selbst ist es, der durch uns die Menschen ruft. So bitten wir im Auftrag von Christus: »Bleibt nicht Gottes Feinde! Nehmt die Versöhnung an, die Gott euch anbietet!«

Diese erste Antwort also auf die Frage nach einer gesunden Motivation für Mission lautet: Ich kann von Gott nur erzählen, was ich selbst mit Gott erlebt habe. Mehr brauche ich gar nicht zu erzählen, sollte es dann aber auch nicht. Am schmerzhaftesten wirken auf mich Glaubenszeugnisse von Menschen, die erzählen, was sie meinen glauben zu müssen.

Weil Paulus in der Mission auch von seinen Zweifeln und seiner Verzweiflung erzählt, nehme ich ihm auch seine Begeisterung und seine Freude über Gott ab.

Und noch etwas lerne ich an diesem ersten Punkt. Ich sehe bei allem, was Paulus beschreibt: Sowohl in der Verzweiflung wie in der Begeisterung ist Jesus Christus sein großes Lebensthema. Mensch, denke ich, was fallen uns alles für Themen in der Kirche ein, nicht nur bei Predigten, weil wir anscheinend Probleme haben, einfach mal von Gott zu erzählen.

Das zweite Motiv zur Mission für Paulus ist:

Der Traum von der einen Welt: Paulus ist als Christ Jude geblieben, hat seine Wurzeln nicht verleugnet. Und als Jude kannte und hatte er den – in heutigen Worten gesprochen – Traum von der einen Welt.

Als Israel von den Babyloniern in die Gefangenschaft geführt wurde, verstreut in alle Welt, nicht das letzte Mal, hat es von Gott den Auftrag bekommen, Frieden und Rettung den Völkern der Welt zu bringen, als Knecht Gottes, heißt es bei Jesaja. Die symbolische Figur im Judentum dafür war Abraham, und er wird es auch für Paulus. In ihm, heißt es im Ersten Buch Mose, sollen alle Völker gesegnet werden. Im Galater- und Römerbrief zeigt Paulus, wie diese uralte Segensverheißung an Abraham in Jesus Christus ihre Erfüllung findet.

Konkret hieß das für Paulus: Ich missioniere, um Gemeinden zu gründen. Und in diesen Gemeinden kommen Menschen aller Völker und Rassen, Arme und Reiche, Gesunde und Kranke, Frauen und Männer zusammen, probieren den Frieden Gottes aus, versöhnt durch Christus.

Die Mission des Paulus ist nicht bei der Bekehrung von Seelen stehen geblieben, seine Mission hatte das Ziel, auch sichtbar neue Lebensformen zu schaffen.

Eine Mission, die immerzu nur andere von etwas überzeugen will, und seien es ewige Wahrheiten, wird irgendwann leer. Und gleichzeitig – verkrampft.

Der dritte Motivations-Grund für Paulus, dieses gigantische Missionsprojekt durchzuziehen, ist ganz einfach, aber nicht selbstverständlich:

Es hat einfach funktioniert: Oder weniger lapidar gesprochen: Es lag Gottes Segen darauf. Das Ganze wäre ja doch im Wüstensand kurz hinter Damaskus verlaufen, wenn zwar alles richtig gewesen wäre, was Paulus gedacht und gesagt hat, es aber einfach niemanden interessiert hätte.

Es hat funktioniert, der Funke ist übergesprungen. Von Gott auf Paulus, von Paulus auf andere Menschen. Zuerst auf seine Mitarbeiterinnen und Mitarbeiter. 46 kennen wir mit Namen. Es hat ihm Spaß gemacht, zusammen zu arbeiten. Und weil er schwach war und oft krank, brauchte er die anderen. Sie waren für ihn nicht unmündige Helfer, er suchte die Augenhöhe mit ihnen, hat ihnen etwas zugetraut, sie bevollmächtigt und ihnen vertraut. So ein Riesenprojekt wäre nicht zu bewältigen, wenn alle Fäden in einem Strickkorb zusammenlaufen müssten.

Mitarbeit war für Paulus echte Gemeinschaft. In den Briefen spüren wir, wie er sich für seine Leute interessiert, ihnen Mut macht. Wer bei Paulus mitarbeitete, wurde als ganzer Mensch wahrgenommen, war nicht auf seine Funktion reduziert.

Ein Motiv, zum Glauben an Jesus zu kommen, war mit Sicherheit auch die Atmosphäre, die von diesem Paulus-Team ausging. Deswegen waren die ersten Gemeinden auch keine vornehm-distanzierten Vereine zur Pflege religiöser Kultur, sondern nahmen diese besondere Atmosphäre auf, in ihre Häuser. Häuser, denn es gab ja natürlich noch keine Kirchengebäude, die ersten Gemeinden waren Hausgemeinden und ihr Glaube sehr alltäglich.

Mit anderen Worten: Der Glaube veränderte noch den Alltag, war in keine Kirche eingesperrt. In den Hausgemeinden etwa veränderte sich das Verhältnis von Frauen und Männern, Reichen und Armen, Sklaven und Freien. Es ist manchmal schön zu sehen, wie Paulus, der eher konservativ war, durch den Glauben selbst zu neuen Einsichten kommt. In einem Kapitel mit einem eher traditionellen Verständnis der Rolle von Frau und Mann heißt es am Ende – und es scheint fast so, als ob Paulus sich das selber erst einmal richtig klar machen muss:

1. Kor 11, 11 – 12

Vor dem Herrn gibt es jedoch die Frau nicht ohne den Mann und den Mann nicht ohne die Frau. Zwar wurde die Frau aus dem Mann geschaffen; aber der Mann wird von der Frau geboren. Und beide kommen von Gott, der alles geschaffen hat.

Im kleinen Philemon-Brief bittet Paulus um Strafverschonung und Freilassung für einen entlaufenen Sklaven (oder, wie die neuere Forschung annimmt: Paulus vermittelt in einem Streit zwischen seinem Freund, dem Sklaven Onesimus, und dessen Herrn). Man spürt auch beim Thema Sklaverei: In den Hausgemeinden und Alltagshäusern veränderten sich die Wertmaßstäbe, man lebte zwar noch in den Strukturen der antiken Gesellschaft, aber spürte ganz genau, wie merkwürdig es ist, wenn ein Gemeindeglied für das andere unbezahlt im Alltag die Sklavenarbeit machen muss . So endet auch ein eher vorsichtig geschriebener Abschnitt über die Sklaverei dann doch mit einer völlig neuen Sicht der Dinge für die Gemeinde. Und wieder hat man beim Lesen den Eindruck, Paulus ist von der Radikalität seiner eigenen Gedanken überrascht. Es könnte daran liegen, dass Jesus ihn erst darauf bringen musste:

1. Kor 7, 22 – 23

Grundsätzlich gilt: Die, die bei ihrer Berufung Sklaven oder Sklavinnen waren, sind Freigelassene des Herrn. Und entsprechend sind die, die bei ihrer Berufung Freie waren, Sklaven und Sklavinnen des Herrn. Christus hat für euch bezahlt und euch freigekauft, sodass ihr jetzt ihm gehört. Darum macht euch nicht zu Sklaven menschlicher Maßstäbe!

Es tut uns nicht gut, von den Anfängen der Christenheit ein Idealbild zu malen und auf dieser Hintergrundfolie den gegenwärtigen Zustand der Kirche zu beklagen. Auch dabei können uns die Paulusbriefe helfen. Sklaven und Freie,

Männer und Frauen, Arme und Reiche, die Gemeinde, hat der Theologe Emil Brunner einmal gesagt, ist die „Versöhnung der Gegensätze", soll der Ort sein, an dem Gott exemplarisch Frieden schaffen kann in dieser Welt. Und das ging schon zu Paulus' Zeiten nicht ohne Reibung. Seine Briefe sind ein Dokument dafür, wie schwer sich die Welt mit der Liebe Gottes tut. Von Anfang an.

Wenn wir uns das dritte Gegensatzpaar anschauen, sehen wir das sofort. Da waren in Korinth zu den abendlichen Gottesdiensten die Wohlhabenden frisch gewaschen, in weichen Kleidern, Wohlgeruch verbreitend, pünktlich erschienen. Sehr pünktlich. Und da man damals bei den abendlichen Gottesdiensten das Abendmahl mit einer richtigen Mahlzeit verband, fingen sie schon mal an zu essen.

Irgendwie war dann, als die Hafenarbeiter, Taglöhner und Prostituierten kamen, der reichlich gedeckte Tisch schon ziemlich leer gegessen. „Dass die auch nie pünktlich sein können. Und gewaschen haben sie sich auch noch nicht nach der Arbeit..."

Das sind die Sachen, über die Paulus in Jesu Namen nicht hinweg gehen kann. In selbst für ihn ungewöhnlich harten Worten fährt er die Korinther in seinem Brief an:

1. Kor 11, 20 – 22. 27 – 34

Wenn ihr zusammenkommt, feiert ihr in Wirklichkeit gar nicht das Mahl des Herrn. Denn bevor das gemeinsame Mahl beginnt, fangen die Anwesenden schon einmal an zu essen, was sie mitgebracht haben; und wenn dann die später Kommenden hungrig eintreffen, sind die Ersten schon betrunken. Könnt ihr denn nicht zu Hause essen und trinken? Oder verachtet ihr die Gemeinde Gottes und wollt die unter euch beschämen, die nichts haben? Was soll ich dazu sagen? Soll ich euch loben? In diesem Punkt lobe ich euch nicht! [...] Wer daher auf unwürdige Weise das Brot des Herrn isst und von seinem Becher trinkt, macht sich am Leib und am Blut des Herrn schuldig. Darum sollt ihr euch prüfen, bevor ihr das Brot esst und von dem Becher trinkt. Denn wenn ihr esst und trinkt ohne Rücksicht darauf, dass ihr es mit dem Leib des Herrn zu tun habt, zieht ihr euch durch euer Essen und Trinken Gottes Strafgericht zu. Das ist ja auch der Grund, weshalb viele von euch schwach und krank sind und nicht wenige sind sogar gestorben. Wenn wir uns selbst zur Rechenschaft ziehen würden, müsste der Herr uns nicht auf diese Weise richten. Wenn er es aber tut, dann geschieht es, um uns zurechtzuweisen, damit wir nicht im letzten Gericht zusammen mit der ungläubigen Welt verurteilt werden. Meine Brüder und Schwestern, wenn ihr also zusammenkommt, um das Mahl des Herrn zu feiern, dann wartet aufeinander. Wer zu großen Hunger hat, soll vorher zu Hause essen. Sonst bringen eure Versammlungen euch nur Bestrafung ein.

Interessant für sein Missionsverständnis ist: Im Unterschied dazu, wie damals und heute oft Religion gemacht wird, gibt es bei Paulus keine rein geistlichen Dinge, die man sozusagen unter Absehen von der materiellen Realität erleben kann. Mit anderen Worten: An einem so unhöflich und unsolidarisch abgegessenen Tisch ist es unmöglich, unwürdig, noch Abendmahl zu feiern. Es ist ein Schlag ins Gesicht Jesu.

Fazit dieses dritten Punktes: Mission verändert Realität, man kann etwas sehen, Gemeinden wachsen, Menschen gehen anders miteinander um. Mission schafft Rahmenbedingungen, unter denen der Funke überspringen kann. Geschieht das nicht mehr, müssen die Rahmenbedingungen – etwa die Predigt in leeren Kirchen – einmal überprüft werden. Paulus könnte dabei helfen.

Das Ende ist nah: Manchem werden die ersten drei Motive mehr oder weniger eingeleuchtet haben. Das vierte Motiv wird uns fremd sein. Sie werden beim Lesen der Paulusbriefe immer wieder die Vorstellung finden, dass Jesus bald, noch zu Lebzeiten der Menschen damals, wiederkommen wird und Gott sein ewiges Reich errichten wird. Diese Vorstellung vom Himmel, der auf die Erde kommt, ist ein jüdischer Traum: Die Offenbarung, griechisch Apokalypse, Gottes am Ende der Zeiten. Diese Lehre vom Ende der Zeiten nennt man Eschatologie und Paulus lebte ganz stark in diesem Denken, er ist, sagt Ernst Käsemann, auch als Christ Apokalyptiker geblieben.

Die Erwartung des nahen Endes hat die Mission des Paulus auf zweifache Weise geprägt:

» Er wollte unbedingt vor diesem Ende möglichst vielen, allen Menschen der Welt gar, die Sache von Jesus erzählen. Paulus war überzeugt, dass es von entscheidender Bedeutung sein wird in Gottes neuer Welt, ob man diesen Jesus gekannt und Vertrauen zu ihm gefasst hat.
» Er lebte andererseits in großer Freiheit zu allem, was einen so auf der Erde binden und fesseln kann. Er wusste: Was uns ängstigt und schreckt, ist immer nur das Vorletzte, wird irgendwann vorbei sein. Was uns andererseits fasziniert und begeistert, wird von der Herrlichkeit im Reich Gottes bei weitem übertroffen.

Wahrscheinlich leben Sie nicht in der Erwartung, dass heute Abend der Herr Jesus wiederkommt und sagt: Reich Gottes ist da, Abendbrot gibt's nicht mehr, Tagesschau fällt aus. Aber Sie werden die Paulusbriefe nur verstehen, wenn Sie wissen, dass Paulus genau in dieser Erwartung lebte und missionierte. Wenn wir das nicht wissen, müssen uns manche Stellen in seinen Briefen absurd und unverständlich erscheinen.

Und noch etwas: Auch wenn wir wahrscheinlich nie in dieser endzeitlichen Stimmung glauben und leben werden und Sekten, die das tun, als merkwürdig und abstoßend empfinden – ich habe doch persönlich manchmal für Momente die Freiheit gespürt, die man empfinden kann, wenn man das stärker als sonst glaubt: irgendwann kommt dieser Jesus wieder und dann ist endlich Ruhe.

Ich bekomme in diesen Momenten so etwas wie einen heilsamen Abstand zu allem:

- Zu dem, was mich ängstigt und fertig macht zuerst. Ich schaue hinter die Kulissen und denke: brüllt nur weiter, ihr Herren dieser Welt, ich höre da noch ein ganz anderes, zärtliches Lied vom Ende der Zeiten, das wird noch klingen, wenn ihr verstummt seid.
- Abstand aber auch zu allem, was mir lieb und wert ist, auch daran klammere ich mich nicht mehr mit letzter Kraft, an Menschen nicht und an Dinge schon gar nicht. Und das tut mir und den anderen nur gut, wenn ich weiß: alles wird, alles darf irgendwann mal vorbei sein.

Röm 8, 18 – 19. 22 – 23. 35 – 39

Und wieder sagt es Paulus viel schöner:

Ich bin überzeugt: Was wir in der gegenwärtigen Zeit noch leiden müssen, fällt überhaupt nicht ins Gewicht im Vergleich mit der Herrlichkeit, die Gott uns zugedacht hat und die er in der Zukunft offenbar machen wird. Die ganze Schöpfung wartet sehnsüchtig auf den Tag, an dem die Kinder Gottes vor aller Augen in dieser Herrlichkeit offenbar werden. [...] Wir wissen, dass die ganze Schöpfung bis jetzt noch stöhnt und in Wehen liegt wie eine Frau bei der Geburt. Aber auch wir selbst, die doch schon als Anfang des neuen Lebens – gleichsam als Anzahlung – den Heiligen Geist bekommen haben, stöhnen ebenso in unserem Innern. Denn wir warten sehnsüchtig auf die volle Verwirklichung dessen, was Gott uns als seinen Kindern zugedacht hat: dass unser Leib von der Vergänglichkeit erlöst wird. [...] Kann uns noch irgendetwas von Christus und seiner Liebe trennen? Etwa Leiden, Angst und Verfolgung, Hunger oder Kälte, Gefahren für Leib und Leben oder gar die Hinrichtung? Es ergeht uns wirklich so, wie es in den Heiligen Schriften steht: »Weil wir zu dir, Herr, gehören, sind wir ständig in Todesgefahr. Wir werden angesehen wie Schafe, die zum Schlachten bestimmt sind.« Aber mitten in alldem triumphieren wir als Sieger mit Hilfe dessen, der uns so sehr geliebt hat. Ich bin ganz sicher, dass nichts uns von seiner Liebe trennen kann: weder Tod noch Leben, weder Engel noch Dämonen noch andere gottfeindliche Mächte, weder Gegenwärtiges noch Zukünftiges, weder Himmel noch Hölle. Nichts in der ganzen Welt kann uns jemals trennen von der Liebe Gottes, die uns verbürgt ist in Jesus Christus, unserem Herrn.

Weiterdenken

Bitte lesen Sie die folgenden Bibeltexte:

1. Kor 2, 1 – 5
Gal 2, 7 – 10
Gal 2, 11 – 16, noch mal: Gal 2, 16
1. Kor 1, 18 – 25
1. Kor 4, 8 – 14
1. Kor 1, 26 – 31
Gal 3, 26 – 28
2. Kor 5, 16 – 20
1. Kor 11, 11 + 12

1. Kor 7, 22 – 23

1. Kor 11, 20 – 22. 27 – 34

Röm 8, 18 – 19. 22 – 23. 35 – 39

1. Schlagen Sie die Bibel zu und versuchen Sie, einen der Texte mit eigenen Worten wiederzugeben!
2. Schlagen Sie die Bibel wieder auf und notieren Sie, was Ihnen sofort einleuchtet.
3. Notieren Sie jetzt, was Ihnen unverständlich ist.
4. Gibt es einen Satz oder Gedanken, der Sie ärgert, provoziert, den Sie am liebsten streichen würden? Warum? Was wäre, wenn dieser Satz oder Gedanke fehlt?
5. Was an dem Text dagegen ist schön?
6. Stilleübung: Schließen Sie die Augen und stellen Sie sich irgendeinen Menschen vor. Erklären Sie ihm, was der Text bedeutet: Damals, als er entstanden ist, und heute.

meine Notizen

7.4 Die Theologie des Paulus

Bei diesem Titel als möglicher Examensarbeit wachen selbst Theologiestudierende im 10. Semester nachts schweißgebadet auf. Ihnen braucht es nicht so zu gehen, denn ganz viel haben Sie bereits verstanden.

Wir haben nämlich nicht mit der Theorie angefangen. Es ist nie gut, mit der Theorie anzufangen. Wir haben die großen Themen des Apostel Paulus in seiner Tätigkeit, seiner Mission verankert, aus ihr heraus entwickelt. Und manches erklärt sich da nicht nur viel einfacher, es entspricht auch so viel eher der Realität: Gerade Paulus hat seinen Glauben im Dialog, im Teamwork und manchmal auch im Streit entwickelt, er hat seine Theologie eben gerade nicht am Schreibtisch auf blütenweißes Papier geschrieben.

Trotzdem ist es spannend und für jeden, der in der Kirche ehren- und hauptamtlich arbeitet, sogar notwendig, ein paar Gedanken noch mal kurz zu ordnen und so auf den Punkt zu bringen, dass wir für unsere Gemeinden erkennen: Wo macht uns Glaube zu mutigen, fröhlichen und barmherzigen Menschen – aber auch: Wo engt Glaube ein, macht unfrei und treibt in die Isolation. Die Theologie des Paulus gehört zum Handwerkszeug jedes Christen, der für seinen Glauben selber Verantwortung übernehmen will.

Ich will mit Ihnen jetzt einen ungewöhnlichen Weg gehen. Ich möchte Ihnen mit meinen Worten ein Bild malen, so dass Sie vor Ihrem inneren Auge eine Folge von sechs großen Gedanken sehen und entdecken, dass sich ein Gedanke aus dem anderen ergibt und die Folge logisch ist. Nicht auf jede Einzelheit kommt es an, nicht alles müssen wir verstehen. Aber wenn es uns gelingt, werden wir ein Gefühl, ein Gespür dafür bekommen, was Gott mit diesem Paulus wollte.

7.4.1 Weil Gott uns liebt, darf alles – auch das Schlimme – zur Sprache kommen

Das erste ist für Paulus immer die Liebe Gottes. Bevor wir über Dein wunderbares und trauriges Leben reden, sagt Paulus, entspann Dich erst mal, erklär nichts zurecht. Hör erst mal: Du bist geliebt. Ohne wenn und aber.

Erst wenn dieses Gefühl Dich ganz durchdrungen hat, wirklich erst dann, kommt eine Erleichterung. Und aus dieser Erleichterung die Gewissheit: Jetzt darf alles rauskommen, alles, was ich vergraben und nicht zugelassen habe. Meine Trauer und mein Schmerz. Genauso wie meine Fehler und mein Versagen. Sogar die wirklich schlimmen Dinge, die bisher kein Mensch weiß. Aus Angst hätte ich das nie zugegeben, im Gegenteil. Aber in dieser Liebe löst sich alles, was ich rumgetragen habe, viel zu lang. Es ist eine Erleichterung, es loszuwerden.

Nur weil Paulus genau weiß, dass Gott und seine Liebe stärker als alles Böse ist, kann er dann auch ziemlich brutal und erschreckend illusionslos über die Situation von uns Menschen und den Zustand dieser Welt reden. Paulus spricht aus einer Position, in der man nichts mehr beschönigen muss.

Sünde sind nicht menschliche Fehler und Schwächen. Sünde ist der Machtbereich des Bösen. 7.4.2

Mit beispielloser gedanklicher Schärfe erkennt Paulus, dass unser Menschenproblem nicht gelöst ist, wenn sich alle ein bisschen mehr Mühe geben und ein paar Fehler weniger machen. Einmal, weil dieses Mühe geben und diese guten Vorsätze uns wie Sand durch die Finger rinnen.

Aber noch mehr, weil die schlimmsten Dinge oft von Menschen getan werden, die es besonders gut, die es perfekt machen wollen. Wir sind verstrickt in Schuld und Schuldzusammenhänge, von unserer Familie her, in den gesellschaftlichen und wirtschaftlichen Zusammenhängen, in denen wir leben. So, wie wir leben, tun wir anderen weh. Und uns selbst auch.

Diese Erkenntnis ist keine Schwarzmalerei, im Gegenteil, sie schafft befreiende Klarheit. Es ist wieder eine Erleichterung, sich einzugestehen: Aus bestimmten Zusammenhängen komme ich mit eigener Kraft nicht heraus. Und ich muss das auch gar nicht.

Paulus stellt diesen Gedanken in einem Bild dar. Er sagt: Seit es Menschen gibt, ist Sünde da. Seit Adam und Eva Gott seine Güte nicht mehr geglaubt und gefragt haben „Sollte Gott gesagt haben...?“ Das Böse schafft sich seinen Machtbereich genau da, wo Menschen sich von Gott abwenden, verstecken. „Adam, wo bist du?“ ruft Gott verzweifelt ins leere Paradies.

Als Erbsündelehre ist dieser Gedanke aus Römer 5 oft missverstanden worden. Nein, Sünde vererbt sich nicht genetisch von Adam und Eva auf Sie und mich. Es ist nur ein seelsorgerlich-befreiender Gedanke. Ein Mensch, der etwas wirklich Schlimmes getan hat, kann das Gefühl bekommen, er hätte die Sünde geradezu erfunden. Da sagt Paulus: Durch Adam, den ersten Menschen sozusagen, ist die Sünde in die Welt gekommen. Du wirst in Deinem Leben immer auch in ihrem Machtbereich sein, Dein Verhalten, Deine Entscheidungen, sind nicht immer so frei, wie Du glaubst.

Ein erlöster, mutiger, befreiter und fröhlicher Mensch wirst Du am ehesten, wenn Du das erstmal erkennst: Die Sünde ist keine Frage der Moral. Sondern der Macht. Deswegen ist es relativ sinnlos, wenn Du Dir vornimmst, ein etwas besserer Mensch zu werden. Die einzig sinnvolle Frage ist: In wessen Machtbereich will ich leben?

Der klassische Text dazu steht im Römerbrief; ein Text, den selbst Psychologen des 20. Jahrhunderts mit zitternden Händen gelesen haben:

Röm 7, 17 – 25

Nicht wir sind es also, die das Böse tun, vielmehr tut es die Sünde, die sich in uns eingenistet hat. Wir wissen genau: In uns selbst, so wie wir der Sünde ausgeliefert sind, lebt nicht die Kraft zum Guten. Wir bringen es zwar fertig, uns das Gute vorzunehmen; aber wir sind zu schwach, es auszuführen. Wir tun nicht das Gute, das wir wollen, sondern gerade das Böse, das wir nicht wollen. Wenn wir aber tun, was wir gar nicht wollen, dann verfügen nicht wir selbst über uns, sondern die Sünde, die sich in uns eingenistet hat. Wir finden demnach unser Leben von folgender Gesetzmäßigkeit bestimmt: Ich will das Gute tun, bringe aber nur Böses zustande. In meinem Innern stimme ich dem Gesetz Gottes freudig zu. Aber in meinen Gliedern, in meinem ganzen Verhalten, sehe ich ein anderes Gesetz am Werk. Dieses Gesetz liegt im Streit mit dem Gesetz, das ich innerlich bejahe, und macht mich zu seinem Gefangenen. Es ist das Gesetz der Sünde, das in meinen Gliedern regiert und mir mein Verhalten diktiert. Ich unglückseliger Mensch! Wer rettet mich aus dieser tödlichen Verstrickung? Gott sei gedankt durch Jesus Christus, unseren Herrn: Er hat es getan!

7.4.3 Gott geht mit Jesus bis zum Äußersten, um den Menschen aus dem Machtbereich der Sünde herauszuholen

Wir haben uns von Gott abgewandt und dadurch zugelassen, dass der Machtbereich der Sünde gewachsen ist. Das tut Gott weh, weil er sich nach uns sehnt. Und weil er sieht, wie schwer wir uns tun, uns abstrampeln, bemühen, scheitern, triumphieren, irgendwie zerrissen zwischen Liebe und Hass.

Und Paulus erkennt noch ein Zweites: Im Machtbereich der Sünde sind wir immer auch im Machtbereich des Todes. Das Böse und der Tod spielen sich die Bälle zu, und wir sind die Verlierer in diesem Spiel. Unser Leben ist weder so gut noch so schön, wie er als Schöpfer sich das gedacht hatte.

Seit Abraham kämpft Gott um uns, für uns, will uns herausholen aus dem, was uns fertig macht, womit wir uns fertig machen. Manchmal kapieren wir es. Oft nicht. Und dann kommt Gott selber in seinem Sohn auf unsere Seite, wird ein hundertprozentig normaler Mensch, dringt ein in den Machtbereich des Todes, nimmt den Kampf auf. So sehr, dass er dabei draufgeht, verlassen und verraten, wirklich stirbt. Wirklich sterben heißt bei Paulus: Kreuz. Das ist sein Thema. In diesem Wort „Kreuz“ verdichtet sich für ihn alles. Das Kreuz wird zum Zeichen für Gott.

Kreuz heißt: Gott geht in den Tod, in die Machtzentrale des Bösen hinein. Mit allem hatte das Böse gerechnet, nur nicht damit, dass der Allmächtige Gott den erbärmlichen Menschentod auf sich nimmt. Golgatha, der blutige Tod Gottes in Jesus Christus, ist für Paulus die absolute Apokalypse. Die Gewalt des Bösen bricht zusammen durch die Gewaltlosigkeit Gottes. Das Böse wollte einen Keil zwischen Gott und die Menschen treiben. Und es ist ihm endgültig nicht gelungen. Lieber stirbt Gott in Jesus, als dass er diese erbärmlichen, wunderbaren Menschen loslässt.

Der Tod kann so viel Liebe nicht fassen. Er streicht die Segel, zieht Leine. Er bricht zusammen, Jesus steht auf. Von den Toten, mit den Toten, allen Toten, die gestorben sind und noch sterben werden. „Das also", schließt Paulus in 1. Kor 15, „ist unsere Botschaft: Gott hat Christus vom Tod erweckt."

Alles hängt jetzt davon ab, ob der Mensch sich in Gottes weit ausgebreitete Arme fallen lässt. Stichwort: Gnade 7.4.4

Der Tod Jesu hat für uns das Böse und den Tod besiegt. Das steht fest. Aber wir werden nicht gezwungen, in dieser neuen Realität zu leben. Wir dürfen, wenn wir wollen, Freunde des Bösen und Gott fern bleiben. Gott versteht die Welt nicht mehr, sein Kreuz sollte uns berühren, wachrütteln, dass wir mit eigenem Schrecken erkennen, wie weit es mit uns gekommen ist, wie weit Gott mit seiner Liebe geht.

Paulus glaubt nicht, dass Gott das Kreuz braucht, obwohl es diesen Gedanken im Christentum gibt. Paulus sagt: Anscheinend brauchen wir das Kreuz, um zur Besinnung zu kommen, endlich zu begreifen, wie weit Gott für uns geht, uns versöhnen zu lassen mit Gott. Auf dass endlich nicht mehr das Böse zwischen uns und Gott steht. Im Römerbrief beschreibt es Paulus so:

Röm 5, 6 – 8

Diese Liebe zeigt sich darin, dass Christus sein Leben für uns hingegeben hat. Zur rechten Zeit, als wir noch in der Gewalt der Sünde waren, ist er für uns gottlose Menschen gestorben. Nun wird sich kaum jemand finden, der für einen Gerechten stirbt; allenfalls opfert sich jemand für einen Wohltäter. Wie sehr Gott uns liebt, beweist er uns damit, dass Christus für uns starb, als wir noch Sünder waren.

In Jesus fragt Gott den Menschen, ob er sein Freund werden will. Das ist eine schöne, aber auch eine sehr ernste Frage, wie in jeder Freundschaft. Und noch mehr, denn in der Frage Gottes steckt die Frage: Willst Du mit mir die Ewigkeit verbringen?

Es wird am Ende, da ist Paulus sehr deutlich, ein großes Gericht geben. Das muss es geben, damit die Ungerechtigkeit dieser Welt nicht in der Ewigkeit ihre Fortsetzung findet. Wer um jeden Preis am Bösen festhalten will, kann und darf nicht ins Reich Gottes kommen. Aber wer sich durch Jesus mit Gott versöhnen lässt, wer sein Freund wird, braucht vor diesem Gericht keine Angst zu haben, auch wenn er immer noch hundertmal versagt und tausend Fehler macht. Das bringt Gott in Ordnung. Die Frage an uns ist nur: Wollen wir, dass Gott als unser Freund unser Leben in Ordnung bringt? Ebenfalls in Röm 5, 1 – 2 beschreibt Paulus, wie das gehen könnte:

Röm 5, 1 – 2

Nachdem wir nun aufgrund des Glaubens bei Gott angenommen sind, haben wir Frieden mit Gott. Das verdanken wir Jesus Christus, unserem Herrn. Er öffnete uns den Weg des Vertrauens und damit den Zugang zur Gnade Gottes, in der wir jetzt festen Stand gewonnen haben. Nun haben wir Grund, uns zu Rühmen, weil wir die gewisse Hoffnung haben, dass Gott uns an seiner Herrlichkeit teilnehmen lässt.

Die zentralen Begriffe sind: „ihm vertrauen, sich auf ihn verlassen, ihm glauben". Die Sünde will, dass wir Gott misstrauen, uns aus Scham vor ihm verstecken, wie Adam im Paradies. Dass ein Mensch etwas falsch macht, ist nicht das Problem. Aber er bekommt ein Riesenproblem, wenn er sich vom Teufel einflüstern lässt: „Schau Dich an, Du mieser Kerl, was hast Du getan! Na, da können wir ja nur hoffen, dass das nie rauskommt. Dass Du mit Deiner Schuld alleine bleibst, eine Ewigkeit lang alleine. Schäm Dich. Vor Dir selbst, vor den Menschen. Und am meisten, am allermeisten, pass auf, dass dieser Gott, dieser strenge Gott, nie, niemals von dieser Sache erfährt!"

So spricht der Teufel. Und das klingt verdammt logisch. Da fällt das Vertrauen mir so unglaublich schwer. Meint es Gott wirklich so gut mit mir, wie es Jesus gelebt, wie es Paulus verkündet hat? Wenn der Teufel doch recht hat und Gott mich fertig machen wird, wenn ich meine ganze Geschichte wie ein offenes Buch vor ihm ausbreite?

Und in meinen Zweifel spricht Paulus einen der schönsten Texte, den Menschen je geschrieben haben:

Röm 8, 31 – 39

Was bleibt zu alldem noch zu sagen? Gott selbst ist für uns, wer will sich dann gegen uns stellen? Er hat seinen eigenen Sohn nicht verschont, sondern hat ihn für uns alle in den Tod gegeben. Wenn er uns aber den Sohn geschenkt hat, wird er uns dann noch irgendetwas vorenthalten? Wer kann die Menschen anklagen, die Gott erwählt hat? Gott selbst spricht sie frei. Wer kann sie verurteilen? Christus ist für sie gestorben, ja noch mehr: Er ist vom Tod erweckt worden. Er hat seinen Platz an Gottes rechter Seite. Dort tritt er für uns ein. Kann uns noch irgendetwas von Christus und seiner Liebe trennen? Etwa Leiden, Angst und Verfolgung, Hunger oder Kälte, Gefahren für Leib und Leben oder gar die Hinrichtung? Es ergeht uns wirklich so, wie es in den Heiligen Schriften steht: »Weil wir zu dir, Herr, gehören, sind wir ständig in Todesgefahr. Wir werden angesehen wie Schafe, die zum Schlachten bestimmt sind.« Aber mitten in alldem triumphieren wir als Sieger mit Hilfe dessen, der uns so sehr geliebt hat. Ich bin ganz sicher, dass nichts uns von seiner Liebe trennen kann: weder Tod noch Leben, weder Engel noch Dämonen noch andere gottfeindliche Mächte, weder Gegenwärtiges noch Zukünftiges, weder Himmel noch Hölle. Nichts in der ganzen Welt kann uns jemals trennen von der Liebe Gottes, die uns verbürgt ist in Jesus Christus, unserem Herrn.

Wenn ich diesen Text höre, lese, auf dem Hintergrund all der Verletzungen und auch der Schuld, die sich in meinem Leben so angehäuft haben – das einzig angemessene Gefühl, das in mir entsteht, ist: bei Gott bin ich unzerstörbar zerbrechlich.

Wenn man so geliebt wird, macht es keinen Spaß mehr, ein schlechter Mensch zu sein. Gut sein ist bei Paulus jetzt nicht mehr Ergebnis meiner Anstrengung, sondern logische Folge meiner Entspannung.

Paulus musste sich mit seiner radikalen Theologie der Liebe schon dem Vorwurf aussetzen: Legst Du nicht ein bisschen zu großzügig das Mäntelchen der Gottesliebe über menschliche Bosheit und Sünde? Vergebung, Gnade, Angenommensein – ist das nicht ein bisschen viel, fragen seine Gegner, wäre es nicht gut, doch auch ein klein wenig Angst vor Gott zu haben?

Es gibt einen „Paulinismus", gerade in der evangelischen Kirche, der hat nicht nur die Angst vor Gott verloren. (Das ist ja gut.) Der hat auch jeden Respekt vor Gott verloren, lässt den lieben Gott wirklich nur noch einen guten Mann sein. Dann wird in Gebeten und Predigten Gottes Liebe so sehr verharmlost, dass sie uns nicht mehr helfen kann.

Gottes Liebe ist nicht harmlos. Es ist nach Paulus kämpferische Liebe, die den Schmerz nicht scheut. Liebe, die um uns kämpft, die uns aus dem Machtbereich des Bösen herausholen will. So eine Liebe nimmt man nicht als angenehmes Zusatzprogramm, gleichgültig mal mehr, mal weniger, in sein Leben auf. So eine Liebe verändert dieses Leben. Paulus sagt es so im Römerbrief:

Röm 6, 1 – 11

Was folgt nun daraus? Sollen wir ruhig weitersündigen, damit die Gnade sich noch mächtiger entfalten kann? Unmöglich! Die Sünde hat kein Anrecht mehr an uns, für sie sind wir tot – wie könnten wir dann noch weiter in der Sünde leben? Ihr müsst euch doch darüber im Klaren sein, was bei der Taufe mit euch geschehen ist. Wir alle, die »in Jesus Christus hinein« getauft wurden, sind damit in seinen Tod hineingetauft, ja hineingetaucht worden. Durch diese Taufe wurden wir auch zusammen mit ihm begraben. Und wie Christus durch die Lebensmacht Gottes, des Vaters, vom Tod auferweckt wurde, so ist uns ein neues Leben geschenkt worden, in dem wir nun auch leben sollen. Denn wenn wir mit seinem Tod verbunden wurden, dann werden wir auch mit seiner Auferstehung verbunden sein. Das gilt es also zu begreifen: Der alte Mensch, der wir früher waren, ist mit Christus am Kreuz gestorben. Unser von der Sünde beherrschtes Ich ist damit tot und wir müssen nicht länger Sklaven der Sünde sein. Denn wer gestorben ist, kann nicht mehr sündigen; er ist von der Herrschaft der Sünde befreit. Wenn wir nun mit Christus gestorben sind, werden wir – davon sind wir überzeugt – auch zusammen mit ihm leben. Wir wissen ja, dass Christus vom Tod auferweckt wurde und nie mehr stirbt. Der Tod hat keine Macht mehr über ihn. Mit seinem Tod hat Christus der Sünde ein für alle Mal gegeben, was sie zu fordern hat; mit seinem Leben aber gehört er Gott. Genauso müsst ihr von euch selbst denken: Ihr seid tot für die Sünde, aber weil ihr mit Jesus Christus verbunden seid, lebt ihr für Gott.

Es geht also nicht um moralische Anstrengung, sondern um einen Herrschaftswechsel, nicht um ein bisschen mehr Anstand, sondern um einen neuen Stand. Die Frage ist nicht, ob ich mir verdammt Mühe gegeben habe. Die Frage ist, wer in meinem Leben das Sagen hat.

Wenn Christus in meinem Leben das Sagen hat, werde ich anders leben, aber immer auch noch Fehler machen und auch richtig schlimme Dinge – da ist Paulus ganz realistisch. So lange ich hier auf der Erde bin, wird auch die Macht des Bösen um mich kämpfen. Und ich werde drauf reinfallen. Aber ich bin in diesem Kampf nicht mehr alleine, ich kann es Gott sagen, wie schwer es manchmal ist, so zu leben, wie ich eigentlich will, wo ich unglücklich bin, auch über mich selbst. Ich kann Gott bitten, mir zu helfen.

Und er wird mir helfen. Nicht, dass ich perfekt werde, ach was... Aber dass ich die paar Jahrzehnte auf dieser Erde vielleicht noch ganz gut hinbekomme.

Er hilft mir auf zweierlei Weise. Durch sein Gesetz. Und durch seinen Heiligen Geist.

Was, werden Sie fragen, jetzt doch wieder Gesetz? Ja, aber an der richtigen Stelle. Denn so heftig und entschieden Paulus im Galaterbrief ein falsches Verständnis des Gesetzes bekämpft und sagt: Das Gesetz war und ist – auch nach jüdischem Verständnis – nie dazu da, dass wir uns durch seine strenge Befolgung Gottes Liebe verdienen! Genauso entspannt kann er später im Römerbrief schreiben: Das Gesetz ist eine gute Hilfe, als Freund Gottes dieses Leben gut hinzubekommen. Mit anderen Worten: Das Gesetz ist keine Leiter, um in den Himmel zu klettern. Es ist der Zaun, um nicht in den Abgrund zu stürzen. Leiter und Zaun sind aus demselben Holz geschnitzt. Entscheidend aber ist die Position, die wir dem Gesetz in unserem Leben geben.

Und dann hilft Gott uns, indem er uns seinen Heiligen Geist, den Geist Christi gibt. Der Heilige Geist ist kein dritter Gott, sondern die Art und Weise, wie Vater und Sohn in uns wirken, wie wir Gott in uns spüren. Im Heiligen Geist möchte Gott uns von innen erfüllen, bis uns warm wird bis in die Fingerspitzen. Die Gnade Gottes strömt in uns, weil Gott uns innerlich berühren und heilen, erlösen und freimachen will. Es geht um mehr als ein paar äußerliche Verbesserungen. Aber die Gnade spüren wir erst, wenn sie auch wieder aus uns herausströmt, weiter zu anderen Menschen. Wenn Gnade und Liebe Gottes in uns zum Stillstand kommen, erkalten sie. Und wir auch. Gnade und Liebe als Gaben des Heiligen Geistes wollen uns erfüllen. Aber weil das Wirken des Heiligen Geistes ein dynamischer Prozess ist, ist diese Erfüllung nicht statisch. So wie es bei einer Lampe nicht reicht, dass Strom da ist, sondern sie erst leuchtet, wenn Strom fließt, so spüren wir Gottes Liebe nach Paulus erst, wenn sie durch uns hindurchfließt, weiter zu anderen Menschen.

Diesen Gedanken entwickelt Paulus in einem sehr grundsätzlichen Streit mit den Christen in Korinth. Dort gab es eine etwas eingebildete Gruppe in der Gemeinde, die stellte sich den Heiligen Geist sehr statisch vor, wie einen Besitz, den man hat. Und dass man, als besonderer Christ sozusagen, den Geist hat, anders als die einfachen Christen, die „noch nicht so weit waren", das zeigt sich in ekstatischen Gottesdiensten und wundersamen, scheinbar übernatürlichen Begabungen.

Oh ja, sagt Paulus in 1. Kor. 12 – 14, Ekstase: Da bin ich mit dabei. Und wenn wir Gott um ein Wunder bitten, die Heilung eines Kranken etwa, dann rechnen wir natürlich damit, dass er dieses Gebet um Heilung erhört und handelt – in seiner Weisheit und so, wie es für uns gut ist.

Aber er gibt den „besonderen" Christen dann doch einiges zu bedenken:

» Der Geist ist ein Geschenk Gottes. Kein Mensch, keine Gruppe in der Gemeinde, hat den Geist als Besitz oder verfügt gar über ihn.

» Der Geist befähigt zu ganz verschiedenen Gaben. Durch den Heiligen Geist entdecke ich mich selbst neu, unentdeckte, außergewöhnliche Fähigkeiten kommen heraus.

» Aber ob es wirklich der Heilige Geist ist, der da in mir wirkt, entscheidet sich daran, ob ich diese Gaben für Gott und Menschen einsetze, um andere und die Gemeinde aufzubauen, wie Paulus schreibt. Es entscheidet sich nicht daran, ob diese Gaben irgendwie als außergewöhnlich empfunden oder für „besonders" erklärt werden.

» Der Heilige Geist ist keine ungebundene Kraft für irgendwelche Begeisterung. Es ist der Geist Christi und er bindet uns an, verbindet uns mit Jesus. Der Heilige Geist führt uns in die Nachfolge und manchmal auch ans Kreuz. Wer glaubt, er könne mit dem Geist dieser Welt und seiner Verantwortung dort schon mal ein bisschen entfliehen, hat sich an irgendetwas anderes gebunden.

» Wer irgendwie das Gefühl hat, dass sein Glaube leer und blass bleibt, er gar keine lebendige Vorstellung von Gott hat – obwohl er an ganz vielen kirchlichen Veranstaltungen teilnimmt, wirklich alle geistlichen Angebote wahrnimmt, der sollte sich prüfen, ob er nicht zu so einer Art Endverbraucher der Liebe Gottes geworden ist; immer mehr, immer mehr in sich aufnimmt – aber alle Liebe für sich behält. Gottes Liebe erwärmt nur, wenn sie durch mich hindurchfließt, weiter zu anderen Menschen.

Nicht das Besondere, Spektakuläre ist das Kriterium des Heiligen Geistes. Sondern die einfache Liebe. In den drei großen Kapiteln über den Heiligen Geist und die Geistesgaben in 1. Kor. 12 – 14 entfaltet Paulus in Kap. 12, wie Menschen mit ihren Gaben angewiesen werden aufeinander, sich ergänzen wie die Teile eines Körpers und kein Körperteil, keine Geistesgabe über der anderen steht. In Kap. 14 setzt er sich sehr kritisch mit der Überbewertung von ekstatischen Gaben, hier dem Zungenreden, auseinander. Er hat gar nichts gegen eine solche Gabe, zeigt aber glasklar, wie schnell das scheinbar Außergewöhnliche zur religiösen

Selbstverwirklichung führt, ohne jeden Bezug auf die anderen Menschen.

Die Schlüsselstelle zum Heiligen Geist aber ist 1. Kor. 13, das Hohelied der Liebe. An der Liebe entscheidet sich, was eine Gabe des Heiligen Geistes ist, sie ist, so leitet er das Kapitel ein, wichtiger als alle Geistesgaben – ohne die Liebe sind alle Gaben hohl und leer. Doch hören Sie selbst (1. Kor 12, 31b – 13,13):

Ich zeige euch jetzt etwas, das noch weit wichtiger ist als alle diese Fähigkeiten.

Wenn ich die Sprachen aller Menschen spreche
und sogar die Sprache der Engel,
aber ich habe keine Liebe –
dann bin ich doch nur ein dröhnender Gong
oder eine lärmende Trommel.

Wenn ich prophetische Eingebungen habe
und alle himmlischen Geheimnisse weiß
und alle Erkenntnis besitze,
wenn ich einen so starken Glauben habe,
dass ich Berge versetzen kann,
aber ich habe keine Liebe –
dann bin ich nichts.

Und wenn ich all meinen Besitz verteile
und den Tod in den Flammen auf mich nehme,
aber ich habe keine Liebe –
dann nützt es mir nichts.

Die Liebe ist geduldig und gütig.
Die Liebe eifert nicht für den eigenen Standpunkt,
sie prahlt nicht und spielt sich nicht auf.

Die Liebe nimmt sich keine Freiheiten heraus,
sie sucht nicht den eigenen Vorteil.
Sie lässt sich nicht zum Zorn reizen
und trägt das Böse nicht nach.

Sie ist nicht schadenfroh,
wenn anderen Unrecht geschieht,
sondern freut sich mit,
wenn jemand das Rechte tut.

Die Liebe gibt nie jemand auf,
in jeder Lage vertraut und hofft sie für andere;
alles erträgt sie mit großer Geduld.

Niemals wird die Liebe vergehen.
Prophetische Eingebungen hören einmal auf,
das Reden in Sprachen des Geistes verstummt,
auch die Erkenntnis wird ein Ende nehmen.

Denn unser Erkennen ist Stückwerk,
und unser prophetisches Reden ist Stückwerk.

Wenn sich die ganze Wahrheit enthüllen wird,
ist es mit dem Stückwerk vorbei.

Einst, als ich noch ein Kind war,
da redete ich wie ein Kind,
ich fühlte und dachte wie ein Kind.
Als ich dann aber erwachsen war,
habe ich die kindlichen Vorstellungen abgelegt.

Jetzt sehen wir nur ein unklares Bild
wie in einem trüben Spiegel;
dann aber schauen wir Gott von Angesicht.
Jetzt kennen wir Gott nur unvollkommen;
dann aber werden wir Gott völlig kennen,
so wie er uns jetzt schon kennt.

Auch wenn alles einmal aufhört –
Glaube, Hoffnung und Liebe nicht.
Diese drei werden immer bleiben;
doch am höchsten steht die Liebe.

7.4.6 Der Ort, wo die Gegenwart Gottes erfahren wird, ist die Ortsgemeinde

Erinnern Sie sich noch an den Funken, der übersprang? Der Funke sprang nicht über, weil Paulus durch die Lande zog und geniale religiöse Reden hielt, die man zwar für einen Moment an- und aufgeregt hört, um am nächsten Tag dann doch so weiterzumachen wie bisher. Der Funke sprang über, weil man in den Gemeinden eine Gemeinschaft erlebte, wo Jesus wirklich zum Greifen nahe war, wo sich das Jesuswort erfüllte: „Wo zwei oder drei in meinem Namen versammelt sind, da bin ich mitten unter ihnen."

Selbst für Außenstehende ging von den paulinischen Gemeinden eine Ausstrahlung aus, dass man sich fragte: „Was muss das für ein Gott sein, wenn die Menschen hier so miteinander umgehen."

Das war kein Zufall. Gemeinde ist für Paulus nicht die beliebige Versammlung religiöser Einzelpersonen, die mal so eben gerade zum Beten zusammenkommen, aber sonst nichts miteinander zu tun haben. Gemeinde ist für Paulus eine ganz entschiedene theologische Sache, sie ist für ihn der Leib Christi hier auf der Erde. Wer in die Gemeinde kommt, betritt den irdischen Teil des kosmischen Christusleibes, wer in der Gemeinde mitarbeitet, wird sogar zu einem lebendigen Körperglied an diesem Leib.

Wenn Paulus beschreibt, was Glauben heißt, sagt er am häufigsten „In Christus sein". „In Christus sein" ist für ihn das Lebensgefühl der Christen, es hat drei Dimensionen:

Geborgenheit: Ich bin noch mitten in dieser verrückten und manchmal kaputten Welt, aber spüre schon eine neue, ewige Realität, in der ich gut aufgehoben bin.

Gemeinschaft: Dieses „In Christus sein" ist keine gedachte Größe, sondern besteht real aus den Menschen, die mit mir an meinem Ort Christen sind. Wir sind ein Leib, füreinander da, aufeinander angewiesen.

Gaben und Aufgaben: „In Christus" entdecke ich mich neu, was für Gaben und Fähigkeiten in mir schlummern, welche guten und wichtigen Aufgaben in dieser Welt auf mich warten. Wir sind als Christen nicht irgendeine Organisation, sondern der Organismus Christi, das Organ Gottes in dieser Welt, für andere da.

Durch die Taufe werde ich in diesen Leib eingegliedert, wir haben es schon in Röm 6 gehört. Im ersten Korintherbrief sagt es Paulus noch einmal so:

1. Kor 12, 12 – 13

Der Körper des Menschen ist einer und besteht doch aus vielen Teilen. Aber all die vielen Teile gehören zusammen und bilden einen unteilbaren Organismus. So ist es auch mit Christus: mit der Gemeinde, die sein

Leib ist. Denn wir alle, Juden wie Griechen, Menschen im Sklavenstand wie Freie, sind in der Taufe durch denselben Geist in den einen Leib, in Christus, eingegliedert und auch alle mit demselben Geist erfüllt worden.

Im Abendmahl vergewissern, erinnern wir uns, dass wir „in Christus“ verbunden sind wie ein Leib, Gemeinschaft mit Gott und unter uns Menschen. So kann Paulus sagen:

1. Kor 10, 16 – 17

Denkt an den Segensbecher, über den wir beim Mahl des Herrn das Segensgebet sprechen: Gibt er uns nicht teil an dem Blut, das Christus für uns vergossen hat? Denkt an das Brot, das wir austeilen: Gibt es uns nicht teil an seinem Leib? Es ist nur ein einziges Brot. Darum bilden wir alle, auch wenn wir viele sind, einen einzigen Leib; denn wir essen alle von dem einen Brot.

Sie werden beim Lesen der Paulusbriefe vielleicht eine Besonderheit spüren, irgendwie das Gefühl haben, dass Paulus oft mahnt, bremst, erinnert. Wie kommt das?

Es ist Paulus leicht gefallen, zu begeistern. Der Funke ist übergesprungen. Die Menschen schwärmten von Gott, waren begeistert von ihrer Gemeinschaft, schwebten schnell auf Wolke sieben. Aber im Glauben folgt auf zu schnelle Begeisterung oft ein schmerzhafter Absturz, wenn der Funke nur ein Strohfeuer entfacht hat.

Paulus bringt eine heilsame Sache in Erinnerung, um dem Glauben langen Atem zu verleihen: Alles, was wir machen, ist geerdet in Jesus, dem Gekreuzigten. Und: Alles, was wir hoffen, ist gegründet in Christus, dem Auferstandenen. Leute, sagt er, verbindet alles, was ihr macht, mit Jesus Christus, Kreuz und Auferstehung, dann werdet ihr nicht über eure Begeisterung stolpern.

Und auch nicht in eurer Verzweiflung versinken.

Wenn Sie möchten, schließen Sie jetzt einmal die Augen und gehen mit mir auf die Reise durch die sechs großen Gedanken der Theologie des Paulus – versuchen Sie, sich zu erinnern, was Ihnen wichtig war.

» Weil Gott uns liebt, darf alles – auch das Schlimme – zur Sprache kommen.
» Sünde sind nicht menschliche Fehler und Schwächen. Sünde ist der Machtbereich des Bösen.
» Gott geht mit Jesus bis zum Äußersten, um den Menschen aus dem Machtbereich der Sünde herauszuholen.
» Alles hängt jetzt davon ab, ob der Mensch sich in Gottes weit ausgebreitete Arme fallen lässt.
» Diese Gnade Gottes will in mir nicht zum Stillstand kommen.
» Der Ort, wo die Gegenwart Gottes erfahren wird, ist die Ortsgemeinde.

Weiterdenken

Bitte lesen Sie die folgenden Bibeltexte:

Röm 7, 17 – 25
Röm 5, 6 – 8
Röm 5, 1 – 2
Röm 8, 31 – 39
Röm 6, 1 – 11
1.Kor 12, 31b – 13, 13
1.Kor 12, 12 – 13
1.Kor 10, 16 – 17

1. Schlagen Sie die Bibel zu und versuchen Sie, einen der Texte mit eigenen Worten wiederzugeben!
2. Schlagen Sie die Bibel wieder auf und notieren Sie, was Ihnen sofort einleuchtet.
3. Notieren Sie jetzt, was Ihnen unverständlich ist.
4. Gibt es einen Satz oder Gedanken, der Sie ärgert, provoziert, den Sie am liebsten streichen würden? Warum? Was wäre, wenn dieser Satz oder Gedanke fehlt?
5. Was an dem Text dagegen ist schön?
6. Stilleübung: Schließen Sie die Augen und stellen Sie sich irgendeinen Menschen vor. Erklären Sie ihm, was der Text bedeutet: Damals, als er entstanden ist, und heute.

meine Notizen

Paulus, der Mensch

7.5

Dieses Kapitel soll nicht mit Theologie, Theorie gar, enden. Glaube ist immer der Glaube von Menschen und ein solcher war auch Paulus. Einige seiner menschlichen Züge möchte ich Ihnen zum Schluss vorstellen:

Paulus ist ein Mensch mit einem großen Ziel. Gott hatte ihn an seinem wunden Punkt berührt, geheilt. Er hat davon anderen erzählt. Und gerade, weil er kein Glaubensheld war, sondern ein sehr zerbrechlicher Typ, hat das andere sehr bewegt. [1]

Weil Paulus gesehen hat, wie andere innerlich und äußerlich heil werden, wenn sie von Gott zärtlich in Jesus berührt werden, weil es für ihn das Größte auf Erden ist, bei diesem Heilwerden dabei zu sein, kennt er nur noch eins: Dieses neue Leben in Christus, für sich selbst, für möglichst viele Menschen. Den Christen in Philippi beschreibt er:

Phil 3, 12 – 14

Ich meine nicht, dass ich schon vollkommen bin und das Ziel erreicht habe. Ich laufe aber auf das Ziel zu, um es zu ergreifen, nachdem Jesus Christus von mir Besitz ergriffen hat. Ich bilde mir nicht ein, Brüder und Schwestern, dass ich es schon geschafft habe. Aber die Entscheidung ist gefallen! Ich lasse alles hinter mir und sehe nur noch, was vor mir liegt. Ich halte geradewegs auf das Ziel zu, um den Siegespreis zu gewinnen. Dieser Preis ist das ewige Leben, zu dem Gott mich durch Jesus Christus berufen hat.

Paulus hat dieses eine Ziel. Aber er ist kein Asket, kein Fanatiker. Er verdient gutes Geld und gibt es aus, spendet es, feiert Feste. In seinen Gottesdiensten gibt es nicht trocken Brot und einen Schluck Traubensaft, da wird aufgefahren, die Reichen in der Gemeinde durften sich bei Paulus nicht lumpen lassen.

Und dann zieht er wieder monatelang zu Fuß durch einsame Gegenden, hungert und friert. 60.000 km sei Paulus gelaufen, hat einer errechnet, anderthalb mal um die Erde, um Menschen etwas Wunderbares mitzuteilen. Hören wir, wie Paulus reagiert auf den Vorwurf, ausgerechnet er habe es sich zu leicht gemacht:

2. Kor 11, 23 – 33

Sie dienen Christus? Ich rede im Wahnsinn: Ich diene ihm noch viel mehr! Ich habe härter für Christus gearbeitet. Ich bin öfter im Gefängnis gewesen, öfter geschlagen worden. Häufig war ich in Todesgefahr. Fünfmal habe ich von den Juden die neununddreißig Schläge bekommen. Dreimal wurde ich von den Römern mit Stöcken geprügelt, einmal wurde ich gesteinigt. Ich habe drei Schiffbrüche erlebt; das eine Mal trieb ich eine Nacht und einen Tag auf dem Meer. Auf meinen vielen Reisen haben mich Hochwasser und Räuber bedroht. Juden und Nichtjuden haben mir nachgestellt. Es gab Gefahren in Städten und in Einöden, Gefahren auf hoher See und Gefahren bei falschen Brüdern. Ich hatte Mühe und Not und oftmals schlaflose Nächte. Ich war hungrig und durstig, oft hatte ich tagelang nichts zu essen. Ich fror und hatte nichts Warmes anzuziehen. Ich könnte noch vieles aufzählen; aber ich will nur noch eins nennen: die Sorge um alle Gemeinden, die mir täglich zu schaffen macht. Wenn irgendwo jemand schwach ist, bin ich es mit ihm. Und wenn jemand an Gott irrewird, brennt es mich wie Feuer. Wenn schon geprahlt werden muss, will ich mit meiner Schwäche prahlen. Der Gott und Vater unseres Herrn Jesus – gepriesen sei er in Ewigkeit – weiß, dass ich nicht lüge. Als ich in Damaskus war, stellte der Bevollmächtigte des Königs Aretas Wachen an die Stadttore, um mich zu verhaften. Aber durch das Fenster eines an die Stadtmauer gebauten Hauses wurde ich in einem Korb hinuntergelassen und entkam.

Paulus war im tiefsten Sinn ein fröhlicher Mensch. „Freut euch und abermals sage ich euch, freut euch!", schreibt er den Philippern aus dem Gefängnis und erklärt, wie er mit Überfluss und Mangel umgeht:

Phil 4, 11 – 13

Ich sage das nicht, weil ich in Not war. Ich habe gelernt, in jeder Lage zurechtzukommen und nicht von äußeren Umständen abhängig zu sein: Ich kann Not leiden, ich kann im Wohlstand leben; mit jeder Lage bin ich vertraut. Ich kenne Sattsein und Hungern, ich kenne Mangel und Überfluss. Allem bin ich gewachsen durch den, der mich stark macht.

Selbst vor dem Tod hat er keine Angst, erstaunlich pragmatisch macht er sich im Gefängnis kurz vor seinem Prozess, in dem er zum Tode verurteilt war, Gedanken über seinen eigenen Tod:

Phil 1, 19 – 24

Denn ich weiß, dass meine Gefangenschaft – gleichgültig, wie sie endet – letztlich zu meiner Rettung führen wird. Das verbürgen mir eure Gebete und Jesus Christus, der mir durch seinen Geist beisteht. Ich hoffe und erwarte voller Zuversicht, dass Gott mich nicht versagen lässt. Ich vertraue darauf: Auch jetzt, so wie bisher stets, wird Christus in aller Öffentlichkeit groß gemacht werden durch das, was mit mir geschieht, ob ich nun am Leben bleibe oder sterbe. Denn Leben, das ist für mich Christus; darum bringt Sterben für mich nur Gewinn. Aber wenn ich am Leben bleibe, kann ich noch weiter für Christus wirken. Deshalb weiß ich nicht, was ich wählen soll. Es zieht mich nach beiden Seiten: Ich möchte am liebsten aus diesem Leben scheiden und bei Christus sein; das wäre bei weitem das Beste. Aber es ist wichtiger, dass ich noch hier ausharre, weil ihr mich braucht.

[2] Paulus war schwer krank. Wir wissen nicht, welche Krankheit er gehabt hat, nur zwei Dinge: Man muss ihm die Krankheit äußerlich angesehen haben, er war gezeichnet von ihr und manche hatten damit Probleme. Und zweitens muss die Krankheit Paulus permanente Schmerzen verursacht haben, ein Pfahl im Fleisch, Tag und Nacht, schreibt er.

Und doch mag Paulus seinen Körper, achtet auf ihn und mahnt die anderen, achtsam mit ihrem Körper umzugehen. Glaube ist bei Paulus eben nicht rein geistig, auch an unserem Leib will Gott uns berühren, heilen, und es ist Gott nicht egal, was wir mit unserem Körper anstellen. „Wisst ihr nicht", schreibt Paulus, „dass euer Körper ein Teil vom Leib Christi ist? Wisst ihr nicht, dass euer Körper der Tempel des Heiligen Geistes ist?" (1. Kor. 6, 15.19)

Aber Paulus hat seine Krankheit auch nicht überspielt und den starken Mann gegeben. Ich bin überzeugt, dass kein Mensch die tiefsten Gründe der Theologie des Kreuzes und des großen Schmerzes Gottes erahnen kann, gar beschreiben kann, der das nicht existentiell erfahren hat. Paulus hat so tief hinter die Kulissen des Lebens geschaut, wie es nur ein Kranker kann. Andre Gidé schreibt:

„Ich glaube, dass die Krankheiten Schlüssel sind, die uns gewisse Tore öffnen können. Ich glaube, es gibt gewisse Tore, die einzig die Krankheit öffnen kann. Es gibt jedenfalls einen Gesundheitszustand, der es uns nicht erlaubt, alles zu verstehen. Vielleicht verschließt uns die Krankheit einige Wahrheiten; ebenso aber verschließt uns die Gesundheit andere oder führt uns davon weg, so dass wir uns nicht mehr darum kümmern.

Ich habe unter denen, die sich einer unerschütterlichen Gesundheit erfreuen, noch keinen getroffen, der nicht nach irgendeiner Seite hin ein bisschen beschränkt gewesen wäre, - wie solche, die nie gereist sind."

Paulus ist weit gereist, um die halbe Welt. Und hinunter in die Abgründe menschlicher Existenz. Hinauf in den Himmel, wo der gekreuzigte Christus mit den Geschlagenen und Gedemütigten endlich das große Fest feiert. Paulus hat die Dinge verstanden, die man allein mit dem „gesunden" Menschenverstand nicht verstehen kann. Er schildert das so:

2. Kor 4, 7 – 12

Ich trage diesen Schatz in einem ganz gewöhnlichen, zerbrechlichen Gefäß. Denn es soll deutlich sichtbar sein, dass das Übermaß an Kraft, mit dem ich wirke, von Gott kommt und nicht aus mir selbst. Ich bin von allen Seiten bedrängt, aber ich werde nicht erdrückt. Ich weiß oft nicht mehr weiter, aber ich verzweifle nicht. Ich werde verfolgt, aber Gott lässt mich nicht im Stich. Ich werde niedergeworfen, aber ich komme wieder auf. Ich erleide fortwährend das Sterben, das Jesus durchlitten hat, an meinem eigenen Leib. Aber das geschieht, damit auch das Leben, zu dem Jesus auferweckt worden ist, an mir sichtbar wird. Denn als Lebender bin ich ständig für Jesus dem Tod ausgeliefert, damit auch das Leben, das Jesus hat, an meinem todverfallenen Körper offenkundig wird. So wirkt nun also der Tod in mir, das Leben aber in euch.

Wie Jesus in Getsemane hat Paulus darum gebetet, dass Gott ihn von seiner Krankheit befreit. Er wird nicht geheilt, betet weiter. Betet mit Schmerzen, scheinbar vergeblich. Vielleicht haben Sie auch schon so gebetet. Und eines Tages, nach vielen langen und einsamen Gebeten, spricht Gott zu ihm, sagt zu ihm den für mich zärtlichsten und wunderbarsten Satz, der in der Bibel steht: „Lass Dir an meiner Gnade genügen. Denn meine Kraft ist in den Schwachen mächtig."

Weiterdenken

Bitte lesen Sie die folgenden Bibeltexte:

Phil 3, 12 – 14
2. Kor 11, 23 – 33
Phil 4, 11 – 13
Phil 1, 19 – 24
2. Kor 4, 7 – 12

1. Schlagen Sie die Bibel zu und versuchen Sie, einen der Texte mit eigenen Worten wiederzugeben!
2. Schlagen Sie die Bibel wieder auf und notieren Sie, was Ihnen sofort einleuchtet.
3. Notieren Sie jetzt, was Ihnen unverständlich ist.
4. Gibt es einen Satz oder Gedanken, der Sie ärgert, provoziert, den Sie am liebsten streichen würden? Warum? Was wäre, wenn dieser Satz oder Gedanke fehlt?
5. Was an dem Text dagegen ist schön?
6. Stilleübung: Schließen Sie die Augen und stellen Sie sich irgendeinen Menschen vor. Erklären Sie ihm, was der Text bedeutet: Damals, als er entstanden ist, und heute.

meine Notizen

Anhang: Übersicht über die Paulusbriefe in chronologischer Reihenfolge 7.6

Der erste Brief an die Thessalonicher: Paulus hat die Gemeinde in der damals bedeutenden Stadt Thessalonich wohl im Jahr 49 gegründet. Wahrscheinlich hat er sich einige Monate dort aufgehalten, bis ein aufgehetzter Pöbel ihn und seine Begleiter vertrieb (Apg 17, 1-10). Später erfährt Paulus, dass die junge Gemeinde von ihren Mitbürgern verfolgt wird (2, 14; 3, 3-4). Weil er sie nicht selbst besuchen kann (2, 17-18), schickt er von Athen aus seinen Mitarbeiter Timotheus nach Tessalonich (3, 5). Dieser bringt ihm gute Nachrichten, zugleich aber auch eine wichtige Anfrage aus Tessalonich.

Die Christen in Thessalonich sind beunruhigt. Sie haben erwartet, dass die Wiederkunft Jesu unmittelbar bevorstehe – und nun sind bereits einige Gemeindeglieder gestorben. Was wird mit den Verstorbenen geschehen? Hat der Tod deren Hoffnung zunichte gemacht? Paulus antwortet mit dem Hinweis, dass verstorbene und lebende Christen in gleicher Weise mit dem wiederkommenden Christus vereinigt werden (4, 13-18). Weil aber der Zeitpunkt der Wiederkunft unbekannt ist, gilt es, zu jeder Zeit wachsam aus der Verbindung mit Christus heraus zu leben (5, 1-11).

Der erste Thessalonicherbrief ist der älteste erhaltene Paulusbrief und zugleich die früheste Schrift des Neuen Testaments. Er wurde um 50 geschrieben.

Der Brief an die Galater richtet sich an Gemeinden in der Landschaft Galatien (in der Gegend des heutigen Ankara). Paulus hat diese Gemeinden wohl auf seiner zweiten Missionsreise gegründet (Apg 16, 6) und auf der dritten Reise noch einmal besucht (Apg 18, 23). Anlass zu dem Brief, der zwischen 54 und 56 in Ephesus geschrieben worden ist, ist die Nachricht vom Auftreten judenchristlicher Lehrer in Galatien, die behaupten, dass es zur Vollendung des christlichen Glaubens nötig sei, das Gesetz des Mose zu halten und die Beschneidung als Zeichen des Bundes Gottes mit seinem Volk zu übernehmen.

Für Paulus steht nicht weniger als das Ganze der »Guten Nachricht« von Jesus Christus auf dem Spiel. Wenn das Gesetz für die Annahme bei Gott noch eine Bedeutung hat, dann ist Christus vergeblich gestorben und es gibt keine Hoffnung auf Rettung. Der Weg der Gesetzesbefolgung und der Weg des reinen Vertrauens auf Gottes rettende Liebe stehen nicht im Verhältnis gegenseitiger Ergänzung – nach dem Schema: Ich tue, was ich kann, und den Rest überlasse ich der Gnade –; sie schließen sich vielmehr grundsätzlich aus (3, 10-12). Wer vor Gott auf das eigene Tun setzt, der wird auch dabei behaftet: Wer sich beschneiden lässt, der ist »ist verpflichtet, das ganze Gesetz zu befolgen« (5, 3). Warum das? Weil Gott nicht »etwas« vom Menschen will, sondern den ganzen Menschen. Kein Mensch leistet von sich aus den vollen Gehorsam; deshalb will Gott durch Christus den ganzen Menschen neu schaffen (6, 15), so dass dieser von sich sagen kann: »Nun lebe nicht mehr ich, sondern Christus lebt in mir« (2, 20).

Paulus legt Wert auf den Nachweis, dass ihm diese Botschaft nicht nur direkt von Christus offenbart (1, 11-12), sondern dass sie auch von maßgebenden Führern des Judentums in Jersualem anerkannt worden ist (1, 15 bis 2, 10). Wie im Römerbrief entfaltet er seine Auffassung von den Glaubenden als den wahren Abrahamsnachkommen und von der Untauglichkeit des Gesetzes (Kapitel 3). Aber während er im Römerbrief den Zusammenhang herausarbeitet zwischen Gesetz, Sünde und Tod, betont er hier den Gesichtspunkt der Sklaverei, in die das Gesetz die Menschen bringt, und er stellt ihr die großartige Freiheit gegenüber, die Gott uns durch Christus schenkt (Kapitel 4 bis 5). So wurde der Galaterbrief zum wichtigsten Zeugnis des Neuen Testatments für echte christliche Freiheit und Mündigkeit.

Der erste Brief an die Korinther: Paulus war wohl im Herbst des Jahres 49 von Athen aus nach Korinth gekommen und hatte dort in eineinhalb Jahren eine blühende Gemeinde gegründet. Die Hafenstadt Korinth war ein bedeutender Umschlagplatz zwischen Ost und West mit einer buntgemischten Bevölkerung und einem starken sozialen Gefälle; ihre Sittenlosigkeit war sprichwörtlich.

Etwa drei Jahre sind seit dem ersten Aufenthalt des Paulus in Korinth verflossen. Die Gemeinde ist weiter gewachsen, aber dennoch ist sie – von innen heraus – stark gefährdet. Es haben sich rivalisierende Gruppen gebildet (Kapitel 1 bis 4), grobe sittliche Missstände sind eingerissen (Kapitel 5 bis 6). Es herrscht Unsicherheit über Fragen der Ehe und Ehelosigkeit, der Teilnahme am gesellschaftlichen Leben der heidnischen Umwelt (Kapiel 7 bis 10); im Gottesdienst kommt es zu unwürdigen Zuständen (Kapitel 11 bis 14); die Auferstehung der Toten wird geleugnet (Kapitel 15).

Alle diese Probleme haben offenbar dieselbe Wurzel: Als das Wesentliche am Christusglauben gelten den Korinthern die Wirkungen des Heiligen Geistes, die in außerordentlichen Erscheinungen wie dem sog. Zungenreden (einem ekstatischen Reden in unbekannten Sprachen) erfahren werden. Sie geben den Menschen das Gefühl, bereits von den Bindungen dieser Welt befreit zu sein und zur überirdischen Welt zu gehören. Alles irdische ist für sie darum belanglos. »Alles ist erlaubt« (10, 23) – so lautet die Parole.

Paulus greift in seinem Brief schonungslos die Missstände an, die ihm zu Ohren gekommen sind. Menschen, die in der Nachfolge Christi und seines Apostels stehen, haben nicht sich und ihr vermeintlich göttliches Ich zu pflegen, sondern stehen in der Verantwortung für ihre Mitmenschen (6, 12;

Kapitel 9) und haben ihre Geistesgaben zum Aufbau der Gemeinde einzusetzen (Kapitel 12 bis 14). Als grundlegenden Maßstab hält Paulus ihnen das Kreuz Christi entgegen, an dem alle menschliche Selbstherrlichkeit zerbricht (1, 17–25).

Paulus hat den Brief wohl Anfang des Jahres 55 in Ephesus geschrieben. In der Folgezeit spitzen sich die Auseinandersetzungen zwischen ihm und der Gemeinde durch Einmischung von außen noch zu, was dann im zweiten Korintherbrief seinen Widerhall findet.

Der zweite Brief an die Korinther ist nicht lange nach dem ersten geschrieben worden; er spiegelt die Ereignisse in der Gemeinde im Jahr 56 wider. Wie kein anderer Brief gewährt er Einblick in das Ringen des Apostels um seine Gemeinde und lässt sichtbar werden, wie Paulus sein Apostelamt verstand.

Vorausgegangen ist dem Brief ein Besuch des Paulus in Korinth, bei dem es zu einem schmerzlichen Zwischenfall gekommen ist, in dessen Verlauf Paulus Unrecht widerfahren ist (2, 5-11; 7, 12; 13, 2). Paulus hat nach diesem Vorfall »unter Tränen« einen Brief nach Korinth geschrieben (2, 3-4; 7,8) und seinen Mitarbeiter Titus mit dem Auftrag dorthin geschickt, einen Versuch zur Versöhnung zu unternehmen. Ungeduldig reist er ihm entgegen und trifft ihn schliesslich in Mazedonien (2, 12-13; 7, 6-15). Auf die guten Nachrichten hin, die Titus mitbringt, schreibt Paulus den jetzigen zweiten Korintherbrief, in dem er noch einmal auf die überwundenen Schwierigkeiten zurückblickt.

Sie wurden verursacht durch das Wirken judenchristlicher Missionare (11,22), die sich selbst besonderer Offenbarungen, Ekstasen und glanzvoller Schriftauslegung rühmten, während Sie Paulus nicht nur die Apostelwürde, sondern sogar die moralische Qualität eines Apostels absprachen (10, 7). Als Hinweis auf die fehlende Autorität des Apostels werden seine Schüchternheit (11, 21), seine Unfähigkeit, beeindruckende Zeichen seiner Vollmacht zu volbringen (12, 12), und der Mangel an besonderen Geistesgaben (12, 1.7), das Fehlen von Empfehlungsschreiben (3, 1) und vor allem der Verzicht auf das apostolische Recht des Unterhalts durch die Gemeinde (11, 7-12; 12, 11-16) genannt; als Beweis für seine mangelnde moralische Qualität unterstellt man ihm Hinterlist und Berechnung (12, 16), ja wirft ihm sogar die Unterschlagung von Kollektengeldern vor (12, 17-18).

Paulus weist dagegen darauf hin, dass für ihn Gefährdung und Leiden Zeichen der Führung Gottes in der Nachfolge des Gekreuzigten sind und dass er sein Vertrauen nicht auf die eigene Kraft, sondern allein auf Gott setzt (1, 9; 4, 7; 12, 9). Gerade im »zerbrechlichen Gefäß« menschlicher Schwachheit offenbart sich die schöpferische Kraft des göttlichen Wortes (4, 7).

Der Brief macht beim Lesen einen uneinheitlichen Eindruck. So unterbrechen die Ausführungen über das Apostelamt in 2, 14 bis 7, 4 den Zusammenhang, in dem vom Warten des Paulus auf Titus die Rede ist; und während in 7, 7-16 die Versöhnung des Paulus mit der Gemeinde gesichert erscheint, wird in Kapitel 10 bis 13 in harten Worten die Auseinandersetzung mit den Gegnern geführt. Zur Erklärung dieses Sachverhalts hat man vermutet, dass die im Zusammenhang des versöhnlichen Briefes störenden Kapitel die Reste der ihm vorausliegenden Korrespondenz mit den Korinthern, also inbesondere des von Paulus erwähnten »Tränenbriefs« darstellen. Kapitel 8 bis 9 sind wahrscheinlich ein ursprünglich selbständiger Kollektenbrief, in dem der Apostel für eine Sammlung von Spenden zugunsten der Gemeinde in Jerusalem warb.

Der Brief an die Römer: Am Ende der Missionstätigkeit des Paulus im Winter 55/56 in Korinth geschrieben, enthält der Römerbrief eine Art Vermächtnis des Apostels und die Summe seiner Theologie. Im Unterschied zu den meisten anderen Paulusbriefen richtet sich der Römerbrief an eine Gemeinde, die der postel nicht selbst gegründet hat und die er auch nicht persönlich kennt. Sie ist ihm wichtig als Zeugnis der Christusoffenbarung in der Hauptstadt des Römischen Reiches und als Stützpunkt auf dem Weg zu einem neuen Missionsfeld im Westen (15, 23-24). Mit seinem Brief führt er sich bei ihr ein und entfaltet seine Sicht von der Bedeutung Jesu Christi für die ganze Menschheit. Im Zentrum seiner Lehre steht für ihn die Botschaft von der Gnade Gottes, die Christus gebracht hat. Ohne diese Gnade sind alle Menschen, und das bedeutet: Juden wie Heiden gleichermaßen, dem Strafgericht Gottes und damit dem ewigen Tod verfallen (1, 18 bis 3, 20). Denn sie alle haben es nicht vermocht, ihr Leben dem Willen Gottes gemäss zu führen, obwohl er ihnen seinen Willen deutlich genug vor Augen geführt hat: sei es in der wunderbaren Ordnung der Schöpfung (1, 19-20) oder in der Gabe des Gesetzes (2, 17-29).

In Jesus Christus hat Gott sich den Menschen in einer grundsätzlichen neuen Weise zugewandt: In ihm steht der von Adam her todverfallenen Menschheit der »zweite Adam« als Anfang und Urbild einer neuen Menschheit gegenüber (5, 12-21). Eine solche Neuschöpfung kann niemals durch menschliche Leistung geschehen; sie kann nur als reines Geschenk von Gott empfangen werden (3, 21-30).

Das Neue, das Christus bringt, ist nun freilich das Alte, nämlich das seit Urzeiten Angekündigte. Schon bevor Israel das Gesetz erhielt, bekam sein Stammvater Abraham die Zusage, die nun in Christus eingelöst wird, und wurde so selbst zum Urbild reinsten Empfangens (Kapitel 4). So wird Abraham zugleich zum Vater des Volkes aus allen Völkern, das sich in der Gemeinde Jesu Christi sammelt. Ein schweres Rätsel bleibt es für Paulus, dass gerade das Gott erwählte Volk der Juden sich mehrheitlich von dieser Sammlung ausschliesst. Mit dieser Frage ringt er in den Kapiteln 9 bis 11.

Der Philipperbrief geht an eine Gemeinde, mit der Paulus seit ihrer Gründung auf der zweiten Missionsreise (Apg 16, 11-40) besonders herzlich verbunden blieb. Es war die erste Christengemeinde, die der Apostel auf europäischem Boden gegründet hatte, und zeitweilig die einzige, von der er finanzielle Unterstützung annahm (4, 15-16; 2. Kor 11, 7-9).

Paulus schreibt den Brief aus dem Gefängnis (1, 12-14). Anlass ist der Dank für eine Spende, die Epaphroditus überbracht hat (4, 10-19), sowie der Umstand, dass dieser – nach einer soeben überstandenen Krankheit – nunmehr nach Philippi zurückkehrt (2, 25-30). Inhaltlich geht es Paulus zunächst darum, die besorgte Gemeinde über den Stand seines Prozesses zu informieren. Damit verbunden ist die herzliche Mahnung an die Gemeinde, die Gemeinschaft mit Christus im praktischen Leben zu bewähren (Kapitel 1 bis 2). Davon hebt sich in Kapitel 3 eine Auseinandersetzung mit Irrlehrern ab, die ähnlich charakterisiert werden wie die judenchristlichen Missionare in 2. Kor 10 bis 13. Gegen sie führt Paulus sein eigenes Christwerden und Christsein als Beispiel dafür an, was Leben aus der Gnade bedeutet.

Wo Pauls den Brief schrieb, ist nicht mit Sicherheit zu entscheiden. Rom oder Cäsarea (siehe Apg 28, 16 bzw. 23, 23-25) wären von Philippi sehr weit entfernt. Die Mehrheit der Ausleger rechnet heute mit einer Gefangenschaft in Ephesus um 54 oder 55 (siehe die Andeutungen in 1. Kor 15, 32; 2. Kor 1, 8-10).

Der Brief an Philemon: Mit dem Brief an Philemon legt Paulus Fürsprache für einen entlaufenen Sklaven mit Namen Onesimus bei dessen Besitzer ein. Onesimus, der seinen Herrn wahrscheinlich auch noch bestohlen hatte (Vers 18), war auf seiner Flucht auf die Leute des Paulus gestossen und hatte mit ihm Kontakt bekommen, obwohl Paulus sich in Gefangenschaft befand. Da Onesimus aus Kolossä stammt (Kol 4, 9), nimmt man an, dass es sich dabei um die Gefangenschaft des Paulus in dem nicht weit von Kolossä entfernten Ephesus handelt. Durch die Begegnung mit Paulus wird Onesimus Christ. Paulus schickt ihn zu seinem Herrn zurück und bittet diesen, Onesimus nicht zu bestrafen, sondern ihn als einen Bruder in Christus aufzunehmen und ihn dann ihm selbst als Helfer für seine missionarische Arbeit zur Verfügung zu stellen.

Der Fall Onesimus ist für Paulus kein Anlass, grundsätzliche Erwägungen über die Sklavenfrage anzustellen. Da er davon überzeugt ist, dass diese Welt ihrem baldigen Ende entgegengeht, sieht er keinen zwingenden Grund, die bestehende Ordnung noch zu verändern. Doch zeigt er in seinem Brief, wie sich in der christlichen Gemeinschaft das Verhältnis der Menschen von innen her verwandelt und damit auch die Welt – ohne Gewalt – von Grund auf verändert werden kann.

Die Beschreibungen der Paulusbrief sind aus: „Gute Nachricht Bibel. Mit Einführungen und Bildern – © Deutsche Bibelgesellschaft“ entnommen.

Die hier nicht erwähnten, dem Paulus zugeschriebenen Briefe stammen von Schülern des Paulus. Ihre Sprache, die Gedankenwelt und vor allem die in der Kirche vorausgesetzte Situation entstammen einer Zeit, die zwischen 50 und 90 Jahren nach dem Tod des Paulus liegt.

Teil 8

So entstanden Gemeinden und Kirche

Evangelien und Apostelgeschichte, späte Briefe und Offenbarung: Von der Entstehung der Konfessionen im Neuen Testament

Herzlich willkommen zum achten Teil unseres „Grundkurses Biblische Theologie“. Wir sind fast am Ziel eines langen Weges. Und wie immer kurz vor dem Ziel, wird es noch einmal spannend. Bei Paulus hatten wir gesehen, wie wir als Christen glauben, fühlen und auch denken können, ohne dass die Gemeinde in lauter verschiedene Lager auseinander bricht, die sich nicht mehr verstehen. Paulus hat Lösungen gefunden, die den Streit und sogar den Kompromiss hinter sich lassen und zu einer echten Einheit durchdringen. Das Geheimnis dieser Einheit war und ist: Verschiedenheit, sogar Gegensätze, bekämpfen sich nicht mehr, sondern bereichern sich. Wer anders denkt und glaubt als ich, erinnert mich an Sachen, die ich vielleicht verdrängt habe, nicht sehen will oder sehen kann.

Heute geht es – von dieser Einheit ausgehend – in die Vielfalt. Von Anfang an haben Menschen verschiedene, im Extremfall sogar widersprüchliche, Erfahrungen mit Gott gemacht. Und das ist kein Nachteil, im Gegenteil, genau so ist es richtig und notwendig und in der Bibel aufgeschrieben worden. Die Vielfalt der Konfessionen ist im Neuen Testament schon angelegt. Dies ermöglicht verschiedenen, sehr verschiedenen Menschen einen persönlichen Zugang zum Glauben und zu Gott.

Der Ängstliche findet Trost in einer Schrift, die der Mutige bestenfalls überflüssig findet. Der Übermütige kommt durch eine andere Schrift auf den Boden der Tatsachen zurück, die dem Überängstlichen den Boden unter den Füßen wegziehen würde.

Es fängt mit gleich vier Evangelien an, die fast wie aus vier Himmelsrichtungen auf den selben Jesus und seine Geschichte schauen, geht mit Briefen weiter, lange nach Paulus geschrieben, bei denen wir ahnen, welche Risiken und Nebenwirkungen es hat, wenn aus vielen Gemeinden plötzlich die eine Kirche werden soll. Und es endet mit der Offenbahrung, die uns daran erinnert: Angesichts der Ewigkeit verschieben sich die Wertmaßstäbe. Auch in der Kirche.

8.1 Die Vorgeschichte

Warum sind die Evangelien so viel später (bis zu 80 Jahre) verfasst worden als die Briefe des Paulus? Die Reihenfolge im Neuen Testament und unser Empfinden legen uns doch etwas anderes nahe: erst müsste man doch mal die Geschichte von Jesus aufschreiben, für Briefe über Gemeinde-Themen etwa ist doch auch noch später Zeit.

Die Wirklichkeit aber sieht – nicht nur in der Bibel – genau anders herum aus: Geschichte wird erst aufgeschrieben, wenn die Erinnerung anfängt zu verblassen. So lange Zeitzeugen noch leben, lebendig erzählen können, ist alles noch greifbar und gegenwärtig. Erst wenn sie nach und nach verschwinden, kommt plötzlich und sehr stark der Wunsch auf, etwas festzuhalten, was unwiederbringlich verloren zu gehen droht. Das älteste Evangelium, von Markus, ist geschrieben worden, als von den zwölf Jüngern Jesu vermutlich nur noch zwei lebten.

Hinter den vier Evangelien stehen vier Gemeinden, in denen Worte von und Geschichten über Jesus gesammelt wurden. Anfangs wurden sie nur erzählt oder im Gottesdienst verwendet. Als zusammenhängendes Buch sind sie erst relativ spät entstanden.

Diese Entstehungsgeschichte nachzuzeichnen, gehört zu den spannendsten Dingen in der neutestamentlichen Forschung. Aus zwei Gründen:

» So dicht wie in den Evangelien kommen wir nirgends an den historischen Jesus heran. Jesus Christus also, wie er wirklich war – und nicht so, wie wir ihn manchmal doch auch etwas zurecht-geglaubt haben für unseren Gemeinde- und Kirchenalltag und unsere persönliche Frömmigkeit.

» Gleichzeitig werden wir Zeugen, wie authentische Jesusüberlieferung Eingang findet in das Leben der ersten Gemeinden, in das Leben von Menschen, die nicht wie Jesus und die ersten Jünger arbeits- und familienlos von Dorf zu Dorf ziehen.

Die größten Veränderungen hat das Christentum in den ersten zwei Jahren nach Jesu Auferstehung erfahren. Was in den 2000 Jahren danach geschah, sind beinahe Kleinigkeiten.

Die Spruchquelle (Q) 8.1.1

Nur im Matthäus- und Lukas-Evangelium finden sich eine ganze Reihe von Worten, Gedanken und kurzen Statements Jesu. Drei Besonderheiten lassen eine Vermutung zu:

» Diese Aussprüche Jesu sind in einer Gemeindesituation mit Familien, Kindern, festen Berufen nicht vorstellbar. Sie atmen den Geist der Heimatlosigkeit und radikalen Nachfolge.
» Sie finden sich in wörtlicher Übereinstimmung bei Matthäus und Lukas, tauchen aber im restlichen Neuen Testament, auch in den beiden anderen Evangelien, überhaupt nicht mehr auf.
» Während Matthäus sie in großen, predigtähnlichen Redeblöcken sammelt, etwa in der Bergpredigt, finden sie sich bei Lukas über das ganze Evangelium verteilt, eingesetzt jeweils an passender Stelle.

Man nimmt deshalb heute an, dass wir bei dieser sogenannten Spruchquelle, die wir aus Matthäus und Lukas ziemlich genau rekonstruieren können, auf die älteste schriftliche Schicht der Aufzeichnungen von und über Jesus stoßen. In der Regel gibt es einen sehr einfachen Hinweis, dass Sie auf diese älteste Schicht gestoßen sind: kaufen Sie sich eine Synopse, das ist ein Buch, in dem die vier Evangelien verglichen nebeneinander aufgeschrieben sind, Matthäus-Markus-Lukas-Johannes. Was Sie nur bei Matthäus und Lukas finden, wo bei den anderen beiden eine Lücke ist, das ist in der Regel diese uralte Sammlung von Jesusworten.

Forscher, die sich diese Spruchquelle genauer angesehen haben, haben durch Analysen und geschichtliche Vergleiche herausgefunden: Es scheint sich um ein kleines Handbuch für ehemalige Jünger und andere radikale Nachfolger Jesu zu handeln, die die wichtigsten Worte Jesu aus der Erinnerung notiert haben, um sie nicht zu vergessen, anderen weitergeben zu können und auch als Orientierung für die kleinen Gruppen, die wie Jesus heimatlos übers Land zogen.

Wir hören einmal bei Matthäus 10, 5 – 23 in so eine kleine Sammlung von Worten der Heimatlosigkeit hinein:

Matthäus 10, 5 – 23

Diese zwölf sandte Jesus aus mit dem Auftrag: »Meidet die Orte, wo Nichtjuden wohnen, und geht auch nicht in die Städte Samariens, sondern geht zum Volk Israel, dieser Herde von verlorenen Schafen. Verkündet ihnen: ‚Jetzt wird Gott seine Herrschaft aufrichten und sein Werk vollenden!' Heilt die Kranken, weckt die Toten auf, macht die Aussätzigen rein und treibt die bösen Geister aus! Umsonst habt ihr alles bekommen, umsonst sollt ihr es weitergeben. Beschafft euch kein Reisegeld, weder Goldstücke noch Silber- oder Kupfergeld! Besorgt euch auch keine Vorratstasche, kein zweites Hemd, keine Schuhe und keinen Wanderstock! Denn wer arbeitet, hat ein Anrecht auf Unterhalt. Wenn ihr in eine Stadt oder in ein Dorf kommt, dann findet heraus, wer es wert ist, euch in sein Haus aufzunehmen. Bleibt dort, bis ihr weiterzieht. Wenn ihr das Haus betretet, dann wünscht allen, die darin wohnen, Frieden! Wenn sie es wert sind, wird euer Friedenswunsch in Erfüllung gehen. Andernfalls bleibt er wirkungslos. Wo sie euch nicht aufnehmen und nicht anhören wollen, da geht aus dem Haus oder der Stadt weg und schüttelt den Staub von den Füßen. Ich versichere euch: Am Tag des Gerichts wird Gott mit den Leuten von Sodom und Gomorra mehr Nachsicht haben als mit den Bewohnern einer solchen Stadt.« »Das muss euch klar sein: Ich sende euch wie Schafe mitten unter Wölfe. Seid klug wie die Schlangen und doch ohne Hinterlist wie die Tauben. Nehmt euch in Acht vor den Menschen! Sie werden euch an die Gerichte ausliefern und in ihren Synagogen auspeitschen. Auch vor Statthalter und Könige werdet ihr um meinetwillen gestellt werden, um auch vor ihnen, den Vertretern der nichtjüdischen Völker, als Zeugen für mich auszusagen. Wenn sie euch an die Gerichte ausliefern, dann macht euch keine Sorgen, was ihr sagen sollt oder wie ihr es sagen sollt. Es wird euch im entscheidenden Augenblick schon eingegeben werden. Nicht ihr werdet dann reden, sondern der Geist eures Vaters wird aus euch sprechen. Ein Bruder wird den andern dem Henker ausliefern und ein Vater seine Kinder. Kinder werden sich gegen ihre Eltern stellen und sie in den Tod schicken. Alle werden euch hassen, weil ihr euch zu mir bekennt. Aber wer bis zum Ende standhaft bleibt, wird gerettet. Wenn sie euch in der einen Stadt verfolgen, dann flieht in eine andere. Ich versichere euch: Ihr werdet mit eurem Auftrag in den Städten Israels nicht fertig werden, bis der Menschensohn kommt.

Wer sich noch an das Paulus-Seminar erinnert, wird empfinden: Diese Worte haben einen vollkommen anderen Hintergrund als das Großstadt-Christentum, etwa in Korinth, Ephesus oder Rom.

Noch zwei Dinge fallen auf, und auch diese sprechen für ein hohes Alter dieser Sammlung, ihrer unmittelbaren Nähe zu Jesus selber: Sie haben eben gesehen, wie in den Worten selbstverständlich davon ausgegangen wird, dass die Mission Jesu auf Israel beschränkt zu bleiben hat. „Meidet die Orte, wo Nichtjuden wohnen!", nicht einmal Samarien, das ehemalige Nordreich Israels, darf betreten werden. Wir befinden uns in der ersten Hälfte der 30er Jahre, wo man noch ganz natürlich davon ausging, das mit Jesus Christus sei eine rein jüdische Erneuerungsbewegung. Martin Dibelius, ein Neutestamentler Anfang des 20. Jahrhunderts, hat sie darum ganz treffend als „Handreichung für Israelmissionare" bezeichnet.

Auch die zweite Beobachtung führt in dieselbe Richtung: Wir finden in der Spruchquelle praktisch keine Erzählungen und Geschichten von und über Jesus, nur diese knappen, notizenartigen Aussprüche. Der Grund ist naheliegend: Man hatte Jesus praktisch noch vor Augen, hatte die ganzen Geschichten ja im wahrsten Sinne des Wortes live mit ihm erlebt, das brauchte man doch nicht aufzuschreiben. Nur diese Sprüche von ihm, wie er es gesagt hat: das wollte man auf keinen Fall vergessen.

Sie haben das alles treu aufgeschrieben. Aber sie haben auch manches ausgelassen. Die Geduld und Barmherzigkeit, die wir etwa in den Gleichnissen Jesu spüren, die Wärme in seinem konkreten Umgang mit Menschen – das alles tritt in der Botschaft dieser radikalen Missionare zurück. Sie erwarten noch zu Lebzeiten das Jüngste Gericht und haben ihre ganze Lebensplanung darauf eingestellt. Sie leben frei und ohne jeden Schutz, sie sind in ihrem Glauben zugleich unzerstörbar und unendlich verletzlich. Wenn sich ihnen jemand anschließen wollte, machten sie ihm mit Worten Jesu klar, wie aufwühlend schön es sein kann, so frei zu sein, weil man nichts mehr zu verlieren hat (Luk 9, 57 – 62):

Luk 9, 57 – 62

Unterwegs sagte jemand zu Jesus: »Ich bin bereit, dir zu folgen, ganz gleich, wohin du gehst!« Jesus antwortete ihm: »Die Füchse haben ihren Bau und die Vögel ihr Nest; aber der Menschensohn hat keinen Platz, wo er sich hinlegen und ausruhen kann.« Zu einem anderen sagte Jesus: »Komm, folge mir!« Er aber antwortete: »Herr, erlaube mir, dass ich erst noch hingehe und meinen Vater begrabe.« Jesus sagte zu ihm: »Überlass es den Toten, ihre Toten zu begraben! Du aber geh hin und verkünde, dass Gott jetzt seine Herrschaft aufrichten will!« Ein anderer sagte: »Herr, ich will ja gerne mit dir gehen, aber lass mich erst noch von meiner Familie Abschied nehmen!« Jesus sagte zu ihm: »Wer seine Hand an den Pflug legt und zurückschaut, den kann Gott nicht gebrauchen, wenn er jetzt seine Herrschaft aufrichten will.«

Der Maßstab, ob man beim Gericht besteht, ist die Frage, ob man nach diesen radikalen Worten Jesu wirklich konkret gelebt hat. Es tut uns gut, wenn wir uns klar machen: ganz entscheidende Worte von Feindesliebe, Gewaltverzicht, Leben frei von materiellem Besitz, sind nur der Überlieferung dieser Gruppe zu verdanken. Ihre hohe Autorität in der frühesten Christenheit machte es unmöglich, darüber hinweg zu gehen. Wenn heute, gerade in frommen Kreisen, der wohnsitz-, arbeits- und familienlose Jesus aus Nazareth vor allem dazu benutzt wird, wie Bürger der Mittel- und Oberschicht ihr Berufs- und Familienleben optimieren können, ist diese Spruchquelle ein heilsames Korrektiv.

Dabei wussten die Gemeinden des Lukas und des Matthäus, dass man nicht immer so radikal leben kann. Gerade deshalb aber nahmen sie die Botschaft dieser alten Israelmissionare in ihre Evangelien auf. Sie spürten, dass der christliche Glaube entscheidend verfälscht würde, wenn man diese ersten Jahre seiner Geschichte verdrängt.

Stellen Sie sich vor, Sie waren am Sonntagmorgen im Gottesdienst. Die Dekanatskantorei hat eine feierliche Bachkantate gesungen, die Pfarrerin hat auf sympathische Weise über Gott als Quelle der Liebe und Wärme gepredigt. Das hat Ihnen Kraft gegeben, Sie haben genug Schwung, endlich die Steuererklärung zu machen, bevor Sie am Abend noch zum 50. Geburtstag Ihres Chefs gehen.

Da klingelt es an der Tür, zwei etwas dürftig gekleidete Gestalten stehen da, wollen Ihnen etwas sagen. Sie bitten sie herein, die Steuererklärung liegt noch herum, da fängt der eine an (Matth 6, 19 – 21. 31 – 34):

Matth 6, 19 – 21. 31 – 34

»Sammelt keine Schätze hier auf der Erde! Denn ihr müsst damit rechnen, dass Motten und Rost sie zerfressen oder Einbrecher sie stehlen. Sammelt lieber Schätze bei Gott. Dort werden sie nicht von Motten und Rost zerfressen und können auch nicht von Einbrechern gestohlen werden. Denn euer Herz wird immer dort sein, wo ihr eure Schätze habt. [...] Also macht euch keine Sorgen! Fragt nicht: ‚Was sollen wir essen?‘ ‚Was sollen wir trinken?‘ ‚Was sollen wir anziehen?‘ Mit all dem plagen sich Menschen, die Gott nicht kennen. Euer Vater im Himmel weiß, dass ihr all das braucht. Sorgt euch zuerst darum, dass ihr euch seiner Herrschaft unterstellt und tut, was er verlangt, dann wird er euch schon mit all dem anderen versorgen. Quält euch also nicht mit Gedanken an morgen; der morgige Tag wird für sich selber sorgen. Es genügt, dass jeder Tag seine eigene Last hat.«

Wenn Sie bei Ihrer Arbeit mit der Bibel auf diese älteste Schicht radikaler Jesus-Worte stoßen, dann erschrecken Sie nicht, schieben Sie es aber auch nicht einfach beiseite oder nehmen Sie es nicht nur rein symbolisch. Die Spruchquelle ist eine gesunde Provokation für einen christlichen Glauben, der es sich zu gemütlich in dieser Welt eingerichtet hat. Und wenn es nur dazu führt, dass wir Kirchen- und Gemeindechristen ein bisschen hellhörig werden, wenn da jemand an unsere Tür klopft. Hören Sie folgenden Text aus der Spruchquelle, der diesen umherziehenden Leuten Mut machen sollte, zu bitten und anzuklopfen, einmal aus der Perspektive dessen, der hinter der Tür steht (Matth 7, 7 – 11):

Matth 7, 7 – 11

»Bittet und ihr werdet bekommen! Sucht und ihr werdet finden! Klopft an und es wird euch geöffnet! Denn wer bittet, der bekommt; wer sucht, der findet; und wer anklopft, dem wird geöffnet. Wer von euch würde seinem Kind einen Stein geben, wenn es um Brot bittet? Oder eine Schlange, wenn es um Fisch bittet? So schlecht ihr auch seid, ihr wisst doch, was euren Kindern gut tut, und gebt es ihnen. Wie viel mehr wird euer Vater im Himmel denen Gutes geben, die ihn darum bitten.«

Die Passionsgeschichte

8.1.2

Wir haben uns wie in einem Ritual so sehr an Jesu Tod und Auferstehung „alle Jahre wieder“ gewöhnt, dass für uns kaum nachvollziehbar ist, wie erschrocken die Jünger und Freunde Jesu waren, als ihr Rabbi Jesus ermordet worden ist. Die Deutung, die Verarbeitung des Todes Jesu, ist nicht vom Himmel gefallen, sondern hat sich langsam in Gesprächen, Gebeten und Nachdenken entwickelt.

Bei Paulus, mit seiner Theologie der Ohnmacht Gottes, waren wir auf ein sehr weit und tief durchdachtes Stadium des Nachdenkens über den Tod Jesu gestoßen. Am Anfang aber, wenn etwas Schreckliches passiert ist, stehen nicht gute und kluge Gedanken. Sondern das Erzählen: Wer Trauer verarbeitet, muss die Geschichte immer wieder erzählen. So entstand die Passions-Geschichte.

Weil alle vier Evangelien in der Passionsgeschichte in Aufbau und Wortlaut am stärksten, oft wörtlich, übereinstimmen, wird allgemein angenommen, dass alle vier sie als schon fertige, im Gebrauch der Gemeinden befindliche Erzählung vorgefunden haben. Wir haben also mit der Passionsgeschichte neben der Spruchquelle die ältesten schriftlichen Aufzeichnungen über und von Jesus.

Eine Vorform, die Urpassionsgeschichte, und vielleicht den ältesten Text des Neuen Testaments überhaupt, finden wir bei Paulus. Praktisch alle Elemente der späteren Passionsgeschichte sind bereits in ihr enthalten (1. Kor 15, 3 – 6):

1. Kor 15, 3 – 6

Ich habe an euch weitergegeben, was ich selbst als Überlieferung empfangen habe, nämlich als Erstes und Grundlegendes: Christus ist für unsere Sünden gestorben, wie es in den Heiligen Schriften vorausgesagt war, und wurde begraben. Er ist am dritten Tag vom Tod auferweckt worden, wie es in den Heiligen Schriften vorausgesagt war, und hat sich Petrus gezeigt, danach dem ganzen Kreis der Zwölf. Später sahen ihn über fünfhundert Brüder auf einmal; einige sind inzwischen gestorben, aber die meisten leben noch.

Paulus schreibt selbst, dass er diesen Text schon vorgefunden hat und für grundlegend hält. Und dann zählt er alles auf, was sich in der Passionsgeschichte der Evangelien ausführlicher auch findet:

Jesus ist gestorben und begraben worden. Es ist für unseren Glauben entscheidend gewesen, die Ermordung Jesu als echten Tod eines echten Menschen zu akzeptieren und nicht die Auferstehung gleichsam vorweg zu nehmen, um der Traurigkeit und Ausweglosigkeit auch dieses Todes auszuweichen. Das Kreuz und das Grab sind die beiden Kristallisationspunkte, schon hier und dann in der Passionsgeschichte.

Für unsere Sünden. Wie es in den Heiligen Schriften vorausgesagt war: Dass Christus, der Gerechte, Menschensohn und Sohn Gottes, sterben musste, war das Unfassbare. Und das versuchte man anhand der Bibel, also unseres Alten Testaments, zu verstehen. Da bekannt war, dass Jesus als letztes geschrien hatte „Mein Gott, mein Gott, warum hast du mich verlassen“, also den Beginn des Psalm 22, liest man diesen und viele andere Psalmen von leidenden Gerechten und fängt an zu begreifen, was es heißt: Der Gerechte stirbt für die Ungerechten. Man liest Hiob und den zweiten Jesaja und erkennt: hier hat jemand die Schuld auf sich genommen; hier, in Jesus, bringt Gott etwas in Ordnung. Gedanklich, als Theorie, kann man das noch nicht und vielleicht überhaupt schlecht begreifen. Aber als Geschichte erzählen, als „Passions“(=Leidens)geschichte wohl schon.

Vor allem in dem genannten Psalm 22, dem Todesseufzer Jesu, erkennt man das alles wieder, bis in die Details des Spotts der Vorübergehenden und dem Verlosen der Kleider. Psalm 22 und die Ur-Passionsgeschichte sind mit Sicherheit Texte, die im Gottesdienst der ersten christlichen Gemeinde verwendet wurden.

Am dritten Tag auferweckt von den Toten: Durch die Auferweckung bestätigt Gott Jesus als leidenden Gerechten. Jesus ist mehr als ein weiterer Hiob oder Jesaja. Aber dadurch, dass Gott ihm Recht gibt, kommen in Jesus alle Leidenden zu ihrem Recht.

Das ist ein apokalyptisches Geschehen, und so wird es auch geschildert: Alle drei Stunden geschieht etwas, wie nach einem geheimen Plan. Finsternis bedeckt das Erdreich. Im Tempel zerreißt der Vorhang, der den Blick auf das Allerheiligste verdeckt hatte. Die Machthaber herrschen mit mörderischem Unrecht. Aber ihre Gewalt stürzt in sich zusammen, implodiert sozusagen. Dann plötzlich ist das Grab leer, ein Vakuum der Todes-Macht.

Die Auferweckung wird als Endgericht über alles, nicht nur militärisches Unrecht, alle politische Gewalt, geschildert. Denn mitten in seinem Todesprozess sagt der erniedrigte Jesus zu dem korrupten Militärgericht: Der misshandelte, gedemütigte Menschensohn wird zum Jüngsten Gericht wieder kommen und Jesus zitiert Sacharja: „Voller Entsetzen werdet Ihr dann auf den blicken, den ihr gefoltert und durchbohrt habt.“

Und hat sich Petrus gezeigt, danach den Zwölfen: So beginnt eine Kette von Aufzählungen von Menschen, die mit dem Auferstandenen noch wirkliche Erlebnisse und Begegnungen hatten. Historisch zutreffend waren es übrigens die Frauen als erste, so schildern es übereinstimmend die Passionsgeschichten der Evangelien.

Was in diesen frühesten Bekenntnissen für den Glauben gesagt wird, ist entscheidend. Der Glaube lebt nicht aus der Erinnerung, wer Jesus war. Diese würde verblassen, wie nach jedem Tod eines Menschen. Der Glaube lebt aus der Begegnung mit dem Auferstandenen im Alltag heute, und die Passionsgeschichten schildern das an ihrem Ende, als sie längst zu Auferstehungsgeschichten geworden sind, sehr konkret und plastisch, ganz unspektakulär und selbstverständlich: Dass Jesus einfach wieder da ist. Bei Lukas und ganz ähnlich bei Johannes endet die Passionsgeschichte so (Luk 24, 36 – 43):

Luk 24, 36 – 43

Während die beiden noch erzählten, stand plötzlich der Herr selbst mitten unter ihnen. Er grüßte sie: »Frieden sei mit euch!« Sie erschraken und fürchteten sich; denn sie meinten, einen Geist zu sehen. Aber er sagte: »Warum seid ihr so erschrocken? Warum kommen euch solche Gedanken? Schaut mich doch an, meine Hände, meine Füße, dann erkennt ihr, dass ich es wirklich bin! Fasst mich an und überzeugt euch; ein Geist hat doch nicht Fleisch und Knochen wie ich!« Während er das sagte, zeigte er ihnen seine Hände und seine Füße. Als sie es in ihrer Freude und Verwunderung noch immer nicht fassen konnten, fragte er: »Habt ihr etwas zu essen hier?« Da gaben sie ihm ein Stück gebratenen Fisch, und er nahm es und aß es vor ihren Augen.

Weiterdenken

Bitte lesen Sie die folgenden Bibeltexte:

Matth 10, 5 – 23
Luk 9, 57 – 62
Matth 6, 19 – 21. 31 – 34
Matth 7, 7 – 11
1. Kor 15, 3 – 6
Luk 24, 36 – 43

1. Schlagen Sie die Bibel zu und versuchen Sie, einen der Texte mit eigenen Worten wiederzugeben!
2. Schlagen Sie die Bibel wieder auf und notieren Sie, was Ihnen sofort einleuchtet.
3. Notieren Sie jetzt, was Ihnen unverständlich ist.
4. Gibt es einen Satz oder Gedanken, der Sie ärgert, provoziert, den Sie am liebsten streichen würden? Warum? Was wäre, wenn dieser Satz oder Gedanke fehlt?
5. Was an dem Text dagegen ist schön?
6. Stilleübung: Schließen Sie die Augen und stellen Sie sich irgendeinen Menschen vor. Erklären Sie ihm, was der Text bedeutet: Damals, als er entstanden ist, und heute.

meine Notizen

Heimlich und Unheimlich: Wie Markus die Sache Jesu verstanden hat 8.2

Mit dem Markus-Evangelium beginnt eine neue Zeit. Es ist das erste, älteste Evangelien-Buch. Paulus hatte versucht, Jesus mit Gedanken und Gefühlen zu beschreiben, die Spruchquelle hatte die entscheidenden Worte Jesu bewahren wollen, die Passionsgeschichte war ein Versuch, mit dem Tod Jesu klar zu kommen.

Aber je länger, desto mehr, wurde Jesus zu einer schönen Idee, zu einem guten, aber doch abstrakten Prinzip. Christus war der Weltherrscher, der Kosmokrator irgendwo hoch oben, wie ein Komet hatte er die Erde nur gestreift und war wieder bei seinesgleichen, den Himmelswesen. Die Gebete und Lieder, die sich in dieser Zeit, 30 Jahre nach Jesu Tod, in den Gemeinden entwickeln, sind zärtlich, mystisch, wunderbar – aber doch seltsam unbestimmt. Sie reden von Jesus Christus, wenn man aber ein anderes Wort einsetzen würde, würden sie immer noch wunderschön klingen. Es würde gar nicht auffallen. Gotteskraft, Himmelswesen, Geist, Hauptsache irgendetwas Jenseitiges, Übernatürliches.

Das Christentum war in den 60er Jahren (schon wieder übrigens, so viel zum Thema „früher war alles besser") in einer kritischen Phase. Die Jerusalemer Urgemeinde und die Gemeinde in Judäa drohten im jüdisch-römischen Krieg unterzugehen. Und die Gemeinden weltweit, ganz viele ja noch Gründungen des Paulus, drohten ihr Profil zu verlieren, redeten von Christus als einer beliebigen gefallenen und wieder aufgestandenen Gottheit (Die religiösen Vorstellungen der Umwelt werden sehr anschaulich bei G. Theissen, „Die Religion der ersten Christen", Gütersloh 20084 S. 94ff. beschrieben). Das war damals groß in Mode, und so konnte man Christ sein, ohne sich in irgendeiner Weise davon irritieren lassen zu müssen, was Jesus selbst so getan und gesagt hatte.

Das ungefähr war also die Atmosphäre, die geistliche Voraussetzung, unter der Markus sein Evangelienbuch schrieb, das erste – wie gesagt – überhaupt.

Markus holt den Glauben auf den Boden der Tatsachen 8.2.1

Was Argumente nicht erreichen können, gelingt Markus, indem er einfach die Geschichte noch mal erzählt, an die Geschichte von diesem Jesus erinnert. Recherchiert, sammelt, was er noch auftreiben kann an Berichten, Gleichnissen, natürlich die Passionsgeschichte.

Ja, sagt Markus, ewiger Lobpreis des Weltherrschers, können wir gerne gleich damit weitermachen. Aber legt mal eure Glaubensfernrohre für einen Moment beiseite und seht den jüdischen Rabbi Jesus aus Nazareth, seht den

Menschensohn und glaubt, was vor Augen liegt. Das ist der große Verdienst des Markus bis heute in manch aktueller Diskussion: Dass wir über den ganz großen, ziemlich ewigen Glaubenswahrheiten den geschichtlichen, den echten Jesus nicht vergessen.

Wie ihm das gelingt, ist eine theologische und literarische Leistung besonderer Art. Ich halte es geradezu für genial, wie er die vertikale Linie vom Abstieg und Aufstieg des Erlösers mit der horizontalen Linie des Weges von Jesus aus Nazareth von Galiläa nach Jerusalem verknüpft. Da schaute man in den Himmel und suchte das göttliche Wesen, feierte Jesus als Himmelswesen und sich selbst gleich mit als himmlisch – und da kommt dieser Markus und schreibt dieses kleine Buch und jeder, der es liest, kann merken: Jesus ist mehr als ein Traum, mehr als der schönste Traum sogar. Den hat's wirklich gegeben. Der ist nicht nur mal so über die Erde, an ihr vorbeigeschwebt, der ist gelaufen mit seinen Füßen, Schritt für Schritt. So wie ich.

Markus sammelt Geschichten über und von Jesus. Und dann ordnet er das Material so, dass sich wirklich ein Weg von Galiläa im Norden nach Jerusalem im Süden ergibt. In dieser geographischen Ordnung liegt eine theologische Orientierung verborgen. In Jerusalem spielt die Passionsgeschichte, aber sie wirft ihre Schatten zurück in das Leben Jesu, weit zurück: Schon am Beginn des Buches, im 3. Kapitel, begibt sich folgende Szene (Mk 3, 1 – 6):

Mk 3, 1 – 6

Wieder einmal ging Jesus in eine Synagoge. Dort war ein Mann mit einer abgestorbenen Hand. Die Pharisäer hätten Jesus gerne angezeigt; darum beobachteten sie genau, ob er es wagen würde, ihn am Sabbat zu heilen. Jesus sagte zu dem Mann mit der abgestorbenen Hand: »Steh auf und stell dich in die Mitte!« Darauf fragte er die anderen: »Was darf man nach dem Gesetz am Sabbat tun? Gutes oder Böses? Einem Menschen das Leben retten oder ihn umkommen lassen?« Er bekam keine Antwort. Da sah er sie zornig der Reihe nach an. Zugleich war er traurig, weil sie so engstirnig und hartherzig waren. Dann sagte er zu dem Mann: »Streck deine Hand aus!« Er streckte sie aus und sie wurde wieder gesund. Da gingen die Pharisäer hinaus. Sie trafen sich sogleich mit den Parteigängern von Herodes und sie beschlossen miteinander, dass Jesus sterben müsse.

Dann ist eine kleine Pause, und ab Kapitel 8 findet sich in jedem Kapitel ein Hinweis auf den Tod Jesu. Die Todesahnung durchzieht das Markusevangelium derart, dass ein berühmter Forscher, Martin Kähler, im 19. Jahrhundert einmal von den Evangelien als einer „Passionsgeschichte mit ausführlicher Einleitung" gesprochen hat. Das gilt in besonderer Weise für das Markusevangelium.

Was aber dadurch erreicht wird, ist von befreiender Klarheit: Die Jesusgeschichte wird geerdet, vor einem Abdriften ins esoterisch-gnostische bewahrt. Nicht mehr Auf- und Abstieg eines Himmelswesens, sondern der Weg von Galiläa nach Jerusalem. Kein mystischer Todeskampf einer ungekannten Gottheit, sondern ganz greifbare Dinge: Ein Kreuz aus Holz. Ein Grab aus Stein. Nur eines eben: Das Grab ist leer.

Auferstehung, ewiges Leben, ja. Aber das ist noch neu, erschreckend aufregend, noch nicht erstarrt zum Ritual. Hören Sie einmal, wie unfassbar dieses Buch endet (Mk 16, 1 – 8): (Den Schluss, ab Vers 9, hat man 240 Jahre später drangehängt, im Versuch, ein Happy End zu schreiben)

Mk 16, 1 – 8

Am Abend, als der Sabbat vorbei war, kauften Maria aus Magdala und Maria, die Mutter von Jakobus, und Salome wohlriechende Öle, um den Toten damit zu salben. Ganz früh am Sonntagmorgen, als die Sonne gerade aufging, kamen sie zum Grab. Unterwegs hatten sie noch zueinander gesagt: »Wer wird uns den Stein vom Grabeingang wegrollen?« Denn der Stein war sehr groß. Aber als sie hinsahen, bemerkten sie, dass er schon weggerollt worden war. Sie gingen in die Grabkammer hinein und sahen dort auf der rechten Seite einen jungen Mann in einem weißen Gewand sitzen. Sie erschraken sehr. Er aber sagte zu ihnen: »Habt keine Angst! Ihr sucht Jesus aus Nazaret, der ans Kreuz genagelt wurde. Er ist nicht hier; Gott hat ihn vom Tod auferweckt! Hier seht ihr die Stelle, wo sie ihn hingelegt hatten. Und nun geht und sagt seinen Jüngern, vor allem Petrus: ‚Er geht euch nach Galiläa voraus. Dort werdet ihr ihn sehen, genau wie er es euch gesagt hat.‘« Da verließen die Frauen die Grabkammer und flohen. Sie zitterten vor Entsetzen und sagten niemand ein Wort. Solche Angst hatten sie.

Und noch einmal Vers 8: „Da verließen die Frauen die Grabkammer und flohen. Sie zitterten vor Entsetzen und sagten niemand ein Wort. Solche Angst hatten sie."

Ein fast im Sinn moderner Literatur offenes Ende, beispiellos in dieser Zeit und lange danach, unerträglich beinahe und herausfordernd, selbst Stellung zu beziehen. Auferstehung nicht als ewige Wahrheit, nicht einmal als Antwort. Eher als Frage an mich, als fragwürdiges Geschehen, das ich mit meiner Geschichte in Beziehung setzen muss.

Genauso wie das Ende ist der Anfang bewusst gestaltet. Der erste Vers und die Beschreibung des Beginns der Tätigkeit Jesu sind gleichsam Programm:

Mk 1, 1. 14 – 15

In diesem Buch ist aufgeschrieben, wie die Gute Nachricht von Jesus Christus, dem Sohn Gottes, ihren Anfang nahm. [...] Nachdem man Johannes ins Gefängnis geworfen hatte, kam Jesus nach Galiläa zurück und verkündete im Auftrag Gottes: »Es ist so weit: Jetzt wird Gott seine Herrschaft aufrichten und sein Werk vollenden. Ändert euer Leben und glaubt dieser guten Nachricht!«

Zwei Wendepunkte werden hier markiert:

Das Evangelium, die gute Nachricht von Jesus Christus: Markus bringt durch sein Evangelien-Buch wieder zusammen, was sich auseinander zu entwickeln drohte. Jesus hat durch seine Botschaft, sein Wirken, seine Heilungen, eine gute Nachricht, ein Evangelium gebracht. Und: Die Nachricht von seiner Auferweckung von den Toten war selbst eine gute Nachricht, eine Erlösung, ein Evangelium. Das Evangelium ist irdisch und himmlisch zugleich. Nur wenn man die ganze Geschichte, von Anfang an, erzählt, bricht das nicht auseinander. Jesus hat eine Botschaft: Nachfolge, Gehorsam, Treue. Und Jesus ist eine Botschaft: Auferstehung, Erlösung, Heilung. Markus bringt und hält beides mit seinem Evangelium zusammen.

Der zweite Wendepunkt heißt Reich Gottes, Gottesherrschaft. Auch hier setzt Markus das Datum neu: Jesus ist nicht der Herold, der Ankündiger einer fernen Gottesherrschaft irgendwann, nach dem Tod, am Ende der Zeiten gar. Der erste Satz Jesu in der Öffentlichkeit ist (Mk 1, 15):

> *»Es ist so weit: Jetzt wird Gott seine Herrschaft aufrichten und sein Werk vollenden. Ändert euer Leben und glaubt dieser guten Nachricht!«*

Jetzt. Es ist so weit. Im Griechischen steht hier: Kairos, der entscheidende Augenblick. Im Sinn der Vaterunser-Bitte „Dein Reich komme" ist das Reich Gottes zwar ein Projekt von Ewigkeitswert, den Beginn dieses Projektes aber hat Gott in Jesus gelegt, festgelegt. Wer zu diesem Gott in Jesus gehören will, schaut nicht mehr zu, wie sich die Sache entwickelt, sondern wird zum Mitarbeiter Christi in diesem Projekt. Die Gemeinde, der Gottesdienst des Markus und seiner Leute, ist nicht der Ort, um von der Erde in den Himmel zu entfliehen. Sondern ein Stück Himmel auf dieser Erde zu leben.

Dass das nicht einfach ist, wusste Markus. Wie es trotzdem gehen kann, beschreibt er mit dem...

8.2.2 Geheimnis von Jesus Christus

Es mutet seltsam, fast paradox an, aber am genauesten wird das Verständnis des Markus von Jesus damit beschrieben, dass er ein Geheimnis ist, über das man schweigen muss. „Das Messiasgeheimnis" heißt das epochale Buch von William Wrede über das Markusevangelium. Hören wir einmal stellvertretend in einige von sehr vielen Situationen dieser Art hinein:

Mk 1, 32 – 34. 4, 10 – 12. 8, 27 – 30. 9, 9 – 10

Am Abend, nach Sonnenuntergang, brachten die Leute alle Kranken und alle Besessenen zu Jesus. Die ganze Stadt hatte sich vor dem Haus versammelt. Jesus heilte viele Menschen von allen möglichen Krankheiten und trieb viele böse Geister aus. Er ließ die bösen Geister nicht zu Wort kommen; denn sie wussten genau, wer er war. [...] Als Jesus mit dem Kreis der Zwölf und den anderen Jüngern allein war, wollten sie wissen, warum er in Gleichnissen sprach. Jesus sagte: »Euch hat Gott seinen geheimnisvollen Plan erkennen lassen, nach dem er schon begonnen hat, seine Herrschaft in der Welt aufzurichten; aber die Außenstehenden erfahren von alledem nur in Gleichnissen. Es heißt ja: ‚Sie sollen hinsehen, so viel sie wollen, und doch nichts erkennenn;

sie sollen zuhören, so viel sie wollen, und doch nichts verstehen, damit sie nicht zu Gott umkehren und er ihnen ihre Schuld vergibt!‘« [...] Jesus zog mit seinen Jüngern weiter in die Dörfer bei Cäsarea Philippi. Unterwegs fragte er sie: »Für wen halten mich eigentlich die Leute?« Die Jünger gaben zur Antwort: »Einige halten dich für den wieder auferstandenen Täufer Johannes, andere halten dich für den wiedergekommenen Elija, und noch andere meinen, du seist einer von den alten Propheten.« »Und ihr«, wollte Jesus wissen, »für wen haltet ihr mich?« Da sagte Petrus: »Du bist Christus, der versprochene Retter!« Aber Jesus schärfte ihnen ein, mit niemand darüber zu reden. [...] Während sie den Berg hinunterstiegen, befahl ihnen Jesus, mit niemand über das zu sprechen, was sie gesehen hatten, bevor nicht der Menschensohn vom Tod auferstanden wäre. Dieses Wort griffen sie auf und diskutierten darüber, was denn das heiße, vom Tod auferstehen.

Die Aussage ist: Jesus ist ein Geheimnis bis Karfreitag, über ihn muss man schweigen bis Ostern. So galt das zu Lebzeiten Jesu. Da Markus aber nach Ostern sein Evangelium schreibt, bedeutet diese Verknüpfung: Ohne die Einbeziehung von Kreuz und Auferstehung hat man Jesus nicht nur ein bisschen unvollständig, sondern komplett falsch verstanden. Darum sollte man besser schweigen über Jesus, als ihn ohne Kreuz und Auferstehung zu verkünden. Und positiv formuliert: Selbst die beeindruckendsten Taten Jesu, die klügsten Worte, die großartigsten Wunder, bekommen ihre Kraft erst von Karfreitag, ihr geheimnisvolles Licht von Ostern.

Erst unter dem Kreuz erkennt man, wer Jesus wirklich ist. Eine kleine, scheinbar unbedeutende, aber für Markus sehr wichtige Szene (Mk 15, 39):

Der römische Hauptmann aber, der dem Kreuz gegenüberstand und miterlebte, wie Jesus aufschrie und starb, sagte: »Dieser Mensch war wirklich Gottes Sohn!«

Auch auf den berühmten Schluss wirft das noch einmal ein neues Licht: Erst am leeren Grab wird das Schweigegebot aufgehoben. Jetzt dürfen, sollen wir reden. Und Markus weiß zugleich, wie schwer es ist. Wer würde nicht, wie die Frauen, vor Angst zittern und einfach nur noch davonrennen, wenn das Grab leer ist, wenn nicht mal der tote Jesus da ist?

Die Auferstehungsbotschaft des Markus ist so stark, dass sie sich unserer Ängste nicht schämen muss und auch die Bedrohung, unter der das ganze Projekt Reich Gottes steht, offen aussprechen kann: Der Satan ist zwar in der Ewigkeit besiegt, aber hier auf der Erde macht er noch viel kaputt. Die Zerstörungsenergie Satans schildert Markus eindrücklich in einem apokalyptischen Testament Jesu in Kapitel 13. Dieses Kapitel liefert uns auch Anhaltspunkte für eine historische Einordnung des Markus-Evangeliums: Der Ausbruch des römisch-jüdischen Krieges, mit der Zerstörung des Jerusalemer Tempels im Jahr 70, wird in diesem Kapitel theologisch reflektiert.

Die realistische Einschätzung der Bedrohung führt aber nicht zur ängstlichen Lähmung. Markus hat in Kapitel 4 viele sogenannte Wachstumsgleichnisse Jesu gesammelt, um zu veranschaulichen, wie es gut gehen könnte. Unter den Strukturen einer traurigen und kaputten Welt bricht langsam, zärtlich, aber unaufhaltsam und kraftvoll, die neue Welt Gottes hervor, ein natürliches Wachstum heiler und gesund machender Strukturen. Und wenn Jesus und die Jünger im Markus-Evangelium einladen: „Kehrt um, das Reich Gottes ist nahe herbei gekommen!", dann meinen sie genau dies: Schaut unter die Oberfläche, wo Gott schon am Wirken ist, tut euch um Gottes Willen – in Gottes Namen – zusammen, und arbeitet mit auf der Baustelle des Reiches Gottes.

8.2.3 Not und Unverständnis der Menschen

Sensibel für das neu anbrechende Gottesreich sind bei Markus vor allem die Menschen, die nichts mehr zu verlieren haben. Wer dieses Evangelium mal in einem durchliest, wird sich geradezu bedrängt fühlen, von der namenlosen Menge von Elendsgestalten wie von Einzelschicksalen. Gesundheitliche und soziale Not, Krankheit und gesellschaftliche Ächtung, und oft beides in Kombination, drängt die Menschen an den Rand. Aber von dort wird umso deutlicher, was in dieser Welt nicht stimmt. Am Rand ihrer Dörfer, ausgegrenzt von den anderen, begegnen sie Jesus, der sie heilt, der ihnen vor allem durch gemeinsame Mahlzeiten ihre Menschenwürde zurückgibt. Anders als die anderen Evangelien, berichtet Markus kaum von einem Kontakt Jesu zur Mittel- oder gar Oberschicht.

Nur mit den Jüngern zieht sich Jesus ab und zu in ein Haus zurück, um ihnen mitzuteilen und zu erklären, was die anderen noch nicht wissen dürfen. In diesen Szenen ahnt man schon etwas von den späteren Hausgemeinden der Urchristenheit.

Aber oft verstehen die Jünger es nicht oder versagen sogar: Gleichnisse und Brotwunder, da fehlen ihnen die Ohren, um zu hören, im Seesturm sind sie kleingläubig, und vor allem, dass Jesus wird sterben müssen passt gar nicht in ihr Konzept, ist ganz oft Anlass für heftige Reaktionen Jesu, die bekannteste in Markus 8:

Mk 8, 31 – 33

Danach begann Jesus den Jüngern klar zu machen, was Gott mit ihm vorhatte: dass der Menschensohn vieles erleiden und von den Ratsältesten, den führenden Priestern und den Gesetzeslehrern verworfen werden müsse, dass er getötet werden und nach drei Tagen auferstehen müsse. Jesus sagte ihnen das ganz offen. Da nahm Petrus ihn beiseite, fuhr ihn an und wollte ihm das ausreden. Aber Jesus wandte sich um, sah die anderen Jünger und wies Petrus scharf zurecht. »Geh weg!«, sagte er. »Hinter mich, an deinen Platz, du Satan! Deine Gedanken stammen nicht von Gott, sie sind typisch menschlich.«

Haben Sie es gehört? Petrus, der sich in seinem Unverstand dem Leidensgedanken widersetzt, wird von Jesus mit nicht weniger als mit „Satan" beschimpft. In Kapitel 6 hatten wir gesehen: Es gab Jünger, und Petrus gehörte dazu, die wollten um jeden Preis verhindern, dass Jesus am Kreuz endet. Markus greift diese Tatsache auf und formt sie zu einer Glaubensaussage: Jesus richtig verstehen heißt, sein Kreuz zu akzeptieren. Und Jesus ohne Kreuz haben zu wollen, ist teuflisch. Dabei muss das Motiv vom sogenannten „Jüngerverständnis" im Zusammenhang mit dem oben erwähnten „Messiasgeheimnis" gesehen werden. Es geht darum, Jesu Weg nach Jerusalem anzunehmen. Es ist der Weg zum Kreuz.

Damit verbunden ist eine Umwertung der Maßstäbe dieser Welt. Golgatha stellt alles in Frage, worauf wir stolz sind und stellt neue Wert-Maßstäbe auf. Zwei Szenen verdeutlichen das (Mk 9, 30 – 37. 10, 32 – 45):

Mk 9, 30 – 37. 10, 32 – 45

Sie gingen von dort weiter und zogen durch Galiläa. Jesus wollte nicht, dass es bekannt wurde, denn ihm lag daran, seinen Jüngern zu erklären, was ihm bevorstand. Er sagte zu ihnen: »Der Menschensohn wird nach dem Willen Gottes an die Menschen ausgeliefert werden, und sie werden ihn töten. Doch drei Tage nach seinem Tod wird er auferstehen.« Die Jünger wussten mit dem, was Jesus da sagte, nichts anzufangen; aber sie scheuten sich, ihn zu fragen. Sie kamen nach Kafarnaum. Im Haus angelangt, fragte Jesus seine Jünger: »Worüber habt ihr euch unterwegs gestritten?« Sie schwiegen, denn sie hatten sich gestritten, wer von ihnen wohl der Größte wäre. Da setzte Jesus sich hin, rief die Zwölf zu sich und sagte zu ihnen: »Wer der Erste sein will, der muss der Letzte von allen werden und allen anderen dienen!« Und er winkte ein Kind heran, stellte es in ihre Mitte, nahm es in seine Arme und sagte zu ihnen: »Wer in meinem Namen solch ein Kind aufnimmt, nimmt mich auf. Und wer mich aufnimmt, nimmt nicht nur mich auf, sondern gleichzeitig den, der mich gesandt hat.« [...] Sie waren unterwegs nach Jerusalem; Jesus ging ihnen voran. Alle, die dabei waren, wunderten sich; die Jünger aber hatten Angst. Wieder nahm Jesus die Zwölf beiseite und machte ihnen klar, was bald mit ihm geschehen werde. »Hört zu!«, sagte er. »Wir gehen jetzt nach Jerusalem. Dort wird der Menschensohn nach dem Willen Gottes den führenden Priestern und den Gesetzeslehrern ausgeliefert werden. Sie werden ihn zum Tod verurteilen und den Fremden übergeben, die Gott nicht kennen. Die werden ihren Spott mit ihm treiben, ihn anspucken, auspeitschen und töten; doch nach drei Tagen wird er vom Tod auferstehen.« Da gingen Jakobus und Johannes, die Söhne von Zebedäus, zu Jesus hin und sagten zu ihm: »Lehrer, wir möchten, dass du uns eine Bitte erfüllst!« »Was möchtet ihr denn?«, fragte sie Jesus. »Was soll ich für euch tun?« Sie sagten: »Wir möchten, dass du uns rechts und links neben dir sitzen lässt, wenn du deine Herrschaft angetreten hast!« Jesus sagte zu ihnen: »Ihr wisst nicht, was ihr da verlangt! Könnt ihr den Kelch trinken, den ich trinke? Könnt ihr die Taufe auf euch nehmen, mit der ich getauft werde?« »Das können wir!«, sagten sie. Jesus erwiderte: »Ihr werdet tatsächlich den gleichen Kelch trinken wie ich und mit der Taufe getauft werden, die mir bevorsteht. Aber ich kann nicht darüber verfügen, wer rechts und links neben mir sitzen wird. Auf diesen Plätzen werden die sitzen, die Gott dafür bestimmt hat.« Die anderen zehn hatten das Gespräch mit angehört und ärgerten sich über Jakobus und Johannes. Da rief Jesus alle zwölf zu sich her und sagte: »Ihr wisst: Die Herrscher der Völker, ihre Großen, unterdrücken ihre Leute und lassen sie ihre Macht spüren. Bei euch muss es anders sein! Wer von euch groß sein will, soll euer Diener sein, und wer der Erste sein will, soll allen anderen Sklavendienste leisten. Auch der Menschensohn ist nicht gekommen, um sich bedienen zu lassen, sondern um zu dienen und sein Leben als Lösegeld für alle Menschen hinzugeben.«

Unverständnis und Versagen der Jünger, ihr Verleugnen des Kreuzes, gipfeln im völligen Versagen in der Passion. Verraten, verleugnet und verkauft wird Jesus von ihnen. Jesus ist es, der einen neuen Anfang machen muss, in Galiläa, der alten Heimat der Jesusbewegung (Mk 14, 27 – 31):

Mk 14, 27 – 31

Unterwegs sagte Jesus zu ihnen: »Ihr werdet alle an mir irrewerden, denn es heißt: ‚Ich werde den Hirten töten und die Schafe werden auseinander laufen.' Aber wenn ich vom Tod auferweckt worden bin, werde ich euch vorausgehen nach Galiläa.« Petrus widersprach ihm: »Selbst wenn alle andern an dir irrewerden – ich nicht!« Jesus antwortete: »Ich versichere dir: Heute, in dieser Nacht, bevor der Hahn zweimal kräht, wirst du mich dreimal verleugnen und behaupten, dass du mich nicht kennst.« Da sagte Petrus noch bestimmter: »Und wenn ich mit dir sterben müsste, ich werde dich ganz bestimmt nicht verleugnen!« Das Gleiche sagten auch alle andern.

Dem Leser des Markusevangeliums werden die Jünger nicht als unerreichbare Vorbilder hingehalten. Wer es mit offenen Augen liest, sagt sich: „Also, so töricht wie die Jünger hätte man wirklich nicht sein müssen." Da war ja selbst der blinde Bettler schlauer, der letzte Mensch, den Jesus geheilt hatte. Dem gehen die Augen auf vor den Mauern Jerichos, und er geht einfach mit nach Jerusalem, den Weg ans Kreuz.

8.2.4 Der theologische Ort des Markus-Evangeliums

Fragen wir zuletzt nach dem Platz, den Markus in der Glaubensgeschichte der Urchristenheit einnimmt. Markus weiß und hält fest, dass Jesus zu dem Volk Israel gesandt war. Aber er setzt das kleine Wort „zuerst" davor und verändert dadurch alles. „Zuerst zu Israel" heißt ja „und danach zu allen Völkern". Eine Begebenheit, die sich eigentlich in Israel abgespielt hatte, verlegt Markus ins benachbarte Ausland, nach Syrophönizien in die Stadt Thyrus. Wir nehmen an, dass dort auch die Gemeinde des Markus zu Hause war. Hören Sie mal darauf, wie hier gerungen wird mit der Frage, ob das Evangelium auch den Heidenvölkern verkündet werden soll, und achten Sie auf das kleine Wort „zuerst" :

Mk 7, 24 – 30

Jesus ging von dort weg in das Gebiet von Tyrus. Er zog sich in ein Haus zurück und wollte, dass niemand von ihm erfuhr. Aber er konnte nicht verborgen bleiben. Schon hatte eine Frau von ihm gehört, deren Tochter von einem bösen Geist besessen war. Sie kam und warf sich Jesus zu Füßen. Sie war keine Jüdin, sondern war in dieser Gegend zu Hause. Sie bat ihn, den bösen Geist aus ihrer Tochter auszutreiben. Aber Jesus sagte zu ihr: »Zuerst müssen die Kinder satt werden. Es ist nicht recht, ihnen das Brot wegzunehmen und es den Hunden vorzuwerfen.« »Herr«, entgegnete sie, »aber auch die Hunde bekommen ja die Brocken, die die Kinder unter den Tisch fallen lassen.« Jesus sagte zu ihr: »Das war ein Wort! Geh nach Hause; der böse Geist ist aus deiner Tochter ausgefahren.« Die Frau ging nach Hause und fand ihr Kind aufs Bett geworfen; der böse Geist war ausgefahren.

Markus erlebt, wie sich Juden und Christen auseinander entwickeln, möchte aber am einen Gottesvolk festhalten. Hoffnungsvoller Bekenner unter dem Kreuz ist ein heidnischer römischer Soldat – und genau so hatte Jesus kurz vor seinem Tod zu einem jüdischen Schriftgelehrten gesagt: du bist nicht fern vom Reich Gottes. Markus ist Grenzgänger, Heidenchrist in einem Land, das nördlich an Israel angrenzt. Und genau in den äußersten Norden Israels, nach Galiläa, schickt Jesus seine Jünger, um dort ihm als Auferstandenem zu begegnen.

Weiterdenken

Bitte lesen Sie die folgenden Bibeltexte:

MK 3, 1 – 6
MK 16, 1 – 8 (noch mal 16, 8)
MK 1, 1. 14 – 15 (noch mal 1, 15)
MK 1, 32 – 34. 4, 10 – 12. 8, 27 – 30. 9, 9 – 10
MK 15, 39
MK 8, 31 – 33
MK 9, 30 – 37. 10, 32 – 45
MK 14, 27 – 31
MK 7, 24 – 30

1. Schlagen Sie die Bibel zu und versuchen Sie, einen der Texte mit eigenen Worten wiederzugeben!
2. Schlagen Sie die Bibel wieder auf und notieren Sie, was Ihnen sofort einleuchtet.
3. Notieren Sie jetzt, was Ihnen unverständlich ist.
4. Gibt es einen Satz oder Gedanken, der Sie ärgert, provoziert, den Sie am liebsten streichen würden? Warum? Was wäre, wenn dieser Satz oder Gedanke fehlt?
5. Was an dem Text dagegen ist schön?
6. Stilleübung: Schließen Sie die Augen und stellen Sie sich irgendeinen Menschen vor. Erklären Sie ihm, was der Text bedeutet: Damals, als er entstanden ist, und heute.

meine Notizen

Matthäus – oder: Von der Schwierigkeit, besser sein zu wollen. 8.3

Hintergrundinformationen 8.3.1

Selten ist es so wichtig wie hier, die Hintergründe zu kennen, um Matthäus und sein Buch besser zu verstehen. Matthäus lebt, denkt und schreibt wie ein jüdischer Rabbi und Schriftgelehrter, für eine judenchristliche Gemeinde. Sprache und Gedankenwelt, vor allem aber seine Treue zum Gesetz des Alten Testaments, sind im Neuen Testament einzigartig (Matth 5, 17 – 20):

Matth 5, 17 – 20

»Denkt nicht, ich sei gekommen, um das Gesetz und die Weisungen der Propheten außer Kraft zu setzen. Ich bin nicht gekommen, um sie außer Kraft zu setzen, sondern um sie zu erfüllen und ihnen volle Geltung zu verschaffen. Ich versichere euch: Solange Himmel und Erde bestehen, wird kein i-Punkt und kein Komma im Gesetz gestrichen. Das ganze Gesetz muss erfüllt werden. Wer also ein noch so unbedeutendes Gebot für ungültig erklärt und die Menschen in diesem Sinne lehrt, wird in der neuen Welt Gottes den letzten Platz einnehmen. Wer es aber befolgt und andere dazu anhält, wird in der neuen Welt Gottes hoch geachtet sein. Ich sage euch: Ihr werdet niemals in Gottes neue Welt kommen, wenn ihr seinen Willen nicht besser erfüllt als die Gesetzeslehrer und Pharisäer.«

Dies, und scheinbar am Rand gemachte Äußerungen, die darauf schließen lassen, dass er und seine Gemeinde jüdische Speisegebote kannten, den Sabbat hielten, den Zehnten abgaben, führen uns einen ehemaligen Pharisäer vor Augen, der, anders als viele seiner Kollegen, Christus-Anhänger geworden ist. Jetzt steht er in einer emotional aufwühlenden Auseinandersetzung mit der eigenen Vergangenheit und seinen ehemaligen Glaubensgeschwistern aus dem Judentum.

Bestimmte Redewendungen und seine östliche Lokalperspektive auf Israel lassen vermuten, dass er und seine Gemeinde in Syrien, vielleicht in Antiochia, leben – dem Ort, wo Paulus und Petrus so heftig aneinandergeraten waren in der Frage, ob das Gesetz Israels für die Christen noch Gültigkeit habe.

Das Evangelium setzt die Zerstörung des Jerusalemer Tempels im Jahr 70 als schon etwas länger her voraus, im Jahr 110 wird das Matthäus-Evangelium das erste Mal in einer anderen urchristlichen Schrift, dem Brief des Ignatius an die Smyrnäer (1,1) zitiert. Das Matthäus-Evangelium wird in der Zeit zwischen 80 und 100 geschrieben worden sein.

Im Aufbau orientiert es sich am Markusevangelium – genau so, wie es Lukas macht. Deswegen nennt man die ersten drei Evangelisten „Synoptiker" (=gemeinsam Schauende). In fünf großen Reden zusammengestellt, wahrscheinlich in Anspielung auf die Fünf Bücher Mose, fügt Matthäus ganz viele

Worte aus der Spruchquelle (s.o.) ein. So wird das Handlungsgerüst aus dem Markusevangelium immer wieder aufgelockert durch große theologische Reden-Entwürfe, der bekannteste ist die Bergpredigt. Der kleinste Teil des Matthäus-Evangeliums sind Jesus-Traditionen, die nur er kennt. Man nennt sie „Sondergut“ des Matthäus. Dazu gehören etwa seine Geburtsgeschichte Jesu mit dem jüdischen Stammbaum bis auf Abraham, die Weisen aus dem Morgenland und die Flucht nach Ägypten wegen der Verfolgung durch Herodes.

Interessant ist noch, dass Matthäus alle Texte von Markus, in denen Jesus das Gesetz kritisiert, nicht in sein Evangelium übernimmt oder so interpretiert, dass die Kritik am Gesetz abgeschwächt wird.

Die Gemeinde des Matthäus war äußerlich bedroht, weil sie sich in einer Zeit zu behaupten hatte, in der das Christentum sich endgültig vom Judentum ablöste, aber auch in der Synagoge nicht mehr geduldet wurde. Im Windschatten des Judentums, einer im römischen Reich erlaubten Religion, war man sicher gewesen. Die Christen bildeten dagegen neue Gruppen, die als private Vereine misstrauisch beobachtet wurden. Als Teil des Judentums hätten sie dagegen zu den „collegia licita“, den anerkannten und staatlich legitimierten Vereinen gehört. Die Trennung von Israel schmerzte den Judenchristen Matthäus geistlich – für seine Gemeinde war sie zudem eine leibliche Gefahr.

Matth 10, 17 – 22

Nehmt euch in Acht vor den Menschen! Sie werden euch an die Gerichte ausliefern und in ihren Synagogen auspeitschen. Auch vor Statthalter und Könige werdet ihr um meinetwillen gestellt werden, um auch vor ihnen, den Vertretern der nichtjüdischen Völker, als Zeugen für mich auszusagen. Wenn sie euch an die Gerichte ausliefern, dann macht euch keine Sorgen, was ihr sagen sollt oder wie ihr es sagen sollt. Es wird euch im entscheidenden Augenblick schon eingegeben werden. Nicht ihr werdet dann reden, sondern der Geist eures Vaters wird aus euch sprechen. Ein Bruder wird den andern dem Henker ausliefern und ein Vater seine Kinder. Kinder werden sich gegen ihre Eltern stellen und sie in den Tod schicken. Alle werden euch hassen, weil ihr euch zu mir bekennt. Aber wer bis zum Ende standhaft bleibt, wird gerettet.

Die Gemeinde des Matthäus scheint auch innerlich bedroht gewesen zu sein. Indiz dafür ist ein neuer Begriff, den Matthäus einführt. Bisher kannte man nur Glaube und Unglaube. Der zentrale Begriff in diesem Evangelium ist „Kleinglaube“. Je nach Verwendung ist „ein bisschen Glaube“, „nachlassender Glaube“, „verschwundener Glaube“ gemeint. Anscheinend war das in der Gemeinde ein Problem. Einmal stellt Matthäus bildlich in Matth 14, 29 – 32 dar, was er damit meint, Sie werden die Szene kennen:

Matth 14, 29 – 32

»Komm!«, sagte Jesus. Petrus stieg aus dem Boot, ging über das Wasser und kam zu Jesus. Als er dann aber die hohen Wellen sah, bekam er Angst. Er begann zu sinken und schrie: »Hilf mir, Herr!« Sofort streckte Jesus seine Hand aus, fasste Petrus und sagte: »Du hast zu wenig Vertrauen! Warum hast du gezweifelt?« Dann stiegen beide ins Boot, und der Wind legte sich.

Hinter dem Gegensatz-Paar „Unglaube – Glaube" steht das punktuelle Ereignis „Christ werden". Hinter dem matthäischen Begriff „Kleinglaube" das lineare Problem „Christ bleiben".

Kleingläubigkeit und Abfall werden konkret darin, dass ein Christ keine guten Werke mehr tut. Matthäus spricht von „Früchten des Glaubens". Ob ich zu Christus gehöre, ist keine Frage der inneren Einstellung, nicht einmal eine Frage des Glaubens. Sondern in erster Linie eine Frage meines Lebenswandels nach den Geboten Gottes. Wer etwas anderes erzählt und es sich zu leicht macht mit Jesus, der ist ein falscher Prophet (Matth 7, 15 – 23):

Matth 7, 15 – 23

»Hütet euch vor den falschen Propheten! Sie sehen zwar aus wie Schafe, die zur Herde gehören, in Wirklichkeit sind sie Wölfe, die auf Raub aus sind. An ihren Taten sind sie zu erkennen. Von Dornengestrüpp lassen sich keine Weintrauben pflücken und von Disteln keine Feigen. Ein gesunder Baum trägt gute Früchte und ein kranker Baum schlechte. Unmöglich kann ein gesunder Baum schlechte Früchte tragen und ein kranker gute. Jeder Baum, der keine guten Früchte trägt, wird umgehauen und verbrannt werden. An ihren Taten also könnt ihr die falschen Propheten erkennen.« »Nicht alle, die zu mir sagen ‚Herr, Herr', werden in Gottes neue Welt kommen, sondern nur die, die auch tun, was mein Vater im Himmel will. Am Tag des Gerichts werden viele zu mir sagen: ‚Herr, Herr! In deinem Namen haben wir prophetische Weisungen verkündet, in deinem Namen haben wir böse Geister ausgetrieben und viele Wunder getan.' Und trotzdem werde ich das Urteil sprechen: ‚Ich habe euch nie gekannt. Ihr habt versäumt, nach Gottes Willen zu leben; geht mir aus den Augen!'«

Die Kirche als neues Gottesvolk, das endlich wieder nach dem Gesetz lebt (=das seine Frucht bringt) 8.3.2

Am entschiedensten im ganzen Neuen Testament ist bei Matthäus der irdische Jesus nur zum Volk Israel gesandt gewesen. Dieses Konzept verfolgt er so konsequent, dass Heilungswunder aus dem Markusevangelium, bei denen Jesus das Land Israel verlassen musste, auf originelle Weise neu erzählt werden: Bei Matthäus stoppt Jesus plötzlich an der Grenze und macht dann eine Fernheilung.

Dieses intensive Bemühen Jesu um Israel war aber vergeblich. Drastisch wie sonst nie wird von der Ablehnung Jesu in Israel erzählt. Und manchmal scheint es unsicher, wie viel davon historisch und wie viel matthäische Verarbeitung eigener Konflikte mit dem Judentum ist. Auf dem Höhepunkt des Konflikts am Ende des Erdenlebens Jesu in Jerusalem sagt dann der Jesus des Matthäus-Evangeliums den Führern des Volkes Israel: „Darum sage ich: Das

Reich Gottes wird von euch genommen und einem Volk gegeben werden, das seine Früchte bringt“ (21, 43).

Das heißt – und jetzt halten Sie sich fest: Die Ablösung der Führer Israels durch die Kirche, die aus dem jüdischen Volk und vielen neu dazu gekommenen Heiden besteht – an sich schon ein schwieriger Gedanke – hat mit Jesus Christus in erster Linie gar nichts zu tun. Sie ist allein begründet im größeren Gehorsam gegenüber dem Gesetz Gottes, in der höheren moralischen Qualität der Gemeinde im Vergleich mit der Synagoge. Entscheidend sind die „Früchte“, also die guten Taten (Matth 6, 2 – 5. 5,20):

Matth 6, 2 – 5. 5, 20

»Wenn du also einem Bedürftigen etwas spendest, dann häng es nicht an die große Glocke! Benimm dich nicht wie die Scheinheiligen in den Synagogen* und auf den Straßen. Sie wollen nur von den Menschen geehrt werden. Ich versichere euch: Sie haben ihren Lohn schon kassiert. Wenn du also etwas spendest, dann tu es so unauffällig, dass deine linke Hand nicht weiß, was die rechte tut. Dein Vater, der auch das Verborgene sieht, wird dich dafür belohnen.« »Wenn ihr betet, dann tut es nicht wie die Scheinheiligen! Sie beten gern öffentlich in den Synagogen* und an den Straßenecken, damit sie von allen gesehen werden. Ich versichere euch: Sie haben ihren Lohn schon kassiert. [...] Ich sage euch: Ihr werdet niemals in Gottes neue Welt kommen, wenn ihr seinen Willen nicht besser erfüllt als die Gesetzeslehrer und Pharisäer.«

Durch den in der Nachfolge Jesu Christi geforderten Gehorsam und dessen Folge, Matthäus sagt „durch Bringen der Frucht“ oder „durch bessere (!) Gerechtigkeit“, ist die Gemeinde dann „Salz der Erde“ und „Licht der Welt“.

Bevor ich positiv würdige, welch unverzichtbaren Beitrag Matthäus mit dieser Zuspitzung, beinahe Überspitzung der Botschaft Jesu leistet, möchte ich auf zwei große Gefahren seiner Theologie hinweisen. Beide erwachsen aus dem Grundproblem des Matthäus, sich selber durch Überbietung der anderen zu definieren:

[1] Das erste und wegen der furchtbaren Folgewirkungen größere Dilemma, ist die undifferenzierte Abwertung der jüdischen Zeitgenossen. Die Mehrheit des jüdischen Volkes ist verstockt, sie wird in die Finsternis geworfen, ihre Zeit als Volk Gottes ist vorbei. Matthäus ist kein Rassist, sein Jesus und er werben um die Juden, seine ganze Gemeinde besteht ja zum großen Teil aus Judenchristen. Aber es ist ihm zufolge auch die einzige Chance, die ein Jude bei Gott hat: dass er doch noch Christ wird. Oder man geht mit Matthäus noch weiter und sagt: Alle Menschen, ganz gleich ob Jude, Heide oder Christ, werden im Endgericht letztlich nur daran gemessen, „was sie ihren geringsten Brüdern getan haben“(Matth 25, 40).

Mit der Ablösung als Gottesvolk verbunden ist eine ethische Abwertung jüdischer Lebenspraxis. Schon in der Antithese der Bergpredigt stellt er der jüdischen Gesetzesauslegung mit seinem „ich aber sage euch“ seine vollkommene Auslegung gegenüber. Die Jesusworte, die er zitiert, und die ursprünglich Teil eines innerjüdischen Dialogs waren, werden im neuen Kontext jetzt zur Abwertung einer anderen Religion funktionalisiert.

Kernvorwurf gegen das Judentum ist der angebliche Gegensatz zwischen Lehre und Tat, zwischen Theorie und Praxis (Matth 23, 25 – 28):

Matth 23, 25 – 28

Weh euch Gesetzeslehrern und Pharisäern! Ihr Scheinheiligen! Ihr reinigt sogar noch das Äußere von Becher und Schüssel. Aber was darin ist, habt ihr euch in eurer Gier zusammengestohlen. Ihr blinden Pharisäer! Sorgt zuerst dafür, dass es mit dem Inhalt des Bechers seine Richtigkeit hat, dann wird auch sein Äußeres rein. Weh euch Gesetzeslehrern und Pharisäern! Ihr Scheinheiligen! Ihr seid wie weiß angestrichene Gräber, die äußerlich schön aussehen; aber drinnen sind Totengebeine und alles mögliche Ungeziefer, das unrein macht. So seid ihr: Von außen hält man euch für fromm, innerlich aber steckt ihr voller Heuchelei und Ungehorsam gegen Gott.

Natürlich wusste Matthäus, dass es sich hier um etwas typisch Menschliches beim Ausüben einer Religion, bei dem Versuch, Glauben zu verwirklichen, handelt. Dass der hohe Anspruch an der Realität scheitert, dass gerade Menschen mit hohem Anspruch in der Gefahr stehen, zu heucheln – das ist nun wirklich kein typisch jüdisches Problem.

Damit fällt das Dilemma, sich selber durch Überbietung, durch bessere Gerechtigkeit zu definieren, auf die Gemeinde des Matthäus und sein Konzept zurück. Wer die Messlatte so hoch hängt wie Matthäus, bringt sich selber in permanenten Stress: jede seiner fünf großen Reden endet mit einem Ausblick aufs Jüngste Gericht; niemand, auch kein Christ, ist sich seines Heils sicher, auch über eine Kleinigkeit kann man in der Ewigkeit stolpern. In letzter Sekunde noch kannst Du scheitern, gerade in dem Moment, als Du dachtest, Du seiest gerettet. [2]

Matth 22, 11 – 14

Als nun der König kam, um sich die Gäste anzusehen, entdeckte er einen, der nicht hochzeitlich gekleidet war. Er sprach ihn an: ‚Wie bist denn du hier hereingekommen? Du bist ja gar nicht hochzeitlich angezogen.‘ Der Mann hatte keine Entschuldigung. Da befahl der König seinen Dienern: ‚Bindet ihm Hände und Füße und werft ihn hinaus in die Finsternis! Dort gibt es nur noch Jammern und Zähneknirschen.‘ Denn viele sind berufen«, schloss Jesus, »aber nur wenige von ihnen sind erwählt.«

Die Christen sind nur Gottes Volk, weil sie die bessere Gerechtigkeit haben. Wenn sie in ihrem Eifer nachlassen – und die Gefahr sieht Matthäus ständig – könnte es ihnen gehen wie jetzt dem Volk Israel.

Das hat Auswirkungen auf das gesamte Klima des Buches: Nirgends sonst wird so häufig gedroht wie hier, und Worte wie „Gericht“, „Jüngster Tag“, „Zorn

Gottes", „ewige Finsternis", „Heulen und Zähneklappern" gehören zum ausgesprochenen Vorzugsvokabular des Matthäus.

(Dass es Situationen gegeben hat, in denen Jesus wütend über Gewalt und Bosheit der Menschen war und deshalb deutliche, drohende Worte gesprochen hat – das steht außer Frage. Matthäus hat diese Drohworte nur eben deutlicher herausgehört als alle anderen – überdeutlich möchte man meinen. Und weil er genau in dieser Resonanz schwang, verstärkten sich die Droh- und Gerichtsworte in seinem Evangelium gleichsam wie durch einen Hall-Effekt.)

Für Ihre Arbeit mit diesen Texten dürfen Sie eins nicht vergessen: das Verhalten des Matthäus spiegelt den typischen Reflex einer unterdrückten Minderheit. Das ist etwas vollkommen anderes, als die spätere antijüdische Wiederholung solcher Urteile durch eine staatlich unterstützte, politisch und wirtschaftlich mächtige Kirche.

8.3.3 Wo Schatten ist, ist auch Licht

Wir haben uns ehrlich den dunklen Seiten des Matthäus zugewandt und dürfen deshalb auch von dem Licht sprechen, mit dem er seit 2000 Jahren den Weg christlicher Gemeinden erhellt und – wie kein biblischer Autor sonst! – Nichtchristen hellhörig auf Gottes Wort macht.

Ich versuche, drei dieser Lichtstrahlen zu beschreiben:

Lichtstrahl 1: Die Gesetzestreue bei Matthäus ist das genaue Gegenteil von liebloser Paragraphenschreiberei. Inbegriff des Gotteswillens ist für ihn das Doppelgebot der Liebe (Matth 22, 37 – 40):

Matth 22, 37 – 40

Jesus antwortete: »'Liebe den Herrn, deinen Gott, von ganzem Herzen, mit ganzem Willen und mit deinem ganzen Verstand!' Dies ist das größte und wichtigste Gebot. Aber gleich wichtig ist ein zweites: ,Liebe deinen Mitmenschen wie dich selbst!' In diesen beiden Geboten ist alles zusammengefasst, was das Gesetz und die Propheten fordern.«

Der Verzicht auf jede Form von Rache, sogar verbal, steigert sich in der Forderung, der Herausforderung sogar, die Feinde zu lieben. Die Gemeinde des Matthäus in ihrer Verfolgungssituation hatte viele Feinde, da konnten einem die Backen schon mal glühen, wenn man immer die andere Wange hinhielt.

Innergemeindlich äußert sich die Liebe in Barmherzigkeit, Rücksichtnahme auf die Schwachen, die Kleinen, auch die Kinder, die bei Matthäus am stärksten im Neuen Testament ein Thema sind. Aus Barmherzigkeit gegen das Gesetz zu verstoßen, ist nicht nur erlaubt, es ist der eigentliche Wille Gottes. Jetzt spürt man: Die gewisse Härte, das manchmal bedrohliche Klima des

Matthäus-Evangeliums, richtet sich nicht einfach gegen alle Menschen. Die Drohung gilt denen, die unbarmherzig die Schwachen bedrohen. Sie ist die notwendige Kehrseite der Liebe Gottes (Matth 18, 1 – 7):

Matth 18, 1 – 7

Um diese Zeit kamen die Jünger zu Jesus und fragten ihn: »Wer ist in der neuen Welt Gottes der Größte?« Da rief Jesus ein Kind herbei, stellte es in ihre Mitte und sagte: »Ich versichere euch: Wenn ihr euch nicht ändert und den Kindern gleich werdet, dann könnt ihr in Gottes neue Welt überhaupt nicht hineinkommen. Wer es auf sich nimmt, vor den Menschen so klein und unbedeutend dazustehen wie dieses Kind, ist in der neuen Welt Gottes der Größte. Und wer einen solchen Menschen in meinem Namen aufnimmt, nimmt mich auf.« »Wer dagegen einen dieser kleinen, unbedeutenden Menschen, die zu mir halten und mir vertrauen, an mir irrewerden lässt, käme noch gut weg, wenn er mit einem Mühlstein um den Hals im Meer versenkt würde, dort, wo es am tiefsten ist. Wehe der Welt, in der Menschen an mir irrewerden. Das muss zwar so kommen; aber wehe dem, der dazu beiträgt!

So wird Solidarität mit den Schwachen zum Strukturprinzip der Gemeinde des Matthäus; Solidarität aber nicht als gnädige Herablassung, sondern auf Augenhöhe mit den Schwachen. Der Zentralbegriff bei Matthäus ist „Bruder und Schwester“:

Matth 12, 49 – 50

Dann streckte er seine Hand über seine Jünger aus und sagte: »Das hier sind meine Mutter und meine Brüder! Denn wer tut, was mein Vater im Himmel will, der ist mein Bruder, meine Schwester und meine Mutter.«

Von der Bergpredigt bis zum Jüngsten Gericht: Wie ich mich gegenüber meinen geringsten, ärmsten Schwestern und Brüdern verhalten habe, ist Kriterium, ob mich tatsächlich die Liebe Gottes erfüllt – oder irgendeine andere Motivation treibt.

Das Wunderbare: Matthäus hat erspürt, dass Jesus nicht nur Mensch an sich geworden ist. Das könnte man ja wohlwollend oder ablehnend einfach so zur Kenntnis nehmen. Jesus, sagt er, ist Bruder geworden und macht die Gemeinde zu Geschwistern, zu einer neuen Familie.

Das führt uns zu

Lichtstrahl 2: Jesus, der am Ende der Zeiten als Weltenrichter wieder kommt, ist keine bedrohliche apokalyptische Gestalt. Sondern der Menschensohn, Menschenbruder, der mir die einfache und uralte Frage stellt: „Warst Du der Hüter Deines Bruders?“:

Matth 25, 31 – 46

»Wenn der Menschensohn in seiner Herrlichkeit kommt, begleitet von allen Engeln, dann wird er auf seinem Herrscherthron Platz nehmen. Alle Völker der Erde werden vor ihm versammelt werden, und er wird die Menschen in zwei Gruppen teilen, so wie ein Hirt die Schafe von den Böcken trennt. Die Schafe wird er auf seine rechte Seite stellen und die Böcke auf seine linke Seite. Dann wird der König zu denen auf seiner rechten

Seite sagen: ‚Kommt her! Euch hat mein Vater gesegnet. Nehmt Gottes neue Welt in Besitz, die er euch von allem Anfang an zugedacht hat. Denn ich war hungrig und ihr habt mir zu essen gegeben; ich war durstig und ihr habt mir zu trinken gegeben; ich war fremd und ihr habt mich bei euch aufgenommen; ich war nackt und ihr habt mir etwas anzuziehen gegeben; ich war krank und ihr habt mich versorgt; ich war im Gefängnis und ihr habt mich besucht.' Dann werden die, die den Willen Gottes getan haben, fragen: ‚Herr, wann sahen wir dich jemals hungrig und gaben dir zu essen? Oder durstig und gaben dir zu trinken? Wann kamst du als Fremder zu uns und wir nahmen dich auf, oder nackt und wir gaben dir etwas anzuziehen? Wann warst du krank oder im Gefängnis und wir besuchten dich?' Dann wird der König antworten: ‚Ich versichere euch: Was ihr für einen meiner geringsten Brüder oder für eine meiner geringsten Schwestern getan habt, das habt ihr für mich getan.' Dann wird der König zu denen auf seiner linken Seite sagen: ‚Geht mir aus den Augen, Gott hat euch verflucht! Fort mit euch in das ewige Feuer, das für den Teufel und seine Engel vorbereitet ist! Denn ich war hungrig, aber ihr habt mir nichts zu essen gegeben; ich war durstig, aber ihr habt mir nichts zu trinken gegeben; ich war fremd, aber ihr habt mich nicht aufgenommen; ich war nackt, aber ihr habt mir nichts anzuziehen gegeben; ich war krank und im Gefängnis, aber ihr habt euch nicht um mich gekümmert.' Dann werden auch sie ihn fragen: ‚Herr, wann sahen wir dich jemals hungrig oder durstig, wann kamst du als Fremder, wann warst du nackt oder krank oder im Gefängnis – und wir hätten uns nicht um dich gekümmert?' Aber er wird ihnen antworten: ‚Ich versichere euch: Was ihr an einem von meinen geringsten Brüdern oder an einer von meinen geringsten Schwestern zu tun versäumt habt, das habt ihr an mir versäumt.' Auf diese also wartet die ewige Strafe. Die anderen aber, die den Willen Gottes getan haben, empfangen das ewige Leben.«

Die Sache der Ausgebeuteten, Geschlagenen, hat hier oberste Priorität. Deswegen ist der Weltherrscher nicht „oben" zu finden, als Verlängerung weltlicher Macht gar, sondern ganz unten. Wer bei Gott sein will, braucht sich nicht im Lobpreis über diese Welt zu erheben. Wer bei Gott sein will, kann auf dem Boden bleiben und wird Jesus Christus in seiner ganzen Herrlichkeit so strahlend und hell wie nie entdecken, wenn er sich ganz tief bückt.

Darum geht es und nicht um moralische Perfektion. Das verstehen wir, wenn wir uns

Lichtstrahl 3 ansehen: Jesus ist nämlich auch bei Matthäus der, der uns mit allen kleinen Fehlern und großen Sünden annimmt. „Kommt her zu mir, die ihr mühselig und beladen seid", heißt es nur hier. Damit meint er die, die sich mit den Geboten schwer tun, schwer daran tragen, alles richtig machen zu wollen. Ihnen sagt er in Matth 11, 28 – 30:

Matth 11, 28 – 30

Ihr plagt euch mit den Geboten, die die Gesetzeslehrer euch auferlegt haben. Kommt alle zu mir; ich will euch die Last abnehmen! Ich quäle euch nicht und sehe auf niemand herab. Stellt euch unter meine Leitung und lernt bei mir; dann findet euer Leben Erfüllung. Was ich anordne, ist gut für euch, und was ich euch zu tragen gebe, ist keine Last.«

Auch wenn Matthäus, indem er davon spricht, man müsse „Gerechtigkeit tun“, scheinbar dem Paulus widerspricht, der gesagt hatte: „Gerechtigkeit kannst Du nur unverdient geschenkt bekommen“ – in der Sache sind die Unterschiede gering, es handelt sich um Akzentverschiebungen.

Paulus erzählt mehr vom Einatmen, Beschenkt werden. Aber er weiß, dass Gottes Liebe in uns erkaltet, wenn wir zum Endverbraucher werden. Matthäus erzählt mehr vom Ausatmen, Weiterschenken. Aber er weiß, dass wir die Kraft dazu nur von Gott bekommen und schnell auspowern, wenn wir alles selbst machen wollen.

Problematisch sind weder Matthäus noch Paulus. Problematisch ist eine Ideologie in der Kirche, die einen bewusst einseitig verstandenen Paulus oder Matthäus absolut setzt. Deswegen: Matthäus kann auch zärtlich, behutsam und tröstend von Jesus reden. Jesus heißt bei ihm „Immanuel“, das heißt „der hautnahe, spürbare Gott“, der auch noch da ist, wenn nur noch zwei oder drei Menschen sich in der Gemeinde versammeln, der vielleicht dann intensiver zu spüren ist, als auf manch imposanter kirchlicher Großveranstaltung, der Immanuel, dessen letzte Worte im letzten Vers des Matthäus-Evangeliums sind: „Und das sollt ihr wissen: Ich bin immer ganz dicht bei euch, wirklich jeden Tag, bis zum Ende der Welt“.

Wirkungsgeschichte 8.3.4

Dass Matthäus die kirchliche Schrift mit der intensivsten Wirkungsgeschichte ist, kann hier nur angedeutet werden, wäre Thema eines eigenen Kapitels. Aber allein diese Andeutungen sind spannend.

» Matthäus lässt wie kein anderer Evangelist seine Gemeindesituation durchscheinen. In Kap. 18 etwa findet sich schon eine richtige Gemeindeordnung. Petrus, der in Antiochia, dem wahrscheinlichen Ort der matthäischen Gemeinde wirkte, wird als eine Art Gemeindegründer und -leiter beschrieben. Er ist der „Fels dieser Gemeinde“. Matthäus schreibt das kirchlichste Evangelium, und so ist es zum Evangelium der Kirche geworden, an erster Stelle im Kanon des Neuen Testaments, am häufigsten zitiert in Lehre und Gottesdienstordnung.

» Der hohe ethische Anspruch hat es zum Evangelium aller Reformbewegungen mit sozialem und politischem Anspruch gemacht: Die Regel des Franz von Assisi etwa ist eine einzige Zusammenstellung von Reden Jesu aus dem Matthäusevangelium. Interessanterweise werden später, als der Papst die Franziskaner als römischen Orden anerkennt, in der kirchlichen Überarbeitung der Regel des Franziskus über 50 Prozent der Zitate aus dem Matthäus-evangelium gestrichen. Man wird gewusst haben, warum.

» Matthäus ist auch außerhalb der Kirche am meisten von allen biblischen Schriften wahrgenommen worden; Gandhi kannte etwa einen großen Teil der Bergpredigt auswendig und lebte mehr danach als mancher Christ. Hier und in der Friedensbewegung wurde erkannt – oder besser wiederentdeckt: Gewaltlosigkeit und Feindesliebe sind nichts für Feiglinge, sind kein schwächliches Nachgeben. Sondern aktive, machtvolle und nachhaltige Gestaltung dieser Welt. Albert Schweitzer kam durch Matthäus in eine Nachfolge Jesu außerhalb des rein kirchlichen Dienstes und gründete in Lambarene sein Urwaldkrankenhaus. Gerade der schroffe, radikale Jesus der Bergpredigt und der großen Gerichtsrede aus Matthäus 25, die wir vorhin gelesen haben, haben Schweitzer, wie er sagt, misstrauisch gemacht gegenüber dem Jesus, wie die Kirche ihn sich bequem geglaubt hat.

» Matthäus war schließlich der, der innerhalb der Kirche bis in die Neuzeit für heilsame Unruhe gesorgt hat. Stellvertretend dafür ein Ausschnitt aus den ersten Seiten des berühmtesten Buches über Matthäus und die Bergpredigt, des Buches „Nachfolge" von Dietrich Bonhoeffer, geschrieben im Jahr 1937, ein im doppelten Sinn des Wortes unerhörter Warnruf an eine Kirche, die es sich in der Gnade Gottes zu gemütlich gemacht hat und nicht mehr wahrnimmt, wahrnehmen will, was in der Welt geschieht. Bonhoeffer schreibt in „Nachfolge", S. 14-26:

„Billige Gnade ist der Todfeind unserer Kirche. Unser Kampf heute geht um die teure Gnade.

Billige Gnade heißt Gnade als Schleuderware, verschleuderte Vergebung, verschleuderter Trost, verschleudertes Sakrament; Gnade als unerschöpfliche Vorratskammer der Kirche, aus der mit leichtfertigen Händen bedenkenlos und grenzenlos ausgeschüttet wird; Gnade ohne Preis, ohne Kosten. Das sei ja gerade das Wesen der Gnade, dass die Rechnung im Voraus für alle Zeiten beglichen ist. Auf die gezahlte Rechnung hin ist alles umsonst zu haben. Unendlich groß sind die aufgebrachten Kosten, unendlich groß daher auch die Möglichkeiten des Gebrauchs und der Verschwendung.

In dieser Kirche findet die Welt billige Bedeckung ihrer Sünden, die sie nicht bereut und von denen frei zu werden sie erst recht nicht wünscht.

Wie die Raben haben wir uns um den Leichnam der billigen Gnade gesammelt, von ihr empfingen wir das Gift, an dem die Nachfolge Jesu unter uns starb.

Das Wort von der billigen Gnade hat mehr Christen zugrunde gerichtet als irgendein Gebot der Werke."

Fazit: Matthäus gehört in die Hausapotheke jedes Christen, vielleicht mit dem kleinen Warnhinweis: Zu Risiken und Nebenwirkungen fragen Sie Ihren Pfarrer oder Prädikanten.

Weiterdenken

Bitte lesen Sie die folgenden Bibeltexte:

Matth 5, 17 – 20
Matth 10, 17 – 22
Matth 14, 29 – 32
Matth 7, 15 – 23
Matth 6, 2 – 5. 5, 20
Matth 23, 25 – 28
Matth 22, 11 – 14
Matth 22, 37 – 40
Matth 18, 1 – 7
Matth 12, 49 – 50
Matth 25, 31 – 46
Matth 11, 28 – 30

1. Schlagen Sie die Bibel zu und versuchen Sie, einen der Texte mit eigenen Worten wiederzugeben!
2. Schlagen Sie die Bibel wieder auf und notieren Sie, was Ihnen sofort einleuchtet.
3. Notieren Sie jetzt, was Ihnen unverständlich ist.
4. Gibt es einen Satz oder Gedanken, der Sie ärgert, provoziert, den Sie am liebsten streichen würden? Warum? Was wäre, wenn dieser Satz oder Gedanke fehlt?
5. Was an dem Text dagegen ist schön?
6. Stilleübung: Schließen Sie die Augen und stellen Sie sich irgendeinen Menschen vor. Erklären Sie ihm, was der Text bedeutet: Damals, als er entstanden ist, und heute.

meine Notizen

Lukas – oder: Der Beginn der Kirchengeschichte 8.4

Das Ende ist nicht mehr nah 8.4.1

Lukas bedient sich derselben Vorlage wie Matthäus. Er folgt im Aufbau wieder dem Markus-Evangelium. Jesusworte aus der Spruchquelle allerdings fügt er nicht zu großen Reden zusammen, sondern verteilt sie an passenden Stellen über sein ganzes Buch. Viel umfangreicher als bei Matthäus ist das Sondergut, das er vor allem am Beginn, in der Geschichte der Geburt und Kindheit Jesu, in zwei großen Einschaltungen in Kap. 6-8 und 10-18 und am Ende in sehr ausführlichen Osterberichten unterbringt, der schönste und bekannteste ist der Spaziergang der Emmausjünger, die dem Auferstandenen begegnen ohne es zu merken.

Doch während Matthäus mit ähnlichem Material wie Lukas Gemeindelehrer (ein ziemlich strenger, wie wir gesehen haben) sein möchte, will dieser etwas ganz anderes. Lukas möchte eine Geschichte schreiben, die im historischen Sinn Teil der Geschichte ist. Immer wieder baut er Querverweise zur allgemeinen Geschichte ein, um sein Buch sozusagen historisch zu verankern. Den bekanntesten Verweis kennen Sie (Luk 2, 1 – 2):

Luk 2, 1 – 2

Zu jener Zeit ordnete Kaiser Augustus an, dass alle Menschen in seinem Reich gezählt und für die Steuer erfasst werden sollten. Diese Zählung war die erste und wurde durchgeführt, als Quirinius Statthalter der Provinz Syrien war.

Das Lukasevangelium will kein Märchen sein, das mit „Es war einmal" beginnt, es ist ein Buch, das an nachprüfbaren historischen Eckdaten festgemacht ist.

Vor allem aber und noch wichtiger: Die Sache Jesu hat sich mit einem Evangelium nicht erledigt. Nahtlos fügt Lukas eine Apostelgeschichte an, in der vom Leben der Urgemeinde in Jerusalem, von der Ausbreitung des Christentums erst in Syrien und Palästina und unter Paulus dann in der ganzen Welt berichtet wird. Durch die Apostelgeschichte wird das Evangelium, wie Lukas dort sagt, zum „ersten Bericht" (Apg 1, 1), zum Vorbericht der Kirchengeschichte.

Das ist radikal neu im Vergleich zu Markus, Matthäus und sogar Johannes. Überall sonst war mit Jesus die letzte Zeit, das Reich Gottes, angebrochen. Das wird jetzt noch einmal aufgeschoben und eine Zeit der Kirche dazwischengeschoben. Die Gemeinden des Paulus und anderer der Evangelisten bestanden aus Menschen, die sich zusammengetan hatten, um auf die Wiederkunft Christi zu warten. Die Gemeinde des Lukas hatte es damit nicht so eilig. Man wollte vorher in dieser Welt noch eine weltweite Kirche gründen.

Lukas baut diesen Gedanken zu einem dreiteiligen geschichtstheologischen Entwurf aus: Auf die Zeit Israels mit Gesetz und Propheten folgt als „Mitte der Zeit" die Zeit Jesu. Diese ist mit der Himmelfahrt – nur Lukas kennt dieses Ereignis! – abgeschlossen. Wir leben jetzt sozusagen in Phase 3, der Zeit der Kirche.

Ganz als Geschichtsschreiber, im Stil gebildeter griechischer und römischer Autoren, stellt sich Lukas uns im Prolog, einem kleinen Vorwort, vor:

Luk 1, 1 – 4

Schon viele haben versucht, die Ereignisse zusammenhängend darzustellen, die Gott unter uns geschehen ließ und mit denen er seine Zusagen eingelöst hat. Diese Ereignisse sind uns überliefert in den Berichten der Augenzeugen, die von Anfang an alles miterlebt hatten und die den Auftrag erhielten, die Botschaft Gottes weiterzugeben. So habe auch ich mich dazu entschlossen, all diesen Überlieferungen bis hin zu den ersten Anfängen sorgfältig nachzugehen und sie für dich, verehrter Theophilus, in der rechten Ordnung und Abfolge niederzuschreiben. Du sollst dadurch die Zuverlässigkeit der Lehre erkennen, in der du unterwiesen wurdest.

Zweimal in den wenigen Versen begegnet uns – unvorstellbar für die anderen Evangelien! – das „Ich" des Verfassers. Und als ob das noch nicht genug wäre, auch noch eine persönliche Widmung – der Verfasser gehört offenbar einer gebildeten Schicht an und zeigt das auch gerne, stellt es am Anfang gleich klar. Ob man ihn allerdings mit dem Arzt und Paulusbegleiter Lukas gleichsetzen darf, ist eher fraglich. Sein Paulusbild in Apostelgeschichte Kap 9 bis 28 entspricht dem Selbstbild des Paulus so überhaupt nicht.

Lukas schreibt von Anfang an nicht nur für eine Gemeinde; er möchte ein literarisches Produkt für eine breite Öffentlichkeit schaffen. Man nimmt an, dass die Erwähnung des Theophilus mit der Absicht oder aufgrund der Tatsache geschieht, dass er der Sponsor werden soll bzw. ist, der die Abschriften des Evangeliums zur Vertiefung als Missionsschrift finanzieren soll. Lukas schreibt daher in einer Sprache, die allen innergemeindlichen Stallgeruch meidet und sprachlich wie stilistisch auf der Höhe der Zeit ist. Das Griechisch des Lukas unterscheidet sich von dem der anderen Evangelien wie das Deutsch der FAZ von dem eines frommen Kalenderblättchens. Das spricht weder gegen das eine noch das andere, man muss nur wissen, mit welcher Sprache man was erreichen kann. Und was nicht.

Ein Beispiel sei genannt: Aus den Paulusbriefen können wir erschließen, dass Paulus ausgerechnet im geistigen Zentrum der Antike, in Athen, keinen Erfolg hatte und nach wenigen Tagen unverrichteter Dinge wieder ziehen musste. Wer das Kapitel über Paulus gelesen hat, kann sich vorstellen, warum.

Der Paulus des Lukas aber ist 50 Jahre nach seinem Tod schon längst zur legendarischen Gestalt geworden. Der triumphiert in Athen und hält auf dem Areopag eine Rede, wie es Plato und Aristoteles nicht besser hinbekommen hätten, und einige Philosophen werden neugierig. Stilistisch ist diese Rede geformt nach den Elementen der großen Verteidigungsrede des Sokrates, geht positiv ein auf Gottesvorstellungen der griechischen Philosophie, zitiert wörtlich aus dem Zeus-Hymnus des Dichters Aratos.

Der antike Leser soll das Buch beiseite legen und denken: Ein ungebildeter Barbar wäre ich, würde ich nicht auch Christ werden.

Großartig und wirklich vorbildhaft ist Lukas nun bei all dem darin, dass die Ausrichtung auf die gehobenen Schichten in keiner Weise zu einer Anbiederung oder gar Verfälschung der Botschaft Jesu führt: Kein Evangelist hat so entschieden für die Unterschicht Partei ergriffen und die Privilegierten kritisiert – nur eben in einer Sprache, die diese verstanden haben.

Lukas gibt einige Hinweise, um ihn zeitlich einzuordnen: Auf die Zerstörung Jerusalems im Jahr 70 blickt er schon zurück, die relativ wohlwollende Darstellung der Römer und ihrer Herrschaft passt zu seinem Oberschicht-Stil, wäre aber ab den frühen 90er Jahren nicht mehr denkbar. Denn ab da herrscht der Kaiser Domitian nur noch wie ein Tyrann, verfolgt Minderheiten wie die Christen und wird auch von der römischen Intelligenz kritisch gesehen. Somit kommen als Zeitfenster vor allem die 80er Jahre in Frage.

Geographisch lässt sich dieses beinahe „übergemeindliche“ Evangelium eher schwierig verorten. Unkenntnis über bestimmte landschaftliche Verhältnisse in Palästina und abnehmendes Interesse an jüdischen Bräuchen sowie die geistige Atmosphäre sprechen für eine große Stadt, vielleicht in Griechenland.

„Die Hungrigen füllt er mit Gütern und lässt die Reichen leer ausgehen“ (Lk 1, 53) 8.4.2

Dieses Zitat aus dem Lobgesang der Maria, dem Magnifikat, gibt in einem Atemzug eine Kurzfassung der Lukanischen Theologie: Gott offenbart in der endgültigen Verwerfung der Reichen und in der endgültigen Erlösung der Armen sein eigentliches Wesen. Hier wird kein kirchliches Sozialprogramm vorgestellt, sondern Gott, wie er in Wirklichkeit ist: Wütend und enttäuscht über die Reichen, zärtlicher und mächtiger Retter der Armen.

Hören wir Marias Lied in Luk 1, 46 – 56: **Luk 1, 46 – 56**

Maria aber sprach: »Mein Herz preist den Herrn, alles in mir jubelt vor Freude über Gott, meinen Retter! Ich bin nur seine geringste Dienerin, und doch hat er sich mir zugewandt. Jetzt werden die Menschen mich glücklich preisen in allen kommenden Generationen; denn Gott hat Großes an mir getan, er, der mächtig und heilig ist. Sein Erbarmen hört niemals auf; er schenkt es allen, die ihn ehren, von einer Generation zur andern. Jetzt hebt er seinen gewaltigen Arm und fegt die Stolzen weg samt ihren Plänen. Jetzt stürzt er die Mächtigen vom Thron und richtet die Unterdrückten auf. Den Hungernden gibt er reichlich zu essen und schickt die Reichen mit leeren Händen fort. Er hat an seinen Diener Israel gedacht und sich über sein Volk erbarmt. Wie er es unsern Vorfahren versprochen hatte, Abraham und seinen Nachkommen für alle Zeiten.« Maria blieb etwa drei Monate bei Elisabet und kehrte dann wieder nach Hause zurück.

Ich möchte zuerst nachzeichnen, was Gott bei Lukas genau den Reichen und Machthabern einerseits, und den Armen und Rechtlosen andererseits, zu sagen hat. Danach soll deutlich werden, inwiefern Gott beides aus Liebe tut und auch Drohworte und Gerichtsrede eine „Gute Nachricht" sind.

[1] Das eine ist die Ankündigung des Gerichts über die Machthaber und die Reichen. Aus seiner Position heraus fällt es Lukas schwer, politische Macht oder Reichtum grundsätzlich zu verteufeln. Es gibt im Alten wie im Neuen Testament apokalyptische Schriften, die dazu neigen, und tatsächlich ja nicht zu Unrecht, auch dämonische Elemente von Macht aufzuzeigen. Lukas ist eher Realpolitiker, schildert beinahe einfühlsam, unter welchen Zwängen selbst ein Mann wie Pilatus beim Prozess gegen Jesus stand, oder schildert im hinteren Teil der Apostelgeschichte relativ nüchtern und sachlich, wie Paulus durch die römischen Behörden meist ausgesprochen fair behandelt wurde.

Lukas malt nicht schwarz-weiß, sondern zeigt die Graustufen des Bösen und Guten. Weil er sie selber auch kennt. Im Zweifelsfall aber gilt für ihn der berühmt gewordene Satz aus Apostelgeschichte 5, 29, wo Petrus sagt: „Man muss Gott mehr gehorchen als den Menschen."

Lukas schiebt nicht diesem oder jenem Reichen die Schuld in die Schuhe. Er möchte, dass die armen Reichen die Schuld loswerden, die sie in ihrem Reichtum angehäuft haben. Lukas sieht die Verzweiflung und Selbstisolation, in der der Reiche gefangen ist (Luk 12, 16 – 21):

Luk 12, 16 – 21

Jesus erzählte ihnen dazu eine Geschichte: »Ein reicher Grundbesitzer hatte eine besonders gute Ernte gehabt. ‚Was soll ich jetzt tun?', überlegte er. ‚Ich weiß gar nicht, wo ich das alles unterbringen soll! Ich hab's', sagte er, ‚ich reiße meine Scheunen ab und baue größere! Dann kann ich das ganze Getreide und alle meine Vorräte dort unterbringen und kann zu mir selbst sagen: Gut gemacht! Jetzt bist du auf viele Jahre versorgt. Gönne dir Ruhe, iss und trink nach Herzenslust und genieße das Leben!' Aber Gott sagte zu ihm: ‚Du Narr, noch in dieser Nacht werde ich dein Leben von dir zurückfordern! Wem gehört dann dein Besitz?'« Und Jesus schloss: »So steht es mit allen, die für sich selber Besitz aufhäufen, aber bei Gott nichts besitzen.«

Das beim Reichen angehäufte Kapital schadet seelisch, das dem Armen entzogene Kapital führt zu körperlichen Schäden. Wenn Gott ausgleichend, manchmal unterstützend, eingreift, wenn wir Gott eingreifen lassen, könnte das für beide ein Gewinn sein (Luk 16, 19 – 31):

Luk 16, 19 – 31

»Es war einmal ein reicher Mann, der immer die teuerste Kleidung trug und Tag für Tag im Luxus lebte. Vor seinem Haustor lag ein Armer, der hieß Lazarus. Sein Körper war ganz mit Geschwüren bedeckt. Er wartete darauf, dass von den Mahlzeiten des Reichen ein paar kümmerliche Reste für ihn abfielen. Er konnte sich nicht einmal gegen die Hunde wehren, die seine Wunden beleckten. Der Arme starb und die Engel trugen ihn an den Ort, wo das ewige Freudenmahl gefeiert wird; dort erhielt er den Ehrenplatz an der Seite Abrahams. Auch der Reiche starb und wurde begraben. In der Totenwelt litt er große Qualen. Als er aufblickte, sah er in weiter Ferne Abraham, und Lazarus auf dem Platz neben ihm. Da rief er laut: ‚Vater Abraham, hab Erbarmen mit mir! Schick mir doch Lazarus! Er soll seine Fingerspitze ins Wasser tauchen und meine Zunge ein wenig kühlen, denn das Feuer hier brennt entsetzlich.' Aber Abraham sagte: ‚Mein Sohn, denk daran, dass du schon zu Lebzeiten das dir zugemessene Glück erhalten hast, Lazarus aber nur Unglück. Dafür kann er sich nun hier freuen, während du Qualen leidest. Außerdem liegt zwischen uns und euch ein riesiger Graben. Selbst wenn jemand wollte, könnte er nicht zu euch kommen, genauso wie keiner von dort zu uns gelangen kann.' Da bat der reiche Mann: ‚Vater Abraham, dann schick Lazarus doch wenigstens in mein Elternhaus! Ich habe noch fünf Brüder. Er soll sie warnen, damit sie nicht auch an diesen schrecklichen Ort kommen!' Doch Abraham sagte: ‚Deine Brüder haben das Gesetz Moses und die Weisungen der Propheten. Sie brauchen nur darauf zu hören.' Der Reiche erwiderte: ‚Vater Abraham, das genügt nicht! Aber wenn einer von den Toten zu ihnen käme, dann würden sie ihr Leben ändern.' Abraham sagte: ‚Wenn sie auf Mose und die Propheten nicht hören, dann lassen sie sich auch nicht überzeugen, wenn jemand vom Tod aufersteht.'«

Eine Anmerkung: Ich führe hier nur Texte an, die allein Lukas aus seinem Sondergut bringt. Gerade an letzterem wird auch deutlich, wie tief die Sozialethik des Lukas in der prophetischen Botschaft des Alten Testaments verwurzelt ist.

Ist Ihnen aufgefallen: Der Arme hat bei Gott einen Namen, Lazarus. Der Reiche bleibt namen- und gesichtslos, seine Identität ist im Reichtum verloren gegangen. Er hat sich verloren, er hat den Armen aus dem Blick verloren, und deswegen muss er Gott ausblenden, den er, so wie er lebt, nur noch fürchten kann.

Diese dreifache Blindheit ist nach Lukas Kennzeichen der inneren Verarmung der Reichen: 1. Ich verliere mich im Anhäufen von Geld. 2. Ich sehe nicht, was man mit Geld, Zeit, Energie Gutes für andere machen könnte. 3. Ich verstecke mich mit diesem ärmlichen Lebensentwurf vor Gott.

Dass es beim Thema Geld nicht nur um Münzen und den Kontostand geht, sondern generell um Ressourcen, die mir Gott geschenkt hat, soll als letztes von vielen weiteren Beispielen eine Geschichte verdeutlichen, die auch nur Lukas so erzählen konnte (Luk 10, 29 – 37):

Luk 10, 29 – 37

Aber dem Gesetzeslehrer war das zu einfach, und er fragte weiter: »Wer ist denn mein Mitmensch?« Jesus nahm die Frage auf und erzählte die folgende Geschichte: »Ein Mann ging von Jerusalem nach Jericho hinab. Unterwegs überfielen ihn Räuber. Sie nahmen ihm alles weg, schlugen ihn zusammen und ließen ihn halb tot liegen. Nun kam zufällig ein Priester denselben Weg. Er sah den Mann liegen und ging vorbei. Genauso machte es ein Levit, als er an die Stelle kam: Er sah ihn liegen und ging vorbei. Schließlich kam ein Reisender aus Samarien. Als er den Überfallenen sah, ergriff ihn das Mitleid. Er ging zu ihm hin, behandelte seine Wunden mit Öl und Wein und verband sie. Dann setzte er ihn auf sein eigenes Reittier und brachte ihn in das nächste Gasthaus, wo er sich weiter um ihn kümmerte. Am anderen Tag zog er seinen Geldbeutel heraus, gab dem Wirt zwei Silberstücke und sagte: ‚Pflege ihn! Wenn du noch mehr brauchst, will ich es dir bezahlen, wenn ich zurückkomme.‘« »Was meinst du?«, fragte Jesus. »Wer von den dreien hat an dem Überfallenen als Mitmensch gehandelt?« Der Gesetzeslehrer antwortete: »Der ihm geholfen hat!« Jesus erwiderte: »Dann geh und mach du es ebenso!«

Die Liebe Gottes erreicht die Reichen, Selbstgefälligen, die Egozentriker, nur noch in Form der Drohung. Eine Drohung ist keine Verurteilung, sondern hat die Funktion, wach zu rütteln; in der Lazarus-Geschichte klang es schon an. So spricht Jesus bei Lukas (Luk 6, 24 – 26):

Luk 6, 24 – 26

Aber weh euch, ihr Reichen! Ihr habt euren Anteil schon kassiert. Weh euch, die ihr jetzt satt seid! Ihr werdet hungern. Weh euch, die ihr jetzt lacht! Ihr werdet weinen und klagen. Weh euch, wenn euch alle Leute loben; denn genauso haben es ihre Vorfahren mit den falschen Propheten gemacht.«

[2] Das andere ist die Erhöhung der Niedrigen, die Rettung des Verlorenen. Das ist das Programm Gottes, an dem die Reichen und Mächtigen sich auch gerne konstruktiv beteiligen dürfen. Mit Jesus hat die Neuordnung dieser Welt begonnen, und weil noch ein klein wenig Zeit ist bis zum Jüngsten Gericht, wird sie in der Kirche realisiert (Apostelg 2, 44 – 45):

Apostelg 2, 44 – 45

Alle, die zum Glauben gekommen waren, bildeten eine enge Gemeinschaft und taten ihren ganzen Besitz zusammen. Von Fall zu Fall verkauften sie Grundstücke und Wertgegenstände und verteilten den Erlös unter die Bedürftigen in der Gemeinde.

Die regelmäßige religiöse Inszenierung am 24. Dezember hat uns unsensibel gemacht dafür, was es heißt, dass Jesus Christus, Gottes Sohn, durch ein unverheiratetes, ca. 16-jähriges Mädchen nachts irgendwo in einem Kuhstall zur Welt kommt. Jesus, der bei dieser Geburt, später nochmals als Kind, fast verloren gegangen wäre, sucht ein Erdenleben lang die Verlorenen. Das hat Lukas von Gott verstanden, ein ganzes Kapitel, das 15., widmet er den Verlorenen; die schönste Geschichte ist die von den beiden (!) verlorenen Söhnen. Bei der Interpretation seiner Texte sollten wir vorsichtig sein, zu schnell auf die rein geistige, religiöse Ebene zu wechseln; die Verlorenen bei Lukas sind die Verlierer, auch und erst einmal materiell, wie der Sohn, der bei den Schweinen gelandet ist, wie der Mann, der unter die Räuber gefallen ist, wie Lazarus. Auf sie schaut Jesus voller Liebe und macht sie zum Kriterium dafür, ob menschliches Zusammenleben gelingt (Luk 6, 20 – 21):

Luk 6, 20 – 21

Jesus blickte auf die große Schar seiner Jünger, die Männer und Frauen, und sagte: »Freut euch, ihr Armen! Ihr werdet mit Gott leben in seiner neuen Welt. Freut euch, die ihr jetzt Hunger habt! Gott wird euch satt machen. Freut euch, die ihr jetzt weint! Bald werdet ihr lachen.

Wer auf der Suche nach Gott ist, wer Sehnsucht nach religiösen Gefühlen oder Erlebnissen hat, wird sie finden, wird Gott finden, wenn er sich einem dieser Armen, Hungernden oder Weinenden annimmt. Den Armen etwas Geld abzugeben, ist bei Lukas keine gute Tat, sondern eine Gotteserfahrung. So hat es Zachäus in Luk 19, 1 – 10 erlebt:

Luk 19, 1 – 10

Jesus ging nach Jericho hinein und zog durch die Stadt. In Jericho lebte ein Mann namens Zachäus. Er war der oberste Zolleinnehmer in der Stadt und war sehr reich. Er wollte unbedingt sehen, wer dieser Jesus sei. Aber er war klein und die Menschenmenge versperrte ihm die Sicht. So lief er voraus und kletterte auf einen Maulbeerfeigenbaum, um Jesus sehen zu können; denn dort musste er vorbeikommen. Als Jesus an die Stelle kam, schaute er hinauf und redete ihn an: »Zachäus, komm schnell herunter, ich muss heute dein Gast sein!« Zachäus stieg schnell vom Baum und nahm Jesus voller Freude bei sich auf. Alle sahen es und murrten; sie sagten: »Bei einem ausgemachten Sünder ist er eingekehrt!« Aber Zachäus wandte sich an den Herrn und sagte zu ihm: »Herr, ich verspreche dir, ich werde die Hälfte meines Besitzes den Armen geben. Und wenn ich jemand zu viel abgenommen habe, will ich es ihm vierfach zurückgeben.« Darauf sagte Jesus zu ihm: »Heute ist dir und deiner ganzen Hausgemeinschaft die Rettung zuteil geworden! Auch du bist ja ein Sohn Abrahams. Der Menschensohn ist gekommen, um die Verlorenen zu suchen und zu retten.«

Und so geht die Geschichte manchmal auch für die armen Reichen gut aus.

Die Kraft, die diese gewaltige gesellschaftliche Umwälzung bewirkt, heißt bei Lukas „Heiliger Geist". So häufig, wie sonst in keinem Buch der Bibel, verwendet er diese Gottesbezeichnung. Der Heilige Geist ist die Energie, mit der sich Gott den Unterdrückten, Misshandelten und Kranken zuwendet.

Die ganze Geburtsgeschichte Jesu steht bei Lukas gleichsam unter der Regie des Heiligen Geistes. Dieses ärmliche „Zur-Welt-kommen" Gottes war sein Werk, selbst die Zeugung Jesu; ob mit oder ohne Zuhilfenahme Josefs, das wird offen gelassen.

Jesus kann anfangen, öffentlich zu wirken, weil der Vater ihn mit seinem Geist erfüllt hat. So sagt er es in seiner Antrittspredigt in Nazareth:

Luk 4, 16 – 22

So kam Jesus auch nach Nazaret, wo er aufgewachsen war. Am Sabbat ging er wie immer in die Synagoge. Er stand auf, um aus den Heiligen Schriften vorzulesen, und der Synagogendiener reichte ihm die Buchrolle mit den Worten des Propheten Jesaja. Jesus rollte sie auf und wählte die Stelle aus, an der es heißt: »Der Geist des Herrn hat von mir Besitz ergriffen, weil der Herr mich gesalbt und bevollmächtigt hat. Er hat mich gesandt, den Armen gute Nachricht zu bringen, den Gefangenen zu verkünden, dass sie frei sein sollen, und den Blinden, dass sie sehen werden. Den Misshandelten soll ich die Freiheit bringen, und das Jahr ausrufen, in dem der Herr sich seinem Volk gnädig zuwendet.« Jesus rollte das Buch wieder zusammen, gab es dem Synagogendiener zurück und setzte sich. Alle in der Synagoge blickten gespannt auf ihn. Er begann und sagte: »Heute, da ihr dieses Prophetenwort aus meinem Mund hört, ist es unter euch in Erfüllung gegangen.« Alle spendeten seiner Rede Beifall und staunten über die Botschaft von Gottes rettender Gnade. Aber sie wunderten sich, so etwas aus seinem Mund zu hören, und sagten zueinander: »Ist das nicht der Sohn Josefs?«

Hier klingt an, was Lukas dann in seinen beiden Büchern entfaltet: Der Heilige Geist schafft die Kontinuität vom Volk Israel über die Zeit Jesu bis in die jetzige Situation der Kirche. Am Beginn der Apostelgeschichte spendet Jesus den Geist seinen Jüngern. Es ist derselbe Geist, den auch schon die Propheten Israels hatten, wenn sie sich wie Jesus für die „Armen, Gefangenen, Blinden und Misshandelten" einsetzten. Sein Geist soll die Gemeinde zu einem Ort in dieser Welt machen, wo jetzt schon nach den Spielregeln Gottes gespielt wird.

[3] Wir haben die Kirche – brauchen wir noch das Reich Gottes? Durch die lukanische Dreiteilung der Geschichte „Zeit Israels – Zeit Jesu – Zeit der Kirche" drängt sich der Verdacht auf, Lukas könnte der Ansicht sein, dass die Erfindung der Kirche gleichsam Gottes letzte schlaue Idee gewesen sei, dass danach nichts mehr kommt, schon gar keine Ewigkeit und kein Reich Gottes.

Dem ist, wie Sie sich denken können, nicht so. Aber dennoch findet eine ganz entscheidende, bis heute unsere Vorstellung prägende Veränderung statt: Das bisherige biblische Denken bis Paulus, Markus und Matthäus, war von der Apokalyptik geprägt. Man ging davon aus, dass Jesus bald wieder kommt und hier auf der Erde das Reich Gottes vollendet. Dieses Denken ist zeitlich bestimmt.

Lukas denkt räumlich: Neben dieser Wirklichkeit gibt es jetzt schon gleichzeitig das Reich Gottes, eine jenseitige, parallele Wirklichkeit. Natürlich glaubt Lukas auch, dass noch einmal alles ganz anders wird, wenn Jesus am Ende der Zeit wieder kommt. Nur ist dieser Zeitpunkt für ihn etwas in die Ferne gerückt. In der Zwischenzeit wird der Gedanke wichtiger, dass jetzt schon jeder einzelne beim Zeitpunkt seines Todes Zutritt in die parallele Wirklichkeit

Gottes findet. So kann Jesus zu einem der neben ihm gekreuzigten Verbrecher sagen: „Heute wirst du mit mir im Paradies sein" (Lk 23, 43). Sehr schön kommt das auch in den Dialogen in der Lazarus-Geschichte zum Ausdruck; da läuft praktisch jetzt schon im Himmel, mit Menschen, die einmal auf der Erde gelebt haben, ein ganz anderer Film ab. Auch dem reichen Kornbauern wird „in dieser Nacht" die jenseitige Parallelwelt plötzlich zum Aufenthaltsort, an den er seine Scheune nicht wird mitnehmen können.

So sehr das unseren heutigen religiösen Vorstellungen entspricht, so neu war diese Jenseitsvorstellung für die Zeit des Lukas. Sie entwickelte sich unter dem Eindruck, dass die Wiederkunft Jesu sich offensichtlich leicht verzögerte. Das Jenseits des Lukas war allerdings nicht, wie oft in unserer Vorstellung, ein kraftloses, belangloses Jenseits. Es ist bei Lukas der Ort, wo die Entscheidungen für die Ewigkeit fallen, dort spielt die eigentliche Handlung, und wir wären gut beraten, jetzt schon nach der Regie des Hauptfilms zu leben. Wir sollen, sagt Jesus in Lukas 10, 20, so leben, dass jetzt schon unsere Namen bei Gott aufgeschrieben werden. Und in der Lazarus-Geschichte spürt man förmlich den Wunsch, dass mal einer aus dem Jenseits käme und uns aufklärt, worum es wirklich geht.

„Metanoia", Umkehr aus materiellen Wertvorstellungen zu den Werten, die ewig zählen, nirgends wird der Begriff der Umkehr so häufig gebraucht wie bei Lukas (Luk 12, 33 – 34):

Luk 12, 33 – 34

»Verkauft euren Besitz und schenkt das Geld den Armen! Verschafft euch Geldbeutel, die kein Loch bekommen, und sammelt Reichtümer bei Gott, die euch nicht zwischen den Fingern zerrinnen und nicht von Dieben gestohlen und von Motten zerfressen werden. Denn euer Herz wird immer dort sein, wo ihr eure Schätze habt.«

Umkehr bedeutet, loszulassen, herzuschenken, alles, worauf man stolz ist, an was man sich klammert: Geld, Frömmigkeit, Zeit. Umkehr heißt, sich die Herzensfrage stellen: Wo will ich eigentlich, dass mein Herz ist – und warum ist es dann ganz woanders? „Wo mein Schatz ist, da ist mein Herz", die Entscheidung der Umkehr fällt im Alltag, erschreckend einfach und praktisch (Luk 16, 9):

Luk 16, 9

»Ich sage euch«, forderte Jesus seine Jünger auf, »nutzt das leidige Geld dazu, durch Wohltaten Freunde zu gewinnen. Wenn es mit euch und eurem Geld zu Ende geht, werden sie euch in der neuen Welt Gottes in ihre Wohnungen aufnehmen.«

Bringe ich Reicher es übers Herz, mein Herz an die Armen zu verlieren, wird es jetzt und in Ewigkeit auf beiden Seiten nur Gewinner geben. Das Einzige, was angesichts dieser Ewigkeit auf der Strecke bleibt, sind der Geiz reicher Kornbauern, die Selbstgerechtigkeit des älteren Sohns und die Gleichgültigkeit von Menschen, die an Schwerverletzten vorbeigehen. Geizig, selbstgerecht oder gleichgültig zu sein, sind nach dem Lukasevangelium die drei Todsünden.

Die Glaubens-Vorstellung des Lukas, dass jetzt schon, parallel zu dieser Welt, eine Ewigkeit da ist, die ganz stark in unser Leben hineinwirkt, hat neben der Umkehr noch eine weitere, kostbare Glaubensfrucht hervorgebracht: Das Gebet. Das Gebet ist das intensive Gespräch mit dem aus der Ewigkeit in mein Leben hineinsprechenden Vater. Schon Jesus hat so gebetet, bei Lukas tut er es vor allen großen Entscheidungen, viel häufiger als in den anderen Evangelien. Sogar am Kreuz betet Jesus noch zweimal. „Vater vergib ihnen, denn sie wissen nicht, was sie tun" und ganz am Schluss: „Vater, in deine Hände lege ich meinen Geist".

Lukas` Vorstellung von Ewigkeit aufnehmend, könnte man sagen: Gott ist ein Gebet weit von dir entfernt. Durch das tägliche, Lukas sagt: das anhaltende Gebet, geschehen zwei Dinge: 1. Wir bleiben mit Gott verbunden und 2. Gott kann durch uns wirken, Dinge tun, die wir Menschen alleine doch gar nicht hinbekommen hätten.

Das Gebet der Menschen ist für Lukas die Chance für Gott, in dieser Welt zu wirken. So souverän Gott ist, er bindet sich mit seinem Handeln an das Gebet der Menschen, eine fast unheimliche Vorstellung. Unheimlich jedenfalls, wenn die Menschen nachlassen oder gar aufhören würden zu beten.

Luk 18, 1 – 8

Mit einem Gleichnis zeigte Jesus seinen Jüngern, den Männern und Frauen, dass sie immer beten müssen und darin nicht nachlassen dürfen. Er erzählte: »In einer Stadt lebte ein Richter, der nicht nach Gott fragte und alle Menschen verachtete. In der gleichen Stadt lebte auch eine Witwe. Sie kam immer wieder zu ihm gelaufen und bat ihn: ‚Verhilf mir zu meinem Recht!' Lange Zeit wollte der Richter nicht, doch schließlich sagte er sich: ‚Es ist mir zwar völlig gleichgültig, was Gott und Menschen von mir halten; aber weil die Frau mir lästig wird, will ich dafür sorgen, dass sie ihr Recht bekommt. Sonst kratzt sie mir noch die Augen aus.'« Und der Herr fuhr fort: »Habt ihr gehört, was dieser korrupte Richter sagt? Wird dann nicht Gott erst recht seinen Erwählten zu ihrem Recht verhelfen, wenn sie Tag und Nacht zu ihm schreien? Wird er sie etwa lange warten lassen? Ich sage euch: Er wird ihnen sehr schnell ihr Recht verschaffen. Aber wird der Menschensohn, wenn er kommt, auf der Erde überhaupt noch Menschen finden, die in Treue auf ihn warten?«

Durch drei Dinge hat Lukas vor allem gewirkt:

» Während Matthäus das Evangelium kritischer Außenseiter, wie Franz von Assisi und Dietrich Bonhoeffer, wurde, ist Lukas das Evangelium verantwortlicher christlicher Sozialpolitiker. Man legt sich nicht grundsätzlich mit dem Staat an, aber versucht, das Beste für die Benachteiligten der Gesellschaft herauszuholen. Und wenn der Zöllner Zachäus wenigstens schon mal die Hälfte seines ergaunerten Besitzes den Armen gibt (Lk 18, 8), ist das immerhin auch etwas. Wir hatten gesehen: Lukas hat ziemlich klare Vorstellungen davon, was Jesu Meinung zu Macht und Besitz, Geld und Gewalt war. Aber wenn es darum geht, im Alltagsbetrieb ein Ziel zu erreichen, ist für Lukas auch ein Kompromiss vorstellbar.

» In seinen Gebeten und Lobgesängen hat er die Liturgie der Kirche, die Stundengebete der Mönche bis zum politischen Nachtgebet von Dorothee Sölle, geprägt. Auch den großen liturgischen Rahmen, das Kirchenjahr, hat letztlich er geschaffen. Weihnachten ohne Lukasevangelium bliebe undenkbar, seine Ostergeschichten machen aus der Auferstehung erst eine Sache, die man erzählen und so auch feiern kann, von Himmelfahrt und Pfingsten wird sonst in der Bibel überhaupt nicht berichtet. Lukas ist aufgrund seiner vielen, sehr eindrücklichen Geschichten das biblische Buch, welches das Predigen, das Reden über Gott bis in den Kindergottesdienst, am stärksten geprägt hat. Kaum eine Gemeinde, in der man nicht irgendwo einmal die Weihnachtsgeschichte gehört hat, die den barmherzigen Samariter, den verlorenen Sohn oder Zachäus nicht kennt, um nur ein paar der wunderbaren Geschichten zu nennen, die wir nur durch Lukas kennen, Geschichten, die man versteht, auch wenn sie nicht ausgelegt und erklärt werden.

» Lukas hat am stärksten die Erinnerung bewahrt, dass die Sache Jesu von Anfang an vor allem auch eine Sache der Frauen war. Maria nimmt in ihrem Lobgesang das Programm Jesu schon vorweg. Denn sie war es ja schließlich – Gottes Sohn hin oder her – die ihn durch ihre Erziehung geprägt hat. Lukas spricht als Einziger explizit von Jüngerinnen und nennt sie, wie Maria und Marta, sogar beim Namen. Gerade in dieser Geschichte aus Lukas 10, 38-42 treten die Frauen auch aus der Rolle derer heraus, die Jesus nur mit Essen versorgen und ständig mit irgendwelchen Salben einreiben. Die Frau, sagt Jesus, die auf Augenhöhe mit dem Gottessohn diskutiert, hat das Bessere erwählt. Kontrastreich wie kein anderer Evangelist schildert Lukas in der Szene am leeren Grab dann den Unterschied zwischen den Jüngern, die Jesus verlassen und verraten hatten und die Auferstehung nicht nur verpassen, sondern sie nicht einmal kapieren, als sie ihnen von den Frauen erklärt wird, und den Frauen, die Jesus bis zum Schluss zur Seite gestanden haben und wissen, wie es weitergeht – aber kein Mann hört ihnen zu (Luk 24, 1-12):

Luk 24, 1 – 12

Am Sonntagmorgen dann, in aller Frühe, nahmen die Frauen die wohlriechenden Öle, die sie sich beschafft hatten, und gingen zum Grab. Da sahen sie, dass der Stein vom Grabeingang weggerollt war. Sie gingen hinein, doch der Leichnam von Jesus, dem Herrn, war nicht mehr da. Während sie noch ratlos dastanden, traten plötzlich zwei Männer in strahlend hellem Gewand zu ihnen. Die Frauen fürchteten sich und wagten sie nicht anzusehen; sie blickten zu Boden. Die beiden sagten zu ihnen: »Was sucht ihr den Lebenden bei den Toten? Er ist nicht hier; Gott hat ihn vom Tod auferweckt! Erinnert euch an das, was er euch schon in Galiläa gesagt hat: ‚Der Menschensohn muss den Menschen, den Sündern, ausgeliefert und ans Kreuz genagelt werden und am dritten Tag vom Tod auferstehen.'« Da erinnerten sich die Frauen an seine Worte. Sie verließen das Grab und gingen zu den Elf und allen Übrigen, die bei ihnen waren, und berichteten ihnen alles. Es waren Maria aus Magdala und Johanna und Maria, die Mutter von Jakobus, sowie die anderen Frauen, die mit ihnen am Grab gewesen waren. Als die Frauen den Aposteln sagten, was sie erlebt hatten, hielten die es für leeres Gerede und wollten ihnen nicht glauben. Nur Petrus stand auf und lief zum Grab. Er schaute hinein und sah dort nichts als die Leinenbinden liegen. Darauf ging er wieder zurück und fragte sich verwundert, was da wohl geschehen war.

Weiterdenken

Bitte lesen Sie die folgenden Bibeltexte:

Luk 2, 1 – 2
Luk 1, 1 – 4
Luk 1, 46 – 56
Luk 12, 16 – 21
Luk 16, 19 – 31
Luk 10, 29 – 37
Luk 6, 24 – 26
Apostelg 2, 44 – 45
Luk 6, 20 – 21
Luk 19, 1 – 10
Luk 4, 16 – 22
Luk 12, 33 – 34
Luk 16, 9
Luk 18, 1 – 8 (nochmal 18, 1)
Luk 24, 1 – 12

1. Schlagen Sie die Bibel zu und versuchen Sie, einen der Texte mit eigenen Worten wiederzugeben!
2. Schlagen Sie die Bibel wieder auf und notieren Sie, was Ihnen sofort einleuchtet.
3. Notieren Sie jetzt, was Ihnen unverständlich ist.
4. Gibt es einen Satz oder Gedanken, der Sie ärgert, provoziert, den Sie am liebsten streichen würden? Warum? Was wäre, wenn dieser Satz oder Gedanke fehlt?
5. Was an dem Text dagegen ist schön?

6. Stilleübung: Schließen Sie die Augen und stellen Sie sich irgendeinen Menschen vor. Erklären Sie ihm, was der Text bedeutet: Damals, als er entstanden ist, und heute.

meine Notizen

8.5 Johannes – oder: Aus Liebe sendet der Vater den Sohn

8.5.1 Ein anderes Evangelium

Johannes wird nicht zu den Synoptikern, den Zusammenschauenden, gezählt. Er hat eine eigene Sicht der Dinge. Der Aufbau seines Buches, Sprachstil und Lebenseinstellung, vor allem aber seine Art, an Jesus Christus zu glauben, unterscheiden sich deutlich von den Synoptikern. Ich möchte hier nur ein paar Beispiele für diese Unterschiede nennen.

Das Buch hat zunächst einen ganz anderen Aufbau. Während Markus mit der Taufe des erwachsenen Jesus beginnt, Lukas und Matthäus je eine Geburtsgeschichte vorschalten, beginnt bei Johannes die Geschichte Jesu, bevor überhaupt die Welt geschaffen wurde (Joh 1, 1 – 5):

Joh 1, 1 – 5

Am Anfang war das Wort. Das Wort war bei Gott, und in allem war es Gott gleich. Von Anfang an war es bei Gott. Alles wurde durch das Wort geschaffen; und ohne das Wort ist nichts entstanden. In ihm war das Leben, und dieses Leben war das Licht für die Menschen. Das Licht strahlt in der Dunkelheit, aber die Dunkelheit hat sich ihm verschlossen.

Dieser sogenannte Prolog gibt auch gleich einen guten Einblick in die ganz andere, fast schon entrückte, Sprache des Johannes.

Dann folgen in einem ersten Teil bis Kapitel 12 Geschichten über Jesus, die grundsätzlich – bis auf den Sprachstil – auch bei den Synoptikern zu finden sind oder zumindest dort hätten stehen können. Auffällig ist nur, dass Jesus bei Johannes insgesamt dreimal nach Jerusalem reist. Das Konzept des Markus, das Leben Jesu als einen einzigen Weg nach Jerusalem, d.h. ans Kreuz, darzustellen, ist aufgegeben. Welches Verständnis historisch korrekt ist, wurde gerade in letzter Zeit wieder kontrovers diskutiert.

Nun folgt mit den Kapiteln 13-17 ein sehr langer zweiter Teil, den so nur Johannes hat und schreiben konnte. Er besteht ausschließlich aus langen Reden Jesu an die Jünger. Wo das Ganze spielt, bleibt offen. Diese Reden sind im Unterschied etwa zur Bergpredigt des Matthäus keine knappen, klar gegliederten ethischen Handlungsanweisungen. Es handelt sich um groß angelegte Reden in geheimnisvoller, bisweilen schwer verständlicher Sprache über ganz grundsätzliche Zusammenhänge. Ein paar dieser Reden hatten schon im ersten Teil bisweilen die Handlung unterbrochen.

Auch das Johannesevangelium schließt mit der Passionsgeschichte. Durch ein paar entscheidende Veränderungen bekommt sie jedoch ein völlig neues, eigenständiges Profil. Die Szene im Garten Getsemani, wo Jesus verzweifelt bittet, der Vater möge ihn doch verschonen („lass diesen Kelch an mir vorüber gehen"), findet sich nicht bei Johannes. Das Verhör, insbesondere mit Pilatus, hat eher den Charakter einer theologischen Diskussion („Was ist Wahrheit?", fragt Pilatus). Ein Simon von Zyrene, der das Kreuz trägt, wird nicht erwähnt, Jesus trägt es selbst. Am Kreuz wird Jesus nicht verspottet, sondern gibt einem seiner Jünger die Anweisung, sich um seine Mutter zu kümmern. Die letzten Worte sind nicht voll fragender Anklage („mein Gott, warum hast du mich verlassen?"), sondern ein starkes und selbstbewusstes „Es ist vollbracht!".

Jesus stirbt hier nicht als von Gott verlassener Besiegter, sondern als Vollbringer, als verborgener, hoheitlicher König. Die Schmerzen, die er dabei erleidet, und der Tod sind echt. Aber man ahnt beim Lesen: Dieses Kreuz wird wie eine Leiter in den Himmel führen und Jesus dorthin zurückbringen, wo er, wie im Prolog besungen, von Anbeginn der Zeiten war.

Johannes schreibt ein einfaches Griechisch, das im Satzbau eher der hebräischen Sprache entspricht und relativ ungetrübt ist von den Regeln der griechischen Grammatik. Weil er auch aramäische Worte verwendet, genaue Kenntnisse palästinensischer Geographie und jüdischer Kultordnung hat, nimmt man an, dass er Judenchrist ist, der vielleicht sein Evangelium ursprünglich auf hebräisch oder aramäisch geschrieben hatte. Ich habe einmal eine Rückübersetzung des Johannesevangeliums ins Hebräische gelesen, das las sich wie ein alttestamentliches Buch.

Auffällig viele Zitate aus den Psalmen und Jesaja zeigen, wie wichtig es für Johannes ist, darzustellen, dass Jesus eigentlich der Messias war, auf den Israel gewartet hat. Auch seine Sprachformen wie die berühmten „Ich bin..." Worte sowie die Bilder von Hirt und Herde, vom Weinstock, und viele mehr, sind alttestamentlich.

Die Themen, die ihn beschäftigen, insbesondere die sogenannte Gnosis, zu der später noch mehr zu sagen sein wird, lassen als Abfassungsort eher auf eine größere Stadt im kleinasiatischen Raum schließen. Ephesus, an der Westküste der heutigen Türkei, würde gut passen, in dieser Stadt schien es mit den Johannes-Briefen und der Johannes-Apokalypse so etwas wie eine johanneische Tradition gegeben zu haben. In Ephesus gab es bis ins 2. Jahrhundert auch eine Gemeinde Johannes des Täufers – mit den Täufer-Jüngern setzt sich das Evangelium ebenfalls am intensivsten auseinander. Schließlich ordnen bereits Kirchenväter wie Polykarp und Irenäus, die kurz nach der Abfassung des Johannesevangeliums gelebt haben, diese in Ephesus ein.

Die Gemeinde des Johannes scheint bereits aus der jüdischen Synagoge ausgeschlossen zu sein, mit den Juden gibt es in seinem Evangelium die heftigsten Auseinandersetzungen. Johannes steht – wie gesagt – noch ganz in jüdischer Tradition und Sprache, aber er erklärt auffällig oft jüdische Bräuche, übersetzt hebräische Begriffe. Wir nehmen daher an, dass seine Gemeinde sich eher aus Menschen anderer Völker zusammensetzte, denen das erklärt werden musste. Historische Anspielungen lassen ca. auf das Jahr 100 als Abfassungszeit schließen.

8.5.2 Exkurs: Was ist Gnosis?

Bevor wir uns der Botschaft des Johannes zuwenden, müssen wir eine Frage klären. Sonst würden wir Johannes nicht richtig, manche sagen: überhaupt nicht, verstehen.

Es geht darum, wenigstens in ein paar Sätzen zu klären, was diese „Gnosis" eigentlich ist, von der schon so oft die Rede war.

Die Gnosis entstand aus einer Krise der Religionen, ungefähr zeitgleich mit dem Christentum. Eine Art antike Globalisierung durch das römische Reich hatte Menschen entwurzelt und heimatlos gemacht, alte Kulturen, Traditionen und Religionen zerstört. Aus einem Gemisch verschiedener Religionen, unter starkem Einfluss orientalischer Elemente, entstand eine neue Art von Religion, eine Art Überreligion. Sie bediente sich der Elemente aus den verschiedenen Religionen, setzte sie wie Bausteine neu zusammen zu einem Konzept, das mit den Ursprungsreligionen kaum noch etwas zu tun hatte. Die Gnosis spricht noch von Zeus und Abraham, von Jupiter und Jesus – aber nimmt die Namen nur noch gleichsam als Symbole, als Metaphern für das eigene Konzept.

Wie sah das Konzept aus? Ganz kurz so: Es gibt in einigen radikalen Strömungen der Gnosis einen bösen Gott, den Demiurgen, der hat die schlechte materielle Welt geschaffen. Mit unseren oft kranken, sündigen Körpern sind wir Teil dieser schlechten materiellen Welt. Und dann gibt es einen guten Gott, der sendet einen Boten, einen Erlöser, einen Lichtträger in diese Welt. Der soll uns erlösen von allem Materiellen. In uns ist Gott sei Dank noch ein kleiner Rest Gutes, ein Lichtfunke – gefangen aber in diesem schlechten Körper. Die Aufgabe des Erlösers ist es nun, den Lichtfunken, das rein Geistige, aus dem Leiblich-Natürlichen zu befreien, herauszulösen. Denn die Natur ist schlecht. Rettung gibt es nur im Übernatürlichen, Übersinnlichen. Deswegen will sich der Erlöser irgendwann wieder von dieser Erde erheben und alle Lichtseelen, alle Erleuchteten, mitnehmen in seine geistliche Welt.

Sie haben sicher zwei Dinge bemerkt, während ich das kurz dargestellt habe:

[1] Man müsste am Christentum wenig ändern, um aus ihm ein gnostisches Christentum zu machen. Deswegen gab es zu allen Zeiten, und auch heute, so ein gnostisches Christentum. Es hat folgende Kennzeichen:

- Es ist leibfeindlich, hat gerade mit Sexualität ein Riesenproblem
- Weil es den Schöpfergott als schlecht einstuft, ist es antijüdisch, lehnt Israel und das Alte Testament ab, nimmt es höchstens ganz symbolisch
- Es erwartet Erlösung nur im Übernatürlichen und hat deswegen an der Natur, an allem Irdischen, wie etwa Politik, kein Interesse mehr
- Jesus darf kein richtiger Mensch gewesen sein, der gnostische Jesus ist eine Lichtgestalt, die immer 7 cm über dem Boden schwebt.

Beobachtung: In der Esoterik erlebt die Gnosis gerade ein Riesen-Comeback, als Phänomen an sich – aber auch mit Einfluss auf das Christentum. [2]

Johannes hat sich mit dem Phänomen der Gnosis am intensivsten auseinandergesetzt, ist ihr dabei sehr nahe gekommen. Manche sagen: zu nahe. Andere sagen: Er musste der Gnosis so nahe kommen, um eine Sprache zu finden, die der Gnostiker überhaupt versteht.

Wir werden jetzt also sehr genau hinhören müssen und uns fragen: Hat Johannes eine Antwort auf die Gnosis gefunden? Oder ist er bei seinem Rettungsversuch selber im Strudel gnostischer Spekulationen ertrunken?

Gott als Einheit von Vater und Sohn 8.5.3

Konsens im Neuen Testament ist: Jesus Christus ist wahrer Mensch und wahrer Gott. Bei Johannes ist er auf den ersten Blick am stärksten „wahrer Gott". Jesus ist eins mit dem Vater, er ist das wahre Licht der Menschen. Von Anbeginn der Zeit ist Jesus da, beim Vater. Durch Jesus ist zu erkennen, wer Gott ist, in Jesus ist der Vater gegenwärtig. Jesus sagt in Joh 10 Sätze wie: „Der Vater lebt in mir wie ich im Vater lebe." Oder: „Ich und der Vater sind eins." Und: „Ich kenne den Vater und er kennt mich."

Diesen Sohn hat der Vater in die Welt gesandt. Das Programm ist in Joh 3, 16 – 21 beschrieben.

Joh 3, 16 – 21

Gott hat die Menschen so sehr geliebt, dass er seinen einzigen Sohn hergab. Nun werden alle, die sich auf den Sohn Gottes verlassen, nicht zugrunde gehen, sondern ewig leben. Gott sandte den Sohn nicht in die Welt, um die Menschen zu verurteilen, sondern um sie zu retten. Wer sich an den Sohn Gottes hält, wird nicht verurteilt. Wer sich aber nicht an ihn hält, ist schon verurteilt, weil er Gottes einzigen Sohn nicht angenommen hat. So geschieht die Verurteilung: Das Licht ist in die Welt gekommen, aber die Menschen liebten die Dunkelheit mehr als das Licht; denn ihre Taten waren schlecht. Jeder, der Böses tut, hasst das Licht und bleibt im Dunkeln, damit seine schlechten Taten nicht offenbar werden. Aber wer der Wahrheit gehorcht, kommt zum Licht; denn das Licht macht offenbar, dass er mit seinen Taten Gott gehorsam war.

Wir hören zwei Dinge: Die Nähe zum gnostischen Denken. Und den entscheidenden Unterschied – Gott handelt aus Liebe zur Welt und zu den Menschen. Es gibt keine Welt, die an sich böse ist, und der ganze Mensch ist angesprochen, nicht etwas Geistiges in ihm. Es geht in gut biblischem Sinn auch um den Leib, das konkrete Leben: dass man etwa auch mit seinen äußeren Taten den Geboten Gottes gehorsam war und ist.

Es gibt auch kein böses göttliches Prinzip. Gott ist die Liebe und sonst nichts, so heißt es später in den Johannesbriefen. Das Böse ist in die Entscheidung der Menschen hineinverlagert: Ich wähle das Böse, wenn ich mich von der Liebe Gottes abwende, die er mir in Jesus schenken wollte.

Was der Vater uns im Sohn schenken wollte, sagt Jesus in den berühmten „Ich-bin-Worten". Auch in diesen Hoheitstiteln besteht eine Nähe zu gnostischen Erlösergestalten, doch während jene sagen: „Ich bin das ewige Licht, das göttlich Reine, usw.", sagt Jesus ganz handfest bei Johannes: „Ich bin das Brot des Lebens, der gute Hirte, der wahre Weinstock, usw." und entfaltet in den anschließenden Reden, wie konkret irdisch und hilfreich er für seine Leute sein will.

So ist es auch mit den Wundern, die Jesus bei Johannes tut. In ihrer Schilderung ist eine intensive, herzliche Zuneigung Jesu zu den Menschen in Not zu spüren. Sie sind viel ausführlicher und persönlicher gestaltet, manchmal auch etwas drastischer. Johannes nennt die Wunder „Zeichen", und als Zeichen für etwas werden sie dann bei ihm gedeutet: Die Heilung eines Blindgeborenen mündet in Gespräche und Reden der Blindheit im übertragenen Sinn, von Menschen, die Gott nicht sehen können oder wollen, insbesondere den Pharisäern. Das Wunder der Brotvermehrung geht über in die Brotrede. Hören wir einen kleinen Ausschnitt dieser sehr langen und grundsätzlichen Rede in Joh 6, 26 – 40. 47 – 51:

Joh 6, 26 – 40. 47 – 51

Jesus antwortete: »Amen, ich versichere euch: Ihr sucht mich nicht, weil ihr meine Wunder als Zeichen verstanden habt, sondern weil ihr von dem Brot gegessen habt und satt geworden seid. Bemüht euch nicht um vergängliche Nahrung, sondern um wirkliche Nahrung, die für das ewige Leben vorhält. Diese Nahrung wird euch der Menschensohn geben, denn ihn hat Gott, der Vater, als seinen Gesandten bestätigt.« Da fragten sie ihn: »Was müssen wir denn tun, um Gottes Willen zu erfüllen?« Jesus antwortete: »Gott verlangt nur eins von euch: Ihr sollt den anerkennen, den er gesandt hat.« Sie erwiderten: »Gib uns einen Beweis für deine Bevollmächtigung! Lass uns ein eindeutiges Wunderzeichen sehen, damit wir dir glauben. Unsere Vorfahren aßen das Manna in der Wüste. In den Heiligen Schriften heißt es von Mose: ‚Er gab ihnen Brot vom Himmel zu essen.'« Jesus entgegnete: »Amen, ich versichere euch: Nicht Mose hat euch das Brot vom Himmel gegeben, sondern mein Vater gibt euch das wahre Brot vom Himmel. Das wahre Brot Gottes ist das, das vom Himmel herabsteigt und der Welt das Leben gibt.« »Herr«, sagten sie, »gib uns immer von diesem Brot!« »Ich bin das Brot, das Leben schenkt«, sagte Jesus zu ihnen. »Wer zu mir kommt, wird nie mehr hungrig sein. Wer sich an mich hält, wird keinen Durst mehr haben. Aber ich habe es euch bereits gesagt: Obwohl ihr meine Taten gesehen habt, schenkt ihr mir keinen Glauben. Alle, die mein Vater mir gibt, werden zu mir kommen, und niemand, der zu mir kommt, wird von mir abgewiesen. Ich bin vom Himmel gekommen, nicht um zu tun, was ich will, sondern um zu tun, was der will, der mich gesandt hat. Und er will von mir, dass ich niemand von denen verliere, die er mir gegeben hat. Vielmehr soll ich sie alle am letzten Tag zum Leben erwecken. Mein Vater will, dass alle, die den Sohn sehen und sich an ihn halten, ewig leben. Ich werde sie am letzten Tag vom Tod auferwecken.« [...] Amen, ich versichere euch: Wer sich an mich hält, hat das ewige Leben. Ich bin das Brot, das Leben schenkt. Eure Vorfahren aßen das Manna in der Wüste und sind trotzdem gestorben. Hier aber ist das Brot, das vom Himmel herabkommt, damit, wer davon isst, nicht stirbt. Ich bin das lebendige Brot, das vom Himmel gekommen ist. Wer von diesem Brot isst, wird ewig leben. Das Brot, das ich geben werde, ist mein Leib. Ich gebe ihn hin, damit die Menschen zum Leben gelangen können.«

Am interessantesten ist der Umbruch in Kapitel 11: Die Auferweckung des gestorbenen und schon verwesenden Freundes Lazarus führt zum Beschluss, dass Jesus sterben muss, durch den Hohen Rat. Kaiaphas, der oberste Priester, spricht das schrecklich doppeldeutige Wort: „Seht ihr nicht, dass es günstiger für euch ist, wenn einer für alle stirbt, als wenn das ganze Volk stirbt?“

Was schon in der Brotrede anklang, sprechen hier die Gegner Jesu aus: Jesus wird für die Menschen sterben, er ist, so sagt es Johannes und so wird es später zum zentralen Begriff der Johannes-Apokalypse, das Lamm Gottes, das für die Sünde der Welt geopfert wird. Hier fließen alttestamentliche Bilder und Gedanken in die Botschaft des Judenchristen Johannes. Er will sagen: Was in der Welt kaputt und böse ist, das bringt Gott in Ordnung, indem er diesen Schmerz auf sich nimmt, in seinem Sohn heraus trägt aus unserem Leben. Unsere Bosheit verursacht bei anderen Elend und Tod. Der vom Vater gesandte Sohn nimmt das auf sich, stellvertretend, damit nicht andere leiden müssen.

Bei den Synoptikern war der Tod Jesu ein Ereignis, das trotz aller Vorahnung dann doch überraschend kam und mit dem der manchmal sogar selbst verzweifelte Jesus und die verwirrten Jünger irgendwie fertig werden mussten. Bei Johannes treibt Jesus das Geschehen als aktiv Handelnder voran. Er geht nicht als Gedemütigter ans Kreuz, er schleppt es selbst nach Golgatha, er ist letztlich schon am Kreuz der Sieger eines Kampfes gegen den Tod, der Sohn, der zum Vater zurückkehrt.

Kaiaphas muss in seiner Wut über Jesus letztlich eine theologische Wahrheit aussprechen: Es ist gut, wenn Jesus für die Menschen stirbt. Hören wir mal ganz kurz in den Prozess in Joh 19, 8 – 11a hinein, wie Jesus mit Pilatus diskutiert:

Joh 19, 8 – 11a

Als Pilatus das hörte, bekam er noch mehr Angst. Er ging in den Palast zurück und fragte Jesus: »Woher kommst du?« Aber Jesus antwortete ihm nicht. Pilatus sagte zu ihm: »Willst du nicht mit mir reden? Vergiss nicht, dass ich die Macht habe, dich freizugeben, aber auch die Macht, dich ans Kreuz zu bringen!« Jesus antwortete: »Du hättest keine Macht über mich, wenn Gott es nicht zugelassen hätte.

In einer seiner Abschiedsreden hatte Jesus den Jüngern seine Hinrichtung als Verherrlichung angekündigt, ein beim ersten Hören krasser Gedanke. Aber Jesus will letztlich klar machen, wie hilflos die Mörder dastehen, wenn da einer einen großen Plan hat und lächelnd sagt: „You can't kill a dead man." Bei Johannes hört sich dieser Gedanke in Joh 17, 1 – 5 so an:

Joh 17, 1 – 5

Als Jesus diese Rede beendet hatte, blickte er zum Himmel auf und sagte: »Vater, die Stunde ist gekommen! Setze deinen Sohn in seine Herrlichkeit ein, damit der Sohn deine Herrlichkeit offenbar machen kann. Du hast ihm ja die Macht über alle Menschen gegeben, damit er denen, die du ihm anvertraut hast, ewiges Leben schenkt. Und das ewige Leben besteht darin, dich zu erkennen, den einzig wahren Gott, und den, den du gesandt hast, Jesus Christus. Ich habe deine Herrlichkeit auf der Erde sichtbar gemacht; denn ich habe die Aufgabe erfüllt, die du mir übertragen hast. Vater, gib mir nun wieder die Herrlichkeit, die ich schon bei dir hatte, bevor die Welt geschaffen wurde!

Kann so ein Siegertyp noch Schmerzen empfinden? Johannes legt Wert darauf, dass Glaubensgewissheit nicht zu Schmerzunempfindlichkeit führt. Wie in den Wundergeschichten, so ist Johannes auch in der Passionsgeschichte sehr konkret, was das Leiden betrifft; manchmal fast drastisch. Es ist ein Mensch, der da leidet, es ist echtes Blut, viel Blut ist es bei Johannes, das vergossen wird vom Menschen Jesus. Und wieder ist es der Gegner, Pilatus, der es aussprechen muss: „Seht doch mal, das ist ein Mensch, den wir da quälen", dieses berühmt gewordene „Ecce homo!".

Mensch war Jesus bei Johannes von Anfang an. In merkwürdigem Kontrast zu dem Prolog, der Jesu Herkunft aus der Zeit vor aller Zeit beschreibt, wird Jesu Start hier auf der Erde so nüchtern beschrieben, wie in keinem Evangelium. Er ist, wie mehrfach gesagt wird, einfach dieser Junge aus Nazareth, „die Herkunft dieses Mannes kennt doch nun wirklich jeder", heißt es einmal fast verächtlich (Joh 7, 27). Und eindeutig wie sonst nie wird daran festgehalten: Josef, der Zimmermann, das ist der leibliche Vater.

Und so setzt Johannes seinen ziemlich himmlischen Prolog ganz irdisch in Joh 1, 14 fort:

Joh 1, 14

Er, das Wort, wurde ein Mensch, ein wirklicher Mensch von Fleisch und Blut. Er lebte unter uns, und wir sahen seine Macht und Hoheit, die göttliche Hoheit, die ihm der Vater gegeben hat, ihm, seinem einzigen Sohn. Gottes ganze Güte und Treue ist uns in ihm begegnet.

Der Sohn holt die Menschen hinein in seine Einheit mit dem Vater 8.5.4

Das Johannes-Evangelium zeichnet eine große Bewegung nach: Der Sohn ist vom Vater gesandt in diese Welt und kehrt zu ihm zurück. Das wird manchmal fast wie ein kosmisches Geschehen gezeichnet. Ziel aber dieser Bewegung ist, die Menschen, die es wollen, hinein in diese Einheit zu holen. „In meines Vaters Haus sind viele Wohnungen. Ich gehe schon mal vor", sagt Jesus, „und mache das da oben für euch klar".

Diese gleichsam himmlische Einheit ist schon jetzt spürbar, in der Gemeinde, in der Liebe zueinander. „Liebe" ist (nach „Vater" und „Sohn" natürlich) das häufigste Wort im Johannes-Evangelium. Die Liebe untereinander korrespondiert mit dem Hass der Welt; seit den 80er Jahren hatten unter Domitian die ersten Christenverfolgungen begonnen. Im kleinasiatischen Raum waren sie besonders grausam, wie die ebenfalls in dieser Gegend geschriebene Johannes-Offenbarung zeigt. Seiner verschreckten Gemeinde antwortet Jesus im Johannes-Evangelium: „In der Welt habt ihr Angst. Aber seid getrost, ich habe diese Welt überwunden".

Die Liebe untereinander bekommt ihre Kraft daher, dass die Gemeinde die Verbindung zu Jesus hält. Gott, der Vater, hat wie ein Weinbauer den Weinstock seinen Sohn in die Erde gepflanzt, damit wir, die Reben, den Anschluss an unsere wahre Kraftquelle finden und halten und Liebe möglich wird:

Joh 15, 5 – 17

Ich bin der Weinstock und ihr seid die Reben. Wer mit mir verbunden bleibt, so wie ich mit ihm bringt reiche Frucht. Denn ohne mich könnt ihr nichts ausrichten. Wer nicht mit mir vereint bleibt, wird wie eine abgeschnittene Rebe fortgeworfen und vertrocknet. Solche Reben werden gesammelt und ins Feuer geworfen, wo sie verbrennen. Wenn ihr mit mir vereint bleibt und meine Worte in euch lebendig sind, könnt ihr den Vater um alles bitten, was ihr wollt, und ihr werdet es bekommen. Die Herrlichkeit meines Vaters wird ja dadurch sichtbar, dass ihr reiche Frucht bringt und euch so als meine Jünger erweist. So wie der Vater mich liebt, habe ich euch meine Liebe erwiesen. Bleibt in dieser Liebe! Wenn ihr meine Gebote befolgt, dann bleibt ihr in meiner Liebe, so wie ich die Gebote meines Vaters befolgt habe und in seiner Liebe bleibe. Ich habe euch dies gesagt, damit meine Freude euch erfüllt und an eurer Freude nichts mehr fehlt. Dies ist mein Gebot: Ihr sollt einander so lieben, wie ich euch geliebt habe. Niemand liebt mehr als einer, der sein Leben für seine Freunde opfert. Ihr seid meine Freunde, wenn ihr mein Gebot befolgt. Ich nenne euch nicht mehr Diener; denn ein Diener weiß nicht, was sein Herr tut. Vielmehr nenne ich euch Freunde; denn ich habe euch alles gesagt, was ich von meinem Vater gehört habe. Nicht ihr habt mich erwählt, sondern ich habe euch erwählt. Ich habe euch dazu bestimmt, reiche Frucht zu bringen, Frucht, die Bestand hat. Darum gilt auch: Alles, was ihr vom Vater in meinem Namen, unter Berufung auf mich, erbittet, wird er euch geben. Dieses eine Gebot gebe ich euch: Ihr sollt einander lieben!«

Wie diese Liebe wunderschön konkret wird, schildert Johannes in einer ganz irdischen und ungnostischen Szene am Ende des Lebens Jesu. Er hat sie genau an der Stelle im Ablauf eingesetzt, an der die anderen Evangelisten vom letzten Mahl, dem Abendmahl, berichten. Von diesem wird bei Johannes interessanterweise nichts berichtet. Sein Beispiel für Liebe im Alltag sieht so aus:

Joh 13, 1 – 15

Das Passafest stand bevor. Jesus wusste, dass für ihn die Stunde gekommen war, diese Welt zu verlassen und zum Vater zu gehen. Er hatte die Menschen, die in der Welt zu ihm gehörten, immer geliebt. Jetzt gab er ihnen einen letzten und äußersten Beweis seiner Liebe. Jesus aß mit seinen Jüngern zu Abend. Der Teufel hatte Judas, dem Sohn von Simon Iskariot, schon den Gedanken eingegeben, Jesus zu verraten. Jesus wusste, dass der Vater ihm alles in die Hand gegeben hatte. Er wusste, dass er von Gott gekommen war und bald wieder zu Gott zurückkehren würde. Da stand er vom Tisch auf, legte sein Obergewand ab, band sich ein Tuch um und goss Wasser in eine Schüssel. Dann fing er an, seinen Jüngern die Füße zu waschen und sie mit dem Tuch abzutrocknen. Als er zu Simon Petrus kam, sagte der: »Du, Herr, willst mir die Füße waschen?« Jesus antwortete ihm: »Was ich tue, kannst du jetzt noch nicht verstehen, aber später wirst du es begreifen.« Petrus widersetzte sich: »Niemals sollst du mir die Füße waschen, in Ewigkeit nicht!« Jesus antwortete: »Wenn ich dir nicht die Füße wasche, hast du keinen Anteil an mir und an dem, was ich bringe.« Da sagte Simon Petrus: »Herr, dann nicht nur die Füße, sondern auch die Hände und den Kopf!« Jesus erwiderte: »Wer vorher gebadet hat, ist am ganzen Körper rein und braucht sich nur noch die Füße zu waschen. Ihr seid alle rein – bis auf einen.« Jesus wusste, wer ihn verraten würde. Deshalb sagte er: »Ihr seid alle rein, bis auf einen.« Nachdem Jesus ihnen die Füße gewaschen hatte, zog er sein Oberkleid wieder an und kehrte zu seinem Platz am Tisch zurück. »Begreift ihr, was ich eben getan habe?«, fragte er sie. »Ihr nennt mich Lehrer und Herr. Ihr habt Recht, das bin ich. Ich bin euer Herr und Lehrer, und doch habe ich euch soeben die Füße gewaschen. So sollt auch ihr euch gegenseitig die Füße waschen. Ich habe euch ein Beispiel gegeben, damit auch ihr so handelt, wie ich an euch gehandelt habe.

Dass diese Liebe möglich bleibt, auch wenn Jesus zurück zum Vater gegangen ist, dafür wird der Heilige Geist sorgen. Bei Johannes heißt er Tröster, Beistand, wörtlich: Paraklet. In seiner typischen Sprache sagt es der johanneische Jesus in Joh 14, 15 – 18. 25 so:

Joh 14, 15 – 18. 25

»Wenn ihr mich liebt, werdet ihr meine Gebote befolgen. Und ich werde den Vater bitten, dass er euch an meiner Stelle einen anderen Helfer gibt, der für immer bei euch bleibt, den Geist der Wahrheit. Die Welt kann ihn nicht bekommen, weil sie ihn nicht sehen kann und nichts von ihm versteht. Aber ihr kennt ihn, denn er wird bei euch bleiben und in euch leben. Ich lasse euch nicht wie Waisenkinder allein; ich komme wieder zu euch. [...] Ich habe euch dies gesagt, solange ich noch bei euch bin.

Ich kehre zum Schluss zu unserer Ausgangsfrage zurück: Ist Johannes ein gnostisches Evangelium? Ich meine, es ist etwas anderes deutlich geworden: Johannes gelingt es mit seiner manchmal etwas ungewöhnlichen Sprache, Menschen, die Jesus gerne gnostisch oder esoterisch verstehen würden, die gerne mit einem ziemlich geistigen Jesus ein klein wenig über dem Boden schweben, auf die Erde zurückzuholen. Dorthin, wo dieser Junge aus Nazareth herkommt, Josephs Sohn; dorthin, wo die Liebe so irdisch ist, dass sie staubige Füße bekommt. Und wo der himmlische Erlöser vor seinen Jüngern auf die Knie geht, um sich an ihnen die Hände schmutzig zu machen.

Weiterdenken

Bitte lesen Sie die folgenden Bibeltexte:

Joh 1, 1 – 5
Joh 3, 16 – 21
Joh 6, 26 – 40. 47 – 51
Joh 19, 8 – 11a
Joh 17, 1 – 5
Joh 1, 14 (Gute Nachricht)
Joh 15, 5 – 17
Joh 13, 1 – 15
Joh 14, 15 – 18. 25

1. Schlagen Sie die Bibel zu und versuchen Sie, einen der Texte mit eigenen Worten wiederzugeben!
2. Schlagen Sie die Bibel wieder auf und notieren Sie, was Ihnen sofort einleuchtet.
3. Notieren Sie jetzt, was Ihnen unverständlich ist.
4. Gibt es einen Satz oder Gedanken, der Sie ärgert, provoziert, den Sie am liebsten streichen würden? Warum? Was wäre, wenn dieser Satz oder Gedanke fehlt?
5. Was an dem Text dagegen ist schön?
6. Stilleübung: Schließen Sie die Augen und stellen Sie sich irgendeinen Menschen vor. Erklären Sie ihm, was der Text bedeutet: Damals, als er entstanden ist, und heute.

meine Notizen

Vier verschiedene Weisen, Jesus richtig zu verstehen 8.6

Aus vier verschiedenen Himmelsrichtungen haben wir mit den vier Evangelisten auf denselben Jesus geschaut. Die Evangelisten hatten erstens verschiedene Informationen über Jesus.

Kein Evangelist wusste alles über Jesus, und manchmal hilft auch das zu einer klareren Sicht: Wenn man nicht zu viele Informationen zu verarbeiten hat. Sie hatten zweitens verschiedene Positionen und wir hatten gesehen: Das hat viel mit dem Hintergrund, den Erfahrungen, die sie gerade machen, zu tun. Ich habe deshalb ganz stark auch immer die Gemeindesituation der Evangelisten hervorgehoben.

Die Menschen, die den Kanon des Neuen Testaments zusammenstellten, haben bewusst am Beginn des Neuen Testaments diese vier Evangelien nebeneinander gesetzt, nicht aus den Vieren ein Super-Evangelium gemacht. Auch solche Versuche gab es. Sie taten das nicht, weil sie zu blöd waren, um die Widersprüche der vier zu entdecken. Sondern weil sie spürten: Erst in der Ergänzung dieser Widersprüche entsteht das ganze Bild von Jesus Christus.

Es war zugleich der Auftrag an alle Menschen, die die Bibel lesen, eine widersprüchliche Position eines anderen Menschen nicht als Bedrohung, sondern als Bereicherung zu empfinden. Und deswegen besser zu fragen, nachzufragen, als zu urteilen, zu verurteilen. Die Fragen, die wir lernen können, heißen:

» Welche Informationen, die ich vielleicht nicht habe, bringen mich zu einer Meinung, die ich noch nicht verstehe?
» Welche Lebenssituation, welche persönlichen Erfahrungen hast Du gemacht oder machen müssen, die Dich zu dieser Sicht der Dinge bringen?

In einem abschließenden kurzen Ausblick will ich die wichtigsten übrigen neutestamentlichen Schriften den vier Konfessionen der Evangelisten zuordnen. Dabei wird es jetzt weniger um weitere Detailinformationen gehen, sondern darum, Ihnen ein Gesamtgefühl für die Botschaft des Neuen Testaments zu vermitteln.

Die Konfession des Markus 8.6.1

Markus hat uns Jesus als Menschensohn auf dem Weg nach Jerusalem gezeigt. Dieser Weg führt ans Kreuz, ins Leiden und Sterben, selbst seine besten Freunde verstehen ihn nicht. Es ist und bleibt ein Geheimnis, aber ein kostbares: Seit Jesus ist Gott da, wo kein Mensch mehr das Leid und das Elend versteht.

Mit dieser Kreuzestheologie steht Markus in größter Nähe zu *Paulus*. Manche sagen, Markus habe gleichsam die Geschichte zu den oft schweren Gedanken des Paulus geschrieben. Sollte man das Markusevangelium verfilmen – der Titel des Films stammte von Paulus und hieße: „Gottes Kraft ist in den Schwachen mächtig".

Auch der *1. Petrusbrief* liegt auf dieser Linie. Er wendet sich an eine Gemeinde in Kleinasien, die ihren Glauben in feindlicher Umgebung bewähren muss. Noch ist es nicht so weit, dass sie staatlich verfolgt werden. Was ihnen zu schaffen macht, ist, wie fremd man Nachbarn und Freunden durch den Glauben an Jesus geworden ist, wie unverständlich es für die anderen ist, wenn man von der gesellschaftlichen Norm abweicht.

1.Petrus 4, 2 – 4

... und er wird sich für den Rest seines Lebens in dieser Welt nicht mehr von menschlichen Leidenschaften fortreißen lassen, sondern nur noch tun, was Gott will. Ihr habt euch ja lange genug an dem Treiben der Menschen beteiligt, die Gott nicht kennen; ihr habt euch hemmungsloser Gier und Ausschweifung hingegeben, habt an wüsten Fress- und Saufgelagen teilgenommen und an einem abscheulichen Götzendienst. Jetzt wundern sich die anderen, dass ihr bei ihrem zügellosen Treiben nicht mehr mitmacht, und beschimpfen euch deswegen.

Nachfolge heißt dann wie bei Markus: Das Kreuz auf sich nehmen, das Unverständnis der anderen aushalten. Du fühlst dich fremd, sagt der 1. Petrusbrief, und im tiefsten musst und wirst Du dieser Welt auch fremd bleiben. Das ist kein Zufall, das gehört notwendig zum Christsein. Das Fremdsein ist der Schlüsselbegriff des 1. Petrusbriefes, und Dietrich Bonhoeffer hat in einer Predigt über diesen Brief dessen Botschaft auf geniale Weise zusammengefasst und aktualisiert:

„Die Welt feiert und die Christen stehen abseits; die Welt schreit: freut euch des Lebens, und sie trauern. Sie sehen, dass das Schiff, auf dem festlicher Jubel ist, schon leck ist. Die Welt phantasiert von Fortschritt, Kraft, Zukunft, die Jünger wissen um das Ende, das Gericht und die Ankunft des Himmelreiches, für das die Welt so gar nicht geschickt ist. Darum sind die Jünger Fremdlinge in der Welt, lästige Gäste, Friedensstörer, die verworfen werden... Sie stehen als Fremdlinge in der Kraft dessen, der der Welt so fremd war, dass sie ihn kreuzigte."

Aus: D. Bonhoeffer, Werke Band 4, München 1989 S.83 f.

Die Konfession des Matthäus 8.6.2

Matthäus hat uns Jesus als Lehrer des Gotteswillens und als Weltenrichter gezeigt. Am stärksten im Judentum verwurzelt, findet er in der Gemeinde aber doch die „bessere Gerechtigkeit", die beim Einsatz für die Kleinen und Geringen auch persönliche Leiden nicht scheut.

Etwas später greift der Jakobusbrief diesen Gedanken noch einmal auf. Dort geht es vor allem gegen einen falsch verstandenen Paulus, gegen einen selbstzufriedenen Glauben, der nur als Gesinnung, als Weltanschauung, besteht, aber nicht auch zu konkreten Taten kommt. Das „Tun der Gerechtigkeit" verbindet den Jakobusbrief mit Matthäus, und man wird an die Bergpredigt erinnert, wenn man in Jakobus 2, 12 – 18 liest:

Jakobus 2, 12 – 18

Redet und handelt als Menschen, die einst vor Gott nach dem Gesetz beurteilt werden sollen, das wahrhaft frei macht. Wer selbst kein Erbarmen gehabt hat, über den wird auch Gott erbarmungslos Gericht halten. Wenn aber jemand barmherzig war, dann gilt: Das Erbarmen triumphiert über das Gericht. Meine Brüder und Schwestern, was hat es für einen Wert, wenn jemand behauptet: »Ich vertraue auf Gott, ich habe Glauben!«, aber er hat keine guten Taten vorzuweisen? Kann der bloße Glaube ihn retten? Nehmt einmal an, bei euch gibt es einen Bruder oder eine Schwester, die nichts anzuziehen haben und hungern müssen. Was nützt es ihnen, wenn dann jemand von euch zu ihnen sagt: »Ich wünsche euch das Beste; ich hoffe, dass ihr euch warm anziehen und satt essen könnt!« –, aber er gibt ihnen nicht, was sie zum Leben brauchen? Genauso ist es auch mit dem Glauben: Wenn er allein bleibt und aus ihm keine Taten hervorgehen, ist er tot. Aber vielleicht wendet jemand ein: »Hast du überhaupt Glauben?« Darauf antworte ich: »Ich habe die Taten! Zeig mir doch einmal deinen Glauben, wenn du mir nicht die entsprechenden Taten zeigen kannst! Aber ich will dir meinen Glauben aus meinen Taten beweisen.

Auch der Verfasser des Hebräerbriefs kämpft gegen ein Nachlassen der Nachfolge und Nächstenliebe in der 2. und 3. Generation nach Jesus. Wie Matthäus entdeckt er dabei das Alte Testament neu, liest es noch mal als Christ. Dabei findet er Bilder und Vergleiche zum jüdischen Glauben, mit denen er seiner christlichen Gemeinde klar machen will: Das mit Jesus ist kein Judentum light, das ist eine ernste Angelegenheit. Er kommt zu der umstrittenen Ansicht, dass es nach der Bekehrung keine zweite Buße mehr gibt. In seiner Radikalität erinnert er an die große Gerichtsrede Jesu aus Matthäus 25. Hören Sie einmal hin und überlegen Sie, ob das, was Sie da hören, beruhigend klingt:

Hebr 10, 22 – 31

Darum wollen wir vor Gott hintreten mit offenem Herzen und in festem Glauben; unser Gewissen wurde ja von aller Schuld gereinigt und unser Leib in reinem Wasser gewaschen. Wir wollen an der Hoffnung festhalten, zu der wir uns bekennen, und wollen nicht schwanken; denn Gott, der die Zusagen gegeben hat, steht zu seinem Wort. Und wir wollen aufeinander Acht geben und uns gegenseitig zur Liebe und zu guten Taten anspornen. Einige haben sich angewöhnt, den Gemeindeversammlungen fernzubleiben. Das ist nicht gut; vielmehr sollt ihr einander Mut machen. Und das umso mehr, als ihr doch merken müsst, dass der Tag näher rückt, an dem der Herr kommt! Wir haben die Wahrheit kennen gelernt. Wenn wir jetzt wieder vorsätzlich sündigen, gibt es kein Opfer mehr, um unsere Sünden gutzumachen. Wir müssen dann ein schreckliches Gericht fürchten; denn wie ein Feuer wird Gottes Zorn alle vernichten, die sich gegen ihn auflehnen. Wer gegen das Gesetz Moses verstößt, wird ohne Mitleid getötet, wenn seine Schuld durch zwei oder drei Zeugenaussagen festgestellt ist. Um wie viel schlimmer wird dann bestraft werden, wer den Sohn Gottes mit Füßen tritt und das Blut des Bundes, das ihn rein und heilig gemacht hat, wie eine gewöhnliche Sache abtut und den Geist beleidigt, dem er die Gnade verdankt! Wir kennen doch den, der gesagt hat: »Ich werde Vergeltung üben und sie für alle Bosheit hart bestrafen.« Es heißt an derselben Stelle auch: »Der Herr wird seinem Volk das Urteil sprechen.« Dem lebendigen Gott in die Hände zu fallen ist schrecklich!

Es ist sicher gut, wenn es immer wieder Christen wie Matthäus, Jakobus und den Verfasser des Hebräerbriefes gibt, die eine lieblos und egoistisch gewordene Gemeinde wachrütteln. Es war und ist nicht die Idee von Christus, dass seine Leute sich in mehr oder weniger gelungenen kirchlichen Veranstaltungen selber feiern.

Und trotzdem spüren wir: Gäbe es nur diese Wachrüttler und Mahner, in unseren Glauben würde eine Kälte einziehen, die mit Jesus jedenfalls auch nichts mehr zu tun hätte.

8.6.3 Die Konfession des Lukas

Lukas hat uns Jesus als Heiland gezeigt, der die Verlorenen sucht und rettet. Seine Gemeinde soll die Liebe Gottes weitertragen zu den Verlierern der Gesellschaft. Dieses diakonische Handeln der Kirche wird notwendig, weil es wohl doch noch etwas dauern wird, bis Jesus wiederkommt.

Dazu braucht man eine starke, selbstbewusste Kirche, die auch gute Kontakte zur nicht-christlichen Umwelt pflegt. Die sogenannten Pastoralbriefe, also der 1. und 2. *Timotheus- und Titusbrief*, zeigen uns die schon relativ gefestigte Struktur einer Kirche im Jahr 120. Man ahnt bereits die sich herausbildenden Ämter und Strukturen. Manche Forscher nennen das Lukasevangelium und die Pastoralbriefe deshalb „frühkatholisch“, was nicht als Kompliment gemeint ist. Hören Sie einmal in die Gemeindeordnung der Pastoralbriefe hinein und spüren Sie die „Weiterentwicklung“ seit der Zeit der radikalen Wanderprediger (1.Tim 2, 1 – 3. 3, 1 – 12):

1.Tim 2, 1 – 3. 3, 1 – 12

Das Erste und Wichtigste, wozu ich die Gemeinde aufrufe, ist das Gebet, und zwar für alle Menschen. Bringt Bitten und Fürbitten und Dank für sie alle vor Gott! Betet für die Regierenden und für alle, die Gewalt haben, damit wir in Ruhe und Frieden leben können, in Ehrfurcht vor Gott und in Rechtschaffenheit. So ist es gut und gefällt Gott, unserem Retter. [...] Es ist ein wahres Wort: »Wenn jemand die Leitung einer Gemeinde erstrebt, dann sucht er eine große und schöne Aufgabe.« Der Gemeindeleiter soll ein Mann sein, an dem es nichts auszusetzen gibt. Er darf nur einmal verheiratet sein. Er muss ein nüchternes Urteil haben, besonnen und charakterfest sein. Er muss gastfreundlich und ein guter Lehrer sein. Er soll kein Trinker oder gewalttätiger Mensch sein, sondern ein freundlicher und friedliebender Mann. Er darf auch nicht am Geld hängen. Er muss die Pflichten eines Familienoberhaupts vorbildlich erfüllen und Kinder haben, die ihn achten und ihm gehorchen. Denn wenn jemand seine eigene Familie nicht zu leiten versteht, wie kann er dann die Sorge für die Gemeinde Gottes übernehmen? Er darf nicht erst vor kurzem Christ geworden sein; sonst wird er stolz, und der Teufel wird im letzten Gericht gegen ihn auftreten, sodass Gott ihn verurteilen muss. Auch außerhalb der Gemeinde muss er in gutem Ruf stehen; es darf nichts Belastendes gegen ihn vorgebracht werden können. Sonst kann ihm der Teufel daraus einen Strick drehen. Auch die Diakone müssen ehrbare Männer sein. Auf ihr Wort muss man sich verlassen können. Sie dürfen nicht übermäßig Wein trinken und nicht darauf aus sein, sich zu bereichern. Sie sollen durch ein untadeliges Leben dem Geheimnis des Glaubens Ehre machen. Zuerst ist zu prüfen, ob sie auch geeignet sind. Nur wenn ihnen niemand etwas nachsagen kann, dürfen sie zum Dienst zugelassen werden. Auch die Diakoninnen müssen ehrbar sein, nicht klatschsüchtig, sondern nüchtern im Urteil und in allem zuverlässig. Ein Diakon darf nur einmal verheiratet sein. Er muss seine Kinder zum Guten anhalten und sein Hauswesen ordentlich führen.

(Im griechischen Original ist hier übrigens bereits von „Bischöfen" und „Diakonen" die Rede!)

Andererseits muss man sehen: Die vielleicht auch auf uns etwas spießig wirkenden Gemeinden der Pastoralbriefe hatten eine gut funktionierende Armenspeisung organisiert, ein Versorgungssystem für Witwen installiert, betrieben Krankenpflege, bauten wenig später die ersten Krankenhäuser, in denen auch Besitzlose aufgenommen wurden. Das alles war damals weltweit einmalig und geschah zu einer Zeit, als die Wanderprediger schon lange nicht mehr existierten.

Während die Pastoralbriefe die Kirche als Institution eher organisatorisch-praktisch planen, entwickeln Paulusschüler in zwei anderen Briefen sozusagen die Philosophie dieser Institution. *Kolosser- und Epheserbrief*, in weiten Passagen wörtlich übereinstimmend, stellen sich der Frage, was eigentlich die Kirche ist. Sie nehmen von ihrem Lehrer Paulus den Gedanken vom Leib Christi auf, variieren ihn aber entscheidend. Die Gemeinde in ihrer Gesamtheit ist nicht mehr der Leib Christi wie bei Paulus, sondern es stehen sich zwei Größen gegenüber: Der Leib der Kirche auf der Erde, regiert von ihrem Haupt, dem Kopf, das ist Christus im Himmel. Die Institution Kirche ist sozusagen das Ausführungsorgan des himmlischen Christus. Spüren Sie den Unterschied? Bei Paulus die kleinen überschaubaren Ortsgemeinden, dort war oder sollte Christus hautnah spürbar sein, ein Organismus. Jetzt, mit gewachsenen

Aufgaben im sozialen und politischen Bereich, ist die Kirche eine Organisation, und besonders im Epheserbrief wird spürbar, wie sie eine wirklich weltweite Organisation wird, ein ökumenisches Friedensprojekt ersten Ranges:

Eph 2, 15b – 22

So hat er Frieden gestiftet. Er hat die getrennten Teile der Menschheit mit sich verbunden und daraus den einen neuen Menschen geschaffen. Durch seinen Tod am Kreuz hat er die beiden – als in einem Leib, der Gemeinde, vereinigte – zur Aussöhnung mit Gott gebracht. In seiner Person, durch seinen Tod, hat er alle Feindschaft für immer getötet. Und dann kam er und hat diesen Frieden allen verkündet: euch, die ihr fern wart, und ebenso denen, die nahe waren. Durch ihn dürfen wir beide, Juden und Nichtjuden, in einem Geist vor Gott, den Vater, treten. Ihr Menschen aus den anderen Völkern seid also nicht länger Fremde und Gäste. Ihr habt Bürgerrecht im Himmel zusammen mit den heiligen Engeln, ihr seid Gottes Hausgenossen. Denn ihr seid ja in den Bau eingefügt, dessen Fundament die Apostel und Propheten bilden, und der Eckstein im Fundament ist Jesus Christus. Durch ihn wird der ganze Bau zusammengehalten, durch ihn, den Herrn, wächst er auf zu einem heiligen Tempel. Weil ihr zu Christus gehört, seid auch ihr als Bausteine in diesen Tempel eingefügt, in dem Gott durch seinen Geist wohnt.

8.6.4 Die Konfession des Johannes

Johannes hat uns Jesus als den vom Vater gesandten Sohn gezeigt, der souverän Tod und Finsternis überwindet. Seine Gemeinde soll in der Liebe zusammenhalten, um diese Welt und ihren Hass zu ertragen.

Von dieser Liebe handelt auch ein späterer Brief aus dieser Johannes-Gemeinde, der *1. Johannesbrief*. Er gehört zu den zärtlichsten Schriften im Neuen Testament, für ihn ist die Liebe zueinander die Form, wie Gott auf der Erde existiert. Das kann man selbst dann spüren, wenn man meint, gar nicht an Gott glauben zu können. Die Liebe ist die Existenzform des unsichtbaren Gottes „Niemand hat Gott je gesehen. Aber wenn wir einander lieben, lebt Gott in uns" – hören Sie das im Zusammenhang in 1.Joh 4, 7 – 21:

1.Joh 4, 7 – 21

Ihr Lieben, wir wollen einander lieben, denn die Liebe kommt von Gott! Wer liebt, hat Gott zum Vater und kennt ihn. Wer nicht liebt, hat Gott nicht erkannt; denn Gott ist Liebe. Dadurch ist Gottes Liebe unter uns offenbar geworden, dass er seinen einzigen Sohn in die Welt sandte. Durch ihn wollte er uns das neue Leben schenken. Das Einzigartige an dieser Liebe ist: Nicht wir haben Gott geliebt, sondern er hat uns geliebt. Er hat seinen Sohn gesandt, damit er durch seinen Tod Sühne leiste für unsere Schuld. Ihr Lieben, wenn Gott uns so sehr geliebt hat, dann müssen auch wir einander lieben. Niemand hat Gott je gesehen. Aber wenn wir einander lieben, lebt Gott in uns. Dann hat seine Liebe bei uns ihr Ziel erreicht. Dass wir in Gott leben und er in uns, wissen wir, weil er uns Anteil an seinem Geist gegeben hat. Wir haben es selbst gesehen und sind Zeugen dafür, dass der Vater seinen Sohn gesandt hat als den Retter der Welt. Wer sich zu Jesus als dem Sohn Gottes bekennt, in dem lebt Gott und er lebt in Gott. Wir jedenfalls haben erkannt und halten im

Glauben daran fest, dass Gott uns liebt. Gott ist Liebe. Wer in der Liebe lebt, lebt in Gott und Gott lebt in ihm. Auch darin hat die Liebe Gottes bei uns ihr Ziel erreicht, dass wir dem Tag des Gerichts voller Zuversicht entgegensehen; denn so wie Christus mit dem Vater verbunden ist, so sind ja auch wir es in dieser Welt. Die Liebe kennt keine Angst. Wahre Liebe vertreibt die Angst. Wer Angst hat und vor der Strafe zittert, bei dem hat die Liebe ihr Ziel noch nicht erreicht. Wir lieben, weil Gott uns zuerst geliebt hat. Wenn jemand behauptet: »Ich liebe Gott«, und dabei seinen Bruder oder seine Schwester hasst, dann lügt er. Wenn er seine Glaubensgeschwister, die er sieht, nicht liebt, dann kann er Gott, den er nicht sieht, erst recht nicht lieben. Gott gab uns dieses Gebot: Wer ihn liebt, muss auch seinen Bruder und seine Schwester lieben.

Interessanterweise setzt sich auch der 1. Johannesbrief mit der Gnosis auseinander, insbesondere mit der in der Gemeinde aufkommenden Vorstellung, Jesus sei kein richtiger Mensch gewesen, sondern zeitlebens so eine Art übernatürliches Wesen geblieben (1. Joh 4, 1 – 4):

1. Joh 4, 1 – 4

Ihr Lieben, glaubt nicht allen, die vorgeben, Botschaften des Geistes zu verkünden! Prüft sie, ob der Geist Gottes aus ihnen redet. Denn diese Welt ist voll von falschen Propheten. An folgendem Merkmal könnt ihr erkennen, ob es sich um den Geist Gottes handelt: Wer bekennt, dass Jesus Christus ein Mensch von Fleisch und Blut wurde, hat den Geist Gottes. Wer das leugnet, aus dem redet nicht der Geist Gottes, sondern der Geist des Antichrist. Ihr habt gehört, dass er in die Welt kommen soll, und er ist schon da. Aber ihr, meine Kinder, stammt von Gott und habt die falschen Propheten besiegt. Er, der in euch wirkt, ist mächtiger als der, der diese Welt regiert.

Anscheinend besteht ein Zusammenhang zwischen Leibfeindlichkeit und Lieblosigkeit, beide zitierten Stellen stehen direkt hintereinander.

In diese Johannes-Tradition, die sogenannte „kleinasiatische Schule", gehört auch das letzte Buch der Bibel, die *Offenbarung des Johannes.* Ihr Verfasser ist unter der ersten Christenverfolgung des Kaisers Domitian auf die Insel Patmos, vor der Küste Kleinasiens, verbannt worden. In alttestamentlich-jüdischen Bildern beschreibt er eindrücklich die Bedrohung, der die verfolgten Christengemeinden ausgesetzt sind, sieben von ihnen bekommen im Eingangsteil noch einmal ein persönliches Sendschreiben. Die Bilder zeigen die abgründigen, dämonischen, menschenfeindlichen Seiten politischer und wirtschaftlicher Macht, die meisten Anspielungen wie „Hure Babylon" auf „Rom" können wir heute entschlüsseln. Aber wie im Johannes-Evangelium haben diese imposanten Mächte letztlich keine Macht, haben nur vorletzte Bedeutung. Hinter den Kulissen, im Himmel sozusagen, hat Christus schon gesiegt, was wir hier erleben, kann immer nur ein letztes Aufbäumen irdischer Mächte sein.

Christus hat gesiegt, paradoxerweise als der Gewaltlose. An seiner Gewaltlosigkeit scheitert die Gewalt, er ist wie im Evangelium das „geschlachtete Lamm", das „himmlische Kind", der „Reiter auf dem weißen Pferd".

In einem aber ist die Offenbahrung ganz klar und wieder ganz dicht bei der ursprünglichen Botschaft Jesu: Der Glaube enthebt uns nicht aus der Wirklichkeit dieser Welt, entlässt uns nicht in irgendeinen Himmel jenseits unserer Verantwortung. Wir sollen und können ruhig auf dem Boden bleiben. Denn der Himmel kommt auf die Erde (Offb 21, 1 – 4):

Offb 21, 1 – 4

Dann sah ich einen neuen Himmel und eine neue Erde. Der erste Himmel und die erste Erde waren verschwunden und das Meer war nicht mehr da. Ich sah, wie die Heilige Stadt, das neue Jerusalem, von Gott aus dem Himmel herabkam. Sie war festlich geschmückt wie eine Braut für ihren Bräutigam. Und vom Thron her hörte ich eine starke Stimme rufen: »Dies ist die Wohnstätte Gottes bei den Menschen! Er wird bei ihnen wohnen, und sie werden seine Völker sein. Gott selbst wird als ihr Gott bei ihnen sein. Er wird alle ihre Tränen abwischen. Es wird keinen Tod mehr geben und keine Traurigkeit, keine Klage und keine Quälerei mehr. Was einmal war, ist für immer vorbei.«

Weiterdenken

Bitte lesen Sie die folgenden Bibeltexte:

1.Petrus 4, 2 – 4
Jakobus 2, 12 – 18
Hebr 10, 22 – 31
1.Tim 2, 1 – 3. 3, 1 – 12
Eph 2, 15b – 22
1.Joh 4, 7 – 21
1.Joh 4, 1 – 4
Offb 21, 1 – 4

1. Schlagen Sie die Bibel zu und versuchen Sie, einen der Texte mit eigenen Worten wiederzugeben!
2. Schlagen Sie die Bibel wieder auf und notieren Sie, was Ihnen sofort einleuchtet.
3. Notieren Sie jetzt, was Ihnen unverständlich ist.
4. Gibt es einen Satz oder Gedanken, der Sie ärgert, provoziert, den Sie am liebsten streichen würden? Warum? Was wäre, wenn dieser Satz oder Gedanke fehlt?
5. Was an dem Text dagegen ist schön?
6. Stilleübung: Schließen Sie die Augen und stellen Sie sich irgendeinen Menschen vor. Erklären Sie ihm, was der Text bedeutet: Damals, als er entstanden ist, und heute.

meine Notizen

Teil 9

Mein Glaube im Dialog mit der Bibel

... macht mich sprachfähig mit Gott und für die Welt

Herzlich willkommen zum neunten Teil unseres „Grundkurses Biblische Theologie“. Wir haben uns gemeinsam die ganze Bibel Alten und Neuen Testaments erschlossen. Nun soll es abschließend darum gehen, wie wir sie richtig verstehen, wie sie unseren Glauben prägt, wie durch die Bibel Gott heute unter uns zur Sprache kommt.

Dieser Abschnitt wird mehr als bisher von praktischen Übungen geprägt sein. Er ist so gegliedert, dass wir uns erst einmal klar machen, was das eigentlich ist: „die Bibel auslegen“, wie das andere machen und gemacht haben, welche Wege und Irrwege Menschen dabei in den letzten 2000 Jahren gegangen sind. Wir werden geniale Entwürfe der Bibelinterpretation kennenlernen – genauso wie große Dummheiten, die wir als solche durchschauen und deshalb nicht noch einmal begehen müssen.

In einem zweiten Teil will ich Ihnen sechs aktuelle Zugänge zur Bibel vorstellen, von feministischer Exegese über den fundamentalistischen Ansatz bis hin zur historisch-kritischen Methode, eine tiefenpsychologische Auslegung und noch mehr. Ich werde diese Zugänge würdigen und gleichzeitig kritisieren. Dadurch wird deutlich: sie sind aufeinander angewiesen.

Ihre Aufgabe wird es sein, in der Auseinandersetzung mit diesen teilweise sehr widersprüchlichen Ansätzen Ihren eigenen, persönlichen Zugang zur Bibel zu finden.

Üben werden wir das durchweg anhand eines einzigen Bibeltextes. Nach unserem Gang durch die ganze Bibel und dem Kennenlernen einer Vielzahl von zentralen Bibelstellen – in der letzten Lektion über die Evangelien waren es über 60! – wird sich nun alles auf eine Geschichte konzentrieren: Die Speisung der 5000 aus dem Markusevangelium. Unser Nachdenken und Ausprobieren wird sich an diesem Text bewähren müssen. Deswegen wollen wir ihn zu Beginn gleich einmal lesen:

Markus 6, 30 – 44

Die Apostel kehrten zu Jesus zurück und berichteten ihm, was sie alles in seinem Auftrag getan und den Menschen verkündet hatten. Jesus sagte zu ihnen: »Kommt jetzt mit, ihr allein! Wir suchen einen ruhigen Platz, damit ihr euch ausruhen könnt.« Denn es war ein ständiges Kommen und Gehen, sodass sie nicht einmal Zeit zum Essen hatten. So stiegen sie in ein Boot und fuhren an eine einsame Stelle. Aber die Leute sahen sie abfahren und erzählten es weiter. So kam es, dass Menschen aus allen Orten zusammenliefen und noch früher dort waren als Jesus und die Zwölf. Als Jesus aus dem Boot stieg, sah er die vielen Menschen. Da ergriff ihn das Mitleid, denn sie waren wie Schafe, die keinen Hirten haben. Darum sprach er lange zu ihnen. Als es Abend wurde, kamen die Jünger zu Jesus und sagten: »Es ist schon spät und die Gegend hier ist einsam. Schick doch die Leute weg! Sie sollen in die Höfe und Dörfer ringsum gehen und sich etwas zu essen kaufen!« Jesus erwiderte: »Gebt doch ihr ihnen zu essen!« Die Jünger sagten: »Da müssten wir ja losgehen und für zweihundert Silberstücke Brot kaufen!« Jesus fragte sie: »Wie viele Brote habt ihr denn bei euch? Geht, seht nach!« Sie sahen nach und sagten »Fünf, und zwei Fische.« Da ließ er die Jünger dafür sorgen, dass sich alle in Tischgemeinschaften im grünen Gras niedersetzten. So lagerten sich die Leute in Gruppen zu hundert und zu fünfzig. Dann nahm Jesus die fünf Brote und die zwei Fische, sah zum Himmel auf und sprach das Segensgebet darüber. Er brach die Brote in Stücke und gab die Stücke den Jüngern, damit sie sie an die Leute verteilten. Auch die zwei Fische ließ er an alle austeilen. Und sie aßen alle und wurden satt. Sie füllten sogar noch zwölf Körbe mit dem, was von den Broten übrig blieb. Auch von den Fischen wurden noch Reste eingesammelt. Fünftausend Männer hatten an der Mahlzeit teilgenommen.

9.1 Die Kunst des Verstehens

Jemand anderen richtig zu verstehen ist meistens ein Kunststück. Die Kunst des richtigen Verstehens nennt man Hermeneutik. Unser Thema ist das Verstehen biblischer Texte. Als Einstieg und um zu sehen, worum es überhaupt geht, schauen wir einmal hinter die Kulissen und staunen, was passiert, wenn Menschen versuchen, sich, ihre Worte und Texte, zu verstehen.

Ich stelle Ihnen einige interessante Phänomene vor.

9.1.1 Erstes Phänomen: Gefühle und Worte

Ein Mensch hat etwas erlebt oder hat ein bestimmtes Gefühl. Das will er in Worte fassen, es entsteht ein schriftlicher oder mündlicher Text. Jemand anderes hört zu oder liest den Text. Aber selbst wenn er dabei ganz genau zuhört, ganz sorgfältig liest: In ihm entsteht ein eigenes, neues Gefühl, er verbindet eigene Erlebnisse mit den Worten. Und diese sind natürlich nicht identisch mit dem, was der Verfasser der Worte erlebt und gefühlt hat.

Sie würden mir vielleicht zustimmen, wenn ich sage: Wir dürfen etwas auch neu und anders verstehen, als es ursprünglich gemeint war. Bloß – wo ist die Grenze zwischen Neu-Verstehen und Miss-Verstehen?

Wir nehmen unseren Text von der Speisung der 5000, und ich nenne zwei Beispiele. Entscheiden Sie, was Neu-Verstehen und was Miss-Verstehen ist:

» Viele Ausleger sagen, Jesus habe in der Geschichte im strengen Sinn gar kein Wunder getan. Er habe viel mehr die Herzen der Menschen berührt; sie so bewegt, dass sie ihre geheimen Vorräte ausgepackt und miteinander geteilt hätten: „Wenn jeder teilt, was er hat, dann werden alle satt" – das ist die eigentliche Botschaft des Textes. Ist so eine Auslegung, die ja schon etwas in den Text hineinliest, deswegen vollkommen falsch, ganz und gar abwegig?
» Zweites Beispiel: In meiner Ausbildung habe ich eine Predigt über unseren Text gehört von einem Pfarrer, der bei Greenpeace engagiert war. Er wies vollkommen logisch nach, dass das eigentliche Thema hier die Reinhaltung des Sees Genezareth sei.

Bevor Sie entsetzt aufschreien, fragen Sie sich einmal kritisch, wo genau der Unterschied zur ersten Auslegung ist. Benennen Sie mir das Kriterium, nach dem das erste eine legitime Neu-Interpretation, das zweite ein absurdes Missverständnis sein soll.

Um solche Kriterien soll es heute gehen. Wir werden sehen: Verstehen ist immer Neu-Verstehen und deshalb auch Anders-Verstehen. Der Respekt vor dem Anderen sollte uns hindern, ihn miss-zuverstehen.

Dabei kann es hilfreich sein, möglichst genau zu fragen: Was könnten Markus oder Jesus, Paulus oder Jeremia selbst eigentlich gemeint haben. Aber weil wir nicht Markus und schon gar nicht Jesus sind, müssen und dürfen wir irgendwann auch sagen, was wir selbst meinen.

Zweites Phänomen: „Du bist so weit weg" 9.1.2

Warum machen Menschen so verrückte Dinge wie Videokonferenzen? Aus zwei Gründen.

Erster Grund: Es ist für den, der hört, wichtig, das Gesicht des Sprechenden zu sehen. Wird der Satz, der gerade gesprochen wird, von einem liebevollen Lächeln begleitet, von einem böse funkelnden Blick oder einem ironischen

Grinsen? Sagen Sie mir einmal, wie Jesus wohl seine Jünger angeschaut hat, als er zu ihnen sagte: „Gebt doch ihr ihnen zu essen!"

Zweiter Grund: Es wäre auch für den Sprechenden angenehm zu wissen, in welche Gesichter hinein er seine Worte spricht. Ich sehe, was für Menschen ich vor mir habe, wie sie reagieren, ob ich mich korrigieren, etwas noch einmal erklären muss. Es ist viel einfacher, die richtigen Worte, die passende Sprache zu finden, wenn ich weiß, wen ich vor mir habe. Beim Predigen etwa habe ich außer dem Bibeltext noch die Namen von fünf möglichst verschiedenen Menschen, die normalerweise sonntags in die Kirche kommen, auf Kärtchen vor mir und stelle mir vor, ich müsste so schreiben und sprechen, dass zumindest die fünf etwas von der Predigt haben (und wehe, die fünf kommen dann nicht...)

Als Jesus in unserer Szene mit den Broten und Fischen agierte, redete, als Markus die Geschichte später einmal aufschrieb, ahnten beide nicht, dass 2000 Jahre später eine Prädikantin nördlich der Alpen, in Strinz Trinitatis, sich den Kopf über diesen Text zerbrechen muss. Das hat Markus nicht gewollt. Paulus hat den 1. Korintherbrief nach Korinth geschrieben und nicht nach Oberauroff. Amos kritisierte die Oberschicht von Samaria und nicht die von Idstein. Aber wir lesen in unseren Gemeinden die Bibeltexte als an uns gerichtet, uns betreffend. Wir dürfen das – aber wir müssen wissen, was wir da tun. Weil wir keine Videokonferenz mit Markus oder gar Jesus herstellen können, müssen wir andere Methoden entwickeln, wie das Verstehen gelingen kann.

Warum wir die Texte der Bibel als an uns gerichtet lesen, führt zum

9.1.3 Dritten Phänomen: Diese Sache mit Gott,

der uns in der Bibel auf irgendeine Weise ja anspricht, macht dieses Buch zu etwas besonderem. Und das betrifft auch die Art, wie wir es zu verstehen versuchen. Inwiefern die Bibel Gottes Wort ist, dazu gibt es verschiedene Positionen, und Sie werden für sich klären müssen, welche Ihnen einleuchtet. Hier können zuerst nur vier Dinge festgehalten werden:

» Die Menschen, die die Texte der Bibel verfasst haben, geben nicht beliebige Berichte oder eigene Gedanken zum Besten, sondern sagen: das was ich da erlebt oder gehört habe, hat mit Gott zu tun. Die Interpretation dieser Texte muss deshalb bis zum Beweis des Gegenteils davon ausgehen, dass hinter den Texten der Bibel womöglich mehr als nur ein menschlicher Autor steht.

» Das verändert den Rahmen, den Horizont des Verstehens: Wenn ich das Markusevangelium lese, ist da nicht nur ein Dialog zwischen Markus und mir, kein Zwiegespräch zwischen Leser und Autor, wie etwa bei einem Roman. Im Dialog zwischen Markus und mir meldet sich ein Dritter zu Wort, Gott – hier in unserer Geschichte Jesus. Ich lese das Markusevangelium und höre Jesus, setze mich mit Gott auseinander. Ich lese den Propheten Amos und werde mit Jahwe konfrontiert.

» Das gilt auch dann, wenn Sie gar nicht an Gott glauben und Jesus für einen normalen Menschen halten. Das dürfen Sie – aber Sie dürfen biblische Texte nicht so lesen, als ob auch die Autoren nicht an Gott geglaubt hätten. Markus, Jeremia und Johannes waren keine Schriftsteller, die einfach gerne Bücher geschrieben haben. Die einzige Voraussetzung ihres Schreibens war Gott. Das müssen Sie beim Lesen und Interpretieren auch dann berücksichtigen, wenn Sie diese Voraussetzung nicht teilen.

» Wegen der „Voraussetzung Gott" wird die Bibel ja auch bis heute von Christen und Nicht-Christen gelesen, andere zweitausend Jahre oder manchmal auch nur zwei Jahre alte Bücher dagegen beschäftigen nur noch wenige Fachleute.

Es ist eine Provokation, zu behaupten, ein Buch sei auf bestimmte Weise von Gott inspiriert, eine Provokation, die Menschen nicht zur Ruhe kommen und Leser nicht kalt bleiben lässt. Es wird deshalb nie gelingen, die Bibel wie ein normales Buch zu lesen, den Atheisten am allerwenigsten.

Viertes Phänomen: Vertrautheit und Erschrecken 9.1.4

Die Bibel prägt unsere Kultur seit hunderten von Jahren und jeden einzelnen von uns fast ein Leben lang. Ich vermute einmal, dass jeder von uns die Geschichte von der Speisung der 5000 bereits schon einmal gehört hat, erklärt, gepredigt bekommen, darüber nachgedacht, anderen vielleicht sogar erzählt hat. Die meisten Texte der Bibel lesen wir nicht zum ersten Mal. Wir sind so vertraut mit ihnen, dass wir über ein überraschendes Ende z.B. eben nicht mehr überrascht sind. Nach zwei, drei Versen wissen wir: Na klar werden die 5000 satt, war doch immer so. Na klar bleibt Jesus nicht im Grab, Auferstehung – das machen wir doch jedes Jahr im Frühling.

Das gibt es auch zwischen Menschen, dass ich einen so gut zu kennen meine, dass ich nach zwei, drei Sätzen sage: Ich weiß, wie es weitergeht. Der braucht gar nicht zu Ende zu reden. Für das Verstehen ist das natürlich extrem schlecht. Nur wenn ich bereit bin, neu zuzuhören, werde ich entdecken, dass der andere mir gar nicht so vertraut ist, wie ich bisher geglaubt habe. Ich bin höchstens vertraut mit dem Bild, das ich mir, das andere mir, gemacht habe(n); der echte Mensch, der wirkliche Text, der wahre Gott steckt immer voller Überraschungen. Manchmal ist es auch eine neue Situation in meinem Leben, die mich über einen Bibeltext vielleicht sogar wieder erschrecken lässt.

Merken Sie sich das für das Verstehen: manchmal ist es auch hinderlich, wenn ich etwas zu lange kenne, zu oft gehört, zu gut erklärt bekommen habe. Wenn ich das weiß, wird mir das Hören und Sehen nicht vergehen.

Nun sind Sie dran. Vier Phänomene des Verstehens haben Sie kennengelernt, vier Fragen ergeben sich daraus an unseren Text aus Markus 6, und ich lade Sie ein, über diese vier Fragen nachzudenken, vielleicht auch mit anderen ins Gespräch zu kommen.

Weiterdenken

1. Gefühle und Worte: Ohne dass Sie sich mit zuviel Wissen belasten, was dieser Text eigentlich und historisch, wissenschaftlich, oder theologisch gar, bedeutet: Welche Gefühle, Assoziationen, Erinnerungen, Sehnsüchte, löst er in Ihnen aus? Gehen Sie dem nach! Wo kommen diese Gefühle her, was haben sie mit Ihnen, was mit dem Text zu tun?

2. „Du bist so weit weg“: Welche Stimmung herrscht eigentlich in unserer Geschichte, in welchem Tonfall wird gesprochen, wie sind die Gesichter? Was für Menschen hat Jesus da vor sich?

   Und: Für welche Gemeinde, welche Menschengruppe, schreibt Markus diese Geschichte auf? Gehen Sie auf Spurensuche: Wo scheint die Situation der Gemeinde des Markus durch?

   Schließlich: Wem könnten, möchten Sie diese Geschichte einmal erzählen? Wo passt sie gut? Und wenn Sie sie erzählen: Was würden Sie betonen, hervorheben – auf welche Pointe käme es für Ihre „Zielgruppe“ an?

3. Die Sache mit Gott: Wo kommt in der Geschichte Gott mit ins Spiel, welche Momente sind rein zwischenmenschlich nicht mehr erklärbar? Spricht es Sie an, wie Gott da vorkommt, spricht Gott Sie an – oder nehmen Sie vorerst nur nüchtern zur Kenntnis, dass der liebe Gott halt auch wieder mal mit dabei ist?

   Versuchen Sie herauszufinden, woran das liegt – so oder so!

4. Vertrautheit und Erschrecken: Versuchen Sie, sich zu erinnern, wo und wann Sie diesen Text das erste Mal gehört haben! Haben Sie ihn gelesen oder wurde er vorgelesen, erzählt, gepredigt? Welches Bild steigt in Ihnen auf? Mit welcher Botschaft wurde diese Geschichte verbunden – was haben Sie bisher damit verbunden?

Und jetzt lesen Sie ihn noch einmal neu! Gibt es irgendeine Kleinigkeit, die nicht in Ihr vertrautes, gewohntes Bild passt?

Machen Sie sich die Geschichte fremd – streichen Sie alle kirchliche Atmosphäre, alle Verwendbarkeit für die Gemeindearbeit. Stellen Sie sich die Geschichte in echt, in rauer orientalischer Wirklichkeit vor – nicht als Predigttext für den 7. Sonntag nach Trinitatis, nicht als Theaterstück für die Kinderbibelwoche.

meine Notizen

9.2 Wir fangen nicht bei „Null“ an

Es ist klar geworden: Jeder Versuch, die Bibel zu verstehen, ist von den vier genannten Phänomenen begleitet. Am vierten Phänomen ist deutlich geworden: Die Bibel wurde nicht erst letzten Mittwoch im Sand der Wüste Negev gefunden, und alle Welt fragt sich seit Tagen, was diese Texte zu bedeuten haben. Seit 2000 Jahren, beim Alten Testament noch länger, ringen Menschen um das richtige Verständnis der Bibel, haben falsche und richtige Entscheidungen getroffen, wie dieses Buch zu interpretieren sei.

Damit Sie nicht alle Fehler der Geschichte noch einmal machen müssen, schauen wir uns einige dieser Entscheidungen genauer an.

9.2.1 Erste Entscheidung: Die Kanonbildung

Die erste und naheliegende Frage lautet: Wie kam es eigentlich zur Auswahl genau dieser biblischen Schriften? Warum stehen der Judas- und der 2. Petrusbrief in der Bibel, das sogenannte Thomas-Evangelium dagegen nicht?

Die biblischen Schriften sind nicht in der Absicht verfasst worden, einmal in einem fast für die Ewigkeit geltenden Buch zusammengefasst zu werden. Jeremia, Markus oder Paulus schreiben für die Situation, in der sie leben und werden genau so gelesen. Man hebt ihre Worte, Bücher oder Briefe auf, orientiert sich persönlich und im Gemeindeleben daran, solange sie etwas zu sagen haben. Aber dann geht auch mal was verloren, weil es nicht gebraucht wird. Sammlungen von Prophetenworten, Evangelienberichte, ganze Paulusbriefe werden im Neuen Testament erwähnt, sind aber verschollen gegangen.

Erst in Krisenzeiten passt man besser auf, dass nichts verloren geht, beginnt zu sammeln und etwas festzuhalten. Ich nenne Ihnen den Auslöser der im 2. Jahrhundert nach Christus beginnenden „Vergewisserungs-Krise“:

[1] Juden und Christen gingen endgültig – Gott sei es geklagt! – getrennte Wege. In diesem Trennungsprozess waren die Juden die ersten, die sich durch eine eigene, neu definierte Heilige Schrift einen geistlichen Mittelpunkt gaben. Interessanterweise war das nicht mehr die bis dahin mit den Christen gemeinsam benutzte griechische Übersetzung des Alten Testaments, die sogenannte Septuaginta. Die Juden griffen auf ihre alte hebräische Version zurück oder stellten sie wieder her, gleichzeitig strichen sie ein paar sehr späte, bis ins erste Jahrhundert vor Christi geschriebene, Bücher.

So standen die Christen mir ihren drei, vier Evangelien und ein paar Paulusbriefen plötzlich etwas dürftig da. Was ist euer „Heiliges Buch“, fragten Interessierte in Antiochia und Athen, und man hatte wenig in der Hand. Schnell merkte man: Wir stehen in dieser Hinsicht als Schriftreligion in jüdischer Tradition, wir werden schnell klären müssen, was hier unsere Basis ist – für uns selbst als Vergewisserung, für das Gespräch mit anderen als Argumentations- und Gesprächsgrundlage.

Einen ersten fehlgeschlagenen und allgemein abgelehnten Versuch unter- [2]
nahm im Jahr 144 n. Chr. in Rom ein gewisser Marcion. Er wollte die christliche Kirche komplett als Überbietung des Judentums verstehen. Das Alte Testament war für ihn die Offenbarung eines anderen Gottes als dem des Neuen Testaments. Der alttestamentliche Gott war ein Gott der Gerechtigkeit und der Vergeltung, der neutestamentliche Gott aber ein Gott der Liebe. Für die Juden galt das Alte Testament, für die Christen ließ er nur von allem jüdischen Denken gereinigte Paulusbriefe und das ebenso gekürzte Lukas-Evangelium stehen.

Die auf diese merkwürdige Schriftensammlung gegründete marcionitische Sekte kam zu so seltsamen Glaubensaussagen, dass man sich schnell von ihr trennte. Sie behauptete: Der himmlische Vater, der Schöpfer dieser Welt, ist ein gerechter Gott der Vergeltung, Jesus aber offenbart einen neuen, anderen Gott der Liebe. Die Spuren dieser Sekte verlieren sich wenige Jahre später. Aber es stand eine Frage im Raum, die bis in unsere Zeit aktuell ist: Wie hält die Kirche es mit dem Alten Testament – mehr noch: mit ihren jüdischen Wurzeln?

Da man gesehen hatte, in welche Glaubensverirrungen man ohne Altes Testament, ohne jüdische Wurzeln gelangen kann, hielt man entschieden an beidem fest und beschloss: In unserer Schriftensammlung darf deutlich werden, dass mit Jesus Christus etwas Neues begann. Aber dieser Jesus aus Nazareth war Jude, und das Neue wurzelt tief in der Geschichte Israels.

Die Schriftensammlung des Marcion war ein gescheitertes Projekt, aber immerhin auch der Anreiz, die Provokation beinahe, es besser zu machen, bevor ein neuer Marcion kommt.

Marcion hat provoziert, indem er den Kanon möglicher Schriften radikal zu- [3]
sammenstrich. Andere, die letztlich aus einer ähnlichen Ecke kamen, nahmen immer neue Schriften hinzu.

Die Ecke, aus der diese Irritation kam, nennt man Gnosis. Wir haben in diesem Buch schon öfter darüber gesprochen. Zur Erinnerung: Die Gnosis ist eine – im heutigen Begriff formuliert – esoterische Strömung, die die Welt und unsere menschlichen Körper ablehnt und Erlösung im rein Geistlichen sucht. Aus Jesus macht die Gnosis dann eine göttliche Lichtgestalt, natürlich kein wahrer Mensch im echten Körper, die auf die Erde gekommen ist, verlorene Seelen in geistige Sphären zu entheben.

In der Werkstatt dieses Denkens entstanden im 2. Jh. n. Chr. immer wildere Spekulationen, äußerlich als Evangelien oder Apostelbriefe gestaltet, der biblische Kanon wuchs ins Unermessliche. Und wie man gegenüber Marcion den Kanon erweiterte, sagten die meisten Gemeinden – aus demselben Grund – hier irgendwann: Stopp, es reicht!

„Wer ruft hier Stopp?“, werden Sie fragen – und mit welchem Recht, nach welchen Kriterien ging dieser Prozess vor sich?

Erstaunliche Erkenntnis der neueren Forschung ist: Der jetzt vorhandene Kanon hat sich selbst durchgesetzt, zugleich an vielen Orten, in vielen Gemeinden, ohne zentrale Entscheidungsmacht. Überall bildete sich der uns heute bekannte Kanon aus. Man könnte meinen, es sei mit dem Heiligen Geist zugegangen. Das Ganze geschah in den Jahren zwischen 140 und 180.

Die Kirche hat erst im Nachhinein beschlossen: das, was die Gemeinden da als Bibel benutzen, soll der „Kanon“ sein. Dieser Entscheidungsprozess begann erst im vierten Jahrhundert. Entscheidungsträger waren sogenannte Synoden, zu deutsch: Zusammenkünfte der Leitungen einzelner Ortsgemeinden. Man entsandte Älteste und Vorsteher zu solchen Treffen, weil man schnell merkte: Nicht nur in der Frage des Umfangs und Inhalts der Bibel gibt es Dinge, die eine einzelne Ortsgemeinde nicht alleine entscheiden kann und soll. So wie der einzelne Christ in der Gemeinde Unterstützung, Stärkung – aber auch Orientierung und Korrektur – findet, verhindert das gemeinsame Beten und Nachdenken vieler Gemeinden eher, dass man einen Irrtum begeht.

Den biblischen Kanon im heutigen Umfang formuliert das erste Mal der Metropolit von Alexandria, der berühmte Athanasius, in einem Osterrundschreiben an die Gemeinden seiner Region. Das war im Jahr 367 n. Chr. Diese Zusammenstellung hat sich dann auf verschiedenen Synoden in den nächsten Jahrzehnten durchgesetzt – einzelne Bücher, wie die Offenbahrung des Johannes, blieben trotzdem noch länger umstritten.

Was waren die Kriterien? Sie waren überraschend modern, man spricht von einem doppelten Konsensprinzip.

Konsens 1: Was ist das gemeinsame Glaubenszeugnis der im Gebrauch der Gemeinden befindlichen biblischen Schriften, was ist der rote Faden der Bibel, welches Bekenntnis kommt in ihr zum Ausdruck? Die ersten vier Jahrhunderte der Kirche waren die Suche nach dem Glaubensbekenntnis, die ersten finden sich schon in der Bibel, das älteste steht hier:

1. Kor 15, 3

Ich habe an euch weitergegeben, was ich selbst als Überlieferung empfangen habe, nämlich als Erstes und Grundlegendes: Christus ist für unsere Sünden gestorben, wie es in den Heiligen Schriften vorausgesagt war, und wurde begraben. Er ist am dritten Tag vom Tod auferweckt worden, wie es in den Heiligen Schriften vorausgesagt war.

Ein anderes, längeres, kennen Sie aus dem Gottesdienst: das sogenannte „Apostolische Glaubensbekenntnis". Man beschloss: Alle Schriften, die diesem Konsensus entsprechen, können in den Kanon der Bibel aufgenommen werden. Was diesem Konsens widerspricht, gehört nicht in das gemeinsame, verbindende, heilige Buch.

So hatte man ein Kriterium gegenüber Schriften, die z.B. behaupteten, der himmlische Vater und Schöpfer der Welt sei ein böser Gott, Jesus kein richtiger Mensch, sondern nur göttlicher Lichtfunke, und so weiter.

Konsens 2 klingt hier schon an und ist noch pragmatischer. Zum Kanon der Bibel gehören die Schriften, die sich im Gebrauch der Gemeinden, in Gottesdienst und Alltag bewährt haben. Man spürte: Mit der richtigen Mischung aus Jeremia und Paulus, Mose und Markus kann man gut Gemeinde Christi bauen – die apokryphen Petrus-Akten und die Henoch-Apokalypse bringen nicht wirklich weiter. Wer sich ein bisschen auskennt mit christlicher und pseudochristlicher Literatur der ersten beiden Jahrhunderte, kann sagen: Die haben schon eine ziemlich gute Auswahl getroffen damals.

Umgekehrt und noch deutlicher: Gemeinden, die sich nicht dem allgemeinen Konsens anschlossen und ihr Gemeindeleben und ihre Gottesdienste mit irgendwelchen Sonderschriften bestritten, lösten sich meistens nach wenigen Jahrzehnten von alleine auf – meist aufgrund interner Streitigkeiten.

Die richtige Auswahl des Kanons biblischer Schriften war das entscheidende Fundament für die werdende Kirche und ist es bis heute. Manche meinen, der Heilige Geist sei an dieser Auswahl nicht unbeteiligt gewesen.

Zweite Entscheidung: Symbolische oder geschichtliche Deutung? 9.2.2

Zeitgleich mit der Kanonbildung war eine zweite, bis heute wichtige Entscheidung zu fällen. Das Christentum war nämlich mit seinen jüdischen Wurzeln eine sehr beständige, erdverbundene Religion. In der Bibel ging es zu wie im richtigen Leben; es gab Liebe und Hass, Barmherzigkeit und Eifersucht, Freundschaft und Intrigen. Und die Babys wurden auch nicht vom Klapperstorch gebracht.

Im römischen Reich dagegen herrschte in Philosophie und Religion ein anderer Tonfall. Plato war wieder groß in Mode, im Neuplatonismus zählte die reine Idee, das abstrakte Prinzip, mehr als die konkrete, als banal empfundene Wirklichkeit. Das berühmte Höhlengleichnis des Plato bringt das Lebensgefühl dieser Zeit zum Ausdruck: Wir sind in einer Höhle, in deren Mitte ein Feuer brennt. Was wir sehen, sind nur die Schatten an der Wand. Die ganze

Wirklichkeit, die uns umgibt, ist nur der Schattenwurf ewiger Ideen und Prinzipien. Wir dürfen uns nicht an der Oberfläche der „scheinbaren" Wirklichkeit aufhalten, wir müssen zurückfragen: Welche Idee, welches ewige Prinzip, liegt diesem oberflächlichen Ereignis, dieser letztlich primitiven Realität zugrunde?

Allen voran Origines war es, der sagte: so müssen wir auch die gute, alte Bibel lesen! Die ganzen allzu romantischen, konkreten Geschichten im Alten Testament zuerst. Aber bei genauem Hinsehen: Diese manchmal doch ziemlich wirklichkeitsnahen Jesusgeschichten auch, die Wundergeschichten vor allem – das glaubt uns doch kein Mensch. Und es ist ja auch nur symbolisch gemeint.

„Allegorische Methode" nannte man das von Origines und anderen entwickelte Verfahren, das nach und nach auf die ganze Bibel angewandt wurde. Und tatsächlich gelang es, eine beeindruckende Gesamtinterpretation zu schaffen. Ein durchgängig anzuwendendes, schlüssiges Konzept, holte aus dem schwierigsten Bibeltext mit etwas Phantasie eine brauchbare Aussage heraus. Die Methode der Allegorie sagt: Was wir da lesen, ist nur eine zufällige Geschichtswahrheit. Viel wichtiger ist die Frage: Welche ewige Vernunftwahrheit liegt dahinter?

Zwei Beispiele: Jesus heilt einen Blindgeborenen. Die Allegorie sagt: Ob das wirklich passiert ist, kann man nicht sagen und es ist auch nicht wichtig. Entscheidend ist die Frage an Dich als Leser: Was sind Deine blinden Flecken, wo muss Gott Dir die Augen öffnen? Gott gibt Dir Augen, die nicht an der schnöden Realität hängenbleiben, die die wirklichen, geistigen Dinge sehen.

Oder unsere Geschichte, die Speisung der 5000: Möglich, dass sie wirklich passiert ist. Aber viel wichtiger: Wonach hungerst Du, was ist Deine Sehnsucht? Wer glaubt, es geht um Brot und Fische, der hat noch nicht verstanden. Brot, so sagt Origines in einem Kommentar zum Markusevangelium, das ist das Symbol, die Allegorie, für das Denken, für die Philosophie. Und „Fisch" – das steht für den Glauben. Jesus vermehrt nicht Brot und Fische, so denkt der primitive Mensch, Jesus stärkt Denken und Glauben, das ist der tiefere Sinn.

Sie spüren vielleicht, dass es mir nicht ganz gelingen will, die Leistung des Origines neutral darzustellen. Dennoch will ich, bevor ich die Kritikpunkte noch einmal klar benenne, sein Werk positiv würdigen.

Zum Einen: Wer bei Predigten, Andachten und Literatur zur Bibel mit geschärftem Blick hinsieht, wird zugeben müssen, eigentlich machen das bis heute fast alle so. Wir wollen doch wissen und sagen, was der Text „bedeutet" – wie verlockend ist die Möglichkeit, die Ebene zu wechseln, schwer verständliche Texte symbolisch zu deuten, allegorische Wahrheiten zu entdecken.

Zum Zweiten: Wer Origines kritisiert, muss sagen, wie es anders gehen soll. Origines war ehrlich und sagte: Die Welt der Bibel ist mir fremd, ich muss sie neu interpretieren. Geht es uns wirklich anders? Trauen wir Jesus handfeste, greifbare Wunder zu? Ich unterstelle einmal, dass fast jeder, der die Bibel öffentlich auslegen musste, schon manches Mal froh war, in die allegorische Welt des Origines ausweichen zu können. Sie merken, wie aus der Frage nach der Bibel-Interpretation schnell die Frage nach unserem Glauben überhaupt wird. Und dennoch kam man immer mehr dazu, das bestechend geschlossene Interpretationsmodell des Origines abzulehnen. Man empfand die Methode des Origines als genial. Aber spürte genau: Sie ist eine Flucht, ein Ausweichen vor Kernfragen des Glaubens.

Und weil dieses Ausweichen bis heute Methode ist, möchte ich die Sackgassen, in die man mit Origines geraten kann, klar beschreiben.

Sie haben vielleicht schon an den Beispielen von Blindenheilung und Brotvermehrung gemerkt: Das wirkliche Leben, mit allem, was wunderbar, aber auch erbärmlich ist, kommt gar nicht mehr richtig vor. So schön geistig kann man die Texte nur interpretieren, wenn man selbst gesunde Augen und genug zu essen auf dem Tisch hat. [1]

Seit meiner Ausbildung kenne ich eine gehörlose Frau. Auf einer Freizeit musste ich ihr einmal versprechen, nie allegorisch-symbolisch über Bibeltexte mit gehörlosen Menschen zu predigen. Sie sagte: „Du kannst dir ja gar nicht vorstellen, wie verletzend es für uns ist, wenn die Predigt über solche Texte schnell die Behinderung, das für uns eigentliche Problem, hinter sich lässt. Und dann, noch schlimmer, unsere Gehörlosigkeit nur noch als Metapher für nicht hören können und wollen, für Ungehorsam nimmt.

Der Allegorie liegt das idealistische Weltbild der Philosophie, genauer: die Ideologie Platons, zugrunde. Ideen sind alles, die Wirklichkeit ist nur Abbild. Das biblische Weltbild kennt keine Ideen, sondern nur die eine Schöpfung Gottes. Und in der ist alles Wirklichkeit, großartig und furchtbar, zärtlich und grausam. [2]

Mit der Welt verliert die Allegorie auch den Bezug zur Geschichte. Alles, was in der Bibel geschehen ist, vom Auszug aus Ägypten bis zum Leben der Urgemeinde in Jerusalem, verkommt in der Allegorie zum beliebigen Symbol, zum Zeichen irgendeiner Wahrheit „an sich". Das Rote Meer wird zum privaten Sorgenmeer, das Exil in Babylon steht für die Einsamkeit des christlichen Denkens. Was unsere Vorfahren im Glauben wirklich erlebt haben, ist nicht mehr von Interesse, und es entsteht der Verdacht: Was Menschen heute an leiblicher und materieller Not erleiden, interessiert genauso wenig.

Wenn relativ gleichgültig ist, was tatsächlich geschehen ist, fehlt genau genommen auch ein klares Kriterium dafür, was auf „geistiger Ebene" denn [3] nun genau gelten soll. Man wird den Eindruck nicht los, dass die biblischen Texte bisweilen zwar sehr feinsinnig, aber letztlich doch relativ willkürlich, auf das Glaubens-Bedürfnis des Auslegers hin umgebogen werden.

Vor allem diese Willkür und Beliebigkeit hat dazu geführt, dass sich die allegorische Methode des Origines nicht durchsetzte. Man entschied sich in der jungen Kirche für eine andere, die sogenannte typologische Methode. Sie sagt: Wir Christen stehen in der Geschichte mit den biblischen Ereignissen. Was in der Bibel, in Israel wie der Urgemeinde, historisch geschehen ist, ist „typisch" für das Volk Gottes. Wir sind dieses Volk und finden in der Bibel sozusagen „Prototypen" für eigenes Glaubens-Erleben. In der Bibel stehen nicht irgendwelche Ideen, sondern Menschen dokumentieren Gottes Handeln in der Geschichte. Wir leben, etwas später, in derselben Geschichte und entdecken anhand der Bibel, was typisch ist für Gottes Handeln.

Paulus hatte so schon das Alte Testament gelesen, und der Kirchenvater Augustin entwickelt diese „typologische Methode" zu großer Reife. Über Martin Luther ist sie zur maßgeblichen Auslegungsmethode in der Kirche der Reformation geworden.

Bevor wir zur dritten wichtigen Entscheidung weitergehen, holen wir kurz Luft und eignen uns das Gehörte durch vertiefende Fragen an (Weiterdenken, Punkt 1 und 2).

9.2.3 Dritte Entscheidung: Ist die ganze Bibel Gottes Wort?

Es gibt einen wunderschönen Psalm, den Psalm 137: „An den Wassern Babylons saßen wir und weinten", ein Lied in der Gefangenschaft, voll Traurigkeit und zärtlicher Sehnsucht. Doch am Ende des Psalms kippt die Stimmung, die Trauer schlägt in Wut gegen Babylon um. Und so endet der Psalm in Vers 9 mit dem Satz:

„Gott segne den, der deine Kinder packt
Und sie am Felsen zerschmettert."

Ist Psalm 137, Vers 9 ein Wort Gottes, ist das ein Original-Ton des Vaters von Jesus Christus? Drei Antworten wurden im Umgang mit der Bibel dazu gegeben.

[1] Erstens: Ja, dieser Vers und jeder Vers der Bibel ist Gottes Wort. Auch wenn uns das schwerfällt und bisweilen kaum zu ertragen ist. Das Argument derer, die diese These vertreten, lautet: Wenn wir anfangen, Verse, die uns nicht

einleuchten, aus der Bibel zu streichen, wird es damit kein Ende geben. Und irgendwann ist von der Heiligen Schrift nichts mehr übrig.

Um diese These zu untermauern, wurde die Theorie von der sogenannten „Verbal-Inspiration" entwickelt. In ihrer schärfsten Form, entwickelt von Anhängern Luthers im 18. Jahrhundert und heute noch in ängstlich-frommen Kreisen gültig, meint „Verbal-Inspiration": Im Moment des Schreibens eines biblischen Textes ersetzt Gott den Verstand eines Menschen durch den Heiligen Geist und gebraucht den Menschen als Schreibwerkzeug. Die Worte der Bibel sind deshalb zwar von Menschenhand geschrieben, der schreibende Mensch hatte im Moment des Schreibens aber keinen persönlichen Willen. Nur so ist sichergestellt, dass jedes Wort der Bibel tatsächlich Gottes Wort ist.

Die zweite Antwort vertritt genau die Gegenposition und sagt: Die Bibel ist [2]
von ihrer Entstehung her ein ganz normales Buch, von Menschen erdacht und geschrieben und unterscheidet sich prinzipiell nicht von anderen Büchern. In ihr finden sich gute, wertvolle Gedanken genauso wie sinnlose Grausamkeiten und schlichte Irrtümer. Deswegen ist die Bibel nur eines von vielen möglichen und unmöglichen religiösen Büchern, und die Kirche täte gut daran, sie nur auszugsweise zu lesen und andere geistige und religiöse Literatur hinzuzunehmen, etwa Goethe oder indianische Weisheiten.

Die dritte Antwort vertritt keinen Kompromiss zwischen den beiden Ex- [3]
trempositionen, sondern geht einen ganz anderen Weg, jenseits allgemeiner religiöser Spekulationen über die Bibel. Denn beide Extrempositionen, so verschieden sie auf den ersten Blick scheinen, haben insgeheim das gleiche, abstrakte Bild von Gott gemeinsam. Dieser Gott ist ein fernes, perfektes Prinzip, das nur perfekte Dinge schaffen kann. So muss die erste Position krampfhaft gegen alle Vernunft an der Perfektion der Bibel festhalten. Dagegen lässt die zweite Position die als unperfekt erkannte Bibel enttäuscht fallen, dieses fragwürdige Buch kann ja nicht das Werk eines perfekten Gottes sein.

Die dritte Position stellt zunächst einmal diesen fernen, perfekten Gott in Frage. Sie sagt: Wenn wir an Jesus Christus das Handeln Gottes erkennen, kommen wir zu anderen Ergebnissen. Die Größe Gottes besteht geradezu darin, nicht an irgendeiner menschenfernen Perfektion festzuhalten. Jesus ist Gott unter menschlichen Bedingungen. Das gilt für seine Windeln in der Krippe und noch ein, zwei Jahre danach. Das gilt für seine Todesangst in Getsemane. Und das gilt für das wunderbare, göttliche und gleichzeitig menschlich unperfekte Buch namens Bibel.

Adolf Schlatter hat es so gesagt: „Denn nicht das ist Gottes Herrlichkeit, dass er vor uns den Beweis führt, dass er ein fehlerloses Buch verfassen kann.

Sondern das, dass er Menschen so mit sich verbindet, dass sie als Menschen Gottes Wort sagen."

Die Bibel ist Gottes Wort, aufgeschrieben von Menschen, die inspiriert waren durch den Heiligen Geist. Aber sie waren keine willenlosen Instrumente, wir sehen sie als Persönlichkeiten mit all ihren Verletzungen und Fehlern deutlich, sehr deutlich, vor uns. Paulus sagt: Zerbrechliche, fehlerhafte Gestalten sind wir, die einen großen Schatz in den Händen halten.

Und wenn wir uns eingestehen, dass wir genauso verletzt, fehlerhaft und zerbrechlich sind, dann werden wir dieses unperfekt-heilige Buch namens Bibel ziemlich gut verstehen.

9.2.4 Vierte Entscheidung: Gibt es eine „Mitte der Schrift?"

Wenn die Bibel Gottes Wort unter menschlichen Bedingungen ist, könnte sich die Frage stellen: Woran merken wir, dass wir ganz dicht bei Gott sind in der Bibel – und an welcher Stelle menschelt es eher? Entscheiden wir das individuell nach Gefühl, oder gibt es klare Kriterien dafür, auf die wir uns einigen könnten?

Unser Gefühl sagt uns: Das Ende von Psalm 137 mit den zerschmetterten Kindern hört sich nicht wirklich nach Gottes Wort an, da hören wir eher die verzweifelte Aggression unterdrückter Gefangener. Da meinen wir schon eher Gottes Stimme zu hören, wenn es heißt: „Lasst die Kinder zu mir kommen. Denn ihnen gehört das Reich Gottes".

Und was sagt uns unser Gefühl, wenn es einmal in der Bibel bei Paulus heißt: „Anerkennung bei Gott findest Du nur im Vertrauen, im Glauben. Stolze Leistungen und eigene Werke bringen dich da nicht weiter" – und Jakobus dagegen hält: „Wenn du keine guten Taten vollbringst, dann ist dein Glaube eine leere Phrase!" Was ist denn hier die Position Gottes – und was menschliche, allzu menschliche Wunschvorstellung?

Der erste, der grundsätzlich daran gegangen ist, in der Vielfalt der Bibel so etwas wie eine Mitte, die Position Gottes sozusagen, zu bestimmen, war Martin Luther. Die Mitte der Schrift prägte er in der berühmten Formel „Was Christum treibet", also: Was die gute Nachricht von Jesus Christus unter uns Menschen vorantreibt. Und diese Gute Nachricht war die Botschaft: Gott ist mir Sünder gnädig, Gott erlöst mich von Schuld, heilt meine Verletzungen, befreit mich aus Zwängen und Abhängigkeiten.

Das war das große Programm der Reformation und gab schon ein klares Kriterium, Gottes Wort herauszuhören aus all den Menschenworten der Bibel. Deutlich hörte Luther das Wort von der Gnade Gottes aus den Psalmen und Jesaja, aus Paulus und dem Johannes-Evangelium. Die Apokalypse, der Hebräerbrief und vor allem der Jakobusbrief hielten seinem Kriterium nicht stand, letzteren nannte er frech eine „stroherne Epistel".

Derselbe Luther, der den Katholiken mit ihren selbstgemachten Dogmen und merkwürdigen Traditionen und Ritualen entgegengehalten hatte: „Allein die Schrift" – derselbe Luther sagt: „Wenn ich mich zwischen Christus und der Schrift entscheiden sollte, würde ich Christus wählen, würde mit Christus gegen die Schrift argumentieren." Und warnt wenig später seine allzu bibeltreuen Mitarbeiter davor, dass „die Bibel uns nicht zum papiernen Papst werde".

Luther hat die Bestimmung einer „Mitte der Schrift", einer „Position Gottes" unter den vielen Menschenworten, nicht willkürlich und vorschnell getroffen. Jahrzehntelanges Studieren, Meditieren der Schrift in einer Intensität, die heute nicht mehr vorstellbar ist, waren dieser Positionsbestimmung voran gegangen. Für seine Zeit und für sein Vorhaben war es genau richtig, wie er es gemacht hat.

Und doch muss man wissen, dass solch eine Festlegung einer „Mitte der Schrift", eine derartige Festlegung der biblischen Botschaft in all ihrer Breite und Vielfalt auf eine zentrale Kernaussage, immer auch problematisch ist. Und zwar aus zwei Gründen.

Die Bestimmung einer „Mitte der Schrift" sagt manchmal mehr über mich, meine offensichtlichen und auch geheimen Lebensthemen, als über die Bibel. Die große biographische Frage des von Selbstzweifeln und Depressionen geplagten Martin Luther war: „Wie bekomme ich einen gnädigen Gott?" Er hat für sich in der Bibel eine erlösende Antwort gefunden; eine Antwort, die die Welt verändert hat. [1]

Und trotzdem ist diese Antwort nicht in der Weise eine Mitte der Schrift, gegenüber der alle anderen Aussagen der Bibel nur noch belanglos, nebensächlich oder gar falsch sein können.

Menschen mit einer anderen Lebensgeschichte würden vielleicht sagen, die wahre „Mitte der Schrift" sei das Jesuswort aus Matthäus 25: „Was ihr einem meiner geringsten Geschwister getan habt, das habt ihr mir getan." Ich wollte nicht entscheiden, wer recht hat. Und Sie werden vielleicht durch Ihr Bibelstudium zu noch anderen Antworten kommen.

Wenn ich mich derart auf eine „Mitte der Schrift" festlege, wird meine Wahrnehmung selektiv, und ich werde immun gegen Überraschungen. Oder einfacher gesagt: Ich überfliege die Bibel nur noch auf der Suche nach meinen Lieblingsstellen, bestätige mich fortwährend in der Meinung, die ich mir vorher gebildet habe. Und wenn mein unruhiges Suchen dann doch mal an einem Text hängen bleibt, der mich irritiert oder sogar ärgert, sage ich: „Oh, tut mir leid. Du bist nicht die Mitte der Schrift". [2]

Ich gehe noch einen Schritt weiter: Der bewusste Verzicht auf eine Festlegung irgendwelcher Mitten und biblischer Kernaussagen, die grundsätzliche

Bereitschaft, sich von Gott in der Bibel überraschen und provozieren zu lassen, erscheint mir der lebendigen Vielfalt der Bibel angemessener. Gott möchte mit mir in der und durch die Bibel kommunizieren. Und diese Kommunikation kann nur gelingen, wenn ich nicht schon vorher weiß, was Gott sagen darf und was nicht.

Es kann sein, dass ich mit einem Bibeltext, mit dem ich jahrelang kämpfe, dann mehr erlebe als mit einem Wort, das mir sofort einleuchtet und zu Herzen geht. Und es ist nicht ausgeschlossen, dass ich bei allem Entsetzen doch irgendwann so etwas wie eine zärtliche Solidarität zu Menschen empfinde, die so kaputt und verletzt sind, dass ihr Gebet so fürchterlich enden muss wie Psalm 137.

Und wieder holen wir kurz Luft (Weiterdenken, Punkt 3 und 4).

9.2.5 Fünfte Entscheidung: Wie kritisch möchte ich die Bibel lesen?

Kritik an der Bibel gab es schon immer. Im 2. Jahrhundert bereits setzt sich der Kirchenvater Justin mit einem Philosophen seiner Zeit auseinander, der Widersprüche und Unstimmigkeiten im christlichen Glauben und auch in der Bibel aufdeckt, über die sich tatsächlich zu diskutieren lohnt. Weil die Bibel anscheinend mehr provoziert als jedes andere Buch, ist die Kritik bis heute nicht abgerissen.

Wenn Sie als Christin oder Christ Stellung nehmen wollen zu dieser Kritik an der Bibel, müssen Sie erkennen, auf welcher Ebene diese Kritik ansetzt. Nur dann wird man Ihre Antwort, Ihre Stellungnahme verstehen. Es besteht hier kein Unterschied zu der Kritik, die es zwischen Menschen gibt. Auch da kann es ganz entscheidend sein, zu spüren: Auf welcher Ebene werde ich kritisiert? Handelt es sich um sachliche oder persönliche Kritik? Stecken in der Kritik des Anderen Verletzungen, die vielleicht mit mir und meinem Verhalten gar nicht oder nur sehr indirekt zu tun haben?

Genauso verhält es sich mit der Kritik an der Bibel. Ich will Ihnen deshalb eine Unterscheidungshilfe geben, dass Sie erkennen: Auf welcher Ebene setzt diese Kritik an? Wie möchte ich darauf reagieren?

Kritik aufgrund von Missverständnissen

Kirchliche Tradition hat der Bibel bisweilen eine weltfremde Heiligkeit zugeschrieben, die niemandem gut getan hat. Ein Beispiel: Obwohl es sich so nirgends aus dem biblischen Text ergibt, wurde Jahrhunderte lang behauptet,

Mose selbst habe die Fünf Bücher Mose geschrieben. Da ergeben sich dann natürlich schon einige kritische Fragen: Wie ist es Mose gelungen, vor seiner Geburt Gott bei der Erschaffung der Welt zuzuschauen? Oder, fast noch schwieriger: Wie bekommt es Mose hin, am Ende des 5. Buches seinen eigenen Tod zu beschreiben?

Für das Verständnis der Fünf Bücher Mose ist es von keiner Bedeutung, gegen alle Vernunft daran festzuhalten, Mose habe diese Bücher persönlich geschrieben. Im Gegenteil: Historische Kritik befreit von Vorurteilen, falschen Dogmen und Missverständnissen. Es ist nämlich viel spannender zu sehen, wie diese Fünf Bücher Mose wirklich entstanden sind, welch aufregende Geschichte Gottes mit seinen Menschen dahinter steht. Eine zentrale Absicht dieses „Grundkurses Biblische Theologie" ist ja, Sie in diese wunderbare Geschichte mit hineinzunehmen.

Für Ihre Position heißt das: Verteidigen Sie keine vermutlich frommen Vorurteile, machen Sie Ihren Glauben nicht aus falscher Angst an Dogmen fest, die mit dem Evangelium von Jesus Christus nichts zu tun haben! Aus drei Gründen:

» Gott ist die Wahrheit. Und nur wer die Wahrheit fürchtet, muss die Kritik verbieten. Die Zeit einer Kirche, die die Wahrheit nicht an Gott festmacht, sondern an Dogmen, deren kritische Überprüfung sie dann nicht zulässt, ist endgültig vorbei.
» Ängstliche Vermeidung von Kritik erzeugt immer einen Rest Unbehagen. Das kennen Sie auch aus dem zwischenmenschlichen Bereich. Erinnern Sie sich an das Märchen „Des Kaisers neue Kleider"? Allen ist unwohl, bis das Kind den erlösenden Satz ausspricht: „Aber der Kaiser hat ja gar nichts an!" „Aber die Fünf Bücher Mose sind ja gar nicht von Mose!" – Na und, sage ich, war das hier für irgendjemanden wichtig?
» Kritik an der Bibel führt fast immer zu einem tieferen Verständnis von Gottes Wort unter uns Menschen. Es ist auch für den persönlichen Glauben viel bereichernder, zu verstehen, aus wie vielen persönlichen Einzelbegegnungen von Menschen mit Gott diese Fünf Bücher Mose entstanden sind, zu entdecken, was da an Schicksalen, an Würde wie an Versagen, drinsteckt, als einfach daran festzuhalten, irgend ein älterer Herr namens Mose habe sich hingesetzt und mal eben so fünf dicke Bücher geschrieben.

Historische Kritik ist ein Geschenk Gottes, das uns aus ängstlichen Vorurteilen befreit und uns die Augen öffnet für immer neue Entdeckungen in der Geschichte Gottes mit uns Menschen.

Kritik, die sein muss

Wir sahen eben, es gibt Kritik aufgrund von Missverständnissen. Aber es gibt auch Kritik, weil jemand sehr genau verstanden hat, worum es geht. Kritik an der Sache selbst; Kritik, die sein muss.

Ich verspüre kein großes Bedürfnis, mich einen ganzen Abend über die Frage der Autorenschaft der Fünf Bücher Mose oder anderer biblischer Schriften zu streiten. Aber wenn einer sagt: „Ich bestreite die Auferweckung Jesu von den Toten", fände ich es durchaus angebracht, auch mal eine ganze Nacht dranzugeben.

Missverständnisse lassen sich meist schnell klären. Aber oft ist die Kritik an der Bibel im Kern eine Kritik, eine Auseinandersetzung mit dem christlichen Glauben überhaupt: „Hat Gott die Welt geschaffen? Ist Vergebung der Sünde möglich? Wieso lässt Gott so viel Leid zu? Können heute noch Wunder geschehen?" – Das alles sind Fragen, die den Kern treffen, keine nebensächlichen Kleinigkeiten.

Deswegen ist es entscheidend, diesen Wechsel der Ebenen zu erkennen. Wer so fragt, wird nicht überzeugt, wenn ich ihn mit Bibelstellen überhäufe, der will auch nichts historisch bewiesen bekommen. Wer so fragt, fragt nicht mehr nach der Bibel als dem Dokument des Glaubens, der fragt nach dem Glauben selbst.

Und deswegen kann auch nur eine Antwort aus dem Glauben selbst, aus meinem persönlichen Glauben, gegeben werden. Ich bin gefragt, wenn so gefragt wird.

Ich kann mich nicht mehr verstecken, nicht einmal hinter der Bibel. Und wenn das Gespräch gut verläuft, merke ich ganz schnell: Ich muss hier nichts verteidigen gegen irgendwelche vermeintliche böse Kritik. Sondern diese Fragen sind genauso meine Fragen, auch für mich klärt sich in diesem Gespräch etwas.

Kritik, die aus der Verletzung kommt

Eine Untersuchung zur historischen Bibelkritik der letzten Jahrhunderte hat gezeigt: Die radikalste Bibelkritik kommt aus tiefer persönlicher Verzweiflung. Das Schema, das dahintersteht, sieht so aus:

Aus der Bibel, diesem wunderbar-unperfekten Gottes-Buch in Menschenhand, wird irgendein theoretisches Welt-Erklärungsbuch gemacht. Die Kirche erklärt den Menschen alles, die Welt und sogar den lieben Gott, und alles ist gut. Weil aber nicht alles gut ist, ganz und gar nicht, renne ich irgendwann mit einer Mischung aus Wut und Verzweiflung gegen diese Welt-Erklärer und ihr ach so tolles Bibel-Buch an.

Kritik, die aus solcher Verletzung kommt, darf und soll ich nicht „biblisch widerlegen". Das wäre geradezu grausam. Und genau genommen wäre das sogar unbiblisch: Niemals ist etwa Jesus dem Verzweifelten mit Schriftzitaten begegnet. Wenn ich erkannt habe, dass auf der Ebene der Verzweiflung gegen vermeintlich „biblische Wahrheiten" wie gegen eine Wand angerannt wird, ist es am besten, erst einmal gar keine Antworten zu geben, sondern zu fragen, zu hören, was für eine persönliche Geschichte hinter dieser Verzweiflung steckt. Ich weiß, dass das immer dann nicht leicht ist, wenn in der Verzweiflung auch ganz viel Wut zu spüren ist.

Aber es ist der einzige Weg. Weil genau genommen die Bibel ja das Buch gerade auch dieser Wütenden und Verzweifelten ist. Das aber können die Menschen nur entdecken, wenn ich für einen Moment wenigstens einmal auf schlaue Argumente verzichte und einfach Wegbegleiter bin.

Kritik modernen Denkens

Bei den ersten drei Formen der Kritik haben wir gesehen: Es geht bei der Kritik der Bibel gar nicht um die Bibel selbst, sondern um Missverständnisse, Glaubensfragen überhaupt oder persönliche Dinge. Die vierte Form der Kritik betrifft die Bibel selbst, in ihrem Anspruch als besonderes Buch, als Zeugnis von der Offenbarung Gottes, oder wie immer Sie diese Besonderheit der Bibel beschreiben wollen.

Wie ist diese Kritik entstanden, wie ist sie zu verstehen? Bis ins 17./18. Jahrhundert, in der Volksfrömmigkeit noch viel länger, lebte man letztlich im Weltbild der Antike, fühlte und glaubte wie ein biblischer Mensch. Die Aufklärung, der Rationalismus, die Philosophien und Weltanschauung der Moderne, Erkenntnisse und Fortschritte der Naturwissenschaften und vieles mehr machen es uns unmöglich, antikes Denken, biblisches Weltbild, naiv und ungebrochen zu übernehmen. Konkret: Sie können heute nicht über die Speisung der 5000 predigen, ohne dass Sie nicht auf ein paar Menschen treffen, die leise Zweifel daran haben, ob die Geschichte historisch genau so passiert ist, wie Markus sie aufgeschrieben hat. Sie können persönlich an Wunder glauben. Aber Sie müssen mit ernsthaften Fragen von Menschen rechnen, die das nicht tun. Und es wäre gut, diesen Menschen eine redliche Antwort geben zu können.

Manches am antiken Weltbild spielt für den christlichen Glauben keine Rolle, etwa, ob die Erde eine Scheibe ist oder eine kugelähnliche Form hat. Anderes ist unverzichtbar: Ich kann mir z.B. kaum einen Christenglauben vorstellen, der sagt: Ach, die Auferweckung von den Toten, das ist so eine überholte antike Vorstellung, die brauchen wir nicht mehr.

Die Anwendung der historisch-kritischen Methode aus den modernen Geschichtswissenschaften auf die Bibel hat den Glauben vieler Menschen ins

Wanken gebracht und erschüttert. Damit wir uns nicht mit Nebensächlichkeiten aufhalten, greife ich die zwei zentralen Punkte heraus. An ihnen wird deutlich, was auf dem Spiel steht.

[1] Der erste Punkt betrifft die sogenannte *religionsgeschichtliche Schule*. Mit ihr wird eine Forschungsrichtung in der Theologie beschrieben, die Inhalte und Struktur des Christentums mit anderen Religionen vergleicht. In diesen Vergleichen wird deutlich: Vieles, was man für einmalig christlich oder jüdisch hielt, ist eigentlich allgemein menschlich. Es kann irritieren, wenn man plötzlich merkt: Der Glaube des Volkes Israel, der Glaube des Urchristentums, ist vielfach geprägt von Glaubensvorstellungen anderer Völker.

Zwei Beispiele: Es gibt ursprünglich im Judentum überhaupt keine Vorstellung von einem persönlichen Leben nach dem Tode. Diese entsteht erst sehr spät und allmählich in der Zeit der Besetzung durch die Perser, etwa im dritten Jahrhundert vor Christus. Zweites Beispiel: Im 1. Jahrhundert nach Christus gibt es eine größere Zahl von Männern, an denen sich messianische Hoffnungen festmachen, denen Wundertätigkeit nachgesagt wird, die Anhänger um sich sammeln.

Beides kann gehörig irritieren, wenn man von der Vorstellung ausgegangen war, die Bibel sei gleichsam als fertiges Produkt vom Himmel gefallen – mitten hinein in eine religiös vollkommen ahnungslose Welt. Es kann verwirren, wenn man zugeben muss: Jahwe, der Gott Israels, Jesus Christus, auch unser Glaube an den Heiligen Geist – das steht nicht isoliert da, sondern ist hinein verwoben, verbunden in die und mit den Religionen anderer Völker.

Wenn Sie diese Erkenntnis zulassen, müssen Sie etwas loslassen. Sie müssen die Vorstellung loslassen, christliche Offenbarung sei etwas Exklusives; christliche Erkenntnisse seien nur in dem von Bibel und Kirche gesteckten Rahmen möglich. Dieses Loslassen ist schwer, weil man (zu recht übrigens!) eine Gefahr, eine Bedrohung wittert. Die Gefahr, dass die Konturen verloren gehen, dass sich das Christentum auflöst, unkenntlich wird in der Vielfalt der Religionen und Weltanschauungen.

Aus Angst vor dieser Gefahr haben sich lange viele Christen gegen diese Erkenntnisse gesträubt, verzweifelt und doch immer wieder vergeblich die Originalität und Einzigartigkeit bestimmter christlicher, biblischer Gedanken nachzuweisen versucht.

Mit vielen anderen bin ich der Überzeugung, dass dieser Kampf eben nicht nur vergeblich, sondern überflüssig ist. So wie sich Jahwe, der Gott Israels, der Sprache und Vorstellungswelt des alten Orients bedient, um Menschen zu erreichen, so benutzt er auch religiöse Symbole, die diese Menschen verstehen. Konkret: Keiner hat doch ein Problem damit, dass Jahwe den Mose auf Hebräisch anredet. Wieso aber soll es dann ein Problem sein, wenn Jahwe sich in dem damals allgemein verständlichen Zeichen für Gott zeigt, als Wetterphänomen, in Sturm und Donner, als Feuer- und Wolkensäule? Wäre Jahwe eindeutiger Gott, wenn er Mose auf Chinesisch anspricht und sich ihm als Klangschale offenbart? Kann nur das von Gott sein, was wir nicht verstehen?

Gottes Offenbarung, hier in Jahwe, später in Jesus – die ist so eindeutig, dass ich kein Problem damit habe, wenn er mit den Menschen innerhalb ihres sprachlichen und eben auch religiösen Auffassungsvermögens kommuniziert. Menschen, die die Bibel lesen, sollen sagen: „Die Worte, die Gedanken, sind mir vertraut. Ich verstehe das. Aber so habe ich es noch nie gehört."

Vielleicht, und nicht nur nebenbei, kann uns diese Erkenntnis auch heute im Dialog mit anderen Religionen dazu bringen, mal etwas genauer hinzuhören, bevor wir so ganz sicher sind, dass Jesus uns durch Menschen, die keine Christen sind, auch wirklich nichts sagen könnte.

Der zweite Punkt der Verunsicherung betrifft die Frage nach dem sogenannten historischen Jesus. Bis weit in die Zeit der Aufklärung hinein hatte man sich allenfalls über den einen oder anderen Widerspruch gewundert, sich gefragt, warum es gleich vier Evangelien geben muss – die aber im großen und ganzen für relativ zuverlässige historische Berichte über das Leben Jesu gehalten wurden. [2]

Die historisch-kritische Forschung an den Evangelien ergab ein neues Bild. Nicht nur, dass sie bis zu siebzig Jahre nach Jesu Tod und Auferstehung erst entstanden sind – auch literarisch wollen sie etwas ganz anderes sein. Es ist nicht ihre Absicht, etwas historisch korrekt zu berichten, sie wollen Glaubenszeugnisse von Gemeinden sein, mit einem Wort: Sie sind Botschaft – nicht Bericht.

Man kann, so wurde man sich immer sicherer, aus dem Lukas-Evangelium z.B. nur etwas über den Glauben des Lukas und seiner Gemeinde erfahren – aber so gut wie nichts über den historischen Jesus. Jesus ist als Person nur der zufällige Kristallisationspunkt des christlichen Glaubens, ein an sich bedeutungsloser jüdischer Rabbi. Von ihm müsste nicht die Rede sein, wenn sich nicht aus unerfindlichen Gründen so viele Mythen, Legenden und kluge Sinnsprüche an seiner Person festgemacht hätten, die die Evangelien dann – jeweils verschieden – gesammelt haben.

Rudolf Bultmann, von dem gleich noch die Rede sein wird, hat einmal pointiert die These dieser Forschungsrichtung zusammengefasst: „Von Jesus Christus lässt sich historisch nichts Zuverlässiges sagen, außer dem 'Dass' seines Gekommenseins."

Diese These verunsichert, weil sie den Eindruck erweckt, dem ganzen christlichen Glauben würde die historische Basis entzogen. Soll ich meinen

Glauben festmachen an ein paar Legenden aus dem Ende des 1. Jahrhunderts über einen Rabbi, über den sich eigentlich nichts genaues mehr sagen lässt? Das wäre keine wirklich gute Idee.

Wie gehen wir mit dieser Erkenntnis um? Zwei weiterführende Gedanken:

[1] Es ist zunächst einmal als Gewinn zu betrachten, dass die historische Forschung die Evangelien als Glaubenszeugnisse entdeckt hat. Man kann ein Buch nur als das lesen, als was es gemeint ist. Aus einem Geschichtswerk entnehmen Sie historische Fakten, aus einem Telefonbuch die richtige Nummer. Und aus einem Evangelium, wie man an Jesus Christus glauben kann. Was anderes steht da nicht drin. Gott sei Dank hat das mal jemand klar gestellt.

Denn machen wir mal die Probe aufs Exempel an Markus 6: Die Frage ist nicht, ob wir Markus für historisch zuverlässig halten. Die Frage ist, was unser Glaube Jesus Christus zutraut. Meinem Glauben würde es nichts nützen, wenn mir jemand einwandfrei nachweist, die Geschichte sei genau so passiert. Glaube wird nicht durch historische Beweise erzwungen. Das wäre ein Glaube wider Willen, nicht das tiefe Vertrauen, um das es in den Evangelien geht, sondern bloßes Fürwahrhalten von „Tatsachen".

Das Evangelium mit seiner Botschaft will bei mir nicht erreichen, dass ich distanziert sage: „Ich halte die Speisung der 5000 historisch für möglich." Das Evangelium, Markus, möchte, dass ich mit ihm sage: „Ich traue das diesem Jesus zu, damals wie heute."

[2] Der zweite Gedanke betrifft den Stand der Forschung. Auch der hat sich weiterentwickelt in den letzten 20, 30 Jahren, im Vergleich zu der Zeit, als man den historischen Jesus nur noch als Platzhalter, als Projektionsfläche der Gemeindetheologie der Evangelisten sah. Eine genauere Analyse ergab: Die Evangelisten greifen relativ wenig in die Berichte und Erzählungen ein, die ihnen vorliegen. In großen Teilen ist man historisch ganz dicht an der Lebenswelt Jesu und seiner Jünger dran. Sicher werden die Geschichten beim Erzählen für die Gemeinden interpretiert. Aber die Grund-Situation der Erzählung, sozusagen die Basis-Version, auch als Erfindung, etwa des Markus, abzutun, ist wissenschaftlich nicht korrekt.

An einem Text wie der Speisung der 5000 werden Sie spüren, dass immer beides in diesen Texten drinsteckt, dass Markus hier zu seiner Gemeinde spricht, in gottesdienstlichen Worten.

Wenn etwa über Jesus gesagt wird: „Dann nahm Jesus die Brote, dankte Gott, brach sie, gab sie seinen Jüngern...", leuchtet natürlich die Abendmahlssituation einer Ortsgemeinde durch.

Und genauso ist in Markus 6 die alte Erinnerung an das Leben Jesu und seiner Jünger bewahrt, in vielen Einzelheiten wird ein Bild festgehalten, das Markus sich nicht ausgedacht haben kann. Die Heimatlosigkeit, die Nahrungsproblematik, das schon wagemutige Gottvertrauen bis zur Atmosphäre am See Genezareth: Das ist auch historisch genau die Welt dieser ehemaligen Berufsfischer, dieser umherwandernden Charismatiker um Jesus.

Es ist jedenfalls nicht aus der Lebenswelt des Markus zu erklären, der nach unserem Kenntnisstand mit seiner Gemeinde irgendwo in Syrien, wahrscheinlich in der Stadt Antiochia lebte.

Fazit: Es ist inzwischen auch wissenschaftlich wieder korrekt, auf die Suche nach dem historischen Jesus zu gehen. Es ist eine spannende Suche voller Überraschungen. Nur tun Sie etwas nicht: Versuchen Sie nicht, mit diesem historischen Jesus sich oder anderen irgendetwas zu beweisen. Die Botschaft der Evangelien ist: Der Zugang zu Jesus Christus läuft über Vertrauen und Glauben und lässt sich durch das noch so perfekte historische Argument nicht erzwingen.

Glaube entsteht nicht, weil dann doch irgendwann im palästinensischen Wüstensand die DVD von der Auferstehung Jesu Christi auftaucht. Glaube entsteht, wenn ich mir durch die Bibel die Augen öffnen lasse, sensibel werde für die Momente, in denen mir Gott heute begegnet.

„Wie kritisch möchte ich die Bibel lesen?", war die Frage. Wir überprüfen unsere Antworten wieder an unserem Text aus Markus 6 (Weiterdenken, Punkt 5).

Sechste (und letzte) Entscheidung: Mit welcher Grundhaltung lese ich biblische Texte? 9.2.6

Alle modernen, zeitgemäßen Zugänge zur Bibel – sechs von ihnen werden wir uns gleich anschauen – setzen die jetzt zu besprechende Grund-Entscheidung voraus. In dieser Grund-Entscheidung spiegelt sich ein Jahrhunderte langes Ringen um die Bibel, um ihr Neu-Verstehen nach der Aufklärung, wider. Seinen Höhepunkt fand dieses Ringen in der berühmt gewordenen Auseinandersetzung zwischen Karl Barth und Rudolf Bultmann um das richtige Verständnis der Bibel.

Barth und Bultmann verbindet ein Neuaufbruch in Glaube und Kirche nach dem 1. Weltkrieg. Man hatte sich angewöhnt, von der Kirche zu fordern: „Gott soll segnen, was wir tun!" und die Kirche segnete; wenn es gewünscht war auch mal die Waffen. Barth, Bultmann und andere Vertreter dieser neuen Richtung, der sogenannten „Dialektischen Theologie", drehten den Satz um und sagten: „Gott soll nicht alles segnen, was wir tun. Wir aber sollen tun, was Gott segnet; uns fragen, wo eigentlich sein Segen drauf liegt. Und wo nicht."

Die Initialzündung für diesen Neuaufbruch war die Wiederentdeckung der Bibel, ein kleiner Römerbrief-Kommentar von Karl Barth aus dem Jahr 1919 trat eine Lawine los. Gott ist der ganz Andere, der Fremde, der Erschreckende, sagt Barth. Er entspricht nicht unserem religiösen Empfinden und kann nie Ergebnis unseres klugen Nachdenkens sein. Für sein Verständnis der Bibel bedeutet das etwas Neues. Er bejaht die historisch-kritische Erforschung der Bibel, hält sie aber für kurzsichtig und dem Gegenstand nicht angemessen. Dabei will er nicht wie die Pietisten diese kritische Sichtweise beiseite schieben und wieder ganz naiv die Bibel nur zur persönlichen Erbauung lesen, als habe es nie eine Aufklärung gegeben.

Barth sagt: Die Bibel ist das aufwühlende, fremde Dokument dieses ganz anderen, erschreckenden Gottes. Wir werden der Sache nicht gerecht, wenn wir es einfach wie ein Stück Menschenliteratur klug analysieren, oder es auf unsere religiösen Gefühle hin abfragen. Nur mit zitternden Händen sollen wir dieses furchtbar-zärtliche Buch berühren, erst wenn wir auf die Knie gefallen sind, dürfen wir es aufschlagen. Ja, aus Respekt. Aber vor allem, weil wir, wenn wir nicht diese radikale Haltung einnehmen, von diesem Buch gar nichts, überhaupt gar nichts verstehen werden. Die Worte werden an uns vorbeirauschen, die Bibel ist die Krise menschlichen Verstehens.

Barth verhöhnt die historisch-kritische Wissenschaft: „Für wie schlau habt ihr euch gehalten, habt jede Kleinigkeit herausbekommen – und habt die ganze Zeit wie Narren das zweischneidige, scharfe Wort des lebendigen Gottes in den Händen gehalten. Eure Finger bluten – und ihr wisst nicht warum." „Kritischer müssten mir die Historisch-kritischen sein", endet Barth seine Spottrede.

Ihr wollt die Bibel erforschen, ihr wollt Gott auf die Schliche kommen, lacht Barth. Passt auf, ruft Barth, wenn ihr diesen Raum betretet, wenn ihr dieses Buch aufschlagt, dann werdet ihr erforscht, durchleuchtet, entlarvt! Da werdet ihr plötzlich vor einem Größeren stehen, da könnt ihr euch nur neben den Markus und den Paulus und den Jeremia stellen und euch ganz, ganz festhalten, damit es euch nicht umhaut.

Barths Theologie ist in einem wütenden Rausch gegen alle kleinbürgerliche Anpassung geschrieben, gegen eine Kirche, die Ja und Amen sagt zu allem, Waffen segnet und schweigt zu den Untaten Adolf Hitlers. Barth holt die Bibel aus dem Bücherregal der Wohnzimmer, wo sie eingeordnet war zwischen Goethe und Hermann Hesse und also niemanden mehr beunruhigte, und wirft sie uns Spießern zwischen die Füße, auf dass wir endlich auf die rechte Weise ins Stolpern geraten.

Barths Theologie ist großartig und unerträglich, apokalyptisch im biblischen Sinn. (Ich möchte Sie deshalb an dieser Stelle ausdrücklich davor warnen, seine Bücher zu lesen, insbesondere den Römerbrief-Kommentar in der 12. Auflage von 1922, erschienen als Nachdruck im Theologischen Verlag Zürich unter der ISBN 978-3-290-11363-9.)

Weniger unheimlich, geradezu sympathisch, ist der andere große Entwurf aus dem 20. Jahrhundert die Bibel zu verstehen, von Rudolf Bultmann. Von Haus aus Neutestamentler, bringen ihn seine Forschungen an der Bibel zu dem Ergebnis: Dieses Buch kann der moderne, aufgeklärte Mensch heute nicht mehr verstehen. Die Wahrheit, die Botschaft (Bultmann nennt es „das Kerygma"), ist derart unter Märchen, Mythen und Wundergeschichten versteckt, dass wir immer erst nach dem eigentlichen Sinn fragen müssen.

Bultmann nennt diesen Vorgang „Entmythologisierung", sagt aber selbst, dass er diesen Begriff für unglücklich gewählt hält. Denn er möchte die Bibel nicht entrümpeln, er will auf keinen Fall die Wunder und Mythen aus der Bibel entfernen. Nur zeitgemäß, persönlich, verständlich soll das alles gedeutet werden. Der moderne Mensch soll nicht seinen Verstand an der Kirchentür abgeben müssen, er soll sich mit dem Inhalt der Botschaft auseinandersetzen und nicht durch die heute überholte Form abgeschreckt werden.

Man muss verstehen, dass Bultmanns Anliegen von frommer Ernsthaftigkeit geprägt war, um nachfühlen zu können, wie sehr er unter ungerechter Polemik gegen sein Programm der Entmythologisierung gelitten hat. Man schleuderte ihm nur sein unglücklich gewähltes Schlagwort um die Ohren und unterstellte ihm, sein Ansatz zerstöre den biblischen Glauben. Dabei dachte Bultmann: Die äußere Form des biblischen Glaubens ist doch schon zerstört, das alles glaubt doch heute kein Mensch mehr! So lasst uns wenigstens den Inhalt retten.

Genau genommen war Bultmann lutherischer Pietist. Lutheraner, weil er sagte: Allein aus Glauben, keine Sicherheit aus eigenen Werken, keine Sicherheit aus überholten, unzeitgemäßen Büchern. Wörtlich sagte er: „Wie die Lehre von der Rechtfertigung zerstört die Entmythologisierung jedes Verlangen nach Sicherheit. ... Der Mensch hat immer leere Hände vor Gott", nicht einmal an der Bibel kann er sich noch festhalten.

Und Pietist ist er, weil er sagte: Es gibt nur noch den persönlichen, individuellen Zugang zu Gott über meine eigene Entscheidung. Existentiale Interpretation nennt Bultmann das und er meint: Obwohl die Bibel von ihrer äußeren Form her ein überholtes, unzeitgemäßes Buch ist, spricht Gott durch sie direkt in deine Situation, deine Existenz, und ruft dich in die Entscheidung.

Wichtig ist bei Bultmann die Unterscheidung von echtem und falschem Anstoß. Falschen Anstoß würden wir an der Bibel nehmen, wenn wir sie als unzeitgemäßes Märchenbuch der Antike beiseite legen. Entmythologisierung und existentiale Interpretation beseitigen den falschen Anstoß, und der Mensch steht vor dem echten Anstoß, der ungeheuerlichen Botschaft vom gekreuzigten und auferstandenen Christus. Das soll uns aufwühlen! Nicht diese ganzen unglaubwürdigen Mythen und Wundergeschichten. Das ist die Entscheidung: Ob Jesus Christus in Tod und Leben unser Herr ist! Und nicht, welche Meinung wir zu den Auferstehungsberichten haben.

Man muss sich das so vorstellen: Der Mensch ist als Erlöster wie ein im Bergwerk Verschütteter. Für ihn ist es schon Erlösung, dass sich ihm überhaupt jemand nähert und ihn herausholt. Welche Motive der Retter hat, wie er aussieht, ist für die Befreiung unwichtig. Zwei Dinge reichen: Erstens, dass einer kommt, zweitens, dass ich mich ihm anvertraue.

Der hier nur sehr kurz vorgestellte Entwurf Rudolf Bultmanns ist das geschlossenste hermeneutische (=textverstehende) System der Neuzeit. Wie kein anderer hat Bultmann erst evangelisches, später katholisches und inzwischen auch freikirchliches Bibelverständnis geprägt. Seine „Theologie des Neuen Testaments“ und noch mehr die Sammelbände „Glauben und Verstehen“ sind ehrliche, kluge und feine Bücher eines Mannes, dessen Lebenswerk es war, die Bibel für den heutigen Menschen nicht nur verständlich zu machen – sondern vor allem zu zeigen: Ihre Botschaft entscheidet auch heute noch über Leben und Tod.

Sie werden bei Ihrer Arbeit mit der Bibel immer wieder auf die Folgen und Wirkungen des bultmannschen Konzepts stoßen. Seine fanatischen Gegner werden immer weniger, immer mehr Menschen sagen: Wenn wir ehrlich sind, geht es nicht mehr anders.

Trotz dieser positiven Würdigung will ich Sie aber auch auf die Schwachstellen und offenen Fragen in diesem Konzept hinweisen. Diese müssen Sie kennen, wenn Sie mit diesem Entwurf arbeiten und die Bibel verstehen wollen.

Indem Bultmann den Mythos, die Wunder, die ganzen unglaublichen Geschichten in ihrer schillernden, tragwürdigen Farbenpracht reduziert auf die persönliche Botschaft, auf die individuelle Entscheidung, gerät ihm allmählich nicht nur die antike, sondern auch die heutige Welt aus dem Blick. Wer mit Bultmann die Bibel auslegt, dem bleiben oft nur noch die Einzelseele und der liebe Gott im traulichen Zwiegespräch.

Genau das ist es, was Barth Bultmann von seinem Ansatz her vorwirft: Was wirklich geschehen ist, spiele für Bultmann keine Rolle mehr; Abraham, die Befreiung aus Ägypten, die Wundergeschichten Jesu – das seien ja alles Mythen, die man persönlich, existentiell deuten müsse. Aber was herauskommt, sei dann ein rein individueller Glaube, in dem auch keine Rolle mehr spielt, was heute wirklich geschieht.

Barth wirft Bultmann einen ungeschichtlichen, unpolitischen Glauben vor. Und wenn wir unseren Text aus Markus 6 von der Speisung der 5000 nehmen: Dass irdische Menschen leiblichen Hunger haben, spielt – vorsichtig gesagt – in so einer Bibelauslegung dann auch keine wirklich große Rolle.

Bultmann unterscheidet in seinem Entwurf, wie wir gesehen haben, zwischen zeitbedingter Form und ewigem Inhalt. Diese Unterscheidung hält man heute aus guten Gründen für problematisch. Jeder Inhalt sucht sich die Form, die zu ihm passt. Deswegen vergreift man sich auch am Inhalt, wenn man die Form einfach als unwichtig abtut. Man kann nicht sagen: Hinter der Befreiung aus Ägypten, hinter der Auferweckung Jesu von den Toten, steckt irgendeine Idee, ein ewiges Prinzip; Wüste, Ägypter, Kreuz, leeres Grab, alles belanglos.

Bultmann ist insofern Lutheraner, als dass er auch von einer „Mitte der Schrift" ausgeht. Das, was er für die zentrale Botschaft der Bibel hält und „Kerygma" nennt, deckt sich ziemlich genau mit der lutherischen Rechtfertigungsbotschaft.

Wir haben gesehen, dass es bei aller Bedeutung dieser wirklich zentralen Botschaft ein problematisches Vorgehen ist, eigentlich schon vorher zu wissen, was in dem biblischen Text als Inhalt zu stehen hat – und sich von seiner äußeren Form dann nur noch wenig irritieren zu lassen.

An zwei konkreten Beispielen sei die auch theologische Grenze des Bibelverständnisses von Bultmann aufgezeigt:

» Das Alte Testament in seiner prallen Diesseitigkeit gibt für Bultmanns feinsinnigen Existentialismus naturgemäß nur noch wenig her. „Israel" ist für ihn deshalb nicht mehr das Volk Gottes, sondern steht schlicht als Symbol für menschliches Scheitern vor Gott, das erst in Jesus Christus endet. Wir hatten im Laufe dieses Grundkurses mehrfach gesehen, dass man als Christ niemals mehr so über Israel urteilen darf.
» Wenn auch die Auferweckung Jesu von den Toten nur noch Mythos ist, der entmythologisiert werden muss, wenn es sich bei allen Osterberichten in den Evangelien letztlich um unglaubwürdige Legenden handelt, die man existentiell deuten muss, werden doch noch einmal stärker Grundfeste unseres Glaubens berührt, als wenn man leise Zweifel bei der einen oder anderen Wundergeschichte anmeldet.

Bultmanns Deutung der zentralen neutestamentlichen Botschaft, von der Auferweckung Jesu von den Toten, bleibt dann auch merkwürdig diffus, blumig und unbestimmt. Die Auferstehung sei kein historisches Ereignis, sondern „Ausdruck der Bedeutsamkeit des Kreuzes", Jesus sei „ins Kerygma hinein auferstanden", Jesus begegnet mir in der Botschaft der Jünger, dort lebt er weiter, „im Wort" sagt Bultmann, und stellt mich vor die existentielle Frage, ob auch ich mein sündiges Wesen im Kreuz hinter mir lassen will.

Ich ahne, was Bultmann meint. Aber so richtig verstehe ich es nicht. Und vor allem bin ich ratlos, wie ich mit diesem Glauben am Sterbebett beten, auf dem Friedhof predigen soll.

Fazit: Es war nötig, gerade wegen seiner großen Verbreitung, zum Schluss noch einmal auf die Problematik des Bultmannschen Entwurfes hinzuweisen. Die meiste Kritik wurde so von Barth und seinen Schülern formuliert.

In der Praxis aber wird es so sein, dass man in diesen beiden großen, gegensätzlichen Positionen zwei Pole zu erkennen hat, zwischen denen man sich beim Lesen und Verstehen der Bibel zu bewegen hat. Mal ist man näher beim geschichtlich-politischen Pol von Karl Barth, mit seinem auch sehr fremden, unbequemen Gott, der hineinspricht in die ganze Wirklichkeit dieser Welt. Mal ist man näher beim individuell-persönlichen Pol von Rudolf Bultmann, mit seinem nahen, gnädigen Gott, der mich existentiell anspricht, tröstend und ermahnend.

Nehmen Sie es als Chance wahr, sich von dem Ansatz in Frage stellen zu lassen, der Ihnen auf den ersten Blick fremd oder sogar unbequem erscheint.

1. Kanonbildung
   - » Überlegen Sie persönlich und tauschen Sie sich mit anderen aus: Was sind für Sie die zentralen, wichtigsten biblischen Bücher bzw. Bibeltexte? Was dürfte in „Ihrer" persönlichen Bibel auf keinen Fall fehlen?
   - » Gehen Sie einen Schritt weiter: Welche Bibeltexte halten Sie für die Kirche für unaufgebbar? Was muss in der Bibel Ihrer Gemeinde stehen?
   - » Welches Buch in der Bibel, welcher Bibeltext, fällt Ihnen schwer, worüber wünschen Sie, nie predigen zu müssen? Warum? Und: welche Chance bieten uns Bibeltexte, die uns ärgern?
   - » Wenn Sie die Botschaft der Bibel, so weit Sie sie kennen, in fünf Sätzen zusammenfassen sollten – welche fünf Sätze wären das?

2. Symbolische oder geschichtliche Deutung?
   - » Zu welchen Ergebnissen kann man gelangen, wenn man die Geschichte von der „Speisung der 5000" nicht symbolisch oder allegorisch deutet?
   - » Überlegen Sie eine Geschichte aus dem Alten Testament: Deuten Sie sie einmal allegorisch-symbolisch ... und dann typologisch-geschichtlich!

   (Wenn Ihnen spontan keine Geschichte einfällt, nehmen Sie „Mose und der brennende Dornbusch", 2.Mose 3, 1-12)

3. Ist die ganze Bibel Gottes Wort?
   - » Erinnern Sie sich an Bibelstellen, bei denen Sie selber schon einmal gezweifelt haben, ob die ganze Bibel Gottes Wort ist?
   - » Was strengt Sie mehr an: Die Diskussion mit einem Menschen, der an die „Verbalinspiration" glaubt? Oder die Auseinandersetzung mit jemandem, der die Bibel für ein gewöhnliches menschliches Buch hält?

   Warum ist das bei Ihnen so? Welche Ursache könnte Ihre Reaktion haben?

4. Gibt es eine „Mitte der Schrift?"
   - » Wenn Sie spontan antworten sollten, was zurzeit Ihre persönliche „Mitte der Schrift" ist – welche Antwort würde Ihnen einfallen? Formulieren Sie einen Satz!
   - » Tauschen Sie sich mit anderen über Ihre „Mitte der Schrift" aus. Finden Sie eine gemeinsame Mitte, ergeben die vielen Mitten eher ein „weites Feld" – oder gibt es sogar Widersprüche?
   - » Setzen Sie den Text aus Markus 6 von der „Speisung der 5000" dazu in Beziehung! Was von dem, das Sie als zentral, als „Mitte der Schrift" erkannt haben, findet sich in diesem Text wieder?

   Welche neuen Impulse gibt Markus 6, 30 – 44 für das, was Sie für die Mitte der Schrift halten?

5. Wie kritisch möchte ich die Bibel lesen?
   - » Was ist Ihre „Kritik“ an dieser Erzählung (Markus 6, 30-44)? Was ärgert Sie, was können oder wollen Sie nicht glauben?
   - » Prüfen Sie einmal nach: Auf welcher Ebene setzt Ihre Kritik an? Auf der persönlichen Glaubensebene, oder ist es eher eine sachliche Verstandesebene, trifft Ihre Kritik den Kern der Text-Aussage oder hängen Sie an irgendeiner Randfrage?
   - » Was hat Ihre Kritik am Text mit Ihnen selbst und Ihrer Geschichte zu tun?
   - » Lesen, besser gesagt: hören Sie den Text einmal mit zwei Ohren, gleichsam „stereo“: Was klingt nach der Situation einer städtischen Ortsgemeinde – was hört sich nach der Welt der umherziehenden Jesus-Schar an? Lassen Sie Ihre Phantasie spielen!
   - » Wo klingen Gemeinde- und Jesus-Situation zusammen – was passt, was reibt sich?

meine Notizen

Sechs aktuelle Zugänge zur Bibel 9.3

Auf der Basis der sechs wichtigsten Entscheidungen aus 2000 Jahren Bibel und dem Versuch, dieses Buch zu verstehen, will ich Ihnen jetzt sechs aktuelle Zugänge, die den Beginn des 21. Jahrhunderts prägen, vorstellen. Jeweils zwei werden wir in ihrer Polarität vergleichen:

» den historisch-kritischen mit dem fundamentalistischen
» den evangelikalen mit dem feministischen
» den materialistischen mit dem tiefenpsychologischen

Ihre Aufgabe wird zweierlei sein: Sie sollen erstens diese Ansätze an unserem Text aus Markus 6, von der Speisung der 5000, vergleichen. Aus diesem vergleichenden Abwägen heraus könnte sich für Sie eine Antwort auf die Frage ergeben: Was ist mein Zugang zur Bibel?

Ich habe die Idee hierzu dem Buch „Zankapfel Bibel", hrsg. von Ulrich Luz, erschienen in 5.Auflage 2007 im Theologischen Verlag Zürich, entnommen. Dort finden sich die Ansätze jeweils noch einmal ausführlicher dargestellt. Ich möchte dieses ausgezeichnete Buch in diesem Zusammenhang ausdrücklich empfehlen!

Der historisch-kritische Zugang zum Text 9.3.1

Die historisch-kritische Exegese ist selbst durch das Feuer der Kritik gegangen. So naiv-fortschrittsgläubig wie vor ein paar Jahrzehnten noch, ist sie nicht mehr. Vor allem ist sie daran erinnert worden, mit wem sie es in den Texten zu tun hat. Wie stellt sich historisch-kritische Exegese am Beginn des 21. Jahrhunderts dar?

Ihr Ansatz sieht so aus: In der Bibel haben Menschen für andere Menschen niedergeschrieben, was sie mit Gott erlebt haben. Die Zeit dieser Erlebnisse ist lange vergangen; vieles, was den Menschen damals selbstverständlich und vertraut war, verstehen wir heute nicht mehr. Die Galater, denen der Apostel Paulus schreibt, sind verschwunden. Das Wort „Gesetz", um das in diesem Brief so heftig gestritten wird, hat heute eine ganz andere Bedeutung für uns. Diese Dinge müssen historisch erforscht und erklärt werden, damit wir die Texte nicht falsch, damit wir sie überhaupt verstehen.

Weil wir davon ausgehen, dass das, was in der Bibel zwischen Menschen und Gott geschieht, uns heute noch angeht, ergibt sich eine zweite Aufgabe: Nachdem wir so gut wie möglich verstanden haben, was damals passiert ist, müssen wir überlegen, was es heute bedeutet. Historisch-kritische Exegese ist keine zweckfreie Beschäftigung mit der Vergangenheit, sondern Übersetzungsarbeit. Im Galaterbrief wird eine Spannung zwischen Gesetz und Freiheit aufgebaut – wo erleben Menschen mit Gott heute diese Spannung, was hieße es 2000 Jahre nach Paulus, sich von Gott aus Zwängen befreien zu lassen? Historisch-kritische Exegese verhindert, dass wir vorschnell unsere Wunschvorstellungen in biblische Texte eintragen und bringt uns dazu, wirklich kritisch und genau zu lesen, wirklich den Text der Bibel, vielleicht sogar Gottes Wort, zur Sprache zu bringen.

Das wird uns besser gelingen, wenn wir uns erst einmal auch eingestehen, wie fremd uns manche Texte sind, nicht alles sofort in unsere Schubladen einsortieren. Jemand hat mal gesagt: Wir sind „unvorgesehene Leser“ der Bibel. Paulus hat seinen Brief an die Galater geschrieben; dass wir ihn lesen würden, ahnte vielleicht der Heilige Geist, Paulus mit Sicherheit nicht.

Dieser Zugang wird mit Recht „kritisch“ genannt, weil er die Bibel befreit hat vom alleinigen Interpretationsrecht durch die Kirche; von einer Dogmatik, die vorgab, bereits zu wissen, was in der Bibel zu stehen hat. Diese Methode ist aber auch heute kritisch gegenüber allen meinen Projektionen, Einengungen und Vorurteilen. Mehr als alle anderen Methoden ermahnt sie mich, alles das erst einmal loszulassen, genau zu lesen, zu fragen und auch zu forschen. Es mag für fromme Ohren befremdlich klingen – bei Licht betrachtet ist die historisch-kritische Methode die bibeltreueste.

Die historisch-kritische Exegese hat eine Methode entwickelt, die bei der Abfassung der Schriften herrschenden Verhältnisse so gut wie möglich zu rekonstruieren. Sie untersucht das politische, religiöse, wirtschaftliche, kulturelle und soziale Umfeld, in dem der biblische Autor das Wort ergriffen hat. Sie stellt vor allem Fragen: Wer ist eigentlich dieser Autor und zu wem redet er da? Was treibt ihn so um, dass er nicht mehr schweigen kann, wo kommt eigentlich sein Gottesbild her?

Dabei wird nicht mehr von der Vorstellung ausgegangen, man könne hierbei zu objektiven Ergebnissen kommen. Das war eine irrige Idee des Rationalismus im 18. Jahrhundert. Jeder, der die Bibel heute liest, trifft bei seiner Interpretation unbewusste und bewusste Entscheidungen. Kritische Exegese bedeutet dann auch die Bereitschaft, sich auf blinde Flecken aufmerksam machen zu lassen.

Historisch-kritische Erklärung von Markus 6, 30 – 44

Es ist die Stärke und die Schwäche zugleich dieser Auslegungsform, dass sie wirklich konzentriert nach dem Bibeltext fragt und alle anderen Ansprüche erst einmal zurückweist.

Es wird zuerst nach der literarischen Form, der Gattung der Erzählung, gefragt und festgestellt: Dieser Text gehört zu den „Geschenkwundern" wie Johannes 2 (Wein statt Wasser für das Fest) oder Lukas 5 (Fische, dass die Netze reißen). Kennzeichen dieser Gattung ist eine mehr oder weniger große Menschenmenge in Not – hier die Resignation leerer Bäuche und die Behebung dieser Notsituation durch ein souveränes Handeln Jesu.

Weil diese Auslegung so genau hinschaut, entdeckt sie ein wichtiges Detail: Das Brot reicht nicht, weil es Jesus vermehrt, genauer heißt es in Vers 41: dann brach, teilte Jesus das Brot. Diese und andere Texte legen Wert darauf, Jesus gerade nicht als spektakulären Zauberer darzustellen.

Die Adressaten des Textes sind Menschen, die sich mit Problemen des täglichen Überlebens konfrontiert sehen. Der Text möchte gegen Resignation ankämpfen und zeigt Ideen und Perspektiven, wie man der Hungerproblematik begegnen könnte. Weiter fragt historisch-kritische Exegese: Von welchem Text ist unser Text literarisch abhängig, wo finden sich ähnliche religiöse Vorstellungen? Man sucht in- und außerhalb der Bibel und macht eine überraschende Entdeckung: in 2. Könige findet sich fast dieselbe Geschichte, nur mit dem Propheten Elisa als Wundertäter. Wichtigster Unterschied: Der muss nur 100 Leute satt bekommen.

2. Könige 4, 42 – 44

Einmal kam ein Mann aus Baal-Schalischa zu Elischa. Er brachte ihm als Abgabe vom Erstgeernteten zwanzig Fladenbrote aus Gerste und einen Beutel voll Getreidekörner. Elischa befahl seinem Diener: »Gib das unseren Leuten, damit sie sich satt essen können!« Aber der Diener erwiderte: »Wie soll das für hundert Männer reichen?« Elischa wiederholte: »Gib das unseren Leuten zu essen! Denn so spricht der HERR: ‚Es wird noch davon übrig bleiben.'« Da teilte der Diener es an sie aus. Sie aßen sich satt und ließen noch davon übrig, genau wie der HERR es angekündigt hatte.

Also, sagt diese Methode, der Erzähler von Markus 6 übernimmt eine bekannte Story, überträgt sie auf Jesus und überbietet den Wundereffekt um den Faktor 50: So viel mehr traut er Jesus zu als Elisa.

Die interessante Anordnung Jesu dagegen, sich in Gruppen zu lagern, übernimmt unser Autor aus der Exodusgeschichte, dem Auszug aus Ägypten. Im Rahmen des „Manna-Wunders" ordnet dort Mose an, das Volk möge sich ebenfalls in Gruppen lagern, kurz vorher war ihm das „Brot vom Himmel" zugekommen. Auch dieses Konzept also überträgt der Autor auf Jesus. Er will damit sagen: Jesus ist der neue Mose, der bessere Elisa.

Übrigens: Der Ort aller drei Geschichten ist die Wüste. Sie bildet den erzählerisch-literarischen Kontrast zum Brot.

Soweit zu den Traditionen, derer sich der Autor bedient. Welche aktuelle Situation aber prägt ihn und seine Adressaten? Es war schon aufgefallen, dass Jesus in der entscheidenden Szene, als er dankte, das Brot brach und verteilte, vom Erzähler genau die Einsetzungsworte des Abendmahls in den Mund gelegt bekommt. Daraus ist zu folgern: Der Erzähler und seine Gemeinde erwarten sich vom Abendmahl konkrete Gemeinschaft im Alltag. Das Abendmahl soll nicht zum leeren Ritual erstarren – das Brot soll die Menschen wirklich satt machen.

In den 60er Jahren des 1. Jahrhunderts nämlich, der Zeit, als unsere Erzählung entstanden ist, zeichnete sich in der Urchristenheit genau diese Entwicklung ab: Das Gemeindeleben verschwand aus dem Alltag der Menschen, hinein in gottesdienstliche Rituale. Aus dem gemeinsamen Essen von Arm und Reich wurde die symbolische Feier der Eucharistie. Diese Entwicklung möchte der Autor mit seiner Geschichte korrigieren.

Bestätigt wird diese Vermutung dadurch, dass in den späteren Varianten der Geschichte (sechs verschiedene gibt es insgesamt, mit wechselnden Teilnehmerzahlen), die Konzentration immer mehr auf dem Brot liegt und die Fische allmählich aus der Erzählung verschwinden.

Später hat Markus, wohl in den 70er Jahren, die Geschichte in sein Evangelium aufgenommen und noch ein paar für ihn typische Stilelemente hinzugefügt. Zwei seien beispielhaft genannt:

- Nur bei Markus werden Jesus und seine Jünger so durchgehend von einer großen, hilf- und ratlosen Menschenmenge bedrängt, diese Stimmung betont Markus auch hier. Sein Thema ist die „Herde ohne Hirte".
- Markus wiederholt die Geschichte zwei Kapitel später in Markus 8, 1-10 noch einmal auf heidnischem Gebiet, wahrscheinlich ganz in der Nähe seiner Heimatstadt Antiochia. Damit will er sagen: Jesus ist zuerst Brot des Lebens für Israel. Aber dann auch für die Heiden, für uns Menschen aus anderen Völkern.

In den wenigen Andeutungen – in einem historisch-kritischen Kommentar habe ich über unsere Stelle 271 Seiten gefunden – ist die Stärke dieser Methode zu ahnen: Durch sorgfältiges Lesen der Bibel, durch kritische Analyse, im Vergleichen der historischen Forschung, wird hier wie nirgends sonst der biblische Text erklärt, entfaltet in seinen literarischen Schichten.

Doch vielleicht haben Sie die ganze Zeit schon gespürt, dass etwas merkwürdig offen bleibt. So gut der Text erklärt wurde, so offen blieb: Was ist denn damals mit Jesus und seinen Jüngern, mit der hungrigen Volksmenge genau passiert? Dass Markus die Geschichte bei der Aufnahme in sein Evangelium neu deutet und erzählt, okay – aber was bleibt eigentlich als historischer Kern übrig? Gibt es nur noch Texte und Autoren, aber gar keine Menschen und Ereignisse mehr?

Historisch-kritische Exegese ist manchmal wie das Häuten einer Zwiebel. Irgendwann ist jede Schicht abgetragen, man steht mit nichts in den Händen mehr da. Und hat womöglich noch Tränen in den Augen.

Deshalb: Nutzen Sie den reichen Schatz historisch-kritischer Erkenntnisse. Aber bleiben Sie kritisch gegenüber einem Ansatz, der in allem nur noch literarische Produkte sieht. Wer will so genau wissen, ob Jesus nicht tatsächlich in diesem Moment schon die Abendmahlsworte gesprochen hat? Und: Wenn Jesus mehrere Kranke geheilt hat, wieso sollte er das Brotwunder nicht auch noch einmal wiederholen? Das Leben historisch-kritischer Exegeten spielt sich zum großen Teil am Schreibtisch zwischen sehr vielen schlauen Büchern ab. Dort leisten sie Gewaltiges. Aber bisweilen erliegen sie dem Irrtum, das ganze Leben müsse sich am Schreibtisch zwischen schlauen Büchern abspielen. Sie können sich gar nicht mehr vorstellen, dass dieser Jesus auch in echt rumgelaufen ist, sehen in ihm nur noch eine literarische Figur.

Ich bin sämtliche historisch-kritische Kommentare zu diesem Text einmal mit der Frage durchgegangen: „Was vermuten diese Ausleger wohl, was denn tatsächlich an diesem See passiert ist?" Das Äußerste an Konkretion, auf das ich gestoßen bin, lautete bei ganz wenigen sinngemäß: „Die Schüler des Rabbi Jesu müssen irgendwann einmal erlebt haben, wie ihr Lehrer beispielhaft mit einer Mangelsituation umgegangen ist. Eventuell hat der Rabbi auch einmal zum Teilen aufgefordert. Diese für die Jünger prägende Erfahrung wurde dann später legendarisch ausgeschmückt."

Das ist nicht nur ziemlich dürftig. Da ist auch jemand unkritisch geworden gegenüber der eigenen Methode. In ihrem schwachen Moment erinnert die historisch-kritische Methode an Menschen, die bestreiten, Armstrong habe 1969 den Mond betreten und behaupten, die Nasa habe das ganze Ding in irgendeinem Hollywood-Studio gedreht. Jedes vernünftige Gegenargument gegen diese absurde These wird zu einem Beweis umgedreht, wie raffiniert die Nasa uns getäuscht hat.

Also: Armstrong war auf dem Mond. Jesus war auf der Erde. Und die historisch-kritische Methode ist gut, wenn sie uns hilft, ein möglichst genaues Bild davon zu gewinnen.

Der fundamentalistische Zugang zum Text 9.3.2

Fundamentalismus ist ein negativ besetzter Begriff. Man assoziiert ihn mit dem Wort Intoleranz, bis zur Gewaltanwendung in religiösen und politischen Kontexten. Als immer mehr verbreitetes Phänomen auch im Christentum müssen wir uns – besonders in diesem Rahmen – aber dennoch damit auseinandersetzen. Denn auf fundamentalistische Bibelauslegung werden Sie inzwischen in fast jeder Gemeinde stoßen und dazu eine Position beziehen müssen.

Wie immer bewährt es sich auch hier, dass man zu verstehen versucht, was Fundamentalisten eigentlich wollen und wie sie sich selbst verstehen. Fundamentalisten, mit denen man auch ein kritisches Gespräch führen kann, definieren sich zunächst einmal nur vom Begriff „Fundament" her. Sie sagen: Wir haben eine Ausgangsposition, ein Fundament, von dem wir die Sache betrachten. Christliche Fundamentalisten sagen, dass für sie Jesus Christus dieses Fundament ist und zitieren gerne 1. Kor. 3,11: „Ein anderes Fundament kann niemand legen als das, das gelegt ist in Jesus Christus."

Weiter wird argumentiert: Jeder hat so ein Fundament, eine Weltanschauung, eine Ideologie, einen Glauben. Und aus der Perspektive dieses Fundaments, dieser Grundlegung, betrachtet man dann auch die Bibel. Die Bibel wird im Glauben an den dreieinigen Gott gelesen, der sich uns in Jesus Christus offenbart hat.

Daraus werden dann konkrete Verstehensprinzipien abgeleitet. Im Einzelnen sagen die meisten Fundamentalisten:

» Wir trauen Gott zu, dass er auch anders handeln kann als die Menschen, die den Naturgesetzen unterworfen sind
» Der Glaube an Jesus Christus erkennt in seinem Handeln eine Vollmacht, die alle menschlichen Dimensionen überragt
» Der Glaube an den Heiligen Geist sieht in der Bibel ein wörtlich von Gott inspiriertes Buch

Am stärksten von allen Zugängen sehen Fundamentalisten in der Bibel Gott direkt am Werk. Der Kontrast etwa zur historisch-kritischen Methode könnte nicht größer sein: War dort die Bibel menschliche Reaktion auf ein Erlebnis mit Gott und war dieses Erlebnis manchmal kaum noch zu greifen, ist hier Gott der eigentlich Handelnde.

Die Menschen, die die Worte der Bibel aufgeschrieben haben, sind dann nicht einfach Autoren, die religiöse Erlebnisse für ihre Zeit, ihre Gemeinde festgehalten haben; nichtsahnend, dass aus diesen Notizen später einmal eine Bibel werden sollte. Die Autoren der Bibel sind vielmehr von Gott ergriffene Menschen, die Gottes Wort in Zeit und Ewigkeit rufen. Paulus etwa hat den Galaterbrief von Anfang an für die Ewigkeit geschrieben.

Die Stärke dieses Ansatzes liegt auf der Hand: Nirgends wird so intensiv wie hier Gott selber ins Spiel gebracht. Das ist auch von der Methode her sinnvoll und korrekt. Denn die Bibel so zu lesen, als spiele Gott bei ihrer Entstehung wie bei ihrer Interpretation keine Rolle, ist genauso methodischer Unsinn, wie wenn ein Physiker zum Messen der Stromstärke statt einer elektrischen Apparatur ein Fieberthermometer benutzen würde. Die Bibel steht unter Spannung, und diese Spannung heißt Gott. Das gilt auch dann, wenn ich persönlich gar nicht an Gott glaube.

Im bunten Reigen möglicher Bibelinterpretationen erinnern die Fundamentalisten am meisten an diesen Sachverhalt.

Doch dann passiert ihnen leider oft folgendes: Da sie ihr Fundament, und wenn sie es auch Jesus Christus nennen, gelegt haben, bevor sie die Welt und die Bibel sehen und interpretieren, die Interpretations-Grundlage also eigentlich schon fest steht, bevor man sich mit den biblischen Texten selber beschäftigt, geraten Fundamentalisten in einen Zirkelschluss und können in der Bibel nur finden, was ihre Sichtweise bestätigt. Mit anderen Worten und überspitzt: Das Glaubensbekenntnis der Fundamentalisten steht fest, bevor sie auch nur eine Seite der Bibel gelesen haben.

Der Jesus der Fundamentalisten etwa hat mit privat angehäuftem Reichtum erstaunlich wenig Probleme. Dafür ist dieser Jesus ein umso erbitterterer Gegner der Homosexualität. Beim vorbehaltlosen Lesen der Bibel müsste man beide Positionen womöglich ignorieren.

Im Vergleich der ersten beiden Ansätze ließe sich sagen: Fundamentalisten erinnern daran, dass es in der Bibel immerhin um Gott geht. Historisch-kritische Exegese mahnt, genau hinzuschauen, wer dieser Gott wirklich ist und es nicht schon vorher zu wissen.

Fundamentalistische Erklärung von Markus 6, 30-44

Die fundamentalistischen Auslegungen, die ich zur Speisung der 5000 gelesen habe, stimmten erstaunlich bis in die Details überein. Die meist in Freikirchen versammelten Fundamentalisten sind anscheinend im intensiven Gespräch miteinander – weniger wohl mit ihrer Außenwelt.

Die Stärke aller fundamentalistischen Interpretationen: Sie trauen Gott ganz viel zu. Er handelt durch Jesus, er kann Wunder tun, er kümmert sich um uns Menschen. Die Auslegung der Bibel gerät zu einem einzigen Lobpreis der Herrlichkeit und Vollmacht Gottes. Und in aller Größe ist Jesus barmherzig, wie ein guter Hirte versorgt er seine Menschen auch leiblich.

Was in historisch-kritischer Exegese wie im Nebel verschwunden war – die Tat Gottes! – das steht hier deutlich, überdeutlich, vor uns.

Und noch etwas fällt auf: Der zeitliche Abstand zum Geschehen war ja in der historisch-kritischen Exegese ein großes Thema, die 2000 Jahre vor allem, aber auch schon der Abstand zwischen Jesus und Markus-Evangelisten. In der fundamentalistischen Auslegung liest sich alles wie gleichzeitig, diese Interpretationen hören sich an, als sei die Brotvermehrung am vergangenen Mittwoch geschehen. Dass es auch so einfach geht, fasziniert viele Menschen – gerade im Vergleich zur anspruchsvollen und manchmal etwas komplizierten Vorgehensweise der historischen Kritik.

Von ihrem Ansatz her, gleichermaßen systembedingt, hat die fundamentalistische Interpretation aber auch entscheidende Schwächen. Wie eingangs gesagt, sind sie alle darin begründet, dass man vor der Bibellektüre schon so schrecklich viel über diesen Jesus weiß – und sich so ungern von der Schrift in diesem festen Wissen irritieren lassen möchte.

Fundamentalisten sehen sich genötigt, zu betonen, dass Jesus Wunder tun kann, dass Gott Naturgesetze außer Kraft setzt. Sie müssen das betonen, weil sie meinen, das würde in der Christenheit, außer von ihnen, allgemein bestritten.

Und so bestimmen alle fundamentalistischen Interpretationen, die mir zugänglich waren, das als eigentliches Hauptanliegen des Textes: Gott tut vollmächtig ein Naturwunder, Jesus überschreitet die Grenzen der Physik, die übersinnliche Welt bricht ins Diesseits ein und so weiter.

Es gibt solche Texte in der Bibel. Da müsste man sich dann ernsthaft über dieses Thema unterhalten. Aber wer diese Geschichte genau liest, wird gerade im Verzicht auf alles Spektakuläre die Besonderheit sehen: Jesus dankte, brach das Brot und verteilte es. Mehr nicht.

Kann der Fundamentalist das von seinem Standpunkt aus noch erkennen? Auf der Seite der Menschen findet die verengende Zuspitzung ihre Fortsetzung. Man staunt, wenn man in fundamentalistischen Interpretationen liest, die eigentliche Aufgabe des Menschen in Markus 6 wäre, zu glauben. Glaube ist ja nun wirklich nichts Schlechtes – aber ist er wirklich das Thema dieser Erzählung? Wird nicht in dieser Geschichte gerade auch der satt, der gar nicht glauben kann oder möchte? Die Sache wird klar, wenn man sieht: Glaube ist für den Fundamentalisten zuerst und vor allem erst einmal Wunder-Glaube. Nicht Vertrauen in Gottes Liebe, sondern das Zutrauen, dass Gott übernatürliche Taten vollbringen kann, das wird als Glaube, zumindest als Beginn des Glaubens verstanden.

Auch hier spüren wir: Es wird ein wichtiges Anliegen formuliert. Aber es hat erstaunlich wenig mit dem konkreten Text zu tun.

Die letzte Beobachtung zeigt uns die politisch-gesellschaftliche Heimat fundamentalistischer Christen. Ich habe mich gewundert, dass in fast allen fundamentalistischen Auslegungen so stark betont wurde: Jesus macht den Einzelnen satt, aber er ändert nicht die wirtschaftlichen Verhältnisse. Jesus gibt dem Hungernden Brot, aber er ist nicht der politische Messias, auf den die Juden hofften. Jesus sorgt sich um das Schicksal des Menschen – aber nicht um die Ungerechtigkeit einer Welt, in der der Hunger Teil des Systems ist, und so weiter.

Wie politisch Jesus ist, das wäre eine interessante Debatte. Aber ausgerechnet an diesem Text festmachen zu wollen, dass Jesus unpolitisch ist, sagt mehr über das eigene Vorverständnis aus, als über Markus 6. Man gehört als fundamentalistischer Christ meist einer stark konservativ geprägten bürgerlichen Mittelschicht an und kann sich – die Wunder einmal ausgenommen – nicht vorstellen, dass Jesus diesen Rahmen sprengen möchte.

Fundamentalisten erkennen von ihrer Position aus in einzigartiger Weise die Stärke des in Jesus Christus handelnden Gottes. Vieles andere, insbesondere davon, wie vielfältig, überraschend und menschliche Vorurteile übersteigend dieser Gott in Christus handeln kann, bleibt ihnen dagegen verschlossen. Wenn man das weiß, kann einem auch die fundamentalistische Sichtweise als Bereicherung dienen (siehe Weiterdenken).

Der evangelikale Zugang zum Text 9.3.3

Im evangelikalen Glauben spielt die persönliche Beziehung zu Gott – genauer zu Jesus Christus – die alles überragende Rolle. In dieser Beziehung erfährt der Mensch Heilung von allen Verletzungen, Befreiung von Schuld. Die persönliche Beziehung zu Jesus setzt einen bewussten Entschluss, eine Umkehr, oder wie man hier sagt, Lebensübergabe, voraus.

Die Gemeinschaft mit Jesus wird in der Ortsgemeinde, besser noch in einem Hauskreis, gelebt. Die Aufgabe der so versammelten Christen ist aber nicht, jetzt nur mit sich und ihrem Jesus zufrieden zu sein, sondern die Botschaft in die Welt zu tragen, andere Menschen zu Freunden Jesu zu machen, mit einem Wort: zu evangelisieren. In den letzten Jahren wird in evangelikalen Kreisen deutlicher gesehen, dass diese Evangelisation nicht ohne Wahrnehmung auch politischer und sozialer Verantwortung geschehen darf. Diese Theologie prägt das Verständnis der Bibel. Ihr kommt höchste Autorität für Leben und Glauben zu. Aber erschlossen, verstanden, wird sie erst, wenn man in ihr zu eben dieser persönlichen Begegnung mit Jesus Christus kommt. Anders als bei den Fundamentalisten ist Jesus kein Standpunkt, auf dem man steht, sondern ein Ziel, auf das ich hingehe. Jesus ist nicht die feste Position, von der aus ich die Sache betrachte, sondern die überraschende Begegnung, die mich alles in neuem Licht sehen lässt.

Mit der historisch-kritischen Exegese ist man neugierig auf die Texte, will sie erforschen, auch historisch herausbekommen: Wie war das damals genau, am Roten Meer, am See Genezareth – und fragt dann erst, was es heute bedeuten könnte. Die evangelikale Theologie hat in den letzten 12 bis 15 Jahren große historische Kommentarreihen zur Bibel herausgebracht, in denen bereitwillig Erkenntnisse der historisch-kritischen Methode aufgenommen werden.

Und obwohl es inzwischen sogar zu Überschneidungen und gemeinsamen Einsichten der vor 30, 40 Jahren noch so verfeindeten Lager kommt – eine klare Trennungslinie wird meist gezogen: So rechnet die klassische historisch-kritische Exegese nicht mit einem übernatürlichen Eingreifen Gottes. Sie gesteht zu, dass Menschen Gottes Handeln möglicherweise subjektiv so erlebt haben. Objektiv-geschichtlich hat sich in der Bibel aber nichts abgespielt, was nicht jederzeit an jedem Ort auch geschehen kann. Gott setzt seine in der Schöpfung angelegten Naturgesetze nicht außer Kraft.

„Wer wollte ihm das verbieten", fragen die Evangelikalen und sind sich darin mit den Fundamentalisten einig. Es ist ihnen nicht so wichtig wie den Fundamentalisten, ständig auf diesem Wunderthema zu bestehen. Aber Gott die Möglichkeit ganz abzusprechen, halten sie dann auch für überzogen.

Sie drehen die Frage vielmehr herum: Könnte es sein, dass in unserer Art und Weise, den Glauben zu leben, irgendetwas fehlt oder falsch läuft, so dass wir keine Wunder mehr erleben?

Von ihrem persönlichen Ansatz her gehen die Evangelikalen auch in der Frage, inwiefern die Bibel Gottes Wort sei, einen mittleren Weg.

Nein, sagen sie zur Verbalinspiration der Fundamentalisten, nicht jedes Wort in der Bibel ist Gottes Wort, wirklich nicht. Da stehen ganz schön viele Menschenworte drin. Nein, sagen sie zur Skepsis der historisch-kritischen Methode, hier gehen nicht Menschen vorsichtig den Spuren Gottes nach und machen aus leisen Ahnungen Märchen, Mythen und Legenden. Es gibt, sagen sie, Stellen in der Bibel, da spricht Gott wirklich selbst, aus Menschenmund, durch Menschenhand – aber eindeutig und klar, für die Ewigkeit.

In einem schon einmal benutzten Bild: Paulus schreibt den Galaterbrief an die Galater – und in Gottes Auftrag nicht nur für die Ewigkeit, sondern sogar an die Christen im Rheingau-Taunus-Kreis.

Ob nun etwas Gottes Wort ist, steht nicht von vornherein fest, wie bei den Fundamentalisten. Es ist aber auch nicht von vornherein fraglich wie bei den historisch-kritischen Exegeten. Es erweist sich in der persönlichen Begegnung, es bewährt sich, wenn ich im Vertrauen auf Jesus den Raum der biblischen Schrift betrete.

Die hohe Bedeutung der persönlichen Begegnung durchzieht evangelikale Theologie von Anfang bis Ende. Das ist ihre Stärke, ohne Frage.

Und das macht sie gleichzeitig für manche Menschen so schwer zu ertragen. Evangelikale Theologie hat etwas Bedrängendes, sie drängt zur Entscheidung, jedes Lesen der Bibel muss zur persönlichen Begegnung mit Jesus Christus führen. Man würde den Evangelikalen gerne zustimmen, wenn nicht alles so ausschließlich, und auch: so eilig, wäre.

Verstehen Sie mich nicht falsch: Persönliche Begegnung mit Jesus Christus ist etwas Wunderbares, Erlösendes und Befreiendes. Aber wenn alles auf diese Begegnung hin abgezweckt wird, dann verliert sie ihre Natürlichkeit, ihren Zauber.

Ein sehr charmanter, herzlicher, evangelikaler Christ, dem es leicht fiel, auf Menschen zuzugehen und ihre Herzen zu gewinnen, sagte einmal: „Ich schließe Freundschaften mit Menschen, um sie für Jesus zu gewinnen." Nichts geschieht zweckfrei, absichtslos bei den Evangelikalen. Und obwohl es der höchste Zweck, die edelste Absicht ist, die bei ihnen hinter allem steht – das Ganze kann manchmal einen schalen Beigeschmack hinterlassen.

Es muss möglich bleiben, die Bibel zweckfrei, absichtslos zu lesen, meditierend, verträumt, genießend – aber auch wütend und zweifelnd. Nicht dann erst war die Begegnung mit der Bibel gut, wenn sie zur Entscheidung für Jesus geführt hat.

Dank sei den Evangelikalen, dass sie uns auch beim Lesen der Bibel immer wieder an die Hauptsache erinnern. Gut wäre es, wenn auch noch ein klein wenig Raum bliebe für die vielen wunderschönen Nebensachen, auch beim Lesen der Bibel.

Evangelikale Erklärung von Markus 6, 30 – 44

Die Stärke guter evangelikaler Auslegung liegt in ihrer gewaltigen Erzählkraft. Die Bibelgeschichte wird erzählt, Homilie nennt man das in der Fachsprache, plastisch und dramatisch werden historische Details eingeflochten, und vor dem inneren Auge des Hörers entsteht die ganze Szene.

Doch obwohl historisch genau gearbeitet wird, ist man selber plötzlich mittendrin in evangelikalen Predigten, in der großen Volksmenge, unter den Jüngern, fragt sich: Was hätte ich gemacht – und es fehlt nicht viel, da würde einem sogar der Magen knurren.

Moderne evangelikale Exegese bedient sich der neuesten Erkenntnisse historisch-kritischer Forschung und nimmt dieser durch die starke persönliche Färbung alles theoretisch Trockene. Zwei dieser Erkenntnisse habe ich in evangelikalen Auslegungen gefunden:

» Man hält sich sehr zurück mit dem Eintragen aller übersinnlich-mirakulösen Elemente. Jesus hat das Brot nicht verzaubert, sondern geteilt. Das ist das eigentliche Geheimnis dieser Geschichte, ein Wunder ist es auf alle Fälle.

» Der Gemeindebezug wird erkannt. Die Jünger sind die Personen in der Geschichte, über die wir heute Zugang zu dem Ereignis bekommen. Die Geschichte als Gemeindegeschichte, als Abendmahlsgeschichte wahrzunehmen, war ja ein Ergebnis historisch-kritischer Forschung gewesen. Das nimmt evangelikale Auslegung auf, das ist auch ihre Stärke bei der Auslegung alttestamentlicher Texte. Nirgends hat man so stark wie in evangelikalen Auslegungen das Gefühl, hineingenommen zu werden in die Geschichte des Volkes Gottes, auch in Gebiete der Bibel,

> in die der brave Landeskirchler nie vorstößt. Ich habe einmal eine Predigt über Neremia gehört, wie dieser das zerstörte Jerusalem wieder aufbaute – ich hab beim Hören die Ärmel hochgekrempelt und wollte dabei sein beim Aufbau des Tempels, beim Gemeindeaufbau.

Evangelikale Auslegungen und Predigten wären gut, wenn sie zwei Minuten früher aufhören würden. So enden dann auch nahezu alle evangelikalen Deutungen von Markus 6 mit Aufrufen, jetzt vor Jesus zu treten, mit Appellen zur Entscheidung. Nein, dieses Brot gibt es nicht umsonst, hat man das Gefühl.

Warum? Traut man der Bibel, traut man der eigenen Auslegung so wenig zu, dass man am Schluss die Schraube noch mal so anziehen muss? Mein Gott, natürlich möchte Jesus Dir nicht nur Brot schenken, sondern es soll eine wunderbare Geschichte zwischen ihm und Dir beginnen. Aber zwingen wir die Menschen doch nicht zu ihrem Glück.

Und noch ein Umkippen einer Stärke in eine Schwäche habe ich in evangelikalen Interpretationen beobachtet: Der Gemeindebezug über die Jünger schafft einen guten Zugang in den Text, das hatten wir gesehen. Aber oft, und auch hier bei Markus 6, bleibt die Deutung dann im Gemeinderahmen stecken, es geht in evangelikalen Predigten außer dieser persönlichen Jesus-Kiste eigentlich immer um Gemeinde-Interna. Dabei bietet es sich doch bei einem Text über Hunger und Brot auch einmal an, diesen Rahmen zu verlassen und sich ein wenig umzuschauen. Stattdessen enden auch Auslegungen dieses Textes meist mit irgendwelchen 4-Schritte-Programmen zur geistlichen Reifung oder 10-Punkte-Plänen über die wahre Nahrung eines Christen; man sieht vor seinem inneren Auge diese appellativen Predigtschlüsse gleichsam am Kirchenausgang schon als Handzettel zum Mitnehmen ausliegen.

Evangelikale Predigten sind wunderbar, aufwühlend, bewegend. Sie würden einem nicht im Hals stecken bleiben, wenn sie sich von dem Zwang befreien könnten, jedes Mal in Appelle zur Begegnung mit oder Entscheidung für Jesus enden zu müssen. Sie würden an Größe gewinnen, wenn sie nicht jedes Mal mit einer Nutz-Anwendung für den Gemeindechristen schließen würden, sondern Gottes ganze Welt im Blick behielten. Das hinzubekommen, traue ich den Evangelikalen zu.

9.3.4 Der feministische Zugang zum Text

Die feministische Theologie hat gerade in der Frage der richtigen Auslegung der Bibel in den vergangenen Jahrzehnten neue Impulse gebracht und in einer Weise Fragestellungen aufgeworfen, wie keine andere Richtung. Dabei sind über das ursprüngliche feministische Anliegen hinaus völlig neue Perspektiven in Kernfragen des Glaubens sichtbar geworden. Die Frauenfrage, hat jemand es auf den Punkt gebracht, ist zur Gottesfrage geworden.

Die Grundthese feministischer Bibelauslegung ist: Die Bibel in ihrer jetzigen Gestalt ist ein Werk von Männern, verfasst mit patriarchalen Motiven. In Israel und der Urchristenheit aber gab es immer wieder auch gleichberechtigte Strukturen, in denen etwa Frauen ebenso Leitungsverantwortung übernahmen. Richterinnen wie Deborah im Alten Testament waren politische und militärische Anführerinnen des Volkes Israel. Oder im Neuen Testament wird unbestreitbar bezeugt: Die Frauen waren es, die auf Golgatha nicht feige davon liefen, sie vor allem waren es, die die erste Begegnung mit dem Auferstandenen Jesus Christus hatten.

Manche Spuren davon finden wir noch in der Bibel in ihrer jetzigen Endgestalt. Anderes ist verschwiegen worden. Bereits im Glaubensbekenntnis der Gemeinde Korinth (1. Kor. 15, 3) aus dem Jahr 48, wurden die Frauen aus der Liste der Auferstehungszeugen gestrichen und tauchten später nie wieder auf. Dagegen rückt ausgerechnet der in dieser Phase nicht gerade glanzvolle Petrus an die erste Stelle. Ebenso gab es ganz offensichtlich mehr Richterinnen und Prophetinnen in Israel, als im Alten Testament festgehalten wurde. Letztes Beispiel: Die Grußlisten der neutestamentlichen Briefe, die ja auch der treueste Bibelleser ehrlich gesagt oft etwas überfliegt, zeigen uns Frauen in gemeindlichen Leitungsämtern. Doch jetzt halten Sie sich fest: Beim Abschreiben biblischer Handschriften wurden aus Frauen- Männernamen gemacht, die Nympha in Kol. 4, 15 etwa wird zum Nymphas, und als Mann geht diese Gemeindeleiterin dann in unsere deutsche Übersetzung ein.

Wie ein Kriminalroman liest sich das überragend gut geschriebene Buch der großen alten Dame der feministischen Theologie, Elisabeth Schüssler-Fiorenza „In memory of her", dt.: „Zu ihrem Gedächtnis", an aufrüttelnder Wirkung durchaus vergleichbar mit Karl Barths „Römerbrief" aus dem Jahr 1919. Niemand, der die Bibel ehrlich liest, kann sie lesen, als gäbe es dieses Buch nicht.

Feministische Bibelauslegung ist Kritik an der Bibel in ihrer von Männern zu verantwortenden Endgestalt. Sie ist aber auch Kritik an jahrhundertealten chauvinistischen Auslegungstraditionen. Dass – wenn man den hebräischen Text genau liest – Eva gar nicht von Adam abstammt, hatten wir im alttestamentlichen Teil dieses Buches schon dargestellt.

Dabei geht sie weit darüber hinaus, jetzt einfach nur verstärkt Frauen-Anliegen zur Sprache zu bringen. Feministische Bibelauslegung lässt uns auch die Vorstellung von Gott überprüfen. Gerade im Alten Testament findet sich nicht nur der „Herr der Heerscharen", sondern auch sehr weibliche Beschreibungen von Gott. Schon grammatikalisch sind viele Bezeichnungen für Gott weiblich, Schekinah heißt etwa: „Die, die immer da ist“ oder Chokma: „Die, die immer weiter weiß“. Das sind zentrale alttestamentliche Begriffe für Gott, und Sie spüren: Die sind nicht nur grammatikalisch weiblich.

Feministische Theologie macht beim Lesen der Bibel hellhörig, man fängt an, Texte gegen den Strich zu lesen, fragt nicht nur: Was steht denn da?, sondern auch: Was wird verschwiegen? Feministische Theologie erinnert uns: Die Bibel ist das Buch der zu kurz Gekommenen; der, die übergangen und verschwiegen werden, der Frauen zuerst, aber nicht allein. An der Diskriminierung der Frauen wird nur deutlich, wie Patriarchat, Gewalt und Kapitalismus Menschen ihr Recht und ihre Würde nehmen.

Und in einem letzten Schritt wird klar, wie sehr auch die Unterdrücker leiden, wie die Männer selbst an dem System kaputt gehen, das sie geschaffen haben und das sie an der Macht hält, sozial isoliert, seelisch verkrüppelt, früh sterbend. Feministische Theologie hat die Vision einer neuen Gemeinschaft von Frauen und Männern. Und sie entdeckt in der Bibel erste Spuren dieser Vision, zu unser aller Schaden sofort wieder verschüttet und verschwiegen.

Respekt vor diesem großen Entwurf, Respekt auch vor der klugen und feinsinnigen Detailarbeit am biblischen Text in den letzten 40 Jahren. Dennoch zwei kritische Anfragen:

» Den ersten Punkt will ich an der Diskussion um die Gemeindeleitung in der Urgemeinde und dem Amt der Richterinnen im Alten Testament verdeutlichen. Beides waren ja Führungspositionen, die eine eher bischöflich, die andere vor allem militärisch. Es wird manchmal nicht deutlich, was feministische Theologie will: Möchte sie diese Leitungsämter durch Frauen besetzen oder ist das eigentliche Ziel die Abschaffung militärischer Gewalt und bischöflicher Macht? Geht es um Kritik an männlichen Strukturen oder Karriere in ihnen? Diese Unklarheit durchzieht den ganzen Entwurf – bis hin zum Gottesbild. Man entdeckt weibliche Züge an Gott, wunderbar – aber dann definiert man diese weiblichen Züge mit „mütterlich, fürsorglich, wärmend, tröstend, zärtlich, nachgiebig, versorgend“. Huch, denke ich – das ist die Definition von Frau-Sein heute, die nachgiebige Versorgerin: War das das Ziel der Emanzipation? Gott als Hausfrau und Mutter – dafür die ganzen aufgeregten Diskussionen? Ich spüre, dass ich das als Mann noch nicht ganz verstanden habe.

» Die zweite Unklarheit betrifft den Umgang mit der Bibel. Feministische Exegese tendiert dazu, die Bibel zumindest in Teilen ergänzen, neu schreiben zu wollen. Sie hat dafür gute Gründe und manche Korrektur halte ich nicht nur für unproblematisch, sondern für geradezu zwingend. In meiner alten Bibel habe ich in Kol. 4, 15 den falschen Männernamen auch durch den ursprünglichen Frauennamen ersetzt,

> erwähne, wo es passt, selbstverständlich die „Schwestern“ und „Jüngerinnen“. Aber ich empfinde, dass es dabei eine Grenze gibt. Ich möchte über den Original-Bibeltext predigen, mit allem, was daran anstößig ist, und Kritik, auch und gerade die kluge Kritik feministischer Theologie, deutlich zur Sprache bringen.

Wir tun uns keinen Gefallen, wenn wir in Zukunft nur noch über feministisch gereinigte Texte predigen, wenn wir irgendeine rekonstruierte Vor-Form, die noch frei ist von männlichen Streichungen und Korrekturen, zur biblischen Grundlage unseres Glaubens machen.

Feministische Bibelauslegung steht in diesem Punkt in einer überraschenden Nähe zu Martin Luther. Erinnern wir uns: Auch dieser war von einer zentralen Botschaft so ergriffen, dass er die ganze Bibel auf diese Botschaft hin las. Für ihn war es die „Rechtfertigung des Sünders“. Hier ist es die „Befreiung der Frauen“. Beide sind so erfüllt von einer sogenannten „Mitte der Schrift“, dass sie bereit wären, auf Teile der Bibel zu verzichten, die diesem Anliegen widersprechen.

In den Vorentscheidungen in Abschnitt B hatten wir gesehen, dass das nicht geht: Für uns als Christenheit bliebe bei diesem Verfahren irgendwann kein Blatt der Bibel mehr übrig. Und uns als Einzelnen wird manchmal mehr an dem klar und deutlich, was uns ärgert und provoziert, als an dem, was sowieso unsere Meinung ist.

Feministische Erklärung von Markus 6, 30 – 44

Sofort fällt auf, wie der Text endet: „Etwa 5000 Mann hatten an der Mahlzeit teilgenommen“. Die Frauen und Kinder werden verschwiegen. Waren sie nicht da? Das ist in der dargestellten Szene schwer vorstellbar.

Angeregt durch dieses Verschweigen geht die Auslegung auf die Suche nach den Frauen. Natürlich saßen sie mit am See. Aber dann waren sie noch auf ganz andere, geheimnisvollere Weise anwesend: Das Backen von Brot war in der Antike alleine Frauensache, so findet man bzw. frau historisch heraus. Das, worum sich im Text alles dreht, das Brot, ist durch die Hände von Frauen gegangen. Die unsichtbaren Frauen, die im Hintergrund bleiben, die dafür sorgen, dass Brot da ist, sind die geheimnisvolle Mitte des Bibeltextes.

Und dann entdecken Frauen noch mehr: Der Leib Christi, das ist dieses Brot. Frauen waren ihm treu bis in den Tod und sind nicht weggelaufen wie die Jünger. Frauenhände haben ihn berührt, in Betanien gesalbt, sogar seinen Leichnam versorgt. Brot, von Frauen gebacken, wird gebrochen und verteilt, hier am See Genezareth – für alle Zeiten im Abendmahl durch Christus.

Und deswegen steht dieser Jesus Christus auch in dieser Geschichte für die Sache der Frau, für ihre Lebenswelt und Erfahrungen – im Kontrast zu den männlichen Jüngern. Sie reagieren mit männlichen Verhaltensmustern, kalt und distanziert. „Das Geld reicht nicht. Schick die Leute weg" – das ist alles, was ihnen einfällt. Was man nicht mit Geld lösen kann, kann man gar nicht lösen. So lernt man es als Mann.

Jesus dagegen handelt mit weiblichen Lösungsstrategien: Es sind zu viele Gäste da, keine Zeit, man hat nicht genug Vorräte und muss aus nichts etwas machen. Das ist doch jeder Hausfrau vertraut: Der Vorratsschrank ist leer und das Haushaltsgeld reicht hinten und vorne nicht.

Aber Jesus tun die Menschen leid, „es jammerte ihn", heißt es bei Luther. Das griechische Wort bedeutet unendliches Mitleid. Nehmt erst mal Platz, sagt Jesus, das bekommen wir schon hin. Wie er es hinbekommt, das bleibt sein Geheimnis, um das Wunder werden keine großen Worte gemacht. Hauptsache, alle sind satt und zufrieden. In dieser Einstellung ist Jesus den Frauen ganz nah, sagen die Auslegerinnen.

Die Stärke dieser Auslegung: Es werden Dinge erschlossen, entdeckt, die wirklich so im Text stecken und lange verborgen waren. Der Vorwurf, feministische Theologie würde da irgendwas in den Text hineinphantasieren, irgendwelche Frauenanliegen hineintragen, um dann so zu tun, als ob man sie gefunden habe: Dieser Vorwurf stimmt in den meisten Fällen nicht.

Feministische Auslegung „funktioniert" auch bei Texten, bei denen ich auf den ersten Blick, wie hier in Markus 6, denke: Na, hier geht's nun mal wirklich um etwas ganz anderes. In der Feministischen Theologie geht es nicht um „berühmte Frauengestalten der Bibel", sondern, wie wir gesehen haben, um eine strukturelle Frage, um etwas, das in jedem Text verborgen ist. Die Bibel ist die Geschichte von Gott mit seinen Menschen. Und diese Menschen gibt es von Anbeginn nur als Frau und Mann.

Gleichzeitig spüren wir die offenen Fragen in diesem Ansatz. Bei allen Auslegerinnen dieses Textes habe ich ein Frauenbild gefunden, bei dem ich mich frage, ob es tatsächlich so der Emanzipation dient. Weibliche Eigenschaften, die einem sehr traditionellen Rollenbild entsprechen, werden in Jesus wiederentdeckt. Aber was heißt das? Segnet Gott jetzt das klassische Rollenklischee auch noch von ganz oben ab? Zu viele Auslegerinnen sind mir dabei stehen geblieben, zu sagen: Ihr unscheinbaren, tapferen Brotbäckerinnen und Hausfrauen mit zu wenig Vorräten, Jesus ist einer von euch.

Emanzipation ginge für mich einen Schritt weiter.

Der materialistische Zugang zum Text 9.3.5

Der materialistische Zugang erinnert an etwas, was eigentlich selbstverständlich sein sollte: Im Glauben geht es zuallererst um unser irdisch-materielles Leben. Christlicher Glaube ist nicht Weltflucht, sondern Lebensbewältigung im Vertrauen auf Gott, im Gehorsam gegen seine Gebote. Der materialistische Ansatz holt uns auf den Boden der Tatsachen zurück, wenn wir christlichen Glauben dazu benutzen wollen, dieser Welt zu entfliehen, uns Religion wie Opium reinzuziehen, um den Schmerz nicht mehr zu spüren.

Materialistische Bibelauslegung hat ihre Wurzeln in der Erforschung des Alten Testaments: Jahwe ist ein revolutionärer Gott, er zieht mit Nomaden durch die Wüste und wohnt nicht in den Palästen Babyloniens und Ägyptens. Er befreit ein Volk aus der Unterdrückung, der Aufstand der Sklaven gegen die Herren ist sein Projekt. Jahwe ist parteiisch für die Wehrlosen und vernichtet das ägyptische Großheer. Im gelobten Land warnt er sein Volk vor Korruption mit den Mächtigen, vor der Anbetung von Erfolg und Fruchtbarkeit. Der Erfolgsgott Baal, oder wie man in materialistischer Theologie sagt: Der Götze des Kapitalismus, und sein Bild, der goldene Stier, ist der große Gegenspieler Jahwes. Fallt bloß nicht vor diesem Götzen auf die Knie, warnen Mose und die Propheten.

Als Israel gegen Jahwes Warnung das Königtum und ein frühkapitalistisches Wirtschaftssystem einführt, mit rechtlosen, abhängigen Lohnarbeitern, schickt Jahwe die Propheten, die in revolutionären Reden die Unterdrücker und Ausbeuter an den Pranger stellen, soziale Gerechtigkeit fordern und eine Utopie der klassenlosen Gesellschaft als Vision Jahwes für diese Welt erhalten.

Und so weiter. Ja, ich meine, man kann die Bibel so lesen. Man muss die Bibel so lesen, wenn Religion nur noch als Trostpflaster für die zu kurz Gekommenen, als Beruhigungspille für die Nutznießer, missbraucht wird.

Deswegen fand materialistische Bibelauslegung bald danach im Neuen Testament ihre Fortsetzung. Wichtig ist, diese Theologie von einer bloßen sozialromantischen Lesart der Bibel zu unterscheiden. Man analysiert schon sehr genau das antike Wirtschaftssystem, die römische Herrschaftsideologie und zeigt, wie Jesus den revolutionären Ansatz Jahwes aufnimmt und weiterführt, um gewaltfreien Widerstand gegen eine solche Politik zu leisten. Man nimmt die Bergpredigt ernst, liest sie als konkrete Anweisung für eine neue Gesellschaftsordnung. Diese wird dann in der Urgemeinde verwirklicht, wo alle ihren Besitz verkaufen, teilen und wie in einem Modell nach Gottes Willen leben.

Wenn wir heute die Bibel lesen, treten wir ein in diese große Befreiungsgeschichte, uns werden die Augen geöffnet, wo Gott heute mit uns gegen Unterdrückung und Korruption kämpfen möchte, und wir finden eine Sprache, die die Lügen aus Werbung und Politik entlarvt.

Man wirft diesem Ansatz vor, er bediene sich zu eindeutig der ja als überholt geltenden marxistischen Ideologie. Diese sei von ihrem Ansatz her atheistisch und deswegen nicht in der Lage, zu einem sinnvollen Verständnis der Bibel zu führen.

Diese Kritik ist zum Teil berechtigt. In vielen materialistischen Bibelauslegungen kommt Gott als persönlich Handelnder gar nicht mehr vor. Jahwe verschwindet sozusagen hinter dem revolutionären Prozess, Jesus tut nur noch Dinge, die jeder Mensch auch hätte tun können. Das Projekt Urgemeinde wird als kommunistischer Modellversuch interpretiert, der sehr gut auch ohne den Heiligen Geist auskommt.

Diese berechtigte Kritik darf aber nicht übersehen, dass es einfach von der Sache her schwierig ist, Gottes Handeln in dieser Welt erklärend zu beschreiben. Je besser, je natürlicher ich erkläre, desto eher wird es mir passieren, dass alles so selbstverständlich aussieht, als sei der Prozess ohne Gott ins Rollen gekommen.

Unverzichtbar ist aber die Erinnerung daran, dass Gott nicht nur in Kirche, Gemeindesaal und Hauskreis zur Sprache kommen will, dass er nach biblischem Bekenntnis Herr über unser ganzes Leben ist und wir deswegen auch in allen politischen, wirtschaftlichen und gesellschaftlichen Bezügen auf ihn mehr hören sollen, als auf alle anderen Mächte und Gewalten.

Unverzichtbar ist vor allem auch, wie materialistische Theologie uns die Augen geöffnet hat für das, was man „Strukturelle Sünde" nennt. Strukturelle Sünde ist mehr als persönliches Versagen in dieser oder jener Situation. Sie meint unser Leben in einer Weltwirtschaft, in der Millionen von Hungertoten und die Zerstörung der Natur Teil des Systems sind. Strukturelle Sünde ist vor allem ganz dicht an dem dran, was die Propheten unter „Götzendienst" und der Apostel Paulus unter dem „Gesetz der Sünde" verstanden hat – viel dichter, als der allzu brave kirchliche Sündenbegriff, der nur bei der Einzelperson ansetzt und aus dem Blick verliert, welche gewaltige Macht die Sünde in dieser Welt hat.

Materialistische Erklärung von Markus 6, 30 – 44

Materialistische Bibelauslegungen machen wertvolle Entdeckungen an diesem Text, die erste ist uns aus dem feministischen Modell bekannt: Jesus setzt hier gegen eine Gesellschaftsordnung, die auf Geld gegründet ist, eine neue Gesellschaftsordnung, die auf dem Teilen beruht. Die Jünger waren an der alten Ordnung orientiert, fragten nach Geld. Jesus weist dieses kapitalistische Denken zurück; nehmt Brot, sagt er, Geld werdet ihr nicht essen können. Es geht nicht um den Geldwert, sondern um den Nährwert der Dinge.

Das spätere Abendmahl ist in dieser Geschichte vor-abgebildet, erkenntlich an den Einsetzungsworten. Das Abendmahl der Gemeinde soll der Ort sein, wo Arm und Reich zusammenkommen, wo Ausgebeutete und Unterdrücker an einem Tisch sitzen und ins Gespräch kommen, wie diese Welt verändert werden kann. Und so vor allem endlich alle satt werden.

Warum organisiert Jesus die Menschen in 100er und 50er Gruppen? Er will, sagen die Ausleger hier, keine anonyme Menschenmasse, die einem Super-Jesus beim Zaubern zuschaut. Die Menschen müssen aktiv werden, sich organisieren, sich solidarisieren. Als Einzelne, sagt Jesus, habt ihr in diesem System keine Chance, da machen sie euch fertig, die Herren dieser Welt. Aber wenn ihr euch zusammentut, euch organisiert, wenn ihr einen Plan habt und jeder weiß, an welchem Platz er kämpfen muss – dann kann ein Wunder geschehen!

Und dieses Wunder ist größer als jeder Zaubertrick: Nicht die Menge des Brotes wird vergrößert, sondern die Bereitschaft zu teilen. Das ist die Erfahrung geschwisterlicher Solidarität: dass es reicht, wenn wir teilen, wenn wir uns zusammentun und nicht vereinzeln lassen durch diese kranke Gesellschaftsordnung. Aus dieser Erfahrung kann die Grundlage für eine neue Welt werden, in der Hunger, Geldwirtschaft und Neid überwunden sind.

„Wundergeschichten", sagt der bekannte christliche Materialist Kuno Füssel, „spielen sich eben nicht im Grenzbereich von Naturwissenschaft und Theologie, sondern an der Nahtstelle von Sachzwängen und Utopien ab. Wunder sind der praktische Beweis dafür, dass es möglich ist, diese Gesellschaft zu verändern, wenn man die richtige Vision hat."

Die Frage an die Kirche ist: Möchte sie in der gewaltigen politischen Veränderung am Beginn des 21. Jahrhunderts nichts beitragen außer Armenspeisung und Seelsorge an verzweifelten Bankern? Falls doch, wird sie um die kritische Erkenntnis der materialistischen Exegese nicht herumkommen.

Und die Frage an die Materialisten ist: Wird es euch gelingen, Gott wieder stärker als persönlich Handelnden ins Spiel zu bringen? Die Bibel redet so von Gott – gerade in den von euch so gut analysierten gesellschaftspolitischen Bedingungen. Warum ist Gott bei euch hinter all den guten und richtigen Ideen so verschwunden?

Und schließlich, ironisch zugespitzt auf unseren Text: Warum ist es der materialistischen Auslegung so wichtig, dass Gott kein materielles Wunder tut? Klar haben die geteilt, gut, dass ihr das so klar seht. Aber wollen wir nicht wenigstens nicht vollkommen ausschließen, dass Gott auch ein klein wenig für materiellen Nachschub gesorgt hat? Es ging immerhin um die Versorgung von 5000 Leuten.

9.3.6 Der tiefenpsychologische Zugang zum Text

Tiefenpsychologische Bibelauslegung versteht man am ehesten, wenn man ihre theologische Nähe zum Ansatz von Rudolf Bultmann sieht. Wir hatten gesehen: In den Mythen sieht Bultmann keine historischen Ereignisse, sondern religiöse Symbole, die man existentiell deuten muss. Hier heißen die Mythen „Archetypen“ und werden psychologisch interpretiert.

Vor allem im Anschluss an C.G. Jung und seine Schüler sagt man: In jeder Religion sind urmenschliche Geheimnisse verborgen, die sogenannten Archetypen. Mit diesen Archetypen kann man die Geheimnisse der menschlichen Seele viel umfassender beschreiben als mit jeder wissenschaftlichen Psychologie, die meint, es sei fortschrittlich, auf Religion zu verzichten. Dieser scheinbare Fortschritt scheitert daran, dass der Mensch nicht fortschrittlich ist und nie werden wird. Wir haben zwar einen Flachbildschirm, aber in unserer tiefsten Erinnerung haben wir immer noch die Götterbilder der Höhlenmalerei abgespeichert. Wir fliegen zwar ins Weltall, aber wenn wir mutterseelenallein in ein Gewitter kommen, hören wir immer noch die Götter grollen. Und die ganze alte Steinzeitangst ist sofort wieder da.

Genauso ist es mit den positiven Bildern: Wir kaufen zwar die teuersten Klamotten, aber unser Traum ist es, nackt und ungeschützt im Arm eines anderen Menschen zu liegen. Archetypische Ängste, Hoffnungen und Träume. Und eben auch Bilder: Alle Götter, Engel und Teufel gehören auch ins tief abgespeicherte Repertoire unserer Seele, tiefer noch als die Erinnerung unserer Kindheit liegt die Ahnung, dass es einen Gott gibt. Wir sind angeboren religiös.

Dabei gibt es keine allgemeine Religion – jeder hat die Bilder und Träume abgespeichert, die seiner Heimatreligion angehören. Jeder wächst mit den Archetypen auf, die der Glaube seiner Kultur ausgebildet hat. C.G. Jung etwa rät deshalb mit Nachdruck davon ab, die Religion zu wechseln, wenn man nicht seelisch Schaden nehmen will.

Die Stärke tiefenpsychologischer Bibelauslegung ist nun, dass sie uns den reichen Schatz biblischer Bilder völlig neu erschließen kann, auch Bilder und Geschichten, die wir historisch nicht mehr und wahrscheinlich nie wieder richtig verstehen werden. Archetypen haben ein längeres Leben als historisches Wissen, auch was wir logisch nicht mehr verstehen, kann uns archetypisch tief berühren. Ich denke, z.B. ein Text wie 1. Mose 22, als Abraham fast seinen Sohn Isaak opfert, ist erst tiefenpsychologisch voll zu erfassen. Es geht um die unerträgliche Spannung zwischen der Sorge um das Kostbarste, das eigene, lang ersehnte Kind, und dem Wissen, dieses Kostbarste irgendwann loslassen zu müssen – und nur im Loslassen dann eine tragfähige Beziehung aufbauen zu können. So und nur so verstehe ich diesen scheinbar grausamen

Text – und nicht durch einen klugen historischen Vortrag über Kinderopfer im Alten Orient.

Die Tiefenpsychologie bringt eine große Kompetenz in das Deuten biblischer Bilder ein, ihre Auslegungsmethode hat sich in den letzten Jahren bewährt – gerade an Texten, an denen man sich mit allen anderen Methoden die Zähne ausgebissen hat.

Ihr wurde vorgeworfen, sie mache Gott zu einem innerpsychischen Phänomen. Wie kann Gott handeln, wenn er lediglich ein in meiner Seele abgespeicherter Archetyp ist?

Dieser Vorwurf ist berechtigt, natürlich wird viel und fast ausschließlich von der menschlichen Psyche geredet. Aber zwei Dinge gebe ich doch zu bedenken: In manchen tiefenpsychologischen Bibelauslegungen ist der „Archetyp Gott" durchaus sehr aktiv, spricht zu dem Menschen, überrascht ihn, bringt ihn zum Handeln.

Und dann frage ich die, die immerzu so lautstark nach dem handelnden Gott fragen: Wie beschreibst Du denn sein Handeln, wie begegnet Gott Dir denn konkret? Und wenn ich dann als Antwort höre: „Im Gebet" oder „im Traum", denke ich: na, siehste. Sage es aber nicht.

Die Schwierigkeit, Gottes Handeln heute konkret zu beschreiben, betrifft uns alle. Manche tiefenpsychologische Beschreibung solchen Gotteshandelns überzeugt mich nicht nur, sondern berührt mich sehr stark.

Eine andere Kritik spricht die Tiefenpsychologie selbst aus und steht dazu: Sie will sich auf die Seele des Menschen beschränken, das ist ihr Spezialgebiet. Sie weiß, dass es zu Bibeltexten noch viel anderes zu sagen gäbe, theologisch, politisch, sprachlich, sozial, ethisch, ökonomisch. Dazu schweigt tiefenpsychologische Exegese und konzentriert sich auf das, was sie wirklich gut kann.

Tiefenpsychologische Erklärung von Markus 6, 30 – 44

Wie in sonst keiner anderen Auslegungsmethode lenken tiefenpsychologische Bibeldeutungen unseren Blick auf den Beginn der Geschichte. Die Tiefenpsychologie fängt mit dem Anfang an und eilt nicht gleich zum Höhepunkt. Das ist typisch für sie und macht sie sympathisch. Lesen wir einmal die ersten drei Verse:

Markus 6, 30 – 32

Die Apostel kehrten zu Jesus zurück und berichteten ihm, was sie alles in seinem Auftrag getan und den Menschen verkündet hatten. Jesus sagte zu ihnen: »Kommt jetzt mit, ihr allein! Wir suchen einen ruhigen Platz, damit ihr euch ausruhen könnt.« Denn es war ein ständiges Kommen und Gehen, sodass sie nicht einmal Zeit zum Essen hatten. So stiegen sie in ein Boot und fuhren an eine einsame Stelle.

Von ihrer Aussendung in die Welt kommen die Schüler wieder zu ihrem Meister zurück. Sie suchen die Mitte wieder, von der sie ausgegangen sind. Wer zu lange außer sich bleibt, verliert die Mitte, ist nicht mehr bei sich, hat keine Zeit, nicht einmal zum Essen.

Man ist stolz, dass man so viel schafft, bezieht daraus auch seine Bestätigung. Und jammert zugleich rum über die Last, die einem aufgebürdet ist.

Wir brauchen dann einen Rufer, eine innere oder äußere Stimme, die zu uns spricht: „Komm, wir suchen einen ruhigen Platz, wo du allein sein und ein wenig ausruhen kannst." Zurückkommen zu Jesus heißt: Wieder bei mir, bei Gott, in meiner Mitte sein. Mich wieder neu versammeln, um Kraft für den nächsten Schritt zu bekommen.

Mich heraus rufen lassen heißt, mit dieser Ruhe nicht länger zu warten. Nicht zu warten, bis ich alles erledigt habe. Ich werde nie, niemals alles erledigt haben, und somit nach meiner alten Methode auch nie zur Ruhe kommen. Die Methode Jesu heißt: Komm jetzt, schenk dir heute noch diesen Wüstentag.

Wenn ich das „heute" von Jesus verpasse, heute und morgen und übermorgen, verfehle ich mich, lebe an mir und meinen Menschen vorbei, an meiner Familie, meinen Freunden, meinem eigenen Körper.

Warum ruft Jesus mich aber an den ruhigen, einsamen Ort? Im griechischen Text steht „eremos" = Öde, Wüste. Soll ich ein Eremit werden? Gibt es nicht schönere Dinge, um mal zu entspannen, buntes Leben, Feiern bis ich müde bin, Hobbys, meinen Sport oder einfach mal einen guten Krimi im Fernsehen?

Weil Jesus möchte, dass es in uns klingt, dass das Verschwiegene, Verdrängte sich Raum schafft, zur Sprache kommt. Solange es zu laut ist, zuviel Ablenkung um uns, können wir die innere Stimme nicht hören.

Vielleicht wollen wir sie gar nicht hören, leben lieber im Scheinfrieden mit uns selbst, wollen gar nicht wissen, was wirklich mit uns los ist. Fürchten, dass Unerledigtes aufsteigt, Unversöhntes anklopft an die Pforte des Bewusstseins und Einlass verlangt. Und plötzlich ist die Hölle los. Wir sind der Urflut des drohenden Chaos unserer Gefühle nicht gewachsen, wenn wir nicht Gott das Tohuwabohu ordnen, uns neu schöpfen lassen, uns berühren und heilen lassen am wunden Punkt.

Doch plötzlich sind nicht nur die Jünger da, an diesem Wüstenort der Heilung, viel Volk traut sich in die Wüste, hat Sehnsucht nach dem neuen Leben aus Gott, Leben mit Jesus, Leben aus der Mitte. Jesus hat Erbarmen, er lehrt sie etwas, das ihr Leben verändert, er ordnet sie in Gruppen und dabei ordnet er auch ihre Gefühle. Und dann gibt er ihnen Brot, echtes Brot, das die Leere füllt im Magen und die Leere der Seele. Das Heil von Jesus kann man schmecken – und dann durchdringt es Körper und Seele. Es ist geteiltes, gesegnetes Brot nicht nur für die Jünger, nicht nur für die 5000, sondern es reicht bis heute, für 5 Milliarden hungernde Menschen auf dieser Erde.

Denn das ist der Auftrag an die Kirche: Dieses Brot nicht behalten, weiterteilen, damit jede Gemeinde auf der Welt zu einem Ort der Heilung wird. Für die vielen, vielen Menschen.

Bei der letzten, der tiefenpsychologischen Auslegung, haben wir wieder gesehen: Jeder Zugang erschließt uns etwas Neues am Text, das die anderen nicht gesehen haben, nicht sehen konnten. Der Text stand in der Mitte. Und je nachdem, von welcher Seite, aus welchem Winkel wir ihn betrachtet haben, gab es Neues zu sehen.

Das meiste hat sich ergänzt. Manches aber hat sich auch widersprochen. So z.B. immer wieder die Frage, ob Jesus Wunder getan hat oder nicht, ob es gereicht hat, weil alle geteilt haben. Auch wenn wir Jesus solche Wunder zutrauen, mussten wir zugeben: Der Schwerpunkt des Textes liegt nun nicht gerade darauf, zu schildern, wie Naturgesetze außer Kraft gesetzt werden.

Dennoch: Wie gehen wir mit der Wahrheitsfrage um? Gibt es Auslegungen, die dem Text gerecht werden und solche, die in die Irre führen?

Ich mache einen Vorschlag, wie wir das entscheiden können: Wir ziehen keinen Zaun, auf dem irgendwelche Bedingungen stehen, z.B.: „Du musst an Naturwunder glauben" oder „Jede Auslegung muss politisch sein" oder „Wir dürfen nur predigen, was historisch beweisbar ist". Solche Zäune trennen und verhindern, dass wir genau das hören, auf was wir alleine nicht kommen.

Mein Vorschlag lautet also: Kein Zaun, sondern eine Mitte. Diese Mitte ist der Gott der Bibel. Eine Auslegung, die uns auf ihn hinführt, ist eine gute Auslegung. Eine Auslegung, die uns von ihm wegführt, ist weniger brauchbar.

Aber, und das ist das Besondere an diesem Vorschlag: Passen Sie gut auf! Es gibt Auslegungen, die sind ganz dicht bei diesem Gott, die hören sich sehr fromm an. Aber achten Sie auf die Bewegungsrichtung. Nicht immer führen die, die ganz nah bei Gott sind, uns auch zu ihm hin.

Und es gibt Auslegungen, die sind unvorstellbar weit entfernt von diesem Gott, die hören sich fast schon gottlos an. Aber achten Sie auf die Bewegungsrichtung. Manchmal haben die Gottfernen eine große Sehnsucht nach diesem Gott und können uns einen Weg zu Gott zeigen, den wir alleine nie entdeckt hätten.

Weiterdenken

Fragen zu den beiden Zugängen 1 + 2 bzw. 3 + 4 bzw. 5 + 6:

1. Welcher Entwurf sagt Ihnen spontan mehr zu?
2. Wo sind Sie bei Ihrem bisherigen Umgang mit der Bibel einem dieser Entwürfe bereits begegnet? Welchen Eindruck hat das auf Sie gemacht?
3. Machen Sie sich zum Anwalt eines der beiden Entwürfe (in einer Gruppe sollten beide Positionen vertreten sein)

   a) Notieren Sie sich kurz die Stärken Ihres Ansatzes!

   b) (für Gruppen) Bringen Sie diese im Gespräch offensiv ein.

   c) (für Gruppen) Haben Sie während des Gesprächs auch die Schwächen Ihres Ansatzes gespürt?
4. Versuchen Sie, die Stärken beider Ansätze zu verbinden!
5. Notieren Sie für sich, wie eine Diskussion mit anderen Ihre Auslegung von Markus 6, 30 – 44 beeinflussen könnte.

   Tauschen Sie sich darüber mit anderen aus!

meine Notizen

Über den Autor

Oliver Albrecht, geboren 1962 in Frankfurt am Main, studierte Theologie und arbeitete als Krankenpfleger und Zweirad-Mechaniker. Seit 2012 ist er Dekan im Evangelischen Dekanat Idstein (Hessen). Davor war er mehrere Jahre Bildungsreferent, Inhaber der einzigen Stelle für „Evangelische Identität“ bei der Evangelischen Kirche in Hessen und Nassau (EKHN) und fast 20 Jahre Gemeindepfarrer in Niedernhausen.

Oliver Albrecht ist Mitautor des Glaubenskurses „SPUR8“, einer der am meisten durchgeführten Glaubenskurse in der Evangelischen Kirche in Deutschland (EKD).

Seit Jahren führt er erfolgreich Schulungen und Seminare zu theologischen Themen durch und verzeichnet Zulauf aus der ganzen Region und Interesse bei Menschen aus allen sozialen Schichten. Er arbeitet in einer Planungsgruppe der EKD zu neuen Glaubenskursen mit und ist bundesweit gefragter Referent bei kirchlichen und säkularen Einrichtungen.

Der vorliegende „Grundkurs Biblische Theologie“ ist Ergebnis eines mehrjährigen modularen Schulungsprogramms für ehrenamtliche Mitarbeiterinnen und Mitarbeiter von der Kinder- und Jugendarbeit bis zur Prädikantenausbildung.

Wenn Sie Fragen zum Buch haben, können Sie Oliver Albrecht auch direkt kontaktieren:

oliver.albrecht@cundp.de

Weitere Informationen finden Sie im Internet:

http://lebensthemen.cundp.de

Weitere Bücher

19,80 Euro (D)

ISBN 978-3-438-06045-7 (DBG)
ISBN 978-3-86770-081-8 (C & P)

erhältlich in jeder Buchhandlung
oder bei www.bibelonline.de

Expedition zum ICH

In 40 Tagen durch die Bibel

Wer bin ich eigentlich? Vielleicht die spannendste Frage eines Lebens. Was verbirgt sich tief in mir, dem Menschen, dessen Dasein von so vielen gesellschaftlichen Mustern und persönlichen Entscheidungen geprägt ist? Welche Sehnsüchte und Möglichkeiten sind in mir angelegt, die ich vielleicht noch gar nicht erforscht habe?

Dieses Buch behauptet frech, dass die Bibel den Menschen zu sich selbst führt, indem sie ihn mit Gottes Sicht der Dinge vertraut macht. Anhand existentieller Grundfragen lernen Sie die Kerngedanken der Bibel kennen und bekommen ein Überblickswissen, mit dessen Hilfe Sie tatsächlich immer mehr über sich selbst erfahren. Ein wohltuender Prozess, bei dem Sie auf viele faszinierende „Schätze" stoßen.

19,80 Euro (D)

ISBN 978-3-438-06040-2 (DBG)
ISBN 978-3-86770-181-5 (C & P)

erhältlich in jeder Buchhandlung
oder bei www.bibelonline.de
(ab Herbst 2013)

Expedition zum ANFANG

In 40 Tagen durch das Markusevangelium

Dieses Buch ist ungewöhnlich. Eine einzigartige Mischung aus Roman und theologischer Entdeckungsreise. Weil die Beschäftigung mit dem Glauben durchaus unterhaltsam sein darf. Genießen Sie es!

Die „Expedition zum ANFANG" will Lust machen, das Markusevangelium als Quelle für Lebensqualität zu entdecken. Dazu macht sie sich mit dem biblischen Autor auf eine leidenschaftliche Suche nach dem „Menschensohn", der angeblich Gottes Idealbild für gelingendes Menschsein ist. Und so wird die Lektüre zu einem herausfordernden Weg zum Anfang des christlichen Glaubens. Und zugleich zu einer vierzigtägigen Entdeckungsreise in die Geschichte Jesu – des Mannes, der die Welt verändert.

http://www.andreasnetz.de